民法研究系列

人格权法

法释义学、比较法、案例研究

王泽鉴 著

北京大学出版社
PEKING UNIVERSITY PRESS

版权局著作权合同登记号　图字:01－2012－5754
图书在版编目(CIP)数据

人格权法:法释义学、比较法、案例研究/王泽鉴著.—北京:北京大学出版社,2013.1
(民法研究系列)
ISBN 978－7－301－20561－7

Ⅰ.①人…　Ⅱ.①王…　Ⅲ.①人格—权利—法学—研究　Ⅳ.①D913.04

中国版本图书馆CIP数据核字(2012)第076592号

简体中文版由元照出版有限公司(Taiwan)授权出版发行
人格权法:法释义学、比较法、案例研究,王泽鉴著
2012年1月版

书　　　名	人格权法:法释义学、比较法、案例研究
著作责任者	王泽鉴　著
责 任 编 辑	侯春杰
标 准 书 号	ISBN 978－7－301－20561－7
出 版 发 行	北京大学出版社
地　　　址	北京市海淀区成府路205号　100871
网　　　址	http://www.pup.cn　http://www.yandayuanzhao.com
电 子 信 箱	yandayuanzhao@163.com
新浪微博	@北京大学出版社　@北大出版社燕大元照法律图书
电　　　话	邮购部 010－62752015　发行部 010－62750672 编辑部 010－62117788
印 刷 者	三河市北燕印装有限公司
经 销 者	新华书店
	965毫米×1300毫米　16开本　31.5印张　494千字 2013年1月第1版　2021年3月第13次印刷
定　　　价	59.00元

未经许可,不得以任何方式复制或抄袭本书之部分或全部内容。
版权所有,侵权必究
举报电话:010－62752024　电子信箱:fd@pup.pku.edu.cn
图书如有印装质量问题,请与出版部联系,电话:010－62756370

总　　序

拙著民法研究系列丛书包括《民法学说与判例研究》(1—8册)、《民法思维：请求权基础理论体系》《民法概要》《民法总则》《债法原理》《不当得利》《侵权行为》及《民法物权》，自2004年起曾在大陆发行简体字版，兹再配合法律发展增补资料，刊行新版，谨对读者的鼓励和支持表示诚挚的谢意。

《民法学说与判例研究》的写作期间长达二十年，旨在论述1945年以来台湾地区民法实务及理论的演变，并在一定程度上参与、促进台湾地区民法的发展。《民法思维：请求权基础理论体系》乃在建构请求权基础体系，作为学习、研究民法，处理案例的思考及论证方法。其他各书系运用法释义学、案例研究及比较法阐述民法各编（尤其是总则、债权及物权）的基本原理、体系构造及解释适用问题。现行台湾地区"民法"系于1929年制定于大陆，自1945年起适用于台湾地区，长达六十四年，乃传统民法的延续与发展，超过半个世纪的运作及多次的立法修正，累积了相当丰富的实务案例、学说见解及规范模式，对大陆民法的制定、解释和适用，应有一定的参考价值，希望拙著的出版能有助于增进两岸法学交流，为民法学的繁荣与进步作出贡献。

笔者多年来致力于民法的教学研究，得到两岸许多法学界同仁的指教和勉励，元照出版公司与北京大学出版社协助出版发行新版，认真负责，谨致衷心的敬意。最要感谢的是，蒙　神的恩典，得在喜乐平安中从事卑微的工作，愿民法所体现的自由、平等、人格尊严的价值理念得获更大的实践与发展。

王泽鉴

二〇〇九年八月一日

献给

保子

和和　柔柔　沛恩

序　　言

　　拙著人格权法系采法释义学、比较法及案例研究的方法，阐述人格价值理念，建构人格权法的规范体系，研讨现行法解释适用的基本问题，以及探寻人格权法的发展方向。在某种意义上，本书也可以说是借着人格权法来检视反省法学方法的理论与应用。

　　本书能够顺利出版，承蒙新学林出版公司王子平先生、林静妙女士及其他同仁的鼎力协助，台大法律学院图书馆及司法官训练所图书室提供借书的方便，并致诚挚谢意。

　　人格权法是我的第十六本书。目前正着手编写一本暂定名为"民法五十年"的书，将采自传体的形式，借有限的经历，以小窥大，回顾展望地叙说台湾社会变迁、法学方法论及民法发展的一些事物，以感谢半世纪来有幸学习法律、德国留学、从事教学研究、担任公职、参与两岸法学交流以及许多师长、同仁、读者对我的教导、鼓励和支持。

　　本书献给保子，感谢她爱神、爱人的奉献。本书也献给和和、柔柔和沛恩，感谢他们带给我生命的喜悦及对未来的盼望。最要感谢的是 神的恩典与怜悯，使我认识真理，得获自由，保守我的身心，仍能继续写作，以卑微的工作，彰显祂的荣耀。

王泽鉴
2012年元旦
新店五峰山

目　录

第一章　人格权的历史发展与规范体系 ············· 1
　第一节　人格权是法秩序的基石 ················· 1
　第二节　人格权规范体系的建构 ················· 4
　第三节　课题与方法 ························ 10

第二章　比较人格权法 ······················· 13
　第一节　比较法方法论 ······················ 13
　第二节　人格(权)保护的比较研究 ················ 19
　第三节　比较法与台湾地区人格权法的发展 ··········· 33

第三章　人格权的意义及性质 ··················· 41
　第一节　以人作为人格者 ····················· 41
　第二节　人格权的意义 ······················ 43
　第三节　人格权的性质 ······················ 44

第四章　人格权的主体 ······················· 48
　第一节　自然人 ·························· 48
　第二节　法人与人之集合 ····················· 57

第五章　人格保护的"宪法"化
　　　　——"宪法"人格权与私法人格权 ············ 60
　第一节　绪说 ··························· 60
　第二节　"宪法"人格权的创设、构造及保护范围 ········ 63
　第三节　"宪法"人格权的防御功能 ················ 74
　第四节　"宪法"人格权的客观规范功能与私法人格权的发展 ···· 90
　第五节　建构以人格权为基础的法秩序 ·············· 94

第六章 人格权的保护范围——人格权的具体化 ... 96
- 第一节 绪说 ... 96
- 第二节 人身的人格权 ... 99
- 第三节 姓名权 ... 114
- 第四节 肖像权 ... 131
- 第五节 名誉权 ... 147
- 第六节 信用权 ... 165
- 第七节 隐私权 ... 177
- 第八节 其他人格法益 ... 248

第七章 人格权的精神利益与财产利益 ... 252
- 第一节 人格权的性质及保护的利益 ... 252
- 第二节 美国法上的个人公开权（Right of Publicity） ... 257
- 第三节 德国法上人格权精神利益与财产利益的保护 ... 271
- 第四节 我国台湾地区人格权上精神利益与财产利益保护机制的建构 ... 291
- 第五节 结论：人格权保护利益扩大的理念及方法 ... 302

第八章 人格权保护与言论自由 ... 306
- 第一节 规范模式及思考方法 ... 306
- 第二节 名誉保护与言论自由 ... 311
- 第三节 隐私权与言论自由 ... 351

第九章 人格权被侵害的救济方法 ... 386
- 第一节 保护机构的建构 ... 386
- 第二节 侵害除去及侵害防止请求权 ... 387
- 第三节 损害赔偿 ... 394
- 第四节 恢复名誉的适当处分与道歉启事 ... 429
- 第五节 人格权的财产价值与获利返还 ... 451

参考文献 ... 479
索引 ... 485

第一章 人格权的历史发展与规范体系

第一节 人格权是法秩序的基石

第一款 人格权与台湾法律发展

人格权保护是台湾地区法律发展的一项重要标志,经由立法的完善、实务的解释适用及学说理论的建构,数十年的积累使人格权及其所体现的人性尊严与人格自主,成为台湾法律秩序的基本价值理念。

1929年制定的现行"民法"明确肯定人格权(第18条),建构私法上人格权规范机制,1996年"司法院"释字第399号解释谓:"姓名权为人格权之一种,人之姓名为其人格之表现,故如何命名为人民之自由,应为'宪法'第22条所保障。"首度认定人格权为受"宪法"保障的自由权利。"司法院"大法官曾多次引用国际人权公约作为阐释人格权的依据(释字第587号解释理由)。"立法院"并于2009年制定"公民与政治权利国际公约及经济社会文化权利国际公约施行法",使人格权的开展得与国际人权法接轨,提升了人格权的人权意涵。除"宪法"、"民法"外,"刑法"(尤其是第27、28章妨害名誉及信用罪、妨害秘密罪),行政法规("个人数据保护法"、"性别工作平等法"、"精神卫生法"等)亦设有保障人格权益的规定。

人格权之构成法秩序的基石,在于其体现人性尊严及人格自由发展的价值理念。人性尊严乃在彰显人的主体性,即以人为本,不以人作为手段或被支配客体。人格自由发展在使个人能够自我实现,而形成其生活方式。诚如"司法院"大法官一再宣示:"维护人性尊严与尊重人格发展,乃自由民主'宪法'之核心价值(释字585、603)。"人格权包括"宪法"上人格权与私法上人格权，人格权规范体系的建构及开展即在实现此种核心价值。

第二款　80年人格权的发展

第一项　年代记事

现行法上人格权的价值理念及保护机制，历经长达80年的发展，益臻完善，并面临新的课题，特以年代及重要事项，列表如下：

```
1929：“民法”──┬─制定于中国大陆
              │  人格权（"民法"18）  ┬姓名权（"民法"19）
              │                      │侵权行为──┬"民法"184 I：权利包括人格权
              │                                  └"民法"195（慰抚金）：列举主义
1946："宪法"（1947施行）──┬基本权利
                          └"司法院"大法官会议（释宪）
       ┌1945前：日治时期：适用日本民法（1898）
1945──┤适用于台湾地区
       └1949：（大陆废除六法全书）──┬民法通则（1986）：私权宣言
                                    │侵权责任法（2009）：人格权益保护
                                    └预定制定人格权法（?）
1952－1967：人格权的精神利益──请求权基础：台上41, 278；55, 2053（通奸、废弃夫权）
           慰抚金：最高法院判例──量定因素┬台上47, 1221 ┬加害程度
                                          └台上51, 223   └身份资力等
1987（之后）──┬废除戒严
              └宪政改革
1982－1999："民法"修正──┬1982（"民法"18 I）：增设人格权侵害防止请求权
                        │1999 ┬"民法" 195 I：慰抚金改采概括原则
                        │     └"民法" 227之1：因债务不履行致侵害人格权的损害：
                        │                       赔偿责任准用侵权行为相关规定
1985："个人资料保护法"（2010修正全文及名称）
1996－之后："宪法"人格权──┬释293(1982)：银行资料隐私权
                          │释399(1996)：姓名权
                          │释486(1999)：非具权利能力团体的人格权
                          │释535(2001)：警察临检与隐私权
                          │释585(2004)：强制公开个人隐私
                          │释587(2004)：子女获知其血统来源的人格权
                          │释603(2005)：隐私权(私密生活、个人资料)
                          │释664(2010)：少年人格权
                          └释689(2011)┬身体权
                                      └一般行为自由权
1999：言论自由与人格权──┬大法官解释┬释509(2000)：诽谤罪、名誉保护与言论自由
                        │          │释656(2009)：法院依"民法"195I命为公开道歉的判决：
                        │          │              名誉保护与不表意自由
                        │          └释689(2011)：新闻自由（采访跟追）与隐私等保护
                        └"最高法院"民事判决┬言论自由与名誉保护
                                          └言论自由与隐私保护
2009："公民与政治权利国际公约及经济社会文化权利国际公约施行法"┬符合公约的立法修正
                                                              └符合公约的法律解释
2010：实务──┬侵害人格权（姓名、肖像），以获利作为量定慰抚金的因素：人格权财产性质的发展
            └死者人格权的保护
```

第二项　人格权法的变迁

法学的研究应具备历史与体系两个层面。关于台湾地区人格权的规范体系,将于下节说明,就人格权80年的变迁言,应说明的有四点:

1. 台湾地区人格权系建立在比较法之上,1929年的"民法"立法者以远见的睿智选择结合德国、瑞士、日本的规范模式,构造了基本规范机制,作为80年来发展的基础。

2. 自1945年起,现行"民法"开始适用于台湾地区,在中国大陆,中华人民共和国于1949年10月1日成立后,即废除国民政府的六法全书,直至1986年始制定《民法通则》,以私权宣言的方式,简要规定人格权的保护,其后则由最高人民法院的司法解释加以补充。并进一步于2009年制定(2010年施行)《侵权责任法》,更预定单独制定一个人格权法,以彰显人格权保护的重要性、中国民法的前瞻性。

3. 在台湾地区,人格权法的开展乃在因应社会变迁,可分为三个时期:(1) 20世纪在80年代以前,实务案例集中于慰抚金(人格权受侵害的非财产损害的金钱赔偿,人格权的精神利益),有助于建构人格权的基本理论。(2) 80年代(尤其是1987年)以后发展的关键在于废止戒严,宪政改革及民主化,促进了"民法"修正,活化"司法院"大法官"释宪"的积极性,肯定人格权是受"宪法"保障的基本权利,具有防御公权力侵害的功能,并使"国家"负有促进保护人格权的义务,增强了法院判决的人格权意识。(3) 目前所面临的挑战则是面对新的科技发展、人权的国际化,重新检视传统的理论及其所体现的价值理念,尤其是人格权保护与言论自由、人格权的财产性质及死者人格权保护。

4. 与前述立法与司法相伴而行的是学说理论,80年来,关于人格权的著作论文(包括硕士、博士论文)对人格权的发展,亦有重大贡献,将在相关部分加以讨论①。

人格权法80年是一个丰富法律生命开展的过程,本书就在叙说这个伟大动人的故事,并感谢以不同角色参与贡献之人,包括立法者、法官、学者、诉讼当事人、律师,以及所有关心并致力于促进维护人性尊严、人格自由的人们。

---

① 台湾地区关于人格权的第一本重要著作系龙显铭编著:《私法上人格权之保护》,台北中华书局1958年版。

第二节 人格权规范体系的建构

第一款 人格权与社会变迁

一、人格自觉

人格权的开展系建立在个人的人格自觉之上,即个人的自我认同及自主决定,此乃长期社会发展(包括思想、政治、经济)的产物,使个人得从各种身份、阶级的束缚解放出来,并因经历各种政治变动更深切体认人格尊严及人格自由的重要性,此在台湾地区已逐渐成为人民的共同意识及价值理念。没有人格自觉及觉醒,实难以建立具合理实践性的规范体系。人类社会的进步在于个人人格自觉及自由意识的进步。

二、侵害及回应

人格权的发展乃是对侵害人格权各种不法行为在法律上回应的过程。科技的进步,例如照相机的发明,最早促使在立法或司法上肯定肖像为应受保护的权利,而创设了相对应的救济方法[②]。19世纪末叶,大众媒体在美国渐次发达,传播揭露各种个人私密的消息,使 Warren 与 Brandeis 二位波士顿律师于 1890 年在哈佛大学法律评论发表了"隐私权"(The Right to Privacy)[③]的论文,影响深远。威权政治残害人权的历史经验更直接有力地唤醒人格自觉,促进人格权法的发达,最具启示性的是德国于第二次世界大战后创设"一般人格权"Allgemeines Persönlichkeitsrecht,建构了"宪法"及"民法"上的保护机构。人格权的形成(尤其是隐私权、言论自由与名誉权)深受美国、德国法判例学说的启发,体现了人格保护全球化的趋势。

三、民主宪政与人格权

对台湾地区人格权法的发展,最具关键性的是 20 世纪 80 年代开始的民主宪政改革,前已再三提及。此项宁静的革命解放了社会力,提升了人民的权利意识;人格自觉,使立法(如"民法"修正,制定"个人数据保护

[②] 肖像权系最早受肯定的人格利益,但"民法"未设明文规定。关于肖像权的发展,参见 Marcel Bartnik, Der Bildnisschutz im deutschen und französischen Zivilrecht (2004)。

[③] Warren/Brandeis, The Right to Privacy, 4 *Harv. L. Rev.* 193 (1890);李丹译:《论隐私权》,载《哈佛法律评论·侵权法学精粹》,法律出版社 2005 年版,第 3 页。

法")、司法(如大法官解释)及行政革新更快速有效地响应人民的要求,启发新的思考方法,使许多的改革、创新、进步成为可能,并逐渐获得实践,而成为人格权保护机制的重要部分。

第二款　人格权规范体系的构成

第一项　"民法"规范架构

一、"民法"规定

人格权的基本规范系规定于"民法"总则及债之通则,原设有四个基本条文("民法"修正前):

1. "民法"第18条规定(修正前):"人格权受侵害时,得请求法院除去其侵害。前项情形,以法律有特别规定者为限,得请求损害赔偿或慰抚金。"此系参照《瑞士民法》第28条立法例,就当时立法思潮言,明定人格权堪称为划时代的创举。本条第2项所称特别规定,系对救济方法的限制,在财产上损害赔偿,因债编设有概括规定(第184条第1项、第213条以下)而一般化;但关于慰抚金(非财产上损害的金钱赔偿),仍受"民法"第195条第1项列举主义的限制。

2. "民法"第19条规定:"姓名权受侵害者,得请求法院除去其侵害,并得请求损害赔偿。"此乃"民法"第18条第2项所称法律有特别规定,系参照《德国民法》第12条而规定的个别(特殊)人格权。

3. "民法"第184条第1项规定前段:"因故意或过失,不法侵害他人之权利者,负损害赔偿责任。"此所称权利,指一切私权,包括人格权,体系上属"民法"第18条第2项所称法律有特别规定,从而凡人格权被他人不法侵害者,均得依此规定,请求损害赔偿(第192条以下、第213条以下)。

4. "民法"第194条规定:"不法侵害他人致死者,被害人之父、母、子、女及配偶,虽非财产上之损害,亦得请求赔偿相当之金额。"此为关于请求慰抚金的特别规定。

5. "民法"第195条第1项(修正前):"不法侵害他人之身体、健康、名誉或自由者,被害人虽非财产上之损害,亦得请求赔偿相当之金额;其名誉被侵害者,并得请求为恢复名誉之适当处分。前项请求权,不得让与或继承。但以金额赔偿之请求权已依契约承诺,或已起诉者,不在此限。"此亦属关于请求慰抚金的特别规定,采列举主义。

二、"民法"修正

1. 1982年修正"民法"第18条第1项,增设:"人格权受侵害时,得请求法院除去其侵害;有受侵害之虞时,得请求防止之。"立法理由强调人格尊严之维护,日趋重要,为加强人格权之保护,不但于人格权受侵害时,应许被害人请求除去其侵害,即对于未然之侵害,亦应许其请求防止。

2. 1999年修正"民法"第195条,设三项规定:"Ⅰ.不法侵害他人之身体、健康、名誉、自由、信用、隐私、贞操,或不法侵害其他人格法益而情节重大者,被害人虽非财产上之损害,亦得请求赔偿相当之金额。其名誉被侵害者,并得请求恢复名誉之适当处分。Ⅱ.前项请求权,不得让与或继承。但以金额赔偿之请求权已依契约承诺,或已起诉者,不在此限。Ⅲ.前二项规定,于不法侵害他人基于父、母、子、女或配偶关系之身份法益而情节重大者,准用之。"此项修正意旨有二:

(1) 新修正第195条第1项亦属"民法"第18条第2项请求慰抚金的特别规定,由列举主义改采概括原则,使被害人就其非财产上损害均得请求赔偿相当之金额(慰抚金)。关于姓名、肖像未予明定,解释应为其他人格法益。(2) 第3项旨在表明"民法"第18条规定的人格权不包括身份法益,明确规定身份法益(如亲权)受不法侵害者,被害人亦得请求慰抚金。

3. 1999年另增设"民法"第227条之1:"债务人因债务不履行,致债权人之人格权受侵害者,准用第一百九十二条至第一百九十五条及第一百九十七条之规定,负损害赔偿责任。"立法理由系以债权人因债务不履行致其财产权受侵害者,固得依债务不履行之有关规定求偿。惟如同时侵害债权人之人格权致其受有非财产上之损害,依修正前规定,仅得依据侵权行为之规定求偿。是同一事件所发生之损害竟应分别适用不同之规定解释,理论上尚有未妥,且因侵权行为之要件较之债务不履行规定严苛,如故意、过失等要件举证困难,对债权人之保护亦嫌未周。为免法律割裂适用,并充分保障债权人之权益。

三、规范体系构造

综据上述,"民法"建立了如下的保护人格权规范体系:

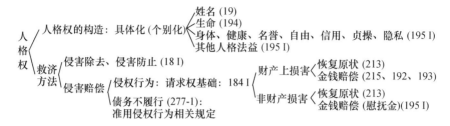

前揭人格权保护体系的构成,有为比较法上的继受(如第18条、第19条、第194条),有为"民法"所创设(第195条、第227条之1),具有"台湾特色",应予说明的有五点:

1. 明定(一般)人格权,并将其具体化为不同的个别人格法益(特别人格权第19条、第194条、第195条第1项),明确其保护范围,兼具安定性及开放发展的机能。

2. 明定侵害除去与侵害防止请求权,以侵害人格权具有不法性为已足,不以行为人具有故意或过失为要件,得防范于前,善处其后,对人格权的保护更臻周全。

3. 关于非财产上损害,得否请求慰抚金(相当金额之赔偿)是人格权保护的核心问题,新修正"民法"第195条第1项设概括性规定,诚可谓是进步的立法。

4. "民法"第227条之1明定因债务不履行侵害人格权时,被害人得准用侵权行为规定,请求损害赔偿(尤其是第194条、第195条),凸显了民法理论的重大发展,即债务不履行与侵权责任的关系,由法条竞合说演变为请求权竞合,再肯定得为准用,重构了民事责任体系。

5. "民法"第18条第2项规定,人格权受侵害时,以法律有特别规定者为限,得请求损害赔偿或慰抚金。所谓特别规定包括"民法"第184条第1项前段、第195条第1项、第227条之1,人格权的保护因此等具一般性的规定,已发展成为完善的规范体系。

第二项 实务与理论

法律譬如人的身体,法院裁判为其筋骨血肉,学说则为其神经。任何国家的法律系由立法、法官及法学者相互协力而形成,并因其扮演角色和功能的不同,而决定各国法律发展的途径及风格。在台湾地区,关于人格权保护的立法体系尚称完善,如何发挥规范功能,适应社会需要,有赖于法院的

解释适用及学说理论的建构。综观80年的变迁,可分为四点加以说明:

一、慰抚金制度

慰抚金制度指人格权被侵害时,被害人就非财产损害得否请求相当金额之金钱赔偿。"民法"原采列举主义(旧"民法"第195条),20世纪50至70年代实务上案例涉及三个问题:

1. 请求权基础:最具启示性的是与有配偶者通奸时,他方配偶得否请求慰抚金。此项问题已因"民法"第195条第3项增设配偶关系的身份法益而获得解决,但仍具法学方法及法律价值变迁上的意义,而"最高法院"废弃传统具支配性的夫权,改采具平等性的配偶互守诚实保持婚姻共同生活圆满安全及幸福的权利义务④,再由"民法"第195条第3项肯定为配偶间的身份法益。

2. 法人得否请求慰抚金:值得注意的是,"最高法院"1973年台上字第2806号判例认为:"公司系依法组织之法人,其名誉遭受损害,无精神上痛苦之可言,登报道歉已足恢复其名誉,自无依'民法'第一百九十五条第一项规定请求精神慰藉金之余地。"问题在于法人不得请求慰抚金,究为无精神上痛苦(无损害),抑为登报道歉已足恢复名誉,二者系属不同层次的问题。

3. 慰抚金的金额:"最高法院"判例一再强调应斟酌加害程度与双方资力,及其他各种情形加以核定。问题在于所谓其他各种情形,是否包括加害人的故意或过失的程度,侵害他人姓名、肖像作商业广告所获利益等,此涉及慰抚金制度的性质与机能,实有深入研究的必要。

二、人格权保护与言论自由

20世纪80年代民主宪政改革,使言论自由此项受"宪法"保障的基本权利受到重视,因而发生与人格权保护如何调和的问题。由于媒体竞争,政党选举及各种不同的意识形态的冲突,造成空前活泼的"言论市场",法庭成为战场,产生众多的民事、刑事案件,法院及学者引进美国、德国的学说理论作为论证的依据,并受到国际法学界的重视,成为国外博士论文的热门题目。

三、传统见解的反省:人格权的财产利益、死者人格权的保护

法学的进步与成长系对传统见解的反省,包括重新诠释或修正检讨。

---

④ 参照"最高法院"1952年台上字第278号判例;1966年台上字第2053号判例(阅读之)。

关于人格权传统上有两个基本见解:(1) 人格权系以精神利益为内容,不同于物权之具有财产价值。(2) 人格权系一身专属,不得让与;人格权因人之死亡而消灭不得继承。

关于前揭二个传统基本见解,比较法(尤其是德国、美国)有突破性的发展。台湾地区实务上有两个与此有关的重要判决,第一个判决是"陈美凤料理米酒代言案",涉及某厂商擅自使用明星陈美凤的姓名、肖像作米酒推销广告。台湾高等法院认为,被害人并未受有财产上损害,不得请求损害赔偿,但明确表示得以加害人的获利量定慰抚金的相当金额⑤。本件判决具有两个值得深入探讨的意义:(1) 姓名权、肖像权是否具有财产价值?(2) 量定慰抚金的因素应否包括侵害他人人格权所获得的财产利益?此更涉及一个基本的问题,慰抚金究具有何种功能,除填补损害外,应否具有预防或惩罚性?

第二个判决是"蒋孝严诉陈水扁诽谤蒋介石案"。原告主张被告(陈水扁,时任"中华民国总统")以不实言论毁损其祖父蒋介石(曾任"中华民国总统"),而请求慰抚金损害赔偿。台湾台北地方法院认为,人格权因死亡而消灭,其被侵害的是死亡者的亲属对死者敬慕感情,此属"民法"第195条第1项所称"其他人格利益",此项人格利益应与行为人的言论自由加以衡量,以认定其应否加以保护⑥。本件判决对死者人格权采间接保护说,值得探讨是,可否进一步采直接保护说,即其所侵害的是死者的人格利益,而由死者的亲属行使其得主张的权利。

前揭两个判决显示新的思考方法,有助于检视人格权的"非财产性"、"一身专属性"的传统理论。

四、私法上人格权与"宪法"上人格权

传统上所谓人格权系指私法(民法)上的人格权,前已作简要说明,由于对基本权利的重视,释"宪"功能的强化,"司法院"大法官于1996年在一个关于姓名权的解释中,肯定人格权为一种受"宪法"第22条所保障的基本权利(释字399),前已提及。其后陆续对其保护范围加以具体化("宪法"人格权的类型化,参照前揭人格权历史发展记事)。人格权具有基本权利的功能,得以对抗公权力的侵害(防御权),及作为一种客观

---

⑤ 台湾高等法院2005年上易字第616号判决。
⑥ 台湾台北地方法院2007年诉字第2348号判决。

价值扩散及于整个法秩序,以保障实践人性尊严及人格自由发展。"宪法"人格权及私法人格权的规范功能及适用关系,对台湾地区人格权发展及规范体系建构,具有重大的意义,详细说明请参阅本书第五章。

第三节　课题与方法

第一款　研究课题

人格权法的80年发展,历经"民法"制定及修正,台湾地区的社会变迁(经济科技、媒体网络)、威权统治、民主宪政改革(政党政治、言论自由)、与国际人权思潮接轨,以及判例学说的协力,逐渐建构了具有合理性、可操作的规范体系。本书的目的在于整合相关法令判例学说,采专题式的论述,探讨以下八个基本课题:

一、比较法与人格权的发展
二、人格权的意义及法律性质
三、人格权的主体
四、"宪法"上人格权与私法上人格权
五、人格权的构造:人格权的保护范围及其具体化
六、人格权的精神利益与财产利益
七、人格权的保护与言论自由
八、人格权被侵害的救济方法

第二款　法学方法

人格权法长达80年的发展,历经政治社会变动,具有重大法学方法论的意义。因此,本书特别关注人格权法的解释适用,包括人格权保护范围的具体化以及法之续造等法之获得(Rechtsgewinnung)的问题,探究如何在实践中创造保护人格权的法律规范。

本书大量应用了比较法的资料。台湾地区人格权法的形成与开展系建立在比较法的基础上,并有自己的创见,例如采用人格权的概念,并将之具体化为个别的人格法益;又增设"民法"第227条之1作为因债务不履行侵害人格权得请求慰抚金的请求权基础,有助于健全"民法"损害赔偿体系。本书第二章将对比较人格权法作较深入的讨论,期能更清楚认

识台湾法,借此比较法的规范模式,更精确把握其解释适用的问题,并探寻其发展的方向。

人格权法是案例法(Case law),由法院就个案适用法律、创设裁判规则,形成规范体系。英美普通法(Common Law)国家如此,在大陆成文法国家(如法国、德国)亦不例外。台湾地区人格权法亦系建立在长期累积的裁判之上,在司法实践上我们看到了为适应社会变迁,体现"宪法"维护人性及人格发展,法院如何更新见解,从事司法造法的工作。

综据前述,本书旨在建构"人格权法"的法释义学⑦。法释义学(Rechtsdogmatik,有译为法教义学、法教条学),指固有意义的法学,其主要活动包括对现行有效法律的描述、对现行有效法律从事法概念体系研究,以及提出解决疑难问题的建议(规范实践)。法释义学具有如下功能:

1. 体系化功能:有系统的整理分析现行法的概念体系,了解法律内部的价值体系,并在整体上把握具体规范间的关联,便于讲授、学习及传播。

2. 稳定功能:为司法实践及特定裁判提出适用的法律见解,期能长期间影响同一类型判决,形成普遍实践原则,以强化法院裁判的可预见性及法律安定性。

3. 减轻论证负担功能:为特定法律问题,提供可供检验,具说服力的解决方案,得以减轻法学研究及法院裁判论证上的负担,不必凡事都要重新讨论。因此要变更释义学上具有共识的法律见解,应提出更好的理由,承担论证责任。

4. 修正与更新功能:法释义学所提出关于法律解释及法律续造的原

---

⑦ 关于法释义学(Rechtsdogmatik),参见 Robert Alexy, Theorie der juristischen Argumentation: Die Theorie des rationalen Diskurses als Theorie der juristischen Begründung (1978);舒国滢译:《法律论证理论》,中国法制出版社 2002 年版,第 310 页以下;并参见颜厥安:《法与实践理性》(1998),第 190 页以下。Bernd Rüthers, Rechtstheorie (2002;最新版本, Rüthers/Fischer/Birk, 6 Aufl. 2012);丁晓春、吴越译:《法理学》,法律出版社 2005 年版,第 136 页以下;N. Luhmann, Rechtssystem und Rechtsdogmatik (1974); Stürnes (Hrsg.), Die Bedeutung der Rechtsdogmatik für die Rechtsentwicklung。Rüther 在其 Rechtstheorie(第 338 页以下)对法释义学作了简要说明,并强力批评 Larenz/Canaris 所采"法律解释客观目的方法"的理论(objektiv-teleogische Methode, Larenz/Canaris, Methodenlehre der Rechtswissenschaft, 3 Aufl. 1995, S. 153),并涉及 Larenz 教授早年在纳粹时期的法学理论(Rüthers, Die unbegrenzte Auslegung, 5 Aufl. 1997)。最近关于 Larenz 个人及历史形象及法学方法上的重大争论,参见 Rüthers, Personenbilder und Geschichtsbilder—Wege zur Umdeutung der Geschichte? Anmerkungen zu einem Larenz-Portrait, JZ 2011, 593; Canaris, "Falsches Geschichtsbild von der Rechtsperversion im Nationalsozialismus" durch ein Porträt von Karl Larenz, Wider einen Versuch "unbegrenzter Auslegung" eines wissenschaftlichen Textes, JZ 2011, 879.

则,具有调节各个制度发展的作用,但不应拘泥于向来的见解。为适应社会变迁,应为深刻的批评创造条件,发现矛盾,解决冲突,探寻符合体系的新的合理解决方法途径,而能有所革新进步。

法释义学为法学研究及法律实践储存多样可供选择的法律见解(信息),开展新的思考方向,体现法学的任务。所应努力的是,必须排除表面的论述,公开隐蔽的价值理念,不能满足于当前法律政策和法律实践的需求,必须对学说见解与司法实践进行必要的批评和修正。法释义学为法律实践(法律解释及法之续造)提供了法概念性手段,但不是评价中立、纯粹逻辑概念上的思考模式。法释义学的概念、分类、原则都与价值有关,具有实质的目的,参与法规范的形成与发展,就人格权法言,此涉及人格权的概念、性质、主体、保护范围、精神及财产价值,人格权与言论自由,救济方法等核心问题,将在相关部分作详细的说明。

第三款　请求权基础

私法上人格权的保护基本上系以民法侵权行为作为规范机制,前已说明。应强调的是本书虽采专题式的论述,但系采<u>请求权基础</u>为其思考的方法。⑧ 关于人格权保护的请求权基础最为主要的是,"民法"第 18 条,尤其是第 184 条第 1 项前段,即故意或过失不法侵害他人权利(人格权)者,应负损害赔偿责任。兹将其要件及效果,配合本书的章节次序列表如下,请读者在阅读本书各章时,加以对照。

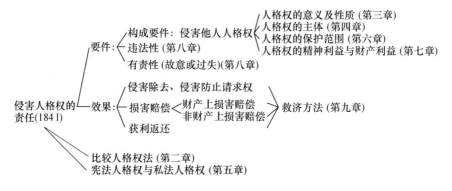

---

⑧ 关于请求权基础方法,参见拙著:《民法思维:请求权基础理论体系》,北京大学出版社 2009 年版。

第二章 比较人格权法

第一节 比较法方法论

台湾地区民法上人格权系以比较法为基础建构其规范体系,解释适用法律,及形成判例学说,促进其演变发展。比较法的研究有助于更进一步了解各国家或地区法律的价值理念、法律文化及法学思考方法。比较法虽为法学研究常用的方法,但台湾地区尚欠缺比较法的教科书或体系性的著作。比较法是一种思想方法,也是一种工作的程序,因此拟先就比较法的方法论作简要的论述,分七点说明从事比较法研究的基本步骤[1]:

1. 比较法的意义及目的
2. 比较研究题目:总体比较,个体比较
3. 被比较的国家或地区:法系理论
4. 法源
5. 功能性的比较方法
6. 各国与地区报道、异同比较、分析说明
7. 比较目的之应用

第一款 比较法的意义及目的

一、比较法的意义

比较法的用语系 Comparative Law 的翻译,其所指称的不是如同民法、刑法一样的部门法律,乃是一种就不同国家或地区的法律从事比较研

---

[1] 以下论述参见 Zweigert/Kötz, Einführung in die Rechtsvergleichung (1996); Schwenzer/Müller-Chen, Rechtsvergleichung. Fälle und Materialien (1996).

究的方法,在德文称为 Rechtsvergleichung(法比较),较能精确凸显其意义。比较法自古有之,继受交流及相互模仿是法律发展的重要途径。②比较法的重大发展始自 1900 年在法国巴黎举行的第一次世界比较法大会(Congress of Comparative Law),历经不同的发展阶段,在 20 世纪 30 年代至 60 年代产生了多位比较法大师,70 年代开始的欧洲私法统一运动、世界贸易的扩张、人权的全球化将比较法的研究更推上一层楼③,由欧洲为中心逐渐跨越欧洲(beyond Europe),研究领域由私法扩张及于公法,而能做出更多的贡献。

二、比较法(法比较)具有 4 个目的(功能)

1. 认识功能:比较法具有镜子作用,可供对照,知彼知己,有助于促进跨国间的法律活动,并培养法学上的谦卑。

2. 立法模式:比较法提供了某个法律问题可能的规范模式。比较法是规范模式的储藏所,其不同规范机制及实践经验,可供立法或法律修正的参考。此种立法比较研究系传统的比较方法,今日仍多应用之。

3. 台湾法的法律解释适用:以比较法作为本国或地区法律的一种解释方法,此为近年来比较法的重要课题,探讨法院如何对待比较法(Comparative Law Before the Courts),如何将其他国家或地区立法例、判例学说用于解释台湾地区法律疑义,填补漏洞及法院造法。④

4. 法律统一:即透过比较法研究,整合各国或地区法律的异同,研拟具统一性的国际公约或区域性的立法,此在若干商事领域已有重大成就,多年来欧洲私法统一运动借助比较法的研究逐渐建立了欧洲共同法(european jus commune)。⑤

第二款　比较研究题目:总体比较,个体比较

一、灵感与努力

选定某个题目从事法比较研究,常出于灵感,灵感来自努力,对台湾

---

② Watson, The Making of The Civil Law (1981).

③ Watt, Globalization and Comparative Law, in: Reimann/Zimmermann (eds.), The Oxford Handbook of Comparative Law (2006), p. 579.

④ Drobnig/Sjef van Erp (eds.), The Use of Comparative Law by Courts (The HAGUE, 1999); Canivet/Andenas/Fairgrieve (eds.), Comparative Law Before the Courts (2004).

⑤ Zimmermann, Comparative Law and the Europeanization of Private Law, in: Reimann/ Zimmermann (注③书), p. 539.

法相关问题的深刻认识及对外国相关法制不断接触学习,而得的相互启发。

二、总体研究与个体研究

比较法上有所谓的总体研究及个体研究。总体研究指对不同法系或国家或地区间的法律从事整体的比较研究,例如(Common Law,普通法)与(Civil Law,大陆法)、德国法与法国法的比较研究。个体研究系针对个别领域(如契约、侵权行为、物权等),亦包括特殊问题,例如 consideration 与 causa、缔约过失(culpa in contrahendo)、纯粹经济上损失、动产让与担保等。此二种研究相辅相成,不可偏废,没有总体研究,个体研究失其定位,犹如只识树木不见森林;欠缺个体研究,则如只见森林,不识树木,比较法的目的难以落实。⑥

三、法之方法

值得注意的是比较研究的对象,亦由法律本身扩大及于<u>法之方法(Rechtsmethode)</u>,即对各国或地区法律解释适用的方法从事比较分析,期能更深刻理解各国或地区法律发展及判例学说演变的内在过程。⑦

第三款 被比较的国家或地区

在决定研究课题后,应考虑选择哪些国家或地区作为比较研究对象?此涉及若干问题:研究课题本身的性质、法系归属、语言能力等。例如研究题目为产品责任时,中国台湾地区属大陆法系(尤其是德国法系),其被比较的应包括德国法并兼及法国法;美国法的产品责任(products liability)具创造性,虽属不同法系,自应包括在内。又欧盟关于产品责任的指令整合欧盟各国的法律,影响及于世界各国或地区立法,亦应列入,借以探究产品责任在国际上的发展趋势。

第四款 法　　源

比较法旨在比较不同国家或地区的法律,法律涉及法源问题,其比较

---

⑥ 关于法系理论与比较法研究 Zweigert/Kötz（注①书），S. 40；关于法系的功用，Kötz, Abschied von der Rechtskreislehre?, ZEuP 1998, S.495.

⑦ Fikentscher, Methoden des Rechts in vergleichender Darstellung, Bd. IV, Dogmatischer Teil (1997); Hager, Rechtsmethoden in Europa (2009); Vogenauer, Die Auslegung von Gesetzen in England und auf dem Kontinent (2001).

的对象不应限于法条,而成为所谓的"条文比较",至少扩张深入及于判例(实务)及学说见解(理论),以探究法适用上的各种动态因素及形成过程。⑧ 此种法源的深化由于相关信息的获得日益便利而容易实现。单纯法条比较不能发现法律的变迁及活的法律。例如关于无权利能力社团,台湾地区"民法"未设明文,《德国民法》第 54 条规定:"就无权利能力社团,适用关于合伙的规定,以该社团名义与第三人为法律行为时,由该行为人负责,行为人有多数时,负连带债务人责任。"若径以《德国民法》有此明确条文而以此为德国法院所适用的法律,认为台湾地区法应予参照适用时,难免发生误会。盖本条之所以明定关于无权利能力社团应适用合伙的规定,乃在迫使工会、政党等无权利能力社团,办理社团登记,以便管理。德国通说(判例及学说)认为此项规定忽视了社会现实及社团的性质,强调关于无权利能力社团应准用社团规定,变更了《德国民法》第 54 条的规范意旨及规范内容。⑨

第五款　功能性的比较方法

功能性(Functionality)是比较法方法论的基本原则,并作为前述研究方法(被比较国家或地区、法源范围等)的基础。⑩ 每个社会的法律实质上均面临相同或类似的问题,不同的法律制度以不同的方法解决处理相同的问题。因此从事比较研究时,必须从功能的角度,作为提出问题的出发点。在表述问题时,须不受台湾地区法律制度体系上的概念所拘束。例如不要这样提问:"台湾地区外法关于赠与契约有无书面方式的规定?"较好的提问是:"如何保护赠与人免予轻率订立契约而受其自身行为的拘束?"此在同一法系不同国家或地区法律从事比较研究时(如比较中国台湾地区与德国法上的缔约过失责任),固须注意及之,就不同政治社会制度(如中国大陆《物权法》与台湾地区的"物权法"),或不同法系的国家或地区进行比较研究时(如比较中国台湾地区与美国的人格权制

---

⑧ Vogenauer, Source of Law and Legal Method in Comparative Law, in: Reimann/ Zimmermann (注③书), p. 870.

⑨ Larenz/Wolf, Allgemeiner Teil des Bürgerlichen Rechts (9. Aufl. 2004), S. 210; Brok Allgemeiner Teil des Bürgerlichen Gesetzbuch (2. Aufl. 2006), S. 92f.

⑩ Zweigert/Kötz (注①书), S. 43; Michaels, The Functional Method of Comparative Law, in: Reimann/Zimmermann (注③书), p. 339.

度),更应重视,因为二者之间缺少相对应的概念体系,不容易发现要研究的内容。准此以言,功能性对比较法研究具有两个作用:

1. 消极言之:功能性的比较研究,必须摆脱台湾法上概念的先入为主之见,避免从法释义学(Rechtsdogmatik)的立场探寻法律[11],不可让台湾法的体系观念遮蔽视线,致不能针对具体事实,检视问题,对自己提出的原始问题进行反省。

2. 积极言之:功能性可以告知寻找台湾问题的解决方法,如何进入外国法相对应的领域,有助于增加法律体系的想象力。纵使在例外情形,找不到解决相关问题的法律,亦值得从事比较的思考,即为何不存在相对应的法律规范?是否因为习俗和社会习惯足以满足社会需要,致未演变成为明确的法律形式?或是因为台湾法上的规定系在满足精细构造法典在理论体系的完美,实际上是多余,并无必要。此更涉及不同社会的正义观念。又法律制度的形成与否,亦有为历史的偶然事件,非尽属有计划的设计。

第六款 各国与地区报道、异同比较、分析说明

一、各国与地区报道

对某一法律问题的比较(如要约拘束力、纯粹经济损失),通常采各国与地区报道(Country report)的方式,即对被比较的国家或地区的法律,整理对照一定的题目,分别加以说明。此种工作方式有助于较完整地了解各国或地区法律的规范机制,并易于从事比较分析。

二、异同发现及分析说明

比较法的重点在于发现关于某个问题各国或地区法律规定的"相同"(Similarities)及"差异"(Differences)。比较法究竟应重视"相同"还是"差异",应视研究目的而定,二者不可偏废。比较法的异同发现与本国法律一致时,可供印证现行法的规定或其解释适用。若有差异,可供检讨分析现行法的立法政策或解释适用。

异同发现应进一步加以分析(analyse)及说明(explain),此乃比较法的核心工作,因涉及社会经济、法律文化、正义观念等因素,须在此等因素

---

[11] Kötz, Rechtsvergleichende und Rechtsökonomische, in: Undogmatisches (2005), S. 64.

的关联上(in context)分析说明其异同。⑫ 例如关于人格权保护与言论自由的调和,美国为何在 New York Times v. Sullivan 案(1964)创设 actual malice(真实恶意)规则,在世界大多数国家多不采用,但却为台湾地区"最高法院"径为继受?

第七款　比较目的之应用

比较研究具有一定的目的,或为知己知彼,或为立法的制定修正,或为法律的解释适用,或为法律统一。因此应将比较研究的发现及分析说明应用于所设定的目的。兹举例加以说明。契约法为比较法的重要领域(Comparative Contract Law),契约法最基本的问题是,要约是否有拘束力(要约的撤销性),即要约到达相对人后,在相对人为承诺前,要约人得否撤销该要约? 在比较上有三种不同的规范模式:

1. 要约人因要约而受拘束,除要约当时声明不受拘束外,不得撤销(德国模式,《德国民法》第 145 条)。

2. 要约无拘束力,但要约人声明其有拘束力者,应受拘束。要约虽无约束力,但其撤销出于恶意,得构成侵权行为(法国模式)。

3. 要约无拘束力,纵要约人表示其有拘束力,若无约因(Consideration,对价)时,亦无拘束力(英国模式)。

此种比较法上异同发现及分析说明(契约自由、信赖原则、交易对价、避免投机)可应用于不同研究目的:

1. 深刻认识台湾法:"民法"第 154 条第 1 项规定:系采德国模式。

2. 立法政策检视:了解立法理由,检讨相关规定有无修正必要。

3. 解释适用:"民法"第 154 条第 1 项所谓"要约当时预先声明不受拘束",究系指其所为表示系属为要约(仅为要约的引诱),抑或要约得为撤销,得参照德国判例学说而为解释。

4. 法律统一:要约拘束力是国际货物买卖契约法、欧洲契约法的重要争议问题,如何规定,有几个可能性:(1) 采某国的规范模式;(2) 折中不同的规范模式;(3) 自创一个新的规范模式。1986 年《联合国国际货

---

⑫ Dannemann, Comparative Law: Study of Similarities or Differences?, in Reimann/ Zimmermann（注③书）, p. 383; Cotterrell, Is it so Bad to be Different? Comparative Law and the Appreciation of Diversity, in: Comparative Law, A Handbook (ed. Örücü/Nelken, 2007), p. 133.

物买卖公约》(International Convention on Sale of Goods)采取了折中方式,而此种方式,并为中国大陆1999年《合同法》所采纳,于第18条(要约撤销):要约可以撤销。撤销要约的通知应当在受要约人发出承诺通知之前到达受要约人。第19条(要约不得撤销的情形):有下列情形之一的,要约不得撤销:(一)要约人确定了承诺期限或者以其他形式明示要约不可撤销。(二)受要约人有理由认为要约是不可撤销的,并已经为履行合同作了准备工作。因此要了解大陆《合同法》关于要约拘束力的规定,须有比较法的认识。

关于要约拘束力(撤销性)的比较研究,有助于学习比较法,更精确认识台湾法,检视各种规范可能性,及把握法律统一性的发展趋向。⑬

第二节　人格(权)保护的比较研究

第一款　绪　　说

兹参照前揭论述,就人格(权)保护比较研究的方法,分四点加以说明:

1. 比较研究有助于认识人格的价值理念、人格保护的法律架构、现行法的解释适用的基本问题,各国或地区立法动向及国际化的发展趋势。

2. 本节标题究应使用"人格保护"或"人格权保护",涉及比较法方法论。从中国台湾地区现行法的体系概念言,应使用后者,但由于若干国家(如法国、美国)并无人格权的概念,人格保护的用语较为中性,为期兼顾,乃以人格(权)保护作为标题。

3. 被选定比较的国家和地区,包括德国、瑞士、法国、美国、中国大陆,并论及国际人权法。德国法系台湾地区"民法"的"母法",体系概念最为接近,最具比较性。瑞士属德国法系,关于人格保护有创造性的制度。法国系属大陆法系,侵权行为法具有特色,其解释适用及立法动向,值得参照。美国继受英国普通法(Common Law),关于人格保护,并发展出 Right of Privacy 及 Right of Publicity 两种权利,影响深远。中国大陆30年来民事立法有重大的进展,并以人格权益保护为核心问题。人格保护的国际

---

⑬　详细的论述,Schwenzer/Müller-Chen(注①书),S. 1-30.

化是举世共同关切的课题。

4. 本书的重点系以台湾地区现行法为中心,借比较法阐释其解释适用的争点及探究其未来发展的课题。以下论述系以德国民法为对照基准,凸显人格权保护的基本法律构造,并作为各章研讨个别问题的基础。

第二款 德 国 法

一、德国民法:对人格保护的保守态度[14]

1900年施行的德国民法是一部跨世纪的伟大民法典。关于人格的保护,学说上虽力倡应设人格权规定,但由于一方面受到以所有权为典型的支配客体论的影响,他方面亦顾虑一般化的人格权在解释适用中的不确定性,对人格的保护,乃采保守的政策,设3条规定:

1. 第12条规定姓名权:"他人对权利人使用的权利有争议,或权利人的利益因他人无权使用同一姓名而受侵害时,权利人可以请求除去侵害。有继续受侵害之虞时,权利人得提起不作为之诉。":即以姓名权为一种特别人格权(besonderes Persönlichkeitsrecht)。

2. 第823条第1项规定:"因故意或过失不法侵害他人生命、身体、健康、自由、所有权或其他权利者,应对所生损害,负赔偿责任。"生命、身体、健康、自由性质上系属人格法益(Rechtsgüte),而非特别人格权。所称其他权利,原指相当于所有权的绝对权(如无体财产权),不包括人格权。

3. 第253条规定:"对于非财产损害的赔偿,在有法律规定的情形始得请求金钱赔偿。"第847条第1项规定在身体或健康受侵害,以及剥夺自由的情形,被害人得就非财产损害的损害,请求金钱赔偿。

由上述可知,《德国民法》对人格保护有两个问题:(1) 未设人格权一般规定;(2) 非财产损害的金钱赔偿仅限于身体、健康或自由受侵害的情况。关于名誉的保护未设明文,仅能以德国刑法侵害名誉罪(《刑法》第185条以下)作为《德国民法》第823条第2项保护他人的法律而为适用。

此种法律状态持续到第二次世界大战结束(1945),并无突破性

---

[14] 德国人格权的发展史,Götting, Geschichte des Persönlichkeitsrechts, in: Götting/ Schertz/ Seitz (Hrsg.), Handbuch des Persönlichkeitsrechts (2008), S. 24f.; Scheyhing, Zur Geschichte des Persönlichkeitsrechts im 19. Jahrhundert, AcP 158, 503.

发展。

二、从特别人格权到一般人格权

（一）特别人格权

在德国人格权发展上值得提出的是，为强化对肖像（Bildnis）的保护，于 1907 年制定的艺术及摄影作品著作权法（Kunsturhebergesetz，KUG）明定肖像权，加以保护（KUG § 22—24）。1976 年施行的著作权法废除艺术著作权法，但仍保留其关于肖像权的规定（URHG § 60）。又著作权法亦明定著作人格权（Urheberpersönlichkeitsrecht，URHG § 12—14）。因此在德国法上有三个特别人格权：规定于民法的姓名权，规定于著作权法的肖像权及著作人格权，后二者的规定对于一般人格权的发展及内容形成（尤其是关于死者人格权）具有重要的作用。

（二）一般人格权

第二次世界大战后，德国因经历了残害人权的暴政，乃于 1945 年的《德国基本法》（Grundgesetz）的第 1 条及第 2 条宣示人性尊严及人格自由发展为最高法律原则及法律价值，应受尊重。⑮ 为补充《德国民法》对人格保护的不足，德国联邦最高法院（BGH）与德国联邦宪法法院（BVerfGE）共同协力以《德国基本法》第 1 条第 1 项及第 2 条第 1 项为依据建构了"一般人格权"（Allgemeines Persönlichkeitsrecht）。⑯

1. 创设一般人格权，肯定其系私法上的权利，为《德国民法》第 823 条第 1 项所称"其他权利"，并认为人格权系受宪法保障的基本权利。

2. 一般人格权被侵害时，除财产上损害外，被害人亦得以《德国基本法》第 1 条第 1 项及第 2 条第 1 项为基础，请求非财产上损害的金钱赔偿⑰。

3. 为进一步强化对人格的保护，德国联邦法院肯认人格权具有精神及财产双重构成部分；死者的精神利益受侵害时，由其指定之人或亲属代

---

⑮ 《德国基本法》第 1 条规定："（一）人之尊严不可侵犯，尊重及保护此项尊严为所有国家机关之义务。（二）因此，德意志人民承认不可侵犯与不可让与之人权，为一切人类社会以及世界和平与正义之基础。（三）下列基本权利拘束立法、行政及司法而为直接有效之权利。"第 2 条规定："（一）人人有自由发展其人格之权利，但以不侵害他人之权利或不违反宪政秩序或道德规范者为限。（二）人人有生命与身体之不可侵犯权。个人之自由不可侵犯。此等权利唯根据法律始得干预之。"一般人格权的创设系以第 1 条第 1 项结合第 2 条第 1 项为依据。

⑯ BGHZ 13, 334—Leserbriefe（读者投书案）; BVerfGE 54, 148—Eppler.

⑰ BGHZ 26, 349—Herrenreiter（骑士案）.

为行使妨害防止的救济方法;姓名、肖像等人格特征,具有财产价值,得为继承,由继承人行使其权利。[18]

须再强调的是,前述德国战后一般人格权的建构系基于联邦最高法院与联邦宪法法院的协力,即普通法院每一个关于人格权突破性的判决,均经由宪法诉愿,而受到联邦宪法法院合宪性的检验。最近若干联邦宪法法院的判决也受到欧洲人权法院(EGMR)是否违反《欧洲人权公约》规定的审查,认定其是否符合国际人权基准。[19]

三、人格保护百年发展的变迁

《德国民法》关于人格保护由保守的立场,经过一百年的变迁,发展成为具有前瞻性的规范体系。此项革命性的演变,不是借助立法,在20世纪70年代虽有制定保护人格的立法草案,但因舆论反对激烈,未获通过。2002年损害赔偿法涉及人格权的,系删除《德国民法》第847条规定,修正第253条,将关于侵害身体、自由、健康的慰抚金请求权移置于损害赔偿的一般规定,使其亦得适用于因债务不履行、无因管理、危险责任侵害此等法益的情形。德国法关于人格保护的改造全赖法院造法及学说理论,由数以百计的具体案件以接力赛的方式,建构而成,体现法律生命的开展与实践,将于相关部分再作详细说明。

第三款 瑞 士 法

一、瑞士法:人格关系、人格、人格权[20]

中国台湾地区"民法"基本上系继受德国民法,但关于人格保护却采瑞士立法例。《瑞士民法》第28条第1项(旧)明定:"人格关系,受不法之侵害者,得请求除去其侵害。关于损害赔偿,或给付慰抚金之请求,仅于法律设有规定时,始得以诉讼提起之。"1982年修正的《瑞士民法》于第28条第1项规定:"人格受到不法侵害时,为寻求保护,得向法院起诉加害人。"其最大的特色及贡献在于对人格保护设概括的规定,并将"人格

---

[18] BGHZ 143,214 = NJW 2000,2195—Marlene Dietrich(关于德国法上人格权的精神与财产价值)部分双层构造(ideeller und vermögenswerter Bestandteil des Persönlichkeitsrechts)的理论及发展,参见本书第七章。

[19] 关于 Caroline-Urteil und die Rechtsprechung des Bundesverfassungsgerichts (2004)。

[20] 以下关于瑞士民法上人格权的说明,参见 Bohne, in: Götting/Schertz/Seitz(注[14]书),S. 1131; Bucher, Natürliche Personen und Persönlichkeitsschutz (3. Aufl. 1999)。

关系"(Persönlichkeitsverhältnis)修正为"人格"(Persönlichkeit),判例学说更称之为人格权(Persönlichkeitsrecht)。此种概括条款式的规定,具开放性,备受肯定,并影响及于德国一般人格权的发展。

由于瑞士民法对人格保护设有概括规定,其关于人格权的内容形成并未借助宪法(基本权利)。2000年新修正的《瑞士联邦宪法》第35条第3项虽明定基本权利的间接第三人效力,但由于瑞士并无宪法法院,关于《瑞士民法》第28条符合宪法的解释,系由联邦法院承担其法律发展的任务[21]。

二、侵害人格的违法性

《瑞士民法》关于人格保护的一项重要特色系强调人格权不仅是一种人格利益的价值归属,更是一种防御权(Persönlichkeitsrecht als Abwehrrecht),体现于其《瑞士民法》修正第28条A以下规定:

1. 违法性的推定:《瑞士民法》第28条第2项规定:"除受害人允许,或因重要的私益或公益或依法律规定能提供正当理由的情形外,其他侵害行为均为不法。"

2. 侵害禁止、除去、预防措施:(1)《瑞士民法》第28条A规定:① 原告得向法官申请:a. 禁止即将面临的侵害行为。b. 除去已发生的侵害行为。c. 侵害行为仍然存在时,确认其不法性(违法性确认之诉)。② 原告尤其可以请求消除影响或将判决通知第三人或公开。

(2)第28条C规定:① 凡经初步证明,其人格已受到不法侵害,或有理由担心该侵害会发生且因此可能对其造成不易补救之损害时,可申请有关预防措施的命令。② 法官尤其可以 a. 出于预防目的禁止或除去侵害,b. 出于保全证据目的采取必要措施。③ 侵害行为会导致非常严重的损害,其显然无支持理由,且采取的措施又并非不合理时,在此条件下,出于预防目的,法官可以禁止或除去经由周期性出版媒介所施加的侵害。

三、救济机制

《瑞士民法》关于侵害人格的救济方法,除前述不作为之诉,除去之诉及确认之诉外,尚有以下3种请求权:

1. 财产上损害赔偿(Schadensersatz,《瑞士民法》第28条之3,《瑞士

---

[21] Hausherr/Aebi-Müller in: Koziol/Warzilek (eds.), Persönlichkeitsschutz gegenüber Massenmedien (2005), S. 345; BGE 124 I 86f.

债务法》第49条)。瑞士民法上的Schadensersatz的概念专指财产上损害而言。

2. 慰抚金(Leistung einer Geldsumme als Genugtuung,《瑞士民法》第28条之3,《瑞士债务法》第49条)。此系针对非财产上损害,以严重人格侵害为要件。此项"慰抚金"的概念为台湾地区"民法"第18条第2项所继受,并为德国实务认定非财产上损害金钱赔偿的性质所采用。

3. 获利返还请求权(Gewinnherausgabeanspruch):《瑞士民法》第28条之3规定,人格权被侵害时,被害人得依无因管理规定(Geschäftsführung ohne Auftrag)请求利得返还(《瑞士债务法》第423条)。此为比较法上甚有特色的规定,将于相关部分再为详论。

第四款　法　国　法

一、侵权行为法的概括规定与人格保护[22]

(一) 侵权行为法的概括保护原则

要了解法国法上的人格保护,最好的方法是与德国民法加以比较。如前所述《德国民法》关于人格保护设有两个限制:(1) 受保护的人格利益限于姓名权(《德国民法》第12条),及生命、身体、健康、自由(《德国民法》第823条第1项)。(2) 非财产损害的金钱赔偿限于法定情形(《德国民法》第847条身体、健康、自由)。法国民法系采概括性的保护原则:

1.《法国民法》第1382条规定:"因过失(Faute)侵害他人者,应负损害赔偿责任"其所保护的,未设限制,包括人格利益。人格保护"Protection de la Personnalité"的范围甚广,例如与有配偶者通奸,系侵害他方配偶的人格,应成立侵权责任(Crim. 17. 10, 1956, D. H. 1957, 245)。

2. 其应赔偿的包括所有损害,法律条文并未区别财产上损害与非财产上损害(dommage moral)。早期有认为就非财产上损害不得请求金钱赔偿,或应限于受刑罚制裁的行为等。今日通说则认为损害应包括二者,同等并视,在实务上亦认为对加害人为一定金额的损害赔偿时,并无必要

---

[22] 以下关于法国法上人格权的发展,Trebs, § 63 Frankreich, in: Götting/Schertz/Seitz (注⑭书), S. 1059; Ferid/Sonnenberger, Das Französisches Zivilrecht, Band 1/1, (2. Aufl. 1994); Trebes, Zivilrechtlicher Schutz der Persönlichkeit vor Presse-veröffentlichungen in Deutschland, Frankreich und Spanien (2002)。

叙明财产上损害或非财产上损害部分。法院判决特别提及非财产上损害时，多认为其金额应视个案情况而定。一般言之，金钱数额偏低，其理由为对此种非财产损害赔偿原采排除态度，今日则显已提高。

二、人格保护的权利化

《法国民法》第1382条的概括条款，使人格受到宽广的保护，诸如公开他人信件，散布他人性爱照片，无权使用他人姓名等，皆构成侵权行为，应负损害赔偿责任。因在法国法上并无发展出"一般人格权"概念的必要，事实上亦无此项权利的存在。但学说理论则常区别不同的人格权（Droits de la Personnalité）用以探讨何种人格利益具有权利的地位，诸如droit au secret des lettres confidentielles（信件私密权）、droit à l'image（肖像权）、droit au nom（姓名权）、droit au secret de la vie privée（隐私权）等已成为通用的概念，此等概念显现不同人格保护范围转变为个别人格权的发展动向。此项权利地位的肯定，其实益在于被害人除损害赔偿外，亦得主张不以加害人具有过失为要件之预防性的不作为请求权。

三、《法国民法》第9条的增订

《法国民法》制定于1804年，近二百年来，关于人格的保护系以适用民法第1382条为依据而为解释适用。值得特别提出的是，最近特别增修《法国民法》第9条创设两个个别人格权：

1. 私生活应受尊重的权利。1973年《法国民法》增设第9条规定："任何人享有对其私生活应受尊重的权利"。立法背景系因于20世纪60年代科技进步（例如远程照相机、窃听录音设备）构成对个人私生活侵害，有经由立法加强保护的必要。实务上对私生活作广义的解释，受保护者有无知名度在所不问（quelle que soit la notoriété），其保护范围除空间（如房屋、旅馆房间、汽车内部）外，并包括身体隐私，强调身体隐私乃私密殿堂，涵盖性关系、裸体、健康、怀孕及死亡，例如某著名演员对其怀孕的状态要求保守秘密时，报纸不得报道。此外私生活尚包括个人及家庭生活、性爱关系、婚姻关系（分居或离婚）、政治及宗教信仰个人资料等。

2. 刑法上的无罪推定。1990年增设《法国民法》第9条之1规定："任何人享受刑法无罪推定的权利"。在法国无罪推定系一种人权，经宪法委员会（Conseil constitutionnel）提升为宪法原则，欧洲人权公约第6条亦设有明文，《法国民法》第9条之1将之定性为一种主观权利，其主要目的在于保护个人不受新闻媒体的侵害，并规范言论自由与无罪推定的关系。其所涉及的实为对名誉特别侵害问题,学说上认为将无罪推定明定为一种主观权利,其优点在于其侵害要件具备时,即得采取假处分的措施,提前受到必要的保护。

第五款 美 国 法

一、普通法上侵权行为法与人格保护

普通法(Common Law)(以英国法为主,包括美国法)上的侵权行为法(Law of Torts),系由多种个别的侵权行为(Torts)所构成,各有其要件及法律效果,并无一种对人格为概括保护的侵权行为(Tort)。保护人格利益的侵权行为可分为三类:

1. 人身侵害(trespass to person),例如 assault(殴打)、battery(胁迫)、false imprisonment(不法拘禁)。

2. Defamation(诽谤),包括 slander(文字)及语言(libel)的侵害方式,均以保护名誉利益(interest in reputation)为内容,其区别系属于历史因素,并无实质理由。又英国法上的 Defamation 侵权行为系采严格责任,不以加害人有过失为要件。

3. 其他关于私密的保护方法,例如 breach of confidence(违反信任侵权行为)。[23]

二、美国法上的 Right of Privacy、Right of Publicity 及言论自由[24]

美国继受英国侵权行为法,但关于人格保护有两个重大发展,一为创设 Right of Privacy 及 Right of Publicity;一为调和言论自由与人格保护,将于相关问题作详细论述[25],以下先作简要说明。

(一) Right of Privacy 及 Right of Publicity

1. Right of Privacy(隐私权)

美国法对人格保护最大的贡献在于创设 Right of Privacy(隐私权)。1890 年,两位波士顿著名律师 Warren 及 Brandeis 认为报纸刊物报道散布

---

[23] 英国普通法上对人格保护因受欧洲人权公约(1950)及英国人权法(Human Rights Act 1998)的影响,有重要的变迁,尤其是在隐私保护(privacy)与媒体的关系方面。参见 Tugendhat/Christie, The Law of Privacy and the Media (2002)。

[24] 美国法上的诽谤侵权行为与言论自由,Right of privacy 与 Right of publicity 将在本书第七章、第八章作详细说明。

[25] 本书第八章。

私人隐密事物严重侵害个人的人格利益,乃于哈佛大学法律评论发表了对隐私的权利(Right to Privacy)的论文㉖,以英国诽谤侵权行为、侵害所有权,违反其他传统的侵权行为为依据,认为普通法上存在着一种保护隐私的法律原则,得据以保护个人不受报纸、摄影者或其他拥有现代录音、重制情景者的侵害。此项法律见解于1902年为法院首次采用㉗,陆续为各州法院所肯定。

隐私权能成为美国侵权行为的基本原则,尚应归功于Prosser教授于1960年于加州评论所发表的隐私权的论文㉘,综合整理数以百计的相关判决,将隐私权归纳为四个类型,为美国各州所共采:(1) *intrusion*(侵入他人私领域,如窃听录音);(2) *public disclosure*(公开揭露,如报道令人难堪的陈年旧事);(3) *false light*(扭曲形象,如伪造访问);(4) *appropriation*(无权使用他人肖像姓名、以图己利)。此乃侵害隐私权的四种侵权行为,其共同原则系侵害个人享有自我独处,不受干扰的权利(right to be let alone);受保护的是精神利益,被害人得请求精神痛苦赔偿金及财产上损害(如所失利益)。侵害出于恶意(malice)时,并得请求惩罚性赔偿金。隐私权不得让与或继承。

2. Right of Publicity(公开权)

隐私权所保护的是精神利益,加害人擅用他人的姓名、肖像或其他人格特征为商业广告加以强制商业化,以获取利益时,被害人难以隐私权受侵害请求保护。为此,美国著名的法官Jerome Frank在1953年Haelan Laboratories, Inc. v. Topps Chewing Gum, Inc. 案㉙创设一种称为Right of Publicity(公开权)的权利,认为个人对姓名等所体现的特征,有一种支配的权利,得消极地排除他人的侵害,积极地允许他人使用,以实现其所具有的财产价值。美国联邦最高法院1977年在Zacchini v. Scripps-Howard Broadcasting Co. 案㉚肯定Right of Publicity,渐为多数州的立法或法院所

㉖ Warren/Brandeis, The Right to Privacy, 4 *Harv. L. Rev* 193 (1890).

㉗ 参见Roberson v. Rochester Folding Box Co., 64 N.E. 442, 443 (1902),纽约州上诉法院采否定见解。在Pavesich v. New England Life Insurance (122 Ga 190, 1905),华盛顿州最高法院首次肯定隐私权。

㉘ Prosser, Privacy, 48 *Cal. L. Rev.* 383f. (1960).

㉙ 202 F.2d 866 (2d Cir. 1953).

㉚ 433 U.S. 562, 564 (1977).

采取。Right of Publicity 旨在保护财产利益,被认定系一种无体财产权,得为让与或继承。

(二) 言论自由与人格保护

美国法一方面强化人格的保护,他方面亦强调言论自由,而发生二者如何调和的问题,在利益衡量上偏重优先维护言论自由。1964 年在 New York Times v. Sullivan 案[31],美国联邦最高法院以宪法修正案第 1 条保护言论自由的意旨,将普通法上的诽谤侵权行为法加以宪法化,将无过失原则(strict liability)修正为真实恶意规则(actual malice rule),即关于政府官员的诽谤须由被害人证明行为人系明知其陈述的事实非属真实或轻率(reckless)不顾其是否真实,始足成立侵权行为。判决理由强调,此项宪法规则的创设旨在避免诽谤侵权行为产生寒蝉效果,保留言论自由喘息的空间,能够对于公共议题不受限制、强壮有力,以及完全的开放,即使这些言论,可能对政府或政府官员尖酸刻薄及令人不快的攻击。基于此项真实恶意规则,美国联邦法院以一连串的判决形成了以被害人(公众人物、一般私人)与议题(公共议题,私人议题)为基础的规范类型。此种以被害人的身份(Status)所构成的规范体系,以言论自由优先原则,适用于诽谤、隐私等领域。不过多数国家包括德国、法国、欧洲人权法院,系就个案为利益衡量,不同的思考方法对如何调和人格保护与言论自由,具有重大的启示。

第六款　中国大陆

一、人格保护与社会变迁[32]

中国大陆人格保护的演变,有助于了解人格权的价值理念、法制建构及社会变迁。中华人民共和国于 1949 年 10 月 1 日成立后,随即废除国民政府的六法全书,其后历经各种政治运动,人格尊严及人身自由迭遭残害(尤其是"文化大革命")。直至 1978 年实行改革开放,始逐渐建立市场经济及保护私有财产的法制,开始强调以人为本的思想,使人格保护成为立

---

[31] 376 U.S. 254 (1964).

[32] 人格权法是中国大陆立法司法实务及学者研究的重点,论著甚多,参见杨立新主编:《中国人格权法立法报告(2005)》;关于 2009 年制定(2010 年施行)的侵权责任法,王胜明主编、全国人大法工委民法室:《〈中华人民共和国侵权责任法〉条文解释与立法背景》,人民法院出版社 2010 年版;王利明、周友军、高经平:《中国侵权责任法教程》,人民法院出版社 2010 年版。

法及学术研究的重要课题。

二、从1986年的《民法通则》到2009年的《侵权责任法》

(一)《中华人民共和国民法通则》

中国大陆于1986年制定《中华人民共和国民法通则》(以下简称《民法通则》),系新中国成立后第一部法典,可称为民事权利宣言,其主要目的系在重建权利(私权)概念、权利体系(主体、客体)及权利保护体系。关于人格保护,设有人身权,包括人格权与身份权。明定生命健康权(第98条);姓名权、名称权(第99条);肖像权(第100条);名誉权(第101条);公民、法人享有荣誉权,禁止非法剥夺公民、法人的荣誉称号(第102条);婚姻自主权,禁止买卖、包办婚姻和其他干涉婚姻自由的行为(第103条)等。为保护人身权益,《民法通则》第106条第2项规定:"公民、法人由于过错侵害国家的、集体的财产,侵害他人财产、人身的,应当承担民事责任。"第119条规定:"侵害公民身体造成伤害的,应当赔偿医疗费、因误工减少的收入、残废者生活补助费等费用;造成死亡的,并应当支付丧葬费、死者生前扶养的人必要的生活费等费用。"第120条规定:"公民的姓名权、肖像权、名誉权、荣誉权受到侵害的,有权要求停止侵害,恢复名誉,消除影响,赔礼道歉,并可以要求赔偿损失。法人的名称权、名誉权、荣誉权受到侵害的,适用前款规定。"值得注意的是,最高人民法院关于人格权作出若干重要的司法解释加以补充[③],例如侵害他人的姓名权、名称权、肖像权、名誉权、荣誉权而获利的,侵权人除依法赔偿受害人的损失外,其非法所得应当予以收缴[1988年《最高人民法院关于贯彻执行〈中华人民共和国民法通则〉若干问题的意见(试行)》第151条]。

(二)《中华人民共和国侵权责任法》

中国大陆继《合同法》(1999)及《中华人民共和国物权法》(2007)后,于2009年制定《中华人民共和国侵权责任法》(以下简称《侵权责任法》),自2010年7月1日施行。立法政策及法律技术上最关键的问题是,关于一般侵权行为究采概括条款或列举主义。经过反复讨论,最后采取折中原则。于第2条规定:"侵害民事权益,应当依照本法承担侵权责

---

③ 例如《最高人民法院关于确定民事侵权精神损害赔偿责任若干问题的解释》(2001年3月8日);《最高人民法院关于死亡人的名誉权应受法律保护的函》(1989年4月12日)等。

任。本法所称民事权益,包括生命权、健康权、姓名权、名誉权、荣誉权、肖像权、隐私权㉞、婚姻自主权、监护权、所有权、用益物权、担保物权、著作权、专利权、商标专用权、发现权、股权、继承权等人身、财产权益。"又第6条第1项规定:"行为人因过错侵害他人民事权益,应当承担侵权责任。"

此两条规定的特色有二:(1) 受保护的包括权益(权利及利益),同于《法国民法》第1382条的概括原则,其不同于法国民法的是,例示重要的"民事权益"。(2) 不采违法性,此点异于德国民法,而同于《法国民法》第1382条。所称人身权益,解释上应包括人格权益及身份权益,人身是上位体系的概念。值得注意的是,侵权责任法未提及人格权或人格权的概念,由此可知侵权责任法未采一般化人格权的概念,将来的发展应该会依法律明定的"人身权益"(人格权益),以类推适用的思考方法作为创设新的"人格权益"。又须附带说明的是,第2条所列举的财产权益,在解释上应区别财产权(如所有权)及不具权利性质的纯粹性财产,即所谓纯粹经济损失(Pure economic loss)。又列举的财产权益中未包括债权,法院如何解释适用《侵权责任法》第2条的规定,应值注意。

关于侵害人身权的救济方法,第15条规定:"承担侵权责任的方式主要有:(一) 停止侵害;(二) 排除妨碍;(三) 消除危险;(四) 返还财产;(五) 恢复原状;(六) 赔偿损失;(七) 赔礼道歉;(八) 消除影响、恢复名誉。以上承担侵权责任的方式,可以单独适用,也可以合并适用。"第20条规定:"侵害他人人身权益造成财产损失的,按照被侵权人因此受到的损失赔偿;被侵权人的损失难以确定,侵权人因此获得利益的,按照其获得的利益赔偿;侵权人因此获得的利益难以确定,被侵权人和侵权人就赔偿数额协商不一致,向人民法院提起诉讼的,由人民法院根据实际情况确定赔偿数额。"第21条规定:"侵权行为危及他人人身,财产安全的,被侵权人可以请求侵权人承担停止侵害、排除妨碍、消除危险等侵权责任。"又第22条规定:"侵害他人人身权益,造成他人严重精神损害的,被侵权人可以请求精神损害赔偿。"以上三个规定中最具中国特色的是第20条"获利赔偿问题",将于相关部分再予讨论。

鉴于中国大陆人格权法的特色及两岸法律交流日益重要,为便于理

㉞ 《民法通则》未设隐私权规定,隐私权系中国大陆侵权责任法所增设。

解,将侵权责任法上大陆人格权保护的体系列表如下：

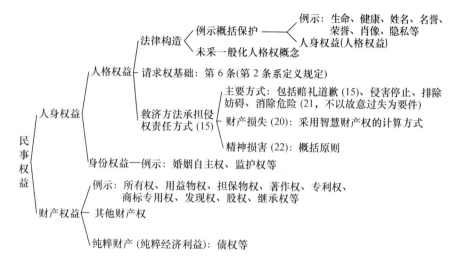

三、人格权法的制定？

中国大陆民事立法(民法典)的过程中有制定人格权法的课题。之所以要在侵权责任法外另外制定一部人格权法,其目的当在反思历史经验,强调对人格保护的重视,并凸显中国民法的特色。若决定制定人格权法时,应当会对人格权(益)的概念、性质、各种人格法益的保护范围、人格权主体(自然人、死者人格权、法人的人格权),在不法致人于死或重伤时,其近亲属的精神损害赔偿及损害赔偿金功能及量定因素、人格权益的财产价值及继承性、人格保护与言论自由等重要问题作出更详细的规定。又如何整合《民法通则》及最高人民法院关于侵权行为及人格权的解释、建构明确的规范体系,亦属重要。

第七款　国际人权法与人格保护

一、人权的国际化[35]

人权的国际化是20世纪法律发展的重大成就,联合国大会于1948年12月10日通过世界人权宣言(Universal Declaration of Human Rights),

---

[35] 参见廖福特:《人权法论丛》(2007);颜厥安、罗昌发主编:《全球化、正义与人权》,2009年版。

宣示尊重人权的原则,并开列一份可拓展的人权清单作为共同达到的标准。1966年联合国再通过两份公约,其一为《经济社会文化权利国际公约》;其二为《公民权利与政治权利国际公约》。1989年联合国大会又通过《儿童权利公约》。世界人权宣言及公约本身虽无法律拘束力,但其所确立的原则可作为文明国家共同认定的一般法律原则,或者反映一般国家实践的习惯法而发挥其作用。

二、《欧洲人权公约》与欧洲人权法院[36]

欧洲理事会于1950年参照世界人权宣言通过《欧洲人权公约》(European Convention on Human Rights),目前已有47个国家参加,标志着一种保障个人自由的共同理念。政治自由、法治精神和道德价值系构成民主制度的原则和基础。应予强调的是,《欧洲人权公约》设有欧洲人权法院(European Court of Human Rights),以完整的司法程序审理个人权利遭受侵害的申诉案件。关于人格保护,公约第8条规定:"私生活和家庭生活受尊重权:(1)人人享有私生活和家庭生活、住所和通信受尊重的权利。(2)公共权力当局对行使上款规定权利的干涉权得在法律规定的情况下进行,并且该干涉构成民主社会中所必需的,为了国家安全、公共安全、国家经济福利的利益,为了防止社会混乱或者犯罪、保护健康或道德,或保护他人权利和自由而采取的必要措施。"关于本条与相关的第10条言论自由(表达自由)的规定[37],欧洲人权法院著有丰富的判决,对于此等权利的精确化过程,作出了重大贡献。

---

[36] 参见洪德钦主编:《欧洲联盟人权保障》,中央研究院欧美研究所2006年版;洪德钦主编:《欧盟宪法》,中央研究院欧洲研究所2007年版。

[37] 《欧洲人权公约》第10条规定:"(1)每个人都拥有自由表达的权利。这一权利应当包括在不受公共部门干涉、国家疆界的局限的情况下持有观点以及接受和传播信息和思想的自由。本条不应当阻碍各国对广播、电视或电影企业规定营业许可。(2)因为行使上述各项自由负有职责和责任,故而有可能受到下列手续、条件、限制或者处罚的约束;这些约束由法律所规定;在民主社会中是必需的;合乎国家安全、领土完整性或公共安全等利益;出于防止无序或犯罪;出于保护健康或道德;出于保护他人的名誉或权利;出于防止披露秘密获得的信息;或者出于维护司法机关的权威和公允。"

第三节　比较法与台湾地区人格权法的发展

第一款　比较法上的观察

第一项　规范模式异同

关于人格保护,前已就德国、瑞士、法国、美国及中国大陆的基本法律架构加以说明,兹为便于了解其异同,列表如下:

国家或地区	法律上规范模式	发展及特色
德国	12:姓名权(特别人格权) 823:生命、身体、健康、自由(法益) 253:精神损害金钱赔偿 限于法定情形{847 身体、健康、自由}	1. 以基本法1I及2I为依据创设一般人格权 2. 以基本法1I及2I为依据创设侵害人格权的精神损害金钱赔偿 3. 创设人格权的双重内容{精神利益:死后由指定之人或亲属代为行使／财产利益:得为继承}
瑞士	瑞民28:人格关系的概括保护 救济方法{侵害禁止、除去请求权／财产上损害(瑞民28、债务法49)／慰抚金:精神损害 金钱赔偿(瑞民28、债务法49)}	1. 瑞民28:"人格关系"修改为"人格" 2. 瑞民28A-K:侵害人格的违法性
法国	法民1382条采概括条款,受保护的,不区别权利或利益,人格亦包括在内	1. 受保护人格利益的扩大 2. 个别人格权(法民9)增订{私生活的尊重／刑法上无罪推定的尊重}
美国	普通法(侵权行为法)对人格的保护:Trespass to person(人身侵害)Defamation(诽谤)等	1. 二种权利的创设 (1) Right of Privacy:精神利益,不得让与、继承 (2) Right of Publicity:财产利益,得为让与、继承 2. 言论自由与人格保护
中国大陆	1. 民法通则:个别人格权益的列举 2. 侵权责任法:个别人格权益的例示概括原则	1. 未设一般化的人格权 2. 人格权法的制定

第二项 分析说明

各国或地区关于人格保护的基本法律架构的异同,可分三点加以分析说明:

1. 不同的规范模式

前述德、瑞、法、美、中国大陆各有不同的规范模式,并发展出不同的制度。在大陆法系,《德国民法》采列举主义,但法院以《德国基本法》第1条及第2条第2项为依据创造一般人格权严谨复杂的规范体系。《法国民法》对侵权行为法上受保护的利益,采概括原则,包括人格利益,实务上致力于明确保护范围,而逐渐形成了个别人格权。《瑞士民法》的特色系对人格保护采概括条款,由人格关系发展为人格、人格权的概念。在中国大陆,《民法通则》对人格权益采列举规定。侵权责任法改采例示的概括保护立法方式。美国在传统普通法上的侵权行为(Torts)创造了隐私权(Right of Privacy)及公开权(Right of Publicity),虽无人格权的一般概念,但建构了广泛的保护机制。

2. 法律文化与人格保护机制的发展

各国或地区法律均面临人格保护问题,均遭遇相同的挑战(科技进步、媒体发达、企业竞争),其所设计法律机制,虽有不同,但其结果多属相似,其所以存有差异(如德国发展出一般人格权,瑞士民法强调侵害人格的违法性,《法国民法》增设第9条,中国大陆将列举式的人格权益改为例示性的概括保护,美国法创设隐私权及公开权),系受到不同侵权行为法结构、宪法基本权利、社会政治变迁及法律文化的影响。此实为研究人格权比较应予重视的问题。

3. 立法、法官与法学教授[38]

任何一个国家或地区法律的发展均受到三个因素的影响:立法者(法院)、法官(司法)及学者(学说)的影响。此三者所扮演功能及地位(影响力)的不同决定了一个国家法律的风格。一般言之,在大陆法系(尤其是德国)学者最受尊重,在英美普通法系法官居于主导的地位。人格权的发展较少借助于立法。《瑞士民法》第28条修正系建立在实务之上。《法

---

[38] 参见 van Caenegem, Judges, Legislators and Professors (1992),薛张敏敏译:《法官、立法者与法学教授》,北京大学出版社2006年版。

国民法》增订第 9 条乃在肯定向来以法院判决作为继续发展的法律基础。《德国民法》关于人格保护规定百年来并无变动,人格权的演变系由法官与学者所主导。在 1890 年,美国法上的 Right of Privacy 的诞生系源由 Warren 及 Brandeis 二氏发表的论文,由法院应用于判决,再由 Prosser 教授建构理论体系,充分体现学者与法官协力的重要性。德国人格权法在"二战"后的发展系法官造法的成果,并经由学者提供了释义学的理论基础。人格权法是案例法(Case Law),个案比较乃成为必要的研究方法。

第二款　台湾地区人格权发展的重要课题

第一项　规范体系的建构

关于台湾法上人格保护的规范机制,前已说明,参照前揭比较法的说明更可认识其特色。兹为便于观察,将现行法上的相关规定列表如下:

现行条文 \ 比较法	立法例	现行法特色
18:人格权	瑞民 28 条	将"人格关系"改为"人格"
19:姓名权	1. 德民 12 条 2. 瑞民 29 条	明定姓名权为一种特别人格权
184 I 前段:权利	1. 德民 823 I 2. 瑞债 49	将德民 823 I:"生命、身体、健康、自由"加以一般化为"权利"(包括人格权)
195 { 修正前(195 I):德民 253.947(修正前) 修正后(195 III):受德国实务影响		1. 修正前慰抚金请求权系采列举主义。修正后采概括原则 2. 区别人格法益与身份法益(瑞士民法的人格关系或人格包括身份法益)
227 之 1:债务不履行法上人格权保护	1. 尚未发现类似立法例 2. 相当于新修正德民 253 II	1. 为台湾地区"民法"所创设 2. 此为契约责任与侵权责任,在实务上将法条竞合修正为请求权竞合后的重要发展

第二项　中国台湾地区"民法"上的人格权与德国民法上的一般人格权

台湾地区人格权立法与实务的发展，深受德国法的影响，对二者人格权结构的异同，加以说明，有助于比较法上的运用：

1. 《德国民法》(1900)原未设人格权，仅设有姓名权(第12条)，其后于《艺术著作权法》(1907)增设肖像权。"二战"后由德国联邦法院及联邦宪法法院创设"一般人格权"(Allgemeines Persönlichkeits-recht)，以强化对名誉、隐私、信息自主等的保护，即由特别人格权(姓名权、肖像权)，发展到一般人格权，具填补人格权保护漏洞的功能，对人格权作较周全的保护。

台湾地区"民法"自始就肯定一个概括性的人格权(第18条)，并明定各种人格法益(特别人格权第19条、194条、195条)，其法律构造及发展乃人格权的个别化或具体化。侵害特别人格权(如生命、隐私)即属对人格权的侵害。学说上有认"民法"第18条所规定的人格权为一般人格权，此乃在强调人格权一般性，其意义及功能不同于德国法上一般人格权，应予注意。

2. 德国"一般人格权"的产生及变迁，系以纳粹政权残害人权为其历史经验，以《德国基本法》(第1条第1项及第2条第1项)保障的人性尊严作为依据，经由联邦法院及联邦宪法法院(宪法诉愿)共同协力加以实践，关于侵害"一般人格权"精神损害的金钱赔偿仍然以《德国基本法》第1条第1项及第2条第1项为请求权基础，不使用Schmerzensgeld(痛苦金)，而称为Entschädigung in Geld(金钱上赔偿)。

台湾地区私法上人格权的发展系以"民法"为基础。20世纪80年代后也发展出"宪法"上人格权，其所涉及人格权"宪法"化的问题，将于相关部分加以说明。兹为便于观察，将中国台湾地区及德国人格权法结构，图标如下：

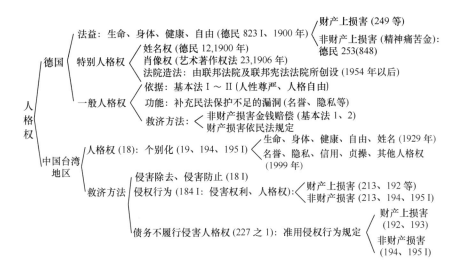

据上说明可知中国台湾地区人格权的构造及发展方式不同于德国法,在参考德国法从事比较研究(包括立法及司法解释)时,应予注意。中国台湾地区人格权的结构具逻辑合理性。德国法则历经一百年的变迁,创设概括性的一般人格权,并克服德国民法非财产上损害金钱赔偿的限制,在法律不备的情形下,"无中生有"凸显法院造法的功能,产生了丰富的案例,并在人格权的构造(精神及财产部分)、死者人格权保护有突破传统见解的发展,充分体现法律实践人格利益保护的生命力。由上揭可知,中国台湾地区人格权的规范架构系建立在比较法之上,然此并非是盲目的抄袭,而是具有前瞻性、创设性的整合,其最大的特色在于采用人格权的概念,并在法律上加以具体化为特别人格权,界定其保护范围。此种概括例示的立法方式在统一性概念上,得对人格权作完整的保护(包括受保护的利益及精神损害赔偿),并得纳入现行法上的权利体系,实有助于法律的解释适用及未来的发展。

第三项 案例比较与实务发展

人格权法是案例法(case law),由法院的裁判所构成。中国台湾地区实务上遇到若干有待突破的问题,诸如慰抚金量定基准、死者人格权的保护、人格权的财产性质商业化及获利返还、人格权保护与言论自由。比较法上的案例具有参考价值,类同的案例,可供比较,新的案例可供省思。

值得提出的是,"司法院"近年来有计划地发行德国联邦宪法法院裁判选辑、美国联邦最高法院宪法判决选译及日本国最高法院裁判选译三套丛书,深具意义,分三点言之:

1. "司法院"已认识到外国法院裁判的研究有助于提升我国法院的裁判品质。"司法院"大法官解释风格深受德国联邦宪法法院的影响。

2. 案例比较可就具体问题更深刻了解法律问题及其解决途径,法律的成长与变迁,应作为法学研究的方法。

3. 英国著名的比较法学者 Markesinis 氏精通《德国民法》及英国普通法,一生倡导判例比较研究,著有《德国侵权法》(The German Law of Torts),翻译了 151 则德国联邦法院及联邦宪法法院判决,与英国法及美国法的案例从事比较研究[39],产生巨大影响力,常为英国法院(尤其是贵族院,现为最高法院)所引用,取得空前成就,也因此获封为爵士(Sir Markesinis)。此种以具体、实用、功利,实务为对象的研究方法,使比较法避免在自己建造的狭小领域里煎熬,扩大自我设限的学术视野,而能有更多的阳光与空气,更积极地参与法律的发展[40]。

第四项　国际人权法的内化与人权价值的实践

一、国际人权法的内化

近年来,中国台湾地区致力于与国际人权法(包括人格保护)接轨,将其"内化"进入台湾地区法律体系。其进入的途径有经由"司法院"大院官解释,即将国际公约的规则采为解释方法,例如释字第 587 号解释理由谓[41]:"子女有获知其血统来源之权利,为联合国 1990 年 9 月 2 日生效之儿童权利公约(Convention on the Rights of the Child)第 7 条第 1 项所揭橥;确定父子真实身份关系,攸关子女之人格权,应受'宪法'第 22 条所保障。"

二、两公约施行法的实践

"立法院"于 2009 年 3 月 31 日通过"公民与政治权利国际公约及经

---

[39] 参见 Markesinis 三本重要著作:Foreign Law and Comparative Methodology (1997); Always on the Same Path (2001); Engaging with Foreign Law (2009)。

[40] Markesinis/Unberath, The German Law of Torts, A Comparative Treatise (4th. ed. 2002), Comparative Law in The Courtroom and Classroom (2003)。

[41] 其他"司法院"解释,参见释字第 549 号解释理由;释字第 428 号解释理由。

济社会文化权利国际公约施行法"。㊷ 立法的目的在于健全台湾地区人权保障体系(第1条)。两公约所揭示保障人权之规定,具有台湾地区法律之效力(第2条)。适用两公约规定应参照其立法意旨及两公约人权事务委员会之解释(第3条)。各级政府机关行使其职权,应符合两公约有关人权保障之规定,避免侵害人权,保护人民不受他人侵害,并应积极促进各项人权之实现(第4条)。值得注意的有两点:

1. 符合两公约的立法修正:为贯彻两公约中男女地位平等的规定,有关机关将修正"民法"第973条及980条相关规定,将男女最低订婚及结婚年龄调整为一致(即未成年人未满17岁,不得订婚;未满18岁不得结婚)。又"司法院"为充分落实两公约保障人权精神,研拟修正法案,将"冤狱赔偿法"更名为"刑事补偿法"且调整其内容,已于2011年7月6日修正公布;并因应《公民权利与政治权利国际公约》第9条规定,修正"刑事诉讼法"拘提、逮捕、羁押等相关规定。此等修正将使人权保障更向前迈进。

2. 符合两公约的法律解释:值得强调的是法院就相关问题应作符合"两公约"的解释,落实于司法实践。《公民权利与政治权利国际公约》第17条:"(一) 任何人之私生活、家庭、住宅或通信,不得无理或非法侵扰,其名誉及信用,亦不得非法破坏。(二) 对于此种侵扰或破坏,人人有受法律保护之权利。"此为保护人格法益的重要规定。1970年的《欧洲人权公约》第8条亦设相当于《公民权利与政治权利国际公约》第17条的规定。最近"司法院"印行《欧洲人权法院裁判选译》[(一),2008;(二),2010],深具意义,扩大国际视野。其所选择的裁判多涉及《欧洲人权公约》第8条(私生活保护)及表见自由(第10条),包括著名的 Caroline von Hannover v. Germany(刊登卡洛琳公主私人生活照片案)[选译(一),第190页],Éditions Plon v. France(禁止关于法国总统密特朗病情书本流通案)[选译(二),第133页],法学界曾有评论,将在本书相关部分(第八

㊷ 参见王自雄:《人权两公约之国内法化暨其施行法之实施》,载《台湾法学》2010年第164期,第113页。

章)再详为论述。㊸ 欧洲人权法院裁判及欧盟国家对于适用欧盟法(包括欧洲人权公约及欧盟指令),所谓符合欧盟法的解释方法及相关法院判决,对台湾地区法院作符合两公约的解释,在法学方法论上具有重大参考价值。㊹

㊸ 参见洪德钦主编、"中央研究院"欧洲研究所发行:《欧洲联盟人权保障(2006)》;《欧盟宪法(2007)》;《欧盟人权政策(2009)》。Ovey/White, Jacobs and White: The European Convention on Human Rights (3rd Ed. 2002),何志鹏、孙璐译:《欧洲人权法:原则与判例》(第三版),北京文学出版社2006年版。

㊹ 欧盟法的解释适用已发展出一套值得参照学习的法学方法,主要文献:Leible/ Domröse, Die primärrechtskonforme Auslegung, in: Riesenhuber (Hrsg.), Europäische Methodenlehre: Handbuch für Ausbildung und Praxis (2006), § 9 Rn. 42-49; Roth, Die richtlinienkonforme Auslegung, in: Riesenhuber (Hrsg.), Europäische Methodenlehre, Handbuch für Ausbildung und Praxis (2006), § 14 Rn. 3-5; Canaris, Die richtlinienkonforme Auslegung und Rechtsfortbildung im System der juristischen Methodenlehre, in: Koziol/Rummel (Hrsg.), Im Dienste der Gerechtigkeit, FS. für Franz Bydlinski (2002), 47, 55; Vogenauer, Eine gemeineuropäische Methodenlehre des Rechts-Plädoyei und Programm, ZEuP 2005, 234; Hager, Rechtsmethoden in Europa (2008); Riesenhuber (Hrsg.), Europäische Methodenlehre, Handbuch für Ausbildung und Praxis (2006)。

第三章 人格权的意义及性质

第一节 以人作为人格者

民法以人为中心,旨在维护人格价值,经过长期历史的演变及发展,确立了"以人作为人格者"(Mensch als Person)的理念,体现于现代的私法制度,尤其是台湾地区"民法"的3条规定,构成人格保护的规范架构:

1. "民法"第6条规定的权利能力。
2. "民法"第17条规定的自由不得抛弃。
3. "民法"第18条规定的人格权。

一、权利能力

"民法"第6条规定:"人之权利能力,始于出生,终于死亡",强调人作为私法上权利主体的平等性,即人一旦出生,不论其性别、种族、宗教、国籍均具有得享受权利能力的资格,除死亡外,不得剥夺。民法或其他法律对于特定权利的享有,虽得加以限制,但不得违反"宪法"上的平等原则("宪法"第7条)。权利能力及行为能力不得抛弃(第16条),以保护人格不受缺损。

权利能力又称人格,字义上源于拉丁语的 persona。persona 原指戏台上演员所戴的面具,不同的角色,有不同的面具(相当京剧的脸谱面具)。persona 在法律上系指一定的阶级身份,或为自由人,或为奴隶,而享有不同的权利义务。权利能力概念的出现,是法律发展上一项重大的成就,使个人得从阶级身份的限制获得解放,由此技术性的规定体现其伦理价值而与人格权相连结,即无人不具有权利能力而为人格者,人因出生即当然享有人格权。①

二、人之自由的维护

"民法"第17条规定:"自由不得抛弃。自由之限制,以不背于公共秩序或善良风俗为限。"②立法理由谓:查民律草案第五十条理由谓法治国尊重人格,均许人享受法律中之自由权,人若抛弃其自由,则人格受缺损。又悖于公共秩序或善良风俗而限制自由,则有害于公益,均当然在所不许。故设本条,以防强者迫弱者抛弃其自由,或限制其自由之弊也。此项源于1911年民律草案的立法理由至为深刻,强调法治国与人格的关系。自由系为维护人格,不使因抛弃自由,致人格缺损。自由不仅是一种受法律保护的权利,更是一种社会生活及行为(包括作为不作为)的方式,为一切权利及人格发展的基础。自由不得抛弃,盖人无自由,即无存在的价值及尊严,所谓"无自由,毋宁死",乃在强调自由的可贵。然人群共处为达共同生存的目的,自由亦得为限制。此项对自由的限制多以契约为之,契约系基于双方当事人的合意,虽本诸个人的自主决定,亦不得违反公共秩序或善良风俗,以维护社会伦理及共同生活的需要。

三、人格权的保护

"民法"第18条明定人格权及其保护方法,就当时法律思潮言,实具创设性及前瞻性。关于人格权的意义及性质,将于下节再作较详细的说明,兹应先予指出的是"民法"第6条(权利能力)、第17条(自由不得抛弃)及第18条构成了对人格及人格权保护的法律架构。第6条及第17条系属于所谓内在的人格保护(interner Persönlichkeits-schutz),"民法"第18条所规定的,则为外在的人格保护(externer Persönlichkeitsschutz),构建了现行法的规范机制及价值体系,图标如下:

---

① 关于权利能力(Rechtsfähigkeit)与平等原则(Gleichheit)的历史发展,参见 Historisch-Kritischer Kommentar (HKK)/Rückert, vor § 1 Rd. 39f. (Bd. I 2003)。Historisch-Kritischer Kommentar zum BGB 是一个新型的德国民法注释书,以历史—批评的立场论述德国民法规定的形成过程,并分析检讨其解释适用及未来的发展趋势。

② "民法"第17条系参照《瑞士民法》第27条规定:"Ⅰ.任何人不得全部或部分抛弃权利能力及行为能力。Ⅱ.任何人不得让与其自由,或在限制行使时损害法律及道德。"关于《瑞士民法》第27条的立意意旨及解释适用,参阅 Buchner, Natürliche Personen und Persönlichkeitsschutz (1986), S.21f., 39f.; Tuor/Schnyder, Das Schweizerische Zivilgesetzbuch (9. Aufl. 1979), S. 59-129.

```
        ┌ 权利能力(16) ┌ 人之主体平等性
        │            └ 不得抛弃
   人格 ─┤ 人之自由(17) ┌ 维护人格
        │            └ 不得抛弃：其限制不得违反公序良俗
        └ 人格权保护(18)：人格保护的权利化
```

第二节 人格权的意义

人格权系以人格为内容的权利,由于人格的开放性,难以作具体的定义,应作诠释性的理解,以适应未来的发展,分四项加以说明：

1. 人格权的主体为"人"。人,指自然人而言。法人的人格权适用"民法"第 26 条的规定,即法人得享有不专属于自然人的人格利益(如名誉、信用等)。

2. 人格权系以人的存在为基础。人之存在除生命、身体、健康、自由外,亦包括名誉、隐私、信用等所谓精神人格利益。

3. 人格权体现人的自主性及个别性。个人对其人身或行为(作为或不作为)享有自我决定的权利,例如对医疗行为的允诺、性行为的同意、个人资料的自主、自我独处不受干扰,以及如何呈现其个人形象等。

4. 人格权在于维护促进人性尊严及人格自由发展。人系属主体,非属受支配的客体,人人均得要求他人对其应有符合人之所以为人的尊重与对待。

人格权的内容随着社会变迁、个人人格觉醒及不法侵害态样,具体化于不同的保护范围,形成个别人格权益,保持一种持续开展及实践的动态发展过程。[③]

[③] 大陆学者马骏驹发表多篇关于人格权的论文,具有参考价值。如：《从人格利益到人格要素》,载《河北法学》2006 年第 10 期；《论民法个人人格构造中的伦理与技术》,载《法律科学》2005 年第 2 期；《从身份人格到伦理人格——论个人法律人格基础的历史演变》,载《湖南社会科学》2005 年第 6 期。

第三节　人格权的性质

第一款　人格权与权利体系

要了解人格权,应将其放在私法上权利体系加以观察。通说将权利依不同的标准为种种的分类,期能更认识其性质及各种权利彼此间的关系,兹以人格权为中心,说明如下:

一、人格权与权利的概念

要了解人格权必须认识权利的概念。人格权系属一种权利(Subjektives Recht),在今日并无争议,乃属当然。在19世纪初期关于权利系以财产权,尤其是所有权的结构作为典型,认为权利乃主体(Subjekt)与客体(Objekt)间的支配关系,权利的性质在于主体者对一定客体的意思支配,此种一定客体系处分的标的并具有财产价值。基此认识,萨维尼(Savigny)乃否认人格权系属权利,认为若肯定"对自我之人的支配"(Herrschaft über eigene Person),将使主体与客体混在一起,不仅产生矛盾,并且忽视了人的伦理价值性,盖此将导致人有自杀的权利之不可接受的结论。[④] 德国民法受到此种权利概念的影响,未能采用人格权的概念。其后逐渐克服此种主体与客体传统观念,认为权利乃法律所赋予满足一定利益之力。法律之力(法力),乃权利的核心因素,即法律授权于权利人得有所为,以享受一定的利益。人格权,系一种法律所赋予之力,以满足其人之为人的利益。[⑤] 台湾地区"民法"明确肯定人格权,实在是法学发展上的一个重大成就。人格权为权利的原型,其所体现的乃人之尊严自由的伦理价值。

二、人格权与身份权

权利可分为财产权与非财产权,财产权指具有经济利益的权利,包括债权、物权、智能财产权(无体财产权,如著作权、商标权)。

[④] Savigny, System des heutigen Römischen Rechts, Bd. I 1814, S. 336.

[⑤] 关于此种发展过程,参见 Götting, Persönlichkeitsrechte als Vermögensrechte (1995), S. 4f.; Leuze, Die Entwicklung des Persönlichkeitsrechts im 19. Jahrhundert, zugleich ein Beitrag zum Verhältnis allgem (1962)。关于德国目前权利的见解, Larenz/Wolf, Allgemeiner Teil des Bürgerlichen Rechts (9. Aufl. 2004), S. 239ff.

非财产权系非以经济利益为内容的权利,通说认为包括人格权与身份权。身份权乃存在于一定的身份关系(尤其是亲属)上的权利(如亲权),非在于支配他人,负有一定的义务,具伦理性,而与人格权有密切关系⑥,于三点言之:

1. 传统的"夫权"概念,已经舍弃⑦,代之以配偶权,即夫妻应以共同生活为目的,应互相协力保持其共同生活之圆满安全及幸福,互守诚实⑧,属"民法"第 195 条第 3 项所称身份法益。

2. "民法"第 195 条将人格法益(第 1 项)及身份法益并列,明定关于侵害人格法益的慰抚金请求权的规定得准用于身份法益(第 195 条第 3 项)。之所以得为准用,乃因身份法益(如配偶权、亲权)亦具有人格性质。

3. "司法院"释字第 587 号解释及"最高法院"(2005 年度台上字第 1837 号判决)认为"子女获知其血统之来源,确定其真实父子身份关系,攸关子女之人格权",肯定亲子关系具有人格性质。

第二款 人格权的性质

一、人格权是一种具支配性的绝对权

人格权人得直接享受其人格利益(支配性),并禁止他人的侵害(排他性),就此点而言,人格权类似于物权。"民法"第 18 条第 1 项规定:"人格权受侵害时,得请求法院除去其侵害;有受侵害之虞时,得请求防止之。""民法"第 767 条规定:"所有人或其他物权人对于妨害所有权者,得请求除去之。有妨害其所有权之虞者,得请求防止之。"人格权与物权同具有绝对排他性的结构。《德国民法》关于人格法益无相当于中国台湾地区"民法"第 18 条第 1 项的规定,但通说准用物权请求权(《德国民法》第 1004 条妨害除去请求权),亦肯定其排他性。

---

⑥ 参见最近著作,吕丽慧:《身份法与人格权之民法专题研究(一)》(2011)。

⑦ 参见"最高法院"1952 年台上字第 278 号判决:"'民法'亲属编施行前之所谓夫权,已为现行法所不采,故与有夫之妇通奸者,除应负刑事责任外,固无所谓侵害他人之夫权。惟社会一般观念,如明知为有夫之妇而与之通奸,不得谓非有以违背善良风俗之方法,加损害于他人之故意,苟其夫确因此受有财产上或非财产上之损害,依'民法'第一百八十四条第一项后段,自仍得请求赔偿。"

⑧ 参见"最高法院"1966 年台上字第 2053 号判例。

二、人格权属于一身专属权

传统见解认为人格权系专属于权利人一身,由其享有,不得让与或继承。财产权不具一身专属性,得为让与或继承。关于因人格权被侵害的请求权的让与或继承的问题,依"民法"第195条第2项规定,侵害人格权所生的非财产损害金钱赔偿(慰抚金)请求权,不得让与或继承。但以金额赔偿的请求权已依契约承诺或起诉者,不在此限。其属一身专属的,尚有妨害除去及妨害防止请求权。其非属一身专属,而得让与或继承、设质或扣押的,例如:

1. 侵害人格权所生的财产上损害赔偿请求权。
2. 姓名、肖像等人格法益授权使用契约所生的报酬支付请求权⑨。

三、人格权性质的变迁

人格权具两个性质,一为非财产性,以精神利益为内容;一为一身专属性,不得让与或继承。由于对姓名、肖像等人格特征的被强制商业化(如作商业广告),有强化人格法益保护的必要,因此须重新检视此两个性质,兹举三例加以说明:

1. 甲未经乙的同意擅以某名模特儿乙的姓名、肖像作商品广告获利,乙得否向甲依侵权行为主张所失利益的损害赔偿?得否以获利作为量定乙的慰抚金的因素?乙得否依不当得利、不法无因管理的规定,请求甲返还其所获利益?此涉及人格权,及精神利益是否兼具财产利益的问题。

2. 甲系著名运动员,授权于乙使用其姓名、肖像作某种商品广告;丙未经甲或乙同意擅以甲的姓名、肖像作商品广告时,乙得对丙主张何种权利?得否请求返还其所获利益?此涉及人格法益的让与性及其让与对第三人的效力。

---

⑨ 为显现人格权在权利体系上的地位,简示如下:

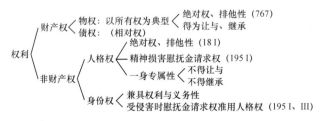

3. 甲系著名的政治家,死亡后,乙擅出书揭露其隐私,其中多为不实毁损甲的名誉,成为畅销书。甲的配偶、子女或近亲属丙等,得向乙主张何种权利？得否主张妨害除去、妨害防止请求权？得否请求获利返还？得否主张其所受精神痛苦的慰抚金？此涉及死者人格权的保护。

以上三个问题旨在凸显关于人格权性质变迁的基本问题,将作为本书论述的重点：

1. 人格权的财产性质。
2. 人格权的交易性。
3. 死者精神利益及财产利益的保护。

第四章 人格权的主体

第一节 自 然 人

第一款 自然人的人格权

第一项 人格权的平等原则及差别性保护

自然人是人格权的主体。"民法"第6条规定："人之权利能力,始于出生,终于死亡。"本条所称"人",指自然人而言,权利能力指享受权利,负担义务的能力。所称权利包括人格权的一切权利。自然人因出生而取得人格权,除死亡外,不得剥夺。

人生而平等,不问其性别、宗教、种族、国籍,均享有人格权。人格权亦不因生而残障(包括植物人)而受影响,侵害智障儿的名誉,纵其无感受,亦得成立侵权行为。

须说明的是,人格权的保护作用得因人而不同。人格权乃在体现人的个体性,使每一个人得以不同的方式,形成其生活,参与社会活动,例如参与政治、从事演艺者,关于其隐私权的保护,得有不同。又个人得自主决定其人格保护的内容及范围,例如授权他人使用其姓名、肖像作商品广告。此种依权利主体的个人性及自主性而区别其保护作用,乃属于人格权的本质。

第二项 胎儿的人格权

"民法"第7条规定："胎儿以将来非死产者为限,关于其个人利益之保护,视为既已出生。"是胎儿亦得为人格权的主体,惟因其尚未出生,其

保护范围受有限制,分述如下:

1. 生命:胎儿死产者,不享有人格权。例如因车祸致孕妇流产时,系侵害孕妇的身体健康,不成立对"胎儿"生命的侵害。

2. 身体、健康:例如医生对孕妇输血,血液不洁,致胎儿遭受感染时,系属间接侵害,医生的行为与胎儿的身体健康受侵害之间具有因果关系,得成立侵权行为。

3. 名誉:例如某甲伪称某妇女所怀的胎儿系为某人强暴所生,并患有艾滋病。此项不实陈述足以贬低胎儿在社会上的评价,系对胎儿名誉的侵害。

4. 隐私及肖像:例如某医生接生畸形的胎儿,未经其法定代理人的同意或未涉及医疗上的重大公共利益,擅自公开胎儿照片者,系侵害未出生胎儿的隐私及肖像。

胎儿的人格权受侵害时,以其母为代理人("民法"第1166条第2项),行使其权利。"民法"第194条规定:"不法侵害他人致死者,被害人之父、母、子、女及配偶,虽非财产上之损害,亦得请求赔偿相当之金额。"此为"民法"第18条第2项关于侵害人格权得请求慰抚金的特别规定。被害人的"子、女"包括胎儿("民法"第7条),婚生与否,在所不问。实务上有争论的有两个问题:(1)胎儿不知痛苦,得否请求慰抚金;(2)其慰抚金如何量定,应否不同于已出生的子女。"最高法院"1977年台上字第2759号判例谓:"不法侵害他人致死者,被害人之子女得请求赔偿相当数额之慰抚金,又胎儿以将来非死产者为限,关于其个人利益之保护,视为既已出生,'民法'第194条、第7条定有明文,慰抚金之数额如何始为相当,应酌量一切情形定之,但不得以子女为胎儿或年幼为不予赔偿或减低赔偿之依据。"可资赞同。

关于"民法"第194条的慰抚金请求权,应类推适用"民法"第195条第2项规定,其请求权不得让与或继承。但已依契约承诺,或已起诉者,不在此限。

第三项　受胎前侵害的保护①

对人出生前的侵害行为有发生在受胎之前,例如孕妇受胎前因病输

---

① 参见拙著:《侵权行为》,北京大学出版社2009年版,第103页。

血,由于医院疏失感染病毒,再传染于其后怀孕的胎儿,在此情形亦构成对胎儿身体健康的侵害。医院的侵害行为(对生母输送感染的血液)仍继续存在,对胎儿身体健康受侵害,虽具间接性,不影响其因果关系,其情形犹如甲在某处挖掘地洞,未加覆盖,乙妇怀胎儿丙掉落地洞,胎儿丙受伤,甲不得以其挖掘地洞时,丙尚未受胎,而主张其无因果关系。又甲公司制造毒奶粉,乙食用中毒,不得以其生产奶粉时,乙尚未受胎而主张其不负侵权责任。

第二款 死者人格权

第一项 死者人格利益的保护

人之权利能力因死亡而消灭,不再为权利的主体,但此不排除法律对死者人格利益加以必要的保护,以维护死者的人格尊严,就现行法规言,分三类说明之:

一、尸体

人死亡后所留的遗体(尸体)是否为物或其他性质,虽有争论,但有共识的是,尸体应为埋葬祭祀的对象,不得由其继承人、亲属或第三人任意加以处分。② 为保护尸体,"刑法"第18章设有亵渎祀典及侵害坟墓尸体罪章(第246条至第250条)。关于自尸体摘取器官施行移植手术之程序、限制等,"人体器官移植条例"设有详细规定(第4条至第7条),可资参照。

二、对死人侮辱诽谤

"刑法"第312条规定:"对于已死之人,公然侮辱者,处拘役或三百元以下罚金。对于已死之人,犯诽谤罪者,处一年以下有期徒刑、拘役或一千元以下罚金。"本罪为告诉乃论,告诉权人为死者的遗族。"刑事诉讼法"第234条第5项规定,已死者之配偶、直系血亲、三亲等内之旁系血亲、二亲等内之姻亲或家长、家属得为告诉。本项规定对直系血亲不设亲等限制又无告诉期间,故死后千年,死者的直系血亲,仍享有告诉权,是否

---

② 参见拙著:《民法总则》,北京大学出版社2009年版,第175页。

妥适,实值研究。③

侮辱诽谤死者罪所保护的法益,学说上有认系死者名誉,即以名誉权为人格权的一种,但与其他法益不同,其不因人格所有者的死亡而灭失,故已死亡者尚应有名誉,而受保护。亦有认为本罪所要保护的,乃是遗族或后代对死者孝敬感情,或是对死者的纪念。④

三、著作人格权⑤

著作权指因著作完成所生之著作人格权及著作财产权("著作权法"第3条第1项第3款),著作人格权系保护著作人名誉、声望等人格利益的权利,乃属一种特殊人格权。其内容包括公开发表权、姓名表示权、同一性表示权。

关于著作人格权的保护,"著作权法"第84条规定:"著作权人或制版权人对于侵害其权利者,得请求排除之,有侵害之虞者,得请求防止之。"又依第85条规定,"侵害著作人格权者,负损害赔偿责任。虽非财产上之损害,被害人亦得请求赔偿相当之金额。前项侵害,被害人并得请求表示著作人之姓名或名称、更正内容或为其他恢复名誉之适当处分。"关于著作人格权在著作人死亡后的保护,著作权法设有三个规定:第21条:"著作人格权专属于著作人本身,不得让与或继承。";第18条:"著作人死亡或消灭者,关于其著作人格权之保护,视同生存或存续,任何人不得侵害。但依利用行为之性质及程度、社会之变动或其他情事可认为不违反该著作人之意思者,不构成侵害。";第86条:"著作人死亡后,除遗嘱另有指定外,下列之人,依顺序对于违反第十八条或有违反之虞者,得依第八十四条及前条第二项规定,请求救济:一、配偶。二、子女。三、父母。四、孙子女。五、兄弟姊妹。六、祖父母。"由此三个规定可知死者著作人格权保护的法律构造有四:

1. 视同生存:著作财产权得为继承(参照第30条)。但著作人格权

---

③ 此项规定可产生滥兴无谓的刑事诉讼,浪费诉讼资源。1973年发生轰动一时的诽韩案,韩愈生于公元768年,卒于公元824年。卒后1152年,因有人为文谓:"韩愈……曾在潮州染风流病,以致体力过度消耗……",其第39代直系血亲提出自诉。被告被判罚金300元,并引起一场兼涉文化与法律的论战。

④ 参见林山田:《刑法各罪论》(2005),第257页,认为台湾风俗习惯,对于死者尚甚尊敬,遗族对其先人均极具孝思,对于祖先之怀念,不但有特殊之情感,而且尚以宗教方式加以祭拜,其祖先名誉受损,则视同己身受辱,故本罪所要保护之法益应以此说为当。实务上亦同此见解。

⑤ 参见罗明通:《著作权法论》(1997年自版),第178页。

不得继承,具专属性。著作权人死亡后,视同生存不得侵害。

2. 告诉权人:得请求救济者,为遗嘱指定之人或法律所定一定顺序之亲属。

3. 救济方法:得请求的救济方法为"著作权法"第18条规定的侵害排除、防止请求权,第85条第2项规定之请求表示著作人之姓名或名称、更正内容或为其他恢复名誉之适当处分。其得请求的不包括非财产上的金钱赔偿(慰抚金),因著作权人既已死亡,不生精神痛苦问题。

4. 保护期间:关于著作人格权的保护期间,"著作权法"未设明文,解释上得认著作财产权之保护期间届满,只要告诉权人(遗嘱指定人或法定告诉权人顺序的亲属)仍然生存,即有请求救济之权。应注意的是,若前一顺序之人如仍生存而未提出告诉,后一顺序之人无权请求救济。

第二项 "民法"上的死者人格权

一、问题提出

关于人死亡后人格权(Postmortales Persönlichkeitsrecht)的保护,"民法"未设明文,学说上亦甚少讨论,原则上采专属性理论,即人死亡后,其权利能力消灭,人格权亦不复存在,不生保护死者人格权的问题。问题在于对死者难道得任意毁其名誉,揭露其隐私,擅用其姓名、肖像等作广告推销商品获取利益,而全无保护必要?民法的基本任务在于保护人的尊严,不应使人因死亡而成为得任意侵害的客体,全无救济之道。何况因科技进步、媒体发达、企业竞争,使人于死亡后仍不免于遭受各种层出不穷的侵害。因此传统的理论,实有反思检讨的必要。

二、台湾台北地方法院2007年度诉字第2348号判决——蒋孝严诉陈水扁诽谤蒋介石案

台湾地区就死者人格权保护的第一个重要案例是蒋孝严诉陈水扁诽谤蒋介石名誉案,具有法律发展的重大历史意义,特作较详细的说明。[6]

(一) 事实及争点

本件原告蒋孝严(原名章孝严)主张,被告陈水扁于2007年2月26

---

[6] 关于本件判决的整理及评释,参见黄松茂:《人格权之财产性质——以人格特征之商业利用为中心》(台湾大学法律学研究所硕士论文,2008),第226页。另参见台湾台北地方法院2007年度自字第31号刑事判决;台湾台北地方法院2007年度自字第133号刑事判决。

日参加"228事件60周年国际学术研讨会"时,公开诬指伊祖父蒋介石系"228事件元凶,殆无疑义",诋毁伊祖父蒋介石之名誉,并见诸各大电视、平面媒体报道,爰依侵权行为法律关系,请求被告赔偿精神慰抚金新台币1元,并为恢复名誉之适当处分,即于《中国时报》、《联合报》、《自由时报》(全国版)头版以二分之一版面刊登对原告之道歉启事1天。

被告则主张,其于参加"228事件60周年国际学术研讨会"时指称前"总统"蒋介石与228事件高度相关,与原告无涉,原告主张其言论同时造成原告名誉受损构成侵权行为,显无理由。况228事件前因后果,任何人在观看历史文件档案时本会有不同解读,其于审阅相关文献资料后,认原告祖父身为"国家元首",竟坐视惨剧发生,其责任不可谓不大。依据"228事件纪念基金会"发表之"228事件责任归属研究报告"指称该报告已明确指出原告祖父为"228事件元凶",应就此事件负起最大责任,该言论乃对可受公评之事为适当的评论而阻却违法,法律本赋予最高程度之容许空间,既不构成刑事诽谤死者罪,更难令负民事侵权行为责任。

(二) 法院判决理由

法院认定本案争点有三:(1)被告发表上述言论,侵害原告何种权利或利益?(2)被告行为是否构成侵权行为?(3)原告请求恢复名誉方式,是否适当?法院审理结果认定被告行为不构成侵权行为,对第3项争点未为审理。

1. 死者名誉保护的**请求权基础**

对于第1项争点,法院首先认为,死者名誉不受"民法"之保护。"按人之权利能力,始于出生,终于死亡;继承,因被继承人死亡而开始……从而,人于死亡时即丧失作为权利义务之主体,包括名誉权在内之人格权与人身攸关,原则上具有专属性,纵经承认或已起诉,仍不得让与或继承('民法'第195条第2项参照),故包括身体、健康、名誉、自由、信用、隐私、贞操等权利在内的人格权应于死亡时消灭。"对于原告援引"刑法"第312条第1项、第2项规定,法院参酌该条立法理由[7],认为该条系保护死者后人的孝思,而非死者名誉,因此不足援引作为民事上保护死者名誉之

---

[7] 查前法律草案第340条第2项,设有保护死者之修文,后经删去,但未具理由,考外国立法例,多有类似之规定,所以保护死者后人之孝思也。我国风俗,对于死者,其尊重心过乎外国,故不可不立此条,以励良俗而便援用。又本条第2项,以明知虚伪之事为限,其保护之范围,不如对生人之广,盖妨碍死者之名誉,不若生人之甚也。

依凭。

法院继而表示被告之行为伤害原告对死者之孝思追念或虔敬之情，可能构成对原告"其他人格法益"之侵害（"民法"第 195 条第 1 项参照）。法院认为："所谓<u>其他人格法益</u>，系指一般人格权中未经明定为特别人格权（人格利益）的部分，此一概括部分将随着人格自觉、社会进步、侵害的增加而扩大其保护范畴，故人格权之侵害，不限于他人身体、健康、名誉、自由、信用、隐私、贞操，依风俗，我们对于死者向极崇敬，若对已死之人妄加侮辱诽谤，非独不能起死者于地下而辩白，亦使其遗族为之难堪，甚有痛楚愤怨之感，故而'刑法'第 312 条特规定侮辱诽谤死者罪，借以保护遗族对其先人之孝思追念，并进而激励善良风俗，自应将遗族对于故人敬爱追慕之情，视同人格上利益加以保护，始符'宪法'保障人性尊严之本旨"。

2. 死者名誉与言论自由

对于第 2 项争点，法院认为被告之发言，系本于财团法人 228 事件纪念基金会出版之"228 事件责任归属研究报告"，而该研究报告系参考与上开事件相关之数百项文献、史料、政府公报与期刊报纸、未出版档案、口述历史、回忆录、专书、论文与时论等作成，并经具学术专业之人士执笔，故被告就上开议题发表之言论，系有相当之依据，延续前述书籍之研究观点而来，亦无过于轻率尽信他人所言之情形，其主观上应有相当理由信赖该等研究结果。

法院进一步认为侵害人格权（人格利益）是否具有违法性，应斟酌整体法秩序之价值观，言论自由权与名誉权之限制是否符合比例原则、行为人之手段与目的、行为时所处之时空环境背景等予以综合评价，就行为人与被害人各项利益相互对照，依法益衡量加以认定。对此法益衡量，法院认为"依社会通常情形，咸认遗族对故人敬爱追慕之情于故人死亡当时最为深刻，经过时间的经过而逐渐减轻，就与先人有关之事实，亦因历经时间经过而逐渐成为历史，则对历史事实探求真相或表现之自由，即应优位考量。"因此，"蒋介石先生系前任'国家元首'，且在历史政治发展上具有重要地位，其动静观瞻影响人民福祉甚剧，而 228 事件亦为攸关人民公共利益重大之历史事件，此为众所皆知之事实，故蒋介石先生在 228 事件当时所为之政治判断、决策行为是否适当，就部分人民无辜牵连被害之事，是否应负责任？与公众利益当有重大密切关系，并非单纯属于个人隐私之私人事务，应属可受人民客观评论之事。而为维护民主社会之言论自由,特别是前述探求历史真相及表现之自由,与遗族就他人对其先人之批评言论可能造成人格利益之侵害相较,身为故'总统'蒋介石先生遗族之原告亦应有较高之容忍程度。"

第三项 保护死者人格权的法律构造

一、间接保护

前揭台湾台北地方法院蒋孝严诉陈水扁诽谤蒋介石名誉案,除案情本身具有社会政治意义外,最具重视的是,法院在死者人格权保护上已有突破,在法学方法上作符合宪法的法律上解释,并参照"刑法"第312条规定,将遗族对于故人敬爱追慕之情,视为"民法"第195条第1项所称"其他人格利益"。易言之,即将遗族对故人敬爱追慕之情,作为人格权的一种保护范围,此系符合"宪法"保护人格权意旨及法秩序的判决,乃法之续造,应值赞同。

前揭台北地院判决认"遗族对故人敬爱追慕之情"系属应受保护的人格利益,兹就其法律构造所涉及的基本问题说明如下:

1. 对死者人格权的间接保护:对死者人格权得采直接保护,即将死者视同生存而保护其不受侵害(参阅"著作权法"第18条关于著作人格权的规定)。本件判决系采间接保护,即由第三人(遗族)就死者名誉被侵害,主张系其自己对故人敬慕之情的人格利益受侵害,而得有所救济,借以间接保护死者的人格权。至于侵害名誉权同时构成侵害死者遗族名誉时,遗族自得以自己名誉受侵害为由,请求损害赔偿。

2. 死者被侵害的人格法益:本件判决涉及死者的名誉权受侵害,解释上亦应包括隐私权受侵害的情形。

3. 受保护利益及救济方法:本件判决涉及非财产损害的金钱赔偿(第195条第1项),其所受保护的是人格权(名誉)的精神利益。除此以外,被害人(死者遗族)应得以人格法益(对故人敬爱追慕之情)受侵害主张"民法"第18条规定的侵害除去及侵害防止请求权。

4. 请求权人:在本件请求权人为死者之孙(遗族),如何认定其"对故人有敬爱之情"?又遗族是否有一定范围,或应有一定的顺序?遗族为多数人时是否均得请求慰抚金?若多数遗族均得请求其人格利益受侵害的慰抚金,势将增加加害人的负担,即侵害死者一人的名誉,而须对多数"对故人有敬爱之情"的遗族负损害赔偿责任?是否合理?此等问题均值研究。

5. 保护期间:在本件,死者(蒋介石)死亡于1975年,行为人(陈水扁)的侵害行为发生于2007年2月26日,被害人(蒋孝严)系死者之孙,于2007年提出诉讼,此涉及遗族对故人敬慕之情人格法益的保护期间。死者已矣,对故人敬慕之情因亲疏远久,时间经过而淡逝,应有一定的保护期间,问题在于如何计算。本件判决但言"遗族对故人敬爱追慕之情",未就保护期间加以说明,应有进一步研究的余地。

6. 言论自由与死者人格权保护:本件涉及言论自由与死者人格权保护,法院衡量死者的身份(前"总统"、历史人物)与言论的性质,而认定不成立侵权行为(不具违法性),应值肯定。关于此点将于本书第八章(人格权保护与言论自由)再为详论。

二、规范模式的比较与发展动向

关于死者人格权的保护,涉及两个基本问题:(1) 间接保护与直接保护。(2) 所保护者究为人格权的精神利益抑或财产利益。前揭台北地方法院在蒋孝严诉陈水扁案系采间接保护,并涉及精神利益(慰抚金)。此种间接保护方式的优点在于维持传统人格权专属性的理论,即人死亡时,其权利能力、人格权消灭。其主要缺点在将死者保护转为对遗族的保护,此种主体的变更,理论上难作圆满说明。请求权人的范围、保护期间难以界定。

关于人格权的保护在比较法上有重大的发展,即在美国法上有隐私权及公开权,公开权系在保护权利人对其姓名、肖像等人格特征得为控制处分的财产利益,得为让与或继承,即人死亡后,其公开权由遗族继承而享之。德国法上实务明确肯定人格权具有精神及财产两个构成部分,人死亡后,其精神利益被侵害时,由其所指定之人或一定范围的家族代为请求救济(主要为侵害除去或防止请求权)。关于财产部分(对姓名、肖像处分得使用的利益),得为继承,于其遭受不法侵害(如使用死者姓名、肖像作商业广告)时,由其继承人行使其损害赔偿或不当得利请求权。关于此两种规范模式前已提及,将于本书第七章(人格权的精神利益与财产利益),再为详论。

第二节　法人与人之集合

"民法"第18条所称人格权,系指自然人的人格权,基于人性尊严,具有伦理性。除自然人外,尚有各种人群(集体之人),例如法人、非法人团体、合伙、家庭等,何种人之集合得为人格权主体,应依社会功能及目的性考虑而为认定,分述如下:

第一款　法人的人格权

一、法人人格权的意义及法律依据

"民法"第26条规定:"法人于法令限制内,有享受权利、负担义务之能力。但专属于自然人之权利义务,不在此限。"本条规定法人的权利能力。法人指依法律规定成立具有权利能力(人格)的组织体,包括社团法人(人之组织体,如公司)及财团法人(财产组织体,如基金会)

"民法"第26条所称享受"权利",包括财产权、人格权等在内,故法人得为人格权的主体,但受有两种限制,一为法令限制,一为性质上限制。关于法令的限制多见于法人享有财产权,现行法上并无限制法人人格权的规定。性质上的限制,指法人不得享有专属于自然人的人格权,例如生命、身体、健康、自由、肖像。其非专属于自然人的,则得享有之,例如姓名、名誉(商誉)、信用、隐私(商业秘密等)。

二、法人人格权的保护范围

法人得为人格权的主体,关于其受侵害的保护,得适用或类推适用"民法"第18条、第184条第1项、第195条规定。应说明的有四点:

1. 关于侵害法人人格权(如商誉、信用)的行为(例如商品检验报告、批评法人的政治经济活动、揭露基金会的隐私内幕),在违法性的判断上应特别注意及于法人的社会功能及公开性、透明性等因素。

2. 关于法人得否请求慰抚金,"最高法院"1973年台上字第2806号判例谓:"公司系依法组织之法人,其名誉遭受损害,无精神上痛苦之可言,登报道歉已足恢复其名誉,自无依'民法'第一百九十五条第一项规定请求精神慰藉金之余地。"细察其意,系认为法人依其性质系属组织体,不同于自然人,根本不生精神痛苦问题,而非"登报道歉,已足恢复其名誉,不必主张精神慰抚金"。

3. 关于法人名誉遭受损害的"登报道歉",应注意"司法院"释字第656号解释。该号解释谓:"所谓恢复名誉之适当处分,如属以判决命加害人公开道歉,而未涉及加害人自我羞辱等损及人性尊严之情事者,即未违背'宪法'第二十三条比例原则,而不抵触'宪法'对不表意自由之保障。"系针对加害人或被害人系自然人而言,在当事人(加害人或被害人)系属法人时,仍应有本件解释意旨的适用,应衡酌恢复名誉之必要性、加害人的尊严等情事,依比例原则认定公开道歉是否为适当方法。

4. 法人人格权与社团社员的人格各自独立为不同的保护对象,侵害法人人格权是否同时成立对社员个人人格权的侵害,应就个案加以认定。

第二款 设立中的法人、无权利能力社团: 法人人格权规定的类推适用

"民法"第26条之所以规定法人享有权利能力,得为人格权的主体,旨在使法人依其本质及目的完成其社会任务。准此以言,"民法"关于法人人格权的规定得类推适用于具有组织结构但未取得法人资格的团体。

一、设立中的社团

设立中的社团(又称前社团,Vorverein),指处于订立社团成立契约后,在依法登记取得权利能力前阶段的社团。其组织构造同于社团,应享有同于社团法人的人格权(如姓名、名誉等),而受保护。

二、无权利能力社团

无权利能力社团,指已设立的法人,但不依法律办理登记取得法人资格,例如同学会、同乡会、俱乐部等。因其具有组织结构,从事社会经济活动,亦应使其享有相当于社团法人的人格权。

三、合伙

合伙,指二人以上互约出资以经营共同事业之契约("民法"第667条第1项),合伙财产为合伙人全体之公同共有("民法"第668条),虽具团体性,但通说不认其有权利能力,亦不享有人格权,值得注意的是,德国实务以法之续造的方法,肯定合伙本身亦具有相当于"商法"上人之组合的地位而受保护。[8]

---

[8] BGHZ 146, 341; NJW 2001, 1056.

第三款　不具组织性的多数人⑨：多数人群与个人人格权

多数人聚集不具组织结构的,不享有权利能力,并无人格权,例如偶然的聚集(参加某种集会、游行)、共同继承人或婚姻家庭等。对此等多数人群以总体指称为诽谤名誉等侵害行为时,例如指摘参加某集会游行之人为寡廉鲜耻的卖国贼;某氏的继承人争夺遗产,不埋葬遗体,系背恩负义、罪该万死的不肖子女;某氏家族因诈骗而暴富,为富不仁、经营企业压迫劳工;在何种情形下得成立对个人人格权的侵害,分三项说明如下:

1. 多数人群(集体)不具组织体、不享有人格权,已如上述,在前揭情事,该集体人群不得以集体人格权受侵害为理由请求救济。

2. 该人群中的个人得否主张个人名誉受侵害,应就行为人使用的言词,对其所指责人群的描述及人群的范围、流动性、表述的目的指向、该个人与群体的关联程度等因素而为认定。例如指称:"律师皆为讼棍"、"和尚皆不守清规"、"医师皆收红包"、"军人为谋杀犯"⑩等,其范围广泛,乃在表述一种社会批评或政治观点,应不构成对该群体中个人名誉权的侵害。在例外情形,若可认定对个人的名誉构成侵害,亦应考虑其表述的社会政治观点,而衡量侵害的违法性。

3. 婚姻家庭系一种具组织性的集体,但其成员间的关联尚不足据以认定其有独立的人格权。侵害家庭中个别成员名誉等人格权得否构成对其他成员的侵害,应就个案严格加以认定,例如某人因他人对其兄弟不实报道,感到受羞辱时,尚不足认定其名誉权受侵害。

---

⑨ 参见 Brändel, Träges des Persönlichkeitsrechts, in Handbuch des Persönlichkeits-rechts (Hrsg. Götting/Schertz/Seitz), S. 593, 626f.

⑩ 值得介绍的是德国法上著名的"军人是(潜在的)谋杀者案",此系对4件不同法院判决的宪法诉愿。各该普通法院均以被告指称军人是谋杀者(A soldier is a murder),系对原告(德国联邦的现役军人)名誉的重大攻击,构成《德国刑法》第185条的侮辱罪。德国联邦宪法法院(BVerfGE 93, 266)认为公开指称军人是谋杀者涉及基本法第5条第1项第1句所保障的表见自由的基本权利,应注意使此项基本权利的价值意义,在法律适用的层次,亦获得维持。联邦宪法法院强调倘若普通法院有考虑到宪法诉愿人的表述有其他的解释可能,或会注意到一项贬低表述是针对世界上所有军人与是针对联邦军队军人的区别,以及合宪性地使用诽谤批评的概念,可能会得到不同的结论,因而认为各该法院判决违反基本法第1项第1句的基本权利(人格尊严),应予废弃,发回原法院。本件裁定全文,参见"司法院"印行德国联邦宪法法院裁判选辑(十一)(2004),第9页以下(吴绮云译)。请阅读之!

第五章 人格保护的"宪法"化
——"宪法"人格权与私法人格权

第一节 绪 说

第一款 由私法人格权到"宪法"人格权

在台湾地区人格权80年的发展过程中,最值得重视的是"宪法"上人格权的出现。1947年公布施行的"宪法"并未明文规定应受保障的人格权。"司法院"大法官释字第293号(1992年)解释曾提到:"人民隐私权,议会要求银行提供放款资料案,法令统一解释。"第一次使用人格权的系释字第399号解释,明确表示:"姓名权为人格权之一种,人之姓名为其人格之表现,故如何命名为人民之自由,应为'宪法'第二十二条所保障"(1996年,更改姓名案),其后更作有六个关于人格权的解释。① 此项发展具有四点重要意义:

1. "宪法"人格权的创设始自20世纪90年代,系台湾地区民主宪政发展的突破阶段,反映台湾地区政治、社会的重大变迁。

2. "宪法"人格权的创设显现对人格权的侵害,除私人的侵权行为外,更来自"国家"公权力,应明确肯定人格权系一种基本权利,以防御"国家"的侵害。

3. "宪法"人格权与私法人格权二者共同建立了以人格尊严及人格自由为基石的法秩序。

4. "宪法"人格权的发展扩大了基本权利的种类,涉及基本权利与私

---

① 参见"司法院"大法官释字486、587、603、656、664、689号解释。

法关系的基本问题及法秩序的发展。

第二款 普通法院与"司法院"大法官会议的分工与协力[②]

"宪法"人格权与私法人格权的建构涉及普通法院(尤其是"最高法院")与"司法院"大法官会议,在人格权发展的分工与协力,此可就二点言之:(1)普通法院如何依"宪法"保障人格权的意旨解释适用"民法"关于保护人格权的规定,尤其是如何权衡调和人格权(如名誉权、隐私权等)与"宪法"第11条所保障的言论自由。[③] (2)"司法院"大法官如何就"最高法院"关于人格权的裁判作"违宪"审查[④]。

值得再提出说明的是,德国的宪法诉愿制度(Verfassungsbeschwerde)使德国联邦宪法法院有较多的机会审查普通法院的终局判决,德国联邦法院(BGH)关于人格权的重要判决多受到联邦宪法法院的审查,由普通法院与宪法法院共同形成人格权法,其丰富的案例可供参考,将于下文选择若干案例加以说明。

第三款 基本权利的构造及其思考层次[⑤]

本章旨在论述"宪法"人格权的基本问题,并说明其与私法人格权的关系。基本权利具有防御功能(主观权利功能)及保护功能(客观规范功能),基本权利的防御功能,实务及学说已建构了基本权利审查的思考层次[⑥],兹先提出其构造如下,再分四点加以说明,可资参照:

---

② 参见苏永钦:《违宪审查》,台北学林出版公司1998年版。
③ 参见"最高法院"2007年台上字第928号、2007年度台上字第793号、2006年度台上字第2365号、2006年度台上字766号、2004年度台上字第1805号、2004年度台上字第581号判决。
④ 参见"司法院"释字第656号解释("民法"第195条第1项后段由法院为恢复名誉处分,如以判决命加害人公开道歉的合"宪"性)。
⑤ 参见德国法上由人民向联邦宪法法院提起的宪法诉讼程序,在中国台湾地区多称为"宪法"诉愿。在中国台湾地区现制所谓诉愿程序通常指提起行政救济前之程序。德国法上的宪法诉愿乃人民基本权利受侵害的宪法诉讼程序,为德国联邦宪法法院最重要的案件来源。
⑥ 参见李建良:《基本权利理论体系之构成及其思考层次》,载《宪法理论与实践(一)》,1997年版,第55、75页;Pieroth/Schlink, Grundrechte, Staatsrecht (20. Aufl. 2004), S.50ff.

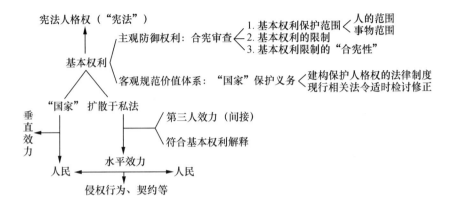

1. 首须认定的是,系何种基本权利被侵害,此乃在探寻基本权利的规范基础,认定有无某种基本权利适用的空间;此亦涉及其他基本权利,而发生基本权利竞合问题。

2. 基本权利的核心问题在于其保护范围(保护领域),此乃基本权利的构成要件,分为人的范围及事物范围,均应依解释方法加以认定,在解释上并应使基本权利规范发展最大可能的效用。

3. 基本权利的限制,即"国家"行为是否侵害某种基本权利的保护范围,使权利受有限制,难以行使。例如旧"户籍法"第8条第2项规定请领身份证须捺指纹,是否侵害隐私权?旧"民法"第1063条规定仅夫妻得提起否认子女之诉,子女不得提起,是否侵害子女的人格权?

4. 基本权利限制的合"宪"性,即"国家"对基本权利的限制亦应受有限制(限制的限制),即对基本权利的限制,须有阻却违"宪"的正当事由,尤其是比例原则的适用("宪法"第22条、第23条)。例如"社会秩序维护法"第89条第2款规定,无正当理由跟追他人,经劝阻不听者,处新台币3000元以下罚款或申诫,涉及何种基本权利的冲突,如何认定跟追有无正当理由?

第二节 "宪法"人格权的创设、构造及保护范围

第一款 "宪法"人格权的创设

第一项 一个重要基本权利的诞生及依据

现行"宪法"对受保障的基本权利,设有两种规范方式:(1)明文列举:于"宪法"第8条至第18条规定各种基本权。(2)概括条款,即"宪法"第22条规定:"凡人民之其他自由及权利,不妨害社会秩序公共利益者,均受'宪法'之保障。""司法院"释字第399号及第603号解释明确表示,人格权的创设系基于"宪法"第22条,而人格权之所以应受"宪法"保障,仍本诸人性尊严及人格自由的理念价值。此涉及人格权作为一种基本权利之"诞生"的依据及其在基本权利体系上的地位。

第二项 "宪法"第22条的规范意义[⑦]

"宪法"第22条系属概括条款,授权释"宪"机关得因应人权理念的发展、民主宪政的演变及社会经济的变迁,创设新的基本权利,俾基本权利能够继续发展。然为顾及法秩序的安定,对权力分立的尊重,并维护基本权利的体系,关于新的基本权利的创设,应予慎重,即:

1. 首须合理解释各种被列举基本权利的内容,阐释其保护范围以发挥其规范效能,不能动辄创设新的基本权利,而遁入"宪法"第22条的概括条款。

2. 何种自由或权利,值得受"宪法"保障,而被提升为基本权利,必须整体考量"宪法"列举基本权利所体现的价值体系,该项自由或权利所具普遍性、保障必要性、人权的品质,及比较法上的发展趋势。

"宪法"人格权的创设,须符合前述判断基准。人格利益的保障,不能为"宪法"列举的基本权利所涵盖。人格利益的保障直接体现人性尊严及人格自由的价值理念。

---

⑦ 参见李震山:《多元、宽容与人权保障——以宪法未列举权之保障为中心》,2005年版,第41页。

第三项　人性尊严与人格自由发展

"司法院"释字第 603 号解释认为隐私权为不可或缺之基本权利而受"宪法"第 22 条所保障,乃"基于人性尊严与个人主体性之维护及人格发展之完整"。此亦适用于其他人格权益。人性尊严及人格自由为人格权被肯定为基本权利的实质理由。

一、人性尊严

(一) 人性尊严的概念

人性尊严(或人格尊严、人的尊严)的理念历经长久的演变,在中国古代"以人为本"的思想亦富有人性尊严的意涵。在西方更有其宗教(如基督教教义)、神学(如 Thomas von Aquin 的"hominis dignitas"论)、神学及哲学(如德国康德、英国洛克的思想)的渊源,并经由自然法思想而成为最高价值,以不同的形式或用语实体化于各国宪法及各种人权宣言。台湾地区"宪法"修正条文(1997 年增修条文第 10 条第 6 项)及"司法院"大法官解释承继了此种历史文化发展,结合人权理念,使人性尊严宪法化,所有的国家权力,包括立法、行政及司法均应为尊重保护,不得侵害。⑧

《德国基本法》第 1 条第 1 项明定"人之尊严不得侵害,并被肯定为一种基本权利"的概念。"司法院"大法官早期使用"人格尊严"(释字 365、372),系采自"宪法"修正条文第 10 条第 6 项"妇女人格尊严,应予保护"的规定。在前揭释字第 603 号等解释则称人性尊严。就文义言,人之尊严的涵义较广,人性尊严次之,学说多使用之,但与人格尊严基本上应属同义,乃从不同角度,就个案情形而立论,二者可以互用而无害于规范意义,应就个案深入加以分析探究此等概念的内容、构造及功能,使人格尊严作为立法原则,认定人格权保护范围的判断基准,不使其成为释

---

⑧ 参见"司法院"历年有关人性尊严的解释有释字 71、365、372、400、445、485、490、550、567、585、603、631。李建良:《自由、平等、尊严:人的尊严作为宪法价值的思想根源与基本课题》,收于《人权思维的承与变》,2010 年版,第 1—62 页。

"宪"论证上的点缀,因广泛使用而造成人格尊严或人性尊严的通货膨胀⑨。

(二) 人性尊严的意涵

人性尊严(或人格尊严)系一种历史性发展的概念,"司法院"大法官虽未详为阐释,但应认人性尊严乃人之所以为人的价值,体现人的主体性及自主性,即不以人为一种客体、工具或手段。德国学者 Dürig 教授曾谓:"当具体的个人被贬抑为客体,仅是一种手段或可代替数值时,人之尊严即受侵害。"此项源自康德哲学思想、自由理念⑩的"客体(或物体)公式(Objektformel)",即待人之道,不管对你自己或对别人,绝对不可把人当手段,要永远把人当目的,为德国联邦宪法法院所采用,已成为一种经典用语,作为一种宪法或法律解释指针。

(三) 人性尊严的规范性

人性尊严系一种"宪法"的理念,法秩序中最高价值,具客观的规范性。在台湾地区的"宪法"体系上,人性尊严本身不是一种基本权利,而是所有基本权利的基础,可作为解释各种基本权利的基准,限制人民基本权利的界限。人性尊严具有确保人身安全(释字 263、372、417、476、585),维护法律上平等(释字 365、452),保持符合人性的生活条件(释字 523、549、609),促进人格自由,创设"宪法"第 22 条所称"其他自由及权利",尤其是人格权的功能。

二、人格自由发展

"宪法"并未明定"人格自由"或"人格发展",此系"司法院"大法官解释参照《德国基本法》第 2 条第 1 项规定所使用的概念,除前揭释字第 603 号关于隐私权(信息自主权、人格权)解释外,更作为其他基本权利的

---

⑨ 参见前德国联邦宪法法院院长 Hans-Jürgen Papier 2011 年在台大法律学院的专题讲座:Der Schutz der Menschenwürde—Auswirkungen auf die rechtliche Praxis,蔡宗珍译:《人格尊严之保护——对于法律实务之影响》,第 2 页谓:"许多重要问题领域中的法学评价,都是借由人性尊严来论辩,也因此要问的是,人性尊严原则表面上看起来似乎可喜可贺的扩张,仔细观察时,是不是也真是一件好事情。凡是将一项基本原则、一个最高价值太过随意地扩张到日常生活的所有边际领域,并适用于法学案例解析上时,那就会卸除了这个基本原则的特殊性与无可争论性的光环。凡是发展得太广泛,那就得小心,不要失去深度。人性尊严之绝对保障的扩张,蕴含了将之相对化的危险;换句话说,凡是拿人性尊严这张大钞来支付微不足道、相对轻微的东西时,就别惊讶只找回了一些铜板。最近就出现了许多让人性尊严沦为'宪法的小铜板'的征兆,而且看起来,想让人性尊严也可以加以权衡的一个趋势,似乎也越来越强。"

⑩ 关于康德人权普世价值及自由主义的精要说明,参见 Michael J. Sandel, Justice: What's the Right Thing to Do?,乐为良译:《正义:一场思辨之旅》,2011 年版,第 117 页。

理论基础：

1. 财产权：释字第400号解释："'宪法'第十五条关于人民财产权应予保障之规定，旨在确保个人依财产之存续状态行使其自由使用、收益及处分之权能，并免于遭受公权力或第三人之侵害，俾能实现个人自由、发展人格及维护尊严。"

2. 婚姻制度与性行为自由：释字第554号解释："婚姻与家庭为社会形成与发展之基础，受'宪法'制度性保障。婚姻制度植基于人格自由，具有维护人伦秩序、男女平等、养育子女等社会性功能，国家为确保婚姻制度之存续与圆满，自得制定相关规范，约束夫妻双方互负忠诚义务。性行为自由与个人之人格有不可分离之关系，固得自主决定是否及与何人发生性行为，惟依'宪法'第二十二条规定，于不妨害社会秩序公共利益之前提下，始受保障。是性行为之自由，自应受婚姻与家庭制度之制约。"

3. 契约自由：释字第580号解释："基于个人之人格发展自由，个人得自由决定其生活资源之使用、收益及处分，因而得自由与他人为生活资源之交换，是'宪法'于第十五条保障人民之财产权，于第二十二条保障人民之契约自由。"

前揭"司法院"大法官解释实际上创设了一种所谓"人格自由发展的权利"，此属"宪法"第22条所称的其他自由权利，具一般性，可称为一般行为自由的权利（参阅释字第689号解释），有概括保护"宪法"未列举自由权利的功能，包括私法自治（契约自由）及性行为自由等。

第二款　人格权的体系地位及法律构造

第一项　"宪法"人格权的体系地位

人格权系"宪法"未列举、新兴的基本权利，须强调的是，不应因人格权未被列举，系由释"宪"者所新创，而减损其基本权利的功能。人格权与其他被列举的基本权利具同等的价值及地位，在人格权与其他列举的基本权利（尤其是"宪法"第11条规定的言论自由）相冲突时，不应认言论自由当然有较高的价值，应须就个案依利益衡量加以调和。

第二项　私法(民法)人格权的法律构造

一、德国民法上的一般人格权：由特殊人格权到一般人格权

《德国民法》对人格权未设一般规定,系采列举主义,于《德国民法》第12条规定姓名权,于第823条第1项规定生命、身体、健康、自由、所有权及其他权利受他人故意过失不法侵害者,得请求损害赔偿。为补列举主义的不足,德国联邦法院乃依据《德国基本法》第2条第1项连结第1条第1项规定,创设一般人格权(allgemeines Persön-lichkeitsrecht),认其系属《德国民法》第823条第1项的"其他权利",具填补漏洞的功能,前已提及。此种概括的人格权具母权的性质,得更具体化为各种受保护的范围(或特别人格权),例如名誉、隐私、信息自主等。⑪

二、中国台湾地区"民法"上的一般人格权：人格权及其具体化

"民法"第18条规定人格权,并于第19条规定姓名权、第194条及第195条第1项规定生命、身体、健康、名誉、自由、隐私、信用、贞操及其他人格法益。此等个别人格法益乃人格权的具体化(特别人格权)。值得注意的是,学说上亦有将"民法"第18条第1项规定的人格权,称为一般人格权⑫,乃指统一性、一般性的人格权,其概念与功能不尽同于德国民法上的 allgemeines Persönlichkeitsrecht。

第三项　"宪法"人格权的法律构造

一、德国宪法上的一般人格权⑬

在德国,宪法上的人格权为德国联邦宪法法院所创设,一向被称为"一般人格权",其概念亦同于德国民法上的一般人格权,指宪法所未列举人格权(特别人格权)的人格权总称,经具体化各种保护范围,例如名誉、信息自主。值得提出的是,《德国基本法》第2条第2项规定:"每个人有生命权及身体不受伤害权。人之自由不可侵害。对此等权利仅得依

---

⑪　关于德国法上的一般人格权,参见 Larenz/Canaris, Lehrbuch des Schuldrechts, Band II/2. Besonderer, Allgemeiner Teil (13. Aufl. 1994), S. 489f. 关于一般人格权的具体化,Baston-Vogt, Der Sachliche schutzbereich des zivilrechtlichen allgemeinen Persönlichkeitsrechts (1997)。

⑫　参见施启扬:《民法总则》,2005年版,第100页。

⑬　Degenhart, Das allgemeine Persönlichkeitsrecht, Art. 2 I i. V. mit Art. 21 GG, JuS 1992, 361; Jarass, Das allgemeine Persönlichkeitsrecht im Grundgesetz, NJW 1989, 857.

法律限制之。"又基本法第 102 条规定:"死刑应废止之。"对生命权及身体权设有特别规定,不适用一般人格权。

二、台湾地区"宪法"上人格权的概念

(一) 人格权的概念

"宪法"亦未规定人格权,系由"司法院"大法官依据"宪法"第 22 条所创设,"司法院"解释径称为人格权,学说上多采德国法上"一般人格权"的用语[14],释"宪"实务将人格权具体化为姓名权、子女知悉自己血统来源等个别人格权(详见后文)。问题在于生命权、人身安全(身体)等重要人格法益,"宪法"未设明文,在基本权利体系上应如何加以定位,实值研究。

(二) 生命权

生命系最贵重的人格法益,乃人之存在基础,具最高的价值,为"宪法"所保障基本权利的前提。台湾地区"宪法"对生命权未设明文,如何定其性质,有不同见解:

1. 扩大解释"宪法"第 15 条的生存权

生命权涉及死刑的违"宪"性,"司法院"释字第 194 号及第 263 号解释均认死刑与"宪法"第 23 条并无抵触,但未说明其涉及的基本权利。[15]"司法院"释字第 476 号解释明确表示关于"肃清烟毒条例"第 5 条第 1 项死刑的规定,系"本于特别法严禁毒害之目的而为之处罚,乃维护国家安全、社会秩序及增进公共利益所必要,无违'宪法'第二十三条之规定,与'宪法'第十五条亦无抵触。"系认生存权包括生命权。

2. 以"宪法"第 8 条为依据

学说上有认为生命权为对抗国家的防御权,仅具有消极对抗国家不法侵害,有别于"宪法"第 15 条生存权具积极性的给付请求权,故应由"宪法"第 8 条(人身自由)导出生命保障的义务,此乃源于国家对于人性

---

[14] 参见李震山(注⑦书),第 144 页;陈慈阳:《宪法学》,2005 年第 2 版,第 504 页。
[15] 释字第 194 号谓:"'戡乱时期肃清烟毒条例'第 5 条第 1 项规定:贩卖毒品者,处死刑,立法固严,惟系于戡乱时期,为肃清烟毒,以维护国家安全及社会秩序之必要而制定,与'宪法'第 23 条并无抵触,亦无抵触'宪法'第 7 条之可言。"释字第 263 号谓:"'惩治盗匪条例'为特别刑法,其第 2 条第 1 项第 9 款对意图勒赎而掳人者,不分犯罪情况及结果如何,概以死刑为法定刑,立法甚严,惟依同条例第 8 条之规定,若有情轻法重之情形者,裁判时本有'刑法'第 59 条酌量减轻其刑规定之适用,其有未经取赎而释放被害人者,复得依'刑法'第 347 条第 5 项规定减轻其刑,足以避免过严之刑罚,与'宪法'尚无抵触。"

价值的保护义务。⑯

3. 以生命权为受"宪法"第22条保障的人格权

维护及尊重生命价值乃自由民主宪政秩序的核心价值,生命权虽非"宪法"明文列举的权利,惟基于生命价值与人性尊严的维护,生命权乃为最不可或缺的基本权利,而受"宪法"第22条所保障。

4. 结合"宪法"第15条及第22条认定生命权系独立的基本权利

生命系首要价值,与生俱来,乃属固有的人权,为不将其贬低为"宪法"第22条的"其他自由及权利",并使其在"宪法"列举的基本权利上有所依据,得结合"宪法"第15条及第22条规定,肯认其为一种独立的基本权利。⑰

由"宪法"第15条(生存权)及第8条(人身自由)认定生命权系受"宪法"保障的基本权利,其优点在于有"宪法"上的直接依据,但生存权的性质不同于生命权,由人身自由尚不足导出生命权。生命为最高价值,故《德国基本法》第2条第2项特别明文加以保障。"宪法"未设明文,为体现其价值理念,并使其有实体法上的规范基础,似可结合"宪法"第15条、第8条及第22条规定,肯认其系一种具人格权性质的基本权利。

(三) 人身安全、身体、健康

台湾地区"宪法"未明文揭示人身安全之保障(但参阅"宪法"增修条文第10条第6项)。人民身体、健康受"国家权力"侵害时,如何认定其受制的基本权利?

"司法院"释字第372号解释谓:"维护人格尊严与确保人身安全,为'宪法'保障人民自由权利之基本理念。增进夫妻情感之和谐,防止家庭暴力之发生,以保护婚姻制度,亦为社会大众所期待。'民法'第1052条第1项第3款所称'不堪同居之虐待',应就具体事件,衡量夫妻之一方受他方虐待所受侵害之严重性,斟酌当事人之教育程度、社会地位及其他情事,是否已危及婚姻关系之维系以为断。若受他方虐待已逾越夫妻通常所能忍受之程度而有侵害人格尊严与人身安全者,即不得谓非受不堪同居之虐待。"本件解释所称人身安全指身体或健康不受侵害,将人格尊严与人身安全并列,旨在凸显人身安全的重要价值。身体系属人格权益,释

---

⑯ 参见陈慈阳(注⑭书),第506页。
⑰ 参见李震山(注⑦书),第22页、第95页以下。

字第689号解释认身体权系一种受"宪法"第22条保障的其他自由权利（详见后文），明确肯认人身安全系"宪法"保障的基本权利。

第四项 "宪法"人格权与私法人格权的区别及关系

"宪法"人格权及私法人格权同在维护人性尊严，惟二者的功能不同，应予区别，但亦具一定关联，其情形犹如"宪法"上的财产权（尤其是所有权）及私法上的财产权，先分三点言之，将于相关部分，再行说明：

1. "宪法"上的人格权系一种基本权利，得对抗"国家"权力的侵害；就其客观功能言，"国家"负有形成私法上规范人格权的义务，使人格权不受"国家"或第三人侵害，并于受侵害时，得有所救济。

2. 如何实践私法人格权的保护，立法上有相当形成的空间，但不得违反"宪法"保障人格权的意旨。法院适用私法上关于人格权的规定时，应作符合"宪法"价值体系的解释。

3. "宪法"人格权与私法人格权虽常使用同一的概念，但其意义因其规范功能不同而异，例如"宪法"上的姓名权包括姓名更改的权利（释399）。"宪法"隐私权包括信息自主权（释603），在私法上的隐私权（"民法"第195条第1项）应作同一解释。

第三款 "宪法"人格权的保护范围

第一项 人格权的主体：人的保护范围

基本权利赋予一定之人得向基本权义务者请求作为、不作为或容忍的权利，享有此种权利者，称基本权利主体。"宪法"上自由权利的主体均称为"人民"，其范围是否包括台湾人或台湾地区外之人、自然人或法人，应就各该基本权实质内涵加以认定，分述如下：

一、自然人

（一）台湾地区自然人及台湾地区外自然人

人之尊严具普世价值，人格权乃人之尊严的直接体现，所有人或每一个人皆得享有之，台湾地区自然人及台湾地区外自然人，不论男女、宗教、种族，皆应包括在内。

（二）死者人格权

"宪法"人格权的主体为"生存之人"，其权利因人之死亡而消灭，不

继续存在。惟须注意的是,为维护人的尊严,"国家"对死者的保护义务不因其人之死亡而停止。为此,现行法设有两个重要规定:

1. "刑法"侮辱诽谤死者罪:"刑法"第312条规定:对于已死之人,公然侮辱者,处拘役或三百元以下罚金。对于已死之人,犯诽谤罪者,处1年以下有期徒刑、拘役或1000元以下罚金。

2. 著作权上的死者著作权:"著作权法"第18条规定:著作人死亡或消灭者,关于其著作人格权之保护,视同生存或存续,任何人不得侵害。但依利用行为之性质及程度、社会之变动或其他情事可认为不违反该著作人之意思者,不构成侵害。

值得特别提出的是,死者人格权在"民法"上的保护问题。例如某甲为著名歌星,乙于甲死亡后擅自以甲的姓名、肖像、声音推销商品,揭露其隐私,或毁损其名誉时,甲的继承人得主张何种权利?此将另列专题,详为论述。

二、法人

基本权利的主体,除自然人外,尚有法人。法人包括公法人及私法人,何者得为某种基本权利的主体,应就个别基本权利的性质及内容加以认定。就人格权言,自然人得为权利主体,应属当然。法人系为一定目的而创设,不同于自然人,在何种情形得为人格权主体,分就私法人及公法人说明如下:

(一) 私法人

1. 本地区私法人及无权利能力社团

私法人指享有权利能力的社团及财团而言。释"宪"实务肯认一种称为"人格自由发展"的基本权利,包括缔约自由(私法自治)[⑱],私法人于经济活动范围内亦得享用之。

"司法院"释字第486号解释谓:"'宪法'上所保障之权利或法律上之利益受侵害者,其主体均得依法请求救济。一九八九年五月二十六日修正公布之'商标法'第三十七条第一项第十一款(现行法为第三十七条第十一款)前段所称'其他团体',系指自然人及法人以外其他无权利能

---

⑱ 参见释字第580号:"基于个人之人格发展自由,个人得自由决定其生活资源之使用、收益及处分,因而得自由与他人为生活资源之交换,是'宪法'于第十五条保障人民之财产权,于第二十二条保障人民之契约自由。"

力之团体而言,其立法目的系在一定限度内保护该团体之人格权及财产上利益。自然人及法人为权利义务之主体,固均为"宪法"保护之对象;惟为贯彻'宪法'对人格权及财产权之保障,非具有权利能力之'团体',如有一定之名称、组织而有自主意思,以其团体名称对外为一定商业行为或从事事务有年,已有相当之知名度,为一般人所知悉或熟识,且有受保护之利益者,不论其是否从事公益,均为'商标法'保护之对象,而受'宪法'之保障。"应说明的有二:

(1) 本件解释将人格权与财产权并列,亦肯定人格权为"宪法"第22条的其他自由及权利。

(2) 私法人及无权利能力社团均得为"宪法"上人格权的主体,但限于与其目的及性质所许者,即不得享有自然人依其人之尊严所享有的人格权益;其得享有者,例如姓名权、名誉权等,惟其保护强度得有别于自然人。

2. 外国私法人

外国私法人得否为"宪法"上人格权主体是一个值得研究的问题。原则上凡台湾地区法人得享有的人格权,台湾地区外亦得享有之,但在法律规范上,应容许有较大的形成空间。

(二) 公法人

公法人原则上非属基本权利的主体,尤其是"宪法"上人格权的主体,其理由为公法人乃负有基本权利义务的公权力主体,而非享有基本权利者。人格权等基本权利旨在维护个人的价值及尊严,以对抗国家或地区的不法侵害,不能使公法人一方面为行使公权力的主体,他方面又为基本权利的主体,而使基本权利的加害人(义务人)与基本权利的被害人(受保障之人)成为同一人,致生矛盾。

第二项　人格权的客观(事务)保护范围

一、"司法院"大法官解释

1. 姓名权:自然人及法人受保护的,包括个人姓名的变更(释字399),法人及无权利能力社团的名称(释字486)。

2. 子女获知其血统来源之权利(释字587)。

3. 隐私权,包括:(1) 银行顾客的存款、放款或汇款等有关资料(释字293)。(2) 不受警察非依正当程序而为之临检(释字535)。(3) 在"三一九枪击事件真相调查特别委员会条例"违"宪"案,"司法院"大法官认为,隐私权系为保护个人生活秘密空间免于他人侵扰及个人资料的自主控制的权利(释字585解释理由)。

4. 在全民指纹建档规定释"宪"案(释字603),就隐私权采同于释字第585号解释理由的见解,但更进一步称为信息隐私权。

二、类型分析及概念形成

关于人格权的保护范围,台湾释"宪"实务上案例不多,但具有典型性,兹试作较抽象的归类,期能凸显其共通原则及进一步具体化的可能性。从人格权主体的行为方式加以分析,可别为三类[19]:

1. 自我决定权:即个人得自我决定,并自我发现其究为何人。属之者为姓名权(包括改名)、子女获知自己血统来源的权利,此乃人格发展的基本条件。

2. 自我保护权:此类权利在使个人得有退隐,有所抵挡,而能自我独处,尤其是界定与他人的社会关系。例如个人生活的私密领域、病人与医生间的病历资料、日记等。

3. 自我表现权:此指个人不受贬抑、虚构、割裂或专擅的公开呈现,其所保护的,包括个人名誉、肖像、文字言语、不被窃听或录音。此外尚有信息自主权。

人格权保护范围的归类,得采不同的观点。"司法院"释字第603号解释关于请领身份证须按捺指纹的法律规定,究系侵害隐私权或信息自主权,得有不同的认定,并涉及美国法及德国法上概念形成及思考方法。德国联邦宪法法院认为按捺指纹属信息自主权的范围,而信息自主权乃为人格权的一种。[20] 美国法上并无人格权的概念,其所称隐私权(right to privacy),就规范功能言[21],殆同于人格权。"司法院"释字第603号解释所称信息隐私权乃扩大隐私权的概念,系一种接近美国法的思考方法。

---

[19] 关于人格权上的自我决定权、自我保护权及自我表现权的分类及内容,参见陈慈阳(注⑭书),第504页;Pieroth/Schlink(注⑥书),S. 88。

[20] BVerfGE 103, 21. Hufen, Schutz der Persönlichkeit und Recht auf informationelle Selbstbestimmung, in: Festschrift für 50 Jahre Bundesverfassungsgericht, zweiter Band, Hrsg. Badura/Dreier (2001), S. 105.

[21] 关于美国侵权行为法的隐私权,参见 Dobbs, The Law of Torts (2000), p. 1197. 美国宪法上隐私权,参见 Rotunda, Modern Constitutional Law (7th edn, 2003), pp. 819, 822, 869, 1052, 1194. 值得阅读的,Ellen Alderman/Caroline Kennedy, The Right to Privacy;吴懿婷译:《隐私的权利》,2000年版。

第三节 "宪法"人格权的防御功能

第一款 基本权利的防御功能：对抗来自公权力的侵害

一、基本权利的限制

人格权系一种基本权利，对国家或地区的侵害具有防御功能（主观权利的功能），国家或地区对人格权等基本权利的侵害，在台湾地区"宪法"称为对基本权利的"限制"（"宪法"第23条），其所为限制得为个别（行政处分、法院判决），亦得为一般（法规）。所称限制或侵害，应从宽认定，凡使人民的基本权利之行使不可能者，均属之，包括法律行为及事实行为，其究为有意或无意，直接或间接，得否强制，均所不问。

须注意的是，基本权利的保护范围及限制（侵害）二者互相关联，应由侵害行为而认定其保护范围。在"司法院"释字第603号解释，系因"请领身份证须按捺指纹"法律规定的侵害行为，而明定了所谓信息隐私权的保护范围。保护范围越广，国家或地区行为的侵害越多，使国家或地区与基本权利的冲突增加，人格权的保护具有此种发展可能性。

二、基本权利限制的限制

国家或地区得对基本权利加以限制，但对此种限制亦应有所限制（所谓限制的限制）。"宪法"第23条规定："以上各条列举之自由权利，除为防止妨碍他人自由、避免紧急危难、维持社会秩序，或增进公共利益所必要者外，不得以法律限制之。"此项规定一方面肯定基本权利的"可限制性"，他方面亦明定对基本权利的限制，亦应受限制，学说上称为阻却违"宪"事由，其情形有二：

1. 形式阻却违"宪"事由：此指对基本权利的限制，须以法律为之（法律保留）。所谓法律，指经"立法院"依法定程序通过，"总统"公布之法律而言（"宪法"第170条）。惟法律对于有关人民权利义务之事项，往往无法巨细靡遗地加以规定，故关于细节性或技术性之事项，法律自得授权主管机关，以命令规定之，俾便法律之实施，而行政机关基于此种授权发布命令，如其内容未逾越授权范围，并合授权之目的者，亦为"宪法"之所许[22]。

---

[22] 参见"司法院"释字第313、360、367、394、402号解释。

2. 实质阻却违"宪"事由:指对基本权利的限制,须"有所必要","司法院"大法官解释称之为比例原则,即从方法与目的的关联性,以判断国家或地区限制基本权利行为的合"宪"性。比例原则包括三个下位原则:(1) 适合性原则;(2) 必要性原则(最小侵害原则);(3) 狭义比例原则(合比例性原则)。

三、"宪法"第22条与第23条的适用

"宪法"第22条规定:"凡人民之其他自由及权利,不妨害社会秩序公共利益者,均受'宪法'之保障。"人格权系受"宪法"保障之"其他自由及权利"。又"宪法"第23条所称"以上各条列举之自由权利……"解释上应包括第22条在内。兹发生一项问题,即"宪法"第22条及第23条究具何种适用关系? 在解释上有两种思考方法:

1. 两阶段适用:即先适用"宪法"第22条,即以"不妨害社会秩序公共利益"为"其他自由及权利"的成立要件或内在限制,以节制"其他自由及权利"的创设,避免不必要的扩张。在肯定某种自由或权利应受"宪法"第22条所保障之后,再适用"宪法"第23条。

2. 径适用"宪法"第23条:即视"宪法"第22条后半句不见,认其不具特殊规范意义,乃在强调此种未被列举的基本权利,亦应受社会秩序公共利益的限制。

释"宪"实务系采第二种解释,即其限制人民的自由权利,均以"宪法"第23条为依据。[23] 此项见解可资赞同。盖"宪法"第22条及第23条所称社会秩序或公共利益均在限制基本权利,具同一的规范目的,难以区别,亦无区别的必要。又对"其他自由及权利"设内在限制(第22条)及外在限制(第23条),此种差别对待欠缺实质理由。"其他自由及权利"的创设,应有其客观判断基准,前已提及,再以不妨害社会秩序公共利益作为控制手段,应无必要。

准据上述,人格权系受"宪法"第22条所保障的其他自由权利,关于侵害人格权的违"宪"审查,得以"宪法"第23条为依据,其关键问题在于对人格权的限制是否符合比例原则,尤其是狭义比例原则,将于下文作较详细的说明。

---

[23] 参见"司法院"释字第362、399、443、486、603号解释。

第二款 "司法院"大法官解释

第一项 "宪法"人格权的案例法

关于国家或地区公权力对人格权侵害的"违宪"审查,"司法院"大法官作有 8 个解释,形成了"宪法"人格权的案例法(Case Law),分别说明如下:

一、银行顾客资料(释 293,1992.3.13)

"司法院"释字第 293 号解释谓:(旧)"银行法"第 48 条第 2 项规定"银行对于顾客之存款、放款或汇款等有关资料,除其他法律或'中央'主管机关另有规定者外,应保守秘密",旨在保障银行之一般客户财产上之秘密及防止客户与银行往来资料之任意公开,以维护人民之隐私权。惟公营银行之预算、决算依法应受议会之审议,议会因审议上之必要,就公营银行依规定已属逾期放款中,除收回无望或已报呆账部分,仍依现行规定处理外,其余部分,有相当理由足认其放款显有不当者,经议会之决议,在银行不透露个别客户姓名及议会不公开有关资料之条件下,要求银行提供该项资料时,为兼顾议会对公营银行之监督,仍应予以提供。

应说明的是,本件系属法令统一解释,其重要意义系"司法院"大法官解释第一次提到人民隐私权,涉及银行顾客资料,惟未指明隐私权系人格权的一种。

二、姓名权(释 399,1996.3.22)

"司法院"释字第 399 号解释涉及姓名权的保障。(旧)"姓名条例"第 6 条第 1 项第 6 款规定"命名文字字义粗俗不雅或有特殊原因经主管机关认定者"得申请改名。"内政部"1976 年 4 月 19 日台内户字第 682266 号函解释谓:"姓名不雅,不能以读音会意扩大解释"。"司法院"大法官认为"姓名权为人格权之一种,人之姓名为其人格之表现,故如何命名为人民之自由,应为'宪法'第二十二条所保障"。是有无申改姓名之特殊原因,由主管机关于受理个别案件,就具体事实认定之。姓名文字与读音会意有不可分之关系,读音会意不雅,自属上开法条所称得申请改名之特殊原因之一。前揭"内政部"函释,与上开意旨不符,有违"宪法"保障人格权之本旨,应不予援用。

应说明的是姓名权的保护范围包括命名自由,前揭"内政部"函释所为限制,不符比例原则,即就利益衡量言,姓名变更攸关人格表现至巨。

以读音会意不雅更改姓名,影响姓名安定的公共利益或社会秩序较少,两相权衡,其限制改名,不具合理适度关系。

三、警察实施临检与隐私权(释535,2001.12.14)

"司法院"释字第535号系关于"警察勤务条例"实施临检的规定是否违"宪"的争议。解释意旨谓:"警察勤务条例"规定警察机关执行勤务之编组及分工,并对执行勤务得采取之方式加以列举,已非单纯之组织法,实兼有行为法之性质。依该条例第11条第3款,临检自属警察执行勤务方式之一种。临检实施之手段:检查、路检、取缔或盘查等不问其名称为何,均属对人或物之查验、干预,影响人民行动自由、财产权及隐私权等甚巨,应恪遵法治国家(或地区)警察执勤之原则。实施临检之要件、程序及对违法临检行为之救济,均应有法律之明确规范,方符"宪法"保障人民自由权利之意旨。前述条例第11条第3款之规定,于符合上开解释意旨范围内,予以适用,始无悖于维护人权之"宪法"意旨。现行警察执行职务法规有欠完备,有关机关应于本解释公布之日起二年内依解释意旨,且参酌社会实际状况,赋予警察人员执行勤务时应付突发事故之权限,俾对人民自由与警察自身安全之维护兼筹并顾,通盘检讨订定。

应说明的是,警察勤务临检攸关人民权益甚巨,为符大法官解释,"立法院"于2003年6月25日制定"警察职权行使法",规定一般原则、身份查证及资料搜集、实时强制、救济(异议、损害赔偿、损失补偿)。其中身份查证、资料查证及实时强制涉及人民的人格权(尤其是隐私信息自主)及财产权(基本权利竞合)。"警察职权行使法"第3条明定:"警察行使职权,不得逾越所欲达成执行目的之必要限度,且应以对人民权益侵害最少之适当方法为之。警察行使职权已达成其目的,或依当时情形,认为目的无法达成时,应依职权或因义务人、利害关系人之申请终止执行。警察行使职权,不得以引诱、教唆人民犯罪或其他违法之手段为之。"本条规定以比例原则作为警察依法行使职权的规范准则,实为进步、符合"宪法"意旨,实值肯定。

四、"三一九枪击事件真相调查特别委员会条例"第8条第6项关于个人隐私之规定:强制公开隐私(释585,2004.12.15)

为调查2003年3月19日发生"总统"候选人陈水扁遭受枪击真相而制定的"三一九枪击事件真相调查特别委员会条例"第8条第6项规定:"本会或本会委员行使职权,得指定事项,要求有关机关、团体或个人提出说明或提供协助。受请求者不得以涉及国家机密、营业秘密、侦查保密、个人隐私或其他任何理由规避、拖延或拒绝。""司法院"释字第585号解释,认此项规定不符正当法律程序及法律明确性原则之要求,应自本解释公布之日起失其效力。

应说明的是对个人隐私的侵害,通常系从外部为之,例如秘密录音、使用监视器、揭露病历等。其强制他人不得以任何理由规避、拖延或拒绝公开自己的隐私,实严重侵害个人私的领域,显然有违比例原则。

五、子女知悉自己血统的权利(释587,2004.12.30)

(旧)"民法"第1063条规定:"妻之受胎,系在婚姻关系存续中者,推定其所生子女为婚生子女(第1项)。前项推定,如夫妻之一方能证明妻非自夫受胎者,得提起否认之诉。但应于知悉子女出生之日起,一年内为之(第2项)。""司法院"释字第587号解释认此规定侵害子女之人格权,其解释意旨及比例原则的适用上具有意义,分四点言之:

1. 本件解释明确表示"子女获知其血统来源,确定其真实父子身份关系,攸关子女之人格权,应受'宪法'保障。"为支持此项见解,解释理由特别引用联合国1990年9月2日生效之儿童权利公约第7条第1项规定及德国、瑞士相关立法例。以国际公约及比较法作为解释依据,系释"宪"论证风格上的一项具有意义的转变。

2. 婚生否认之诉,涉及父母婚姻关系的隐私领域及家庭生活的和谐,"司法院"大法官在法益衡量上认子女获知血统来源为应优先受保护的权利,而宣告前揭"民法"规定不再援用,并命有关机关于适用时,就提起否认生父之诉之主体、起诉除斥期间之长短及其起算日等相关规定检讨改进,以符"宪法"意旨。应予说明的是,本着"宪法"意旨,此项立法修正及其内容的形成,除保障子女人格权外,并应斟酌及于父母隐私权及家庭和谐。

3. 本件解释尚提及亲生父对受推定为他人之婚生子女提起否认之诉的问题,认为现行法并不许之,系为避免因诉讼而破坏他人婚姻之安定、家庭之和谐及影响子女受教养之权益,与"宪法"尚无抵触。至于将来立法是否有限度放宽此类诉讼,则属立法形成之自由。值得指出的是,此种亲生父确定真实父子身份关系之诉,较之子女获知其血统来源牵连更多方面的利益,对子女言,攸关其人格发展,影响其基本生活条件甚巨,比较法有无相关立法例,不得确知,立法形成的"空间",应受比例原则严格的规范。

4. 为符合释"宪"意旨,"民法"第1063条于2007年经修正为:"妻之受胎,系在婚姻关系存续中者,推定其所生子女为婚生子女(第1项)。前项推定,夫妻之一方或子女能证明子女非为婚生子女者,得提起否认之诉(第2项)。前项否认之诉,夫妻之一方自知悉该子女非为婚生子女,或子女自知悉其非为婚生子女之时起二年内为之。但子女于未成年时知悉者,仍得于成年后二年内为之(第3项)。"

六、请领"国民"身份证须按捺指纹释"宪"案(释603,2005.9.28)

(旧)"户籍法"第8条第2项前段规定:"依前项请领'国民'身份证,应捺指纹并录存。""司法院"释字第603号认此项规定侵害隐私权(信息隐私权),具指针性意义备受重视(请阅读解释文及解释理由),相关论述甚多[24],可供参照,兹分四点言之:

1. 信息隐私权与人格权

本件解释认隐私权为受"宪法"第22条保障的基本权利,解释文及解释理由均未说明其是否为一种人格权。释字第399号解释明确表示"姓名权为人格权之一种",释字第587号解释亦谓:"确定其真实父子身份关系,攸关子女之人格权,应受'宪法'保障。"在本号解释,大法官认为,隐私权非"宪法"明文列举之权利,惟基于人性尊严与个人主体性之维护及人格发展之完整,并为保障个人生活私密领域免于他人侵扰及个人资料之自主控制,隐私权乃为不可或缺之基本权利,而受"宪法"第22条所保障。应予指出的是,在台湾地区"宪法"上应认隐私权为人格权之一种,即隐私权系就人格权一定保护范围而形成的"特别人格权",而非独立于人格权以外的一种基本权利。其情形同于姓名权及子女知悉自己血统的权利,在体系解释上不能认隐私权系一种与人格权独立并存的基本权利。

2. 隐私权、信息自主权

释字第603号解释创设一种称为"信息隐私权"的基本权利,此系采自释字第585号解释的解释理由。隐私权就其固有意义言,指个人生活私密领域免于他人侵扰。信息自主权,指个人信息的自主控制权而言。

---

[24] 参见《台湾本土法学》所刊载"捺指纹规定释'宪'案"鉴定意见书:李建良,73期(2005/8),第33页;徐正戎,75期(2005/10),第57页;颜厥安,79期(2006/2),第145页。吴庚等:《释字第六〇三号(全民指纹建档案)评释》,《台湾本土法学》第75期(2005/10),第111页。李惠宗:《领取"国民"身份证按捺指纹违"宪"性之探讨——从法学方法论评大法官释字第603号解释》,载《月旦法学》2005年11月第126期,第172页。

二者虽有重叠部分,但自有其保护范围,各具独立性。在德国联邦宪法法院明确肯定信息自主权是一种人格权,具独立性,不同于私密领域。"司法院"释字第603号解释扩大隐私权的保护范围,兼括个人生活私密领域及个人信息自主,显然受到了美国法上隐私概念的影响。

3. 信息自主权的保护与公共利益在比例原则上的衡量

指纹乃重要的个人信息,是否揭露,及在何种范围内,于何时、以何种方式,向他人揭露,应由个人自主决定。

请领"国民"身份证须按捺指纹的规定,侵害人民的信息自主权。此项信息自主权利的保障,并非绝对,得以法律明文规定加以限制,但须符合"宪法"第23条的比例原则。应予衡量者,系个人指纹信息的自主控制权及强制人民请领身份证按捺指纹录存的公共利益,以定其轻重。大法官认为,"户籍法"未明定其按捺指纹的目的,纵认系为达到"国民"身份证之防伪、防止冒领、冒用、辨识路倒病人、迷途失智者、无名尸体等目的,亦属损益失衡,手段过当,不符比例原则。此项"国家或地区限制(侵害)的公共利益"及"人民的信息自主权"在比例原则上的衡量,实值赞同。鉴于录存的指纹的信息,具随时处分使用性、任意移转性及无限制结合可能性,国家或地区的侵害自应严守比例原则,并须注意及于组织及程序法上的防范措施。

4. 本件解释的重要功能在于建立政府以法律规范人民资料自主权的"宪法"基准。

七、少年人格权(释664,2009.7.31)

"少年事件处理法"第3条第2款第3目规定:经常逃学或逃家者,依其性格及环境,而有触犯刑罚法律之虞者,由少年法院依该法处理之。又同法第26条第2款规定:少年法院于必要时,得以裁定命收容于少年观护所。但以不能责付或以责付为显不适当,而需收容者为限。又同法第42条第1项第4款亦规定:少年法院审理事件,应对少年以裁定令入感化教育处所施以感化教育。关于前揭规定是否违"宪","司法院"释字第664号解释认为:

第一,"少年事件处理法"第3条第2款第3目规定经常逃学或逃家之少年,依其性格及环境,而有触犯刑罚法律之虞者,由少年法院依该法处理之,系为维护虞犯少年健全自我成长所设之保护制度,尚难径认其为违"宪";惟该规定仍有涵盖过广与不明确之嫌,应尽速检讨改进。

第二,"少年事件处理法"第26条第2款及第42条第1项第4款规定,就限制经常逃学或逃家虞犯少年人身自由部分,不符"宪法"第23条之比例原则,亦与"宪法"第22条保障少年人格权之意旨有违,应自本解释公布之日起,至迟于届满一个月时,失其效力。

关于此项解释,应说明者有四:

1. "司法院"大法官认为"少年事件处理法"第26条第2款及第42条第1项第4款规定之所以违"宪",系对虞犯少年于一定期间内拘束其人身自由于一定之处所,而属"宪法"第8条第1项所规定之"拘禁",对人身自由影响甚巨,其限制是否符合"宪法"第23条规定,应采严格标准予以审查。上开第26条之规定,旨在对少年为暂时保护措施,避免少年之安全遭受危害,并使法官得对少年进行观察,以利其调查及审理之进行,目的洵属正当;同条第2款虽明定收容处置须为不能责付或责付显不适当者之最后手段,惟纵须对不能责付或责付显不适当之经常逃学逃家少年为拘束人身自由之强制处置,亦尚有其他可资选择之手段,如命交付安置于适当之福利或教养机构,使少年人身自由之拘束,维持在保护少年人身安全,并使法官调查审理得以进行之必要范围内,实更能提供少年必要之教育辅导及相关福利措施,以维护少年之身心健全发展。上开第42条第1项规定之保护处分,旨在导正少年之偏差行为,以维护少年健全成长,其目的固属正当;惟就经常逃学或逃家之虞犯少年而言,如须予以适当之辅导教育,交付安置于适当之福利或教养机构,使其享有一般之学习及家庭环境,即能达成保护经常逃学或逃家少年学习或社会化之目的。是前揭"少年事件处理法"规定就限制经常逃学或逃家虞犯少年人身自由部分,不符"宪法"第23条之比例原则。应予指出的是,本件解释关于比例原则的适用妥当性、必要性与衡平性的论述甚详,可供参照。

2. 本件解释肯定受"宪法"第22条保障的人格权,亦包括少年人格权,依其保护内容,关于少年人格权,解释理由谓:人格权乃维护个人主体性及人格自由发展所不可或缺,亦与维护人性尊严关系密切,是人格权应受"宪法"第22条保障。为保护儿童及少年之身心健康及人格健全成长,"国家"负有特别保护之义务("宪法"第156条规定参照),应基于儿童及少年之最佳利益,依家庭对子女保护教养之情况,社会及经济之进展,采取必要之措施,始符"宪法"保障儿童及少年人格权之要求("司法院"释字第587号、第603号及第656号解释参照)。"国家"对儿童及少年人格权之保护,固宜由立法者衡酌社经发展程度、教育与社会福利政策、社会资源之合理调配等因素,妥为规划以决定儿童及少年保护制度之具体内涵。惟立法形成之自由,仍不得违反"宪法"保障儿童及少年相关规范之意旨。

3. "少年事件处理法"规定涉及"宪法"第 8 条人身自由及"宪法"第 22 条的人格权,构成基本权利的竞合。人格权就其广义言之,应包括人身自由,即人身自由系一项重要人格法益,第 8 条特为规定。本件解释所以特别提及"少年人格权",主要系"宪法"第 156 条明定:"'国家'为奠定民族生存发展之基础,应保护母性,并实施妇女儿童福利政策。"此项规定强化了对少年人格权的保护。

4. 人格权的保护强度得因人格权主体而有不同;有属保护必要较少者,例如公众人物的人格权与言论自由;有属较高保护的,例如病人、残障者、儿童与少年,因而得有不同程度的违"宪"审查标准。又本件释"宪"仅称少年人格权,就其保护范畴,应有进一步明确的必要。

八、新闻采访跟追与个人行动自由,身体权及隐私权的保护(释 689,2011.7.29)

"社会秩序维护法"第 89 条第 2 款规定:"有左列各款行为之一者,处新台币三千元以下罚锾或申诫:……二、无正当理由,跟追他人,经劝阻不听者。"本条第 2 款常涉及新闻采访的跟追行为,是否侵害"宪法"第 11 条所保障的新闻自由(及第 15 条人民工作权)发生争议。"司法院"释字第 689 号解释谓:"'社会秩序维护法'第八十九条第二款规定,旨在保护个人之行动自由、免于身心伤害之身体权、及于公共场域中得合理期待不受侵扰之自由与个人资料自主权,而处罚无正当理由,且经劝阻后仍继续跟追之行为,与法律明确性原则尚无抵触。新闻采访者于有事实足认特定事件属大众所关切并具一定公益性之事务,而具有新闻价值,如须以跟追方式进行采访,其跟追倘依社会通念认非不能容忍者,即具正当理由,而不在首开规定处罚之列。于此范围内,首开规定纵有限制新闻采访行为,其限制并未过当而符合比例原则,与'宪法'第十一条保障新闻采访自由及第十五条保障人民工作权之意旨尚无抵触。又系争规定以警察机关为裁罚机关,亦难谓与正当法律程序原则有违。"

应说明的是,"社会秩序维护法"第 89 条第 2 款规定不构成违"宪",应可期待,本件解释的意义有三:(1)阐明系争规定所保护的权益(隐私权等）及该项规定所限制的基本权利（言论自由）。（2）创设了两个"宪法"未列举的其他自由权利："一般行为自由"、"身体权"。（3）建立公共场域隐私权保护的衡量基准（详见本书第八章）。

第二项　概念体系构成、具体化及论证风格

一、"宪法"人格权的体系

法释义学在于整理分析案例，建构概念体系。关于"宪法"人格权在释"宪"实务上的发展，已如前述，综合整理如下：

"司法院"解释	法令	人格权及保护内容	违"宪"审查
399	"内政部"函示	姓名权：更改姓名	违"宪"
587	"民法"1063	知悉自己血统来源	违"宪"
664	"少年案件处理法"26②42 I④	少年人格权	违"宪"
293	"银行法"48 I	隐私权：银行顾客资料	统一解释
535	"警察勤务条例"8⑥	隐私权	违"宪"，2年内修正
585	"真调会条例"3	隐私权	违"宪"
603	"户籍法"8②③	隐私权：信息自主	违"宪"
689	"社秩法"89 II	1. 一般行为自由权（行动自由） 2. 隐私权 3. 身体权	合"宪"

兹为便于观察，将"宪法"人格权与<u>一般行为自由权</u>的构造图标如下：

```
                    ┌─功能：补充强化人格自由发展的保护
        一般行为自由权┤依据："宪法"第22条其他自由权利
                    └─保护范围具体化─┬─性自由（释554）
人                                   ├─契约自由（释580）
性                                   └─行动自由（释689）
尊
严                  ┌─功能：强化对人格权的保护
、       宪法人格权 ┤依据："宪法"第22条"其他自由权利"
人                  └─保护范围具体化─┬─姓名权（释399）
格                                   ├─子女知悉自己血统来源（释587）
自                                   ├─少年人格权（释664）
由                                   ├─身体权（释689）
                                     ├─隐私权─┬─个人生活私密领域（释603）
                                     │        └─公开场域的隐私权（释689）
                                     └─个人资料自主─┬─银行存款资料（释293）
                                                    └─指纹（释603）
```

二、"宪法"基本权利的创设与政治社会发展

关于"宪法"上人格权益的解释共有 8 个,其中释字第 293 号解释为统一解释,其他 7 个为法令违"宪"审查,均作成于 20 世纪 90 年代之后,又释字第 689 号解释明确创设了"一般行为自由"的基本权利,体现了台湾地区政治社会发展及"宪法"基本权利价值理念的实践。

三、"宪法"人格权的概念形成及体系构造

(一)"宪法"人格权的概念及具体化

大法官于释字第 399 号解释创设人格权,并肯定姓名权为一种人格权,此外,被肯定为人格权的尚有子女知悉自己血统的权利及少年人格权。

关于隐私权、身体权的解释,大法官解释的内容则未提及人格权。应强调的是,"宪法"上的人格权应包括隐私权及身体权,不能将隐私权或身体权认为是独立于人格权以外的其他自由权利。无论是姓名权、隐私权或身体权均系"一般"人格权的具体化,此有助于建立人格权的概念形成与体系发展,不必就各种层出不穷的人格法益(例如:健康、肖像、名誉、信用等)创设各种独立的其他自由权利,均应纳入人格权的价值理念及保护范围,作为一种个别人格权,并得与民法上人格权的概念相互对照,建构人格权保护的规范秩序。

(二)"宪法"人格权与一般行为自由权

值得重视的是,释字第 689 号解释创设了"一般行为自由"之概括性的基本权利,并认系属"宪法"第 22 条所称的其他自由权利之一,并以"行动自由"为其保护范围,解释上尚应包括性自由(释字第 554 号解释)与契约自由(释字第 580 号解释)。关于一般行动自由(人格自由)权与人格权的概念区别及适用关系,将是"宪法"理论与实务的重要议题㉕,在此难以详论,应说明的是一般人格权(allgemeines PersönlichKeitsrecht)、一般行为自由权(人格自由权,allgemeine Handlungsfreiheit)系两个独立的基本权利,有其不同的保护范畴及作用的指向:

㉕ Schmidt/Seidel, Grundrechte (2. Aufl. 2001), S. 97ff., 106ff.。须注意的是一般行为自由(allgemeines Handlungsfreiheit)系规定于《德国基本法》第 2 条第 1 项(人格自由发展),一般人格权(allgemeines Persönlichkeitsrecht)系由德国联邦法院及联邦宪法法院基于《德国基本法》第 1 条第 1 项(人之尊严)及第 2 条第 1 项(人格自由发展而创设)。参见 Dreier, in Dreier (Hrsg.), Grundgesetz-Kommentar, Bd. I, 2. Aufl. (2004), Art. 2.(附有资料文献,S. 288)。

1. 一般行为自由权（人格自由）旨在保护活动自由（活动保护，Aktivitätsschutz），在使个人得积极有所开展，有所作为或不作为，例如自主决定是否及与何人发生性行为（性行为自由），自由决定其生活资源的使用、收益、处分及交换（私法自治）。

2. 人格权系在保护人格法益的完整（完整保护，Integritäts-schutz），主要在于以消极或静态的方法要求他人尊重，不侵害他人的生命、身体、健康、自由等人格利益，不侵入他人私的领域，不妨害他人自主的自我决定及自我表现。

3. 一般行为自由权与人格权虽有不同的保护范畴及限制的可能性，但实乃基于同一的根源，即在维护个人自由、自主性。人格自由的展开须以人格的尊重为前提，在此意义上，人格活动自由的保护亦系建立在人格完整的保护之上。

综据上述，人性尊严及人格自由乃法秩序的基本价值理念，同为"宪法"人格权及私法人格权的基础。

四、审查基准

大法官关于法令侵害人格权的违"宪"审查，大法官有未作明确说明的，但在五件解释，均采严格审查标准认定相关法令是否违"宪"，并详为论证（尤其是释字第 587、603、664 号解释），可见大法官对人格权及其理念价值（人性尊严、人格自由发展）的重视。

五、论证风格

"司法院"解释的论证风格及其变迁，涉及大法官对自己职务的认识及释"宪"功能，是一个值得深入研究的问题。[26] 应予肯定的是将"解释文"改采裁判风格，强化理由构造，引用相关解释，而能有累积性发展，逐渐形成案例法（Case Law）。值得提出的是协同意见书或不同意见书的风格。其数量之多远超过德国联邦宪法法院及日本最高法院。就内容言，应针对解释意旨阐释自己的观点，避免过度引用、整理分析学说见解（德国、日本、美国联邦最高法院甚少如此），成为对"解释"的"批注"或"评释"（Comment, Anmerkung）。此为学者的任务，而非不同或协同意见书制

---

[26] 关于法院判决风格的比较研究，参见 Kötz, über den Stil höchstrichterlicher Entschei-dungen, Rabels Z37（1973），254-263；Kötz 教授 30 年关于比较法及法律经济分析论文集 Undogmatisches（Hrsg. Basedow/Hopt/Zimmermann, 2005），S. 1-19.

度的功能。大法官可分为二类,一类为常写协同或不同意见书,另一类为较少写不同意见书。关键的问题应在于各大法官对形成"解释"本身的贡献(此难为外人所知,因而产生大量的个人意见书)。协同或不同意见有助于了解解释意旨及解释理由,但过多见解分歧或不具原则重要性的意见,显示大法官应强化形成多数意见共识的机制,更进一步提升解释的论证说理。

第三款　德国联邦宪法法院裁判

关于国家权力侵害人格权所生违宪审查,在德国因有宪法诉愿制度,德国联邦宪法法院得审查普通法院判决,因涉及个案,论证更为具体明确、精致深刻,其中以人格权保护(尤其是名誉、隐私)与言论自由的冲突及调和,最受重视,将于相关部分,再为详论。其与前述中国台湾地区"司法院"若干解释有关的,有人口普查案(Volkszählung, BverfGE 65, 1)[27]、基因指纹案(Genetischer Fingerabdruck, BverfGE 130, 21),及子女知悉自己血统案(Kenntnis der eigenen Abstammung, BverfGE 79, 256)。以下介绍三则裁判,简录其内容,以了解德国联邦宪法法院关于人格权保护与公共利益间在比例原则衡量上所采的基准及论证风格,并供参考学习。(请耐心、细心、用心阅读)

一、将离婚文件移送惩戒程序案(BverfGE 27, 344)

本件系宪法诉愿。诉愿人为公务员,因婚姻外关系而被移送惩戒。在此之前,诉愿人曾对其妻提起离婚之诉,但遭驳回;上诉后,则经其妻同意而撤回之。于惩戒程序中,调查官要求管辖的民事法院移送诉愿人的离婚诉讼文件,诉愿人在知悉 Hamm 高等法院作成同意的裁定后,即以此项裁定侵害其受《德国基本法》第 1 条及第 2 条所保障的基本权利,而提起宪法诉愿。联邦宪法法院认此项宪法诉愿有理由:

1. 联邦宪法法院本诸基本法第 2 条第 1 项连结第 1 条第 1 项规定,再三肯定个人有不受公权力侵害之私的生活形成的领域。然并非私生活的整个领域皆应受基本权利的绝对保护。个人具有社会关联性,并受社会约束(Der Mensch als gemeinschaftsbezogener und gemeinschaftsgebunden-

---

[27] 关于"1983 年'人口普查法'之判决",参见"司法院"发行(1990),萧文生译:《西德联邦宪法法院裁判选辑(一)》,第 288 页。

er Bürger)㉘,亦应接受国家为公共利益,并严守比例原则,而侵害私的生活形成所为的措施。

离婚诉讼的文件固涉及配偶间的私的生活领域,但非属不容侵害的领域。盖在离婚诉讼程序中,法院依其情况得促使配偶告知其整个生活的内在领域,对法院及当事人公开其生活,俾法院得就婚姻内的权益冲突加以判断。惟此项公开,在人的范围及目的,其内容均应受限。离婚文件的秘密系受《德国基本法》第 2 条第 1 项连结第 1 条第 1 项所保护,对此项保护,配偶有共同请求权,其由外界知悉此项资料,原则上应经配偶双方同意,始得为之。

基上所述,前揭将离婚文件移送于惩戒程序的裁定,虽有形式法律上的依据,但仍构成对配偶人格权的侵害,除非其符合比例原则。

2. 比例原则要求私的领域的保护与公共利益间的衡量,即其所采措施须适于达成其追求的目的,且属必要,其所为侵害的强度及其事物的重要性与其所欲达成目的之间,并须具有合理适度关系。此应就个案认定之,在本件应认法院移送离婚文件,不符比例原则:

(1) 请求移送离婚文件的机关并未提出支持此项请求的实质理由,亦未依据事实详述该文件的重要性及审阅的必要性,俾双方配偶得就其申请表示立场,并使裁定移送的法院得就其所涉冲突利益的内容及分量作正确的评断。

(2) 作成裁定的 Hamm 高等法院固然认识利益衡量的必要性,但仅作理论上抽象的叙述,并未充分地斟酌一切相关人物及事实情况而为具体化。此种仅概括说明"惩戒法"在法秩序的功能及公务员职务上不当行为的一般重要性,不能取代对个别案件的评价,尤其是在涉及职务上不当行为的情形,其应为考量的,包括此等行为与职务范围的关联,及其行为对公务员形象所生影响的程度。

(3) 应受废弃的裁定,欠缺对移送文件措施的必要性的认定,即未审究在何种程度该离婚文件所提供的信息对惩戒程序的实施,具有意义。盖离婚诉讼所涉及的乃家庭生活领域,其与公务究具有何种相互关系,应

㉘ 此为德国联邦宪法法院关于"人之图像"(Menschenbild)所提出的基本见解(BverfGE 4, 7 [15f.],27, 1[7]),参见 Becker, Das "Menschenbild des Grundgesetzes" in der Rechtsprechung des Bundesverfassungsgerichts (1996)。

予确认。纵在此种情形,并非所有文件在惩戒程序均具有证据作用。依比例性的宪法原则,其得请求移送的,应限于相关部分的文件。Hamm 高等法院显然并未就此从事此项"宪法"所要求的衡量。

(4) 关于移送离婚文件此项措施的必要性,前揭裁定亦欠缺考虑是否有其他证据方法可供阐明相关事实。关于诉愿人婚姻外关系公开周知,有一系列证人可供查询,惩戒程序的调查官及 Hamm 高等法院并未说明为何例外地舍此不用,而径认定离婚文件具有不可或缺的必要性。

二、秘密录音与刑事司法案(BverfGE 34, 238)

在本件,诉愿人与相对人磋商订立土地买卖契约。相对人未经诉愿人同意,擅自秘密录音,其后因价金发生争议,乃以该项录音向警察检举诉愿人意图低报房屋售价等,致发生对诉愿人以逃税、诈欺及伪造文书进行侦查程序。问题争议系在此侦查程序中得否允许使用前揭私人秘密录音。Osnabrück 地方法院裁定许可。诉愿人主张此项裁定违反基本法第 2 条第 1 项连结第 1 条第 1 项保障人格权的规定。联邦宪法法院认此宪法诉愿为有理由:

1. 《德国基本法》第 2 条第 1 项连结第 1 条第 1 项所保障的人格权,其保护范围及于一切必要的权利地位,包括对自己言语的权利(Recht am eigenen Wort)。原则上应由个人自主决定,谁得对其话语录音,是否在何人之前播放录音带所收存的声音。未得他人同意,甚至违背其意思而擅对非公开说出的话语为录音,并为使用处分,乃干扰人与人间的交往,使个人不能在没有顾虑及恐惧之下,进行私人谈话,实属严重减损人格的不可侵害性。

2. 在本件,诉愿人与相对人的谈话,具有信赖性,录音系秘密为之,诉愿人反对使用此项录音作为证据目的。在此情形,于侦查程序中使用录音带系侵害受宪法保障个人对自己言语的权利。本件所涉及的是商业上关于土地买卖及价金的对话,非属可认系不容侵害私密领域(Intimsphäre)的专属人格范畴,而受绝对保护,若有重大公共利益存在时,得阻却其违宪性。本件并非如此:

基本法对人格发展的权利给予高之位阶,国家对此项权利的侵害须严守比例原则要求,始可许之。在他方面,基本法亦肯定司法的重要性。有效率的刑事追诉及对抗犯罪,在刑事诉讼上尽可能的完全真实发现,尤其侦查严重刑罚行为,乃法治国家的重要委托。受宪法保障人格自由发展与有效率司法的要求,二者常发生矛盾,此项紧张关系,应就具体情形认定何者较为重要而为合理的调和。

《德国刑事诉讼法》第236条第1项明定不得强迫被告作不利于己的陈述。为保护被告,亦不得使用秘密录音上的表示。诚然此并不排除在若干情形为优势的公共利益,例如为发现伤害人身、危害自由民主秩序生存基础等重大犯罪,为确定犯罪行为人的同一性及释放被非法误认为犯罪之人时,亦得使用第三人秘密所制作的录音。此应斟酌个案所有情况而为符合比例原则上的衡量:即一方面须考量利用此项具体录音——依其内容及方法——对当事人人格自由发展侵害的程度;他方面亦须衡酌处理该个案的具体行为在司法上的合理要求。

又非不具重要性的是,使用录音资料须系穷尽其他法律允许可能方法后的唯一手段,以认定被告是否为重大犯罪的行为人或应否予以释放。

最后尚应斟酌者,系是否及如何在法律上及事实上保障该录音带所储存的讯息,其与刑事诉讼可能无关的表示,得经由不公开的审理,将其局限于直接参与诉讼的当事人。

3. 被攻击的裁定不符前揭宪法上基准。该地方法院所为使用录音带的裁定,使审理本件的刑事机关得以知悉该未得诉愿人同意而为的秘密录音,并对诉愿人使用录音内容。就释明该法院所称刑罚构成要件的利益言,此项侵害并不具正当性。本件裁定未能使人认知,究有何种重大的不法行为存在,或其涉及公共利益的程度,足使诉愿人依《德国基本法》第2条第1项连结第1条第1项所享有的基本权利,应予退让。Osnabrück地方法院的裁定应予废弃。

三、禁治产公告案(BverfGE 78,77)

《德国民事诉讼法》第687条规定:"因浪费或因酗酒而受禁治产宣告及此项禁治产的撤销应由简易法院公告之。"[29]德国Detmold地方法院在审理禁治产宣告时认为前揭《德国民事诉讼法》第687条规定有违宪疑义,申请解释。德国联邦宪法法院后受理,认为此项规定侵害《德国基本法》第2条第1项连结第1条第1项所保障的一般人格权,不符比例

---

[29] 参见修法前"民事诉讼法"第605条规定:"宣告禁治产之裁定,自禁治产人之法定代理人,或依法律应为监护人之人受送达时发生效力(第1项)。前项裁定送达后,法院应以相当之方法,将该裁定要旨公告之(第2项)。"又同法修法前第618条规定:"撤销禁治产宣告之判决确定后,应由第一审受诉法院公告之。"

原则：

1. 一般人格权所保护范围包括个人的信息自主，即自我决定是否提供及如何使用其个人信息，禁治产宣告的行为、地位以及其所涉禁治产人的个人情况，属于应受保护的信息。禁治产宣告或撤销的公告乃国家传送个人资料的一种特殊方法，侵害个人信息自主权。

2.《德国民事诉讼法》第687条规定，主要在于维护交易安全，使参与交易者得获知信息，而不与因受禁治产宣告欠缺行为能力之人为法律行为。此项警告目的仅于参与交易者知悉此项公告及受禁治产宣告之人，始有其功用。然由于生活关系的无名化、人口移动及信息泛滥，此种情形殆属少见。又与特定人从事法律交易者，可从相关公开数据库获得必要信息，已足以达成此项警告目的。

3. 禁治产的公告不仅涉及法律交易上的行为能力，更攸关禁治产人其人的全部，盖此项公告有使禁治产人受社会贬低之虞，致其难依社会法治国原则所设的补助措施，以克服酗酒，并融入社会生活。就公开禁治产资料所侵害禁治产人的人格利益严重性，与禁治产公告之目的，两相衡量，此项公告逾越其可期性的界限，与比例原则实有不符。

第四节 "宪法"人格权的客观规范功能与私法人格权的发展

第一款 基本权利的客观规范功能[30]

基本权利的原始及最主要的功能，在于确保人民的自由、权利免于受到国家或地区的侵害，创设一个不受国家干预的自由空间（Freiheit vom Staat），此乃基于人民消极身份（negativer Status）所生的基本权利防御功能。其后，因社会法治国的发展，更基于人民积极身份（positiver Status），肯定基本权利具有客观规范内容，使国家或地区负有义务，创造充分必要的条件，以创设及确保人民的自由权利。

---

[30] 参见李建良：《基本权利与国家保护义务》，载《宪法理论与实践》（二），2000年版，第59页，Pieroth/Schlink（注⑥书），S. 16f.; Jarass, Die Grundrechte: Abwehrrechte und objektive Grundsatznormen, Objektive Grundrechtsgehalte, insbesondere Schutz-pflichten und privatrechtsgestaltende Wirkung, in: Festschrift für 50 Jahre Bundes-verfassungsgericht, zweiter Band（注⑳书），S. 35.

此种由德国联邦宪法法院及学说所创设的理论,系认各基本权利乃客观的价值判断,基本权利的整体则构成一种价值体系,具有客观规范内容,应放射其作用及于整个法秩序,而体现于国家或地区保护义务基本权利第三人效力,及符合基本权利的解释。兹以宪法上人格权为中心,就台湾地区实务上的发展略加说明。

第二款 "国家"保护义务

"司法院"释字第400号解释谓:"'宪法'第十五条关于人民财产权应予保障之规定,旨在确保个人依财产之存续状态行使其自由使用、收益及处分之权能,并免于遭受公权力或第三人之侵害,俾能实现个人自由、发展人格及维护尊严。"由所称"免于遭受第三人之侵害",可知大法官肯认基本权利具有保护功能并及于防免来自私人的侵害。此在人格权的保护特为重要。

为保护人格权免于受到国家以外第三人(私人)的侵害,"国家"应采必要措施,其中以建立有效率的私法规范机制最属根本,在此方面,"民法"设有相当完备的规定。又立法者并负有观察社会变迁及法律改善义务(参阅"民法"第18条第1项、第195条的修正,与第227条之1)。法院应担负在个案中实践保护人格权的任务,在"公民与政治权利国际公约及经济社会文化权利国际公约施行法"制定后(2009),更应作符合两公约的解释。

第三款 基本权利的第三人效力

基本权利的第三人效力指基本权利除"国家"与人民外,对个人与个人间关系,亦得适用。学说上有直接效力及间接效力二种见解。为维护私法的自主性,通说采间接效力说,即基本权利应经由"民法"的概括条款或不确定法律概念而适用于私法关系。[31]

常被提出讨论的是劳动契约上的单身条款。即妇女受雇之初,预立于任职中结婚即辞职之辞职书,其效力如何?实务上认为依"宪法"第7条规定,人民无分男女,在法律上一律平等;又依"宪法"第15条、第22条规定,人民之工作权及其他基本自由及权利,均受"宪法"所保障。雇主

---

[31] 最近相关论著,参见通三并敏克:《私人间における人権保障の理论》,法律文化社2005年版。

要求女性受雇人预立于任职中结婚即辞职之辞职书,不但违背"宪法"保障男女平等之原则,并且限制人民之工作权及有关结婚之基本自由及权利,该结婚即辞职之约定,可认为违背台湾之公序良俗,依"民法"第72条之规定,应属无效[32]。

"司法院"释字第603号解释认按捺指纹攸关人民的信息隐私权,此亦为一种人格权,已如上述。设有某甲受雇于乙公司,契约订定受雇人任职中须按捺指纹录存。在此情形,应认此项契约条款未载明按捺指纹的具体目的,或其目的不符比例原则,系侵害受雇人的信息自主权,违背公序良俗,依"民法"第72条规定,应属无效。

第四款　符合基本权利的法律解释

关于私法的适用亦应作符合基本权利的解释(符合基本权利的解释,Grundrechtskonforme Auslegung),此乃所谓符合"宪法"解释的一种态样,即法律解释有多种可能性,应尽量使基本权利得发挥其规范效力,而为最能保护基本权利,维护及促进自由的解释。此种解释方法,对一般法律(尤其是"民法")发展,至为重要,举二例说明如下:

一、"民法"第1052条第1项第3款规定(不堪同居虐待)

"民法"第1052条第1项第3款规定,夫妻之一方受他方不堪同居之虐待者,得请求判决离婚。"最高法院"1934年上字第4554号判例谓:"夫妻之一方受他方不堪同居之虐待,固得请求离婚,惟因一方之行为不检而他方一时忿激,致有过当之行为,不得即谓为不堪同居之虐待。"

"司法院"释字第372号解释对此判例的违"宪"性作有解释,前已提及。值得特别指出的是,"最高法院"2001年度台上字第353号判决谓:"夫妻之一方受他方不堪同居之虐待者,得请求法院判决离婚,'民法'第1052条第1项第3款定有明文,所谓不堪同居之虐待,系指与以身体或精神上不可忍受之痛苦,致不堪继续同居者而言。又维护人格尊严与确保人身安全,为'宪法'保障人民自由权利之基本理念。增进夫妻情感之和谐,防止家庭暴力之发生,以保护婚姻制度,亦为社会大众所期待。'民法'第1052条第1项第3款所称'不堪同居之虐待',应就具体事件,衡量

---

[32] "司法院"1990年2月5日(1990)厅民一字第88号函复台高法院;拙著:《民法总则》,北京大学出版社2009年版,第286页。

夫妻之一方受他方虐待所受侵害之严重性,斟酌当事人之教育程度、社会地位及其他情事,是否已危及婚姻关系之维系以为断。若受他方虐待已逾越夫妻通常所能忍受之程度而有侵害人格尊严与人身安全者,即不得谓非受不堪同居之虐待,亦经大法官会议释字第 372 号解释明确。上诉人先后二次在被上诉人任职之公司办公室内及池上便当店前,当被上诉人同事、公众之面,公然殴打被上诉人,殴打之部位为脸颊、眼部,致使淤青血肿,自有损被上诉人之人格尊严,并危害人身安全,被上诉人因此身体及精神上受有相当之痛苦至明,在客观上已逾越夫妻通常可忍受之程度,被上诉人以之为由,请求与上诉人离婚,于法有据,应予准许。"此项判决理由甚为深刻,就方法论言,应说明的是:

1. 释字第 372 号解释,系对"最高法院"1934 年上字第 4554 号判例,作符合"宪法"的解释。

2. "最高法院"2001 年台上字第 353 号判决,系对"民法"第 1052 条第 1 项第 3 款,作符合保障人身安全基本权利的解释。

二、私法上名誉保护与言论自由

(一) 名誉保护与言论自由(表意自由)

私法上名誉权的保护与言论自由的冲突,系近年来实务上重要争议问题,此涉及民法上侵权行为规定的适用。"民法"第 184 条第 1 项前段规定,因故意或过失不法侵害他人权利者,负损害赔偿责任。其所称他人"权利",包括人格权,尤其是名誉权,其核心问题在于:(1) 区别"事实陈述"与"意见表达"。(2) 涉及"侵权行为法""宪法"化[33],侵害其名誉行为(即报道内容不真实)的举证责任;(3) 又侵害名誉的违法性;(4) 加害的过失。"最高法院"最近在若干重要判决强调言论自由为人民之基本权利,受"宪法"保障,乃以不同方法解释侵害名誉权的成立要件,将于本书第八章详加说明。

---

[33] 关于私法宪法化的一般问题,参见 Barkhuysen/Lindbergh (eds), Constitutionali-zation of Private Law (2006); Beater, Zivilrechtlicher Schutz vor der Presse als konkretisiertes Verfassungsrecht (1996); Schuppert/Bumke, Die Konstitutionalisierung der Rechtsordnung (2000). 关于侵权行为法宪法化,参见 von Bar, Der Einfluss des Verfassungsrechts auf die westeuropäischen Deliktsrechte, RabelsZ 59 (1995), 203-228. Hagez, Von der Konstitutionaligierung der ZivilreeRts gu Zivilisierung der Konstitutionaligierung(从私法宪法化到宪法化的私法化). JuS 2006, 669。

(二) 名誉保护与公开道歉(不表意自由)

关于名誉保护与言论自由的冲突包括不表意自由。"司法院"释字第 656 号解释谓:"'民法'第一百九十五条第一项后段规定:'其名誉被侵害者,并得请求恢复名誉之适当处分。'所谓恢复名誉之适当处分,如属以判决命加害人公开道歉,而未及加害人自我羞辱等损及人性尊严之情事者,即未违背'宪法'第二十三条比例原则,而不抵触'宪法'对不表意自由之保障。"本件解释认以判决命加害人公开道歉,其所侵害者系"宪法"第 11 条所保障的言论自由(消极的不表意自由),是否构成违"宪"(违背比例原则),应视其是否涉及加害人自我羞辱等损及人格尊严之情事认定之。大法官认此项解释系属于合"宪"的法律解释("宪法"取向之法律解释),并认其所解释者系"民法"第 195 条第 1 项后段规定,不及于道歉启事的相关"最高法院"判例("最高法院"1930 年上字第 2746 号、2001 年台上字第 646 号、1973 年台上字第 2806 号,参阅解释理由)。

以判决命加害人公开道歉以恢复被害人的名誉,除所谓消极不表意自由外,应尚涉及加害人的人格权?又关于恢复名誉的适当处分,法院应否以命公开道歉为之,涉及其基本权利的冲突(被害人名誉的保护与加害人的不表意自由或人格权),应衡量当事人利益而为调和。又法院就具体案件命加害人公开道歉,是否合于比例原则?大法官得否受理审查?本件解释涉及侵害人格权(名誉权)的救济方法,将于相关部分(本书第九章)再为详论。

第五节 建构以人格权为基础的法秩序

"宪法"人格权的创设,使基本权利体系益臻完备,更能维护人性尊严及促进人格自由,而强化基本权利的价值秩序,并对私法上人格权的发展产生重大作用。"宪法"上人格权具有主观防御功能及客观规范功能之基本权利双重性质:使国家或地区有所不为,不以过度、违反比例原则的措施侵害人民的基本权利;并要求国家或地区有所作为,以确保促进人民的自由权利。

在防御功能方面,"司法院"大法官致力于将人格权具体化为姓名权、子女知悉自己血统的权利、隐私权及信息自主权,以开展其保护范围,并就"国家"限制的公共利益与人格权保护作比例原则上的衡量,其论证结构日臻精致,备受肯定。

在客观功能方面,立法者负有制定保护人格权的法律,并随时检讨修正改善的义务。(例如"通讯保障及监察法","性骚扰防治法"、"个人数据保护法"等)。法院于适用相关法律时,应作符合基本权利的解释,此涉及所谓的三角关系,包括个人与个人的关系(水平关系、契约、侵权行为),当事人同为基本权利的主体,如何权衡冲突的权利(如人格权保护与言论自由),加以调和,乃私法上保护人格权的主要课题。

人格权的保护系"宪法"及私法的共同使命。在实践上须有"司法院"大法官与普通法院的分工与协力。由于中国台湾地区无相当于德国宪法诉愿制度,其未被选为判例的裁判不受违"宪"审查,各级法院应自我作"宪法"基准的检视,对人格权法的形成与发展担负着更为重要、更具实践性、更为艰巨的任务。

第六章 人格权的保护范围
——人格权的具体化

第一节 绪 说

第一款 人格权及具体化

一、人格权的具体化

在人格权保护请求权基础思考层次上,首先应认定的是"人格权主体"的人格权是否受有侵害。由于人格权的概念过于抽象,在立法或实务上乃发展出一定的保护范围,加以具体化,形成若干个别人格权,以利法律的解释适用。台湾地区"民法"采统一的人格权概念,前已再三提及,并明定个别人格法益(特别人格权),先列表如下,再行说明(阿拉伯数字为"民法"条文):

人格权 (18、184 I)
- 姓名 (19)
- 生命、身体、健康、名誉、自由 (194、195 I)
- 信用、隐私、贞操 (195 I 增设)
- 子女知悉自己血统的权利 (释 587,民 1063)
- 其他人格法益 (195 I 增设):实务
  - 肖像权
  - 安宁居住权
  - 生育自主权
  - 遗族对故人敬爱追慕的人格利益
  - 其他

二、具体化的人格法益

"民法"将人格权具体化(个别化)为 10 个个别人格法益(特别人格权),立法政策及立法技术均属妥当,有助于法律适用的安定性。肖像权系最古老的人格法益,"民法"未予明文化,应认系"其他"人格法益。10

个人格权中有"民法"原设有规定的(生命、身体、健康、名誉、自由),有为1999年修正"民法"债编所增订的,其中以隐私权最为重要,最具开放发展性。子女知悉父子的真实身份关系,业经"司法院"大法官释字第587号解释肯定为受"宪法"上保障人格权,并由"民法"第1063条修正明定成为私法上的人格权。

三、开放性的"其他人格"与实务发展

"民法"第195条第1项除列举有名的人格权法益外,亦规定"其他人格法益",以适应社会变迁与人格权保护。所称其他人格权,实务上有:

1. 肖像权[①]。
2. 安宁居住权[②]。
3. 生育自主权[③]。
4. 遗族对故人敬爱追慕之人格利益[④]。

将于后文,再作说明。

四、人格法益的竞合

同一侵权行为得侵害"数个人格法益",例如对妇女为强制性交得同时构成对身体、健康、自由的侵害;擅以他人照片、姓名推销商品时得同时侵害肖像、姓名、隐私。在此种侵害人格法益竞合的情形,被害人得同为主张,请求损害赔偿或其他救济方法。

第二款 病人的人格权、劳工的人格权

人格权的保护,对一定人群有特为强化保护的必要。关于少年人格权,"司法院"释字第664号作有解释,前已说明,政府的保护义务体现于若干重要相关法规。[⑤] 此外尚有病人的人格权及劳工的人格权的保护,构成"医疗法"与"劳动法"的重要内容,与人格权的发展具有密切关系,特在此加以说明。

一、病人的人格权

病人将自己的生命、身体、健康等最重要的人格法益委托于医生诊断

---

① 参见"最高法院"2004年台上字第706号判决。
② 参见"最高法院"2003年台上字第164号判例。
③ 参见"最高法院"2003年台上字第1057号判决。
④ 参见台湾台北地方法院2006年诉字第2348号判决。
⑤ 参见"儿童及少年性交易防制条例"、"儿童及少年福利与权益保障法"、"儿童及少年保护通报及处理办法"。

治疗,在病人与医生(医院间)形成一个以契约为基础,具人格性的信赖关系。其应受特别保护的,系病人的自主决定权及隐私权。

关于病人的自主决定权,"医疗法"明定医疗机构实施手术时,应向病人或其法定代理人、配偶、亲属或关系人说明手术原因、手术成功率或可能发生之并发症及危险,并经其同意,签具同意书后,始得为之。但情况紧急者,不在此限(第63条)。病人得要求医疗机构提供病历复制本、中文病历摘要(第71条)。医院、诊所诊治病人时,向原诊治医院或诊所请求提供病历摘要及检查报告,应得病人同意(第74条)。关于病人的隐私权,"医疗法"第72条明定:"医疗机构及其人员因业务而知悉或持有病人病情或健康信息,不得无故泄露。"

又"精神卫生法"对精神病人的人格权设有特别规定,强调病人之人格与合法权益应受尊重及保障,不得予以歧视(第22条)。未得病人及其保护人或病人及其家属同意者,不得对病人录音、录像或摄影(第24条)。住院病人应享有隐私、自由通讯及会客之权利(第25条第1项)。此等规定虽系针对精神疾病者而为制定,但多具一般性,对所有病人应有适用余地。

关于病人人格权的保护,"耶和华见证人手术输血案"具有启示性。日本最高裁判所平成12年2月19日第三小法庭判决⑥谓:"医师已认知病患基于宗教信仰,在任何情况下,坚持拒绝接受输血之意思,且于入院时,即期待不需配合输血而为肝脏肿瘤切除手术,并认识到手术过程中仍有可能需要输血之事态,竟未说明在无其他救命手段下,一律采用输血急救,乃医院一贯之方针为病患输血,在此判决之事实关系下,医师剥夺病患是否应接受手术之意思决定权,而造成病患之精神痛苦,应依侵权行为负损害赔偿责任。"

二、劳工的人格权

劳动者纳入企业组织,居于从属地位而提供劳动,雇主负有照顾义务,保护劳动者的人格权,尤其是劳动者的生命、身体、健康。雇主并应创

---

⑥ 日本最高裁判所平成12年(才)1081、1082号,日本最高法院判决选辑(一),"司法院"发行(2003),第60页。关于耶和华见证人服兵役义务与宗教自由,系各国家或地区释"宪"实务上的重要问题,参见"司法院"释字第490号解释。

设及维护一个符合人格尊严的工作环境;防范工作场所的性骚扰⑦;不得窃听、窃录、秘设监视器侵害劳动者的隐私权等。

对劳动者的人格权保护,尚应及于工作应征者。德国联邦劳动法院在一个备受重视的判决,认为企业厂商长期保存工作应征者依其要求所填写,且涉及个人私密范围的人事资料,得构成对受"宪法"保障人格权的侵害,除雇主对此资料有正当利益外,未获雇用的应征者得请求雇主返还该项应征资料,或予以销毁。⑧

人格权的保护范围是人格权的核心问题,特以较多的篇幅详细论述。将尽量搜集台湾地区实务上案例,参照比较法上的相关判决加以说明。若干人格法益(名誉、隐私、姓名、肖像等)涉及言论自由,将集中于第八章(人格权与言论自由)再为研讨。

第二节 人身的人格权

个别化的人格法益(特别人格权)大体上可分为人身的人格权及精神的人格权。人身的人格权,系保护存在于人身的人格法益,包括生命、身体、健康、自由及贞操。精神的人格权包括姓名、肖像、名誉、信用、隐私及信息自主权。人身的人格法益,攸关个人的生存、人格尊严及人格自由最属重要,最早受到保护,相当于英国普通法的 Trespass to Person(人身侵害⑨),随着近代科技及生活方式产生层出不穷的侵害态样,而须扩大其保护范围,由于相关论述较多,限于篇幅,在此仅作综合性的说明。

第一款 生 命

生命系最贵重的人格法益,为其他人格法益的前提。生命始于出生,终于死亡(参照"民法"第 6 条),人在出生之前为胎儿,死亡之后则成为

---

⑦ 参见焦兴铠:《雇主在性骚扰事件法律责任范围之界定——试评台北高等行政法院 2003 年简字第 466 号判决》。

⑧ BAG 6.6.1984, NJW 1984, 2910; Hanau/Adomeit, Arbeitsrecht (12. Aufl. 2000), S.21 (Rd. 64).

⑨ 英国普通法的 Trespass,指对他人直接的侵害,系最早的侵权行为,以 Trespass to person 最为重要,其他尚有 Trespass to property 等。Trespass to person 包括 Battery(殴打),Assault(暴力胁迫),False imprisonment(不法监禁)等。

尸体,在法律上的保护各有不同,分述如下:

一、生命的意义及侵害

人之生命,始于出生,终于死亡。致人死亡者,即侵害他人的生命,究为直接致死(如持枪射杀),或因伤成病,因病而死,均所不问。关于侵害生命的损害赔偿,分两点言之[⑩]:

1. 被害人死亡前就因身体健康受侵害而得主张的损害赔偿请求权,生前得为处分,死后得为继承。

2. 被害人因死亡而权利能力消灭,其为权利能力的主体能力即已失去,损害赔偿请求权无由成立,第三人不得请求被害人如尚生存所应得的利益。法律就第三人的损害赔偿设有特别规定,应说明者有三:

(1)财产上损害:不法侵害他人致死者,对于医疗支出及增加生活上需要之费用或殡葬费之人,亦应负损害赔偿责任。被害人对于第三人负有法定扶养义务者,加害人对于该第三人亦应负损害赔偿责任。第193条第2项之规定于第192条第2项损害赔偿适用之("民法"第192条第3项)。

(2)非财产上损害:不法侵害他人致死者,被害人之父、母、子、女及配偶,虽非财产上之损害,亦得请求赔偿相当之金额("民法"第194条)。

(3)死者与有过失:"最高法院"1984年台再字第182号判例谓:"'民法'第192条第1项规定不法侵害他人致死者,对于支出殡葬费之人,亦应负损害赔偿责任,系间接被害人得请求赔偿之特例。此项请求权,自理论言,虽系固有之权利,然其权利系基于侵权行为之规定而发生,自不能不负担直接被害人之过失,倘直接被害人于损害之发生或扩大与有过失时,依公平之原则,亦应有'民法'第217条过失相抵规定之适用。"此项判例意旨于其他第三人得请求的损害赔偿(包括第194条的慰抚金),亦应适用之。

据上所述,不法侵害致人于死时,若被害人无扶养权利人或无父、母、子、女、配偶者,除殡葬费外,加害人殆不负民事赔偿责任。惟"刑法"对杀人罪设有规定("刑法"第271条以下)。由此可知"民法"与"刑法"具有不同的规范目的,共同协力保护人民的权益。

[⑩] 较详细的说明,参见拙著:《财产上损害赔偿(一):人身损害》,载《月旦法学》2006年2月第129期,第161页。

二、胎儿

胎儿以将来非死产者为限,关于其个人利益之保护,视为既已出生("民法"第 7 条)。胎儿受他人侵害,例如孕妇遭遇车祸而流产,或因其他事故胎死腹中时,因未能出生而成为人,不成立对"人之生命"的侵害,仅发生侵害怀胎妇女身体健康的问题。

须注意的是,"刑法"设有堕胎罪之规定("刑法"第 288 条至第 292 条),系以"胎儿之生命"作为一种法益加以保护。"优生保健法"将特定人工流产(堕胎)加以合法化,其符合该法第 9 条第 1 项等规定而堕胎者,系属依法令的行为,得阻却违法。

三、尸体

人因死亡而丧失其权利能力,成为尸体。尸体的法律性质如何,甚有争论,有人认为尸体为物,且为无主物;有人认为尸体非法律意义上之物。无论如何,为维护死者的尊严,应认为人之人格仍留存于尸体之上,尸体仅得作为祭祀或埋葬的对象,非属可任意处分的客体。关于自尸体摘取器官,应依"人体器官移植条例"规定为之。尸体被侵害(如非法摘取器官),"刑法"设有侵害尸体罪("刑法"第 247 条)。在民事上,其最近亲属得否请求精神痛苦慰抚金,是一个值得研究的问题。

第二款 身 体

身体与健康系仅次于人之生命的重要人格权。对身体、健康的侵害常同时发生(如车祸受伤成为植物人),有时不易区别,因其法律效果并无不同(参阅"民法"第 213 条、第 193 条),故实务上常将身体与健康并列。惟法律明定二者为个别的人格权,仍有分别论述的必要,以下先就身体加以说明。

一、身体的意义及侵害

身体,指人之整个肉体的完整,包括体外的躯体与四肢,体内的器官及牙齿等。其破坏人体的完整性,即构成对身体的侵害,例如打人耳光、剪人头发、打断肢体、泼洒硫酸毁人容颜、强为接吻、医院手术时弄错病人或手术部位等。

对妇女强制性交,亦构成对身体的侵害。在所谓的 Wrongful Birth,即医生因结扎失败,误给药物,或误诊不会生育而未施行结扎,致使妇女怀孕生子时,亦应认侵害他人身体(或生育自主权),应依侵权行为规定,就生产等费用,负损害赔偿责任。⑪

二、对胎儿身体(或健康)的侵害

对人的身体(或健康)的侵害行为,有发生于受胎之前(如母怀孕前因输血感染病毒,传染于胎儿);有发生于怀胎期间(如发生车祸,因输血感染疾病)。在此等情形,胎儿于出生后,均得以身体受侵害,而向加害人请求损害赔偿。

三、对与身体分离部分的侵害

身体的器官、卵子、精子等与身体分离后,得有不同的用途,例如自我移植或捐赠他人使用,卵子或精子则可供生殖之用。若分离的身体部分被他人毁损时,究系侵害何种权益,台湾地区实务上尚无相关案例,学说上亦少讨论。德国法上有一则冷存精子销毁案件,具有启示性,特详为介绍。

(一) BGHZ 124,52:冷存精子销毁案⑫

1. 案例事实

本件原告年31岁,于1987年接受膀胱手术时,获知此项手术可能导致不能生育。原告为保有生育的可能性,特在手术前由被告大学医院摘取精子,加以低温保存。其后该医院以藏存场所不足,乃致函原告,表示若愿继续保存精子,须于四周内通知,否则即予销毁。原告如期通知,表示愿续为保存。不知何种原因,该项通知未被列入档案,致原告的精子误被销毁,原告在结婚后欲取用其保存的精子时获知其事,乃向被告大学医院请求至少25 000马克的痛苦金(Schmer-zensgeld)的损害赔偿。Marburg地方法院及Frankfurt/M高等法院皆判决原告败诉,联邦法院则改判原告胜诉。

2. 判决理由

(1) 依一般见解,身体部分与身体分离时,即成为物,当事人对身体的权利转换为对分离部分之物的所有权。学说上有认为此亦适用于冷藏保存的精子。原审亦采此见解,认销毁原告的精子,乃对物的毁损,不构成对身体的侵害,不发生《德国民法》第848条规定的慰抚金请求权。

---

⑪ 关于Wrongful Life,尤其对子女一般抚养费的损害赔偿,参见拙著:《财产上损害赔偿(二)——为新生命而负责:人之尊严与损害概念 Wrongful birth 及 Wrongful life》,载《月旦法学》2006年4月第131期,第136页;拙著:《侵权行为》,北京大学出版社2009年版,第141页。

⑫ 简要说明及相关问题讨论,参见拙著(注⑪书),第102页。

此项观点过于狭隘,《德国民法》第823条第1项、第847条第1项所称身体侵害应作广义解释,即身体权乃一般人格权的法定形成部分,凡未经权利主体者的同意而破坏其身体状态的,均成立对身体权的侵害,其保护客体不是物质,而是一种人格的存在及决定范围,实体化于人之身体,即将身体作为一种人格的基础加以保护,尤其是在于尊重权利主体者的自主决定权。

由于医学科技进步,可以从人的身体取出其部分,其后再将此部分纳入身体,重为结合,例如自我移植皮肤或骨骼部分,为受胎而取出卵子再移入母体,以及自己捐血。此等将身体部分先为分离,再为结合,依权利主体者的意思,乃在维护或实现身体的功能,仍属权利主体者的自主决定权。因此从法律规范目的的观点言,应认此等部分在其与身体分离期间,仍与身体构成功能上的一体性。对此等分离部分的毁损灭失,系对身体的侵害。

与此不同者,系依权利主体者的意思,其身体部分的分离,不再与其身体本身结合,而使该分离的部分失其身体上的人格利益,而成为法律意义上之物,例如对他人捐血或捐赠器官。在此情形,对捐献器官的使用违反捐赠者明示或默示的意思,或对该器官为不当使用,或加以毁损时,应认为系侵害与该物相重叠的人格权,符合侵害一般人格权的要件,于有重大侵害情事时,亦得请求痛苦金(Schmerzensgeld)的损害赔偿。

(2)关于保存的精子,依权利主体者的意思,系供生育之用,乃属特别情形,即一方面精子系与权利主体者的身体终局分离,他方面又具生育的身体典型功能,其对权利主体者人格上自主决定及自我实现的重要性,不亚于为受孕而先予取出,再移入母体而为生育的卵子。精子系为生育之用,使基因遗传信息得以继续传递的唯一可能性。基于精子与卵子的同类性及同构型,在"侵权行为法"上亦应为相同的保护,得为适用或类推适用之,以保护身体的完整性。毁损与身体分离的精子,应同于卵子被毁损,亦得依《德国民法》第823条第1项及第847条第1项规定,请求痛苦金。[13]

---

[13] 在德国民法,关于非财产上损害的金钱赔偿(痛苦金,Schmerzensgeld)限于法律明定的情形(《德国民法》第253条)。其主要情形系《德国民法》第847条规定侵害他人之身体、健康及剥夺自由时,得请求相当金额的赔偿。此项规定于《德国民法》2002年8月1日施行的新损害赔偿法所废除,而于增设《德国民法》第253条第2项加以规定。参见 Wagner, Das neue Schadensersatzrecht(2002), S. 33f.

（3）关于痛苦金数额的界定，应考虑的因素包括：若该精子未被销毁时，原告与其妻生育子女的可能性，及其未能与配偶生育共同子女所受的痛苦。在他方面，亦应顾及该精子的销毁，系因被告受雇人的过失。综合加以衡量，应认为以赔偿 25 000 马克为适当。

（二）分析讨论

身体部分一旦与身体分离，即不再属于身体本身，而具物之性质，为其权利主体者所有。其分离者不问头发、器官、卵子、精子，均属如此。前揭德国联邦法院判决认分离的器官或卵子，依权利主体者的意思，将再与身体相结合者，因具功能一致性，虽属分离，仍为身体的一部分，此种见解扩大身体权的保护范围，引起争议。[14] 所应强调的是，不能认身体的部分仅具物之性质，本着人对其身体的自主决定权，应认其人格利益仍继续存在于身体分离部分，即该分离部分应受"人格权法"及"物权法"上的保护，至其保护内容及强度，应就个案，视权利主体者与其分离部分的关系而为认定。[15] 申言之，即：

1. 分离的部分系属头发指甲时，其与权利主体者的人格利益不具密切关系，除有特别意思外，应认仅具物之性质，得为交易客体。

2. 分离部分系捐赠他人的器官时，其人格利益乃继续存在其上，其侵害情形严重者（如将该器官出卖他人，遭毁损灭失），权利主体者得请求慰抚金的损害赔偿。

3. 卵子、精子旨在供他日生育之用，权利主体者对其具有高度人格关系，医院人员因故意或过失加以销毁，应认侵害他人的人格利益，被害人得依"民法"第 195 条第 1 项规定，就非财产上损害，请求相当金额（慰抚金）的损害赔偿。

四、血液检查：HIV-Aids 抗体检验

血液亦属身体的部分，抽血应得本人同意，始可阻却违法。就所抽之血，须得本人同意，始得作检验目的外的使用，例如制造血剂或基因研究。

常被提出讨论的是后天免疫缺乏症病毒（HIV-Aids）的抗体检验。[16]

---

[14] Taupitz, Wem gebührt der Schatz im menschlichen Körper?, AcP 191, 201.

[15] Baston-Vogt, Der sachliche Schutzbereich des zivilrechtlichen allgemeinen Persön-lichkeitsrechts (1997), S. 265.

[16] 为防止后天免疫缺乏症候群（HIV-Aids）的感染、蔓延及维护国民健康，1990 年 12 月 17 日公布施行"人类免疫缺乏病毒传染防治及感染者权益保障条例"，请参照之。

此项检验所以受到重视,引起争论,其主要原因系被认定感染 HIV-Aids 病毒者的社会生活、就业及社交活动受到排斥、歧视或不合理待遇,影响其人格发展至巨。问题的争点,在于此项 HIV-Aids 病毒检验应如何得到病人的同意,分两点言之:

1. 明示同意或默示同意。一般抽血检验内容,得依病人明示或默示同意为之。关于 HIV-Aids 抗体检验,究应限于明示同意的情形,或抑得默示同意为之,引起争议。[17] 在解释上得认亦包括默示同意在内。例如病人与医师谈及最近有不当性行为,有感染某种病毒疑虑,或诊断上发现可能的相关疾病时,虽未得病人明示,医生应仍得为必要的检验。然鉴于此项检验攸关人格利益甚巨,其默示同意的认定,应为慎重,有疑问时,应取得病人的明示同意。

2. 医疗人员的预防措施。医生手术时,有感染 HIV-Aids 病毒的风险。医生对病人患有 HIV-Aids 的疑虑时,得询问病人或得其同意而为检验。医生不得以病人拒绝检验,而拒绝进行必要的医疗行为。医生未经病人同意,秘密抽血(或利用已抽取的血液)作 HIV-Aids 抗体的检验时,系不法侵害病人的自主决定权,应对病人精神痛苦负损害赔偿责任。此等情形并不成立紧急避难的违法阻却,医院或医生应自为必要的防范措施。秘密检验实乃破坏医疗关系上最重要的信赖,及对病人人格权的尊重。

五、人体器官移植

个人对其身体有自主决定权,以保护身体完整的人格利益,但为恢复人体器官的功能及挽救生命,1987 年 6 月 19 日公布施行的"人体器官移植条例"(以下简称本条例)规定在一定要件下,医师得摘取尸体或他人器官施行移植手术。分四点言之:

1. 器官之范围及类目。本条例所称器官,包括组织。依本条例移植之器官,其类目由"中央"卫生主管机关依实际需要指定之(本条例第3条)。

2. 移植要件及同意原则。关于器官移植,分为二种情形:

(1) 自尸体摘取器官,此限于① 死者生前以书面或遗嘱同意;② 死者最近亲属以书面同意(本条例第6条,参照本条例第4条、第5条、第7条)。

---

[17] Laufs, Arztrecht (5. Aufl. 1993), S. 229f. ; Baston-Vogt (注⑮书), S. 273.

（2）自活体摘取器官施行移植手术,此应合于下列规定：① 捐赠器官者须为成年人,并应出具书面同意及其最近亲属二人以上之书面证明；② 摘取器官须注意捐赠者之生命安全,并以移植于其五亲等以内之血亲及配偶为限（本条例第 8 条第 1 项,参照第 2 项以下）。须注意的是,最近亲属所为书面同意,不得与死者生前明示之意思相反（本条例第 8 条之 1 第 2 项）,乃在尊重死者的自主决定权。

3. 无偿捐赠原则。提供移植之器官应以无偿捐赠方式为之（本条例第 12 条）。

4. 组织及程序上的保护。为使器官移植符合捐赠者的意思自主及确保符合立法目的,本条例主管机关组织及相关程序上设有详细规定（本条例第 1 条之 1、第 2 条、第 9 条以下、第 14 条以下）。

第三款 健 康

一、健康的意义及侵害

健康,指人之生命过程的功能,与其相对者,系"疾病",因此关于健康的侵害,应依当前医学加以认定。对健康的侵害,有为生理（如食物中毒、感染病毒）,有为心理（如精神耗弱、忧郁症）。

二、感染疾病：HIV-Aids 的感染

侵害健康最典型的情形,系感染疾病或病毒。目前常被提出讨论的是 HIV-Aids 的感染。例如甲系 HIV-Aids 病患,于乙医院捐血,因乙医院人员检查疏失,未发现 HIV-Aids 病毒,致丙因输血受感染,并传染于其配偶丁。在此情形,关于侵权行为的成立要件,应注意者有二：

1. 感染 HIV-Aids 病毒时,即已对健康造成侵害,不以发病为必要。

2. 关于因果关系,德国联邦法院在一个相关判决（BGHZ 114, 284）[18]提出以下见解,可供参考：病人非属 HIV 危险群,且依其生活方式,并未暴露于高度感染危险,捐血者患有 HIV,其所捐的血液有 HIV-Aids 病毒,而其他受捐血者均确定感染 Aids 时,在表面证据（Anscheinbeweis）上应认为其系因输血而感染 HIV。受输血者的配偶亦罹患 HIV 时,在表面证据上亦得认为其系自受输血者而遭受感染。

---

[18] Deutsch, Die Neue Entscheidung des BGH zur Aids-Haftung, NJW 1991, 1937; Spickhoff, Zur Haftung für HIV-kontaminierte Blutkonserven, JZ 1991, 756.

三、香烟危害健康与香烟制造者责任

吸烟有害身体健康,造成肺癌、肺气肿、呼吸系统疾病。问题在于香烟制造者应否负侵权行为损害赔偿责任?

香烟制造者责任在美国法上的发展最具启示性,分三个阶段加以说明[19]:

1. 第一个阶段(1954—1970),系以商品严格侵权责任(Strict liability in tort)为请求权基础。已公布的判决约有 12 件,原告皆败诉,其理由系认香烟危害健康,可得预见,不能认系具有缺陷。另一个原因是原告及其律师的财务与烟草公司的资力悬殊,难作持久诉讼上的对抗。

2. 第二个阶段(1972—1983),系原告及产品责任专门律师在石棉、Agent Orage 橙剂(枯叶剂)及 DES 避孕药物等商品责任案件赢得胜诉后,再向香烟业者展开诉讼,但仍遭失败,其理由除前述者外,主要系因果关系难以证明,及被害人明知香烟有害健康,应自我负责及与有过失。

3. 第三个阶段(1994—),其特色在于有新的证据(香烟业者内部资料显示其明知香烟有害健康);新的原告群(除个人外,尚有团体诉讼、邦及地方);新的请求权基础(除商品严格责任外,尚有对消费者诈欺),以及原告律师累积了相当的财力及诉讼经验,足与香烟业者对抗。在此多方面因素的协力之下,若干法院不再径依 summary judgment[20] 驳回原告之

---

[19] 以下说明参见 Thiele, Die zivilrechtliche Haftung der Tabakindustrie (2003),附有美国法上的文献资料(S. 279)。

[20] 在美国民事诉讼,其交由陪审团决定者,系相关事实在当事人间尚有争议。案例事实并无争议,而得作成裁判时,法院得依申请(pre-trial motion),依 summary judgment(简易判决)自为决定。此在侵权行为诉讼上至为重要(Dobbs, The Law of Torts, 2000, p. 33)。薛波主编,潘汉典总审订:《元照英美法词典》,法律出版社 2003 年版,对于 summary judgment 作如下说明:summary judgment 简易判决:指当事人对案件中的主要事实(material facts)不存在真正的争议(genuine issue)或案件仅涉及法律问题时,法院不经开庭审理而及早解决案件的一种方式。根据美国《联邦民事诉讼规则》(Fed. R. Civ. P.),在诉讼开始 20 天后,如果经答辩程序(pleadings)、披露(discovery)以及任何宣誓书(affidavit)表明当事人对案件的主要事实不存在真正的争议,认为自己在法律上应当胜诉的一方当事人可随时申请法院作出简易判决。简易判决可就全部案件也可就案件中的部分事实作出。英国《最高法院规则》第 14 条(R. S. C. Ord. 14)规定:在由宣誓书(affidavit)支持的传票(summons)签发后,该宣誓书证实了原告诉因的真实性并说明被告不会作答辩或提不出有争论性(arguable)的答辩,原告可向法院申请不经过开庭审理而对案件作出判决。原告的申请应在起诉状(statement of claim)送达并且被告接受了送达(acknowledgment of service)、声明出庭应诉之后提出,但是对书面诽谤(libel)、口头诽谤(slander)、恶意控告(malicious prosecution)、欺诈所提起的诉讼、海事对物诉讼(admiralty action in rem)或对国家提起的诉讼(claim against the Crown)不得申请简易判决。在郡法院进行的诉讼中也有类似的程序。

诉,而交由陪审团认定香烟业者应否负责,因而出现原告胜诉,被告应支付巨额损害赔偿及惩罚性赔偿金的案例。其能获得胜诉理由,除美国陪审制度外,系对香烟尼古丁造成难以戒除烟瘾作用所具危险性采严格的认定。然须指出的是,原告胜诉的案件仍属例外少数,未来发展,实值注意。

在台湾地区尚无关于香烟制造者责任的诉讼,如若有之,其请求权基础得为"民法"第184条第1项前段、第191条之1关于商品制造人责任。尤其是"消费者保护法"第7条规定,即(1)从事设计、生产、制造商品之企业经营者,于提供商品流通进入市场时,应确保该商品,符合当时科技或专业水准可合理期待之安全性。(2)商品具有危害消费者生命、身体、健康、财产之可能者,应于明显处为警告标示及紧急处理危险之方法。(3)企业经营者违反前两项规定,致生损害于消费者或第三人时,应负连带赔偿责任。但企业经营者能证明其无过失者,法院得减轻其赔偿责任。又商品是否符合当时科技或专业水准可合理期待之安全性,应就商品的标示说明认定之("消费者保护法施行细则"第5条第1款)。准此规定,香烟具有危害消费者生命、身体、健康,为一般所周知,香烟依法应载明有害健康的警告标示,其危险可得避免,原则上难以认定香烟具有设计上或说明上的缺陷,消费者因吸烟致健康受侵害,纵能证明其因果关系,尚难使香烟制造者负损害赔偿责任。

四、Shock 案例:精神惊吓与健康受损

关于健康受侵害,常被提出讨论的是比较法上有名的 Shock cases[21],例如甲驾驶汽车违规超速,在行人道碰到乙(意外事故受害人),第三人(丙、丁、戊)等或当场目睹,或其后知其事,致精神受刺激、震惊。在此情形,如何认定第三被害人(丙等)得向甲请求侵权行为损害赔偿? 分5点言之[22]:

1. 第三被害人(丙等)所受刺激、震惊,须达到致健康受侵害的程度,

---

[21] 参见拙著:《侵权行为》(注⑪书),第52页。

[22] 比较法上的研究,Karczewski, Die Haftung für Schockschaden, Eine rechtsver-gleichende Untersuchung (1992). 德国法上的 Schockschaden 在英国法上称为 nervous shock 或 psychiatric injury (Deakin/Johnston/Markesinis, Markesinis and Deakin's Tort Law, 6th ed. 2008, p. 139),在美国法上多称为 mental or emotional distress (Prosser/Keeton, Prosser and Keeton on Torts, 5th ed. 1984, p. 359)。

此应依医学诊断加以认定。

2. 其肇害事故须系致人死亡或受伤(或有致生此等损害的危险)。物被侵害不包括在内,其构成例外的,例如在他人面前宰杀其宠物。

3. 其得请求损害赔偿的第三被害人(丙等)须与意外事故受害人(乙)具有一定关系,尤其是父母、子女、配偶,但不以此为限,应就个案合理认定之。

4. 空间或时间非属绝对的判断因素。例如甲撞死乙,乙妻丙闻知其事,精神崩溃,健康受侵害,虽非目睹,仍得请求损害赔偿。路人目睹甲撞死乙,虽在事故现场,因其与乙无一定关系,仍不得请求损害赔偿。

5. 第三被害人(丙等)请求损害赔偿时,应否承担意外事故受害人(乙)的与有过失？德国实务上采肯定说,其主要理由系认第三被害人系因有意外事故而致精神刺激,健康遭受侵害,故应承担该事故受害人对事故发生的与有过失,其情形殆相当于甲不法致乙死亡,乙的扶养权利人向甲请求损害赔偿时,应承担乙的与有过失[23]。但在 Shock 案例,第三被害人系因自己健康遭受侵害而主张侵权行为损害赔偿请求,与在不法致人于死的情形,间接被害人应承担直接被害人与有过失的情形,尚属有所不同,第三被害人不应承担意外事故受害人的与有过失,较为可采。

第四款 自 由

一、自由在私法上的保护

人之尊严体现于自由,自由彰显人格价值理念,自由权利系受"宪法"保障的基本权利("宪法"第8条以下规定)。"民法"第17条第1项规定:"自由不得抛弃",乃在强调"法治国"对人格的尊重。所称人格指人格自由发展及一般行为自由,诸如从事法律行为(契约自由,结婚自由,

---

[23] 参见 BGHZ 56, 163 (169f.);拙著:《第三人与有过失》,载《民法学说与判例研究》(第1册),北京大学出版社2009年版,第63页。《德国民法》第846条规定,在第844条、第845条因不法致人于死,而第三人受有损害的情形,被害人就损害的发生与有过失时,就该第三人的请求权应适用民法第254条关于与有过失的规定。台湾地区实务上亦采同样见解,"最高法院"1984年台再字第182号判例谓:"'民法'第192条第1项规定不法侵害他人致死者,对于支出殡葬费之人,亦应负损害赔偿责任,系间接被害人得请求赔偿之特例。此项请求权,自理论言,虽系固有之权利,然其权利系基于侵权行为之规定而发生,自不能不负担直接被害人之过失,倘直接被害人于损害之发生或扩大与有过失时,依公平之原则,亦应有'民法'第217条过失相抵规定之适用。"

遗嘱自由)、行使权利及言论自由等。自由的全部抛弃,将使人丧失其主体性。某种自由的抛弃(例如终身不婚),亦有碍人格发展。其抛弃无论系以单方表示或契约为之,均不具拘束力。惟人群共处,个人为满足其社会生活上的需要,彼此限制其自由,实有必要(例如约定不出卖某地,<u>员工离职后在一定期间及区域不得为营业竞争</u>),但以不悖于公共秩序或善良风俗为限("民法"第17条第2项),否则其法律行为无效("民法"第72条)。

自由亦为构成人格权内容的重要人格法益,"民法"第195条第1项更明定自由被侵害时,就非财产上损害亦得请求赔偿相当的金额(慰抚金)。自由指身体活动自由,学说及实务上有认其保护范围应扩大及于精神活动自由,分述如下。

二、身体活动自由

(一) 身体活动自由的侵害

人民身体活动自由在基本权利中居于重要地位,应受最周全之保护,解释"宪法"及制定法律,均须贯彻此一意旨[24],此项意旨亦应实践于私法上人格权法对人身自由的解释适用。关于对身体活动自由的侵害,应先说明的有三:

1. 对身体活动自由的剥夺或限制。例如监禁于屋内,加载汽车而疾驶使人不能下车,夺取入浴妇女衣服使其不敢离去,要求站立某地不得离开,置人于小舟而不使靠岸,司机因与乘客争论而关闭车门,不让乘客下车等。

2. 侵害自由的行为,除作为(如强制性交、绑架)外,尚包括不作为,例如在坑底的矿工于下班后未被接送出坑,其究出于故意或过失,在所不问。餐厅主人于尚有客人在店内而提早打烊关店时,亦得成立侵害他人自由。

3. 侵害方式有为直接强制,例如拘禁于狗笼或后车厢。亦得以威胁、恐吓为之,例如扬言若离开某处所或地点,即加以杀害。

(二) 以被害人"认知"其身体活动自由被限制为要件?

对身体活动自由的侵害,须否以被害人知悉其事为要件? 美国侵权行为法整编(Restatement of Torts)认 false imprisonment(不法监禁)侵权行为的成立,须以被害人于受侵害时知悉其事为必要(awareness of confine-

---

[24] "司法院"释字第384号解释理由。

ment)。㉕ 权威侵权行为法学者 Prosser 认此乃错误见解。㉖ 英国实务上亦不以被害人的认知为必要,强调某人于睡眠中、酒醉或无意识状态中被拘禁的,亦得成立 false imprisonment。㉗ 此项见解可资赞同,盖人身自由攸关人格尊严,其因受拘禁所受羞辱痛苦,不因被害人事后知之而减少。此所涉及的,不是有无侵害,乃损害赔偿(尤其是慰抚金)的量定问题,象征性的赔偿金额,亦足显示自由不受侵害的价值。

(三) 商店与扒手

商店因怀疑有人偷窃商品,为保护其所有权而查询盘问,在何种情形构成对他人身体活动自由的侵害,涉及所有权及人身自由两个法益的衡量及调和,应采合理的认定基准,即限制他人活动须有合理的理由、合理的期间、以合理的方法为之,此应就具体个案加以认定。合理的理由,指对偷窃商品须有合理的嫌疑,此应依客观情事加以判断,非以商店主人或店员主观的认知为准。关于此点,值得提出参考的,系美国法上 Coblyn v. Kennedy's Inc. 案㉘。

在本案,原告 Coblyn 氏,年 70 岁,在被告(Kennedy's Inc.)商店,脱下自己领带放入口袋之内,以试穿衣服。于购买后离店时,再自口袋取出领带使用,突遭被告的店员用手紧抓手臂,另有一店员在旁表示:"最好去见本店经理",因有多人在旁观看,Coblyn 氏乃随同前往,途中胸部疼痛,经查询后,证实该领带系 Coblyn 氏所有,Coblyn 氏遭受刺激而住院治疗,乃向被告请求损害赔偿。陪审团认被告应赔偿 125 000 美元。被告上诉,法院认本件应成立 false imprisonment,其主要理由有二:

1. 以原告高龄、众人观看之下,随同店员前往接受查询,难谓系基于自愿同意。

2. 被告欠缺客观情事,足以认定原告有偷窃嫌疑,其限制原告行动,欠缺合理理由。

㉕ § 35, Second Restatement of Torts. 参见 Goldberg/Sebok/Zipursky, Tort Law (2004), p. 571.

㉖ Prosser, Handbook of the Law of Torts (3rd ed. 1964), p. 55; 同氏, False Imprisonment: Consciousness of Confinement, 55 Col. L. Rev. 847 (1955).

㉗ Deakin/Johnston/Markesinis (注㉒书), p. 425.

㉘ 268 N. E. 2d 860 (Mass. 1971), 参见 Epstein, Cases and Materials on Torts (7th ed. 2000), p. 71.

在台湾法上及实务上尚无相关案例,如若有之,亦应采前揭合理认定基准。诚如著名侵权行为法学者 Fleming 教授所强调,最好系将商店损失作为营业费用的一部分,不应以减少损失而牺牲个人自由。㉙

三、自由保护范围的扩大:私法上的概括条款?

(一) 保护基本权利

学说有认为人格权法上自由人格法益的保护范围,应扩大及于以诈欺、胁迫侵害他人精神之痛苦,尤其是包括宗教自由、言论自由、学术自由、秘密通讯自由等。㉚ 依此见解,自由此项人格法益,涵盖了"宪法"规定的"自由权利",甚至可进而纳入"隐私不受干预"、"姓名不被冒用"、"名誉不受毁损"、"人身不受侵害"、"权利行使不受限"等自由。"人格权法"上的自由,乃人格权个别化的一种人格法益,前揭学说见解使此项"自由人格法益"成为一个维护"宪法"基本权利的私法上概括条款,是否符合"侵权行为法"的规范功能,尚有研究余地。

(二) 实务见解

"最高法院"1992 年台上字第 2462 号判决谓:"所谓侵害他人之自由,并不以剥夺他人之行动或限制其行动自由为限,即以强暴、胁迫之方法,影响他人之意思决定,或对其身心加以威胁,使生危害,亦包括在内。本件上诉人主张被上诉人等 4 人伙同施某(诉外人)于凌晨三时许,手持枪支,前往伊所经营之理发院准备绑架上诉人,经伊报警及时赶到而未能得逞。所称倘非虚妄,能否谓被上诉人等之行为,未使上诉人身心受到威胁而不生危害,不无研求余地。原审徒以上诉人因机智报警,而认为被上诉人等对上诉人之自由未加侵害,自嫌速断。原判决关此部分驳回上诉人请求被上诉人甲、乙、己、庚连带给付慰藉金之诉部分,不无可议。"对此判决,应该说明者有二㉛:

1. 对人身活动自由的限制,不以物理强制为必要,施以威胁,使其不

㉙ Fleming, The Law of Torts (LBC Information Service, 9th edn. 1998), p. 34: "Better that such losses be counted part of the cost of doing business than they be minimized at the expense of individual freedom."

㉚ 参见,孙森焱:《民法债编总论(上)》(2010),第 224 页;黄立:《民法债编总论》(2003),第 250 页;自由权如人身自由、居住迁徙自由、言论自由、学术自由、秘密通讯自由(见"宪法"第 22 条及相关规定)。

㉛ 参见詹森林:《自由权之侵害与非财产上之损害赔偿》,载《民事法理与判决研究(一)》(1998),第 253 页。

敢自由离开某处所者,亦包括在内。在本件,被害人因受绑架的胁迫受困于理发院,不敢离去,在解释上仍可认系对自由的侵害。

2. 以强暴、胁迫的方法影响他人之意思决定或对其身心加以威胁,使生危害,不构成侵害身体活动自由者,仍得成立其他个别人格法益的侵害。胁迫妇女堕胎,得成立伤害身体,或构成侵害其他人格法益,使人格权的保护得因新的侵害态样而更进一步具体化,此在方法上较诸无限制地扩大自由的保护范围,更有助于"人格权法"的发展。

第五款 贞 操

一、贞操与性行为自主决定

贞操之所以被明定为一种独立的"人格法益",系1999年修正"民法"第195条所增设。在此以前,违反他人(尤其是妇女)的意思而强制性交(强奸),得认系侵害他人的身体、自由或名誉。贞操乃传统用语,实指"性行为的自主决定"而言,即个人对于其是否及与何人发生性行为,有自主决定的权利。

二、侵害贞操的成立要件

侵害贞操者,指违反他人的自主意思而为性行为:

1. 贞操权男女皆有之,风尘女子亦有性自主权,对娼妓强制性交,亦成立侵害贞操。对于与未满16岁之男女为性交,"刑法"设有处罚规定("刑法"第221条第1项、第227条第3项),与其性交,得成立侵害他人贞操权[32]。

2. 对贞操的侵害,不限于强制性交,其以诈欺使他人同意为性交者,亦包括在内,例如以结婚为饵诱使妇女从事性交,或若不为性交,将揭露其隐私等。对于因亲属、监护、教养、教育、训练、救济、医疗、公务、业务或其他相类关系受自己监督、扶助、照护之人,利用权势或机会为性交者("刑法"第228条),亦发生侵害贞操的问题。

3. 配偶之一方强迫他人为性交时,得否成立侵害贞操(性行为自主权)?因夫妻互负同居之义务("民法"第1001条),宜采否定说,但其情

---

[32] "最高法院"1977年台上字第3484号判例:"被上诉人于奸淫时尚未满十六岁,显无同意奸淫之意思能力,虽上诉人以其与被上诉人相奸系被上诉人之同意为抗辩,仍不能阻却其违法性,上诉人此项不法行为,同时侵害被上诉人之身体健康及名誉,被上诉人谓其因此而受有非财产上之损害,诉求给付慰抚金殊无不合。"

形严重者(如经常以暴力为之),得以不堪同居之虐待,诉请离婚("民法"第1052条第1项第3款)。

三、法律效果

贞操权受侵害时,被害人得请求财产上损害(如心理治疗费用、施行人工流产费用[33])及慰抚金。其因被强奸而怀孕生子者,得请求子女的抚养费用。[34]

第三节 姓 名 权

第一款 绪说:比较法的观察

在人格权的形成及具体化的发展过程中,姓名权居于重要地位。关于姓名权的保护,法国民法(1804年)未设明文,日本民法(1898年)亦无规定,但实务均肯定之。在美国,早期系将姓名权纳入隐私权内加以保护,其后则另发展出关于姓名及肖像等个人公开权(Right of publicity[35])。其设有特别规定的,则有《德国民法》(1900年)及《瑞士民法》(1907年),分述如下:

一、《德国民法》第12条

《德国民法》对人格权未设一般规定,但对姓名特设明文(第12条):"关于姓名使用之权利,为他人所争或无权使用其同一之姓名,致有害权利人之利益者,权利人得对之请求除去其侵害;倘仍有继续侵害之虞者,得提起禁止侵害之诉。"将侵害行为限于姓名争执(Namensbestreitung)及无权使用同一姓名(Namenanmaßung)二种情形,其他侵害则由其后判例

---

[33] "优生保健法"第9条第1项第5款规定:因被强制性交、诱奸或与依法不得结婚者相奸而受孕者,得依其自愿,施行人工流产。

[34] 参见"最高法院"1973年台上字第2693号判例:"因被强奸所生子女而支出之扶养费,为侵权行为所生之财产上损害,被害人固得依'民法'第一百八十四条第一项规定请求赔偿损害,但非同法第一百九十三条第一项所定之被害人因此增加生活上之需要。"

[35] 关于法国法上的姓名权,参见木村健助:《フランス法の氏名》(关西大学出版、广报部,1977);田中通裕:《氏名权の法理》,载《民商法杂志》2000年120卷4·5号。日本法上简要说明,五十岚清,人格权法概说(有斐阁,2003),页148。关于美国法上的 privacy 及 appropriation of the plaintiff's personality,参阅 Dobbs(注⑳书),p. 1138;Prosser/Keeton(注㉒书),p. 852.

学说所创设的"一般人格权"(allgemeines Persönlichkeitsrecht)加以补充㊱。

二、《瑞士民法》第 28 条及第 29 条

《瑞士民法》第 28 条规定:"人格受不法侵害者,得提起侵害除去之诉。损害赔偿之诉或请求给付一定金额之慰抚金之诉,以法律有特别规定者为限,得提起之。"

又《瑞士民法》第 29 条规定:"争自己之姓名使用权者,得提起姓名确认之诉。因他人僭称自己之姓名而受损害者,得请求其僭称之禁止。于有过失时,得请求损害赔偿,于依侵害之种类可认为正当时,得请求给付一定金额之慰抚金。"瑞士通说认为"瑞士民法"第 29 条系第 28 条所称的特别规定㊲。

三、"民法"第 19 条解释适用的基本问题

现行"民法"制定于 1929 年,对人格权及姓名权亦参考《德国民法》及《瑞士民法》立法而设规定。"民法"第 18 条规定:"人格权受侵害时,得请求法院除去其侵害;有受侵害之虞时,得请求防止之(第 1 项)。㊳ 前项情形,以法律有特别规定者为限,得请求损害赔偿或慰抚金(第 2 项)。"又第 19 条更进一步规定:"姓名权受侵害者,得请求法院除去其侵害,并得请求损害赔偿。"立法理由:"谨按姓名权者,因区别人己而存人格权之一也。故姓名使用权受他人侵害时,始得请求侵害之屏除,更为完全保护其人格计,凡因侵害而受有损害者,并得请求赔偿。""民法"第 19 条的规范内容虽系参照德瑞立法例而制定,但亦有其不同之处,在解释适用上值得探讨的,有以下主要问题:

1. 如何认定对姓名权的"不法""侵害"?
2. 姓名权有受侵害之虞时,得否请求防止之?
3. 被害人请求损害赔偿时,须否以加害人有故意或过失为必要?

㊱ Larenz/(Wolf/Neunez), Allgemeiner Teil des Bürgerlichen Rechts (10. Aufl. 2012), S. 131f.

㊲ 关于瑞士民法上的姓名权,参见 Gutzwiller (Hrsg.), Schweizerisches Privatrecht, Bd. II (1967), S. 335.

㊳ "民法"第 18 条第 1 项关于"有受侵害之虞时,得请求防止之"的规定系 1982 年"民法"总则修正时所增订,立法理由有谓:"人格尊严之维护,日趋重要,为加强人权之保护,不但于人格权受侵害时,应许被害人请求除去其侵害,即对于未然之侵害,亦应许其请求防止。"

4. 被害人得否请求慰抚金?

5. 擅以他人姓名作为商品或服务的广告而获取商业上利益时,被害人得主张何种权利?

第二款 姓名权的功能、性质及保护范围

第一项 姓名的功能及保护的利益

姓名,乃用以区别人己的一种语言上的标志,将人予以个别化,表现于外,以确定其人的同一性。同一性及个别化系姓名的两种主要功能,为法律所要保护的利益,使权利人使用其姓名的权利不受他人争执、否认、不被冒用而发生同一性及归属上的混淆。

姓名体现社会上对某个人的联想及认知,所谓"闻其名,知其人",故姓名与肖像及名誉、隐私等具有密切关系,例如擅自利用他人姓名及肖像推销色情用品时,同时侵害他人姓名、肖像及名誉。知名人士的姓名及肖像具有推销商品及服务的商业价值,因此常被冒用,加以强制商业化,如何保护被害人,尤其是如何取去加害人因此所获利益,乃人格权保护上的重要课题。[39]

第二项 姓名权的法律性质

一、姓名权是一种人格权

"民法"第19条的立法理由谓:"姓名权者,因区别人己而存人格权之一也。"此在姓名权理论发展史上具有重要意义。分两点言之:

1. 姓名权被肯定为一种私法上的权利,系经过长期的发展过程,关于定其法律上性质,甚有争论。在法国法上曾认姓名权是一种所有权,今则多强调其具家族的性质。德国法上的姓名权的发展与商号权(Firmenrecht)具有密切关系,曾被认为具无体财产权的性质。在20世纪后,姓名权被肯定为一种人格权,盖就个人言,姓名彰显人格,应受尊重;就社会言,姓名具识别及特定的功能,应受保护。

---

[39] Klippel, Der zivilrechtliche Schutz des Namens: Eine historische und dogmatische Untersuchung (1985); Brunnenberg, Namenmerchandising (2007).

2. 姓名权系一种人格权的定性,对"民法"的解释适用至为重要:

(1)"民法"第18条人格权包括姓名权。"民法"第19条系"民法"第18条第2项所称的法律特别规定。

(2)"民法"第184条第1项前段所称权利,包括人格权及姓名权。

(3)"民法"第195条第1项所称"其他人格法益",解释上包括姓名权在内。

二、姓名权的让与及授权使用

姓名权(狭义户籍上的姓名),系一种人格权,不得让与。但姓名权人得授权他人使用其姓名,而放弃其保护请求权及损害赔偿请求权,使姓名权得为交易客体,具有财产权的性质,此攸关姓名权被侵害的救济方法。此项使用授权契约乃债法上的约定,并未创设一种具物权性的权利。使用权人不因此成为姓名权的主体,仅被授权行使姓名权人的权利。关于使用姓名的范围、时间及空间的限制、对价及得否再授权他人使用等,应依姓名权授权使用契约定之。

广义的姓名权亦包括商号在内(详见后文)。商号得否让与,商业登记法未设规定,但商号具无体财产权的性质,原则上应采肯定说。

又值得提出的是,大学无论其为公立或私立,均得授权他人使用大学名称、纹章、标志于T-shirt等商品,加以商业化。[40]

第三项 姓名权的主体

一、自然人

"民法"第19条规定于总则"自然人章节",系以自然人为姓名权的主体。姓名权因人之死亡而消灭。使用死者的姓名设立财团法人,作为广场、道路的名称,原则上并不发生侵害死者姓名权的问题。

二、法人及无权利能力团体

姓名权的主体应扩张及于法人及无权利能力团体(包括无权利能力社团)。此为向来的通说见解,"司法院"大法官释字第486号解释更进一步认为肯定法人以外其他无权利能力之团体得为人格权及姓名权(名称)的主体,并受"宪法"之保障。

---

[40] BGHZ 119, 237 (Vermarkung eines Universitätsnamen und Emblems).

第四项　姓名权的保护范围

一、姓名条例上的姓名

姓名就其固有意义言,指姓名条例上的姓名。"中华民国国民"之本名,以一个为限,并以户籍登记之姓名为本名("姓名条例"第1条第1项),此为姓名的强制。姓名包括姓(如王、陈、张、李)及名(如俊雄、美凤),二者均受保护。关于姓名登记的限制,应使用本名事项,改姓、改名,更改姓名等,姓名条例设有规定可资参照。

关于姓名的取得,"民法"第1059条第1项规定:"父母于子女出生登记前,应以书面约定子女从父姓或母姓。未约定或约定不成者,于户政事务所抽签决定之。"养子女从收养之姓或维持原来之姓("民法"第1078条第1项);养子女自收养关系终止时起,恢复其本姓("民法"第1083条),非婚生子女在认领或准正前从母姓("民法"第1059条之1)。

关于夫妻的冠姓,"民法"第1000条规定:"夫妻各保有其本姓。但得书面约定以其本姓冠以配偶之姓,并向户政机关登记。冠姓之一方得随时恢复其本姓。但于同一婚姻关系存续中以一次为限。"离婚时,应除去其冠姓。

二、保护范围的扩大

"民法"第19条所称姓名权应扩大解释或类推适用于自然人姓名以外的称谓、法人等的名称、商号等。分述如下:

1. 自然人姓名以外的称谓

关于自然人姓名权的保护,除姓名条例上的姓名外,并及于雅号、笔名、艺名,中文或外文在所不问。

2. 法人及无权利能力社团的名称

法人(社团及财团)应有其名称,并为设立时应登记事项("民法"第48条第1项第2款、第61条第1项第2款)。关于公司名称,"公司法"第18条规定:"公司名称,不得与他公司名称相同。二公司名称中标明不同业务种类或可资区别之文字者,视为不相同。"其受保护的尚包括无权利能力团体的名称。

3. 商号㊀

"民法"第19条所称姓名并包括商号在内。商号乃商业名称。"商业登记法"第27条规定:"商业之名称,得以其负责人姓名或其他名称充之。但不得使用易于使人误认为与政府机关或公益团体有关之名称。以合伙人之姓或姓名为商业名称者,该合伙人退伙,如仍用其姓或姓名为商业名称时,须得其同意。"商业在同一直辖市或县(市),不得使用与已登记之商业相同之名称。但增设分支机构于他直辖市或县(市),附记足以表示其为分支机构之明确字样者,不在此限。商业之名称,不得使用公司字样("商业登记法"第28条第1项、第2项)。又早在1931年"最高法院"即明确表示:"已经注册之商号,如有他人冒用或故用类似之商号,为不正之竞争者,该号商人得呈请禁止其使用。所谓商号之类似者,原指具有普通知识之商品,购买人施以普通所用之注意,犹有误认之虞者而言(1931年上字第2401号)。"

4. 其他具姓名功能的标志

其具"区别人己"功能者,除户籍上姓名、笔名、艺名,及商号外,尚有大学校名及纹章㊁、红十字或网络地址等。㊂ 凡在社会交易及生活上具有识别性功能的标志,均应纳入受"姓名权"保护的范围。

第五项 "民法"第19条规定的发展

"民法"第19条关于姓名权的规定,原在保护自然人的姓名的同一性及个别化利益。判例学说一再扩大其保护范围,就主体言,及于法人及无权利能力团体。就客体言,除"户籍法"上的姓名外,更及于自然人的笔名、艺名、商号及其他具姓名区别性功能的标志。民法姓名权的特别规定已渐趋发展成为具有"整个标志法的概括条款"的性质㊃。

㊀ 参见"最高法院"1938年上字第7号判例:"判断两商号是否类似,应以交易上有无使人混同误认之虞为标准,上诉人所使用之'安美思'商号,与被上诉人已登记之'安眠思'商号,首尾两字均属相同,中间之'美'字与'眠'字,读音复相近似,在交易上显有使人混同误认之虞,自不得谓非类似。"

㊁ BGHZ 119, 237.

㊂ MünchKomm BGB/Schwerdtner, § 12 Rn. 201 (附有资料)。

㊃ Knaak, Das Recht der Gleichnamigen (1979), S.18: Eine Art Generalklausel des gesamten Kennzechenrechts.

第三款　不法侵害姓名权

第一项　姓名权的侵害及不法性

姓名权被侵害时,被害人主张保护请求权、损害赔偿请求权时,均须以其姓名权受"不法侵害"为要件。凡侵害他人姓名权,均具不法性,但得因一定事由而阻却违法(例如得被害人的授权使用姓名)。其核心问题乃何种行为构成对姓名权的侵害。此应采广义解释,包括对使用姓名的争执、无权使用(冒用)他人姓名,对他人姓名的不当使用(例如以他人姓名呼叫其宠物)。

第二项　侵害姓名权的态样

一、对姓名权的争执

姓名权人有使用自己姓名的权利,此项权利为他人争执或否认时,即构成对姓名权的侵害。此种侵害多发生于寺庙、道场流派、古老商号分家时,争执姓名使用权的情形。又例如夫妻不睦,长期分居,夫使用妻的姓名时,故意不加冠其妻依法所冠夫姓,得构成对妻之姓名权的侵害。

二、以他人姓名冒称自己

以他人姓名冒称自己,造成同一性混淆,乃侵害姓名权的典型行为,此须以姓名的使用与特定姓名权主体具有可认识性的关联为要件。甲冒名(如陈俊雄)与某少女援交,若非由其事实在客观上可认定系指某特定陈俊雄氏其人时,不构成对以"陈俊雄为姓名"者的侵害。得构成对姓名权的侵害者,例如:

1. 某甲与乙女住宿旅馆,乙自称系甲之配偶某丙而为住宿登记时,系侵害某丙的姓名权。[45]

2. 某妇女离婚后仍继续冠夫姓时,侵害夫的姓名权。

三、擅将他人姓名使用于自己商品、服务或设施

擅自使用他人姓名于一定的商品、服务或设施而造成归属上的混淆时,亦构成对姓名权的侵害。例如:

1. 被告制造斗魂浮标,载明 by K. Usuzumi,意即由 K. Usuzumi 所制

---

[45]　参见 RGZ 108, 230.

作,而被告既非 K. Usuzumi,则其制造系争斗魂浮标,复于浮标上标记 by K. Usuzumi,以示由 K. Usuzumi 制作,系侵害原告的姓名权(斗魂浮标案)。㊻

2. 甲女系知名的模特儿,乙擅以甲的姓名开设模特儿训练班时,亦系侵害甲的姓名权。

四、冒用他人姓名刊登广告,发表意见

甲系知名政治评论家,乙冒用其姓名发表意见时,系侵害甲的姓名权。值得研究的是,使用"类似姓名"时,得否构成对他人姓名权的侵害。

在"最高法院"1992 年台上字第 931 号判决(鱼夫、鱼父案),上诉人笔名"鱼夫",从事政治评论漫画写作经年,夙著盛誉,荣获铭报票选为"最欣赏"之讽刺漫画家,并曾获第四届吴舜文新闻漫画奖,"鱼夫"主张,其曾于 1989 年公职人员选举期间,以 1989 年票选"最受欣赏"评论漫画家"鱼夫"为民主进步党绘制"请支持民进党成为有力的制衡力量"漫画广告,分别登载于 1989 年 11 月 20 日之《联合报》及《中国时报》第一版下半版。在同年 11 月 30 日《联合晚报》第九版下半版刊登署名"鱼父",仿冒其头衔"1989 年票选'最受欣赏'评论漫画家"所绘制"谁能让下一代过的更好"漫画广告,极力丑化民进党人士共 13 人,使社会大众误认伊为反对民进党人士所利用而绘制;而认署名"鱼父"之人,侵害其姓名权。本件涉及刊登该广告媒体报社的责任。于此应讨论的是,"署名鱼父之人"是否不法侵害"鱼夫"的姓名权?法院倾向于采审慎的认定标准,认为:

1. "民法"第 19 条所谓之姓名,虽不仅指户籍登记簿上之本名,尚包括字、号、笔名、艺名、简称等在内。惟认定有无侵害他人姓名权,系以使用之姓名是否可能使人产生误认混淆之虞为判断标准,而其"加害人"应指该使用与他人相同或类似之姓名者而言。

2. 广告漫画为绘画方式之一种,乃一普遍流行之艺术,无论文化、政治,均常使用,即工商界亦多利用为广告方法,以推销其产品,无人可以独占此一文宣工具。上述"鱼夫"与"鱼父"之广告漫画,前者系支持民进党并批评国民党而作,后者则为反对民进党而绘,两者均为选举期间之文宣漫画,但其诉求之政治评论理念并不相同,图形外观互异,亦难认有何抄

㊻ 其涉及的争议,参照"最高法院"2002 年台上字第 423 号民事判决(斗魂浮标案)。

袭、模仿之情形。

五、伪造身份证，冒用他人姓名在银行开户

在台湾常发生伪造他人身份证，冒用其姓名在银行开户，企图逃漏税捐或利用支票骗取金钱，致被害人受有损害。此涉及两个问题：（1）姓名权的侵害；（2）开户的银行应负何种侵权责任。

（一）姓名权的侵害

首先应肯定的是，冒用他人姓名在银行开户，乃不法使用他人姓名，应成立对姓名权的侵害。问题在于是否同时侵害姓名权人的名誉权，使被害人得请求非财产损害的相当金额赔偿（参阅"民法"第195条新旧规定）。在一个关于冒用他人姓名开设银行账户存入巨款，以逃漏税捐的案件[47]，台湾高等法院认为其姓名权受侵害者，名誉权未必受损害，因在今日之经济社会中，一般人通念均认为，于银行有巨额存款可提高其信用度，应对名誉无损，无从依（旧）"民法"第195条第1项规定请求慰抚金的损害赔偿。

（二）银行的侵权责任

在冒用他人姓名开户，银行应否负责，是一个时生争议的问题。首先应确定的是，被冒名开户者的请求权基础。在"最高法院"1990年度台上字第1635号判决上诉人遭人伪造身份证在被上诉人银行开设甲种支票存款，请领支票，因存款不足及滥行签发支票，而遭退票，致其遭受持票人行使票款请求权，进出法庭及检调单位，受到劳力、时间、费用、精神、姓名权及住家安全平稳等权利之损害。对此情形应认为，开户银行并未侵害上诉人的姓名权或其他权利。关于费用（纯粹经济上损失）、劳力、时间、精神（非财产损害）的损害赔偿的请求权基础，原审（及"最高法院"）认为系"民法"第184条第2项，即以"支票存款户处理办法"（第4条第1项前、第2项、第3项、第14条，2003年废止此办法）及（旧）"姓名条例"（第1条、第4条），为保护个人权益目的之法律。银行应否负责，应视其是否已尽应尽之注意义务而定，倘非因过失而未察觉第三者持以开立账户之系争身份证为伪造之事实时，即不应负侵权责任。

六、无权使用他人姓名作商业广告

现代工商业社会注重推销，由知名人士代言广告，有利促销商品。因

---

[47] 台湾高等法院1996年度诉易字第5号民事判决（冒用他人姓名开设银行账户案）。

此,亦发生冒用他人姓名(及肖像)推荐商品的情事,此涉及两个问题:(1) 如何认定侵害行为;(2) 被害人有何救济方法。实务上有两则深具启示性的重要案例。分述如下:

(一) 台湾高等法院1996年度重上字第136号民事判决:引用电视名嘴姓名案

在台湾高等法院1996年度重上字第136号民事判决(引用电视名嘴案)中,本件上诉人(高信潭)起诉主张被上诉人公司于1988年12月1日起至1995年4月间止为求于众多经营销售健康食品业务之直销公司中脱颖而出,六年多来一直于其印发之"双鹤事业手册"之创业说明资料中,未经上诉人同意即擅自使用翻拍自上诉人于"华视新闻杂志"主持节目之照片,并且于招揽一般民众加入被告公司成为直销商之说明会中介绍时,使用上诉人之姓名,并谓有高信潭"高高兴兴谈灵芝",复使用有上诉人肖像之幻灯片辅助宣传,被上诉人公司于从未征得上诉人同意之情况下,擅自使用上诉人之肖像及姓名于其商业广告内之行为,系属故意不法侵害上诉人人格权中之肖像权及姓名权,造成上诉人财产上损害。乃上诉人因系大众传播界名人,在现代注重宣传广告、迷信名人名牌之商业社会中,被上诉人公司擅以上诉人之肖像及姓名作商业用途以牟利,而造成上诉人财产上利益之损害,应赔偿上诉人依通常情形可得预期之利益即所失利益,上诉人如授权他人使用自己之肖像及姓名,则可收取酬劳即利用上诉人之名气作广告所应付之对价。例如"钱杂志"即"金钱文化企业股份有限公司"仅要求上诉人同意挂名为其公司形象顾问,每年即支付一百余万元,他项酬劳并另计。故参诸上诉人之知名度及被上诉人公司每年高达数10亿元之营业额,爰依"民法"第18条、第19条及第184条之规定,就人格权(肖像权及姓名权)之财产上损害,请求被告赔偿每年以200万元计,6年5个月来共计1283万元之损害赔偿,云云。

台湾高等法院认为本件不成立侵害他人姓名权,其主要理由系强调侵害姓名有两种形态,一为冒用他人姓名,即无权使用他人姓名而使用,如冒用名医行医,假借某公司董事长姓名诈骗,或将他人姓名使用于货品或广告上;一为不当使用他人姓名,如在小说中以某大明星姓名作为应召女郎之姓名,以仇人姓名称呼家中猫犬。又姓名权所保护者为身份上"同一性之利益",因此,如非冒用他人姓名或不当使用他人姓名,仅系在私人著作中引用他人真实姓名,不能遽认为侵害姓名权。上开录音带中并无冒用上诉人之姓名,亦无不当使用上诉人之姓名,自无侵害上诉人姓名权可言,另上诉人所主张之演讲录音带内容观之,整个演讲内容中仅有其中一句话提及上诉人之姓名,即演讲者赞誉上诉人为名嘴云云,而"名嘴"一词之使用,就一般社会观念而言,显系正面之评价,如此之引用,既非冒用上诉人姓名,更未就上诉人姓名作不当之使用,自难谓被上诉人已侵害上诉人之姓名权。

前揭高等法院关于侵害姓名权的见解,基本上可资赞同。可惜的是,高等法院因否定姓名权的侵害,而未对上诉人所主张的损害赔偿请求权,表示其法律见解,关于此点,将于后文再为讨论。

(二) 台湾高等法院2005年上易字第616号民事判决:陈美凤料理米酒代言案

台湾高等法院2005年上易字第616号判决,系姓名权保护上一个甚为重要的案例。事实为被上诉人陈美凤为全国性高知名度演艺明星,上诉人未经授权擅自于其制造及代理销售的美凤料理米酒使用被上诉人姓名与肖像。台湾高等法院采原审判决;认定上诉人侵害被上诉人的姓名权及肖像权,即:

1. 上诉人辩称:姓与名字区分,本件美凤二字为名字,非姓名权保护范围。法院认为,"民法"第19条已将姓名权列为人格权保护范围,单独个人名字或未属侵害姓名权,但如能辨别名字为何人,该名字仍属人格权保护范围。

2. "民法"第19条、第184条第1项前段,均系"民法"第18条第2项所称的特别规定,乃为维护个人尊严、保障追求幸福所必要而不可或缺,为"宪法"上之基本权利保障。"民法"第195条第1项虽未明白规定肖像权属特别人格权,但观诸现代法律思潮及中国传统之道德观念,肖像为个人特征,可为识别个人之基础,而本条于修正后增设"不法侵害其他人格法益而情节重大"等语,是为免挂漏并杜浮滥(参见该条修正立法理由),肖像与姓名权之观念相通,"民法"第19条已将姓名特别规定保护,则于肖像部分,亦可认"民法"第195条第1项所定"不法侵害其他人格法益",包括肖像权在内。

3. 系争美凤料理米酒使用"美凤"二字与被上诉人肖像在销售海报广告与商品包装在内,依社会通念"美凤"与被上诉人肖像之连用,即在使用被上诉人名字,一般社会大众会认为系被上诉人所推荐,上诉人等未经授权擅自使用,自侵害被上诉人之人格权,且于媒体大做广告,有造成社会大众误认被上诉人有推荐该"美凤料理米酒"之虞,其情节应属重大。

值得特别提出的是,关于姓名权被侵害之人得请求的损害赔偿,台湾高等法院采原判决见解,认为:"被上诉人于原审请求非财产上损害赔偿100万元。查被上诉人为全国性知名演艺明星,复为美食节目主持人,具有一定之公众形象,依社会通念,被上诉人推荐之商品,必有助于商品之销路,衡量被上诉人之身份、地位,良液公司认为,经由诉外人林哲亿同意,与完全擅自仿冒者之侵害情节程度尚有不同,是认为上诉人良液公司、甲○○应连带赔偿六十万元为适当。"此项以"必有助于商品之销路"的获利作为量定慰抚金的一项因素,乃实务上第一次所采见解,具重大意义,将于本书第九章加以论述。

第四款 侵害姓名权的法律效果

第一项 保护请求权

"民法"第18条第1项规定:"人格权受侵害时,得请求法院除去其侵害;有受侵害之虞时,得请求防止之。"第19条规定:"姓名权受侵害者,得请求法院除去其侵害,并得请求损害赔偿。"就此两个条文加以比较,发生一项疑问:姓名权有受侵害之虞时,被害人得否请求法院防止之?对此应采肯定见解,其理由有二:

1. 姓名权系人格权的一种,应有"民法"第18条第1项侵害防止请求权规定的适用。

2. 人格权侵害防止请求权系1982年"民法"总则修正时所增设,立法者未于"民法"第19条亦增设之,应认为此乃法律适用上的当然,并非有意排除姓名权的侵害防止请求权。

"人格权法"上的妨害除去请求权及侵害防止请求权,学说上称为人格权保护请求权,其侵害行为须具不法性,但不以加害人有故意或过失为必要,对姓名权的保护甚为重要。例如被害人得要求无权使用其姓名于商品者,除去其姓名、停止出售或回收该商品。

第二项 损害赔偿请求权

一、请求权基础

依"民法"第18条第2项规定,人格权受侵害时,以法律有特别规定者为限,得请求损害赔偿或慰抚金。"民法"第19条规定:"姓名权受侵害者……并得请求损害赔偿。"对照此两条规定,应提出的问题有二:

1. "民法"第19条系"民法"第18条第2项所称得请求损害赔偿的特别规定。然"民法"第19条不以故意或过失为要件?其与"民法"第184条第1项究具何种关系?

2. "民法"第19条并未规定,姓名权受侵害者得请求慰抚金。然则被害人得否依"民法"第195条第1项规定就非财产上损害,请求赔偿相当的金额?

之所以发生前揭疑义,系"民法"第18条及第19条乃采《瑞士民法》立法例(第28条及第29条);而"民法"第184条第1项规定:"因故意或过失,不法侵害他人之权利者,负损害赔偿责任。故意以背于善良风俗之方法,加损害于他人者亦同。"乃参照《德国民法》第823条而制定。"民法"第184条所称权利,包括人格权(及姓名权);所称损害赔偿,包括财产上损害及非财产上损害。"民法"第195条第1项规定虽非财产上之损害亦得请求赔偿相当之金额,乃"民法"第18条第2项所称慰抚金。是就民法规范体系而言,因姓名权受侵害而主张损害赔偿,应以"民法"第19条结合第184条(尤其是第1项前段)规定为请求权基础,即须以加害人有故意或过失为要件;不能以"民法"第19条未明定加害人的故意或过失,而径认为侵害姓名权的损害赔偿系采无过失责任。

二、损害赔偿

(一)财产上损害

1. 财产上损害的赔偿

因姓名权被侵害而生的财产上损害,被害人得依"民法"第213条以下规定请求赔偿。例如甲伪造乙的身份证件到银行开户,滥开空头支票,乙为处理相关法律问题而支出的费用,得向甲请求损害赔偿。

2. 商号被冒用时损害赔偿的计算

商号被冒用致营业减少或丧失获利可能性时,被害人得具体计算其营业上损失而向加害人请求损害赔偿。⑱ 商号具无体财产权的性质,易被侵害,难以防范,其具体损害难以确定及证明,应否类推适用关于商标权被侵害的损害赔偿计算方法("商标法"第 71 条,参照"专利法"第 97 条),是一个值得研究的问题⑲。

3. 所失利益的损害赔偿

在前揭台湾高等法院 1996 年重上字第 136 号判决(引用电视名嘴姓名案),被害人(上诉人)以加害人无权使用其姓名及肖像作广告,主张"民法"第 216 条第 1 项所规定的所失利益的损害赔偿,即如授权他人使用其姓名及肖像于商业产品之宣传时,所得预期取得的权利金。其理由为:

(1)上诉人原固未有为被上诉人作广告之意,然被上诉人既已利用上诉人肖像及姓名作广告,自应依通常情形给付使用之对价。否则所有授权契约岂非均无实益,若向他人要求授权而不遂,即可擅自使用并以违背该人意愿故应无预期利益为由,而免除损害赔偿责任。

(2)"所失利益不限于其应取得之利益,已臻绝对确实,即尚非绝对确实,而依一般及特别情事有取得之可能者,亦视为所失利益",故本件上诉人姓名及肖像之被用为宣传,依一般情事应可有财产上收益之增加,即可收取酬劳即利用上诉人名气作广告所应付之对价,于现今以行销、广告挂帅之商业社会中,因传播业之发达,以名人之姓名及肖像为某种商品促销,成为迅速提高商品知名度之有效方法,其方式可以系为该厂商拍广告抑或挂名为该公司之顾问(如荣誉顾问、形象顾问等),亦即以单纯挂名或以照片加签名之方式推荐,均属现代社会中广告方法之一,而使用者应给付酬劳予授权其使用姓名及肖像之名人,殆属公众周知之事实,无庸举证即明。

(3)上诉人已举证证明欲使用其肖像及姓名作广告者,均应给付权利金。

本件上诉人得否以前揭理由请求所失利益,因为台湾高等法院认本件不成立对姓名权的侵害,而未加以审究。按"民法"第 216 条规定损害赔偿包括所失利益。所谓所失利益,即新财产的取得,因损害事实的发生

---

⑱ Larenz/Wolf(注㊱书),S. 133.
⑲ 德国通说采肯定见解,BGHZ 60, 209;MünchKommBGB/Schwerdtner,§ 12 Rn. 295f.

而受妨害(消极的损害)。此种损害不易认定,故"民法"第216条第2项规定:"依通常情形或依已定之计划、设备或其他特别情事,可得预期之利益,视为所失利益。"在本件,被害人仅举证证明欲使用上诉人之姓名及肖像者,均应给付一定报酬,尚不足据以认定其报酬(新财产的取得),系因损害事实的发生而受妨害。然值得进一步研究者,系被害人有无主张侵害其姓名权者应支付一定报酬的请求权基础(例如不当得利请求权)。

(二) 非财产损害的金钱赔偿(慰抚金)

1. "民法"未设明文

人格权受侵害者,以法律有特别规定者为限,得请求慰抚金。"民法"第19条未规定姓名权受侵害者,得请求慰抚金。旧"民法"第195条第1项规定:"不法侵害他人之身体、健康、名誉或自由者,被害人虽非财产上之损害,亦得请求赔偿相当之金额。……"并不包括姓名权在内。旧"最高法院"1961年台上字第1114号判例谓:"受精神之损害得请求赔偿者,法律皆有特别规定,如'民法'第18条、第19条、第194条、第195条、第979条、第999条等是。未成年子女被人诱奸,其父母除能证明因此受有实质损害,可依'民法'第216条请求赔偿外,其以监督权被侵害为词,请求给付慰藉金,于法究非有据。"本件判例已因"民法"第195条的修正而不再援用,其重要的意义在于"最高法院"认"民法"第19条系受精神之损害得请求赔偿的"法律特别规定",此乃法之续造的层次,应有论证的必要。

2. 新修正"民法"第195条第1项规定的适用

1999年"民法"债编修正时,将"民法"第195条第1项规定修正为:"不法侵害他人之身体、健康、名誉、自由、信用、隐私、贞操,或不法侵害其他人格法益而情节重大者,被害人虽非财产上之损害,亦得请求赔偿相当之金额。其名誉被侵害者,并得请求恢复名誉之适当处分。"立法理由谓:第1项系为配合"民法"总则第18条规定而设,现行规定采列举主义,惟人格权为抽象法律概念,其内容与范围,每随时间、地区及社会情况之变迁有所不同,立法上自不宜限制过严,否则受害者将无法获得非财产上之损害赔偿,有失情法之平。反之,如过于宽泛,则易启人民好讼之风,亦非国家社会之福,现行条文第1项列举规定人格权之范围,仅为身体、健康、名誉、自由四权。撰诸现代法律思潮,似嫌过窄,爰斟酌中国传统之道德观念,扩张其范围,及于信用、隐私、贞操等之侵害,并增订"不法侵害其他

人格法益而情节重大"等文字,俾免挂漏并杜浮滥。应说明者有二:

（1）姓名权系一个重要的人格权,"民法"第19条设有规定,"民法"第195条修正时未将之列入得请求慰抚金的特别人格权,实非妥适;何况,早在1961年"最高法院"既以判例肯定姓名权受侵害时得请求精神的金钱损害赔偿。

（2）在解释上应认姓名权系"民法"第195条第1项所称之"其他人格法益",于侵害情节重大时,亦得请求相当金额的赔偿。

第三项 姓名权（人格权）的强制商业化与获利剥夺

一、问题的提出

现代工商企业社会重视广告代言,常发生无权使用知名人士的姓名或肖像推销商品或服务等情事,前已再三提及。对知名人士的广告代言须支付一定报酬,冒用知名人士的姓名为商品广告,常可获有一定营业上的利益。问题在于如何保护被害人,并剥夺加害者因侵害他人人格法益所获利益。

二、损害赔偿救济方法的不足性

在侵权行为法,被害人固得主张所受损害及所失利益的损害赔偿,然此等救济方法乃着眼于损害的填补,仍不能除去加害人所获利益。在前揭"陈美凤料理米酒代言案",台湾高等法院采原审见解,特别强调使用知名演艺明星美食节目主持人推荐商品,必有助于商品之销售,应以获利作为慰抚金数额的因素,乃一项突破性的发展。德国最近实务上亦有类似见解[50],实值重视。问题在于慰抚金的功能,除填补损害外,应否具有惩罚的作用。又以获利作为衡量慰抚金一项因素,尚不足剥夺加害人的利益。再者,侵权行为损害赔偿请求权的成立,通常须以故意或过失为要件。侵害行为非出于过失时,被害人无从请求财产上及非财产上损害赔偿,加害人仍可保有不法侵害他人姓名权所获利益。

三、人格权保护突破及发展

为保护人格权不受商业化行为的侵害,并剥夺加害人的获利,私法上

---

[50] BGH 15.11.1994; NJW 1995, 861; 1996, 2870（著名的 Caroline von Monaco 案）. Canaris, Gewinnabschöpfung bei Verletzung des allgemeinen Persönlichkeitsrechts, Festschrift für Deutsch (1999), S. 85.

所可提供的机制,除侵权行为损害赔偿外,尚有不当得利("民法"第179条)、无因管理(不法管理,"民法"第177条第2项)。其关键问题系姓名权等人格权是否具有财产权的性质,是否为具有一定财货归属内容的权利,而得受不当得利法(尤其是侵害他人权益不当得利)的保护;或得为他人所管理的事务。诸此问题涉及人格权的法律性质,将于本书第九章详为论述。[51]值得附带提出的是,肖像权亦常被无权使用于商品广告。例如违反证券交易法的犯罪嫌疑人的肖像固得在媒体加以公开。但以犯罪嫌疑人的肖像制造商品出卖,系不法侵害他人的肖像权,亦得成立侵权行为及获利剥夺问题。

第五款 结 论

姓名人人有之,具区别人己的同一性及个别化的功能。"民法"第19条明定保护姓名权。关于其解释适用及实务发展,分四点综合说明:

(1) 姓名权为私法上人格权的一种,并为"宪法"所保障的一种基本权利(释399)。

(2) 姓名权的保护主体(自然人、法人、无权利能力团体)及保护范围("户籍法"上姓名、自然人的笔名、艺名、商号等)的扩大,使"民法"第19条成为一个保护具姓名功能标志的概括性规定。

(3) 姓名权受侵害者,被害人除妨害除去请求权外,亦得主张侵害防止请求权。被害人得依"民法"第184条第1项前段规定请求损害赔偿,包括财产上损害及非财产上损害,而有"民法"第213条以下规定的适用,又姓名权系"民法"第195条第1项前段所称"其他人格法益",侵害情节重大时,被害人得请求慰抚金。

(4) 姓名权是一种人格权,姓名权虽不得让与,但得授权他人使用,具有财产权的性质。对姓名权及其他人格权的法律构造及发展,攸关甚巨,系"人格权法"上的重要研究课题。

---

[51] 参见拙著:《不当得利》,北京大学出版社2009年版,第141页。德国法上的相关论着甚多,参见 Beuthien/Schmölz, Persönlichkeitsschutz durch Persönlichkeitsgüterrechte (1999); Götting, Persönlichkeitsrechte als Vermögensrechte, § 50 (S.799).

第四节 肖 像 权

第一款 绪 说

第一项 肖像社会

现代社会可从不同角度加以观察,以凸显其特色,值得提出的是"人的肖像"已成为政治、经济、文化等活动的重要构成部分。电视台二十四小时不断重复的以"人的肖像"报道各种各类的新闻、娱乐节目。周刊杂志以狗仔队摄影的照片揭露他人的隐私。在超商、银行、车站、街头巷尾,到处都有监视录像器、拍摄照片、管控人的行为。又使用他人肖像(及姓名等)代言推销商品、服务等,亦属常见。

最近某"名人"因涉嫌违反证券交易法,其本人、配偶、未成年子女、管家的肖像更在各种媒体长期日夜公开传播,并以特写的方式播放犯罪嫌疑者戴手铐的画面,甚至有人以犯罪嫌疑者的肖像制造 T-Shirts 在网络上拍卖。诸此事例显示现代科技进步(照相摄影、计算机网络、影像传播、计算机数字合成)及传播媒体对个人肖像权侵害的可能性,尤其是如何界定"社会大众知之利益"及"个人人格权保护"范围的重要性。此涉及肖像权保护与言论自由,将于本书第八章详为说明。

肖像是个人的外部形象,彰显个人的特征,与人之尊严具有极为密切的关系,系重要的人格利益,惟台湾地区的相关著述,甚为少见。[52] 实务上案例一向不多,近年来则有若干重要典型案件。[53] 肖像权长期未受到应有重视的主要原因之一,系"民法"未设规定,肖像权的保护欠缺直接的法律基础,此外并涉及人民对肖像权保护的权利意识及法院造法的功能等问题。其欲研究的课题有四:

(1) 肖像权在比较法上的发展。

---

[52] 台湾地区似尚无关于肖像权的论文,教科书上简要说明,参见史尚宽:《债法总论》(1983),第150页;孙森焱(注㊳书),第225页。

[53] "最高法院"2004年台上字第706号判决(电视播送勒索杀人被害者肖像)。台湾高等法院2005年劳上易字第46号(雇主装设监视录像机监视劳工)。台湾高等法院2005年上易字第616号(陈美凤米酒代言案)。

(2) 肖像权的法律性质及保护范围。
(3) 对肖像权侵害的态样、不法性,尤其是肖像权保护与言论自由。
(4) 侵害肖像权的法律效果,尤其是无权使用他人肖像代言广告的获利剥夺问题。

第二项　人的肖像与"物的肖像"

一、问题提出

本节旨在研究"人的肖像"。关于拍摄他人之物(所谓物的肖像)的问题,鲜少讨论,特附带加以说明。[54] 例如甲拍摄台北一○一摩天大楼,印制明信片贩售时,该建筑所有人得否诉请禁止,请求损害赔偿或主张不当得利返还请求权?

二、"著作权法"规定

拍摄他人的建筑涉及著作权。"著作权法"所称著作包括建筑著作("著作权法"第5条第1项第9款)。又依"著作权法"第58条规定:于街道、公园、建筑物之外壁或其他向公众开放之户外场所长期展示之美术著作或建筑著作,除下列情形外,得以任何方法利用之:(1) 以建筑方式重制建筑物。(2) 以雕塑方式重制雕塑物。(3) 为于本条规定之场所长期展示目的所为之重制。(4) 专门以贩卖美术著作重制物为目的所为之重制。

三、侵害他人所有权及不当得利返还请求权

拍摄他人的建筑亦涉及所有权保护问题。拍摄建筑本身并未侵害对他人之物的占有或侵夺所有物,无"民法"第767条的适用,即建筑所有人不得禁止他人摄影。又拍摄他人的建筑,亦不构成对物的使用、收益及占有的侵害,而成立对所有权的侵害行为("民法"第184条第1项前段)。

拍摄他人的建筑作商业用途,例如发行明信片或出版著名建筑(豪宅)全集时,得否成立侵害他人权益的不当得利?此应视所有权人对建筑的拍摄或绘画是否享有权益归属内容(Zuweisungsgehalt des Eigentums)。对此,应采否定说,盖物之所有人既无排除他人拍摄其物的权利,不享有

---

[54] 德国法相关论文,参见 Pfister, "Zweigleisige" Rechtswidrigkeitsprüfung und Eigentumsschutz, JZ 1976, 156ff.; Kübler, Festschrift Baur, Eigentumsschutz gegen Sachabbildung und Bildreproduktion? (1981), S. 51; Beater, Der Schutz vor Eigentum und Gewerbebetrieb vor Fotografien, JZ 1998, 1101.

在商业上利用其拍摄照片的专属权益内容。⁵⁵ 拍摄他人之物而发行明信片或出版建筑(豪宅)专集,固影响所有人自己发行明信片等的商业利益。然须强调的是,在一个建立在竞争自由及私法自治的法律秩序中,因竞争而致其他竞争者获利减少本身并不当然具有违法性。其违法性的成立须系侵害他人排他性的权利或违反维护公平竞争的行为规范。

四、德国法上相关案例

值得介绍的是德国实务上两个著名的案例:

1. 圣母圣婴雕像案(Apfel-Madonna 案,BGHZ 44, 288)

A 博物馆有一件 15 世纪的圣母圣婴雕像,交由 B 制作雕像贩卖。C 参考 A 的作品,制作圣母圣婴雕像出售。B 对 C 诉请损害赔偿,其争点之一,系 C 是否侵害 A 博物馆对原始作品的所有权。德国联邦法院认为:(1) 雕像已无著作权存在,利用他人经该雕像所有人授权创作的样本制作雕像,并未侵害原件所有人的所有权。(2) 一个无著作权艺术品的所有人与他人订立同意复制的约定,不发生排他的权利,不得禁止第三人利用该契约相对人的仿制品而复制原件艺术品。

2. Tegel 古堡拍摄案(Tegeler Schloss 案,BGH NJW 1975, 1164)

Tegel 古堡系德国柏林著名古堡,建于 1824 年,位于花园之内。该古堡所有人在门口贩售该古堡明信片,且允许他人购票进入拍照。某甲将所拍摄照片纳入其出版古堡全集之中。德国联邦法院认为对位于他人不动产内的建筑拍照,须进入其不动产始能拍照时,其使用该照片作为营业上用途须得建筑所有人允许,否则应构成对他人所有权的侵害,并负不当得利返还义务。此项见解引起争议⁵⁶,学说上多认为,此将造成与著作权法关于得自道路等公共场所自由拍摄建筑物的规定(《德国著作权法》第 59 条,相当台湾地区"著作权法"第 58 条)发生矛盾,并强调建筑无论是否位在花园等不动产之内,均无排除他人利用拍摄照片的专属内容。

---

⑤ Ellger, Bereicherung durch Eingriff (2002), S. 531.
⑥ 参见 Ellger (注⑤书), S. 534; Kübler (注㉚论文), S. 57; Schmieder, Anmerkung zum Fall Tegeler Schloss, NJW 1975, 1164; Gerstenberg, Anmerkung zum Fall Tegeler Schloss, GRUR 1975, 502.

第二款　肖像权在比较法上的发展

肖像权与近代摄影技术、传播媒体及"名人现象"[57]，具有密切关系，比较法的观察有助于了解肖像权发展的基本问题。分就法国、德国、美国及中国大陆简要加以说明。

第一项　法国民法上的肖像权[58]

一、两个发展阶段

法国民法对肖像权未设规定，肖像权的保护可分为1970年前及其后两个阶段。

1. 1970年前：实务发展

法国法上的肖像权（droit à l'image），系由实务所创设，其最著名的是1858年的Rachel案。Rachel氏系当时著名的演员，有人绘画其于病床上死亡容貌，法院判决禁止公开该画像，并加没收，强调死者容像未得家属明示同意不得绘制并予以公开，此乃绝对应受保护的权利。其后，关于肖像的保护亦扩张及于生存之人，包括绘画、拍摄，尤其是利用他人肖像作广告。[59] 法院亦认为肖像权的保护并非不受限制，例如在街头拍摄电影，其偶然入镜头者，不得主张其肖像权受侵害。

2. 1970年以后：《法国民法》第9条规定的订定

法国于1970年7月17日制定《人民个人权利强化保护法》（tendant à renforcer la garantie des droits individuels des citoyens），并于法国民法增订第9条第1项，明定"任何人有其私生活应受尊重的权利"（Chacun a droit au respect de sa vie privée[60]）。此项规定具基本权利的性质，对法国

---

[57] Seemann, Prominenz als Eigentum（1996）.

[58] 以下关于法国法上肖像权的说明，参见 Bartnik, Der Bildnisschutz im deutschen und französischen Zivilrecht（2004）.

[59] Hauser, Werbung und das Recht am eigenen Bild in Frankreich, GRUR Int. 1988, 839.

[60] 《法国民法》第9条第2项规定其法律效果：除所受损害赔偿外，法院亦得采取担保、没收及其他适用于避免或结束对隐私侵害的必要措施，于急迫的情形，此等措施亦得暂时权利保护为之（Les juges peuvent, sans préjudice de la réparation du dommage subi, prescrire toutes mesures, telles que séquestre, saisie et autres, propres à empêcher ou faire cesser une atteinte à l'intimité de la vie privée; ces mesures peuvent, s'il y a urgence, être ordonnées en référé）. 引自 Bartnik（注[58]书），S. 34.

法上人格权发展具重大的意义。关于本条规定与肖像权的关系,实务上采吸收说,认为肖像权为私生活权利的部分范围,学说上则强调习惯法上的肖像权系属一种独立存在的权利。[61]

二、肖像权法律性质:由所有权到人格权

在早期,法国法院对肖像权的保护系以被害人对其肖像有所有权为依据,其主要理由系所有权为当时众所公认具绝对排他性的权利,可资援用,避免创造新的概念。此乃一种新的权利发展过程中常见的简明说理。随着人格权理论的展开,法国目前通说肯定肖像权乃是一种人格权。[62]

三、肖像权保护的重视

值得提出的是,法国实务上重视肖像权的保护,例如对他人使用肖像权的同意,须以明示为之。对允许他人使用肖像应从严认定。对媒体报道自由与肖像保护作比例性的利益衡量,不采近年来台湾地区实务上所强调"真实恶意原则"(详见后文)。又法国于 2000 年 6 月 15 日制定法律,禁止公开传播受侦查犯罪嫌疑人戴手铐的肖像,以维护无罪推定原则。[63]

第二项 德国法上的肖像权[64]

一、艺术及摄影作品著作权法上的肖像权

德国民法无关于肖像权的明文,亦未设一般人格权。肖像权(Recht am eigenen Bild)之所以受到重视,系 1899 年有两个新闻记者擅自闯入德国宰相俾斯麦(Otto von Bismarck)殓间拍摄其仪容。帝国法院(Reichsgericht)系以侵入他人住宅的侵权行为判令记者交出底片。[65] 此一轰动案件使德国各界认识到肖像权保护的必要,鉴于当时法律规范的不足,乃于《德国民法》施行后的第 7 年(1907 年)制定《艺术及摄影作品著作权法》(Gesetz betreffend das Urheberrecht an Werken der bildenden Künste und der

---

[61] Bartnik(注58书),S. 37.
[62] Bartnik(注58书),S. 42.
[63] Bartnik(注58书),S. 6.
[64] 德国法上关于肖像权的著作甚多,参见 Dasch, Die Einwilligung zum Eingriff in das Recht am eigenen Bild (1990); Gronau, Das Persönlichkeitsrecht von Personen der Zeitgeschichte und die Medienfreiheit (2003); Helle, Besondere Persönlichkeitsrechte im Privatrecht (1991).
[65] RGZ 45,170(俾斯麦遗体偷拍案).

Photographie,简称 KUG),就肖像的保护特设规定。本法因 1965 年 9 月 9 日著作权法的制定而废止部分条文,但关于肖像权保护的规定仍继续适用。其内容特色在于创设肖像权作为一种特别人格权,他方面关于权益保护作了较精细的规范,分两点言之:

1. 肖像须经肖像权人的允诺(同意,Einwilligung)始得传播或公开展示

肖像权人取得报酬者,有疑义时,应认为已允诺。肖像权人死亡后迄至 10 年经过前,其允诺应由亲属为之。所称亲属指死者生存的配偶及子女,无配偶或子女者,为其父母(第 22 条)。

2. 其未经允诺而得传播或公开展示者

(1) 时代历史范围的肖像(Bildnisse aus dem Bereiche der Zeitgeschichte[66])。

(2) 人之肖像为风景或某地点的一部。

(3) 参与集会游行及其他类似活动之人的肖像。

(4) 肖像非为委任而定作者,其传播或展示系为艺术的利益。于前述情形,得例外不经允诺而使用他人的肖像,但不得侵害肖像权人或其死亡后亲属的正当利益(第 23 条)。

二、一般人格权的创设

德国民法未设人格权的一般规定,前已提及。第二次世界大战后,德国联邦法院于著名的"读者投书案件"[67],以《德国基本法》第 1 条及第 2 条关于人格尊严及人格发展的规定为依据,创设了一般人格权(Allgemeines Persönlichkeitsrecht),并进而认为侵害一般人格权,其情形严重者,被害人得请求相当金额赔偿(Schmerzensgeld,痛苦金)。一般人格权的创设对肖像权的保护具有两个重大意义:

(1) 补充特别法保护之不足,除肖像权的传播或公开展示外,尚包括肖像的制作。

(2) 使肖像权被侵害之人亦得以一般人格权受侵害为依据,请求非财产上损害的金钱赔偿。

---

[66] 此项关于时代历史范围肖像的规定,旨在衡量肖像权人利益及社会知之利益,甚具意义。通说区分为绝对及相对时代历史人物,参见 Neumann-Duesberg, Bildberichterstattung über absolute und relative Personen der Zeitgeschichte, JZ 1960, 114.

[67] BGHZ 13, 334ff (Leserbriefe).

第三项 美国法上的肖像权(68)

美国法上关于肖像的保护,分属两个领域。

1. 肖像权与隐私权

将肖像作为隐私权(Right of Privacy)的一种加以保护,即Prosser教授所称"appropriation for the defendant's benefit and advantages of the plaintiff's name as likeness",其所谓"likeness"包括肖像在内。此种对姓名及肖像等无权使用(appropriation)的侵害在实务上甚属常见。

2. 肖像权与个人公开权

自1953年后美国实务更扩大肖像权的保护(69),发展出"个人公开权"(Right of Publicity),使个人得以一定的对价授权他人使用其姓名及肖像从事商品广告等用途。

据上所述,美国法上肖像一方面属于Right of Privacy,他方面则为一种Right of Publicity,除精神利益外,尚具财产权的性质,得为让与及继承,对人格权理论的发展具有重大意义。

第四项 中国大陆

关于肖像权的保护,《中华人民共和国民法通则》(简称《民法通则》)第100条规定:"公民享有肖像权,未经本人同意,不得以营利为目的使用公民的肖像。"侵权人应承担侵害肖像权的责任。最高人民法院《关于贯彻执行〈中华人民共和国民法通则〉若干问题的意见》第139条规定:"以营利为目的,未经公民同意利用其肖像做广告、商标、装饰橱窗等,应当认定为侵犯公民肖像权的行为。"2010年施行的《中华人民共和国侵权责任法》亦规定

---

(68) Götting(注(51)书), S. 168f.; Felcher/Rubin, Privacy, Publicity, and the Portrayal of Real People by the Media, 88 Yale L. J. 1577 (1979).

(69) Haelen Laboratories, Inc. v. Topps Chewing Gum, Inc., 202 F. 2d 866 (2d Cir. 1953),主审法官为著名的Judge Jerome Frank,认为:"(...) We think that, in addition to and independent of that right of privacy (which in New York derives from statute), a man has a right in the publicity value of his photograph, i. e., the right to grant the exclusive privilege of publishing his picture, and that such a grant may validly be made "in gross," i. e., without an accompanying transfer of a business or anything else. (...) This right might be called a "right of publicity""。参见谢铭洋:《从美国法上之商业利用权(Right of Publicity)探讨肖像权之财产权化——"最高法院"2008年台上字第1396号民事判决解析》,载《月旦裁判时报》2010年8月第4期,第102页。

肖像权为受保护的民事权益(人格权益)。此项规定使肖像权有实定法上的依据,有助于学说理论及法律适用的发展,值得特别指出的有三:

(1) 肖像权的性质在于权利人对自己肖像的自主权,《民法通则》第100条规定"以营利为目的",缩小了肖像权的保护范围,不符合肖像权的本质,解释上应认立法目的在于凸显肖像权的商业化(财产价值),而非以"以营利为目的"作为肖像权的构成要件,其非以营利为目的无权创作,传播他人肖像的亦得成立对肖像权的侵害。

(2) 侵害死者肖像,其近亲属得请求精神痛苦的损害赔偿(《最高人民法院关于确定民事侵权精神损害赔偿责任若干问题的解释》,法释(2001)7号,第3条第1款)。

(3) 在中国大陆,肖像权的论著及案件甚多[70],具有参考价值。两岸法学研究应由立法比较转向案例比较,于理论及实务更有助益。

第五项 比较、分析

由前述比较法的说明可知,肖像权的形成与演变,与科技进步及社会变迁具有密切关系:

(1) 肖像权为各国法律或实务上所创设。

(2) 死者肖像权的保护,法国实务及德国立法及中国大陆司法解释均为肯定。

(3) 肖像权除精神人格内容外,兼具财产利益,美国法上发展出Right of Publicity,德国及美国二国实务亦皆承认肖像权的财产性,法国亦有此发展方向。

第三款 肖像权的依据、意义、法律性质及保护范围

第一项 肖像权的法律依据

关于肖像权,台湾地区"民法"未作明文规定,其主要理由之一,系

---

[70] 王利明:《人格权法研究》,中国人民大学出版社2000年版,第451页;杨立新:《人格权法专论》,高等教育出版社2005年版,第240页;王成:《侵犯肖像权之加害行为的认定及肖像权的保护原则》,载《清华法学》2008年第2期。

德、瑞、法等民法皆无相关规定可供参照。[71] 肖像权在法国系由实务所创设,在德国系于特别法加以规范,中国大陆《民法通则》更明定。"民法"第18条设有人格权的规定,肖像权乃一般人格权的具体化。第一个关于肖像权的案例究于何时,在何种情形作成,实难稽考(此显示台湾地区法学研究欠缺对实务发展的关注),所应强调的是,肖像权已被肯定为一种人格权。[72]

第二项　肖像权的意义及法律性质

一、肖像权的意义

肖像权系个人就自己肖像是否制作、公开及使用的权利。肖像是个人的外部特征,体现个人的尊严及价值,自我呈现的权利,实为一种人格权。

二、肖像权的性质

(一) 肖像权是一种人格权

肖像权系人格权,乃人之尊严及价值体现于对自己肖像上人格特征的自主权利。此种肖像权的定位在法律适用上具有三点重要意义:

(1) 肖像权为"民法"第18条所称人格权。

(2) "民法"第184条第1项前段所称权利包含人格权及肖像权。

(3) 肖像权系"民法"第195条第1项所称"其他人格法益"。

(二) 肖像权的财产性质

肖像权系一种人格权,但亦具有财产性质,此可分两方面言之:

(1) 即权利人得基于授权契约,同意他人利用其肖像为商品或服务广告代言(肖像权的自我商业化)。

(2) 无权就他人肖像为商业上使用(所谓强制商业化、商品化)。在此情形,被害人得请求侵权行为的损害赔偿、不当得利或不法管理,此涉及人格权精神部分及财产部分的法律构造,乃近年来人格权发展的关键领域。

(三) 肖像权与其他人格权的关系

肖像权与其他人格权具有关联,应予区别。兹举一例加以说明:甲偷

---

[71] 《瑞士民法》(1912)及《日本民法》(1898)均未规定肖像权,关于日本法上肖像权的现况,参见五十岚清(注㉟书),第163页;大家重夫:《肖像权》(太田出版,2007)。

[72] 参见注㊷书及注㊸所引判决。

拍乙的半裸照片,并以乙的姓名,代言广告,推销色情用品。在此情形,甲偷拍乙的裸照,系侵害乙的肖像权;使用乙的姓名,作代言广告,并侵害乙的姓名权。偷摄乙的裸照本身亦侵害乙的隐私权,用于色情广告时,更得构成对名誉权的侵害。前揭侵害行为得发生请求权竞合,被害人得考量个人情况、举证责任等因素,一并或选择主张之。

肖像权亦与著作权有密切关系。例如甲擅自绘画乙的肖像,丙涂去甲的签名,略为修改,作为自己的作品参加美术展览。在此情形,甲系侵害乙的肖像权,但甲就其绘画(美术著作)仍取得著作权("著作权法"第5条第1项第4款)[73]。丙涂去甲的签名,加以修改以自己作品参展,除侵害甲之所有权(涂损绘画)外,并构成对著作权的侵害("著作权法"第17条)。

第三项　肖像权的主体

肖像权的主体为自然人,属个人性的权利。法人得为姓名权或名誉权的主体,但不享有肖像权。自然人死亡后,其肖像权应如何保护,例如甲系著名演员,死亡后,乙公司以其肖像发行专集,制作商品时,甲的继承人或其他之人得否对乙提起保护请求权("民法"第18条第1项);得否向乙请求损害赔偿或返还其所获利益?此涉及死者人格权的商业化及继承,系人格权法上的重要议题。

第四项　肖像权的保护范围

肖像权系存在于个人自己肖像的权利。肖像指个人所呈现之面貌等外部形象。其呈现肖像的方法、手段或载体如何,在所不问,得为照相、绘

---

[73]　违法拍摄或绘画他人肖像,亦能取得著作权,参见 Schack, Urheber- und Urhebervertragsrecht (3 Aufl. 2005), S. 27. 关于肖像权与肖像著作权的关系,参见台湾台北地方法院 2005 年诉字第 1653 号判决(阅读之)。

画(包括素描插图⑭)、雕塑、电视、电影、计算机数字合成、纪念金币⑮、漫画等,均属肖像权的保护范围。应予特为指出者有二:

(1)肖像固以人之面部特征为主要内容,但应从宽解释,凡足以呈现个人外部形象者,均包括在内,例如拍摄某模特儿众所周知的"美腿"作商品广告,可辨识其人时亦得构成对肖像权的侵害。

(2)肖像须具有可辨识性,即经由一定方法所呈现的个人容貌等须能被辨识为某个人的肖像,此应就其呈现方法、特征、场合、相关文字说明等客观要件加以认定。

第四款　肖像权的侵害及不法性:肖像权保护的界限

第一项　对肖像权的侵害行为

肖像权被侵害时,被害人得主张"民法"第 18 条规定的保护请求权,及"民法"第 184 条第 1 项规定的损害赔偿请求权,均须以肖像权受"不法""侵害"为要件。兹先就此二者加以说明。

对肖像权的侵害行为,其主要情形有三:

(1)肖像的制作:例如拍摄、绘画、雕塑他人肖像。其制作本身即属侵害行为,不以公开或传播为必要。

(2)肖像的公开:例如将他人肖像在电视、网络、新闻杂志公开传播。

(3)以营利目的使用他人肖像,即将他人肖像加以商业化(商品化),作为推销商品或服务等。

第二项　侵害肖像权的不法性及违法阻却

肖像权系人格权的一种,具典型社会公开性,因此对肖像的侵害(肖像制作、公开传播,使用于商业行为等),原则上具有违法性。但得因一定

---

⑭　關于法庭内被告素描插图(绘画)侵害肖像权的问题,参见日本最高裁判所平成 17 年 11 月 10 日判决;大家重夫(注⑪书),第 123 页;佃克彦:《プライバシー権·肖像権の法律实务》,弘文堂 2006 年版,第 253 页。

⑮　德国实务(BGH NJW 1996, 593)认为就前德国总理 Willy Brandt 制造销售在职或离职纪念肖像金币(Abschiedsmedaille),并记载其作为一个政治家的贡献时,纵未得其本人或(死后)亲属的允诺,亦不具侵害肖像权的违法性,因 Willy Brandt 系属所谓时代历史的绝对人物(absolute Person der Zeitgeschichte)。

事由而阻却违法,其最主要者,系被害人的允诺。未得允诺时,应依利益衡量,尤其调和肖像权保护与言论自由,以认定侵害行为的违法性。

一、肖像权人的允诺[76]

1. 允诺与违法阻却

肖像权的侵害,得因被害人的允诺(同意,Einwilligung)而阻却违法。被害人的允诺得单方为之,例如在旅游观光地点得当地小姐的同意而为合影。允诺亦得于肖像授权使用契约中表示之,如模特儿摄影或绘画等。

2. 允诺的法律性质

关于允诺的法律性质,有事实行为说、准法律行为说及法律行为说等不同见解,鉴于允诺旨在发生一定的法律效果,以法律行为说较为可采。[77]

3. 未成年人的允诺

关于未成年人的允诺,依一般原则应得法定代理人同意,法定代理人亦得代理未成年人为允许。法定代理人允许限制行为能力人独立营业者,例如从事模特儿行业,限制行为能力人关于其营业为肖像使用的允诺,有行为能力("民法"第85条第1项)

4. 允诺的范围

允诺的范围,应依意思表示解释的方法加以认定,并应受允诺目的性的限制。德国实务上有一则案例可供参考。在 BGH(NJW 1985, 1617)判决(模特儿裸体照片案),A 摄影模特儿同意他人使用其裸体照片于生物教科书,其后因课程变更,不再使用该教科书。7年后,B 电视台于讨论相关问题时,使用该裸体照片。德国联邦法院认为,A 允诺使用其裸照,限于教科书,应不包括电视的转播。A 不因提供裸照于教科书而成为德国"艺术及摄影作品著作权法"(KUG)第23条第1项所称的"当代历史人物"。就 A 肖像权与 B 电视台新闻自由两种利益加以衡量,应认此项在大众媒体转播 A 的裸照,严重侵害 A 的人格权(尤其是隐私利益),应负侵权行为损害赔偿责任,支付慰抚金。

---

[76] 允诺(同意,Einwilligung)系一个值得研究的问题,最近重要著作,Ohly, "Volenti non fit iniuria" Die Einwilligung im Privatrecht (2002); Dasch, Die Einwilligung zum Eingriff in das Recht am eigenen Bild (1996).

[77] 史尚宽系采准法律行为说(注52书),第150页。

5. 允诺的撤回

肖像权人因允诺而受拘束,无论是单方所为允诺或于契约内为之,均属如此;惟因情事变更,其肖像的使用将构成对人格权的侵害或严重违反肖像权人的信念时,应许肖像权人撤回其允诺。[78] 例如甲允诺乙政党使用其肖像刊登政治广告,其后甲不赞同乙政党修正的公共政策时,得撤回使用其肖像的同意。

6. 允诺的举证责任

关于允诺及其范围,应由使用他人肖像者负举证责任。

二、风景的一部

拍摄风景或其他场所(如街头艺术表演、台北一〇一摩天大楼)时,难免偶然有"人物"入镜,于此情形,事先一一征得他人允诺,实有困难,故在利益衡量上应认其虽侵害他人肖像,但得阻却违法。此种以人为风景的一部分,应就照片客观整体印象加以判断。人物原为风景的一部分,其后单独加以突出放大,予以公开时,构成对肖像权的侵害。

三、肖像权保护与言论自由

电视、新闻杂志等常使用他人肖像报道政治、社会、经济、文化等事件或活动。肖像的使用未经权利人允诺时,在何种情形,得阻却违法,涉及肖像权与言论自由(新闻自由)两种利益的权衡。在一件车商小开意外死亡民事案,"最高法院"2004年台上字第706号判决认为:"按正当行使权利,而不违反公共利益时,可以阻却违法。本件上诉人抗辩,以广播或电视方式表达意见,属于'宪法'第11条所保障言论自由之范围,有'司法院'大法官会议释字第364号解释可稽,亦即以广播电视之方式表达意见,不论其表达形式为新闻或戏剧或广告,均受言论自由之保护。上诉人三立公司制播之'车商小开死亡纪事',节目中所引用被上诉人之肖像画面,本系已在各新闻报道节目中公开播出,上诉人自无侵害肖像权可言。且不论是新闻性之节目抑或为戏剧、小说,只要故事具有新闻价值,有关公众兴趣的合法事物之报道,不论是否错误或虚构小说,除非恶意或轻率摒弃真实,新闻媒体不应负责任云云,自属重要防御方法,原审就上诉人此项抗辩,恝置不论,遽为不利于上诉人之判决,已有可议。"关于本件判决,将于本书第八章再为评论。

---

[78] Frömming/Peters, Die Einwilligung im Medienrecht, NJW 1996, 958, 959.

四、监视器的使用与肖像权保护

（一）监视录像与人格权的保护

监视录像器的普遍设置，攸关个人人格权保护，应受重视。设置者有为地方自治团体或警察，旨在防范犯罪或侦查犯罪，"警察职权行使法"设有规定，涉及合"宪"性、比例原则、正当程序及证据力等问题。[79] 又私人（如商店、银行、旅馆等）设有监视器的，更属常见，以下就此加以说明。

（二）台湾高等法院2005年劳上易字第46号判决：雇主装设监视录像机监视劳工案件

1. 案例事实及判决理由

对肖像权的侵害，日常生活常见的是，商店、银行、旅馆、企业等到处装设录像监视设备，如何认定其可阻却违法，实务上有一则判决可供研究。在台湾高等法院2005年劳上易字第46号判决，原告系受雇看守仓库，被告雇主为确保原告遵守劳动契约在禁烟区内不得吸烟规定以避免发生火灾，乃在原告工作的仓库装设录像监视设备，拍摄照片。原告认为被告雇主侵害人身自由及隐私权，请求损害赔偿。

台湾高等法院判决原告败诉，其理由为：雇主在其有使用权之场所装设监视录像机，本为其利用其有使用权之财产；且雇主为保护其财产，自可采取相当之保护措施；再员工本负有遵守公司工作规则及于勤务时间对雇主应负专心业务之义务，不论劳雇间是否另有具体工作规则之制定，雇主为维持其企业秩序，解释上自有权利对劳工提供劳务之情况加以监督权限。雇主在其工作场所装设监视录像机，虽可能影响员工之个人隐私权，然此部分牵涉之隐私权，仅限于劳工工作时间内之身体外观动作，此部分隐私权尚非属隐私权最核心部分如肖像、前科、指纹等，且未牵涉

---

[79] 参见"警察职权行使法"第10条规定："警察对于经常发生或经合理判断可能发生犯罪案件之公共场所或公众得出入之场所，为维护治安之必要时，得协调相关机关（构）装设监视器，或以现有之摄影或其他科技工具搜集资料。依前项规定搜集之资料，除因调查犯罪嫌疑或其他违法行为，有保存之必要者外，至迟应于资料制作完成时起一年内销毁之。"（并请参见同法第11条）。有关"警察职权行使法"第10条，参见李震山：《从公共场所或公众得出入之场所普设监视录像器论个人资料之保护》，载《东吴大学法律学报》2004年12月16卷2期，第45—92、45—79页；萧文生：《自基本权保障观点论街头监视录像设备装设之问题》，载《法治与现代行政法学》2004年5月，第233—363、256—259页。相关问题，参见陈运财：《监视摄影与正当程序之保障》，载《台湾本土法学》2006年9月第86期，第86页；李震山：《警察机关设置监视录像器的法制问题》，载《台湾本土法学》2006年9月第86期，第114页。

公共利益或善良风俗,应可要求员工忍受。惟雇主欲贯彻其保护财产及对员工上开要求,因此所为之执行方法必须合理不得滥用,故雇主在工作场所装设监视录像机监督劳工之工作状况,应符合:(1)目的之必要性——基于合法之业务目的;(2)方法之妥当性——让接触、使用及揭露信息限制在足以达成目标之目的范围内;(3)利益之比较衡量——使用最小之侵害手段达成业务上目标。

2. 分析讨论

首先应先说明的是装设监视录像机,除侵害隐私外,尚构成对肖像权的侵害。肖像不是隐私权最核心的部分。肖像与隐私系各自独立存在的人格法益,各有其不同的保护范围。同一行为得同时侵害肖像与隐私,例如在旅馆用针孔摄影机拍摄他人性爱行为,得成立两个侵权行为。

在本件涉及雇主财产权与受雇人人格权(肖像权)的利益冲突,台湾高等法院提出三个基准,据以判断侵害肖像权的违法性,其最重要的是最少侵害手段。所应检讨的是,为避免受雇人吸烟造成火灾,有无较装设监视录像机更不具侵害性的手段,例如执勤时检查其是否携带香烟。

(三)商店、银行等装设监视器

商店、银行、旅馆等装设监视录像机,之所以不构成不法侵害他人的肖像权,系其并非针对特定之人,被拍摄者系一时、偶然,设置目的旨在预防犯罪、记录交易过程等,并具有保护肖像权人的公共目的。

(四)设置监视器管控他人特定行为

甲与乙隔小巷面对居住,甲怀疑乙丢弃垃圾于甲的土地上,乃装设录像设施,面对乙的门户及出入巷口,日夜监视乙的出入行动。在此情形,乙长期处于甲监视下,其容貌举止行动尽被录像,无所逃避。在甲方面,虽在保护其所有权,不因他人丢弃垃圾而受侵害,但两相权衡,乙肖像权所受侵害较为重大,应优先受保护,乙得主张妨害除去请求权,要求甲移去其录像监视设施。[80]

五、游行、集会活动等多数人肖像权的保护

多数人参与游行、庙会、政见发表会、运动会、球赛、静坐抗议时,事关政治、社会、文化等活动,社会有"知之利益",新闻媒体拍摄参与者的肖像,以报道相关活动,若须经每一个人的允诺,实有困难,故就言论自由与

---

[80] 此例参见 BGH NJW 1995, 1955.

个人肖像权保护的利益衡量言,原则上得认为新闻媒体(或其他之人)有拍摄自由,但应符合比例原则,即须以活动为主题,不得突出某个人或数人的肖像。政治游行活动,常发生各种执法人员与参与者严重冲突事件,对此事件相关肖像的报道,社会有知情的权利。又警察于集会游行,或"黑道大哥"的葬礼中,为搜证或确认犯罪者(嫌疑人)而拍摄照片或录像,系为公共目的,原则上亦不构成侵害肖像的违法性。[81]

第五款 侵害肖像权的法律效果

一、保护请求权

"民法"第18条第1项规定:"人格权受侵害时,得请求法院除去其侵害;有受侵害之虞时,得请求防止之。"肖像权系本项所称人格权的具体化,被害人于其肖像权受侵害,例如遭他人偷拍摄半裸照片时,得请求销毁底片及照片,禁止公开传播。

二、损害赔偿请求权

肖像权为一种人格权,为"民法"第184条第1项前段所称的权利,因受他人故意或过失不法侵害时,被害人得请求损害赔偿,包括财产上损害赔偿及非财产上损害赔偿("民法"第213条以下)。又肖像权系"民法"第195条第1项所称"其他人格法益",于侵害情节重大时,就非财产上损害,亦得请求赔偿相当金额(慰抚金)。例如甲女的裸体照片被乙男公开传播时,甲得请求因此被雇主解雇的薪水损失及慰抚金。

三、对他人肖像的强制商业化及获利剥夺[82]

关于肖像权的不法侵害,值得提出的是所谓的强制商业化(或商品化),例如无权使用他人肖像作商品或服务的代言广告,或利用狗仔队拍摄的肖像作为周刊杂志报道的内容以增加销路。于此情形,被害人在私法上有何得据以主张加害人应返还其所获利益的请求权基础,实值研究:

(1)以获利作为量定慰抚金的一项因素。此涉及慰抚金应否具有制裁预防的功能。

(2)不当得利请求权,即无权使用他人的肖像,系侵害应归属于他人

---

[81] 参见"警察职权行使法"第11条第1项规定。
[82] 最近发展,Büchler, Die Kommerzialisierung von Persönlichkeitsgütern, AcP 206 (2006), 300.

的财货内容,获有不当得利,应偿还价额而支付一定的报酬("民法"第179条、第181条)。此涉及肖像权的财产性质。

(3)不法管理,即以加害人明知肖像的使用为他人之事务,而为自己之利益管理之者,而请求返还因管理所得之利益("民法"第177条第2项)。此亦涉及肖像权的财产性质。

(4)类推适用无体财产权(智能财产权)受侵害的损害赔偿的计算方法("著作权法"第88条、"专利法"第97条、"商标法"第71条)。问题在于肖像权与著作权是否具类似性及其类推的"同一法律理由"。

第六款 结 论

关于肖像权,"民法"未设明文,因现代科技(照相、摄影)进步、新闻媒体及名人现象而成为一种应受保护的重要人格法益。就法律依据言,肖像权乃"民法"第18条第1项规定人格权的具体化。肖像权除精神利益外,尚有财产性质,权利人得授权他人使用其肖像。他人无权使用他人肖像作商业活动(肖像的商品化),侵害肖像权的财产利益,除损害赔偿外,尚发生获利剥夺的问题。

对他人肖像的制作、公开或作商业上用途,应得肖像权人的允诺(同意),此乃在体现个人自主决定的权利。未得允诺时,其侵害行为的违法性应以法益衡量加以认定,尤其是言论自由与肖像权的保护。言论自由与肖像权(人格权)系同受"宪法"保障的权利,在侵权行为违法性的认定上,应就个案考量衡酌社会知情权及肖像权人的正当利益作符合比例原则的判断,此涉及社会文化、人格价值、新闻自由,显然是一个极为重要而困难的问题。[83]

第五节 名 誉 权

第一款 现行"民法"规定的比较法基础

名誉系体现人的尊严的重要人格法益,反映一个国家社会的法律文

---

[83] 关于欧洲人权法院相关判决,廖福特:《个人影像隐私与新闻自由之权衡——Von Hannover及Peck判决分析与台湾借镜》,载《政大法学评论》2006年6月第91期,第145—198页。

化及"国民"感情。兹先简要说明比较法上的规范模式,以便了解名誉权的发展过程,及现行法规定的特色。

一、英美法系

英美普通法(Common Law)重视名誉保护,英国早在16世纪就发展出保护名誉上利益(interest in reputation)的诽谤侵权行为(Defamation),并将 Defamation 分为 Libel(文字诽谤)及 Slander(言辞诽谤),此项分类纯为历史发展的产物,而非事理的当然。英国诽谤侵权行为采严格责任,不以加害人有故意或过失为要件,加害人须证明其陈述为真实,被害人不必证明其有损害,偏重于保护被害人,在今日基本上仍然如此。故伦敦被称为诽谤之都(Capital of defamation),许多国际诽谤诉讼都在英国法院提起。关于诽谤侵权行为设有抗辩事由(defences),其主要为真实抗辩(justification)、正当评论(fair comment)、特权(privileges)包括绝对特权(absolute privilege,如国会议事)及受限制特权[qualified privilege,例如出于恶意(malice)之言论自由]。[84]

美国继受英国普通法 defamation 侵权行为,其最具革命性的发展系美国联邦最高法院将普通法上 defamation 法加以宪法化,依美国宪法修正案第1条言论自由的规定创设了"真实恶意规则"(actual malice rule)(New York Times v. Sullivan, 1964),台湾地区"最高法院"判决亦受其影响,特于本书第八章(人格权保护与言论自由)再为评论。

二、大陆法系

(一) 法国民法

法国民法无关于人格权的一般规定,亦无关于名誉的特别规定,但《法国民法》第1382条对受保护的法益亦未加限制,实务肯定应包括名誉(diffamation,诽谤)在内。法国最高法院废弃法院(cour de cassation)曾在一个具趣味性的判决认为撰著无线电报发展史的学者疏未提及某位具领导地位的物理学家在此项发明的重大贡献时,应依《法国民法》第1382条负损害赔偿责任。[85] 又须说明的是,名誉保护实务上多适用1881年新闻法第29条关于刑罚的规定,并依附带民事诉讼为之。对法院公务员或军

---

[84] Deakin/Johnston/Markesinis,(注22书),pp. 753-817; John Murphy, Street on Torts (12th ed. 2007), pp. 515-572.

[85] Civ. 27.2.1951, D. 1951, 329(附有 Dresbois 评论)。

人侵害名誉的诉讼仅能选择附带民事诉讼方式为之。被告证明其陈述的事实为真实时,不负诽谤责任,但得构成对私生活的侵害(第35条⑧)。

(二) 德国民法

《德国民法》第823条第1项规定:"因故意或过失不法侵害他人生命、身体、健康、自由、所有权或其他权利者,对所生损害应负赔偿责任。"并未将名誉(Ehre)纳入受保护的法益,其理由有二:

(1) 当时立法者认为名誉乃人之尊严的体现,遭受侵害时,应依决斗方式加以维护,不应以请求损害赔偿(尤其是金钱)加以处理,具有阶级的色彩。

(2)《德国刑法》第185条关于诽谤罪的规定属于《德国民法》第823条第2项所称保护他人之法律,可作为被害人主张救济的请求权基础。第二次世界大战后创设的"一般人格权"(allgemeines Persönlichkeitsrecht),其保护法益亦包括名誉在内。⑧

(三) 瑞士民法

《瑞士民法》第28条明定对人格关系(人格)的保护,但未将人格权加以具体化,实务上肯定名誉权为一种应受保护的人格利益,并作广义解释,包括打人耳光、散布不实事实及强奸等。⑧

(四) 日本民法

《日本民法》第709条规定:"因故意或过失侵害他人之权利者,负损害赔偿责任。"第710条:"不问其侵害他人之身体、自由或名誉时,与侵害财产权时,依前条之规定,负损害赔偿之人,对非财产上之损害,亦应为赔偿。"又依《日本民法》第723条规定,名誉受侵害者,得请求恢复名誉的适当处分,实务上认谢罪广告系典型的恢复名誉措置。⑧

三、台湾地区现行"民法"的比较法基础

现行"民法"的发展关于名誉权的规定受德国、瑞士、日本及英美法的影响,分四点加以说明:

(1) "民法"第18条第1项关于人格权的"概括"规定,采自《瑞士民法》第28条,其不同者,系在"民法"条文具体化各种人格法益,包括

---

⑧ Zweigert/Kötz, Einführung in die Rechtsvergleichung (3. Aufl. 1996), S. 703f.
⑧ Kötz/Wagner, Deliktsrecht (10. Aufl. 2006), S.150.
⑧ Guhl, Das schweizerische Obligationenrecht (9. Aufl. 2000), S. 64; BGE 72 II 171.
⑧ 五十岚清(注㉟书),第22页以下;佃克彦:《名誉毁损の法律实务》,弘文堂2005年版。

名誉。

（2）"民法"第 184 条第 1 项系参考《德国民法》第 823 条第 1 项的体制,但将受保护的权益加以一般化为"权利",包括人格权(及名誉)。

（3）"民法"第 195 条第 1 项规定名誉为一种特别人格法益,其受侵害时,除慰抚金,并得请求恢复名誉的适当处分,实务上认道歉启事为恢复名誉的适当处分均系受到日本民法的影响。

（4）英美法诽谤侵权行为法的影响有：

① "刑法"第 310 条第 3 项前段规定："对于所诽谤之事,能证明其为真实者,不罚。"第 311 条第 3 款规定的"以善意发表言论,对于可受公评之事,而为适当之评论者,不罚。"此等规定亦得适用于民事侵权行为。

② 美国联邦最高法院为保护言论自由所创设的真实恶意规则,前已提及。

③ Defamation 的抗辩事由。

第二款　名誉的意义

"侵权行为法"上所称侵害他人的"名誉",通说上认系对他人就其品性、德行、名声、信用等的社会评价。名誉权指享有名誉的权利,为人格权的一种。最近实务上作有更详细的说明,"最高法院"2001 年台上字第 2283 号判决谓："名誉权之侵害非即与刑法之诽谤罪相同,名誉有无受损害,应以社会上对个人评价是否贬损作为判断之依据,苟其行为足以使他人在社会上之评价受到贬损,不论其为故意或过失,均可构成侵权行为,其行为亦不以广布于社会为必要,仅使第三人知悉其事,亦足当之。又轻信不实之事,转述予第三人,亦可能过失侵害他人名誉。本件上诉人系依'民法'第 184 条第 1 项、第 195 条规定,请求恢复名誉及损害赔偿,原审仅以被上诉人未将系争信函向社会公众发布,及部分信函内容系转述自他人,即认被上诉人无侵权行为,因而为不利于上诉人之判决,未免速断。"⑩ 分四点加以说明：

1. 客观名誉与主观名誉

名誉系社会对人评价，具客观性，乃所谓的客观名誉，对幼儿及智能障碍之人，亦得构成对名誉的侵害。至于名誉感情，具主观性，难以客观认定，并不包括在内，惟在量定慰抚金时，得斟酌被害人的名誉感情所受侵害程度，而为相当金额的赔偿。

2. 侵害名誉行为的传布

名誉乃社会对个人的评价，须有传播散布侵害名誉的行为，即须公诸社会，传于第三人。依前揭"最高法院"判决，其传布行为仅使第三人知悉其事，即为已足，并包括将不实之事，转述于第三人，不以"公然散布"为必要。例如：

（1）甲写信给乙，不实指责其与有妇之夫同居、道德沦丧，不足为人师表。此项行为未发生第三人对乙的评价贬损，不成立对名誉权的侵害。

（2）甲当丙之面，诬指乙与有妇之夫同居，知悉其事者虽仅丙一人，仍得成立对乙名誉权的侵害。

（3）在前举（2）的情形，丙将甲对乙的指责，告知于丁，丁复转述于戊时，甲、丙、丁各成立侵害乙的名誉权。

3. 名誉与隐私

名誉系人在社会上的评价，应与名誉加以区别的是所谓"隐私"，即个人不受他人干扰的私的生活领域。例如甲传布乙为同性恋者，感染末期艾滋病。若其陈述属实，虽不侵害乙的名誉权，但得构成对乙之隐私权的侵害。

4. 名誉的时代性

名誉系一种客观社会的概念，因社会的价值观念及认知的变迁，得有不同的评价，具有时代性。兹举3例加以说明：

（1）有配偶之人与人通奸？有配偶者与他人通奸是否侵害他方配偶

---

⑩ 参见"最高法院"2004年台上字第2014号判决："名誉有无受损害，应以社会对个人评价是否贬损作为判断之依据，苟其行为足以使他人在社会上之评价受到贬损，不论其为故意或过失均可构成侵权行为，其行为亦不以广布于社会为必要。被上诉人（编按：即台北市）因上诉人行为不检，已将其记过二次，复假藉上诉人不适任视察职务为由，擅将上诉人降调为科员，是否能谓上诉人在社会上之评价未受到贬损，即非无疑。原审就此未遑详为勾稽，率谓社会上对上诉人评价不会因而有贬损，上诉人名誉未受损害，遽为上诉人不利之认定，亦嫌率断。"

的名誉权,系台湾地区实务上长期争议的难题。"最高法院"1955年6月7日1955年度民、刑庭总会会议决议(一)谓:查本院1952年4月14日民庭庭长会议决议录载"乙与甲之妻通奸,非侵害甲之名誉权",同年台上字第278号判例载"与有夫之妇通奸者,……固无所谓侵害他人之夫权,惟社会一般观念,如明知为有夫之妇而与之通奸,不得谓非有以违背善良风俗之方法,加损害于人之故意,苟其夫确因此受有财产上或非财产上之损害,依'民法'第184条第1项后段,自仍得请求赔偿",两者均载在判例要旨续编,该决议案与判例并无抵触,妻与人通奸,并无损害夫之名誉权。

夫妻虽各有人格,但妻与人通奸,将贬低夫在社会上的评价,乃传统社会的价值观念,在强调性自由的今日,应为不同的判断。前开决议可谓是进步开明的观念。

(2) 同居并发生性关系。散布与他人同居并发生性关系的不实言论是否侵害该他人的名誉?对此问题台湾台北地方法院2005年度诉字第2011号民事判决谓:"所谓名誉权,其权利内容系以人在社会上应受与其地位相当之尊敬或评价之利益。而传统社会认为家庭为社会组织之基础,婚姻之目的,在于传嗣祭祖或奉养父母,因此男女之间无婚姻关系而发生性行为,将不见容于乡里;又因为男尊女卑观念之影响,女子与不具婚姻关系之男子发生性关系,将导致该女子在社会上所受评价遭致贬抑。虽然随着时代变迁与文明发展,现代社会则以个人之结合为结婚之目的,因此社会对于两性关系之认知态度,已可容忍未婚同居并发生性关系之情形;惟由于固有伦理观念之影响,女性与无婚姻关系之男性发生性关系,仍然会遭受社会评价贬抑之后果。经查两造并无婚姻关系,为两造所不争执,则揆诸前揭说明,被告在工作场所对同事陈述其与原告同居并发生性关系之言论,就客观上观察,确实足以使原告在工作场所所受评价遭致贬损。从而被告之系争言论,确实已侵害原告之名誉权。"

(3) 政党对立与政治态度。在台湾台北地方法院2006年诉字第808号民事判决,"立法委员"吴敦义控告民主进步党(法定代理人游锡堃)于2005年12月1日《台湾日报》第一版下方半版刊登由被告署名,文案内剪贴有原告与数张国民党员照片,并载有"就是这些人"、"谩骂官员、抹黑造谣、瘫痪政府、不顾民生疾苦,拒审治水预算"、"删除陆委会预算"等文字之广告。原告认被告显然有意以非真实内容,侵害其名誉权。在此类诉讼,法院多认其言论系可公评,复因政治属性而为主观认知,非属恶意过度评论,不成立侵权行为。值得提出的是,在前揭判决,法院又认为:"再者,政治态度相同者,见此广告,当更加认同,不同者亦恒不信,对原告之社会地位及评价等,亦不因系争广告而有影响。"此项见解,可资赞同,在此严重政党对立的时代,互相指控,时常有之,已成为台湾现实政治生活的一部分,相对人是否因此类言论而遭贬低其在社会上的评价,实有先予究明的必要。

第三款 对名誉的侵害

第一项 侵害"他人"的名誉:当事人

一、被害人:人的保护范围

1. 自然人及死者

自然人得为名誉权的主体。胎儿以将来非死产者为限,视为既已出生("民法"第7条),享有权利能力,得为权利义务的主体,其名誉权亦应受保护,例如散布不实言论,诬指称某胎儿系其已婚之母与他人通奸所怀孕,得构成对胎儿名誉的侵害。关于死者名誉权的保护,实务上认为遗族得以敬爱追慕之情的人格利益受侵害("民法"第195条第1项规定的其他人格权),请求慰抚金,请参阅本书第四章(人格权的主体)相关部分的说明。

2. 团体

法人无权利能力社团的人格权(名誉权),前已说明。又合伙虽系基于契约而成立,但亦具团体性,除商号(姓名权)外,其名誉权亦应受保护[91],例如不实传布某合伙律师事务所充当司法黄牛时,该律师事务所亦得以名誉受侵害而请求损害赔偿。

3. 特定的被害人

名誉权被侵害之人,须为特定,即其侵害行为须系针对特定之人。特定之人除个人外,尚包括一定范围之人,例如诬指坐落某处教会牧师有不法行为,而该教会牧师有三人时,该三人皆属特定之人。特定的典型情形系指名道姓。虽未指名道姓,而以影射的方式暗指某人,依其描述的情

---

[91] 参见曾隆兴:《详解损害赔偿法》(2003),第350页。

节,时间及空间等全体观之,足得认定为某人时,仍得成立侵害他人的名誉权。

关于名誉受侵害者的特定,值得提出的是台湾台北地方法院2004年重诉字第584号判决(宋楚瑜控告李登辉侵害名誉:打麻将案)。前"总统"李登辉在某公开场合提及:"你看那晚便知,高雄、台中、台北同时正式发动军事,不是政变是什么,很明显嘛!用这种方法,以为台湾可以推得倒,开玩笑吧!如果一定要透过游行集会,不用议会来表达他的不满,你去表示好了,但是也应该在法律规定的范围内进行,而且要负起责任,可能发生的各种责任,哪有叫一些老百姓跑去游行,自己跑去睡觉,对不对!更厉害的是跑去打麻将,还更厉害,不应该嘛!……他们这种作法,非常不负责任的行为,这次我们看得很清楚,对不对!这两位是什么样子,让台湾的人能了解没有办法做能领导台湾的政治人物,败选的候选人应该勇敢地面对失败,进行检讨与反省,不应该利用群众运动掩盖自己的错误,错误就是错误嘛!……"。

法院认为从其言论之全体观之,显而易见地可知被告李登辉所指述系"总统"败选后之具体集会事件,暗指当时之"总统"、"副总统"候选人二人于败选后发动群众集会,自己却跑去睡觉、打麻将。而当时之"总统"、"副总统"败选之候选人,仅有包括原告在内之连战、宋楚瑜二人,此为公众所周知,故而在该等特定之时空下,自足以认定被告李登辉所称的"这两位"系指包括原告在内之连战、宋楚瑜二人。是被告李登辉先以原告等人因败选发动群众集会游行,自己却跑去睡觉、打麻将之事实为基础,未加查证且迄今无法证明该等事实为真实,即率以该等事实评论原告不负责任,已明显贬低一般人对于原告之名誉评价。

4. 集体名誉的侵害

如上所述,名誉被侵害之人须为特定,得为个别之人或一定范围之人。对不特定的集体之人则不成立侵害名誉,例如泛指医师收受红包、立法委员贿选、和尚不守清规等。

值得特别介绍的是德国实务上甚受重视的"犹太人集体诽谤"(Beleidigung der Juden als Kollektivbeleidigung)的案件。被告张贴文件,发送传单,指称在第三帝国(Drittes Reich)谋杀600万犹太人,乃犹太复国主义者所制造的骗局,是一个不能接受的谎言。原告系犹太人,其祖父死于集中营,乃以自己及其外祖父的名誉受侵害为理由,诉请法院禁止被告散布此项言论。德国联邦法院(BGHZ 75, 160)判决原告胜诉,首先表示任何人在第三帝国谋杀犹太人的历史事实的言论,不得主张《德国基本法》第5条第1项所保障的言论自由;并特别强调:"有犹太血统者,基于其人格权,得在德国联邦共和国请求承认犹太人在纳粹统治时期所遭受被迫害的命运。否认在第三帝国谋杀犹太人之事实者,系对犹太人中之任何人构成诽谤。"[92]此项关于对犹太人集体构成诽谤的判决,在某种程度逾越了现行法的解释,乃在体现维护历史真实,对历史负责的信念。

二、加害人

(一) 自然人及法人

侵害他人名誉之人,包括自然人及法人(尤其是新闻媒体)。兹举一例说明之。某周刊社公司的社长(董事兼任)、总编辑、采访记者因未尽合理查证义务而登载不实消息,侵害他人名誉时,得适用"民法"第28条(法人侵权责任)、"民法"第188条(雇用人侵权责任)及"民法"第185条(共同侵权行为),就侵害他人名誉权,连带负损害赔偿责任。

(二) 民意代表的言论免责权

任何人对其不法侵害他人名誉的行为,皆应负责。但为保障各级民意代表能够表达民意,反映多元社会的不同理念,形成多数意见,以符代议民主制度理性决策之要求,并善尽监督政府之职责,"宪法"第73条规定:"立法委员在院内所为之言论及表决,对院外不负责任";已废止之"直辖市自治法"第25条规定:"市议会开会时,市议员对于有关会议事项所为之言论及表决,对外不负责任",此乃对一定范围加害人所设言论免责的特别规定。[93]

第二项 侵害他人名誉的行为

一、事实陈述与意见表达

侵害名誉,指贬损社会对他人在品德、声望或信用上的评价。其侵害

---

[92] 此段判决要旨的原文为:"Menschen jüdischer Abstammung haben aufgrund ihres Persönlichkeitsrechts in der Bundesrepublik Anspruch auf Anerkennung des Verfolgungsschicksals der Juden unter dem Nationalsozialismus. Wer die Judenmorde im "Dritten Reich" leugnet, beleidigt jeden von ihnen."

[93] 相关问题,参见"司法院"释字第401号、第435号解释。实务上案例参阅台湾台北地方法院2004年度重诉字第584号判决(宋楚瑜控告李登辉、程振隆案);"最高法院"2004年台上字第1805号判决(谢长廷控告台北市议会议员璩美凤案)。此二项判决均具启示性,请阅读之。

须对特定人为之,仅使第三人知悉其事,即足当之,不以广布于社会为必要,前已叙及。其侵害行为主要包括"事实陈述"与"意见表达"⑭,究使用文字或语言在所不问。

（1）事实陈述:指陈述过去或现在一定的具体过程或事态,具描述或经验的性质。例如"某人为四海帮份子"⑮、"某人私运黄金到美国"⑯;"某人在发动群众集会期间到某处打麻将"⑰。

（2）意见表达:对事务表示自己的见解或立场,具主观的确信,包括赞同及非议。例如某政党刊登广告,指责其他政党的立法委员,系"谩骂官员,抹黑造谣,瘫痪政府,不顾民生疾苦"等,因其内容不明确,无实质内容,有不同的评断余地,系意见表达。⑱

就公布的裁判资料加以分析,实务上的案件多属事实陈述问题,盖事实真假(如强奸某女、伪造学历证书、以假发票报销公款)攸关名誉甚巨。意见评论(如教书不力、误人子弟、生性风流贪恋女色)是否侵害名誉,容有争议余地,案件较少。

侵害名誉的行为包括"事实陈述"与"意见表达",已如上述。关此,"最高法院"2004年台上字第1805号判决谓:"发表言论与陈述事实不同,意见为主观之价值判断,无所谓真实与否,在民主多元社会,各种价值判断均应容许,而受言论自由之保障,仅能藉由言论之自由市场机制,使真理愈辩愈明而达到去芜存菁之效果。因此对于可受公评之事,纵加以不留余地或尖酸刻薄之评论,亦受'宪法'之保障,盖维护言论自由即所以促进政治民主与社会之健全发展,与个人名誉可能遭受之损失两相权衡,显有较高之价值。惟事实陈述本身涉及真实与否,虽其与言论表达在概念上偶有流动,有时难期泾渭分明,若言论系以某项事实为基础,或发言过程中夹论夹叙,将事实叙述与评论混为一谈,在评价言论自由与保障

---

⑭ 侵害名誉的行为,实务上常见的是,强制执行的行为,"最高法院"2001年台上字第1814号判决谓:"查封不动产之强制执行行为,既具有公示性,客观上即足使被查封人被指为债信不良,其原所建立之声望必有减损,信誉势必因此低落。若系以故意或过失而造成该信用(誉)之损害,自属'民法'第195条所规定之名誉遭受损害。"

⑮ "最高法院"2001年台上字第910号判决(立法委员廖学广控告立法委员沈智能案)。

⑯ "最高法院"2004年台上字第829号判决(李曾文惠控告冯沪祥案)。

⑰ 台湾台北地方法院2004年重诉字第584号判决(宋楚瑜控告李登辉案)。

⑱ 参见台湾台北地方法院2006年诉字第808号判决(立法委员吴敦义控告民主进步党案)。

个人名誉权之考量上,仍应考虑事实之真伪,倘行为人所述事实足以贬损他人之社会评价而侵害他人名誉,而行为人未能证明所陈述事实为真,纵令所述事实系转述他人之陈述,如明知他人转述之事实为虚伪或未经相当查证即公然转述该虚伪之事实,而构成故意或过失侵害他人之名誉,仍应负侵权行为损害赔偿责任。"此项见解极为深刻,涉及三个值得研究的问题[99]:

(1) 为何对"事实陈述"与"意见表达"要作不同的保护?

(2) 如何区别"事实陈述"与"意见表达"?

(3) "事实陈述"与"意见表达"如何受不同的保护,此涉及违法性问题。

二、区别事实陈述与意见表达的理由

言论自由应受保障,包括事实陈述及意见表达,之所以应为区别而作不同的保护,其理由有三:

(1) 言论自由乃人格的体现,意见评论的本质特征在于表示个人的立场、确信及见解,较诸事实陈述与个人人格更具密切关系。

(2) 言论自由旨在追求真理[100],真理的追求是一个多种见解不断论辩的过程。意见评论难以证明其"真"、"伪",应予最大限度的保护,始能促进真理的追求。反之,陈述的事实,得证明其"真"、"伪"。非为真实的事实,无助于真理的追求,较少保护的必要。

(3) 言论自由具有维护民主政治发展,形成民意,监督政治活动的重大功能。就此点而言,事实陈述(如揭露弊端、贪腐、滥权)与意见表达(如治家无能,治国无方),均属重要,故关于公共利益事项的事实报道,亦应同受保护。

---

[99] Timm, Tatsachenbehauptungen und Meinungsäusserungen. Eine vergleichende Darstellung des deutschen und US-amerikanischen Rechts der Haftung für ehrverletzende Äusserungen (1996);美国法,参见 Finan, The Fact-Opinion Determination in Defamation, 88 Colum. L. Rev. 809 (1988).

[100] 关于此点,常被引用的是 Justice Oliver Wendell Holmes 在美国联邦最高法院 Abrams v. United States 所表示的不同意见:"when men have realized that time has upset many fighting faiths, they may come to believe even more than they believe the very foundations of their own conduct that the ultimate good desired is better reached by free trade in ideas—that the best test of truth is the power of the thought to get itself accepted in the competition of the market." Abrams v. United States, 40 S. Ct. 17, 22 (1919).

三、事实陈述与意见表达的区别标准

(一) 一般原则

事实陈述与意见表达区别的一般判断有二:一为可证明性,一为受领人的理解:

1. 可证明性

事实指一定具体的过程或事态,例如"私运黄金出国"、"打麻将"是否属实,可以证明。反之,意见表达(如品德低劣、学术程度不足)难以证明,故可证明性乃事实与意见的主要区别标准。至于可否证明,应就其表述内容的明确性、历史性及认知性加以判断,其表述内容愈细节、愈明确、愈可认知者,愈得认定具可证明性,而为事实陈述。

2. 受领人的理解

任何表述均系对他人为之,其表述是否具有可证明性,并应以受领者的理解加以判断。例如德国实务认为指称"军人为杀人者"(Soldat ist Mörder[101]),依一般人的理解,乃在反对战争,而非指军人即系杀人犯,系措辞上的夸张,仍属价值判断,而为意见表达。

(二) 意见与事实的混合

意见与事实混合,时常有之,例如在"甲与有夫之妇同居生子","败坏善良风俗,畜生不如"的表述中,前者为事实陈述,后者为意见表达。前揭"最高法院"2004年台上字第1805号判决,系采分离说,分别加以判断:若陈述事实为真实时,应就其所称"败坏善良风俗,畜生不如"的意见表达,认定其是否具侵害他人名誉的不法性。反之,若其陈述者不能证明为真实或未为合理查证时,则应负侵害他人名誉的责任。

(三) 发问、推测或推论

针对他人就一定问题的发问,而表述自己的推测或推论,原则上应认为系意见表达,德国及美国实务基本上均作此认定。[102] 台湾台北地方法院在2004年重诉字第584号宋楚瑜控告李登辉、立法委员程振隆案件的民事判决中强调:"意见之发表人如果仅系在他人发问时,针对某特定之事实说出自己之推论或推测的看法,只要在表达形式上明显地使人知悉系属自己之推测或推论,纵使其推论意见无法为他人接受,其所为之言

---

[101] BverfGE NJW 1995, 3303—Soldaten sind Mörder.
[102] Timm (注⑨书), S. 49f., 135, 140.

论,仍属于言论自由所保障之范畴。"⑩此项见解基本上可资赞同。

四、案例类型:政治问题

关于"事实陈述"与"意见表达"的区别,可分就政治问题、法律问题及科学问题加以探讨。实务上相关案例,多属政治问题,尤其是选举期间当事人及政党间的互相指控,因其有助于政见发表或公共意见的形成,原则上应认其表述者系意见表达。例如指责某人系"现代施琅",系属意见表达,而非事实陈述。

第四款 侵害他人名誉行为的"违法性"及违法阻却

第一项 不法性的认定

侵权行为的成立,须侵害他人权利的行为具不法性,依通说所采的结果不法说,凡侵害他人权利者,即可先认定其不法,若加害人证明有违法阻却事可而不负侵权责任。此种思考方法适用于生命、身体、健康、自由等被侵害的情形,盖其保护范围明确,可先作侵害具不法性的认定。名誉权系法定个别化的人格权,有其明确的保护范围,原则上亦可采前述违法性的认定方法。但必须指出的,名誉是否被侵害,乃社会之评价,并涉及言论自由,关于名誉保护与言论自由,"刑法"于妨害名誉及信用罪在一定要件设有不罚的规定,"司法院"释字第509号解释又另设"合理确信"不罚的解释。在此法律规范体系内,如何认定侵害名誉的违法性,乃成为理论及实务上的重要问题。

第二项 一般违法阻却事由

一般违法阻却事由与名誉权侵害较具密切关系的,有正当防卫及允

---

⑩ 鉴于此项问题的重要性,摘录判决理由如下,以便参照:查依被告程振隆于2004年5月1日接受TVBS记者访问时,所称之内容系:"因为他打麻将可能好几个人打,然后可能传出去,之间就可能传到李前'总统'这边。"等语,从该言论之内容可知,被告程振隆系主观地相信被告李登辉所陈述之有关原告于发动群众集会当日有去打麻将之事实,并以自己个人之意见推测为何被告李登辉会知道该等事实(此由其用语中多处使用"可能"之假设推测用语即可知),且被告程振隆在该等陈述中并无另增加任何不实或未加查证之事实(例如称系亲民党某大佬告知、报社老板亲口告知等此类事实)作为其推测被告李登辉所述原告于发动群众集会当日有去打麻将之事实确为真实之基础,该等推测发言或意见之陈述,既无另行增加不实或未加查证之事实,不论其推论是否合理,仍属"宪法"保障言论自由之范围。是被告程振隆抗辩称其仅系依通常情况而答复记者之询问,并无侵害原告名誉权之故意或过失等情,为有理由。

诺。分述如下：

一、正当防卫

台湾地区实务上尚未见为防御权利而为侵害他人名誉的正当行为。举例言之，如甲不法公开乙的隐私，乙以足以侵害甲的名誉的言辞加以反驳，依具体客观情事，不逾必要程度时，得成立正当防卫。

二、允诺

被害人对侵害名誉行为的允诺亦得阻却违法，实务上迄未见相关案例。举例言之，如甲社团章程规定有关社员奖惩均应列入记录，刊登于社务通讯，其所登载纵有贬低乙社员的社会评价，得认为经其允诺，而阻却侵害名誉的违法性。

三、"刑法"妨害名誉罪不罚事由与民事侵权行为

(一)"刑法"妨害名誉罪不罚的规定

1."刑法"第310条第3项真实不罚规定及释字第509号解释

"刑法"第310条第3项规定："对于所诽谤之事，能证明其为真实者，不罚。但涉于私德而与公共利益无关者，不在此限。"关于此项真实不罚规定的法律性质，通说认系违法阻却事由[104]，即行为人所指摘或传述的事实，不问真实与否，凡毁损他人名誉者，均构成诽谤罪，惟为顾及言论自由的保障，乃明定能证明其真实，并具公益性者不罚。

2."司法院"释字第509号释

"司法院"释字第509号谓："行为人虽不能证明言论内容为真实，但依其所提证据资料，认为行为人有相当理由确信其为真实者，即不能以诽谤罪之刑责相绳。"关于本项解释在犯罪论上的意义，甚有争论[105]，查其意旨系就"刑法"第310条第3项不罚的规定，复设一个阻却违法事由的独立事由，以扩大对言论自由的保护。行为人主观上虽无合理确信，但客观能证明其为真实者，仍有"刑法"第310条第3项不罚规定的适用。盖依该项规定所受言论自由的保护，不应因释字第509号解释而受限制，乃属当然。

---

[104] 参见林山田：《刑法各罪论》(第3版，2003)，第236页；甘添贵：《体系刑法各论(一)》(2001)，第431页；段重民：《媒体之新闻报道与诽谤——报道与评论之界限》，载《全国法律》1997年5月5期1卷，第48页。

[105] 参见谢庭晃：《妨害名誉罪之研究》(辅仁大学法律学研究所博士论文，2004)，第222页。

3. "刑法"第311条规定的不罚事由

"刑法"第311条规定了四种以善意发表言论的行为不罚,其中以"对于可受公评之事,而为适当之评论者",最属重要。关于"刑法"第311条善意不罚规定的性质,有主张系阻却构成要件[106],通说则肯定系违法阻却事由。[107]"司法院"释字第509号亦认系法律为诽谤罪特设之阻却违法事由。至就法律适用关系者,"刑法"第310条第3项与第311条系各自独立,在适用第311条的规定时,不必考量第310条第3项所定真实性、公益性的要件。

(二)"刑法"妨害名誉不罚规定对"民法"侵害名誉侵权行为的类推适用

"民法"关于侵害名誉的行为未特设违法阻却事由,应类推适用"刑法"第310条、第311条规定,并适用"司法院"释字第509号解释,其主要理由有二:

1. 言论自由应受保障

"宪法"第11条设有明文,名誉为人格权之一种,亦属受"宪法"保障的权利。"刑法"就妨害名誉罪所以设不罚规定,乃在调和"宪法"所保障的二种基本权利,系具有"宪法"意涵的法律原则。释字第509号解释系就妨害名誉不法性所作符合"宪法"的解释,对于民事法律亦应予以适用。

2. 基于法秩序的统一性

妨害或侵害名誉的不法性在刑法及民法原则上应作相同的判断。侵害名誉的侵权行为与刑法妨害名誉罪的成立要件虽有不同,其违法性的认定不应因此而有差异。例如甲陈述报道乙以公款用于修缮自己的房屋,若能证明为真实时,在刑法为不罚,在民事亦得阻却违法,始足贯彻法律规范价值判断的一致性,并维护法秩序的整体性。[108]

---

[106] 参见林山田(注104书),第238页。
[107] 参见甘添贵(注104书),第440页;周治平:《刑法各论》(1968),第746页;高金桂:《论刑法对个人名誉保护之必要性及其界限》,载《刑事法学之理想与探索》(2002),第208页。
[108] 参见台湾高等法院2004年度上字第848号判决;"最高法院"2004年台上字第1979号判决。

第三项　事实陈述、意见表达的违法性判断

一、事实陈述侵害名誉的违法性

关于民事侵害名誉行为的违法性,得类推适用"刑法"第310条第3项规定,是加害人能证明其陈述事实为真实者,得阻却违法而不成立侵权行为。但涉于私德而与公共利益无关者不在此限。真实的证明不必皆属正确,其基本重要事项相符时,即为已足(实质真实),细枝末节虽有出入(例如指称某官员贪污520万元,而实际上为510万元),亦可阻却违法。所谓私德乃个人的德性,亦即有关个人私生活的事项,例如经常出入KTV、喜好黄色电影、生活奢华等。是否与公共利益有关,得以"社会有无知之利益"作为判断基准。关于私德及公益性要件的认定,民法上的判断基准原则上应同于刑法。

二、意见表达侵害名誉的违法性

(一) 合理评论原则

"意见表达"侵害他人名誉时,应类推适用"刑法"第311条,尤其是该条第3款"对于可受公评之事,而为适当之评论者"不罚的规定,阻却其侵权行为的违法性。本条立法理由谓"……盖保护名誉应有相当之限制,否则钳束言论,足为社会之害,故以善意发表言论,而有本条所列情形者,不问事之真伪,概不处罚。本条酌采多数国立法例,规定本条,庶于保护名誉及言论自由两者折中,以求适当。"何谓"善意""可受公评之事"或"适当",均属不确定的法律概念,应依前揭立法意旨而为解释,兹参照学说及实务见解,提出关于合理评论原则的判断基准:

(1) 善意,指其动机非专以毁损他人名誉为目的。

(2) 可受公评之事须与公众利益有关,即依事件性质可接受公众评论的事务。

(3) 评论乃主观意见,价值判断的表达,是否适当,应作较宽松的认定,其措辞得为尖锐,带有情绪或感情,对错与否,能否为多数人所认同,在所不问,惟不能作人身攻击(如辱骂法官为蠢猪,某名女人行为犹如娼妓)。

(4) 评论所根据或评论的事实,非众所周知时,应一并公开,俾公众

得有所判断,而参与追求真理的言论市场[109]。

(二) 合理评论与真实恶意规则

法治斌教授认为:"新闻媒体表意自由之真谛,透过'刑法'第311条所谓善意的解释,纳入举世闻名美国宪法最重要有关表意自由之保障,所谓'实际恶意'原则,即身为公务员或公众人物之原告必须证明被告具有明知所为报道之内容非属真实或漠视其事实与否之故意,始得依法论罪科刑。"[110]此项见解将美国诽谤侵权行为法上的"真实恶意"规则扩张及于意见表达。

第五款　名誉权被侵害的救济方法

第一项　保护请求权:侵害人格权(名誉权)的侵害除去及妨害防止

"民法"第18条第1项规定,人格权受侵害时,得请求法院除去其侵害,有受侵害之虞时,得请求防止之。学说上称之为人格权保护请求权,包括妨害除去请求权及侵害防止请求权。此两种请求权的成立须以:人格权受侵害和其侵害具有不法性为要件。至于加害人有无故意或过失,在所不问。

名誉权为人格权的一种,自有"民法"第18条第1项规定保护请求权的适用。关键问题在于侵害名誉权违法性的认定,其判断基准应同于损害赔偿请求权上的违法性,即:(1) 关于事实陈述,加害人须证明其陈述的事实为真实,并与公共利益有关;(2) 关于意见表达,须系以善意发表言论,对于可受公评之事,而为适当之评论。台湾地区实务上尚无相关案例,兹举日本法上一件著名北方杂志事件的判决,加以说明。

---

[109] 参见台湾台北地方法院2004年诉字第4592号判决(赵少康控告陈水扁、苏贞昌案,甚具可读性)。

[110] 参见法治斌:《保障言论自由的迟来正义——评"司法院"大法官释字第509号解释》,载《月旦法学》2000年10月第65期,第153页。

第二项　日本法上北方杂志事件判决

在日本最高裁判所昭和 61 年 6 月 11 日大法庭判决案件[⑪]，被上诉人 X 曾任北海道旭川市长，其后决定竞选北海道知事。上诉人北方杂志社长 Y 针对 X 撰写一篇名为"一个权力主义者的诱惑"文章，以 X 是"善于言谎、舞弊、欺瞒的少年"、"巧言的魔术师，以及专门贩卖赝品的政治欺骗者"等情绪性攻击词汇认为 X 不具备知事候选人资格，预定于北方杂志发表。X 知悉该文内容后，以防止侵害名誉权为理由，向札幌地方法院申请颁布包括由执行官保管上述 4 月号的全部杂志，以及禁止印刷、制本并贩卖等内容之假处分命令。受申请法院并未审讯，即认 X 之申请为相当，而为自即日起进行假处分裁定，执行官亦于同日执行该假处分之裁定。对此，Y 乃以 X 之假处分申请、法院之假处分裁定，以及执行官之执行已对自己造成损害而提出损害赔偿请求权之诉。日本最高裁判所判决的要旨有四：

（1）对杂志及其他出版物的印刷、制本、贩卖或发行的事前防止，并不该当于宪法第 21 条第 2 项前段所禁止的出版事先检查。

（2）妨害名誉的被害人，本于该当为人格权的名誉权，对于加害人现在进行的侵害行为，得加以排除。又为防止所生的损害，得请求防止侵害行为。

（3）基于该当为人格权一环的名誉权，对出版物的印刷、制本、贩卖、发行等的事前防止，如上述出版物系属于对公务员或公职候选人评价、批评，原则上应不被允许，不过如其表现内容显非专为公益，且对被害人有发生重大且难以恢复之损害之虞时，得例外地加以允许。

（4）有关公共利益的事项，其依假处分裁定对表现行为命为事前防止者，原则上应经言词辩论或讯问债务人之程序。惟若依债权人所提出资料，于其被认为表现内容显非真实，或表现内容显非专为公共利益，且对于债权人有足生重大且显著恢复困难之损害的疑虑时，即使未经言词辩论或未经讯问债务人，亦不能谓有违反《日本宪法》第 21 条的旨趣。

[⑪] 参见日本国最高法院裁判选辑（二），"司法院"印行（2004），第 21 页（朱柏松译）。日文资料，五十岚清（注㉟书），第 271 页（277），附有参考资料。在本件判决有多位法官提出协同意见书及不同意见书，具高度可读性。

前述北方杂志事件判决系日本人格权法发展上划时代的判决,肯定了日本民法未明定的人格权及侵害防止请求权(不作为请求权、差止请求权)。因侵害防止请求权足以阻止言论进入市场,攸关言论自由甚巨,关于违法性的认定基准,日本实务上有采高度违法说,有采利益衡量论,亦有主张应采真实恶意(实际恶意)的法理。日本最高裁判所提出了较为明确的类型化认定基准,以调和名誉保护与表现自由。

第六节 信 用 权

第一款 绪 说

人格权具体化的发展过程,有为创设新的个别人格权(如隐私权),有为从既存的人格权中分离出某种人格利益,信用权为其著例。在1999年"民法"修正第195条第1项增设信用权之前,实务上多认信用权系包括于名誉权之内。之后信用权则成为"民法"第18条第2项所称法律有特别规定的人格权。

信用乃个人在经济上的评价,信誉系长期累积的成果,与人格发展具有密切关系,企业名誉或商业信用并攸关市场竞争秩序及消费者权益,自有明文规范的必要。关于信用权的论著虽少,实务上有若干案例可供探讨信用权保护的基本问题。

第二款 信用保护的规范机制

第一项 法律规范体系

一、信用权的明文化及其保护

信用系一种人格利益,"民法"第195条第1项明文加以个别化,使其兼具精神利益及财产利益的双重内容。即:

(1)信用具有精神利益,被害人虽非财产上损害,亦得请求赔偿相当金额(慰抚金)。

(2)信用具有财产利益,被害人就信用权被侵害所生财产上损害得请求损害赔偿。

二、"刑法"妨害信用罪

"刑法"第 313 条规定:"散布流言或以诈术损害他人之信用者,处二年以下有期徒刑、拘役或科或并科一千元以下罚金。"此项妨害信用罪的客观不法构成要件为散布流言或使用诈术损害他人的信用,不以他人之信用确已生损害的结果为必要,乃危险犯,而非实害犯。在主观不法构成要件,须行为人主观上具备损害他人信用的故意,包括直接故意与未必故意。

三、"公平交易法"上营业信誉的保护

"公平交易法"第 22 条规定:"事业不得为竞争之目的,而陈述或散布足以损害他人营业信誉之不实情事。"本条规定的基本要件有二[112]:

(1)须为竞争之目的,即事业于竞争上,为取得优势地位而陈述或散布足以损害对手营业信誉的不实情事。[113] 是否构成以竞争为目的,应综合考量当事人陈述或散布不实情事,当时相关的情况综合加以论断。例如甲事业为抢夺标案所为的陈述或散布乙事业即将破产或犯罪等不实情事。

(2)须"足以"损害营业信誉,不以发生损害效果为必要。

违反"公平交易法"第 22 条者,被害人除可依"公平交易法"第五章规定请求损害赔偿外,另依同法第 37 条规定,可处行为人两年以下有期徒刑、拘役或科或并科新台币 5000 万元以下罚金。前项之罪,须告诉乃论。

据上所述,关于信用的保护,"民法"、"刑法"及"公平交易法"各基于

---

[112] 关于"公平交易法"第 22 条解释适用的基本问题,参见赖源河编审:《公平交易法新论》(2000),第 389 页;何之迈:《公平交易法实论》(2001),第 299 页;徐火明:《公平交易法论》(1997),第 885 页;汪渡村:《公平交易法》(2003),第 207 页。

[113] 关于损害营业上信誉的行为可分为警告信函、比较广告等类型。兹举一则关于比较广告的案件,以供参照[(86)公处字第 186 号]:甲公司于报纸刊登销售"瓦斯定时闭关防爆装置控制器"广告,并于广告上表示"把握政府规定加装瓦斯防爆阀","为配合法令,即日起拆除全国一千万套欠缺瓦斯防爆设备之天然开关及桶装调整器,……并一律拆除已倒闭、将倒闭之民安牌、和全牌、远宝牌、祥安牌、朝代牌、稳通牌……非法不合格产品,以免发生危险……",因而遭远宝公司检举。案经公平会调查后认为,本案之检举人与被处分人均为销售瓦斯防气爆阀业者,其产品具有替代可能性,可认系属同一市场范围之具有竞争性质产品,二者具有竞争关系。又依实际调查结果显示,检举人公司并无广告上所称已倒闭或将倒闭之情形。按检举人并无已倒闭或将倒闭之情事,而被处分人为达竞争之目的以刊登广告方式散布检举人公司已倒闭或即将倒闭,对该公司之营业信誉易产生贬损之影响,并足以降低交易相对人对其营业上之评价,而被处分人亦未提出证据证明属实,从而被处分人之行为,显属违反"公平法"第 22 条之规定。

其立法目的，设不同的要件，加以规范，共同维护社会经济活动上不可或缺的信用。兹举一个实例加以说明。甲为 A 公司业务开发部经理，利用电子邮件的传递方式，发函于乙等，以 B 公司存在各项问题，如计划延误、技术问题未能解决、人事不稳定、领导、诚信、交货等多数属于无法克服，因此不宜为合作的伙伴，云云。台湾高等法院认甲仅告知特定人，不成立"刑法"第 310 条的诽谤罪。甲与 A 公司均不成立"公平交易法"第 22 条的侵害营业信用的法律责任，盖此乃甲的个人行为，非可视为事业主体 A 公司的行为。惟前述函件内容依客观情形，足以使他人对于 B 公司所享有的经济上信誉受到贬损及负面评价，而侵害其信用权。[114]

第二项 比较法上的观察

比较法上值得提出的是，《德国民法》第 824 条规定："违反真实而主张或传布事实，足以危害他人信用，或对他人之营业或生计足以惹起其他不利时，虽不知其非系真实，但应知之者，对该他人仍应赔偿因此所生之损害。通知有欠真实，为通知人所不知，而通知人或受领通知之人，就通知有正当利益者，该通知人不因此而负损害赔偿之义务。"关于本条规定，应说明者有五[115]：

（1）德国民法对名誉未设规定，但对信用设有明文，惟未认系一种人格法益，乃属保护商业活动的特别规范。

（2）在成立要件上，系以事实陈述的不真实为要件，不包括价值判断（Werturteil）。其不真实，原则上应由被害人负举证责任。

（3）关于侵害违法性，应适用一般原则（尤其是违法阻却事由），行为人得主张其对不真实事实的通知具有正当利益，而免负损害赔偿责任。

（4）须行为人有过失，应由被害人负举证责任。行为人为避免过失的非难，负有信息义务（Informationspflicht），即须以可期待的程度检视信息的正确性。

（5）本条所保护法益系财产，被害人不得请求非财产上损害的金钱赔偿。

---

[114] 台湾高等法院 2003 年重上字第 635 号判决。

[115] 关于《德国民法》第 824 条解释适用的问题，参见 Jauernig/Teichmann, Bürgerliches Gesetzbuch, Kommentar (10. Aufl. 2003), § 824.

《德国民法》第 824 条规定凸显了关于信用的法律性质、侵害的要件及法律效果的规范可能性。在台湾地区"民法",信用权系属于一种人格权,其侵害的方式不限于事实陈述,并及于意见表达,被害人就非财产上损害得请求慰抚金,较诸《德国民法》第 824 条规定更为周全。

第三款　信用权的意义及侵害

信用权被侵害时,被害人得主张保护请求权(妨害除去、侵害防止,"民法"第 18 条第 1 项)及侵权行为损害赔偿请求权。实务上以后者较为常见,以下拟分析讨论侵权行为的成立要件,俾便与名誉权加以比较,以探讨其解释适用上的基本问题。

第一项　信用权的意义

信用权指经济上的评价,信用权系以经济上活动的可信赖性为内容的权利,除支付能力、履约意愿外,尚应包括商品及服务在内。[116] 例如不实传述他人供应的商品具有致癌性,或某公司的服务人员常对女客人为性骚扰时,均得成立对他人"信用"的侵害。名誉指关于品行、声誉、德性等社会上的评价。信用与名誉各有不同的评价基准,而有三种关系:

(1) 仅侵害名誉,而不涉及信用:例如诬指某人与有妇之夫通奸,某艺人吸食大麻。

(2) 仅侵害信用,而不涉及名誉:例如诬指某企业经营不善,积欠工资,即将迁移外地。

(3) 同时侵害名誉及信用:例如诬指某人或某公司遭退票,被银行拒绝往来,其财产被扣押,将宣告破产。在此种情形,得成立对人格权侵害的竞合。

第二项　信用权的侵害

一、侵害"他人"的信用:直接被害人

信用被侵害之人,得为自然人、法人、无权利能力社团或合伙。

须注意的是,得主张信用被侵害之他人须为直接被害人,不包括间接

---

[116] 此为德国实务上的重要问题,参见 Schricker, Öffentliche Kritik an gewerblichen Erzeugnissen und beruflichen Leistungen, AcP 172 (1972), 203.

被害人在内。例如甲不实传述乙生产的香肠使用病死猪肉,其被害人为乙,不包括经销该香肠的超市或使用香肠的饮食店。

二、对他人信用的"侵害"

对他人信用的"侵害",指因其行为致他人在经济活动上的可信赖性、支付能力或商品、服务受到负面的评价。近年来,实务累积了若干案件,兹就肯定及否定案例加以说明:

(一)成立"侵害"他人信用的案例

1. 强制执行的行为

查封不动产的强制执行行为具有公示性,客观上足使被查封人被指为债信不良,其所建立的声望,必有减损,信誉势必因此低落,若系故意或过失造成信用损害,得成立对名誉或信用的侵害[⑰]。

2. 指责他人不法取得专利权

在"最高法院"2006年台上字第1929号判决,甲公司(被上诉人)主张乙公司(上诉人)明知(或因过失而不知)于网站上不实散布甲公司的某种专利已被智能财产局撤销的消息,并使用 Wrongdoing、usurp、embezzle、unlawful、illegally 等贬损及含有价值判断的词句,使一般大众误认甲系一再仿冒他人专利从事不法行为的公司。

"最高法院"认此种情形得成立对商誉及营业信用的侵害。判决理由甚为详细,足供参照,略谓:现代电子媒体或网络之传播功能更甚于纸本,且专利权为智能产权之一种,为现代社会之重要资产,被上诉人主张其因上诉人之行为而造成其关系客户之疑虑,且上诉人于刑事案件审理中,亦认此种情形会造成客户之查询,可见上诉人此种行为,足以造成被上诉人之损害,堪以认定。按专利权,虽亦为公共财产,然基本上为一种重要之私产,他人虽可予以评论,惟其手段仍应适当,否则造成专利权人之损害,仍不能免除其法律上之责任。查被上诉人与上诉人公司均为国内计算机用风扇之制造商,具有生产替代可能性,属于同一市场范围之有竞争关系之事业,上诉人公司之产品因遭被上诉人检举有侵害被上诉人公司专利权之虞而遭搜索,并进行诉讼,上诉人公司倘为达澄清之目的,

---

[⑰] 相关判决参阅"最高法院"2001年台上字第1814号判决;台湾高等法院1999年上易字第262号判决;台湾高等法院2003年上字第1196号判决;台湾高等法院2003年上易字第1313号判决。

在手段上或可采取其他方式如发保证书给客户加以澄清,上诉人公司却采取一次向所有客户澄清的方法发布系争网页,且其有关上述二专利之陈述又与事实不尽相符,全篇皆在指摘竞争对手,取得专利之手段不当,其专利纷纷被举发、被异议,甚至被撤销,并非在单纯陈述其并未侵害被上诉人之何项专利权,事后又不作任何更正或迟不撤除,上诉人抗辩其行为可免责,云云,实不足采。

值得特别指出的是,本件上诉人主张被上诉人之专利权确有重大争议,系争英文文章所述内容均属事实,且系就可受公评之事而为适当评论,应属"宪法"保障之言论自由范畴。"最高法院"则肯定原审见解,强调专利权虽亦为公共财产,然基本上为一种重要之私产,他人虽可予以评论,但其手段仍应适当,否则造成专利权人之损害,仍不能免除其法律上之责任。

3. 银行向联合征信中心误报呆账户

甲银行向联合征信中心申报企业及个人呆账债务未清偿资料,误报乙身份证号码,致乙被列为呆账户,致乙向其他银行贷款时,均遭银行以信用不佳的理由予以拒绝,难以顺利向银行融资。台湾高等法院认在此种情形甲系侵害乙的名誉及信用权,应成立侵权行为,而赔偿乙所受非财产上损害之金钱赔偿(5万元)。[118] 判决理由强调:"按'因故意或过失,不法侵权他人之权利者,负损害赔偿责任。故意以悖于善良风俗之方法,加损害于他人者亦同。违反保护他人之法律,致生损害于他人者,负赔偿责任。但能证明其行为无过失者,不在此限。''民法'第184条定有明文。次按'计算机处理个人数据保护法'系规范处理个人资料,以避免人格权受侵害,非公务机关应维护计算机个人资料之正确,并应依职权或当事人之请求适时更正或补充之,'计算机处理个人数据保护法'第1条、第26条准用第13条规定甚明。是'计算机处理个人数据保护法'乃保护他人人格权之法律,上诉人有维护其计算机个人资料之正确之义务,如有违反该义务,致生损害于他人之名誉及信用者,应负非财产上之损害赔偿之责。"

应说明的是,本件亦有"民法"第184条第1项及第195条第1项规定的适用。法院认"计算机处理个人数据保护法"(现为"个人数据保护

---

[118] 参见台湾高等法院2001年上字第442号判决。

法")为"民法"第184条第2项所称保护他人之法律,其主要实益在于推定行为人的过失。

4. 银行疏于注意,致发生冒名开户情事

甲持照片重贴之伪造乙遗失的身份证到丙银行开户,丙的职员未善尽审核义务,而核准许其开立支票存款户。其后发生退票,致乙成为银行拒绝往来户,申办信用卡亦因信用评分不足,未准予核发,并不断遭受刑事诈欺及民事诉讼。在此情形,台湾高等法院认为亦得成立丙银行对甲的名誉及信用的侵害[119]。

(二) 不成立"侵害"信用权的案例

关于不成立侵害信用权,实务上有一个案例,可供参考。某甲受雇于乙,负责撰写程序软件,签订3个月的试用期间。乙于试用期间届满前以考核不及格为理由,将甲解雇。甲以并无乙所指摘的不及格事由,而被乙以考核不及格为由解聘,造成他人误认甲有能力不足的印象,显妨害甲的名誉及信用,依"民法"第195条第1项规定,诉请赔偿100万元。

台湾高等法院判决认为依两造聘雇合约,在试用期间仍属于正式劳动契约之前阶试验审查阶段,双方当事人原则上均应得随时终止契约,无须具备"劳基法"所规定的法定终止事由,是乙以甲的整体表现不符合公司的要求,考评结果不及格为由,不予继续聘雇,自非属不法侵害甲名誉及信用行为[120]。

(三) 债务不履行与信用(或名誉)的侵害

实务上常见的案例类型,系债务不履行与信用(或名誉)的侵害,即债权人得否主张因债务人债务不履行(如给付具有瑕疵的商品等),致其信用受损,而请求损害赔偿。兹就"最高法院"两个相关判决,说明如下:

1. "最高法院"2001年台上字第2109号判决(债务不履行侵害法人名誉信用权)

在本件判决,甲公司(上诉人)为承揽乙公司的房屋地板瓷砖铺设工程,乃向丙(被上诉人)购买瓷砖。铺设工程完成后,发现系争瓷砖有渗水变色的瑕疵。承购户向乙索赔,乙向甲请求赔偿。甲以商誉(名誉)受损,依债务不履行规定向丙请求损害赔偿。

---

[119] 参见台湾高等法院2000年上易字第499号判决。
[120] 参见台湾高等法院2002年劳上易字第27号判决。

原审认为上诉人为法人,无精神之痛苦可言,登报道歉已足恢复其名誉,故其主张名誉受损,请求上诉人连带赔偿非财产上之损害 100 万元,不应准许。"最高法院"谓:"按侵害法人之名誉,为对其社会上评价之侵害。又侵害法人之信用,为对其经济上评价之侵害,是名誉权广义言之,应包括信用权在内,故对法人商誉之侵害,倘足以毁损其名誉及营业信用,仅登报道歉是否即足以恢复其商誉,尚滋疑问。原审未遑详加推求,仅以上诉人为法人,无精神上痛苦可言,即谓其不得请求被上诉人给付非财产上之损害,亦难谓洽。上诉论旨,指摘原判决不当,求予废弃,非无理由。"

按本件判决未明确说明债务人债务不履行(给付之物具有瑕疵)得否构成对名誉及信用的侵害。又"最高法院"为使信用权受侵害的被害人得依"民法"第 195 条第 1 项后段:"其名誉被侵害者,并得请求恢复名誉之适当处分。"而认"名誉权广义言之,应包括信用权在内。"应说明的是,在"民法"第 195 条第 1 项未将信用权明文化之前,此项扩张解释,可资赞同。在信用权明文化之后,不应认有包括"信用权"在内的广义名誉权;在仅主张信用权受侵害而请求恢复名誉之适当处分时,其请求权基础系前揭"民法"第 195 条第 1 项规定的类推适用。又"最高法院"谓:"原审未遑详加推求,仅以上诉人为法人,无精神上痛苦,即谓其不得请求被害人给付非财产上之损害,亦难谓洽",是否认法人亦得请求非财产上损害金钱赔偿,不得确知。如采肯定说,则与向来判例见解不同(详见后文),应有详为论证的必要。

2. "最高法院"2003 年台上字第 2109 号判决(债务不履行侵害信誉案)

在本件判决,甲(圣玉公司、上诉人)与乙(台北政府工务局公园路灯工程管理处)订立华中公园管理维护契约。甲主张因乙拒绝履行契约,部分摊商集团对伊起诉,并对伊银行信用产生不良影响,且因媒体报道,易使大众误认为伊系可归责一方,导致伊商誉严重受损,依"民法"第 184 条第 1 项前段、第 195 条第 1 项前段规定,请求 1000 万元之商誉赔偿。

"最高法院"谓:"惟公园路灯管理处原欲继续履约,系在议会决议压力下拒绝,主观上并无侵害圣玉公司信誉之恶意,且其拒绝履约,仅属债务不履行而已,不能认系侵害圣玉公司之商誉,圣玉公司纵因系争契约无法履行致受他人之民事追诉,此亦系多数经济活动之相关性所引致,不能以一方有债务不履行之事实,遽认有商誉受损之侵权行为存在。再圣玉公司请求'商誉损失'之损害赔偿,系属非财产上损害,依'民法'第18条第2项规定,需法律有特别明文规定始得请求,关于债务不履行,依行为时有效之法律,既未明文规定可以请求非财产上之损害赔偿,其请求显无理由。"

关于因债务人的债务不履行,债权人得否以信用权(商誉)受侵害而请求非财产上损害赔偿,首应提出的是其请求权基础。在1999年"民法"第195条第1项规定修正前,仅能依名誉权受侵害为理由。在"民法"债编修正后,其请求权基础有二:①"民法"第195条第1项规定的信用权。②"民法"第227条之1:"债务人因债务不履行,致债权人之人格权受侵害者,准用第一百九十二条至第一百九十五条及第一百九十七条之规定,负损害赔偿责任。"本条所谓人格权,除生命、身体、健康、自由外,在解释上应包括名誉、隐私及"信用"在内。因此,债务不履行亦得构成对"信用权"的侵害,例如甲向乙银行贷款,乙银行泄露甲的财务状况,致甲在经济上评价受贬损时,得成立对信用的侵害。至于买卖契约上债务不履行在何种情形,得致债权人信用权受"侵害"及所受"损害",应就个案加以认定。又纵使信用权受侵害,被害人非系自然人时,亦不得请求非财产上损害的金钱赔偿。

三、侵害他人信用权"致生损害"

(一) 损害及相当因果关系

因信用权被侵害,而请求损害赔偿时,须以受"损害"为要件。所谓损害,包括财产上损害及非财产上损害(精神痛苦等)。所谓"致"生损害,指损害的发生须与侵害信用权行为具有相当因果关系,即其损害须因加害行为而发生(条件关联),并具相当性。

(二) 实务案例:补习班因信用权受侵害的损害

如何认定因信用权受侵害及其因果关系,乃实务上重要问题,兹举一例说明损害认定的困难。

在"最高法院"2003年台上字第127号判决,上诉人经营A补习班主张被上诉人(B补习班负责人),知悉上诉人经营的补习班1997年学年度招收学生人数并非653人,考取大学人数不只210人,升学率73.33%,非仅32.15%,竟于1998年8月15日在联合报竹苗版第五版刊载上述不实之上榜人数及升学率,以作为A补习班与B补习班之比较,侵害上诉人的商誉信用,请求因招生率降低之营业上损失。

采"最高法院"见解认为:纵上诉人补习班1998年度招生之学杂费收入,确较先后2年短少属实,惟上诉人应就其损害与被上诉人之刊登广告之行为间所存因果关系负举证责任。查补习班学生报名后中途退费或报名学生减少,其原因多端,诸如补习班师资之变动,收费之高低,均可能造成学生人数之流动,学生个人因素之选择亦为因素之一,此观上诉人提出之流失名单中"转至的补习班"栏,有非新竹地区之补习班、有非升大学四技二专之补习班可证,是学生事后退费,亦难遽认与被上诉人刊登广告行为有直接因果关系,且多家补习班加入竞争市场,难免受到同行竞争之影响。上诉人提出之资料前后不一,数据不符,其亦自承申报执行业务所得时,少报所得、扩增成本支出,所谓1998年所得较先后2年大幅减少,亦难期真实,所提资料难为其受有损失之有利证明。再依上诉人报税资料及所提招收人数以观,可见其提出之1998年度之学杂费收费标准,较1997年度为低,支出却较为增加。若将1998、1999年度之收支,依1997年之收支换算,其1998年、1999年之亏损额,均较1997年度之亏损为低,足征上诉人补习班1998年之亏损,较前后2年为多,应系与其收费标准降低所致,与被上诉人之刊登行为无相当因果之关系自明。从而上诉人请求被上诉人赔偿其营业损失,即属无据。

第三项　侵害他人之信用权的不法性信用的保护与言论自由的调和

对他人信用权的侵害,须具不法性。依结果不法理论,侵害他人的权利(如生命、身体、健康)者,原则上系由法律"推定"其为不法,惟加害人得证明有一定的违法阻却事由(如被害人的允诺)而免负侵权责任。人格权(名誉、信用、隐私)的保护常与言论自由发生冲突,在侵权行为法上应就违法性的认定上,加以调和。

关于信用保护与言论自由的调和,原则上应适用关于名誉保护与言论自由的调和基准。其主要理由系信用权的法律结构相当于名誉权,自应适用同一基准,就个案具体判断以言论侵害他人信用权的违法性。

值得提出的是,在台湾高等法院2005年度重上字第106号吴〇〇(上诉人)控告英特发股份有限公司(被上诉人,TVBS周刊的发行者)案。在本件判决TVBS周刊于封面刊登标题《凯子吴〇〇有钱买豪宅养女人,没钱还信用卡45万元》,而作详细报道。吴○○系知名艺人,认为其名誉、信用、隐私受侵害,诉请损害赔偿,但均遭败诉。高等法院判决理由甚为详细,首先对言论自由与名誉的保护,综合实务见解,而提出判断基准,值得肯定的是关于侵害名誉权及信用权的不法性的认定,即对意见表达采合理评论原则,对事实陈述采合理查证义务,而未适用"最高法院"所谓的真实恶意原则,分述如下:

1. 侵害名誉权

在被上诉人诸多事实陈述中,法院有认其符合事实的,有认为行为人已尽合理查证义务的,尤其是认定关于"有钱买豪宅养女人,没钱还信用卡45万元"的质疑,并未超过合理评论的范围,社会大众是否接受自有评价及选择,其报道未构成对名誉的"不法"侵害。

2. 侵害信用权

法院认为依被上诉人所得信息,上诉人既就区区信用卡卡款都无法正常交纳,此于客观合理之判断上,当然对于上诉人之偿债能力有所质疑,而由其向银行之设定抵押金额推估交息金额,亦断无导致发生信用卡交款不正常之理由,因此由此查证之事实,被上诉人为意见评论,质疑上诉人尚有其他债务,此乃客观合理之正当质疑与判断,而读者由此段内容亦可明确此乃作者判断,而该判断是否正确有无可信度,亦容读者公评判读,而非事实之陈述范围,而此部分载述既属评论之意见,且亦于客观合理判断之意见,并无构成"不法"侵权可言。[⑫]

3. 侵害隐私权

法院判决认为所谓隐私权,乃系不让他人无端地干预其个人私领域之权利,着重在私生活之不欲人知,系属于个人于其私人生活事务与领域享有独自权,不受不法干扰,免于未经同意之知悉、公开妨碍或侵犯之权利,此种人格权,乃是维护个人尊严、保障追求幸福所必要而不可或缺。

[⑫] 参见"最高法院"2004年台上字第2209号判决:"查原审以被上诉人经专利代理人鉴定上诉人之产品侵害其获准之第一○四二五八号新型专利,而对上诉人提起侵害专利权之刑事告诉,系正当权利之行使,不能因该专利事后被撤销确定,而谓其上开告诉系故意或过失不法侵害上诉人之权利,及故意以悖于善良风俗之方法加损害于上诉人;并以上诉人所提出报纸关于报道被上诉人就专利诉讼之言论,仅系意见表达,尚无不法侵害上诉人商誉及营业信用之情事。因而认为上诉人不得依侵权行为法律关系请求被上诉人登报道歉,爰为其败诉之判决,核无违背法令之情形。"

惟上诉人身为公众人物,且对外投资事业甚多,其信用卡交款不正常之信息应认与公共利益有关,并具有新闻价值,是其隐私期待应予退让。况查就此信息被上诉人为求证尚且致电予上诉人,而上诉人之助理亦不否认有欠交情事,则该项事实既已为上诉人助理人员所自承,显已难以私事论之。故系争报道载述上诉人积欠信用卡账款一节,应不构成侵害隐私权。

第四款 侵害信用权的救济方法

信用权受侵害时,被害人得主张保护请求权("民法"第18条第1项),尤其是损害赔偿请求权。关于财产上"损害",包括被害人为维护其信用所采必要措施的费用(如为澄清真实所支出的费用)。信用受损的营业损失亦得请求赔偿,其损害有无及范围如何认定,系实务上的重要问题,并常为诉讼上的争点,前已提及。

关于信用权被侵害的非财产上损害,被害人得请求恢复原状。"民法"第195条第1项后段规定:"其名誉被侵害者,并得请求恢复名誉之适当处分。"惟未提及信用。基于信用的法律构造相当于名誉,应认类推适用名誉的规定,使被害人就其信用受侵害,亦得请求恢复原状之适当处分(例如登报启事)。登报启事的内容、篇幅及范围应斟酌侵害的程度及恢复原状的必要性,作符合比例原则的认定,乃属当然。

"民法"第195条第1项前段明定信用受侵害时,虽非财产上损害,被害人亦得请求赔偿相当的金额(慰抚金),乃在肯定信用权的人格价值及精神利益。实务上一向认为,其请求权人限于自然人,而不及于法人(或无权利能力团体),盖法人(包括社团及财团)系依法组织之团体,其名誉遭受损害,无精神上痛苦之可言,登报道歉已足恢复其名誉,自无依"民法"第195条第1项规定请求精神慰抚金之余地[122]。此亦适用于信用被侵害的情形,即被害人系法人时,亦无请求精神慰抚金的余地。

第五款 结 论

信用权系"民法"第195条明定的人格法益,兼具精神利益及财产利益的内容。信用权的法律结构相当于名誉权,可参照关于名誉权的判例学说探讨其基本问题,尤其是信用保护与言论自由的调和机制。肯定信

---

[122] 参见"最高法院"1973年台上字第2806号判例。

用权为一种独立的人格权,有助于扩大强化人格权的保护内容,也开展了法学研究的课题。

第七节 隐 私 权

第一款 绪 说

第一项 信息社会与隐私的保护

一、信息社会与隐私权

在人格权具体化的新兴个别人格权中,以隐私权最为重要,已发展成为一个具概括性的权利,特在本节作较详细的论述。在释"宪"实务上,"司法院"大法官解释再三肯定隐私权为一种受"宪法"保障的基本权利。[123] 1999年修正"民法"债编更于第195条第1项增订隐私权受侵害者,就非财产上损害得请求相当金额的赔偿(慰抚金)。又保护隐私的法律日益增加,形成了一个益臻完善的规范体系。

隐私权保护的强化与现代信息社会具有密切不可分的关系。由于计算机、网络、传播等各种科技的快速发展,使国家、企业或个人能够迅速地搜集、储存、传送有关个人的各种资料,以不同的方式加以组合或呈现,可用来预测个人的行为模式、政治态度、消费习惯作为一种资源或商品加以运用。受侵害者常难以知悉或防范其隐私资料被窥探、搜集或利用,信息社会使个人成为所谓的"透明人",甚至裸体化。隐私权的保护旨在使个人得有所隐藏,有所保留,有所独处,得为自主,而拥有一定范围的内在自我。[124]

二、隐私的侵害与保护

在现代信息社会,人人得为隐私的被害人,人人亦得为加害人。兹就

---

[123] "司法院"释字第293、585、603、689号解释。"司法院"于2011年12月3日举办大法官一百年"宪法解释与隐私权的保障"学术研讨会,就政府信息搜集与隐私权、政府信息公开与隐私权、通讯传播法与隐私权、劳动社会法与隐私权,作专题研究报告,预定发行专书,可供参照。

[124] Cate, Privacy in the Information Age (1997); Hixon, Privacy in a Public Society—Human Rights in Conflict (1987); O'Brien, Privacy, Law, and Public Policy (1979); Markesinis (ed.), Protecting Privacy (Oxford University Press, 1999).

日常生活中的若干事例加以说明:

1. 录像监视系统的全面设置

作者担任宿舍服务工作,住户再三要求在出入口及围墙增设监视系统,此殆已成为全国各社区的普遍基本设施,到处可见:"本里全面设置录像监视系统"。录像监视系统主要在于维护治安,但此种对个人肖像、举止行动的搜集,势必造成对个人的心理制约,影响行为自由,更有被滥用、误用的危险。问题在于如何建立制度,使其能有必要的法律基础、明确的要件及正当的法律程序。

2. 借书的隐私

作者日前在某图书馆借阅某书,因该书已被他人借出,乃向图书管理员表示,因急需参阅该书,可否告知何人所借,俾便直接向其商借。管理员告曰:"此涉及隐私,恕难奉告。"我悚然警觉,我正在侵害他人的隐私而不自知。借书攸关个人信息,盖由所借图书,可探知他人的思想、信仰、性向、嗜好、研究工作等,而组构个人的人格图像。值得提出的是,1987年美国国会在审查美国联邦最高法院法官被提名人 Robert Bork 的资格时,有人泄露其所借阅的录像带,引起争议,国会即于 1988 年制定录像带隐私保护法(Video Privacy Protection Act)[125],此例足可显示隐私的被侵害性随时存在,有赖于迅速立法加以规范。

3. 家庭中的隐私

余有一位亲友,数代单传。前日获悉,其因行动不便,爱孙心切,特在家中各处装设闭路电视,可随时了解其幼孙的状况。此类行为虽出于爱心与关怀,但将他人行动置于可随时观察掌握的状态,实已构成侵害他人的隐私。住宅或家庭一向被认为系最具隐私性的城堡,如何保护家庭成员(夫妻、父母、子女)的隐私,乃法律难以规范的领域。

4. 个人资料的泄露及网络隐私

在台湾,许多人都有遭受电话诈欺、假中奖通知、假账单或推销商品或服务的电话、简讯、传真或 E-mail 的经验。此乃个人资料泄露所衍生的问题,日益严重,涉及网络通讯及信息安全,攸关数字时代网络上隐私权保护。

---

[125] 18 U.S.C. § 2710. 参见 Anderson, The Failure of American Privacy Law, in: Protecting Privacy (ed. Markesinis, 1999), p. 164.

5. 隐私的尊重与消费

我们要求他人尊重自己的隐私,但实际上我们都在吞食他人的隐私。每天的新闻、杂志、电视、广告连续不断地报道各种关于他人事物的新闻事件或娱乐节目,以满足读者或观众想窥悉他人隐私的本能或欲望。在重大意外事故、经济犯罪或政治丑闻、名人自杀或猝死事件发生时,人们都想知道谁牵涉其间,如何发生,当事人的家人是谁,有何反应,有无不可告人之事。社会集体有窥悉他人信息的兴趣,大众媒体搜集、储存、传播、公开提供各种消息,在言论自由的市场大量地消费他人的隐私,造成了隐私保障与表见自由的紧张关系,成为法律规范上的难题。

第二项　隐私的价值

隐私之所以发展成为一种重要且新的权利,究有何种应予保护的价值?[126]

隐私权旨在维护人之尊严及个人自由,但亦具达成其他价值的功能(所谓工具性的权利),包括民主社会的维持、个人的社会参与、对国家权力的限制等。美国学者 Alan F. Westin 提出四项功能,即个人自主(personal autonomy)、情感释放(emotional release)、自我评估(self evaluation),及有限度与受保护的沟通(limited and protected communication[127]),可供参照。兹以此为基础作简要的说明:

一、人之尊严及自主决定

隐私权的价值在于个人自由和尊严的本质,体现于个人自主,不受他人的操纵及支配。对个人内心领域的侵入构成对其自我存在的严重危害。任何对此保护壳的破坏,将使个人暴露于外,加以裸体化,致遭受他人嘲笑或羞辱,或受制于知悉其私密之人。易言之,一个人若可以被任意监视,窃听或干涉,他将无法对自己事物保有最终决定的权利,势必听命于他人,不再是自己的主宰,丧失其作为独立个体的地位。

隐私具特别的独立自主性,以确保私的领域,必要时得以对抗现代社会各种压力。隐私的独立性建立了一个维护人之尊严的防御墙,使个人

---

[126] 参见詹文凯:《隐私权之研究》(台湾大学法律学研究所博士论文,1998),第 179 页以下;Rachels, Why Privacy is Important, Philosophy and Public Affairs 323 (1975); Fried, Privacy, 77 Yale L. J. 475 (1968); Rubenfeld, The Right of Privacy, 102 Harv. L. Rev. 737 (1989).

[127] Westin, Privacy and Freedom (1967); Glenn, The Right to Privacy (2003), pp. 7-10.

得有所保留,对抗外力干预。自由的真义在使私人得将若干思想、判断、偏好,完全归属于自己,不能被强迫与他人分享,即使最亲密或信赖之人。

二、情感释放

隐私具有情感释放(松弛、解脱)的价值。社会生活产生紧张,片刻的幽静、孤独或松弛,有助于确保身心健康。个人受制于来自其扮演各种社会角色的压力,需要有一定时间及空间,得以自我释放,逃脱公众的注视,得有机会卸下面具,以真实自处。

隐私保护使个人得有背离社会规范的行为。假若所有不合社会规范的行为皆被揭露,势必面临各种制裁、限制或惩罚。隐私犹如安全瓣,容许个人得有机会对他人发泄其怒气,在关闭的房间对他人作可能不公正、轻率、愚蠢、具诽谤性的评论。又隐私可使吾人能在所遭遇的不幸、震撼、悲伤、焦虑、彷徨不安中得保持安静,以恢复身心的宁静。

三、自我评估

隐私有助于自我评估,使个人得回想以往的经验,规划未来,检讨旧的思维而有所创新。此种隐私的功能亦包含着重大伦理的层面,即借着良知的操练,使个人得重获自己。此种自我评估,给予个人有适当时间决定是否或何时将个人私的思想、感情公诸于世。

四、有限度及受保护的沟通

隐私提供个人得在拥挤的生活环境中有一个有限度与受保护的沟通,即个人得自由与其认为值得信赖之人分享私密,相信其私下所透露的事物将不会被公开,例如夫妻间、律师与当事人间、牧师与告解者间、医师与病人间的沟通。此种有限度的沟通有助于使人际关系保有必要的距离,即使夫妻,亦应有属于自我的隐私空间。

据上所述,隐私具有重要的内在价值,对吾人而言,无论是作为个人或社会的成员,隐私有不同的功能,保障及促进人的自由和尊严。由于社会经济发展,信息社会的形成,隐私权的范围更扩大及于个人对其资料的控制。隐私应如何加以保护,并与人民知之权利加以调和,顾及公共利益,乃法律规范上的重要课题。

第三项 21 世纪重要的法律议题

隐私权自 19 世纪末被提出讨论之后,经历一百多年的发展,系现代信息社会最重要议题之一,受到各国或地区的重视。在台湾,"司法院"

大法官解释创设了"宪法"隐私权,已逐渐形成一个法律规范体系,使隐私权逐渐成为一个独立法律领域,并有日益丰富的论著[128]。本文系以隐私权在"侵权行为法"的保护为重点,但为作较宏观的分析[129],预定分为三个部分加以讨论:

(1)隐私权在比较法上的发展,探究隐私权概念的形成及不同的规范模式。

(2)以"宪法"上的人格权为基础建构台湾地区法上隐私权的规范体系。

(3)分析讨论隐私权在"侵权行为法"上保护的要件及救济方法,尤其阐释隐私权的概念,探究隐私权保护与言论自由的界限。

第二款　隐私权概念的形成及开展:比较法上的观察

隐私权(Right to privacy)的概念源自美国,历经100年以上的发展,美国法始终居于领先的地位,影响甚巨。美国法院系基于普通法(common law,尤其是侵权行为法)创设隐私权。美国普通法系继受英国法,其基本结构相同,但英国法迄至今日仍不承认"一般隐私权"(general right of privacy),其社会背景及法制变迁有益于了解隐私权发展的若干问题。《德国民法》未规定隐私权,但判例学说创设了一般人格权(allgemeines Persönlichkeitsrecht),并发展出保障私领域的机制,展现德国法特有的概

---

[128] 隐私权研究可分为四类:(1)比较法(尤其是关于美国法、英国法、德国法)。(2)隐私权的基本理论,最具参考价值的是詹文凯(注[128]论文);林建中:《隐私权概念之再思考——关于概念范围、定义及权利形成方法》(台湾大学法律学研究所硕士论文,1999)。(3)个人信息保护与信息自主,参考的有:许文义:《个人数据保护法论》(2001);陈志忠:《个人信息保护之研究——以个人信息自主权为中心》(台湾彰化地方法院2000年度研究发展项目研究报告)。(4)科技与隐私,此类论文日增,例如陈仲嶙:《从新生儿筛检探讨隐私的法之规制》(台湾大学法律学研究所硕士论文,2003)。关于基因隐私权的保护,事涉遗传工程专业,非本书研究范围,相关问题,请参见Susan Aldridge, The Thread of Life: The Story of Genes and Genetic Engineering (Cambridge University Press, 1996),庞中培译:《双螺旋的线索:基因与遗传工程的故事》,台北寰宇出版股份有限公司2000年版;Andrews/Nelkin, Body Bazaar: The Market for Human Tissue in the Biotechnology Age (2001),廖月娟译:《出卖爱因斯坦——人体组织贩卖市场》,台北时报文化2001年版。关于科技、隐私与自由,David Brin, The Transparent Society: Will Technology Force Us to Choose Between Privacy and Freedom? (1998),萧美惠译:《透明社会:个人隐私vs.信息自由》,台北先觉出版公司1999年版。

[129] 参见朱柏松:《个人数据保护之研究——近代隐私权概念之形成及发展(上、下)》,载《法学丛刊》1984年4月第114期,第75页;1984年7月第115期,第94页。

念形成、体系构造上的法学风格。

隐私权在比较法上的观察旨在探究隐私权概念的形成及开展,发现保护隐私权的基本问题及不同规范模式,而有助于建构台湾地区法上隐私权的规范体系。

第一项　美国法上隐私权:一百年的发展[130]

第一目　"侵权行为法"上的隐私权

一、Warren 及 Brandeis 的隐私权论文

对个人隐私的重视,自古有之,但作为一种法律上的概念或权利,一般认为系源自1890年 Warren 及 Brandeis 二氏共同在哈佛法律评论(Harvard Law Review)第4期所发表"The Right to Privacy"的论文。[131] 当时美国黄色新闻猖狂,又逢工商业蓬勃发达、工业化都市生活死板、乏味,有赖报纸的信息,以满足一般人对上流社会生活的好奇。波士顿报详细报道了 Warren 氏家中宴会令人不愉快的私事细节。Warren 乃邀请 Brandeis 共撰前揭论文,强调应肯定普通法上的隐私权,其主要论点为:

(1) 最新的科技发明和商业手段唤起了对人格法益更进一步的保护,以及确保 Thomas Cooley 法官称为独处权(right to be let alone)的权利。[132] 立拍即现的照相技术和报刊已经侵入了私人和家庭的神圣领域,不可计数的机器装置使"密室私语在屋顶上被公开传播"。流言蜚语不再是懒散与邪恶之源,而是一种行业,严重侵害个人家庭的私事,法律应该在各方面承认隐私权,加以保护。

---

[130] 杨敦和著有3篇论文,介绍美国隐私权:《论"隐私权"》,载《法律评论》1974年9月第40卷9期;1974年10月第40卷10期;The Right of Privacy and the Freedom of the Press in U. S.,《中兴法学》1980年3月第16期;《美国法上隐私权之发展》,载《辅仁法学》1983年1月第2期。蓝培青:《隐私权在美国演进历程之研究》(淡江大学美国研究所博士论文,1997);林世宗:《言论新闻自由与诽谤隐私权》(2005)。英文资料,Glenn(注[127]书)。

[131] Warren/Brandeis, The Right to Privacy, 4 Harv. L. Rev. 193 (1890). 此系美国法上被引用最多的期刊论文。台湾地区关于隐私权著述皆多引用之。李丹译有"Right to Privacy"全文,刊登于法律出版社发行的《哈佛法律评论——侵权法学精粹》(2005),第5—30页。Warren 及 Brandeis 二氏哈佛大学法学院同学,成绩特优,同为律师,Brandeis 并在哈佛法学院兼任讲师,一般多认为前揭论文,主要系由 Brandeis 主稿。Brandeis 于1916年出任美国联邦最高法院法官,系第一位犹太籍大法官,任命时颇有争议,但法律见解及风格备受敬重,1939年辞职,1941年逝世。

[132] Thomas Cooley 法官也是一位著名的宪法及侵权行为法学者,将 Privacy 定义为"a right of complete immunity: to be let alone",参见氏著,A Treatise on the Law of Torts (1880), p. 29.

（2）现行法律未设保护隐私的规定，但从习惯法上关于诽谤和著作权的判例，实可导出肯定隐私权是一种应受保护的权利，而使侵害者负侵权行为损害赔偿责任。政治、社会以及经济的变化，不断要求承认新的权利，普通法因其永远的青春活力，须不断地成长以满足社会需要。

（3）应被承认的隐私权乃在保护个人生活不受干扰，独处的权利，即个人享有不可侵害的人格，对其思想、情绪和感受等自身事务的公开、揭露具有决定的权利。惟隐私权并非绝对，应受公共利益及本人同意的限制。

二、实务发展及 Prosser 教授的体系化

（一）实务案例

在 Warren 及 Brandeis 二氏的论文发表后，虽未立即引起实务上的重视，其后则渐受肯定。具开创性的是，1905 年的乔治亚州（Georgia）最高法院在 Pavesich v. New England Life Insurance Co. 案（122 Ga 190，1905）认为擅自使用他人照片作保险广告应构成对他人隐私权的侵害。判决理由特别强调，个人在社会中虽须舍弃部分的自然权利，但非须全部抛弃。个人可以决定在何时、何地，以何种方式展现自己，此乃一种自由权，包括随时从大众眼光退出的自由。此种自由，并非新创，实早已存在于古老法律之中。本件判决之后至 1960 年初，联邦法院及各州法院共作成了约 300 个关于隐私权的判决，惟对隐私权的内容，立论观点多有不同，造成了法律适用的不安定。

（二）Prosser 教授的体系化

William L. Prosser 系著名的侵权行为法学者，鉴于美国实务上关于隐私权未有明确的界定，乃于 1960 年在加利福尼亚州法律评论（48 Calif. L. Rev. 383f.）发表了"论隐私"（Privacy）的论文。本论文在隐私侵权行为法的发展具有相当于前揭 Warren 及 Brandeis 二氏论文的重要性，其主要的贡献在于整理分析实务上案例，认为隐私权的侵害涉及四种不同的利益，构成四个侵权行为。即：

（1）侵害他人的幽居独处或私人事务（侵犯隐密：intrusion upon the plaintiff's seclusion or solitude, or into his private affairs）：例如侵入住宅、窃听电话、偷阅信件等。

（2）公开揭露使人困扰的私人事实（公开揭露：public disclosure of embarrassing private facts about the plaintiff）：例如公开传述他人婚外情或

不名誉疾病。

（3）公开揭露致使他人遭受公众误解（扭曲形象：publicity which places the plaintiff in a false light in the public eye）。

（4）为自己利益而使用他人的姓名或特征（无权在商业上使用他人姓名或肖像，appropriation, for the defendant's advantage, of the plaintiff's name or likeness）。

前揭四种侵害隐私的侵权行为（torts）各有其要件，其所共通的，系"不受干扰的独处"。Prosser 系美国侵权行为法整编（重述）Restatement of Torts（Second）[133]的主编，采纳上述隐私权的类型，而为法院实务及学说所接受，构成美国侵权行为隐私权的基本体系。

三、言论自由与隐私权的发展

应予指出的是，美国法特别重视言论自由，强调其系民主宪政的基础，应受宪法优先保障，致侵权行为上隐私权的保护受到相当的限制。[134]

第一类型"侵犯隐密"的侵权行为在实务上受到较多必要的保护，盖其侵害多出于故意，对个人生活具高度冒犯性，并可补充侵权行为法救济方法的不足，例如电子窃听、远距离拍摄等非发生于原告土地或房屋等一定场所的侵害。在 Galella v. Onassis 案[135]，美国联邦法院判决禁止著名的"狗仔"Ron Galella 在 25 公尺范围内接近甘乃迪遗孀（欧纳西斯夫人）及有任何接触等行为。判决理由特别指出基于公共需要，对公众人物隐私权的侵害固难避免，但新闻记者的长期跟踪，乃不合理的侵害行为，应不受新闻自由保障。

关于第二类型"公开揭露"的侵权行为，法院多认为其所公开的系属真实，不构成对隐私的侵害，以维护言论自由或公共利益。故此类侵权行为的诉讼虽多，但胜诉者甚少。在著名的 Sidis v. F-R Publishing Corp. 案[136]，Sidis 早年为数学天才儿童，但未能继续在数学方面发展，并曾因犯罪入狱，其后改名任职于某公司。被告杂志发现 Sidis，乃详为报道。法院判决原告败诉，其理由系原告曾是公众关切人物，其作为公众人物的特质在相关事物上虽事隔多年，仍然存在，社会对其后来发展的关切具有正

---

[133] Tort Restatement (Second, 1964), § 625A-I.
[134] 以下说明，参见 Anderson，（注[125]书），p. 139.
[135] Galella v. Onassis, 487 F.2d 986 (1973). 参见林世宗（注[130]书），页 504。
[136] Sidis v. F-R Publishing Corp., 113 F.2d 806 (1940).

当性,公众获得信息的利益应大于其个人的隐私权。

第三类型"扭曲形象"的侵权行为,旨在保护个人的形象不受公开揭露的扭曲。此种侵权行为不以具诽谤性为必要,但足造成他人心理或精神损害,乃诽谤的从兄弟(a cousin of defamation),因此亦有同于诽谤侵权行为的限制,尤其有 New York Times v. Sullivan 判决所创设"actual malice rule"(真实恶意规则)的适用,即原告须证明被告明知报道不实或轻率不顾其事实。在 Times Inc. v. Hill 案[137],原告 Hill 家人(夫妻及5个小孩)于1952年在费城家中遭3个逃犯挟持19个小时始被释放,Hill 家人并未受伤害。曾有报纸以头条报道其事。Hill 一家迁居他处。1955年被告拥有的杂志报道该一事件,内容涉及 Hill 氏家人之事务多属不实。历经诉讼到美国联邦最高法院,判决 Hill 氏败诉。判决理由特别表示言论自由应受宪法保障,在扭曲形象案件其请求权的成立,亦须由原告证明被告有真实恶意。

第四类型"为自己利益而使用他人的姓名或特征"的侵权行为,在诉讼上胜诉案件量超过其他三种隐私权侵害案件量的总合,其保护范围并扩张及于个人的绰号、标语、衣服,使用酷似原告的模特儿,歌星模仿他人声音等。此类案件涉及个人肖像、姓名等商业化,具有财产的性质,另发展出一种称为公开权(right of publicity)的权利,得为让与及继承,不同于其他三类隐私权。此将于本书第七章再作详细的讨论。

综上所述,侵权行为上的隐私,肇源于美国,发展出各种类型,隐私权虽受广泛的保护,但仍受相当限制,其主要原因系法院及一般人认为隐私权的重要性不如言论自由,此乃美国法的特色,在比较研究上应予注意。

第二目 宪法上的隐私权

一、历史基础及理论构造

（一）历史基础

美国法上的隐私权起源于侵权行为,于1890年为 Warren 及 Brandeis 所倡导,前已论及,在1960年经 Prosser 教授加以整理体系化。此种所谓的 privacy torts,旨在保护个人不受其他私人的侵害。然为保障个人隐私不受国家权力的侵害,美国法院(尤其是联邦最高法院)另创设了宪法上

---

[137] Time, Inc. v. Hill, 385 U.S. 374 (1967);林世宗(注[130]书),第572页。

的隐私权(constitutional privacy),将隐私权提升到受宪法所保障的基本权利,其主要功能在于对各州及联邦的法令作违宪性的审查,产生了极为丰富的案例,深具法理上的启发性,值得作简要的说明。

美国联邦最高法院于 1965 年的 Griswold v. Connecticut(381 U. S. 479, 1965)首度正式肯定隐私权系受宪法所保障的权利。惟在此判决以前,若干法院判决已认知到隐私权的宪法意义,例如 1905 年的 Pavesich v. New England Life Insurance(50 S. E. 68, Ga. 1905),1923 年的 Meyer v. Nebraska(262 U. S. 390, 1923),1928 年的 Olmstead v. United States (277 U. S. 438, 1928. 参阅 Justice Brandeis 著名的不同意见)及 1942 年 Skinner v. Oklahoma(316 U. S. 535, 1942)。

这一连串判决的思想更可追溯到美国联邦宪法的理念,违宪审查制度、John Stuart Mill 的自由论、John Locke 等所倡导的自然法及自然权利,作为隐私权的思想渊源及历史基础。[13]

(二) 理论构造

美国宪法对隐私权未设规定,如何建构其在宪法上的法源依据? 在前揭著名的 Griswold v. Connecticut(1965)案,Connecticut 州法律禁止任何人使用药物、医药用品或器具作为避孕之用,并明定任何人帮助、咨询、促使、雇用或指使他人为避孕的犯罪行为,应受起诉或处罚。美国联邦最高法院认为此项法律规定违反宪法对隐私权的保障。由大法官 Douglas 主笔的多数意见,强调联邦宪法的修正条文蕴含有使隐私权应受保障、不受政府侵害的晕影(the First Amendment has a penumbra where privacy is protected from governmental intrusion),形成个人的隐私区域(zones of privacy),正式宣告隐私权系受宪法保障的权利。

晕影理论具有创意,但亦备受批评。其后美国联邦最高法院多以宪法第十四修正案所规定的正当程序(尤其是 substantive due process,实质正当程序)及平等保护原则作为隐私权保护的基础,据以认定个人的何种隐私区域系受宪法保障的基本权利,例如个人是否享有堕胎、安乐死的权利,同性恋者是否有得私下同意从事肛交行为的权利或自由(a fundamen-

---

[13] Glenn (注[12]书), p. 15ff. "司法院"最近发行的美国联邦最高法院宪法判决选译(第 7 辑,2011),选译了两个言论自由判决(刘静怡节译),5 个隐私权判决(林利芝节译),敬请参见研读。

tal right or fundamental liberty interest to homosexual sodomy)?

二、隐私权的概念及保护范围

自1965年Griswold v. Connecticut后,美国联邦最高法院在若干重要判决释述隐私权的概念,一方面强调此涉及人之尊严、自由价值,他方面则就个案认定其应受保障的范围,兹分为生育自主、家庭自主、个人自主及信息隐私四类作简要说明如下:

（一）生育自主(Reproductive Autonomy)

1. 婚姻隐私权(Griswold v. Connecticut)

在Griswold v. Connecticut案,美国联邦最高法院明确承认宪法上的隐私权,肯定了已婚配偶使用避孕药物的权利,前已论及,盖以婚姻具亲密性,避孕行为多系于隐密处所为之,应禁止警察搜索夫妻的房间,以保障婚姻隐私。其后更于其他判决承认未婚男女避孕的权利[139],并宣告处罚贩卖或转让避孕药物给未满16岁者的法律规定违宪。[140]

2. 堕胎隐私权(Roe v. Wade)

堕胎涉及胎儿"生命"、妇女健康及公共利益,美国各州法律多设有限制或完全禁止之。美国联邦最高法院于1973年在Roe v. Wade案[141],作出具革命性的判决,宣示妇女有权利于胎儿有生命前得为堕胎的基本原则,迄至今日,仍继续维持此项受宪法上隐私权保障的堕胎自由权。[142]本案涉及各方面利益及不同信念,极具争议性,并影响美国总统或美国参议院对美国联邦最高法院法官被提名者的"资格审查"的重要因素。[143]

---

[139] Eisenstadt v. Baird, 405 U.S. 438 (1972). 台湾地区法律并未限制妇女（无论结婚与否）使用避孕器具或药物。

[140] Carey v. Population Services International, 431 U.S. 678 (1977).

[141] Roe v. Wade, 410 U.S. 113 (1973). 此为美国宪法上最具争议性判决。参见陈美华:《妇女堕胎权——论露对威德案(Roe v. Wade)》,载《东吴政治学报》1996年1月第5期;Rotunda, Modern Constitutional Law, Cases and Notes (Thomson/West, 7th ed. 2003), p. 833. Roe v. Wade案的多数意见系由Harry A. Blackmun大法官(1908-1999)执笔,关于其所涉及的争论及Blackmun的司法哲学,请参见Linda Greenhouse著,胡蕙宁译,Becoming Justice Blackmun: Harry Blackmun's Supreme Court Journey（大法官之旅——法情理的思考与挣扎)(2007)。美国联邦最高法院判决有所谓多数意见的执笔制度,具有特色,创造了特殊的司法及法官风格,即案件评议投票后,如果首席大法官自己属于多数意见的一方,他会指定由谁来负责撰写多数意见。如果首席大法官属于少数意见,则由多数一方的最资深法官指定之。指定主笔大法官时,应尽量平均分配。

[142] Planned Parenthood of Southeastern Pennsylvania v. Casey, 505 U.S. 833 (1992).

[143] 关于台湾法上的堕胎权(人工流产)参见"刑法"第24章堕胎罪及"优生保健法"相关规定。

(二) 家庭自主(Family Autonomy)

1. 子女教育权(Meyer v. Nebraska)

在 Meyer v. Nebraska(1923)案⑭,涉及 Nebraska 州法律规定,除非学童能通过第八级的测试,否则不得教授英语以外的语言,是否违宪的问题,此项法律系于第一次世界大战后因反德情绪而制定。Meyer 氏因在学校教授一名 10 岁学童德文,被控违法。美国联邦最高法院认为教授语言,乃受宪法第十四修正案所保障的自由,虽然使用共同语言具有高度的利益,但以强制限制教授其他语言的方式达成此项目的,乃侵害父母教育其子女的权利。⑮

2. 婚生子女的推定(Michael H. v. Gerald D.)

Michael H. v. Gerald D. (1989)案⑯涉及生父对他人婚姻关系中所生子女的探视权。California 州法律规定,小孩系由生母与其配偶婚姻期间出生,其夫非性无能或非不能生育者,应推定其婚生子女关系。Michael 主张其在 Carloe 与 Gerald 婚姻关系中与 Carloe 通奸,经血液检验其极可能为 Carloe 所生女儿的生父,应有探视权利。美国联邦最高法院强调宪法正当程序条款所保障的,系根植于传统及人民良知的基本权利,此并不包括非婚姻关系的事实上父亲的权利——包括探视权,即不能因婚外的通奸行为而享有受宪法保障的生父权。⑰

(三) 个人自主(Personal Autonomy)

1. 同性恋鸡奸与性行为自由

(1) Bowers v. Hardwick。在 Bowers v. Hardwick(1986)案⑱。Hardwick 被以违反 Georgia 州刑法肛交罪(sodomy)起诉。被告主张此项州法律鸡奸罪违宪,经诉讼至联邦最高法院,由大法官 White 主笔的多数意见

---

⑭ Meyer v. Nebraska, 262 U. S. 390 (1923). 本案虽系 1923 年的判决,但具有宪法上隐私权的意旨,被认系为 leading case,参见 Glenn (注⑫书),p.123, 310.

⑮ 在台湾并未限制儿童学习任何外国语言的法律。

⑯ Michael H. v. Gerald D., 491 U. S. 110 (1989);参见林世宗(注⑬书),第 463 页;Glenn (注⑫书), p.128.

⑰ "民法"第 1063 条规定:"妻之受胎,系在婚姻关系存续中者,推定其所生子女为婚生子女。前项推定,夫妻之一方或子女能证明子女非为婚生子女者,得提起否认之诉。"关于子女提出否认之诉,参阅"司法院"释字第 587 号解释。在台湾地区事实上的生父对他人婚姻关系中所生子女并无亲权或探视权。

⑱ Bowers v. Hardwick, 478 U. S. 186 (1986);林世宗(注⑬书),第 467 页;Glenn (注⑫书), p.134.

认宪法上所保障的权利不包括男性间从事鸡奸行为。其主要理由有二：① 受宪法保障的自由权利须深植于美国历史与文化，美国历史与文化并未接受同性恋者有为鸡奸行为的自由与价值。② 同性恋鸡奸行为固系发生于住宅之内，但不法行为非因在住宅内为之即可当然免责，例如在自己家中持有与使用毒品，虽无被害人，亦不能主张系屋内隐私而不负法律责任。

（2）Lawrence v. Texas。前述 Bowers v. Hardwick 系以 5 票对 4 票认同性恋鸡奸罪合宪，甚具争议。[149] 美国联邦最高法院 2003 年在 Lawrence v. Texas 案[150]以 6 票对 3 票，废弃 Hardwick 案的见解，认 Texas 州处罚具私密性行为的规定，违反宪法正当程序条款所保障个人隐私权。在由 Kennedey 大法官所主笔的多数意见，开宗明义特别强调，自由系保护个人不受政府不当侵入住宅或其他私密之场所。自由者，乃自我自主，包括思想、信仰、表达及某些亲密行为。其所涉及者，系一个人在其一生亲密与个人的选择，攸关个人尊严与自主选择，乃宪法第十四修正案所保障自由的核心。Texas 州的法律侵害了个人最私密的行为：性生活；与最私密的场所：住家。

宪法承诺应有一个不受政府干预的个人自由领域。若第十四修正案正当条款的制定者得知悉个人自由的各种可能性，应可作更明确的规定。该条款的起草人并不自信有先见之明，亦认知情事会使人盲目无视于若干真理，其后的世代则可看到曾一度被认为必要而适当的法律，将仅用来压迫他人。随着宪法的永续发展，每一个世代之人可诉诸其原则，以寻求更大的自由。

2. 死亡权与安乐死（Cruzan v. Director）

在 Cruzan v. Director, Missouri Department of Health（1990）案[151]，Cruzan 因车祸成为植物人，医院虽以喂食和呼吸导管维持其生命，但无法使其复苏。其父要求除去维生措施，但医院以无法院命令而拒绝。Cruzan 的父亲乃向法院请求得除去维生措施的命令。Missouri 州最高法

---

[149] 台湾地区并无处罚同性恋者合意私下的肛交（鸡奸）行为。

[150] Lawrence v. Texas, 539 U. S. 558 (2003)；林世宗（注[130]书），第 470 页；Glenn（注[127]书），Prolog（XXV）。

[151] Cruzan v. Director, Missouri Department of Health, 497 U. S. 261 (1990)；林世宗（注[130]书），第 471 页；Glenn（注[127]书），p.148。

院拒绝之,其理由系 Cruzan 虽曾在 25 岁时向他人表示,若处于类似状况,不愿意靠维生系统维持其生命。但依 Missouri 州遗嘱法规定,监护人要求停止无判断能力(无意识能力,incompetent person)病人的维生系统,须病人有终止其生命意愿的明确及具说服力、可信赖的证据(clear and convincing, inherently reliable evidence)。在本案,监护人未能提出此项证据。争议问题在于 Missouri 州此项规定是否符合宪法所保障的隐私权。

在由首席大法官 Rehnquist 主笔的多数意见首先表示,本案涉及"死亡权利"(right to die)的重大严肃问题,较好的智能系不要试图采一般陈述,以涵盖此所涉及的各个可能层面。就原则言,美国宪法赋予具识别判断能力之人(competent person)一个受宪法保障得拒绝维持生命系统的权利。关于不具识别判断能力之人,前揭 Missouri 州所设程序保障规定尚不违宪,概以拒绝医疗救治,包括不使用维持生命系统固属受宪法保障的自由利益(liberty interest),但并非绝对,须与相关的利益加以衡量,在本案,Missouri 州法具有维护人之生命的利益。即 Missouri 州所要求加重的证据标准,具有正当性,因为:① 难以确保家人的见解及利益同于病人的意见及利益;② 此项证据可以避免难以挽救的错误,即拒绝使用生命维持医疗的错误,难以补救。不终止维生医疗的决定乃在维持现状,两相权衡,以维持生命较为可采。[152]

(四) 信息隐私(Informational privacy)

1. 宪法上信息隐私权:Whalen v. Roe

在 Whalen v. Roe(1977)案[153],因纽约州法律规定若干药物的处方应作成记录及集中储存于政府的计算机。在此项法律施行前数日,一群病人、医生提起诉讼,认为此项规定侵害宪法所保障医生与病人间隐私的领域。美国联邦最高法院认为控制危险药物的使用及分配乃州之警察权的正当行使,将储存的信息对医生、保险公司或公共卫生单位公开,或在司法诉讼上被提供为证据,并不当然构成对受宪法所保障隐私权的侵害。

---

[152] 对于末期病人不施行心肺复苏,台湾地区"安宁缓和医疗条例"第7条第3项规定:"末期病人意识昏迷或无法清楚表达意愿时,第一项第二款之意愿书,由其最近亲属出具同意书代替之。但不得与末期病人于意识昏迷或无法清楚表达意愿前明示之意思表示相反。"本法规定亦仅适用于末期病人,对植物人并不适用。

[153] Whalen v. Roe, 429 U.S. 589 (1977). 参见 Trubow/Allen/Turkington, Privacy: Cases and Materials (1992), p. 55.

本案系美国联邦最高法院第一个肯定宪法上信息隐私权的判决,具有重要意义。在由 Stevens 大法官主笔的多数意见特别强调:吾人并非不知以计算机化数据库或其他政府档案广泛搜集的个人信息对个人隐私所造成侵害。课税、社会福利的发放、公共卫生的监督、军队的指挥及刑罚的执行皆须有秩序的保存大量资料,其中甚多属个人性质,一旦公开将会令人难堪不安。为公共利益搜集及使用此等资料的权利,负有避免不当揭露的法令上的义务。在若干情形,此项义务实有其宪法上的根源。

2. 信息隐私保护的发展

在 Whalen 案之后,关于信息隐私保护的发展,有两个重点,一为由法院采个案利益衡量的方式判断政府搜集、储存、利用个人资料的合宪性或合法性。一为制定保护隐私的特别法。

为保护隐私,美国各州及联邦在产业自律原则的架构下制定有若干保护隐私的法律。在州的立法方面,例如 1902 年纽约州最高法院在 Roberson v. Rochester Folding Box Co. 案(64 N. E. 442,1902)否认普通法的隐私权。为因应社会的批评,纽约州议会在翌年(1903)修正《纽约州民权法》(New York Civil Rights Act)增设对隐私权的保护,明定未得同意于广告上或因商业目的使用他人姓名或特征者构成轻罪,并准原告得请求损害赔偿和禁制令。

在联邦法律方面,系采个别立法保护方式,其较重要的,如联邦隐私权法(The Federal Privacy Act of 1974)保障联邦政府与金融机构银行记录的计算机信息隐私;隐私权保护法(The Right to Privacy Protection Act of 1980)保护新闻隐私;电讯传播法(The Telecommunications Act of 1996)保护电讯传播消费者信息;电子传讯隐私权法(The Electronic Communications Privacy Act of 1986)规范有线、无线电子或口头传讯的谈话隐私;儿童线上隐私保护法(Children's Online Privacy Protection Act of 1998)规定取得儿童个人资料的要件,尤其是对父母的通知或父母的同意等。

综合上述,隐私权发源于美国,经过一百余年的变迁,建构了以侵权行为法上隐私权、宪法上隐私权及特别法律的保障机制,并为因应社会经济的需要,尤其是信息隐私权的保护而不断的发展演变。

第二项　英国法上的隐私保护[154]

一、英国法与隐私权

1890 年 Warren 和 Brandeis 以英国普通法(common law)的判例为基础,倡导创设美国法上的隐私权,历经一百余年的发展,前已论及。在英国迄至今日,仍不承认有所谓的一般隐私权(a general right of privacy)[155]。早在 1932 年著名的侵权行为法学者 Winfield 即敦促英国法院创设一个保护个人隐私不受冒犯侵害的侵权行为(Tort)。近二十年来,虽有若干政府研究报告及立法草案,均未获接受[156],其主要理由为:

(1) 认为现行侵权行为法基本上足以提供合理的保护。
(2) 隐私的概念及范围难以界定。
(3) 言论自由保护的优先性。
(4) 应由媒体自律,避免侵害他人隐私。

著名的 Kaye v. Robertson 案[157]最足说明英国法的困境及发展必要。Gordon Kaye 系著名演员,因车祸受伤住院,被告杂志的记者侵入病房,强为访问及拍照。此等侵入行为在美国法应构成对隐私权的侵害。英国上诉法院(Court of Appeal)的法官虽一致非难被告的行为,但更明白地表示:"如所周知,在英国法上并无隐私权,故亦无侵害隐私的诉权。"(It is well-known that in English law there is no right to privacy, and accordingly there is no right of action for breach of a person's privacy)。法院乃逐一检讨原告所主张的各种诉的原因,最后勉强认为得成立恶意虚伪(malicious falsehood)侵权行为,而发布禁制令。Bingham L. J. 特别指出本案凸显英国普通法和制定法未能有效地保护个人隐私。Glidewell L. J. 更认为本案显示应立法保护个人隐私的必要性。本案在英国法上隐私权的发展具有两点重要意义:

---

[154] 参见 Deakin/Johnston/Markesinis (注㉒书), p. 753; Bingham, Should There Be A Law to Protect Rights of Personal Privacy? (1996) EHRLR 450; Wacks, The Poverty of Privacy (1980) 96 LQR 73.

[155] Winfield, Privacy (1931) 47 LQR 23.

[156] Younger, The Report of the Committee on Privacy, Cmnd. 5012 (1972); Calcutt, Review of Press Self-Regulation, Cmnd. 2135 (1993).

[157] [1991] FSR 62.

（1）英国法院坚持数百年的传统，确信应以所谓诉之原因的渐增发展方法（incrementally development of cause of action），扩张解释既有的侵权行为（tort），以达保护隐私之目的。

（2）英国国会虽制定有保护个人资料隐私的法律[⑱]，但尽量避免以制定法介入普通法的领域。英国法上隐私权发展的动力，系来自欧洲人权公约保护隐私的规定，受英国法欧洲化的影响。

二、英国侵权行为法对隐私的保护

英国侵权行为法系由个别的侵权行为所构成，每一个侵权行为各有其成立要件及抗辩事由，甚至救济方法。实务上认为下列侵权行为具保护隐私的功能：

（1）Trespass（直接侵害），例如在他人土地或房屋装设窃听器。

（2）Nuisance（生活妨害），例如从空中拍摄他人房屋或观察土地上或屋内人的行动。

（3）Malicious falsehood（恶意虚伪），例如伪称接受访问而为报道等。

值得特别提出的是，tort of breach of confidentiality（违反信赖守密的侵权行为），已发展成为保护隐私的重要机制，此一侵权行为起源于衡平法上的救济方法，演变为一种被害人得请求法院发布禁制令或损害赔偿的制度。此项侵权行为的成立要件有三：

（1）须有关于个人性质的信息。

（2）信息的告知具有应为守密义务的信赖关系。

（3）须其未经授权的公开致他人受有侵害。

核心问题在第二个要件，其典型的情形包括病人与医生、雇主与受雇人、告解者与牧师之间的关系。为保护隐私，英国法院乃扩大其适用范围，认为下列情形，亦得成立违反信赖守密的侵权行为：

（1）夫妻间的谈话，并包括夫妻生活中所获知的情事。

（2）窃取或拾获他人遗失掉落的文件而为公开。

（3）利用远距离的照相机，拍摄他人的活动。

（4）媒体自他人取得信息而为公开，明知该他人有守密的义务。

[⑱] 例如 Interception of Communications Act 1985, Data Protection Act 1998.

三、《欧洲人权公约》、《英国人权法》与英国隐私法的发展[59]

1950年的《欧洲人权公约》(European Convention on Human Rights)明文保障生命、不受酷刑、禁止奴隶及强迫劳动、维护人身自由及安全等基本权利。并于第8条规定:"人人有权要求尊重其私人的私生活,家庭及通讯自由。公务机关不得干预上述权利的行使,除非系依照法律及民主社会中为国家安定、公共安全或国家的经济福利、为防止混乱或犯罪、为保护健康或道德、为保护他人权利的必要。"英国于1998年制定《人权法》(The Human Rights Act 1998,2003年施行),于第6条第1项明定公务机关不得从事有违公约所定权利的行为。前揭公约及人权法使英国法院更扩大解释适用 breach of confidentiality 的侵权行为,更进一步迈向承认一般隐私权,兹就最近两个备受重视的判决加以说明:

(一) Douglas v. Hello![60]

著名演员 Michael Douglas 和 Catherine Zeta-Jones 授权 OK 杂志独家拍摄及公开其婚礼照片。婚礼后两天,Douglas 和 OK 杂志获悉 Hello! 杂志将公开经由宾客所拍摄的照片,即向法院申请发布禁止令。英国上诉法院驳回此项请求,其主要理由系认为,Hello! 杂志即将公开照片若遭禁止,其损失重大,难以估计。反之,若准其公开,OK 杂志的损失易于计算,两相权衡,以不发布禁止令为适当。

在本案,法院曾考虑原告得主张的诉之原因。Brooke L. J. 认为成立 tort of breach of confidentiality。Sedley L. J. 强调,不应虚构侵入者与被害人间的信赖关系,而应肯定隐私本身系属来自个人自主价值的原则,应受保护。[61]

(二) Venables & Thompson v. News Group Newspapers Ltd.[62]

Venables 和 Thompson 在11岁时杀害两岁的孩童 James Bulger,经被判刑而受监禁。在审判中,其姓名及身份被保密,判决后,法院撤销保密

---

[59] Hunt, The Horizontal: Effect of the Human Rights Act (1998) PL 423; Wright, Tort Law & Human Rights (2001), p. 163; MacDonald/Jones, The Law of Freedom of Information (2003), p. 591.

[60] [2001] QB 967.

[61] "The Law no longer needs to construct an artificial relationship of confidentiality between intruder and victim: it can recognise privacy itself as a legal principle drawn from the fundamental value of personal autonomy."

[62] [2001] Fam 430.

的限制,但仍命令不得公开其容貌及行止居处。二人于 2001 年假释时,年满 18 岁,业已成年,申请法院对被告新闻杂志就其新的身份及容貌的变更等应为保密,不得报道。英国高等法院家事法庭(Family Division)以欧洲人权公约、英国人权法及前揭 Douglas v. Hello! 案判决为依据,认本案应成立 breach of confidentiality,纵使在国外网络已公开原告的身份等,仍不得为新闻报道,以免遭受报复,危及生命、身体安全。学说上认为本案扩张了信赖原则,但实际上业已肯定隐私应受保护的基本原则。

据上所述,英国侵权行为历经长期的发展,以渐增的方法,扩大对隐私的保护,以维护法律的安定与进步。学者批评此种以勉强扩大适用中世纪的侵权行为(medieval torts)不合时宜的概念架构及思考方法,处理 21 世纪快速发展的信息社会的问题,不足全面规范个人隐私的保护问题。⑯《欧洲人权公约》及英国人权法创设了一个有利的宪法环境,肯定隐私为一种宪法上的权利及价值⑭,法学界乐观地期待英国最高法院(House of Lords)应会在适当时机,选择适当的案件,肯认英国法的一般隐私权。⑮

第三项　德国法上的人格权与(私领域)隐私的保护⑯

第一目　私法人格权与宪法人格权

一、私法人格权

德国民法上并无人格权的一般规定,仅就个别人格法益设有明文,如《德国民法》第 12 条的姓名权。《德国民法》第 823 条第 1 项规定:"因故意或过失不法侵害他人的生命、身体、健康、自由、所有权及其他权利者,应就所生损害负赔偿责任。"依立法者的意思及当时通说见解,所谓其他权利并不包括"人格权"在内。为保护其他未被列举的人格法益(例如名誉、隐私),实务上乃扩大适用"故意以悖于善良风俗加损害于他人"(《德

---

⑯　Deakin/Johnston/Markesinis (注㉒书), p. 860.

⑭　Barendt, Privacy as a Constitutional Right and Value, in: Birks (ed.), Privacy and Loyalty (1997).

⑮　Deakin/Johnston/Markesinis (注㉒书), p. 859; Phillipson, Transforming Breach of Confidence? Towards a Common Law Right of Privacy under the Human Rights Act, 66 MLR 726 (2003).

⑯　参见拙著:《人格权、慰抚金与法院造法》,载《民法学说与判例研究》(第 8 册),北京大学出版社 2009 年版,第 70 页;Amelung, Der Schutz der Privatheit im Zivilrecht (2002).

国民法》第826条)及违反保护他人之规定(《德国民法》第823条第2项)。

第二次世界大战后德国法发生重大变革,一方面经历了纳粹残害人权的暴政,另一方面是1949年制定的《德国基本法》创设了保护基本权利的环境。在强化保护人格权的法律迟未制定之际,德国联邦法院(Bundesgerichtshof, BGH)于1957年在著名的"读者投书"案(Leserbriefe)[167],认为被告(出版社)以读者投书的方式处理律师(原告)为当事人所发出的更正函件,并删除若干关键文字,系对人格权的侵害,判决理由强调:《德国基本法》第1条第1项明定人性尊严应受尊重,人格自由发展是一种私权,在不侵犯他人权利、不违反宪法秩序或伦理的范畴内,是一种应受宪法保障的基本权利。思想或意见源于人格,是否发表、以何种方式发表,传达于公众,将受舆论评价而涉及作者的人格,应由作者自行决定。擅自发表他人私有资料,固属侵害他人应受保护的秘密范畴,发表他人同意的文件但擅自添加或减少内容,或以不当的方式处理,亦属对人格权的侵害。

联邦法院以《德国基本法》第1条及第2条为依据,创设了一般人格权(allgemeines Persönlichkeitsrecht),并认系《德国民法》第823条第1项所称的其他权利。其他判决[168]更扩大其救济方法,尤其是人格权受侵害情形严重者,被害人亦得请求相当金额的赔偿。

二、宪法人格权

在著名的Soraya案[169],原告Soraya是伊朗国王的离婚王后,因被告杂志刊登捏造访问报道,乃以人格权受侵害请求损害赔偿,尤其是慰抚金。被告于三审败诉后,主张德国民法对慰抚金请求权应限于法律列举的情形,联邦法院的判决违反法律规定及宪法基本权利,并侵害言论及报业自由,而提起宪法诉愿。德国联邦宪法法院驳回此项诉愿,宣示三项重要的法律见解:

1. 肯认德国联邦法院所创设的一般人格权

一般人格权作为基本权价值核心并维护社会共同体中自由开展的人

---

[167] BGHZ 13, 334.

[168] 参见 BGHZ 26, 349; 66, 182; 128, 1; Kötz/Wagner,(注[87]书),S. 367.

[169] BverfGE 34, 269. "法庭一周新报案"判决,《德国联邦宪法法院裁判选辑(八)》,"司法院"发行(1999),第508页以下(石世豪译)。

格及其尊严,应享有所有国家权力的尊重与保护。个人的私人领域,亦即自主的、自我负责的作成决定,并希望不受任何形式侵犯的领域,尤应受此保护。私法领域中一般人格权的权利形态亦须服膺于此项保护目的,就承认个别人格权之后仍留有的人格权保护上的漏洞,随着时间经过、基于不同原因而益形凸显,有填补的必要。因此,联邦宪法法院对于民事法院审判实务上承认一般人格权,从未加以指责。

2. 私人领域的保护

原审原告的私人领域,应受保护。唯有原告可以决定是否,以及以何种方式,使公众得以探究其私生活。

3. 人格权保护与报业自由的利益衡量

一般人格权依宪法意旨,固然具有限缩报业自由基本权的权能。报业自由对于自由民主基本秩序亦有深厚不容忽视的意义。为解决民事法律关系中当事人在宪法上受保护利益的冲突,而为的利益权衡,报业自由仍有其重要性,一般人格权不得全面主张其有优先地位;依具体案件的事态,报业自由就自一般人格权所推衍出的各项请求权,亦得产生限制之作用。系争判决就原审原告人格领域的保护,认其较报业自由具有优先的地位,依原审已经确认之事实并无宪法疑虑。就报业内容及其他宪法上保护利益进行权衡之际,尚得考虑该报业是否于具体个案中,就具有公共利益性质的事务,谨慎且针对事理加以评论,借以符合读者大众的信息需求,并贡献于公共意见的形成;或者,报业仅在满足不同的读者阶层追求肤浅娱乐的需要。于本案中相对于原告私领域受保护的需要,读者并无权利借由虚构的访谈而获悉一位曾经是公众人物的私生活。纵使承认就此领域亦有意见形成上的正当利益,但虚构的访谈亦不能有任何贡献。私领域的保护相对于此类报业披露行为应享有优先地位。

第二目　隐私(私领域)在德国人格权法上的保护

一、一般人格权的具体化

德国民法上或宪法上并无所谓隐私的概念,其相当于美国法上的 Privacy,在德国判例学说称为 Privatsphäre(私领域)或私人性(Privatheit),此乃德国法上一般人格权为保护个人生活领域所为的具体化(Privatheit als Konkretisierung des allgemeinen Persönlichkeitsrechts),即所谓的"私人性"(Privatheit)乃导自一般人格权,并同时决定其内容及范围,使个人享有一个自我生活形成的自主领域,得排除他人干预而发展实现其个人性,得有属于自我存在的领域[170],可称为一般人格权的内化。

二、德国联邦法院与联邦宪法法院的分工与协力

一般人格权的创设及具体化,系德国联邦法院和联邦宪法法院的重要贡献。德国联邦法院系管辖民事及刑事终审法院的一般法院(einfaches Gericht),其任务在于保护人格权不受其他私人的侵害,以侵权行为法为其规范机制。联邦宪法法院的任务则在保障人民的基本权利(包括人格权)不受来自国家权力(包括立法、行政、司法)的侵害。应特别指出的是,德国设有宪法诉愿制度,即联邦宪法法院就联邦法院等一般法院的裁判得依当事人的诉愿而为违宪审查。联邦法院及联邦宪法法院对人格权及隐私的保护担负分工及协助的工作。

三、德国联邦法院所采的领域理论

(一) 领域理论、模式及思考方法

关于一般人格权在私生活上的具体化,最基本的问题系如何在要件上认定其保护范围。学说上提出了领域理论(Sphärentheorie),认为个人的人格开展于不同的领域,人一方面系为个体,而为一个私人,他方面亦属所谓的社会动物,具团体的本质,而为社会人。私人领域系为使个人的人格得自由及自我负责地发展,必须保留给每一个人有一个内部空间,个人在此内部空间中,得以保有自我,得自公开隐退,不让周边环境进入,享有安宁及寂静。[171]

关于如何区别个人生活的领域,而定其保护的程度,学说上提出各种分类。[172]德国联邦法院采纳领域理论,并区分为隐密领域(Intimsphäre),秘密领域(Geheimsphäre)及个人领域(Individual-sphäre)。隐密领域的实质内容来于人性尊严的核心,享有绝对保护,任何侵害,无论是来自个人或公权力,均应被排除,例如性行为,对证人或被告自我责难的强制。其他两个领域则依相互利益衡量的标准,以决定其是否应受保护。领域理论系将私人生活领域,放置于一个同心圆的模型上,依其接近中心核心

---

[170] Schwerdtner, Das Persönlichkeitsrecht in der deutschen Zivilrechtsordnung (1977), S. 79.
[171] BverfGE 27, 1 (Mikrozensus).
[172] Hubmann, Das Persönlichkeitsrecht (2. Aufl. 1967), S. 268; Coing, Zur Entwicklung des Zivilrechtlichen Persönlichkeitsschutzes, JZ 1958, 558. Habermas, Struktur-wandel der Öffentlichkeit (4. Aufl. 1969), S. 157 (168f.); Scholler, Person und Öffentlichkeit (1967), S. 77f.

部分的远近,分为不同层次加以保护。在思考方法上分为三个阶段[173]:

(1) 认定人格权的保护范围及其具体的领域。
(2) 是否构成侵害。
(3) 此种侵害是否具有正当性。涉及核心领域的任何侵害均为法所不许。其他情形,则权衡其对立的利益加以判断。

兹举两个德国联邦法院判决说明领域理论的适用:

1. 录音案(BGHZ 27, 284)

本案当事人因税捐、房屋经营发生纠纷,于谈判时一方当事人私下录音作为证据。德国联邦法院认为此项行为侵害他方私的领域尤其是秘密领域,应成立侵权行为,而作成三项裁判要旨:

(1) 未得谈话相对人的同意,使用录音器记录其谈话者,系侵害《德国基本法》第1条、第2条所保障的人格权。此项人格权乃在保护个人在其人格权法上的自我领域。

(2) 只有在特殊情形(正当防御、为重大的合法利益)此项侵害行为始不具违法性。

(3) 鉴于保障人格自我领域的重要性,为保全证据的私人利益,原则上不足作为对谈话秘密录音的正当事由。

2. 捏造访问案(Caroline I, BGHZ 128, 1)[174]

某杂志封面标题刊登对摩洛哥公主(Caroline von Monaco)的捏造的独家访问报道。联邦法院认为此种行为侵害他人的自主决定(Selbstbestimmung),系对人格权的继续侵害,被害人得请求该杂志出版者同样于封面标题公开表示其对此项登载的撤回(Widerruf)。此项撤回的登刊须足使读者注意及于该捏造访问。又此项对人格权的侵害,如系故意以增加发行或获利为目的时,则基于预防侵害之目的,应将其所获利益作为量定非财产损害金钱赔偿的量定因素。[175]

---

[173] Geis, Der Kernbereich des Persönlichkeitsrechts—Ein Plädoyer für die "Sphären-theorie", JZ 1991, 112 (117).

[174] 摩洛哥公主(Caroline von Monaco)具高度知名度,社会大众对其私生活甚有兴趣。欧洲各国乃以各种方法发掘新闻,利用狗仔拍摄照片,大肆报道。摩洛哥公主乃在德、法等国法院提起诉讼,形成系列的判例,对人格权法的发展,具有贡献(参见本书第八章)。

[175] 此项重要见解,在德国法上引起深入的讨论,参见本书第九章。

(二) 领域理论与信息自主权

1. 领域理论的相对化

德国联邦宪法法院基本上赞同联邦法院采取的领域理论,尤其是享有保护的核心领域(隐密领域),并充实其宪法释义性,强调基于《德国基本法》第 1 条所规定人格尊严不受侵害,及其应受所有国家权力的尊重与保护,个人在其私人生活形成上,被保障有一个绝对不受侵害的领域。此种应受绝对保护的领域包括个人的性关系及证人或被告并无自我责难的义务等,前已提及。值得注意的是,德国联邦宪法法院已逐渐扬弃此种核心领域理论并加以相对化。兹就著名的人口普查案件及日记案,加以说明。

(1) 人口普查案(Volkszählung, BverfGE 65, 1)[⑰]:信息自主权。德国于 1983 年制定人口普查法,准备从事全面性人口资料的普查,引发整个社会各阶层群起的抗议运动及宪法诉愿。联邦宪法法院认该普查法违宪,乃创设个人信息自主(自决)权,提出两项重要原则:

① 在自动化数据处理的现代化条件下,人格的自由发展取决于个人有权对抗个人资料被无限制的搜集、储存、使用与传送。基本法上的人格权应进一步加以具体化,其内容须包括个人得本诸自主决定的价值与尊严,自行决定,何时,及于何种范围内,公开其个人的生活事实。

② 个人对其切身资料并无所谓绝对不受限制的支配,个人与团体间具有社会关联性及社会拘束性,因此个人的信息自主权必须忍受重大公益的限制,国家公权力对人民信息自主权领域的规范,应受法律保留原则、授权明确性原则及比例原则的拘束,并有义务在组织及程序上采取相对应的预防措施,俾个人的信息自由得获保障,而有效发挥其功能。

德国联邦宪法法院人口普查案的判决具有三个重大意义:其一,在一般人格权保障范围的具体化上,更进一步创设了个人信息自主权。其二,在方法上修正了"领域理论",不再将个人事务作阶层上的区分,使其受到不同程度的保护,而是以资料的使用或结合可能性作为判定标准。其三,信息自主权的创设及其判断基准强化了资料搜集处理的宪法规范性保障,为国家权力(立法、行政、司法)衡量当事人利益,提供了一个宪法

[⑰] 《德国联邦宪法法院裁判选辑(一)》,"司法院"印行(1991),第 288 页以下(萧文生译)。

基准。⑰

（2）日记案(Tagebuch，BverfGE 80，367)⑱：核心领域的相对化。著名的日记案(Tagebuch)的主要争议系刑事被告的日记，得否于刑事诉讼程序中作为证据使用。该案的宪法诉愿人被指控谋杀一位妇人，宪法诉愿人否认之。普通法院审理时，根据宪法诉愿人在心理医生建议下所写日记的内容，而认定宪法诉愿人的犯行。宪法诉愿人主张法院对其日记所作的认定，侵害其应受《德国基本法》第2条第1项及第1条第1项所保障的一般人格权，尤其是强调其日记属于应受到绝对保护的个人隐密部分，无论在任何情况下均不得受到侵犯，国家公权力不得取用此部分的资料。联邦宪法法院认为被告的日记可以作为刑事诉追程序之用。其理由为：

① 以利益衡量认定应受保护的领域：即每个人都是社会的一员，因此纵使是个人人格的核心领域实具有社会关联。故在判断某一事件是否属于绝对不受侵犯的部分，或是属于在特定条件之下仍受国家限制的部分，并非取决于该事件是否具有社会关联性，而是依事件性质及强烈程度来判断，由于此一标准不容易抽象描述，因此必须考量个案特殊情况后始能作出合理的判断。

② 判断基准的形式及内容：在形式应注意的是当事人是否有意就内容保密，以及该事件是否具有高度人格的特质。由于宪法诉愿人将其思想以书面写下，已使其脱离自己本可控制的内部领域，从而暴露于国家行为的危险中，即此类记载可否被利用，主要系取决于内容的性质及特性；假若记载了犯罪计划或已犯罪的记录，则该记录便不再属于绝对不受侵犯的人格权保护范围内。

在内容方面，正因为诉愿人的日记内容与其被指述之犯行间有着密切的关联，此已经提供足够充分的理由，不将此记载列入绝对不受侵犯的

---

⑰ 最明显之例，系《德国个人数据保护法》第1条第1项"原"规定"该法之立法目的在于保护个人资料在输入、传递、变更及消除（即数据处理）时，免于滥用，从而防止当事人应受保护之利益受到侵害"。在联邦宪法法院前揭人口普查案判决公布后，于1990年联邦个人数据保护法修正，有关其立法目的即改为："保障人格权以免在资料流通中受到侵害"。参见陈志忠(注⑫报告)，第750页；并参见台湾地区"个人数据保护法"第1条规定："为规范个人资料之搜集、处理及利用，以避免人格权受侵害，并促进个人资料之合理利用，特制定本法。"

⑱ 《德国联邦宪法法院裁判选辑（八）》，"司法院"印行(1999)，第205页以下(张懿云译)。

私人生活范围,以回避公权力的介入。凡具有如本案之日记内容,而且在侦查的必要范围之内,其内容有助于阐明重大刑案的发生原因、事件背景的,为求公平审判的必要,特别是基于《德国基本法》第1条第1项所导引出实质罪责原则,此一对于日记的解读,即可不认为是对于个人人性尊严的侵害。

联邦宪法法院系以表决票数相同(Stimmengleichheit),驳回宪法诉愿,可见其争议性。此项判决限制了核心领域,使其不再受绝对保护,与前揭人口普查案具有共同的倾向,即逐步减少对人格权保护,使其相对化。其不同者,系释义学的方法,即在人口普查案修正领域理论,改采综合性的判断基准。在日记案则扩大解释社会关联,而使所谓核心领域的保护实质上已不复存在。[179]

2. 由领域理论到信息自主的发展趋势[180]

在德国法上原无人格权或隐私的概念,为因应社会经济的发展及现代科技的进步,维护人的尊严及价值,首先系由联邦法院创设私法上的人格权,以保护个人不受他人的侵害。联邦宪法法院肯认此项法院造法,而开展宪法上的人格权,以保障个人的自由权利不受国家公权力的侵害。

私领域(隐私)的保护系人格权具体化的重要表现,以保障个人生活的自我形成,不受干预。德国联邦法院及宪法法院自始即采取学说所倡导的领域理论,将隐私的保护分为三个阶层,即隐密领域(核心领域),此应受绝对保护,其他两个领域(秘密领域及私人领域)的保护依利益衡量而为认定。然而各个领域究应如何区别,如何判断私人事物属于何种领域、解释适用上甚滋疑义。[181] 因此联邦法院及联邦宪法法院早期在若干判决曾提出个人的自主权,1983年联邦宪法法院在人口普查案创设信息自主权,修正了领域理论,影响及于联邦法院的判决。综合观之,德国人格权法隐私领域的发展,系由领域理论趋向信息自主,逐渐扩大信息的概念,建构了以信息自主权为中心的法律规范体系。

---

[179] Geis(注⑰文),S. 112(116).
[180] Amelung(注⑯书),S. 7f.
[181] Baston-Vogt(注⑮书),S. 191f., 400ff.

第四项　比较法上分析及发展趋势

一、21世纪的挑战

隐私权自1890年被Warren和Brandeis二氏"发现"迄今,已有超过1个世纪的历史,为因应信息社会的发展,个人隐私的保护,已成为世界各国或地区面临的问题[182],国际人权法上关切重点[183],乃21世纪的一项重大挑战。如何参考比较法及国际人权的指针[184],建构合理的规范机制,系台湾法学界的任务。

二、宪法上隐私权和私法上隐私权

在美国法,先有侵权行为上隐私权(privacy tort),其后发展出宪法上隐私权(constitutional privacy)。在德国法有宪法上的一般人格权及私法上的一般人格权,均以私领域(Privatheit)作为其具体的保护范围。英国法对隐私的保护采取较为保守及审慎的态度,犹未明确承认保护隐私的侵权行为(tort of privacy),造成解释适用的困难,但欧洲人权公约及英国人权法的实施创造了一个肯认一般隐私权的宪法环境。

宪法上的隐私权旨在保障个人私生活不受公权力的侵害,其核心问题在于如何调和个人隐私保护与公共利益。私法上的隐私权主要在于依侵权行为法保护个人隐私不受第三人的侵害,其核心问题在于如何调和个人隐私保护与言论自由(参照本书第八章)。

三、美国法与德国法的不同风格

美国法系在普通法及宪法上以个案发展出对隐私保护的标准,对隐私采广义的解释,包括个人自主决定(生育、婚姻、家庭、性关系等)和信息隐私两个类型,其范围并扩张及于堕胎、死亡权利等。德国法系借个案创设一般法律原则,再具体化于一定的保障范围,最先系采取所谓领域理论,而逐渐以信息自主为私领域的规范机制。

---

[182]　关于法国法上的隐私权,参见Picard, The Right to Privacy in French Law;关于意大利法上的隐私权,参见Alpa, The Protection of Privacy in Italien Law,均分别收于Protecting Privacy (ed. Markesinis, 1999), p. 49及p. 105。关于日本法,参见李锦雀:《日本国宪法保障下之隐私权研究》(淡江大学日本研究所硕士论文,1993)。

[183]　Heil, Privacy: A Challenge for the Next Century, in: Protecting Privacy (ed. Markesinis, 1999), pp. 1-28.

[184]　参见廖福特:《国际人权法》(2005)及《人权法论丛》(2007)。

中国台湾地区隐私权的概念形成及内容范围兼受美国法及德国法的影响，如何纳入台湾地区法上的法律体系，实为重要的研究课题。

四、隐私权的不确定性、开放性及发展性

（一）隐私权的概念

隐私权所保护的系隐私，但何谓隐私？传统的见解认为此系指个人自我独处而言，此具消极的意义，其范围一方面过狭，不能包括应受保护的私领域利益，另一方面又过于广泛，包括了不应涵盖的事物。最近见解采广义认为，隐私并指对个人资料的控制，此具积极的意义。隐私概念的不确定性，固然造成法律适用的不确定性，但亦因其开放性，能适应社会经济及现代科技的发展，而对隐私权的侵害提供必要的保护。

（二）隐私权性质

无论是在美国法或德国法上的隐私权均在保护人格上的精神利益。值得注意的是，在美国法上由"无权商业性使用他人姓名、肖像等个人特征"的侵权类型发展出以保护财产利益为内容的"公开权"（Right of publicity），得为继承让与，与 Right of privacy 形成双轨体系。德国法上的人格权本在保护精神利益，不得让与及继承。经过长期累积的发展，最近几年德国联邦法院明确肯认人格权的内容除精神利益外，尚包括财产利益，原则上亦得让与或继承。此种隐私权及人格权性质的变动，对人格权法的发展，具有重大深远的意义。[185]

第三款 隐私权规范体系的建构与发展

第一项 规范体系的建构

关于隐私权的保护，比较法上（尤其是美国、英国、德国等）已发展出一套规范体系，由宪法上隐私权、私法上隐私权及日益增加的特别法构成之，各具特色，并有共同的基本原则及发展趋势。台湾地区亦正在建构此种规范机制，具有多项的功能：

（1）可供发现隐私权保护的基本法律秩序，各个法律之间的关联及

---

[185] BGH NJW 2000, 2195f.（Marlene Dietrich）。本件判决系德国人格权法发展的里程碑，将于相关部分再加说明。参阅 Götting, Die Vererblichkeit der vermögenswerten Bestandteile des Persönlichkeitsrechts—ein Meilenstein in der Rechtsprechung des BGH, NJW 2001, 585ff.

适用关系。

（2）得以探究隐私权与适用言论自由等其他权利冲突的可能性及其调和的途径。

（3）有助于阐释法律解释上的疑义,填补法律漏洞,在法律政策上检讨增修相关法律的必要性及方向。

要对隐私权的规范体系作全面深入的研究,需要撰写一本专论。以下拟以"宪法"上的隐私权作为基础,综合整理相关法律,作简要的说明。

第二项　建构以"宪法"隐私权为基础的规范秩序

一、"宪法"上的隐私权

关于台湾地区"宪法"上的人格权,曾于第五章加以说明,就"司法院"大法官7个相关解释中,直接涉及隐私权的计有4个,另有一则解释（释字509）论及隐私权与言论自由,前已详述。最近一个解释系2011年的释字第689号。关于此6则解释的内容,前已说明,为便于观察,表示如下：

字号	日期	解释意旨	效力
293	1992.3.13	"银行法"第48条第2项规定乃在保障客户存款等资料隐私权	统一解释
535	2001.12.14	警察临检攸关人民行动自由、财产权及隐私权的保护,应恪遵法律明确性及正当法律程序	现行法规应予检讨修正 2003年制定"警察职权行使法"
585	2004.12.15	"三一九枪击真调会条例"第8条第6项强迫揭露个人隐私违反法律明确性原则及比例原则	无效
603	2005.9.28	"户籍法"第8条第2项、第3项规定请领身份证须捺指纹不符法律明确性及比例原则,违反受"宪法"保障隐私权（信息隐私）的意旨	无效
509	2000.7.7	"刑法"第310条诽谤罪：个人名誉、隐私保护与言论自由的限制	刑法诽谤罪合"宪"解释的旁论
689	2011.7.29	"社会秩序维护法"第89条第2款：新闻采访与隐私权保护	合"宪"性解释

前揭6则关于隐私权的解释呈现了台湾地区政治社会发展过程及基本权利意识的提升,涉及银行资料隐私与消费者权益,警察维护治安与人

民隐私权的保障、犯罪真相调查与证人个人隐私的强制揭露、信息自主权的确立、新闻采访行为与隐私权的调和等,在 20 年间(1992 年至 2011 年),我们看见了"宪法理念"的开展,"宪法释义学"日益精致,隐私权的内涵、人格尊严及人格自由价值越见充实,更明确了法律明确性原则、比例原则、正当法律程序及公共利益维护等原则,价值理念此等原则,不能不说是台湾法律发展进步的重大成就。此等原则不仅可作为立法上建构隐私权法秩序的"宪法"基础,并得作为司法上个案判断审查的基准。

二、规范体系的构成

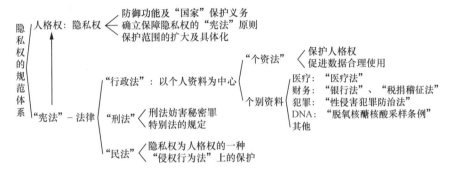

(1) 隐私权规范体系系以"宪法上隐私权"所体现人之尊严及人格自由发展为理念,因应政治、社会、经济发展及科技进步而不断的调整与发展,以保障个人的私之领域的自主,使个人决定如何独处不受干扰,并对其个人信息得有自决的权利。

(2) 隐私权的法律规范系基于各部门的法律的共同协力。在行政法方面,系以"个资法"为中心。"刑法"设有妨害秘密罪,为因应新科技犯罪而作适时必要的修正。隐私权为私法上人格权的一种,使被害人得依侵权行为的规定请求救济。近几年来的民主宪政发展,促进了监听制度的法制化及政府信息公开法的制定,具有重大深远影响。

(3) 台湾地区隐私权的理念、概念形成,及规范内容多受美国法及德国法的启发,比较法的研究开启了新的思考方法,扩张了国际视野,更丰富了可供参考选择的规范模式。

第三项 隐私权的理论构造

一、隐私权与人格权

关于人格权,台湾地区"宪法"亦未设明文,系由"司法院"解释所创设,认系"宪法"第22条所称受"宪法"保障之其他自由权利,例如释字第399号谓:"姓名权为人格权之一种,人之姓名为其人格之表现,故如何命名为人民之自由,应为'宪法'第二十二条所保障。"释字第587号谓:"子女获知其血统来源,确定其真实父子身份关系,攸关子女之人格权,应受宪法保障。"

前揭"司法院"关于隐私权的解释,均皆未提及隐私权与人格权的关系。惟不能据此而认为二者系不同性质的权利,各自独立。在解释上应明确肯定隐私权为人格权之一种,分两点言之:

1. 比较法上的观察

隐私权(Right to privacy)的概念源自美国,在美国法上虽有人格或人格权的用语,属一般性的陈述,非系"宪法"或"侵权行为法"上的权利。美国法上的隐私权的功能相当于台湾地区法上的人格权。台湾地区法上的人格权则同于德国法的 Persönlichkeitsrecht;隐私权旨在维护人性尊严与尊重人格自由发展,乃属一种人格利益而为人格权在私领域的具体化。

2. 法秩序的统一性

"民法"第195条第1项前段规定:"不法侵害他人之身体、健康、名誉、自由、信用、隐私、贞操,或不法侵害其他人格法益而情节重大者,被害人虽非财产上之损害,亦得请求赔偿相当之金额。"明定隐私为一种人格利益,乃属一种个别人格权。又"个人数据保护法"第1条规定:"为规范个人资料之搜集、处理及利用,以避免人格权受侵害,并促进个人资料之合理利用,特制定本法。"本法所称人格权系采自德国信息保护法,主要在于保护信息自主权(信息隐私权)。

据上所述,台湾地区法上的隐私权系人格权之一种,亦因此决定了隐私权的保护范围;美国法上的隐私权包括堕胎的权利,台湾地区法上堕胎自主权即生育自主决定权,乃人格权之一种,非属隐私权的保障范围。

二、信息隐私权与信息自主权

前揭关于隐私权与人格权关系的定位亦可供阐明"信息隐私权"及"信息自主权"(信息自决权)此两个常被使用的概念。信息隐私系美国法上 Information Privacy 的翻译。信息自主权(Informationelles Selbstbestimmungsrecht)为德国法上的概念[186]，乃一般人格权具体化的保护范围，不仅是宪法上的权利，并受侵权行为法保护的私权。[187] 在美国侵权行为法上并无侵害信息隐私的侵权行为(tort)。在中国台湾地区法上应认为信息自主权与信息隐私权殆属同义，为行文方便，本文常互用之。

三、隐私权的概念及保护范围

"司法院"关于隐私权的解释中，有仅提及隐私权，未加阐释。有于解释文及解释理由则作较详细的论述(释603)，即："维护人性尊严与尊重人格自由发展，乃自由民主宪政秩序之核心价值。隐私权虽非'宪法'明文列举之权利，惟基于人性尊严与个人主体性之维护及人格发展之完整，并为保障个人生活私密领域免于他人侵扰及个人资料之自主控制，隐私权乃为不可或缺之基本权利，而受'宪法'第二十二条所保障。"本段解释文阐明隐私权的价值理念在于维护人格尊严、个人主体性之维护及人格发展自由。所谓"生活私密领域免于他人侵扰"，乃传统古典意义的隐私权，即美国法上所谓的 Right to be let alone。"个人资料之自主控制"，乃在肯认信息社会中个人的自主权利。前揭"司法院"解释将二者结合，一起作为受隐私权保障的主要内容，期能兼顾隐私权的发展。但在释义学上仍须有一个可以涵盖二者的抽象概念，具开放性，有进一步具体化的可能性。自 Warren 及 Brandeis 1890 年提出隐私权以后，一百多年来的发展可以说是一个探寻隐私权概念的过程。[188] 为使法律的解释适用有一个可供参照的指针，兹试将隐私权定义为：个人对其私领域的自主权利，分三点言之：

1. 此项概念建立在"司法院"释字第603号解释所提出隐私权的人格尊严及自由发展的价值理念之上。

2. 隐私权系由两个核心部分构成之，一为私密领域，一为信息自主。隐私权的主体为个人，但亦有扩大及于法人团体的趋势。隐私权的保护范围包括："私密生活不受干扰"，即个人得自主决定是否及如何自公众

---

[186] 参见李震山：《论信息自决权》，载《现代国家与宪法：李鸿禧教授六秩华诞祝贺论文集(1997)》，第727页。最近著作 Marion, Informationelle Selbstbestimmung (2005).

[187] Larenz/Canaris, Lehrbuch des Schuldrechts, Band II/2, Besonderer Teil (13 Aufl. 1994), S. 503f.

[188] 参见林建中(注[125]论文)。此为台湾地区关于隐私权基本理论具参考价值的著作。

引退、幽居或独处,而保有自我内在空间,可称为空间隐私(个人生活私密领域)。信息自主,即得自主决定是否及如何公开关于其个人的资料(信息隐私)。二者乃隐私权个别化的保护范围,属个别化的隐私权。之所以对隐私权作广义的解释,主要理由系此为释"宪"的旨意,并避免在隐私权外,再创设一个独立的信息自主权,就"民法"第195条第1项言,其所称"隐私"亦应作广义解释,不必于"隐私"外,再认定有"信息自主权"为其他人格法益。

3. 在台湾地区释"宪"实务上属信息隐私(信息自主)者,如银行存款等资料(释293)、指纹(释603)。警察执行临检执勤或"真调会条例"第8条第6项所涉及的隐私,得包括空间隐私或信息隐私等。

第四款　以个人信息自主权为中心的保护体系

第一项　概　　说

一、变动的规范体系

隐私权的保护范围包括个人的生活私密领域及信息自主(信息隐私)。在现代信息社会,信息自主为法律规范的重点。信息指对资料加工而获得的信息,资料系原始的数据,二者乃相对的概念,例如"司法院"释字第603号解释谓隐私权在于保障个人资料之自主控制,指纹乃重要之个人信息(信息隐私),"计算机处理个人数据保护法"第2条第1款则明定指纹为个人资料。

个人资料(信息)的法律规范并非自始基于一个预先设计的规划,而是因应侵害形态、科技进步、保护必要性及人民的权利意识而形成,处于一种快速变动的发展过程。1995年制定的"计算机处理个人数据保护法"是一个具历史意义的里程碑。于2010年5月26日修正公布名称为"个人数据保护法"及全文56条条文。1999年制定的"通讯保障及监察法"旨在落实"宪法"第12条所保障的秘密通讯自由。基因隐私系目前讨论热烈的重要课题。

二、法律规范与市场机制

隐私权的保护有赖法律规范与市场机制的共同协力。德国法偏重于法律规制,1977年制定的联邦数据保护法(Bundesdatenschutzgesetz)的适用主体包括公的部门及私的部门。美国较重视市场机制及业者自律,

1974年的《美国联邦隐私保护法》(Federal Privacy Act)系以政府机构为规范对象,对来自企业或个人的侵害仅作个别性的规范[189],其主要理由系传统上对国家权力干预的疑虑,并为维护信息自由。在中国台湾应兼顾二者,使民众及消费者亦能参与发挥保护个人资料的功能,并强化当事人自治(私法自治)的信息自主权。

三、规范架构

中国台湾关于隐私权(尤其是信息隐私)保护已形成一个基本规范架构,即以"个人数据保护法"作为基本规范,并就若干重要个人资料在相关的法律加以规定,建立了渐臻完备的法律秩序。

第二项 "个人数据保护法"

一、"计算机处理个人数据保护法"的规范内容及发展:由"计算机处理个人数据保护法"到"个人数据保护法"

信息自主权的保护系以"计算机处理个人数据保护法"(以下简称"个资法"或"本法")为基础。本法制定于1995年,共计45条条文,分为六章(总则、公务机关之数据处理、非公务机关之数据处理、损害赔偿及其他救济、罚则与附则)。为因应急速变迁的社会环境,加强对个人隐私权的保护,于2010年5月26日修正公布名称为"个人数据保护法"及全文56条条文。

以下就若干基本问题作简要说明[190]:

修正草案将本法名称修正为"个人数据保护法",列有七项修正要点。(1)扩大保护客体;(2)普遍适用主体;(3)增修行为规范;(4)强化行政监督;(5)促进民众参与;(6)调整责任内涵;(7)配合增修条文。修正内容多参考外国立法例(如1995年《欧盟数据保护指令》、《德国联邦个人数据保护法》及日本《个人信息保护法》),将使"个资法"益臻现代化及国际化。兹特别提出的是保护客体的扩大,即:

---

[189] DeVries, Protecting Privacy in the Digital Age, 18 Berkeley Tech. L. J. 283, 290 (2003) 称之为 "piecemeal statutory approach"; Reidenberg, Privacy Wrongs in Search of Remedies, 54 Hastings L. J. 877 (2003).

[190] 详细深入的研究,参见许文义(注[123]书);刘佐国:《"我国"个人资料隐私权益之保护——论"计算机处理个人数据保护法"之立法与修法过程》,载《律师杂志》2005年4月第307期,第42页。

（1）扩大个人资料的范围，"个资法"第2条第1款规定："个人资料：指自然人之姓名、出生年月日、国民身份证统一编号、护照号码、特征、指纹、婚姻、家庭、教育、职业、病历、医疗、基因、性生活、健康检查、犯罪前科、联络方式、财务情况、社会活动及其他得以直接或间接方式识别该个人之资料。"

（2）第6条对若干新增列的个人资料（高度隐私资料）设有强化的保护，即："有关医疗、基因、性生活、健康检查及犯罪前科之个人资料，不得搜集、处理或利用。但有下列情形之一者，不在此限：（一）法律明文规定。（二）公务机关执行法定职务或非公务机关履行法定义务所必要，且有适当安全维护措施。（三）当事人自行公开或其他已合法公开之个人资料。（四）公务机关或学术研究机构基于医疗、卫生或犯罪预防之目的，为统计或学术研究而有必要，且经一定程序所为搜集、处理或利用之个人资料。前项第四款个人资料搜集、处理或利用之范围、程序及其他应遵行事项之办法，由'中央'目的事业主管机关会同'法务部'定之。"

（3）明确地将基因列为个人资料，并为特别的保护，乃在因应科技进步及社会发展。基因具有识别遗传、持久、卷标及敏感等特性，涉及个人之家族或其所有族群的权益。现行法上如何解释适用，宜否专立保障基因信息的特别法律，是信息隐私法的一个重要研究课题。[⑲]

（4）"监视录像与个人数据保护法"系备受关注的问题。录像监视器的设置，虽多基于治安的目的，但搜集个人的活动、举止行为等足以识别该人的资料，影响个人隐私及行动自由甚巨，前已述及。"警察职权行使法"第10条虽设有相关规范，但行政机关依不同行政目的，或企业、私人设置监视器者，甚为普遍，欠缺法律依据，应修正"个资法"，规定公务

[⑲] 基因信息有相当广泛深入的研究资料，可供参照。最近论文，林维信：《基因信息保护之研究——以"个人数据保护法草案"为中心》，载《科技法学评论》2007年4月第4卷1期，第153页以下（附有相关资料文献）；参见李昂杰：《基因信息与个人隐私权保护——以"我国"计算机处理个人数据保护为中心》，载《科技法律透析》2004年4月第16卷4期，第43页；谢祥扬：《简评建制"生物数据库"（Bio Bank）之法律争议——以基因信息隐私之"宪法"保障为中心》，载《万国法律》2006年8月第148期，第22页。

机关或非公务机关得设置监视录像器的要件及程序[102]。

二、立法目的及立法原则的具体化

"个资法"的制定系为规范个人资料之搜集、处理及利用,以避免人格权受侵害,并促进个人资料之合理利用。本法规定人格权,系采德国立法例(《联邦个人数据保护法》第1条),主要指信息自主权。个人资料合理使用涉及信息自由。为调和二者,"个资法"采九项立法原则,具体化于相关条文(请阅读之):

(1) 限制搜集原则:资料搜集、处理或利用限于法定情形(第6、19、20条)。

(2) 内容正确性原则:公务机关应专人维护个人资料之正确(第11、18条)。

(3) 目的明确化原则:搜集个人资料应符合特定目的(第15、16、19条)。

(4) 限制利用原则:除非得当事人同意或法律规定,不得为特定目的外之使用(第16、19、20条)。

(5) 安全保护原则:须以合理之安全保护,防止资料不法外泄、使用或变更(第18、27条)。

(6) 公开原则:资料搜集及相关政策应予公开(第17条)。

(7) 个人参与原则:个人有权确认资料是否遭搜集,要求知悉资料内容,并有请求资料内容更正及阅读的权利(第3、10、11条)。

(8) 责任原则:资料适用主体违反法律规定时,应负一定的刑事、行政及民事责任(第28条以下)。

(9) 比例关联原则:个人资料之搜集、处理或利用,应尊重当事人之权益,依诚实及信用方法为之,不得逾越特定目的之必要范围,并应与搜集之目的具有正当合理之关联。

三、适用主体及规范架构

"个资法"的适用主体,除公务机关外,尚包括非公务机关,此乃采德国立法例,不同于美国的 Federal Privacy Act(1974)。公务机关,指依法

---

[102] 参见陈运财(注⑲文),第86页;李震山(注⑲文),第114页;廖纬民:《以"个资法"做为公设街头监视系统的法律规范基础论———一个比较法上的观点》,载《台湾本土法学》2006年10月第87期,第122页;许义宝:《论公共场所监视器设置之法律程序(上)(下)》,载《法令月刊》2006年2月第57卷2期,第14页;2006年3月第57卷3期,第31页。

行使公权力之中央或地方机关,或行政法人。非公务机关,指公务机关以外之自然人、法人或其他团体,因采概括规定故扩大了"个资法"在主体方面的适用范围(第2条第8款、第9款)。

关于公务机关及非公务机关,"个资法"不设统一性规范,系就搜集、利用、国际传递及利用、当事人权利及救济等加以规定(请查阅相关条文)。此项区别性的规范架构,基本上应值赞同,但如何设计同类(gleichartig)、等值(gleichwertig)的保护,是一个值得研究的重要问题。

四、信息自主与信息自由:原则禁止,例外允许的立法机制

"个资法"的立法目的系在保障人格权(尤其是信息自主)及促进个人资料合理使用(信息自由)。信息自主与信息自由乃同受保障的基本权利,具相同位阶,并无孰为优先的问题,如何调和,在立法技术及内容规范上有形成的空间,兹先就其基本规定加以说明[103]:

"个资法"第15条规定:"公务机关对个人资料之搜集或处理,除第六条第一项所规定资料外,应有特定目的,并符合下列情形之一者:(一)执行法定职务必要范围内。(二)经当事人书面同意。(三)对当事人权益无侵害。"(关于公务机关利用个资要件,参阅第16条。关于非公务机关搜集、利用个资要件,"个资法"第19、20条设有详细规定,敬请参照)。

据前揭规定观之,现行法系采禁止原则,即原则上不得搜集或处理他人个人资料(或为特定目的外之利用),以保障信息自主权。并设例外情形,以促进个人资料合理使用。此种原则禁止及例外允许的规范机制,应值赞同。关于例外情形,其由法律规定的,应恪遵"宪法"保障信息自主权的意旨;其属不确定概念或概括条款者,应衡酌立法目的,作符合"宪法"保障信息自主权的解释。

五、信息自主与私法自治:当事人自治的信息保护

"司法院"释字第603号解释,强调个人自主控制个人资料之信息隐私权乃保障人民决定是否揭露其个人资料,在何种范围内、于何时、以何种方式向他人揭露之决定权。"个资法"为落实受"宪法"保障的信息自主权,明确采当事人同意原则,即资料的搜集使用或作特定目的外之使

---

[103] 参见许正忠:《"知之权利"与隐私权(上)(下)》,载《军法专刊》1987年11月第33卷第11期,第7页;1987年12月第33卷第12期,第30页;许正忠:《信息保护法——美国"隐私权法"之研究》,载《军法专刊》1985年7月第31卷第7期,第7页。

用,除法定情形外,须经当事人的同意。此乃"个资法"上的当事人自治(私法自治)。为强化此项当事人同意原则,个资法规定此项同意须以书面为之("个资法"第16条第7款、第19条第1项第5款)。值得特别提出的是,"个资法"新增第7条规定:"第十五条第二款及第十九条第五款所称书面同意,指当事人经搜集者告知本法所定应告知事项后,所为允许之书面意思表示。第十六条第七款、第二十条第一项第六款所称书面同意,指当事人经搜集者明确告知特定目的外之其他利用目的、范围及同意与否对其权益之影响后,单独所为之书面意思表示。"(并参照第8、9条),应说明者有三点:

(1) 采告知后同意(informed consent, informierte Einwilligung)原则。

(2) 明定此项同意为单独意思表示,即将此项同意定位于法律行为。对此"个资法"的法律行为,原则上固应适用"民法"上关于意思表示及法律行为的规定,但如何顾及当事人的利益而为必要的调整或解释,尤其是关于其成立及生效要件、未成年人的同意能力及定型化约款的规制等,实具研究价值。

(3) 所谓同意(Einwilligung),除前述单独意思表示外,尚有债务契约上的同意(schuldvertragliche Einwilligung),即对个人资料搜集或利用的同意系以合意约定而成为契约的内容。

信息自主权一方面使个人对其资料有不被他人不法搜集利用的自由,他方面亦享有支配、处分的自由。同意无论是依单独行为或契约为之,均在体现数据保护上的当事人自治,建构私法上的规范机制[194]。

第三项 "个资法"与"政府信息公开法"

一、规范目的及规范内容

关于台湾地区信息法制的重大发展,1995年公布施行的(2010年修正)"个人数据保护法"("个资法")的立法原则及基本构造,已简要说明如上。2005年又制定了"政府信息公开法"("资公法")。"个资法"的目的在于保护个人的人格权(尤其是信息自主权)。"资公法"的制定系为建立政府信息公开制度,便利人民共享及公平利用政府信息,保障人民知之权利,增进人民对公共事务之了解、信赖及监督,并促进民主参与。"个

---

[194] Buchner, Informationelle Selbstbestimmung im Privatrecht (2005), S. 231f., 253f.

资法"旨在实现信息自我控制及信息合理使用。"资公法"则为实现"国民"主权,而使政府负公开信息的义务。二者基础理论及立法目的不同,其规范内容(尤其是公开客体及公开对象)亦有差异。关于"个资法"与"资公法"的适用关系,及"资公法"个人隐私的保护("资公法"第18条第6款)系一个值得研究的问题,因相关规定修正变动,在此暂且不论[⑯]。

二、"个资法"与"民法"

(一) "个资法"系"民法"的特别法

"个资法"旨在保护个人资料上的人格权,系"民法"的特别法。"个资法"第31条规定:"损害赔偿,除依本法规定外,公务机关适用国家赔偿法之规定,非公务机关适用'民法'之规定。"又"国家赔偿法"第5条规定:"国家损害赔偿,除依本法规定外,适用'民法'规定。"

(二) "个资法"上的当事人自治(私法自治)

"民法"上关于法律行为(包括单独行为及契约)旨在体现私法自治原则(当事人自治)。"个资法"对个人资料的搜集或处理,或为特定目的外之利用,均明定须经当事人书面同意(公务机关:第16条第7款,非公务机关:第19条第1项第5款),或与当事人有契约或类似契约关系或经当事人书面同意(非公务机关:第19条第1项第2款,第20条第1项第6款)。所谓当事人同意,系指单独行为,前已言之。所谓契约,如买卖、保险等;所谓类似契约之关系,指非公务机关与当事人间于契约成立前,以订定契约或进行交易为目的,所为接触、磋商所形成之信赖关系;或契约因无效、撤销、解除、终止或消灭时,非公务机关与当事人为行使权利,履行义务或确保个人资料完整性之目的所形成的联系关系。前揭规定,均属"个资法"上的当事人自治,应依"民法"相关规定,并斟酌"个资法"立法目的而为解释适用。

(三) 侵权责任

"个资法"规定公务机关或非公务机关违反本法,致当事人权益受损害者,应负损害赔偿,并就其成立要件、赔偿范围及消灭时效特设规定。此涉及两个基本问题:"个资法"的规定是否为"民法"侵权行为的特别规

[⑯] 参见范姜真嫓:《政府信息公开法与个人信息保护法之交错适用》,载《铭传大学法学论丛》2005年6月第4期,第105页;汤德宗:《信息公开暨信息隐私法案例研究》,收于《2007行政管制与行政争讼》("中央"研究院法律学研究所筹备处,2007)。相关实务见解,参见"最高行政法院"2003年判字第1021号判决("全国"前案记录表案)。

定。"个资法"是否为"民法"第 184 条第 2 项所称"保护他人之法律"。此涉及个人资料隐私在侵权行为法上的保护,将于下文讨论。

第四项 个别个人资料的保护

"个资法"对个人资料的保护详设规定。对若干个人资料,特别法另有规范,兹就其重要者,整理如下,以便参照:

一、医疗、健康信息及病历资料

个人资料中最具隐私性的,系医疗、健康及病历等资料。"个资法"第 6 条明定除法定情形外不得搜集、处理或利用。兹将相关规定分三类加以说明:

(一) 医疗机构及其人员的守密义务

1. 医疗机构及其人员:"医疗法"第 72 条规定:"医疗机构及其人员因业务而知悉或持有病人病情或健康信息,不得无故泄露。"医疗机构,系指供医师执行医疗业务之机构(第 2 条);其人员,除医事人员(第 10 条)外,应包括行政人员。

2. 医事人员:"医师法"对医师(第 23 条);"药师法"对药师(第 14 条)、"助产人员法"对助产人员(第 31 条)、"护理人员法"对护理人员(第 28 条),均规定对于因业务知悉或持有他人病情或健康信息,或他人之秘密,不得无故泄露。违反者应负刑事或行政责任(请查阅相关规定)。

(二) 病历资料

医疗机构应建立清晰、详实、完整之病历,病历应包括下列各款之资料:

(1) 医师依"医师法"执行业务所制作之病历。

(2) 各项检查、检验报告资料。

(3) 其他各类医事人员执行业务所制作之记录("医疗法"第 67 条第 1 项、第 2 项)。病历最足显示病人病情或健康信息,医疗机构应妥为保存或销毁,确保病历内容无泄露之虞("医疗法"第 70 条)。医疗机构以电子文件方式制作及贮存之病历,攸关隐私信息安全,其资格条件与制作方式、内容及其他应遵行事项之办法,由"中央"主管机关定之("医疗法"第 69 条)[19]。

---

[19] 陈兴男:《电子病历隐私权的防护——以美国为借镜》(东吴大学法律系法律专业硕士班硕士论文,2002);陈銛雄、刘庭妤:《从"个人数据保护法"看病患信息自主权与信息隐私权之保护》,载《月旦民商法杂志》2011 年 12 月第 34 期,第 23 页。

第六章 人格权的保护范围

(三) 特殊病人的隐私权

对特殊病人的隐私,法律特别强化其保护措施。兹就两类病人加以说明:

(1) 精神病者:"精神卫生法"第 24 条第 1 项规定:"未经病人同意者,不得对病人录音、录像或摄影,并不得报道其姓名或住(居)所;于严重病人,应经其保护人同意。"第 25 条第 1 项规定:"住院病人应享有个人隐私、自由通讯及会客之权利;精神医疗机构非因病人病情或医疗需要,不得予以限制。"

(2) 感染人类免疫缺乏病毒者:"人类免疫缺乏病毒传染防治及感染者权益保障条例"第 16 条规定:主管机关对于经检查证实感染人类免疫缺乏病毒者,应通知其至指定之医疗机构治疗或定期接受症状检查。前项治疗之对象,应包含受本地区人配偶感染或于本地区医疗过程中感染之外地(含大陆、香港、澳门)配偶及在台湾地区居留之无户籍"国民"。前两项之检验及治疗费用,由"中央"主管机关编列之,治疗费用之给付及相关办法,由"中央"主管机关订定之。主管机关在执行第 1 项及第 2 项规定时,应注意执行之态度与方法,尊重感染者之人格与自主,并维护其隐私。第 14 条规定:"主管机关、医事机构、医事人员及其他因业务知悉感染者之姓名及病历等有关资料者,除依法律规定或基于防治需要者外,对于该项资料,不得泄露。"又第 4 条第 1 项规定:"感染者之人格与合法权益应受尊重及保障,不得予以歧视,拒绝其就学、就医、就业、安养、居住或予其他不公平之待遇,相关权益保障办法,由'中央'主管机关会商'中央'各目的事业主管机关订定之。"第 3 项规定:"非经感染者同意,不得对其录音、录像或摄影。"

二、财务资料

财务资料涉及个人的经济状况、职业及商业活动,尤其银行存款及税捐等,分述如下:

1. 银行存款等有关资料

(旧)"银行法"第 48 条第 2 项规定:"银行对于顾客之存款、放款或汇款等有关资料,除其他法律或'中央'主管机关另有规定者外,应保守秘密。""司法院"释字第 293 号解释认此乃在维护人民之隐私权。又"金融控股公司法"第 42 条规定:"金融控股公司及其子公司对于客户个人资料、往来交易资料及其他相关资料,除其他法律或主管机关另有规定者外,应保守秘密。主管机关得令金融控股公司及其子公司就前项应保守秘密之资料订定相关之书面保密措施,并以公告、网际网络或主管机关指定之方式,揭露保密措施之重要事项。"[197]

(2)"税捐稽征法者"第33条规定,税捐稽征人员对于纳税义务人所提供之财产,所得、营业、纳税等资料,除对法定人员及机关外(请参阅第33条内容),应绝对保守秘密,违者应予处分。触犯刑法者,并应移送法院论罪。

三、犯罪资料

犯罪资料,广义言之,包括犯罪侦查、搜索、扣押[198]、审判定罪、证人、报告人及告发人等相关资料。[199] 兹仅就性"侵害犯罪防治法"规定加以说明：

1. 对加害人

"中央"主管机关应建立"全国"性侵害加害人之档案资料；其内容,应包含姓名、性别、出生年月日、"国民"身份证统一编号、住居所、相片、犯罪资料、指纹、去氧核糖核酸记录等资料。前项档案资料应予保密,非依法律规定,不得提供；其管理及使用等事项之办法,由"中央"主管机关定之(第9条)。

2. 对被害人

因职务或业务知悉或持有性侵害被害人姓名、出生年月日、住居所及其他足资识别其身份之资料者,除法律另有规定外,应予保密。警察人员必要时应采取保护被害人之安全措施。行政机关、司法机关及军法机关所制作必须公示之文书,不得揭露被害人之姓名、出生年月日、住居所及其他足资识别被害人身份之信息(第12条)。宣传品、出版品、广播、电视、网际网络内容或其他媒体,不得报道或记载被害人之姓名或其他足资辨别被害人身份之信息。但经有行为能力之被害人同意或犯罪侦查机关依法认为有必要者,不在此限(第13条第1项)。

---

[197] 陈美如、梁怀信:《"金融控股公司法"下有关个人信息隐私权保护之探讨》,载《月旦法学》2002年12月第91期,第271页；李智仁:《日本金融隐私权保障规范之发展——兼论我国面临之问题与对策》,载《中正大学法学集刊》2005年11月第19期,第1页。

[198] 参见"刑事诉讼法"第122条以下；蔡东成:《搜索程序中犯罪嫌疑人隐私权保护之研究》(警察大学警政所硕士论文,1991)。

[199] 参见"证人保护法"第3、11、13、16条等；"儿童及少年性交易防制条例"第9、15条等。

四、去氧核糖核酸(DNA)资料

去氧核糖核酸(Deoxyribonucleic Acid,DNA),指人体中记载遗传信息的化学物质,得取得生物样本,以科学方法分析而取得足以识别基因特征之资料,并据以建立数据库,具有多种用途。为维护人民安全,协助司法鉴定,协寻失踪人口,确定亲子血缘,提升犯罪侦查效能,有效防制性犯罪,于1999年2月3日制定公布"去氧核糖核酸采样条例",对专责单位之权责(第4条)、强制采样事由(第5条至第7条)、亲子鉴定(第9条)、样本保存期限与证明(第12条)加以规定。并明定人格权及隐私权的保护,即:

(1)去氧核糖核酸采样,应依医学上认可之程序及方法行之,并应注意被采样人之身体及名誉(第10条)。

(2)主管机关对依本条例取得之被告及经司法警察机关移送之犯罪嫌疑人之去氧核糖核酸样本,应妥为储存并建立记录及数据库。前项样本、记录及数据库,主管机关非依本条例或其他法律规定,不得泄露或交付他人;保管或持有机关亦同(第11条)。

第五项 通讯自由、隐私权与个人数据保护

一、通讯自由

"宪法"第12条明定人民之通讯自由应受保障。通讯包括电信信息、邮件、书信、言论及谈话等,乃在传达交通个人各种信息,例如情人约会、股票投资、性生活、身体健康、议论时事、批评人物,凡"个资法"所称的个人资料或信息,皆可包括在内。电讯科技进步使个人或公权力更能窃听、监听、录音通讯内容,严重侵害他人的信息隐私,因而有制定特别法加以保护的必要。

二、"电信法"

1958年制定(2007年修正)的"电信法"对通讯秘密的保障及其界限设有规定,于第6条明定:"电信事业及专用电信处理之通信,他人不得盗接、盗录或以其他非法之方法侵犯其秘密。电信事业应采适当并必要之措施,以保障其处理通信之秘密。"第7条第1项:"电信事业或其服务人员对于电信之有无及其内容,应严守秘密;退职人员亦同。"又同条第2项前段规定:"前项依法律规定查询者不适用之;……"电信法为加强对通讯隐私的保护,并设有罚责规定(第56条以下)。

三、"通讯保障及监察法"

（一）监听的法制化

对通讯秘密最大的侵害系来自政府公权力。1999年制定的"通讯保障及监察法"（以下简称本法）规定通讯监察，除为确保"国家"安全，维持社会秩序所必要者外，不得为之。并不得逾越所欲达成目的之必要限度，且应以侵害最少的方法为之（第2条）。本法对通讯之定义、受监察人的范围、发通讯监察书的要件及执行、电信邮政机关的协助义务、监察所得资料之留存及销毁、保守秘密、泄露监察所得资料的法律责任，设有规定，在此难以详述。[200] 本法虽系迟来的法律，并于2006年5月30日及2007年7月11日再度修正，使与全民为敌的监听得以法制化，老大哥（Big Brother）的行为受到必要的规范，具有重大意义。

（二）通讯监察书核发权人（释631）

通讯监察须有通讯监察书，谁得核发通讯监察书，关系重大。（旧）"通讯保障及监察法"第5条第2项规定："前项通讯监察书，侦查中由检察官依司法警察机关申请或依职权核发，审判中由法官依职权核发。""司法院"释字第631号解释（2007年7月20日）谓："宪法"第12条规定："人民有秘密通讯之自由。"旨在确保人民就通讯之有无、对象、时间、方式及内容等事项，有不受国家及他人任意侵扰之权利。国家采取限制手段时，除应有法律依据外，限制之要件应具体、明确，不得逾越必要之范围，所践行之程序并应合理、正当，方符'宪法'保护人民秘密通讯自由之意旨。1999年7月14日制定公布之'通讯保障及监察法'第5条第2项规定：'前项通讯监察书，侦查中由检察官依司法警察机关申请或依职权核发'，未要求通讯监察书原则上应由客观、独立行使职权之法官核发，而使职司犯罪侦查之检察官与司法警察机关，同时负责通讯监察书之申请与核发，难谓为合理、正当之程序规范，而与'宪法'第12条保障人民秘密通讯自由之意旨不符，应自本解释公布之日起，至迟于2007年7月11日修正公布之'通讯保障及监察法'第五条施行之日失其效力。"关于通

---

[200] 台湾政治大学传播学院研究暨发展中心、理律法律事务所编著：《监听法V.S隐私权——全民公敌？》（2001）。相关论文，参见周慧莲：《论行动化生活之信息隐私侵害——以定位服务为例》，载《月旦法学》2003年8月第99期，第152页；廖淑君：《行动地址行销（Mobile Phone Location-Based Marketing）与隐私权之研究（上）（下）》，载《万国法律》2004年8月第136期，第53页；2004年10月第137期，第82页；黄子恬：《从来电显示论隐私权保护》，载《月旦法学》2003年10月第101期，第205页。

讯监察书应向法院申请的要件及程序,"通讯保障及监察法"第 5 条设有规定,敬请参阅。

值得提出的是,本号解释理由书特别强调:秘密通讯自由乃"宪法"保障隐私权之具体态样之一,为维护人性尊严、个人主体性及人格发展之完整,并为保障个人生活私密领域免于"国家"、他人侵扰及维护个人资料之自主控制,所不可或缺之基本权利。通讯监察之执行,除通讯监察书上所载受监察人外,可能同时侵害无辜第三人之秘密通讯自由,与刑事诉讼上之搜索、扣押相较,对人民基本权利之侵害尤有过之。

(三) 受监察人的"知的权利"

"通讯保障及监察法"第 15 条规定:"第五条、第六条及第七条第二项通讯监察案件之执行机关于监察通讯结束时,应即叙明受监察人之姓名、住所或居所报由检察官、综理"国家"情报工作机关陈报法院通知受监察人。如认通知有妨害监察目的之虞或不能通知者,应一并陈报。法院对于前项陈报,除认通知有妨害监察目的之虞或不能通知之情形外,应通知受监察人。前项不通知之原因消灭后,执行机关应报由检察官、综理"国家"情报工作机关陈报法院补行通知。关于执行机关陈报事项经法院审查后,交由司法事务官通知受监察人。"监听他人秘密通讯攸关个人人格尊严及价值甚巨,在台湾究有多少人受到监听,多少受监听人收到曾被监听的通知,主管机关应作统计上的说明。

第五款　隐私权在"刑法"上的保护[201]

隐私权系重要的人格法益,对侵害者应以刑罚加以制裁,于"刑法"及特别法加以规定:

一、"刑法"上的妨害秘密罪

"刑法"第二十八章规定妨害秘密罪,包括妨害书信秘密罪(第 315

---

[201] "刑法"上隐私权的保护非属本书之讨论重点,相关文献学说及实务发展,参见许恒达:《泄露使用计算机知悉秘密罪的保护射程——评台中高分法院 2009 年度上诉字第 1319 号刑事判决》,载《月旦法学》2011 年 3 月第 190 期;王皇玉:《短裙下的大腿是隐私部位吗?》,载《月旦裁判时报》2011 年 2 月第 7 期;蔡蕙芳:《从美国隐私权论刑法第三一五条之一与相关各构成要件(上、下)》,载《兴大法学》2010 年 5 月第 6 期、2010 年 6 月第 7 期;李茂生:《"刑法"秘密罪章新修条文评释》,载《月旦法学》1999 年 8 月第 51 期;蔡碧玉:《从"偷拍事件"谈隐私权保护之刑事立法》,载《法令月刊》1998 年 4 月第 49 卷 4 期;蔡圣伟:《妨害秘密罪章的新纪元(上、下)》,载《月旦法学》2010 年 3 月第 70 期、2010 年 4 月第 71 期。

条),泄露业务秘密罪(第316条、第317条、第318条)等。为因应现代科技发展对隐私的侵害,2005年2月2日,"刑法"修正增订若干规定,其最重要的是"刑法"第315条之1:有下列行为之一者,处三年以下有期徒刑、拘役或三万元以下罚金:(一)无故利用工具或设备窥视、窃听他人非公开之活动、言论、谈话或身体隐私部位者。(二)无故以录音、照相、录像或电磁记录窃录他人非公开之活动、言论、谈话或身体隐私部位者。(并参阅第315条之2、之3,第318条之1、之2)。

二、特别法的刑罚规定

关于个人资料或隐私保护的特别法,多规定违反者应受一定刑罚的制裁,例如"个人数据保护法"第42条规定:"意图为自己或第三人不法之利益或损害他人之利益,而对于个人数据文件为非法变更、删除或以其他非法方法,致妨害个人数据文件之正确而足生损害于他人者,处五年以下有期徒刑、拘役或科或并科新台币一百万元以下罚金。"请参阅该法律相关规定,兹不赘述。

第六款　隐私权在"侵权行为法"上的保护

第一项　请求权基础

一、"民法"上的隐私权

隐私权的概念及保护源起于侵权行为,即美国法上所谓的Privacy tort,前已再三提及,对"隐私权法"理论的建构及开展具有关键的重要性。隐私权的研究目前偏重于"宪法"上的隐私权。"民法"上的隐私权亦值重视,其主要理由有三:

(1) 隐私权为人格权的一种,最具开放性,在现代信息社会具保护人格尊严及人格自由的功能。

(2) 第三人(私人)对隐私权的侵害,有增无减,尤其是新闻媒体对个人隐私的报道,使隐私权保护与言论自由的冲突及调和成为法律上的重要问题。

(3) "民法"上侵权行为的规定对隐私权被侵害者提供了必要的救济方法,包括妨害防止、除去请求权、损害赔偿请求权,尤其是非财产上损害的金钱赔偿。

二、请求权基础

"民法"对人格权设有一般规定,第18条明定:"人格权受侵害时,得请求法院除去其侵害;有受侵害之虞时,得请求防止之。前项情形,以法律有特别规定者为限,得请求损害赔偿或慰抚金。"所谓人格权应包括隐私权在内。"民法"第184条第1项前段规定:"因故意或过失,不法侵害他人之权利者,负损害赔偿责任。"所称他人之权利,包括人格权(及隐私权)。值得注意的是1999年修正"民法"第195条第1项规定:"不法侵害他人之身体、健康、名誉、自由、信用、隐私、贞操,或不法侵害其他人格法益而情节重大者,被害人虽非财产上之损害,亦得请求赔偿相当之金额。其名誉被侵害者,并得请求恢复名誉之适当处分。"据上揭规定可知,隐私权为人格权之一种,"民法"上明文规定隐私权加以保护,在比较法上尚属少见,"民法"第195条规定实具特色。[202]

侵害隐私权的请求权基础的法律构造同于其他人格权受侵害的情形,以下就隐私权保护的三个基本问题,作为研讨的重点:

(1)隐私权的概念及保护范围。

(2)对隐私权的侵害及态样。

(3)侵害隐私权的违法性及阻却违法,尤其是言论自由与隐私权保护的调和(本书第八章)。

第二项 隐私权的概念及保护范围

一、学说理论及实务见解

"民法"明定隐私权为人格权的一种,何谓隐私,立法理由未加说明,当系认为隐私概念的不确定性及开放性,为因应社会发展,科技进步及可能的侵害,而应该由学说判例处理,期能形成活的案例法。

(一)学说理论

史尚宽先生在其于1954年出版的巨著"债法总论",认人格权包括所谓秘密权,指就私生活上或工商业上所不欲人知之事实,有不被他人得知之权利。关于私生活者,谓之私秘密(Privatgeheimnis),例如封缄之书函

---

[202] 关于欧洲各国侵权行为法隐私权的比较,参见 van Dam, European Tort Law (2007), pp. 705-1ff.。中国大陆关于隐私侵权行为的研究甚为丰富,参阅张新宝:《隐私权的法律保护》,群众出版社2004年版。

或文书(日记、相本、未发表之原稿、账簿)。关于工商业之秘密,谓之营业秘密(Geschäftsgeheimnis),例如尚未呈准专利权之发明、新型、新式样、顾客之调查、商业账簿。[203] 按史尚宽之所以使用秘密权,盖在当时(50年代)尚未建立隐私权的概念。又关于秘密权系采广义的概念,包括私生活秘密及营业秘密。

在"民法"第 195 条第 1 项明定隐私权之后,民法教科书有的并未特别提及隐私权。有的虽提到隐私权,但未作说明。孙森焱氏论述最为详细,谓隐私权以保护个人的私生活为内容。故揭露他人个人生活或家庭生活——例如将他人之日记、信函、录音发表,即足构成隐私权之侵害。隐私权的侵害虽然可能伴随名誉权之侵害,但隐私权重在私生活之不欲人知;名誉权则重在社会评价的低落,故两者保护的法益仍有不同。以针孔摄影机偷摄他人生活起居,曝之于世者,固属侵害隐私权,即偷窥他人不欲人知之私生活者亦然。释字第 603 号解释则认指纹受信息隐私权之保障。[204]

(二) 实务见解

关于"侵权行为法"上隐私权,实务判决虽尚不多,但已逐渐累积若干典型案例,最具代表性的是台湾高等法院 2004 年上更(一)字第 19 号判决(旧情人电话骚扰案[205]),略谓:所谓隐私权,乃系不让他人无端地干预个人私的领域的权利,此种人格权,乃是在维护个人尊严、保障追求幸福所必要而不可或缺者。人的尊严是"宪法"体系的核心,人格权为"宪法"的基石,是一种基本权利。"宪法"第 22 条明定:"凡人民之其他自由及权利,不妨害社会秩序公共利益者,均受'宪法'之保障。"故隐私权系"宪法"所保障之基本人权,而被肯定为值得保障之法的利益,故意不法侵害他人隐私,应负侵权行为责任无疑。盖现行思潮所以保护包含名誉权、隐私权等人格权,乃因避免行为人无端干预他人私事,侵害他人不欲人知之隐私权利,而违反维护个人意志及立法所欲保障之个人意思决定之自由。关此判决理由,应说明的有三点:

---

[203] 参见史尚宽:《债法总论》(1954),第 148 页。
[204] 参见孙森焱:《民法债编总论(上)》(2010),第 224 页。
[205] 本件判决涉及昔日旧情人于他方结婚后,以电话或亲自到他方生活处所加以骚扰,被害人请求法院除去及防止其隐私权受侵害,判决理由论述甚详,具参考价值。参见"最高法院"2003 年台上字第 2676 号判决。

（1）其对民法上隐私权的定义系参照近年来"司法院"关于"宪法"上隐私权的解释，即就侵权行为法上隐私权作符合"宪法"的解释，强调其乃在维护人之尊严及自主决定。

（2）侵害隐私权应成立侵权责任，须具备"民法"第184条第1项前段的要件，即须侵害他人的人格权（及隐私权），此乃私法上的权利，非指"宪法"上的基本权利。"宪法"上的基本权利对私人关系并不具直接效力。前开判决以"隐私权系'宪法'所保障之基本人权，而被肯定为值得保障之法的利益，故意不法侵害他人隐私，应负侵权行为责任无疑"，尚有斟酌余地。侵害隐私权须负侵权行为责任，并非因隐私权被肯定为"宪法"上的基本权利，早在隐私权被承认为"宪法"上的基本权利之前，隐私即应受到侵权行为法的保护。

（3）本件判决认隐私权乃个人私的领域的权利，所称"不让他人无端地干预个人私的领域的权利"，乃强调隐私权（人格权）的绝对性，其侵害具有不法性，但得因一定的事由而阻却违法。

二、隐私与名誉

（一）隐私权与名誉权同属人格权

名誉权重在品行、德行、名声、信用等人格价值在社会上的评价，隐私权则在保护私领域的自主，二者的保护法益不同，应予区别。实务上有一个案件可供进一步的分析讨论。

在台湾台北地方法院2002年重诉字第2138号判决，原告主张被告在其住宅装设窃录、窃听等设备，录得原告与他人的性爱画面等，并将性爱画面制作成光盘提供他人或公开贩售，将原告的身体裸露于社会大众，让原告无法面对外界异样之眼光，侵害原告之隐私权，而请求精神痛苦的非财产损害赔偿（慰抚金）。法院认为："被告明知为无故以录像窃录他人非公开之活动、谈话之内容而散布原告与诉外人之性爱画面致其名誉受损，受有精神上之损害。"在本件判决，原告主张隐私受侵害，法院认定其受侵害者是名誉。此涉及侵害隐私与名誉的区别：

（1）窃录他人性爱画面本身即足以构成对隐私的侵害，不以公开为要件。

（2）将窃录的性爱画面对外公开，致贬低他人在社会上的评价时，得成立对他人名誉的侵害。

（3）在本件判决，依其侵害行为得成立对隐私及名誉的侵害。名誉权与隐私权的保护法益不同,有仅成立侵害名誉(例如不实公开传播他人财务困难行将破产),有仅侵害隐私(例如窃听他人电话),二者得发生竞合,例如前述窃录他人性爱画面,公开传播。

(二)隐私权与名誉权的分别判断

在人格权受侵害的情形,被害人多会同时主张名誉权与隐私权,未明确说明其成立要件。实务上亦常将名誉权与隐私权并列,而不分别加以认定。例如在前揭旧情人以电话或亲至他方生活处所骚扰案,法院径认应构成对名誉权、隐私权的侵害。但若能分别认定侵害名誉权、隐私权的要件,应更有助于明确界定隐私权的概念,开展隐私权的保护范围。

三、"侵权行为法"隐私权与"宪法"隐私权

"司法院"解释依"宪法"第22条规定创设了"宪法"上隐私权,认:"维护人性尊严与尊重人格自由发展,乃自由民主宪政秩序之核心价值。隐私权虽非'宪法'明文列举之权利,惟基于人性尊严与个人主体性之维护及人格发展之完整,并为保障个人生活私密领域免于他人侵扰及个人资料之自主控制,隐私权乃为不可或缺之基本权利"(释字第603号解释)。此项意旨基本上亦可用于说明侵权行为法上隐私权的理念、概念及保护范围,即私法上的隐私权系基于人格尊严、个人之主体性及人格发展所必要,乃人格权的一种,并为"民法"第195条第1项所明定,旨在保障个人在其私领域的自主,即个人得自主决定其私生活的形成,不受他人侵扰,及对个人资料自主控制。兹参照"司法院"相关解释,试举二例加以说明:

1. 对私生活的侵入

雇主未经受雇人同意,擅自对受雇人的人身、宿舍或物品加以检查,除侵害受雇人人身自由、财产权外,并侵害隐私权,得构成"民法"第184条第1项前项规定的侵权行为,而负损害赔偿责任(参阅释字第535号解释)。

2. 对信息自主的侵害

雇主无正当理由强制录存或秘密搜集受雇人的指纹,系侵害受雇人对其个人指纹信息的控制权(参阅"司法院"释字第603号解释),被害人得依"民法"第18条规定请求法院除去其侵害或防止之,并依"民法"第184条第1项前段及第195条第1项规定请求损害赔偿。

四、中国台湾地区"侵权行为法"隐私权与美国侵权行为法隐私权

隐私权的创设为 Warren 及 Brandeis 二氏于 1890 年所倡导,Prosser 教授于 1960 年综合整理历年判决,将其侵害态样归纳为四个类型(四个侵害隐私的侵权行为),经纳入侵权行为整编(Restatement of Torts)之后为美国大多数州法院实务所采用。此四种侵害隐私权的类型为:

(1) unreasonable intrusion upon the plaintiff's seclusion(不合理地侵入原告的幽居独处)。

(2) unreasonably giving publicity to the plaintiff's private life(不合理地公开原告的私生活)。

(3) the appropriation of the plaintiff's name or likeness(擅用原告的姓名及特征)。

(4) publicizing the plaintiff's in a false light(使原告遭受公众误解)。

兹应说明的是,中国台湾地区"侵权行为法"上隐私权是否亦包括此四种侵害态样。

1. 对"私生活侵入"及"私生活公开"

中国台湾地区"侵权行为法"上的隐私,系指个人对私领域的自主,其保护范围应包括美国隐私侵权行为法上私生活的侵入(例如窃听他人电话)及私生活的公开(例如揭露他人的日记)两个类型。

2. 擅用他人肖像及特征

擅用原告姓名、特征(例如使用他人姓名、肖像推销商品),系对姓名权或肖像权的侵害,而非侵害隐私权。关于此一类型所涉及权益的保护,美国法院另发展出所谓的"公开权"(Right of Publicity),其保护内容不同于隐私权,将于本书第七章再为详论。

3. 公开误解、扭曲形象

值得特别提出的是所谓的 false light(公开扭曲他人形象,致遭误解)侵害行为的定位问题。美国法上 false light tort(扭曲他人形象侵权行为)的成立,原告必须证明:被告对公众或一大群人公开关于原告的事物。此项事物使原告遭受误解。此项误解对合理之人具高度冒犯性。被告明知

其事实为不实或轻率地不顾其事实是否真实。㉖

False light 在美国法上虽被肯定为一种侵害隐私的侵权行为,但却有不少的争议:false light 被称为系诽谤(defamation)的从兄弟,实际上多可同时成立对名誉的侵害。false light 大多数的案件涉及诽谤性言论,纵不承认 false light 为独立的侵权行为,被害人通常亦可获得损害赔偿。尽管有诸多疑问,false light 仍被认系一种独立的侵害隐私的侵权行为。但亦受到美国宪法第一修正案关于言论自由保护的限制,认此项侵权行为类似于诽谤,因此在原则上亦有美国最高法院在 New York Times v. Sullivan 案所创设真实恶意规则(actual malice)的适用。

在台湾地区实务及学说上少见关于 false light 侵权行为的案件或讨论。兹举二例加以说明㉗:

(1)甲杂志伪造对乙的访问而刊载其谈话内容;

(2)丙报纸将丁律师的抗议函作为读者投书。

在此等情形,被害人(乙、丁)得主张何种人格法益受侵害,而请求财产上或非财产上的损害赔偿,实值研究,其处理方法有三:

(1)认定其系侵害名誉。问题在于未致贬低他人在社会上评价的,亦属有之。

(2)认定其系侵害隐私。然此种侵害情形并未干扰他人的私生活或信息自主控制。

(3)认定其系构成对"民法"第 195 条第 1 项所称其他人格法益的侵害,而具体化为一种独立侵害人格权的类型。

False light 系一种特殊侵害人格权的行为,方法上首应考虑的,系将其纳入既有的个别人格权(如名誉或隐私)。若有所不能,则不必勉强为之,得承认有一种不被他人公开扭曲或误解的人格法益(人格形象),应

㉖ Dobbs(注⑳书), p. 1208: "false light tort is established only if the plaintiff proves that (a) the defendant publicized a matter about the plaintiff to a substantial group of persons or to the public; (b) the matter put the plaintiff in a false light; (c) the false light would be highly offensive to a reasonable person; and (d) the defendant knew of the falsity or acted in reckless disregard whether the matter was false or not."

㉗ 此两例采自 Larenz/Canaris(注⑱书), S. 499.

受"侵权行为法"的保护[208]。

第三项 对隐私权的侵害

第一目 对隐私权的侵害

隐私权指个人对其私领域的自主权利,其保护范围包括私生活不受干扰及个人信息的自我控制。凡侵害之,即构成对隐私权的"侵害",兹先提四个基本问题加以说明:

一、当事人:被害人及加害人

隐私权的主体,即因隐私权被侵害而得主张其权利之人,限于个人。法人或无权利能力团体不包括在内,盖其乃人或财产的组织体,并无私生活可言。关于信息隐私的保护,亦应限于个人。法人或无权利能力团体的资料被不法公开(例如揭露某公司的营业资料)时,得以营业秘密或财产权受侵害而请求救济。

至于加害人则应包括自然人及法人(尤其是新闻媒体)。甲窃取乙的日记、病历,或窃听乙的电话,提供给丙杂志发表时,甲与丙得成立共同侵权行为("民法"第185条)。在此情形,设丙因受言论自由保护,而得主张免责时,甲仍不免予应负侵害他人隐私的责任。或有认为,信息提供者若不能同为免责,势必导致信息提供行为的萎缩,致影响言论自由的保障,损及人民知之权利。然就隐私权的保护及共同侵权行为理论言,仍应肯定信息提供者的侵权责任[209]。

二、对隐私的合理期待

人群共处,经营社会生活,应受保护的隐私必须有所界限,即对隐私须有合理期待(reasonable expectation of privacy),此为美国法上用以限定受保护隐私的基准。"司法院"大法官第689号解释(新闻采访跟追与隐

---

[208] False light tort 系美国法上侵害隐私的一种侵权行为。在德国亦受此影响而肯定此种对人格权的侵害类型,称为"Der Schutz vor Entstellung und unwahren Behauptungen"或"Rücken ins falsche Licht",此为"placing a person in false light"的翻译,但不归入对隐私(Privatheit)的侵害,系作为一种独立的侵害类型,参见 Larenz/Canaris(注⑱书),S. 499. 在日本,有认为可解释为对名誉的侵害,而获得保护,亦有认为得成立对隐私权的侵害;参见佃克彦(注㉔书),第8页,氏并举四例加以说明:(1) 误报某人为艺能人 A 的粉丝;(2) 实未结婚,误报业已结婚;(3) 实未离婚,报道业已离婚;(4) 实未患病,报道患有某种疾病。

[209] 相关问题的讨论,参见佃克彦(注㉔书),第88页。

私权保护)提出"公共场域中得合理期待不受侵扰之自由与个人资料自主权"的判断基准。"通讯保障及监察法"第3条第2项规定所保障的通讯,"以有事实足认受监察人对其通讯内容有隐私或秘密之合理期待者为限"。实务上亦认为公司监看员工收发电子邮件及电子邮件内容的行为,若有明确的政策宣示,或员工有签署监看之同意书,则难以推论员工对于自身电子邮件隐私有一合理期待,不成立侵权行为。[210]

合理期待的提出旨在据以认定是否构成对隐私的侵害,涉及侵入他人私生活的态样,应考量当事人、发生地点、相关的题材、事物等加以认定。美国法院认原告在公开场所穿着衣服露出其部分的臀部,被告对此所为拍照,并不构成对隐私的侵害。[211] 又妇女在公车上喂奶,乘客未能"非礼勿视"时,因欠缺隐私合理期待,亦难认其隐私遭受侵害。在私人俱乐部举行不公开的婚礼时,应可期待不被偷拍作为商业广告。[212]

三、公开事实与隐私

隐私权旨在保护私事,问题在于公开的事实在何种程度属于隐私而受保护。美国法院判例认为凡任何人皆得阅览的公开记载事项,非属应受保护的隐私。台湾地区实务上尚无相关案件,基本上应就不同情形而为认定。公职人员应定期申报财产,刊登于公报,其相关资料应非属隐私。在法院的证言,他人得为旁听,乃在维护裁判的公正,其知悉者限于关心该事件的少数人。因此将证言所涉私密事实对不特定多数者公开予以报道,得否构成对隐私的侵害,具有违法性,而应负侵权责任,实值研究。

四、时间经过与隐私保护

周知的事实基本上非属隐私,然因时间经过,渐被淡忘,不复为人所记忆或关心。在此情形,再度发掘报道该项事实得否成立对隐私的侵害?

值得提出的是,在法国刑事法上的名誉毁损,就10年以前的事实,排除真实性的抗辩,即以10年以前的事实毁损他人名誉时,不得以真实性

---

[210] 台湾台北地方法院2002年度劳诉字第139号判决。本件案件涉及雇主监看员工电子邮件的合法界限,甚为重要,将于下文再行论述。

[211] Cheatham v. Paisano Pubs., Inc., 891 F. Supp. 381 (W. D. Ky. 1995): at a large public bikers' event, plaintiff wore clothing that partly revealed her "bottom"; a photograph made at the event was not an intrusive invasion of privacy.

[212] Bagshaw, Unauthorized Wedding Photographs (2005) 121 LQR 550.

主张免责,以明文肯定权利得因时间的经过而恢复,而受到保护[213],深具启示性。

公开的事实因时间经过,在何种情形应受隐私的保护,多涉及犯罪的报道及言论自由(本书第八章)。

第二目　侵害隐私的类型

隐私权的保护范围传统上包括侵入他人私生活(侵入类型)及公开私生活的事实(公开类型),近年来隐私权更扩张及于个人信息自主,而成为一种独立的侵害类型。兹就实务及比较法上相关案例加以说明:

一、私生活的侵入

侵入他人私生活领域系侵害隐私的典型。台湾地区实务上案例多属此类。

(一) 侵入他人住宅生活领域

1. 在屋内装设录像设备

例如在他人的住宅、办公室或坐车装设电子设备,窃录或窃听他人的性爱画面、谈话等。[214]

2. 自宅开窗行为

在拥挤的社区公寓居住环境,于自宅开窗看见他人房屋的客厅等,颇为常见,台湾高等法院2004年上字第890号判决谓:"被上诉人所开设之窗户,除厨房部分外,均采用雾面玻璃,且大都面对上诉人房屋之墙壁,而自系争房屋之窗户往外观望,亦仅系看见上诉人房屋之客厅部分,参以目前都市建筑密集,建筑物间往往间隔狭小,实难期有足够空间保持个别房屋之绝对隐密,是依上开情节,尚难认被上诉人所为上述开窗行为,系基于故意或过失而侵害上诉人之隐私权。"

3. 锯树行为

在台湾高等法院2000年诉易字第113号民事判决一案,原告主张其在住家围墙院内种植一棵树龄35年的橡树,因其枝叶过盛,遮住墙边大型广告看板,被告未经其同意,擅自持电锯于屋前围墙,将该橡树枝叶锯

---

[213] 〔日〕大石泰彦:《フランスのマス・メディア法》,现代人文社1999年版,第177、184—185页(引自佃克彦,注[74]书,第96、100页)。法国法特别重视名誉及隐私的保护,参见 Hauch, Protecting Private Facts in France: The Warren & Brandeis Tort is Alive and Well and Flourishing in Paris, 68 Tul. L. Rev. 1219 (1994).

[214] 参见台湾台北地方法院2002年重诉字第2138号判决。

光。致使原告丧失居家隐私、自由权利与安全感,请求被告依"民法"第184条规定,负起侵权行为的损害赔偿责任,赔偿原告精神上之损失。法院判决认为,原告在屋前种植树木,并非隐私权当然之保护措施,非可谓锯树即等同侵犯隐私权。更何况经查,被告系因该橡树过大遮住其所设置之广告看板而锯树,其锯树行为并非意在侵犯隐私权甚明,不成立侵权行为。

(二) 录音、窃听、偷拍、监视器

以录音、窃听、偷拍、监视器等设施侵害他人声音、谈话、肖像、举止行为,得构成对他人隐私的侵入。实务上可供参照的有两个案例:

1. 房东装设隐藏式监视器偷窥女大学生沐浴[215]。
2. 装设针孔摄影机搜集通奸证据。[216] 此涉及侵害他人隐私取得的事物,是否具有证据能力的问题,将于下文再加说明。

(三) 跟踪

对私生活的侵入,包括跟踪或以电话骚扰他人。跟踪的类型多系对公众人物或名人为之。在美国,前总统甘乃迪之遗孀贾桂林女士(欧纳西斯夫人)遭摄影记者对她以及两名子女,长期不间断地跟踪拍摄,法院认为此项行为构成侵害隐私,而限制摄影记者在一定距离不得接近贾桂林母子。[217] 在台湾此类跟踪拍摄他人行动的事例甚多,应有所限制,值得指出的是"司法院"释字第689号就新闻采访的跟追及隐私权保护作有解释,将于本书第八章再为详论。

(四) 以电话骚扰他人私生活

以电话骚扰他人,系侵害他人平稳安宁的生活,在前揭昔日情人电话骚扰案件,原告与被告曾为交往的男女朋友,被告在知悉原告结婚之后,心生不满,经常以电话追问原告夫妻感情状况与交往过程,并时常以电话向原告的家人、同事及邻居指述其与原告交往的对话、亲密关系等。法院认为被告行为系对他人隐私的侵害。又时常深夜打电话给他人,不为通话,而即挂断,亦得因侵害他人私生活的安宁,而成立侵权行为,被害人得主张侵害防止请求权("民法"第18条第1项)。

---

[215] 参见台湾高等法院1998年上字第76号判决。
[216] 参见台湾高等法院2000年上易字第611号判决。
[217] Galella v. Onassis, 487 F.2d 986, 28 A.L.R. Fed. 879 (2d Cir. 1973).

(五) 强使他人接受信息

1. 问题提出：被掳的听众(captive audience)

在现代信息社会,信息的获得固属必要,但对他人供应资料而侵入其私领域的,亦属有之,此涉及所谓消极信息自由。最为常见的是企业经营者将广告传单资料投入他人信箱(所谓垃圾邮件),或以 Email、短信或电话为之。此种强使他人接受信息(Aufdrigen von Informationen[218]),使他人成为被掳的听众(captive audience[219]),在何种情况下构成侵害隐私,是一个值得研究的问题。

2. 广告传单(BGHZ106, 299)

关于强迫使人接受信息所涉及的侵害隐私,兹就广告传单参照德国联邦法院判决(BGHZ 106, 299)加以说明。在本案,某食品企业雇用广告公司发送广告传单,投入住户信箱,每周多达100万份左右。原告认为此项广告行为侵害其权利,乃在其信箱贴上告示:"注意,勿投入广告等类似传单,违者将视为限制邮件投递,依法追诉。"原告发现其信箱仍有被告广告传单,而向被告提出不作为请求权。

德国联邦法院肯定原告请求权,其裁判要旨谓:"依现代社会生活及市场经济运作,发送广告传单,固属通常,但住宅的所有人或占有人张贴告示,抗拒于其信箱投入广告资料时,对于继续投入广告资料的广告者应有不作为请求权(Unterlassungsklage),盖其违反侵害他人不接受广告的自主权。在广告者委由广告公司发送传单时,仍得对其主张此项请求权。广告者应采取可能的法律或其他必要措施,以防止对被害人的侵害。"[220]

3. 车内广告播送：日本最高裁判所昭和58年(才)1022号判决[221]

日本大阪市经营的高速铁路(地下铁)在列车内从事商业宣传广播,

---

[218] MünchKommBGB/Rixecker (4 Aufl. 2001), § 12 Anhang Anmerkung 89.

[219] "Captive audience"系美国联邦最高法院所创概念(Kovacs v. Cooper, 336 U.S. 77, 93 LED 513, 1949),指广告车辆等妨害所谓 Right not to listen(拒听的权利)。隐私的概念包括 Right not to listen 及 Right to be let alone。参见 Fikentscher/Möllers, Die (negative) Informationsfreiheit als Grenze von Werbung und Kunstdarbietung, NJW 1998, 1337; Fischer, Das zivilrechtliche Kontakt- und Belästigungsverbot, MDR 1997, 120.

[220] MünchKommBGB/Rixecker (注[218]书), Anmerkung 90.

[221] 参见日本最高裁判所昭和58年(才)1022号及昭和63年12月20日第三小法庭判决(请求禁止车内广告播送事件),日本最高法院裁判选译(一),"司法院"发行(2002),吴煜宗节译,以下参照其译文。

然长期利用此地下铁作为通勤工具的某甲主张:相关商业宣传广播对于身为乘客的某甲而言,无异处于被拘禁的状态,因系遭一方的强制而被迫收听,故已侵害其人格权,且违反应安全舒适地运送乘客之运送契约上债务等情。某甲遂以大阪市为被告,起诉请求停止商业宣传广播,并支付慰抚金。

在本件诉讼,三审均判决原告败诉,认为就侵害人格权方面,人民在日常生活中原即享有不见不想见之物,不听不愿听的声音这一类的自由,惟无论何时何地皆能完全享有以上自由,殆属不可能。就本件车内广播事件观之,于判断其是否具有违法性时,必须综合考量其所以进行本件广播的原因及其形态,以及其所致结果等事项加以决定。本件广播系在财政匮乏下,为确保地下铁运行的安全为目的,自属具有正当理由,而其形态亦尚未达所谓噪音的程度,其内容亦多所自制,不能认为已对一般乘客造成厌恶感,而具有侵害人格权的违法性。值得参照的是,日本最高裁判所伊藤正己裁判官(日本著名的宪法学者)所提出的补充意见:

个人拥有不受来自他人且自己不想要的刺激扰乱平静心灵的利益,而此一利益在广义上可称为隐私权,而为一项人格上的利益,在现代社会中甚为重要。对此虽然并不是不能解释其是包含在作为概括基本权的幸福追求权(《日本宪法》第 13 条)之内,但是将其视为精神自由权类型之一,而使其享有宪法上优越的地位,并不适当。其原因乃在于,其必须谋求与存于社会上的其他利益进行调整,而在一方面考察作为与个人人格相关联之被侵害利益的重要性时,亦必须判断在与侵害行为的形态间之相关关系上是否构成违法侵害。从隐私权利益的方面言,在与对立利益衡量时,对于其侵害必须忍受的情形亦有可能。在公共场所中,对于隐私权的保护本来就较为薄弱,因此就一般的公共场所而言,类如本件之广播产生隐私权侵害的问题实难想象。问题在于,本件的商业宣传广播对于身处地下铁车内的乘客而言,乃是在为了到达目的地而不得不利用之交通工具内的广播,对于收听广播事实上是被强制的。应考量的是,表现的自由之所以受到宪法上强烈保障的原因,系为让信息接收者可以从众多表现中,自由地选择特定表现来接受并且可以基于自己的意思拒绝接受不想接受之表现的情形作为其前提(思想表现的自由市场)。因此,若在仅有特定表现被强制地传达于信息接收者的情形下,表现自由的保障则是属于无法发挥机能的典型,而受其制约的范围则不得不予扩大。如上之收听者的状况,在思考调整其与隐私权间利益的场合上,应成为被列入考虑的一项要素。基上观点,就本件言,无法认为车内广播系侵害某甲的超越其忍受范围的隐私权侵害。

(六)雇主监看受雇人的电子邮件与受雇人的隐私权

台湾台北地方法院2002年劳诉字第139号判决涉及雇主监看员工电子邮件与受雇人隐私保护。其案件事实为某员工于接获雇主所发送主旨为"调薪"之电子邮件后,分别转寄予事业单位外之第三人。雇主认此行为违反公司工作规则,依"劳动基准法"第12条第1项第4款径行解雇该员工。该员工起诉主张两点:

(1)雇主之终止与"劳动基准法"第12条规定不符,并以雇主解雇不合法,违反劳动契约或劳工法令情节重大,致有损害劳工权益之虞为由,依"劳基法"第14条第6款,终止两造间之劳动契约,并请求雇主给付资遣费。

(2)雇主监视员工收发电子邮件之行为及电子邮件之内容,侵害员工受"宪法"保障之言论自由、秘密通讯自由或隐私权,雇主之监视行为逾越保密同意书之范围,亦未虑及是否有其他有效可行之方法,该监看手段不具相当性,且事前未告知有对员工电子邮件进行监视,又未作出警告,则雇主监视无关营业秘密之电子邮件,违反"民法"第71、72条及第184条第2项规定,应依侵权行为负损害赔偿责任。

关于解雇部分,法院认雇主依"劳基法"第12条所为终止系属无效,在此不拟详述。关于雇主监视员工收发电子邮件行为及邮件内容是否侵害员工的隐私权等权利,法院认为:应视员工是否能对其在公司中电子邮件通讯之隐私有合理期待,若公司对于员工电子邮件之监看政策有明确宣示,或是员工有签署同意监看之同意书,则难以推论员工对于自身电子邮件隐私有合理期待。又若无法有合理期待,则应另视有无法律明文禁止雇主监看员工之电子邮件。本案之雇主曾以电子邮件向被告公司员工公告:不得将公司内部往来文件泄露、转寄、寄发、邮寄予非属员工之第三人,并将随时监视且于必要时采取惩戒措施。足认雇主已事先宣示,电子邮件之使用,应以日常公务上之必要为原则,严禁以电子邮件对外传递有关公司之营运及技术机密,管理阶层将随时监视员工电子邮件之传递,以免泄密。雇主既已事先宣示公司对于员工电子邮件之监看政策,自难认为员工对于其自身电子邮件之隐私有合理之期待。另台湾地区并无法律明文禁止雇主监看员工之电子邮件,且员工过去收到上述公告监看之电子邮件后,并未表示反对,应认为员工已默示同意被告公司提供之电子邮件系统是供业务用途,且使用公司提供之电子邮件账号已寓含同意雇主监视使用用途,若仍执意为私人用途,后果必须自行承担。则雇主为保护公司营业秘密及达成合法商业目的,所为监看行为,并不符合侵权行为中关于侵入之要件,且因员工之同意而阻却违法。

前揭判决涉及现代信息社会工作职业场所隐私权保护问题,具有指针性的重要意义,虽为地方法院判决,仍受到重视,学者有相当深入的评论,可供参照。[22] 应说明者有四点:

(1)企业对受雇员工在职场行为的监控应受必要的规范。目前虽无法律明文禁止雇主监看员工的电子邮件,员工的隐私权仍应受侵权行为法的保护,而以"民法"第184条第1项前段规定为其请求权基础。

(2)电子邮件设施系由雇主提供,但不能因此认雇主得任意随时监看员工通讯,或监听员工使用企业提供的电话,"临检"员工宿舍或企业提供的车辆。

(3)在请求权基础思考上,首应认定有无对隐私"侵入",此属构成要件(Tatbestand)问题,应依合理期待加以判断。若肯定其有"侵入",原则上即应推定其具不法性,并进一步检讨,有无阻却违法事由。员工对雇主监看行为的同意得阻却违法。所称同意包括明示及默示,默示同意应从严认定,其同意范围应依解释加以认定。

(4)在雇主得依契约或员工同意监看电子邮件时,其监督仍应受到一定的规范。雇主对员工通讯的监看,其情形如政府对人民通讯的监察。通讯保障及监察法的规定对企业监看员工通讯,虽不能适用[23],但该法第2条规定:"通讯监察,除为确保'国家'安全、维持社会秩序所必要者外,不得为之。前项监察,不得逾越所欲达成目的之必要限度,且应以侵害最

---

[22] 参见简荣宗:《监看员工电子邮件产生的隐私权争议》,载《全国律师》2002年5月第6卷5期,第58页;刘定基:《信息时代的职场隐私权保护——以台北地院2002年度劳诉字第139号判决为中心》,载《律师杂志》2005年4月第307期,第52页;范姜真媺:《企业内电子邮件之监看与员工隐私权》,载《台湾本土法学杂志》2004年7月第60期,第7页;黄程贯:《雇主监看员工电子邮件之合法界限——台北地院2002年劳诉字第139号民事判决评释》,载《台湾本土法学》2005年8月第73期,第206页。

[23] 相关问题参见"法务部"2000年6月16日(2000)法字第000805号函,引自简荣宗,(注[22]文),第60—61页。

少之适当方法为之。"其所采比例原则于雇主监看员工通讯时亦应有其适用,即应衡量员工通讯侵害行为的种类与强度,雇主保护公司权益的必要性,以决定其监看的范围及方法(例如监看外部信息或内部信息),并应有程序上的保障措施,使监看过程透明化,不致被滥用或误用。

(七) 不法侵害他人隐私取得证据的证据能力

关于侵入他人私生活的侵权类型,已详如上述。侵入的目的有出于取得某种信息作为诉讼法上的证据,因而发生以不法侵害他人隐私权所取得证据在诉讼上证据能力的问题。实务上有若干判决[24],兹以台湾高等法院2005年上易字第243号判决加以说明。

某甲以录像光盘证明其妻乙与丙有同居行为,认乙、丙二人不法侵害甲的权利或利益,请求损害赔偿(慰抚金)。乙、丙二人主张录像带内容系不法侵害其隐私权而取得,无证据能力,应为证据排除。法院判决理由甚为详细,层次分明,甚具参考价值,简要归纳为三点:

(1) 隐私权应受保障,"司法院"著有解释(释字第293、535号),"民法"设有明文(第195条第1项)。人民诉讼权为"宪法"第16条所保障,包括提出事实主张与证据的权利。允许当事人提出证据及为适当公平的举证责任分配,乃程序正义的表现,亦为"宪法"所保障的诉讼权价值。

(2) 因侵害隐私权或其他不法方法取得的证据是否欠缺证据能力,乃诉讼权保障与隐私权保护的冲突与调和问题。在刑事诉讼程序,因以"国家"强大司法体系,由检察官、法官代表"国家"行使追诉审判权,"国家"与被告显立于不公平位置,不法取得的证据,其证据能力应严格对待,以证据排除法则限制司法权的作为。[25] 但民事诉讼程序,对立之两造立于公平地位,于法院面前为权利的主张与防御,证据的取得与提出,并无不对等情事,较无前述因司法权的强大作用可能造成的弊端,因此证据能力的审查密度,应采较宽松态度,非有重大不法情事,否则不应任意以证

---

[24] 其他相关判决,台湾高等法院2001年度诉字第139号判决。

[25] 关于刑事证据与证据能力,参见张丽卿:《刑事诉讼制度与刑事证据》(2003),第335页以下;王兆鹏:《刑事诉讼讲义》(2003),第26页;陈运财:《违法证据排除法则之回顾与展望》,载《月旦法学》2004年10月第113期,第27页;白友桂:《非法取得证据之证据能力》,载《万国法律》2006年12月第150期,第2页;杨云骅:《私人违法取得证据之评价与冲突解决——评"最高法院"2003年台上字第2677号判决》,收于《民主·人权·正义:苏俊雄教授七秩祝寿论文集》(2005)。

据能力欠缺为由,为证据排除法则的援用。隐私权及诉讼权均为"宪法"所保障的基本权,当两者发生冲突时,当援引"宪法"第 23 条规定及"司法院"解释所阐述的比例原则作为审查基准。依社会现实情况,妨害他人婚姻的不法行为,常以隐秘方式为之,并因隐私权受保护之故,被害人举证极度不易。在此前提下,当不法行为人的隐私权与被害人之诉讼权发生冲突时,两者间应为一定程度的调整。以侵害隐私权的方式而取得的证据排除方面,即应视证据之取得,是否符合比例原则加以决定。

(3) 本件上诉人据以主张为证据方法的录像光盘内容的取得,系自屋外经由开启中窗户以远距离镜头拍摄录像方式而来,虽不无以偷窥方式侵害被上诉人隐私之嫌,但核其方式,非直接将摄影机器置入,或以身体侵入方式,对被上诉人的具高度隐私的居住场所,如卧室、浴室、以窗帘覆盖的房间为之,是其侵害手段,系选择最少侵害方法为之,而符合必要性原则。再者,不法行为人的行为,如得由屋外任由他人透过开启的窗户,予以观察得知者,自不能禁止该因不法行为的被害人,依自然观察方式,以机器摄影手段以获得有利证据,亦即以不法行为人的隐私权法益,两相比较被害人获得不法证据的诉讼法价值,显较诸不法行为人隐私权法益的保护,更应值得被维护,而不违背前开禁止过量原则。[29]

二、私事的公开

(一) 侵害态样

公开揭露他人不欲人知的私生活事实(私事公开),亦系典型的侵害隐私的类型,即 Prosser 教授所称的 "Unreasonably giving publicity to the plaintiff's life"。台湾地区实务上此类案例尚不多见,其主要原因应系被害人不愿因诉讼再暴露其私事而遭受二度伤害,兹举例 3 种情况如下:

(1) 因公开私事而侵害隐私,常见的主要事例系擅自揭露他人的情书、日记、病历、薪资、自拍的性爱录像带等。

(2) 公开窃听或窃录他人电话,虽未窃听或窃录他人电话,而系经由第三人提供而公开其内容,亦构成对隐私的侵害,其谈话内容不限于私人

---

[29] 关于侵害人格权(隐私权)不法取得证据的证据能力,在德国法基本上亦采比例原则,参见 Schwab, Unzulässigkeit von Beweismitteln bei Verletzung des Persönlichkeitsrechts, in: Beiträge zum Schutz der Persönlichkeit und ihrer Schöpferischen Leistungen, Festschrift für Heinrich Hubmann zum 70. Geburtstag (1985), S. 421. Kaissis, Die Verwertbarkeit materiell-rechtswidrig erlangter Beweismittel im Zivilprozess (1978).

事物,得包括商业机密或政治议题。在德国联邦法院判决(NJW 1987,2667),某 A 氏国家情报局人员,与 B 氏谈论该局机密事项,准备以小说题材撰写。因未获该情报局核准,B 氏径将录音内容交由 C 杂志发表。A 遭解聘,并受严厉处罚。法院认为 A 以隐私权受侵害,向 B 及 C 杂志编辑等人请求损害赔偿为有理由。

(3)借阅录像带、图书,或参加某教会、社团等乃个人私事,亦不得任意公开揭露。美国著名法官 Robert Bork 被提名为美国联邦最高法院法官,在听证审查时,有人爆料其曾借阅某类录像带,引起重大争议。美国国会迅速制定"录像带隐私保护法",禁止此项暴露他人私生活的侵害行为,前已提及,兹再强调之。

(二)私事公开与言论自由

私事公开常发生隐私保护与言论自由冲突及调和问题,即以何种标准认定侵害隐私的违法性。此涉及公开以不法手段取得信息时,是否当然构成对隐私的侵害;公开合法取得的信息在何种情形仍得成立侵害隐私;新闻媒体得否任意报道取自公共记录的事实。有争议的是,得否以新闻性(newsworthiness)作为揭露他人隐私的正当理由。美国前总统福特遭到枪击时,有一个叫 Oliver Sipple 之人阻挡枪击行为,声名大噪。两天后有位专栏作家爆料 Sipple 氏系一个同性恋者,Sipple 氏受到各种羞辱,精神痛苦不堪。Sipple 向出版公司请求损害赔偿时,法院以其性的偏向等具有新闻价值,而判决 Sipple 败诉。[227] 此类问题,涉及不同的社会政治制度及法律文化,将于本书第八章作较详细的讨论。

三、信息自主(信息隐私)的侵害

(一)泄露检举贪污渎职者之检举人的姓名

信息自主为隐私权的内容,应受侵权行为法的保护。台湾地区实务上有两个案例足供参考。

(1)在政论节目公布他人的电话[228],此将于论及言论自由时,再行说明。

(2)泄露检举贪污渎职者之检举人的姓名,"最高法院"1998 年台上

---

[227] Sipple v. Chronicle Publishing Co., 154 Cal. App. 3d 1040, 1049; 201 Cal. Rptr. 665, 6970 (1984).

[228] 参见"最高法院"2004 年台上字第 1979 号判决。

字第 2459 号判决谓:"依'行政院'1994 年 2 月 4 日修正公布'奖励保护检举贪污渎职办法'第 8 条(2000 年 12 月 6 日修正第 10 条)规定,受理检举之机关,对于检举人之姓名、年龄、住所或居所,应严予保密。本件被上诉人将检举贪污渎职之上诉人姓名,以公文副本方式通知被检举人,显未尽保密之规定,自应负故意或过失之不法责任。查,检举他人不法,如遭曝光,不免招被检举人抱怨或报复,影响检举人生活之安全。上诉人检举林泉里办公处人员涉嫌不法,被上诉人将之泄露,损及上诉人之隐私权,因隐私权为人格权之一种,上诉人自得请求赔偿非财产上之损失。"

(二) 报道犯罪嫌疑人之妻的个人资料

关于信息自主权的侵害,日本法上有判决认为:"犯罪事实之报道涉及嫌疑人之妻的服务处所、年龄、出生地、出身大学、职业、经历、容姿、容貌及夫妻私生活的情节,系侵害其妻的隐私权。"本件事实法院判决理由甚具参考价值,特详为摘录如下㉙:

按隐私权的成立,须被公开之私事的内容为私生活事实或有被误为私生活之事实,尚未为一般人所知,依一般人通常感受,居于该私人的立场,不欲被公开,因公开将致该私人感觉不愉快或不安。……本件朝日新闻早报,以实名报道甲野记者强行拍摄卖春妇与中学生性交易的场面而被逮捕,因而引起各媒体大加报道。其出售的"周刊新闻"刊载本件记事时,就甲野记者之妻(原告)以假名将其服务处、年龄、出生地、出身大学、职业、经历、容姿、容貌及与甲野记者间之私生活之情节加以报道。……因甲野记者系用真名报道,致使不特定的第三人容易推测原告为甲野记者之妻。……甲野记者系以无耻之犯罪嫌疑人被逮捕,因而引起社会公众的关心,故依一般人感受为基准,居于原告立场实不欲自己为甲野记者之妻之事实被公开,自不待言。从而有关自己为甲野记者之妻的信息,及原告之服务处所、年龄、出生地、出身大学、职业、经营、容姿等可认为系不欲被公开的信息。即原告与甲野记者的私生活情节……曾被不特定多数读者信为真实时,以一般人的感受性为基准,可认系属痛苦的感觉。……犯罪事实之报道与公益有关,须犯罪行为或其嫌疑,能使一般人知悉而有

㉙ 东京地方裁判所,平成 7 年 4 月 14 日民事第 15 庭判决,《判例时报》,1574 号,第 88—94 页(引自曾隆兴:《详解损害赔偿法》(2003 年),第 479 页;参见竹田稔:《プライバシー侵害と民事責任》,判例时报社 1998 年版,第 139 页)。

警告、预防、抑制效果为必要,从而纵与犯罪事实有关联的事项,并非均可无限制地加以报道。得准许报道的事实范围,限于与犯罪事实具密切关联的事实为限。从而与犯罪事实有关联而准许就嫌疑人之家属之事实加以报道,必须特定犯罪事实本身,或说明犯罪行为动机、原因所必要者为限。……本件甲野记者与其妻的关系纵有必要加以表明探求事件的原因,然尚难认为有将其妻即原告的服务处所、学历、经历、年龄等加以具体的报道的必要。从而本件记事及广告系违法侵害原告的隐私权。

日本学者将此案件归类为不欲他人知道个人信息的公开,有别于他人所不知私生活上事实的公开。在台湾地区"侵权行为法"上亦可认为系对信息自主权的侵害。本件判决开宗明义提出日本通说所采隐私权成立要件,并逐一加以检讨认定,判决理由明确说明犯罪事实报道的界限,以调和言论自由与隐私权的保护,均具参考价值。

(三) 早稻田大学名簿事件

关于信息自主权的侵害,值得介绍的尚有著名的早稻田大学名簿事件。[20] 被告Y(早稻田大学)预定于平成10年11月28日举办中华人民共和国国家主席江泽民演讲会,预先募集申请参加演讲之人,特备名簿,搜集申请参加者的学籍号码、氏名、住所及电话号码。早稻田大学径将该资料提出于警视厅。原告X系参加该演讲会的学生,在江泽民主席演讲中,发言抗议,致遭逮捕,并受处分。X乃以Y径将其氏名等资料提出于警视厅系侵害其プライバシー(privacy,隐私)而向Y请求损害赔偿。

日本最高裁判所判决X胜诉,其理由有二:

(1) Y为举办演讲会所搜集申请参加学生的学籍号码、氏名、住所及电话号码等情报(信息)攸关申请参加演讲会者的隐私,乃法律所保护的对象。

(2) 大学演讲会主办者未得同意径将此等信息对警察开示,在此项开示在求得申请参加者的承诺并无困难的特别情事的事实关系下,构成侵害申请参加者隐私的不法行为。

四、"个人数据保护法"与信息隐私的保护

(一) 损害赔偿请求权基础

"个人数据保护法"(以下简称"个资法")系为规范处理个人资料之

---

[20] 参见日本最高裁判所平成15年9月21日第二小法庭判决,判时,1837号,第3页;佃克彦(注[74]书),第64页。

保护,以避免人格权受侵害,并促进个人资料之合理利用。自本法于1995年4月11日公布施行以来,实务上相关事例虽属不多,仍具研究价值,兹搜集6个相关判决,作简要的讨论。

首先应提出的是损害赔偿请求权的规范基础(请求权基础)。"个资法"第27条规定[20]:"公务机关违反本法规定,致当事人权益受损害者,应负损害赔偿责任。但损害因天灾、事变或其他不可抗力所致者,不在此限(第1项)。被害人虽非财产上之损害,亦得请求赔偿相当之金额;其名誉被侵害者,并得请求为恢复名誉之适当处理(第2项)。前两项损害赔偿总额,以每人每一事件新台币二万元以上十万元以下计算。但能证明其所受之损害额高于该金额者,不在此限(第3项)。基于同一原因事实应对当事人负损害赔偿责任者,其合计最高总额以新台币二千万元为限(第4项)。第二项请求权,不得让与或继承。但以金额赔偿之请求权已依契约承诺或已起诉者,不在此限(第5项)。"

又依第28条规定:"非公务机关违反本法规定,致当事人权益受损害者,应负损害赔偿责任。但能证明其无故意或过失者,不在此限(第1项)。依前项规定请求赔偿者,适用前条第二项至第五项之规定(第2项)。"

损害赔偿请求权,自请求权人知有损害及赔偿义务人时起,因两年间不行使而消灭;自损害发生时起,逾5年者,亦同(第29条)。损害赔偿,除依本法规定外,公务机关适用"国家赔偿法"之规定,非公务机关适用"民法"之规定(第30条)。

前开"个资法"第27条等规定具侵权行为法的性质。其特色在于采不同的归责原则,即在公务机关采无过失责任(但得因不可抗力而免责),在非公务机关采推定过失;并设最高限额赔偿原则。应值研究是,"个资法"上侵权行为的成立,及"个资法"与"民法"一般规定的适用关系。

(二) 实务案例

1. 自愿提供个人资料不成立隐私权被侵害

在台湾高等法院2005年重上字第263号判决,上诉人主张其向被上诉人购买系争译码器时,被上诉人要求上诉人在收据上之客户字段签写

---

[20] 以下所引条文均系2010年修正前的规定,请参照新修正条文。

住址、姓名与电话,上诉人遂签写个人资料于收据上,此乃侵害上诉人之隐私权。

法院判决谓:所谓"隐私权",系就私生活或工商业所不欲人知之事实有不被他人得知之权利。且依"计算机处理个人数据保护法"第6条规定:"个人资料之搜集或利用,应尊重当事人之权益,依诚实及信用方法为之,不得逾越特定目的之必要范围。";第4条规定:"当事人就其个人资料依本法规定行使之下列权利,不得预先抛弃或以特约限制之:(一)查询及请求阅览。(二)请求制给复制本。(三)请求补充或更正。(四)请求停止计算机处理及利用。(五)请求删除。",个人如系出于自由意愿出示个人资料予他人,自无侵害隐私权可言。查本件上诉人于购买译码器时,本得拒绝留存其个人资料,复未举证证明其自由意愿因受强制而不得不留下其姓名、电话与地址等资料,而记载于收据上,则上诉人出于自由意愿而记载上开资料于收据上,自不得认被上诉人有侵害上诉人隐私权之行为。

2. 委外催收账款,提供债务人个人资料

在台湾台北地方法院2006年度诉字第12632号判决,原告主张被告(某银行)自2003年起陆续将伊之个人资料提供予多家催收账款公司非法利用,不断透过催收账款公司对伊进行骚扰,甚至打电话至伊工作之地方催讨债务,使伊工作量顿减,不堪其扰;被告更雇用裕邦信用管理顾问有限公司利用伊之个人资料向中华电信股份有限公司申办伊行动电话门号停话,导致伊之营运、名誉、精神等受有损失,乃依"计算机处理个人数据保护法"第3、5、6条及第28条规定(请参照相关条文),请求财产上损害及非财产上损害赔偿。

法院认为原告未能举证以证实其说,并强调:"纵使被告曾将原告姓名、身份证字号等资料提供予裕邦公司,亦无法凭此即推论被告确曾指示、授意诉外人裕邦公司以其他不法之手段向原告催讨债款,原告此部分主张尚难采信",应说明者有二:

(1) 债权人委外催收账款,颇为常见,提供债务人个人资料,为催收所必要,其使用个人资料尚难谓违反诚实及信用方法或逾越特定目的之必要范围("计算机处理个资法"第6条)。

(2) 受委托的催收账款公司,非属受雇人,委托人不负雇用人侵权责任("民法"第188条)。若委托指示、授意受委托公司以不法手段催讨债款时,则应负侵权行为责任。

3. 搜集个人资料寄发广告信函

在台湾基隆地方法院2004年诉字第82号判决,原告的姓名、地址等个人资料,遭诉外人张某于任职被告永昌公司期间擅自搜集后,在转至被告统一公司任职时,提供原告资料于同事诉外人简某寄发广告信函。

法院认为,诉外人张某的行为违反"计算机处理个人数据保护法"第28条规定,判决理由强调姓名、地址乃隐私权之一部,未经本人同意擅自搜集抄录提供他人使用,乃侵害原告之隐私权,应依"计算机处理个人数据保护法"第28条规定负损害赔偿责任。又张某提供原告姓名、地址的行为乃为被告统一公司增加客户,因此乃属于被告统一公司执行职务之行为而侵害原告隐私权,被告统一公司应依"民法"第188条第2项规定负连带损害赔偿责任。

4. 电信公司成员泄露电讯资料

在台湾台南地方法院2005年诉字第121号判决,被告陈某因怀疑其妻张氏与原告间有暧昧关系,自张氏的行动电话通联记录中,查出原告市内电话及行动电话门号,而以电话骚扰原告。其后被告洽请任职中华电信股份有限公司之郭某,由郭某利用职务之便,擅自进入计算机系统查询,并告知前开市立电话之使用人即系原告及电话装机地址,被告打电话对原告恐吓。

法院认被告陈某系以恐吓行为不法侵害原告之自由,致原告受有精神损害,应依"民法"第184条第1项前段及第195条第1项规定,负损害赔偿责任。就郭某及中华电信公司部分,法院认郭某未经原告同意径将其姓名及住址透露于第三人,系侵害原告的隐私权(信息隐私权),并逾越"计算机处理个人数据保护法"所规范的合理使用范围,违反"计算机处理个人数据保护法"第26条第1项准用第17条规定,属于保护他人之法律,推定其有过失。又原告依"民法"第184条规定请求损害赔偿,应适用"计算机处理个人数据保护法"第27条第3项规定,而该损害赔偿总额,以每人每一事件新台币2万元以上10万元以下计算,但能证明其所受之损害总额高于该金额者,不在此限。至于中华电信公司则依"民法"第188条第1项规定,负连带赔偿责任。

5. 银行职员不法变更客户个人通讯信息盗领存款

在台湾台中地方法院2005年重诉字第196号判决,被告吴某利用任职被告公司业务之机会,取得原告申办现金卡之个人资料,进而利用此一资料,冒用原告名义,办理变更住址及挂失补发现金卡,盗用借款79 500元。

法院认此项行为侵害原告之隐私权,并使原告受精神上损害,被告公司既对其受雇人负有选任监督义务,且对于客户个人资料负有保管及避免遭人不当取得或不法使用之义务,被告吴某未依诚实信用方式使用原告个人资料,且逾越使用目的范围,有违"计算机处理个人数据保护法"第6条及第18条之规定,原告主张依同法第28条及"民法"第188条之规定,请求被告吴某与被告公司,连带赔偿于10万元之范围内,为有理由。

6. 银行误向联合征信中心误报呆账债务

在台湾高等法院2001年上字第442号判决,涉及甲银行向联合征信中心误报乙有呆账债务,致乙未能向其他银行融资借款。乙认为甲违反维护计算机个人资料正确的义务,侵害其信用及名誉乃依"民法"第184条第1项、第195条第1项及"计算机处理个人数据保护法"第28条规定请求非财产上损害相当金额的赔偿。

法院判决肯定乙的损害赔偿请求权,并提出一项重要法律见解,认为:"按'民法'第195条系于1999年4月21日修正公布,将信用列为人格权之例示规定,而'计算机处理个人数据保护法'系于1999年8月11日始制定公布施行,是'计算机处理个人数据保护法'为后法。再者,'计算机处理个人数据保护法'第1条开宗明义,明确表示该法之制定,乃在保护人格权,以避免人格权受侵害,同法第27、28条亦对于违反该法之规定,应对当事人负财产及非财产上之损害赔偿之责为规定,而名誉及信用均为人格权之一,且侵害他人信用时,往往同时侵害名誉,是该法第27、28条之规定,为'民法'第195条、'民法'第18条之特别规定,堪予认定。"

本件判决认为,"个资法"为"民法"的特别规定,但其理由不应是"个资法"为后法,而是"个资法"规范内容具有不同于"民法"的规范内容。又由此判决可知"个资法"所保护的人格权,除信息自主权外,尚包括名誉及信用。

(三) 综合说明

前揭六个关于"个资法"的判决涉及日常生活上常见侵害个人信息

隐私的情形。加害人均属非公务机关,且均为受雇人的行为。在法律解释适用方面,最值重视的是法院认为"计算机处理个人数据保护法"第27条以下关于损害赔偿的规定系"民法"第18条、第195条的特别规定,"个资法"又属"民法"第184条第2项所称保护他人之法律。此项见解自属有据,但不足保护被害人。例如甲医院泄露乙的病历,致甲的隐私遭受侵害时,甲原得依"民法"第184条第1项(须证明加害人的过失)、第195条第1项规定请求损害赔偿,其赔偿数额并无限制,并有较长的时效期间("民法"第197条)。在此情形,若仅能适用"个资法"规定,将因"个资法"的制定而使被害人遭受不利益。因此是否可采请求权竞合,尚有研究余地。

第四项 网络侵权行为

一、问题说明

网络侵权行为指在网络发生侵害他人权利的行为,例如:利用网络公开他人隐私,诽谤他人名誉,传送盗版音乐等。网络侵权行为与其他非透过网络的侵权行为的性质并无不同,但有四点特色:

(1)行为人包括网络提供者,及众多的网络用户。

(2)侵害的客体包括隐私、名誉、姓名、肖像、著作权、银行账户资金等。

(3)网络的便捷性及传播效能迅速扩散侵害结果,造成难以恢复的损害。

(4)网络空间的开放性及全球化,不受地域限制,网站之间的无限连结,造成侵权行为地与损害发生地认定的困难,产生法律适用的争议。

网络侵权行为具有不同于一般侵权行为的特性,一方面要保护被害人,他方面要顾及网络服务提供者,以维护网络服务的运作,在法律上如何规范乃成为现代法律的重要课题。

二、"著作权法"关于网络服务提供者的民事免责规定

"著作权法"于2009年修正时,增订第六章之一及九个条文(第90条之4至第90条之12),建立网络服务提供者的民事免责事由制度,规定免责之网络服务提供者(第90条之4)、联机服务提供者的免责事由(第90条之5)、快速存取服务提供者免责事由(第90条之6)、信息储存服务提供者的免责事由(第90条之7)、搜寻服务提供者的免责事由

(第90条之8)、网络服务提供者的免责事由(第90条之10)。简要言之,其主要免责事由系服务提供者对使用者涉有侵权行为不知情;未直接自使用者之侵权行为获有财产上利益;经著作权人或制版权人通知其使用者涉有侵权行为后,立即移除或使他人无法进入该涉有侵权之内容或相关信息。又依第90条之10规定:有下列情形之一者,网络服务提供者对涉有侵权之使用者,不负赔偿责任:(一)依第90条之6至第98条之8之规定,移除或使他人无法进入该涉有侵权之内容或相关信息。(二)知悉使用者所为涉有侵权情事后,善意移除或使他人无法进入该涉有侵权之内容或相关信息。第90条之11规定:"因故意或过失,向网络服务提供者提出不实通知或恢复通知,致使用者、著作权人、制版权人或网络服务提供者受有损害者,负损害赔偿责任。"

三、"侵权行为法"规定的解释适用

"民法"对于网络侵权行为未特设明文,应适用"民法"侵权行为的规定,尤其是第184条第1项前段,其关键问题在于如何认定网络服务提供者的过失。值得特别提出的是《中华人民共和国侵权责任法》第36条规定:"网络用户、网络服务提供者利用网络侵害他人民事权益的,应当承担侵权责任(第1项)。网络用户利用网络服务实施侵权行为的,被侵权人有权通知网络服务提供者采取删除、屏蔽、断开链接等必要措施。网络服务提供者接到通知后未及时采取必要措施的,对损害的扩大部分与该网络用户承担连带责任(第2项)。网络服务提供者知道网络用户利用其网络服务侵害他人民事权益,未采取必要措施的,与该网络用户承担连带责任(第3项)。"

关于网络服务提供者侵权行为的过失认定,《中华人民共和国侵权责任法》第36条第2项、第3项规定可资参照。网络服务提供者接到侵权的通知,或明知其事,但未采取必要措施时,具有过失,应负侵权责任,乃属当然(参照"著作权法"第90条之7、第90条之8)。

依"著作权法"规定,网络服务提供者对使用者涉有侵权行为不知情时,得不负侵权责任,《中华人民共和国侵权责任法》第36条亦有此意涵。台湾地区"侵权行为法"上未设类此规定,自不能以"不知情"作为免责事由,仍应适用过失原则,但须考量网络侵权行为的特色,顾及网络服务的功能,对网络服务提供者的过失慎为认定。

第八节　其他人格法益

第一款　人格权保护范围的具体化

"民法"对人格权设一般概括规定("民法"第 18 条)。人格权系受"侵权行为法"所保护的权利("民法"第 184 条第 1 项)。"民法"第 194 条规定:"不法侵害他人致死者,被害人之父、母、子、女及配偶,虽非财产上之损害,亦得请求赔偿相当之金额。"又"民法"第 195 条第 1 项前段规定:"不法侵害他人之身体、健康、名誉、自由、信用、隐私、贞操,或不法侵害其他人格法益而情节重大者,被害人虽非财产上之损害,亦得请求赔偿相当之金额。""民法"第 194 条及第 195 条第 1 项虽系针对非财产上损害金额赔偿(慰抚金)而设,但亦明确了人格权的保护范围,立法技术上系采例示的概括保护方式:

1. 明定的人格法益

明文规定的人格法益有:生命、身体、健康、自由、名誉、信用、隐私、贞操。前四者"民法"原既有之,后四者为 1999 年"民法"债编修正所增设。信用系从名誉独立出来。贞操旨在强调性之自主。隐私最属重要,具开化性,已发展成为一种概括性的权利。人格权保护范围的有名化,形成个别人格权(特殊人格权),有助于法律的适用,尤其是违法性的认定。

2. 其他人格法益

此为 1999 年民法债编修正所增设,将侵害人格权的慰抚金请求权一般化,并使人格权得因应社会变迁而受必要的保护。兹将实务上所创设的其他人格法益,说明如下。

第二款　姓名、肖像权、声音等体现个人
　　　　特征的人格法益

姓名权系"民法"第 19 条明定的特别人格权,但应认系"民法"第 195 条第 1 项规定的"其他人格法益",使被害人得就非财产上损害得请求赔偿相当金额。肖像权系个人对自己肖像享有制作、传布或利用的自主权,系最早出现的重要人格法益,"民法"未设明文,但判例学说皆肯定其为一种独立的人格法益。

须特别指出的是,姓名、肖像均在体现个人的特征,此种得将个人识别化的,除姓名、肖像外,尚有个人的声音[20]等,所谓"闻其名,见其容貌,听其声,而知其人"。个人的声音亦应认系一种"其他人格法益"。姓名、肖像、声音等体现个人特征的人格法益,具交易性,得授权他人做商业使用,例如推销商品代言广告,而具有一定的财产价值,于遭受他人无权加以强制商业化时,得发生侵权行为损害赔偿或不当得利<u>获利返还</u>的问题(参阅本书第九章)。

第三款　居住安宁的人格利益

在"最高法院"2003年台上字第164号判例,被上诉人(被告)及上诉人(原告共7人)为七层楼房的住户。系争楼房的屋顶为两造共有。被上诉人(被告)未得其他共有人同意在屋顶搭建花园等建物,发生是否破坏共有设施及结构,并导致房屋漏水造成损害,应否赔偿的争议。

原告除请求被告重新施工以恢复原状外,并依侵权行为请求精神慰抚金。原审法院判决认为:纵原告主张被告在屋顶增建之行为致其房屋漏水之损害属实,因非身体、健康、自由、名誉受侵害,自不得请求精神慰抚金。

"最高法院"认为:查于他人居住区域发出超越一般人社会生活所能容忍之噪音,应属不法侵害他人居住安宁之人格利益,如其情节重大,被害人非不得依"民法"第195条第1项规定请求赔偿相当之金额。吴○○○请求赔偿精神上之损害,系主张因被上诉人于增建之机器房内置冷气压缩机,日夜运作,噪音不停,致伊受到侵害等语[见一审卷(二)第284页背面、原审卷120页],原审就吴○○○之人格法益是否确受不法侵害而情节重大,未加审究,遽认其不得请求精神上之损害赔偿,亦有疏略。<u>上诉人上诉论旨</u>,指摘原判决于其不利部分为不当,求予废弃,为有理由。

---

[20] 个人的声音在美国法上属于公开权(right of publicity)的内容,在德国亦肯定为"一般人格权的保护范围,即对自己声音的权利",参见 Schierholz, Das Recht an der eigenen Stimme, in: Götting/Schertz/Seitz (Hrsg.), Handbuch des Persönlichkeitsrechts (2008), § 16; Schwarz/Schierholz, Das Stimmplagiat: Der Schutz der Stimme berühmter Schauspieler und Sänger gegen Nachahmung im amerikanischen und deutschen Recht, in: Festschrift fur Kreile, Baden-Baden (1994), S. 723-729. 本书详论美国及德国法上关于模仿著名演员及歌手声音(声音剽窃的保护问题)。

按关于在他人居住区域发生超越一般人社会生活所能容忍之噪音，"民法"物权编第793条设有明文："土地所有人于他人之土地、建筑物或其他工作物有瓦斯、蒸气、臭气、烟气、热气、灰屑、喧嚣、振动及其他与此相类者侵入时，得禁止之。但其侵入轻微，或按土地形状、地方习惯，认为相当者，不在此限。"此属相邻关系禁止气响侵入之规定，解释上应包括噪音侵入在内，且不以过失为要件。前揭"最高法院"判例创设"居住安宁的人格利益"，超越传统人格权的保护范围，具有保护社区生活公害、环境维护的意义。问题在于如何确定此项"居住安宁的人格利益"的内容。在要件上须其侵害超越一般人社会生活所能忍受的程度。侵害的方式不限于噪音，应包括其他与此类似者（如臭气、烟气、振动等）。此种"居住安宁的人格利益"具概括性，有进一步具体化的必要[233]。

第四款　遗族对于故人敬爱追慕之情

死者的名誉权等受到侵害时，如何加以保护？

人之权利能力因死亡而消灭，丧失作为权利能力的主体，人格权具专属性，不得继承。为维护死者尊严于台湾地区实务上有一个重要案例：在章孝严控告陈水扁诽谤蒋介石案，台北地方法院创设了"遗族对于故人爱慕之情的人格上利益"[234]，判决理由认为："民法"第195条第1项所谓其他人格法益，系指一般人格权中未经明定为特别人格权（人格利益）的部分，此一概括部分将随着人格自觉、社会进步、侵害的增加而扩大其保护范畴，故人格权之侵害，不限于他人之身体、健康、名誉、自由、信用、隐私、贞操，以吾国风尚，对于死者向极崇敬，若对已死之人妄加侮辱诽谤，非独不能起死者于地下而辩白，亦使其遗族为之难堪，甚有痛楚愤怨之感，故

---

[233] "最高法院"2003年台上字第164号判例所提出的"居住安宁的人格利益"，应系参照日本实务所创设的"平稳生活权"，此乃公害、环境诉讼（尤其是航空机夜间离、着陆的噪音诉讼）发展出来的人格权，以人格权保护作为公害防止请求权的依据。值得特别提出的是：在横田基地噪音公害诉讼控诉审判决（东京高判昭62.7.15判时1245号3页），法院判决理由强调："人は、人格権の一種として、平穏安全な生活を営む権利を有しているというべきであつて、騒音、振動、排気ガスなどは、右の生活権に対する民法709条所定の侵害であり、これによって生ずる生活妨害……は同条所定の損害というべきである"。在此判决之后，关于环境污染设施的各种侵害防止法案，多以"平稳生活权"作为依据。在日本，平稳生活权的适用不限于公害环境，亦包括频繁的电器使用行为，针对个人使用街头宣传车及扩音器，甚至暴力团体的事务所等，参见五十岚清（注[35]书），页243以下。

[234] 参见台湾台北地方法院2007年诉字第2348号判决。

而"刑法"第312条特规定侮辱诽谤死者罪,借以保护遗族对其先人之孝思追念,并进而激励善良风俗,自应将遗族对于故人敬爱追慕之情,视同人格上利益加以保护,始符"宪法"保障人性尊严之本旨。

本件判决将遗族对于故人敬爱之情,视同人格上利益,实乃肯定其为"民法"第195条第1项的"其他人格利益",使遗族得向加害人请求精神损害及相当金额之赔偿。以间接的方式保护死者名誉,可谓是人格权保护上一项突破性的发展。

第五款 其他人格法益的发展

综观上述实务上创设"其他人格权"的三个重要类型,构成人格权的保护内容,被害人得依"民法"第184条第1项前段请求损害赔偿(包括财产上损害及非财产上损害),依"民法"第195条规定请求慰抚金,并得请求侵害除去、侵害防止请求权("民法"第18条第1项)。

居住安宁的人格利益旨在维护符合人格尊严的生活环境。姓名权、肖像权乃在体现人的特征形象,应包括人之声音在内,具有精神利益及财产价值。遗族对于故人敬爱追慕之情的人格利益系在以间接的方式保护死者的人格利益。此三个类型虽属"其他人格法益",但具有重大意义,前者(居住安宁权)得作为公害环境诉讼的依据,后二者涉及人格权的财产利益及精神利益,将于本书第七章详为论述。

"其他人格法益"的创设,系一种因应社会变迁及层出不穷的侵害方式而发展形成的,扩大了人格权的保护范围,促进维护人格尊严及人格自由。

第七章 人格权的精神利益与财产利益

第一节 人格权的性质及保护的利益

第一款 人格权的性质

一、人格权性质的传统见解

人格权系以人格为内容的权利,以体现人的尊严价值的精神利益为其保护客体。此项人格上的精神利益不能以金钱加以计算,不具财产的性质。生命、身体、健康、自由、名誉均以精神利益为内容,姓名、肖像、声音等人格法益亦不例外。因此,姓名、肖像等被他人不法侵害使用于商业广告时,依传统见解,其被侵害的,系体现人格尊严价值的精神利益,而非具有财产权性质的利益。身体、健康、姓名、肖像被不法侵害时,被害人虽得请求此等人格法益受侵害所生财产损害(例如医药费、所失利益),但不能因此而认为此等人格法益本身具有财产价值。

传统见解认为人格权系以人的尊严价值及精神利益为其保护内容,与其人本身具有不可分的密切关系,属于一身专属权而具有如下三种基本性质,前已于第三章加以说明,兹为便于本章的讨论,简要说明如下:

1. 绝对性

个人对其人格利益有自主决定的权利,得同意(允诺)他人侵害其人格法益而阻却违法。例如同意医生为手术的医疗行为,授权他人拍摄出版裸体写真集。人格自由不得抛弃("民法"第 16 条),虽得加以限制,但不得违反公序良俗("民法"第 17 条第 2 项、第 72 条)。人格权的绝对性具有排他的权能,即人格权受侵害者,得请求法院除去其侵害,有侵害之虞者,得请求防止之("民法"第 18 条第 1 项)。

2. 不可让与性

人格权本身或其个别人格利益(如身体、健康、名誉等),均具一身专属性,不得与其人分离而为让与。肖像、姓名等个别人格权虽不得让与,但不禁止其于不违背公序良俗范围内,订立契约授权他人得用于推销某种商品或服务。在此情形,于当事人间仅发生债的关系,其肖像权、姓名权本身并不移转。依传统见解,姓名或肖像受侵害而被用于商业广告时,被害人不得以其具有财产价值,而依"侵权行为法"规定请求相当于授权使用报酬的损害赔偿,或依不当得利规定请求返还其所受利益。

3. 不可继承性

人死亡时,其权利能力终了,人格权归于消灭,不发生继承,无所谓"死者人格权"问题。死者的人格利益,除法律别有规定外,不受保护,例如某甲为著名歌星,死亡后,乙厂商径以其肖像、姓名制造推销商品时,甲的配偶、子女或其他遗族就此等对死者的侵害,在民事上并无可得主张的救济方法,包括侵害除去及侵害防止请求权。

二、人格权与商标权、著作权的比较

据前所述,传统观念的人格权乃在保护体现于人格利益人的尊严,具一身专属性,不得让与或继承,就与其相邻近的商标权及著作权加以比较,更可凸显其基本特色。

商标,指任何具有识别性之标志,得以文字、图形、记号、颜色、立体形状、动态、全像图、声音等,或其联合式所组成("商标法"第18条),以表彰自己的商品或服务的权利。商标权得以人的姓名、肖像或声音等加以组成。商标权人得授权他人使用商标或移转其商标于他人("商标法"第39条以下)。商标权得为继承,但商标权人死亡,而无继承人者,商标权当然消灭("商标法"第47条第2款)。

著作权指于著作上所享有的权利,分为著作人格权及著作财产权。著作人格权专属于著作人本身,不得让与或继承("著作权法"第21条)。但著作人死亡或消灭时,著作人格权之保护,视同生存或存续,任何人不得侵害("著作权法"第18条前段)。"著作权法"第86条规定:著作人死亡后,除其遗嘱另有指定外,下列之人,依顺序对于违反第18条或有违反之虞者,得依第84条及前条第2项规定,请求救济:(一) 配偶。(二) 子女。(三) 父母。(四) 孙子女。(五) 兄弟姊妹。(六) 祖父母。所称救济,指对于侵害著作权者,得请求排除其侵害,有侵害之虞者,得请求防止之("著作权法"第84条),以及请求表示著作人之姓名或名称、更正内容或为其他恢复名誉之适当处分。但就非财产上损害,不得请求赔偿相当之金额("著作权法"第85条第2项及第86条参照)。至于著作财产权,则得为让与或授权他人使用,除"著作权法"另有规定外,存续于著作人之生存期间及其死亡后50年("著作权法"第30条第1项)。

兹为便于对照,将人格权、商标权与著作权的性质及保护内容,图标如下:

类别	项目	保护内容	排他性	让与性	继承性
人格权		精神利益	√	×	×
商标权		财产利益	√	√	√
著作权	人格权	精神利益	√	×	(1) 不得继承 (2) 由遗族请求救济
	财产权	财产利益	√	√	√

三、理论基础

现行"民法"强调人格权为一身专属权,不得让与或继承,乃继受19世纪德国民法的基本思想,建构在两个理论之上①:

(1) 康德哲学:人格乃在体现人的尊严及价值,应以人为目的,不得将之物化,使其作为交易的客体②。

(2) 萨维尼的权利论:人格权系以自己的人格为内容,并无一个可以支配的客体,不同于财产权(尤其是所有权)。

第二款 人格权的商业化及财产价值

一、人格商业化

20世纪以来,举世各国的社会、经济发生重大变迁,科技进步、传播及娱乐事业的发展,以及企业的竞争,造就了娱乐、戏剧、运动、政治等领域的名人(celebrities),享有一定的名气或声望(所谓的名人现象)。此等

---

① Leuze, Die Entwicklung des Persönlichkeitsrechts im 19. Jahrhundert (1962), S. 27ff.; Scheyhing, Zur Geschichte des Persönlichkeitsrechts im 19. Jahrhundert, AcP 158 (1959/1960), S. 503ff.

② 关于康德哲学的自由主义及人权普世价值的简明扼要论述,Michael J. Sandel, Justice: What's the Right Thing to Do?,《正义,一场思辨之旅》,乐为良译(2011),第117页。

人士的衣着打扮、嗜好、使用物品、生活方式等,成为社会许多人模仿追求的时尚。因此体现名人的肖像、姓名、声音等人格特征,乃得以各种方式使用于制造、推销商品或服务,具有一定的经济利益、财产价值③,使声望名气成为一种财富,因而发生法律应如何加以保护的问题,兹举三例如下,以供参考:

(1)甲系职棒选手,乙无权擅用其肖像制造商品,使用其姓名于其所生产的球棒等运动用品时,甲得否向乙请求支付通常授权的酬金,或返还其所获利益?

(2)甲系著名模特儿,授权乙使用其肖像、姓名推销某种化妆品或服饰。某丙擅自使用甲的肖像、姓名推销同类商品时,乙得否诉请丙停止侵害行为或损害赔偿?

(3)甲系著名歌星,死亡后,有某乙以其肖像制造唱片,模仿其声音推销商品时,甲的配偶、子女就其所受痛苦,得否向乙请求慰抚金,请求支付通常授权的酬金,或停止其侵害行为?

二、人格权上财产利益的保护

1. 台湾地区法上的现况

在现代社会,彰显个人的姓名、肖像、声音等特征具有一定的财产价值,应予适当的保护,已如前述。台湾地区学说亦开始注意到此一日益重要的问题。④ 值得先予提出的是实务上一个具有启示性的案例(陈美凤料理米酒案)⑤。陈美凤系著名演艺人员,常代言各种食品,有厂商擅自使用其姓名、肖像推销某种米酒。陈美凤以姓名、肖像、隐私权受侵害请求损害赔偿。关于财产上损害,法院以未能证明受有损害,认不得请求赔偿。关于非财产上损害,法院第一次提出一个新的法律见解:算定慰抚金时,得将加害人所获利益作为一种衡量因素。应先予指出的有三点:

---

③ Seemann, Prominenz als Eigentum (1996), S. 20 ff.
④ 参见何爱文:《美国法之个人公开权(Right of Publicity)于"我国"法上受保护之可能性》,载《全国律师》1992年12月第3卷第12期,第52页;赖国钦:《形象宣传权(Right of Publicity)之研究》(中国文化大学法律研究所硕士论文,1999);李智仁:《人格权经济利益之保障——个人公开权(Right of Publicity)之探讨》,载《法令月刊》2004年11月第55卷第11期,第28页;林鋕豪:《真实人物商品化之研究——以美国公开化权(Right of Publicity)为中心》(辅仁大学财经法律研究所硕士论文,2006);游璧庄:《形象商品化之研究》(台北大学法学系硕士论文,2006)。
⑤ 参见台湾台北地方法院2004年诉字第1820号、台湾高等法院2005年度上易字第616号(陈美凤料理米酒案)。

(1) 实务上已认识到姓名、肖像等人格特征具有一定的经济利益。

(2) 仍然采取传统见解,认为人格权旨在保护人格上的精神利益,尚未肯认姓名、肖像本身具有应受保护的财产利益。

(3) 以加害人所获利益作为慰抚金数额的算定因素,是否足以保护被害人的财产上利益,是否符合慰抚金的功能,尚有研究余地。

2. 比较法上的发展

在法律上遇到一个新的问题,在内国法未设规定或实务上有碍难时,得在比较法上探寻规范模式及发展可能性。人格权上财产利益的保护早已成为比较法上重要研究课题[6],以下拟就美国法及德国法作简要的介绍。

之所以选择美国法及德国法,其主要理由系此两个具代表性的国家对人格权上财产利益的保护有最深入的理论构成及丰富的案例,影响及于其他国家法律的发展。美国系属于 Common Law(普通法),以判例法为基础,德国系成文法,二者均以法院造法的方式,将人格权的保护内容,由精神利益扩大及于财产利益,提供了两种不同的思考方法及发展途径。

无论是在美国或德国,关于人格权上精神利益及财产利益的保护,均有超过一个世纪以上的演变,秉持一种法的实践精神,而能有持续不断累积上的成果,使新的权利得以诞生成长,原有的权利能够调整更新。此种法的创造与开展,实乃一个国家的文化、经济、政治及法律综合力量的展现。值得特别指出的是,理论与实务的协力及人民为权利而奋斗(提出诉讼寻求救济)的精神,亦具有关键性的作用。就美国法上的隐私权而言,先有 1890 年 Warren 及 Brandeis 二氏发表了划时代的论文,其后各州法院作成数百个判决,Prosser 教授于 1960 年综合分析相关判决,建构了隐私权体系。关于本文要讨论的个人公开权(right of publicity)的发展,将于以下再作说明。德国法上人格权(尤其是肖像权)的保护,自 1899 年 Bismarck(俾斯麦)遗容偷拍案件(RGZ 45, 170)到 1999 年德国联邦法院在 Marlene Dietrich(著名歌星及演员)案件(BGH NJW 2000, 2195)肯定

---

[6] Pinckaers, From Privacy Toward A New Intellectual Property Right in Persona (1996); Beverley-Smith, The Commercial Appropriation of Personality (2002); Beverley-Smith/Ohly/Lucas-Schloetter, Privacy, Property and Personality: Civil Law Perspectives on Commercial Appropriation (2005).

人格权财产利益部分的继承性,亦有长达100年的发展过程。⑦

人格权上财产利益的保护,调整了人格权的内容及性质,影响及于人格权上财产利益的让与性及继承性,具有重大意义。本文对美国法上 Right of Publicity 及德国法上一般人格权及死者人格权的介绍,在叙说一个关于人格理念及保护范围开展的故事。

第二节 美国法上的个人公开权(Right of Publicity)

第一款 个人公开权的诞生及发展

一、公开权与隐私权

美国法上的个人公开权(以下称为公开权),系从隐私权发展出来的一种权利,因此应再先就隐私权加以说明。隐私权系由 Warren 及 Brandeis 二氏所倡导,累积长期实务案件,经 Prosser 教授体系化为四个侵害类型:(1) 侵入原告幽居独处或其私人事务(intrusion)。(2) 公开揭露令原告难堪的私人事实(disclosure)。(3) 公开某种事实,致扭曲原告形象,为公众所误解(false light)。(4) 被告为自己利益,擅自利用原告的姓名或肖像(Appropriation, for the defendant's advantage, of the name and likeness of the plaintiff, appropriation)。关于隐私权的基本问题,前已详论,兹为使与"公开权"加以比较,简述如下:

(1) 侵害隐私权的四种态样,系四个独立的侵权行为(four torts),各有其要件,其统一的理论基础系"让我独处,不受干扰"。

(2) 隐私权主要在于保护精神利益,即个人的情绪、思想及感觉(sentiment, thoughts and feelings of an individual)。

(3) 隐私权专属于个人(personal right),不得让与或继承。

(4) 第四种侵害隐私的侵权行为(appropriation)实务上最常见,诉讼上胜诉率最高(因其较不涉及言论自由)。

前开第四种侵害隐私的侵权行为(appropriation),与本文所要讨论的公开权具密切关系。Warren 及 Brandeis 二氏发表隐私权论文(1890)后

---

⑦ Annette Fischer, Die Entwicklung des postmortalen Persönlichkeitsschutzes: Von Bismarck bis Marlene Dietrich (2004).

的第十三年(1902),第一个重要诉讼即涉及肖像的侵害问题。在 Roberson v. Rochester Folding Box Co. 案⑧,被告未得原告的同意,在面粉广告上使用原告的照片,原告因遭友人认出而导致精神紧张,诉请被告赔偿。纽约州上诉法院(Court of Appeals,此为纽约州终审法院)认为,习惯法判例中未见有隐私权的存在,法院不得自行创设。若有保障的必要,亦应由立法机关加以规范。此判决招致许多争议,纽约州议会乃在第二年修正《纽约州权利法案》(New York Civil Rights Law),加入了对隐私权保护的条文,规定未得同意于广告上或因商业目的使用他人姓名或肖像者,构成轻罪,并准许被害人请求精神上损害赔偿及禁制令。本件判决具有两点重要意义:

(1) 否认普通法(common law)上有受保障的隐私权。
(2) 对隐私权采取立法的保护方式。

由于纽约州在美国商业经济的重要性,发生甚多关于隐私权的诉讼,而适用前开纽约州权利法案的规定。

二、隐私权不足以保护人格上的财产利益

隐私权亦保护个人的肖像、姓名等不被他人作商业上使用,Prosser 教授亦认识到此类侵害涉及财产利益,不尽同于其他三种侵害隐私权的类型,但仍将之纳入隐私权体系之内,不另创一种专以保护肖像等人格特征上财产利益为内容的权利。隐私权的性质及救济方法,对肖像等人格特征所具有的财产利益,不能提供合理、必要的保护,其主要理由有三:

(1) 隐私权是一种个人专属性权利,不得让与或继承。
(2) 隐私权主要在于保护人的尊严及精神感情,而非财产利益。
(3) 隐私权在于保障个人独处、不受干扰。被害人若属所谓名人,因已将个人姓名、肖像公开于外,并因此获得一定经济上利益,法院多认其实已抛弃隐私权(所谓 Waiver 理论),而无主张隐私权受侵害的余地。

---

⑧ Roberson v. Rochester Folding Box Co., 171 N.Y. 538, 64 N.E. 442 (1902). 第一个明确肯定隐私权系普通法上权利的判决是 Pavesich v. New England Life Insurance Co. (112 Ga. 190, 50 S.E. 68, 1905),亦涉及无权使用他人肖像作商业上广告。被告在 Atlanta Constitution 报纸以原告肖像刊登广告表示原告因购买被告保险公司的保险而获保障。原告以其从未购买该公司保险,其肖像未经同意而被使用,致其隐私遭受侵害。乔治亚州最高法院曾对纽约州的 Roberson 案加以分析讨论,肯定隐私权系受普通法所保护的权利。本件判决常被引用,对美国隐私权的发展具有重大意义。

隐私权依其法律性质、保护内容及成立要件,既然不足以保护肖像、姓名等人格特征所体现的财产价值,必须有所突破。美国法院所采取的方法系另外创造一个独立于隐私权以外、以保护人格特征的经济利益为内容,具财产权性质的个人公开权,使个人得享有得对自己肖像、姓名等人格特征为控制、利用,尤其是作商业上用途的权利。

三、Frank 法官与公开权的创设:Haelan Laboratories, Inc. v. Topps Chewing Gum, Inc. (1953)⑨

美国法上公开权诞生于 Jerome Frank 法官⑩于 1953 年 Haelan Laboratories, Inc. v. Topps Chewing Gum, Inc. 案所作具历史性的判决。本案原告 Haelan Laboratories 为一家口香糖制造公司,拥有某职业棒球选手所授与使用其姓名及肖像于一种名为 trading card(交易卡)的卡片上的专属权利,以促进销售其口香糖。该棒球选手其后又将此项权利授与其经纪人,该经纪人复将此项使用权让与被告 Topps Chewing Gum 公司。被告系原告的竞争对手,亦使用该棒球选手的姓名及肖像于商品之上。原告主张其基于第一次授权取得了一个绝对性的法律地位,得禁止被告继续使用该棒球选手的姓名肖像。

本件系在纽约州起诉,应适用纽约州权利法案的规定(§ 50, 51 New York Civil Rights Law)。被告主张该法规定的隐私权并不保护商业上利益,该棒球选手授与原告契约上的排他性使用权,乃抛弃隐私权的行使,原告并未因第一次授权而取得一种绝对的法律地位,而得对被告有所主张。

Frank 法官亦赞同被告的见解,即依纽约州权利法案的解释及相关实务,商业上的利益并不受保护。但 Frank 法官又强调,在隐私权之外,尚存有一种得保护此种商业利益的法律基础:We think that, in addition to and independent of that right of privacy (which in New York derives from statute), a man has a right in the publicity value of his photograph, i. e., the right to grant the exclusive privilege of publishing his picture [...] This right might be called a 'right of publicity.' [吾人认为,在隐私权(此在纽约州系

---

⑨ 202 F. 2d 866 (2d Cir. 1953).
⑩ Jerome Frank 系美国声誉卓著的法官,倡导法现实主义(legal realism)。着有 Law and the Modern Mind(1930),与 Karl Llewellyn 同享盛名。

源自制定法的规定)之外,并独立于隐私权,个人对其肖像有一种公开的价值,即得授权他人有排他地公布其肖像的特权。此种权利得称为公开权。]

McCarthy 教授系美国研究公开权的权威,对此公开权的诞生,引用圣经创世纪的话语,认为犹如耶和华从亚当的肋骨建造夏娃,Frank 法官从一般隐私权塑造出了公开权。⑪ Frank 法官因创设了个人公开权,而在美国法历史上永垂不朽。

四、Nimmer 氏关于公开权的论文

Frank 法官创设了以保护人格特征上财产价值为内容的公开权之后,即有人撰文指出此为一种理论上的创新。⑫ 公开权之所以能够存活,继续成长,则应归功于 Melville Nimmer 于 1954 年所发表的"公开权"论文⑬,其对"公开权"发展的重要性,犹如 Prosser 论文对 Warren 及 Brandeis 二氏所创隐私权一样,具关键性的影响力。Nimmer 当时为好莱坞派拉蒙电影公司(Paramount Pictures Corporation)法律部门的律师,立即认识到 Haelan 案判决对娱乐界的重要性,乃在该篇划时代的论文,提出四项论点,肯定 Frank 法官所创设的公开权:

(1) 不可让与的隐私权不足保护人格特征上的财产利益。

(2) 不正当竞争(unfair competition)亦难以保护此种财产利益,因其欠缺竞争的要件(competition requirement)。

(3) 公开权的创设,使法律更能符合社会需要。

(4) 肖像、姓名等人格特征所体现的商业上利用价值,系来自个人耗费心力的投资及努力,使其取得对此商业上使用利益,实符合普通法的基本理论及洛克(Locke)劳力说理论。

---

⑪ McCarthy, The Right of Publicity and Privacy, Vol. I (1999), § 5.8 [A], 5-68: "Like from Adam's rib, the right of publicity was carved out of the general right of privacy." 圣经创世纪第1章第22节至第24节:"耶和华使那人沉睡,他就睡了,于是取了他的一条肋骨,又把肉在原处合起来。耶和华神就用那人身上所取的肋骨,建造成一个女人,领她到那人跟前。那人说,这一次这是我骨中的骨,肉中的肉,可以称这为女人,因为这是从男人身上取出来的。"

⑫ Gordin, Note: The Right of Publicity: A Doctrinal Innovation, 62 Yale L. J. 1123 (1953).

⑬ Nimmer, The Right of Publicity, 19 Law & Contemporary Problems 203 (1954). Nimmer 氏其后担任加州大学(UCLA)教授,撰写美国最重要著作权法上的教科书及案例资料;Nimmer on Copyright(1963-1992, 1985 年后系由 David Nimmer 续编) & Cases and Materials on Copyright (1985).

Nimmer 提出了一句常常被引用的名言:"But although the concept of privacy which Brandeis and Warren evolved fulfilled the demands of Beacon Street in 1890, it may seriously be doubted that application of this concept satisfactorily meets the needs of Broadway and Hollywood in 1954."⑭[Warren 及 Brandeis 所开展的隐私权概念虽然符合 Beacon 街在 1890 年代的要求(注:Beacon 街系 Warren 及 Brandeis 等所居住波士顿上流阶级的住宅区),但其此项概念的适用能否满足百老汇及好莱坞的需要,诚有疑问。]

五、公开权的发展及现况

(一)美国联邦最高法院判决:Zacchini v. Scripps-Howard Broadcasting Co. (1977)⑮

在 Haelan 案创设公开权之后,美国各州法赞成者有之,未采纳者亦有之,意见分歧。对公开权的发展发生有关键性影响的是美国联邦最高法院 1977 年 Zacchini v. Scripps-Howard Broadcasting Co. 案的判决。本件原告于俄亥俄州的一个博览会作所谓"human cannonball"(人体炮弹)的表演,即将自己从炮弹车中射出,而掉落于前面二百呎的网中,整个表演过程约 15 秒。原告事先表示禁止任何录像或传播。被告认其表演系博览会新闻的一部分而加以播放。原告主张该电视台非法侵占其职业上的财产(an unlawful appropriation of professional property),应负损害赔偿责任。本件上诉到美国联邦最高法院,此系该院对公开权第一次作成判决,其裁判要旨有三:

(1)肯定一个被确认的法律原则,应区别一个以保护个人感情、思想等的隐私权,以及一个以保护个人特征财产价值为内容的公开权。

(2)公开权之所以应受保障,乃在激励个人从事投资,得收取其努力的报酬,与个人感情的保护,实少关联,乃独立于隐私权外的一种类似于专利权或著作权的权利。

(3)本件所涉及的是一种现场表演,攸关个人职业生计,仍应受公开权的保障。

---

⑭ Nimmer(注⑬文),页 203。
⑮ 433 U. S. 562, 564 (1977).

(二) 发展现况

在 Zacchini 案公开权获得美国联邦最高法院肯认之后,更为许多州法所采取,迄至目前,在普通法上承认公开权的,有 11 个州(包括乔治亚、密西根、新泽西等),立法加以承认的,有 19 个州(包括加利福尼亚、纽约、华盛顿等)。[16] 在学说方面,关于公开权的论著,数以百计,其中最具权威的著作系 J. Thomas McCarthy 的巨著 The Right of Publicity and Privacy(New York,初版,1999;第三版,2000),上下两册,集判例学说资料的大成,可供参照。关于公开权的保护内容,各州法院的见解未尽相同,以下论述系参照具代表性的法院判决及学者通说而为说明。[17]

第二款 公开权的理论依据:正当化的理由

隐私权旨在使个人得幽居独处,不受干扰,攸关个人的人格尊严,而为美国多数州所承认。公开权乃在保护肖像、姓名等个人特征的经济利益,具让与性及继承性(详见下文),其正当性何在?有何法律政策上的理由足以支持此项特殊的权利?关于此点,美国法院判决及学说多有讨论(尤其是在公开权早期发展过程中),兹综合归纳为五种见解:

1. 自然权利说

个人付出精神、时间、劳力,使其姓名、肖像等个人形象特征具有一定财产价值,应由播种者收取其成果,公开权乃属于一种不证自明的财产权(self-evidence property right)。[18]

2. 诱因说

使人格特征所具财产价值归属于个人,可促使其致力于塑造形象,而

---

[16] 相关资料:National Conference of State Legislatures,http://www.ncsl.org/programs/lis/privacy/publicity04.htm.

[17] 关于美国法上个人公开权的基本问题,参见 Gordon, Right of Property in Name, Likeness, Personality and Historty, 55 NW. U. L. Rev. 553, 554 (1960); Hoffmann, The Right of Publicity—Heirs' Right, Advertisers' Windfall or Courts' Nightmare? 31 DePaul L. Rev. 1 (1981)。简要说明, Dobbs/Bublick, Advanced Torts (2006), p. 523。关于德国学者对美国法上公开权的体系整理分析,参见 Götting, Persön-lichkeitsrechte als Vermögensrechte (1995), S. 168ff., 191ff.; Magold, Personen-merchandising (1993), S. 25ff.

[18] 综合性的分析讨论,参见 Pinckaers(注⑥书),第30、239—242 页。相关判决,Zacchini v. Scripps-Howard Broadcasting Co., 433 U.S. 562, 576 (1977)。学说上讨论,Nimmer(注⑬文),第 216 页;Kalven, Privacy in Tort Law—Were Warren and Brandeis Wrong?, 31 Law & Contemporary Problems 326, 331 (1966).

有助于增进社会文化及经济发展。[19]

3. 禁止不当得利

姓名、肖像等人格特征之所以享有一定的财产价值,系个人努力的成果,应由其享有独占的权利,任由他人加以利用,有违"未耕种者不能收取成果"(man shall not reap what he has not sown)的原则,肯认公开权始可防止他人获得不当得利,并使其返还不当得利。[20]

4. 经济效率

Posner教授倡导法律经济分析,强调使个人对其人格特征享有财产权,得为让与,将可使其归于最能有效率利用之人,符合资源配置效率原则。Posner曾任美国联邦巡回法院法官,在相关判决亦以经济效率作为肯定公开权的理由。[21]

5. 保护消费者

公开权禁止企业厂商无权使用他人形象为广告代言,有助于防免消费者误信该名人系为某商品背书,保证品质,具有保护消费者的作用。[22]

对前开各种支持公开权的见解,学说上有不同的观点及质疑。关于自然权利说(劳力说),有认为名气或声望的取得并非皆因个人的努力,有时是一种机运、侥幸或丑闻。关于诱因(功利主义)说,有认为从事某种娱乐、运动或政治,各有其企图追求实现的目的,并非皆在于取得财产上的权利。关于禁止不当得利说,有指出名人为商品代言,获利甚丰,实无再予特别保护的必要。关于经济效率说,有强调此项理论主要系用于反对财产共有,而非强调支持创设某种财产权;纵不承认公开权,亦有其他机制可防止人格形象的过度使用。针对消费者保护说,有认为此乃公平竞争问题,与应否承认人格特征或形象的财产权,并无直接关联。

据上所述,关于应否创设公开权,美国法上有不同的见解,此亦为公开权未如隐私权为各州肯认的主要理由。然就其发展过程而言,个别支持公开权的理由,虽有争议,但综合言之,仍足使通说认为应有一个使个人自主控制其人格特征所体现财产价值的权利。

---

[19] McCarthy(注⑪书),§ 2-2.

[20] McCarthy(注⑪书),§ 2-3.

[21] Richard Posner, The Right of Privacy, 12 Ga. L. Rev. 393 (1978); Douglass v. Hustler Magazine, Inc., 769 F.2d 1128, 1138 (1985).

[22] McCarthy(注⑪书),§ 2-4.

第三款　公开权的意义及性质

一、公开权的意义

公开权指个人对其姓名、肖像、声音等个人形象特征,得为控制,而作商业上使用的权利。McCarthy 教授谓:"The right of publicity is simply this: the inherent right of every human to control the commercial use of his or her identity. This legal right is infringed by unpermitted use which damages the commercial value of this inherent human right of identity and which is not immunized by principles of free press and free speech.[23]"[简言之,公开权指每一个人得控制其个人特征(identity)在商业上使用的固有权利。此项法律上权利因未经允许而被使用,减损其商业价值而受侵害,且不能因新闻及言论自由原则而免责]。此一定义包括公开权的概念及保护内容。所称 identity 指对某人的认同,体现于其姓名、肖像、声音等,又称为persona,乃保护个人认同的经济价值,即人们欲认同某个人的公共形象,而使其姓名、肖像具有商业价值,可推销于追求此种认同之人[24]。

二、公开权的性质

公开权具有财产权、可以让与、得为继承三个性质,分述如下:

(一) 财产权

公开权是一种财产权,因其法律构造内容相当于著作权或商标权,被认系一种智能财产权(intellectual property right)。须注意的是,美国法上财产权(property right)与台湾地区"民法"上的财产权的概念不尽相同,乃泛称任何具有保护价值的经济利益而言。

(二) 让与性

创设公开权的主要目的在使其具有让与性,即个人除授权他人使用外,亦得将其公开权本身的全部或一部让与他人,并由当事人约定其使用范围。此项让与使受让人取得一种具有排他性的法律地位,得请求第三人不得有侵害的行为,或就第三人的侵害请求损害赔偿。

---

[23] McCarthy(注⑪书),§ 1.1.

[24] Bi-Rite Enterprises, Inc. v. Button Master, 555 F. Supp. 1188, 1199, 217 LIS PQ 910 (S. D. N. Y. 1983): "It protects the persona—the public image that makes people want to identify with the object person, and thereby imbues his name or likeness with commercial value marketable to those that seek such identification."

(三) 继承性

1. 肯定的理由

美国法上的隐私权系个人性的权利,不得继承。公开权的继承性,系一项法律原则的重大变革,在公开权发展过程中,产生重大争议,有采否定说,认为公开权的继承将使继承人不劳而获,有主张应以死者生前曾使用其公开权为要件(lifetime exploitation requirement)。㉕ 在今日,凡承认公开权者,多肯定其得为继承的客体㉖,主要理由有三:

(1) 公开权既然具有同于智能财产权的性质,得为继承,乃推理上之当然。

(2) 个人特征形象的财产价值若不得继承,则他人将可任意利用,两相权衡,以归于继承人取得,较为合理。

(3) 公开权的继承具有保护死者精神利益的功能。

2. 死后公开权的存续期间

公开权的性质同于著作权等智能财产权,得为继承。此项死后公开权不能永久存续。关于其存续期间,学说上多主张以为 50 年,相当于美国著作权的存续期间,而为加利福尼亚州、肯塔基州、得克萨斯州等州法所采取,但亦有明定为 100 年(俄克拉荷马)、40 年(佛罗里达)、20 年(弗吉尼亚),或 10 年(田纳西)。

第四款 公开权的内容及限制

美国法院在肯定公开权之后,实务上最主要工作在于认定此项新创设权利的内容及限制,兹分就人的保护范围、保护客体及其与言论自由的关系说明如下:

一、人的保护范围

关于谁得享有公开权而受保护,早期法院判决有认为应限于"名人",盖公开权乃在保护个人形象特征所体现的财产权,自须以其人有一定的名气或声望为前提。㉗ 若采此说,则名人以外之人的姓名、肖像等虽被作商业上使用,不受保护,诚非合理。目前实务及学者通说均认为,任

㉕ 参见 Gordon(注⑰文);Felcher/Rubin, Privacy, Publicity and the Portrayal of Real People by the Media, 88 Yale L. J. 1577 (1979);Hoffmann(注⑰文);McCarthy(注⑪书), § 9.2-3。

㉖ 参见 McCarthy(注⑪书), § 9.5 [A] [B];Hoffmann(注⑰文)。

㉗ Ali v. Playgirl, Inc., 447 F. Supp. 723, 729 (S.D.N.Y. 1978)。

何人均享有公开权,是否为名人,在所不问,其理由为[28]:

(1) 公开权乃一种个人对其姓名、肖像等特征得为支配的权利,人人皆得享有之。

(2) 对"非名人"的个人特征作商业上的使用,足以证明其具有财产价值。

(3) 个人的知名度并非公开权的成立要件,而是量定损害赔偿数额的斟酌因素,乃属法律效果上的问题。

二、保护客体

公开权在于保护个人的特征(identity),以认同其人,作商业上使用而具财产价值。此项受保障个人特征的范围日益扩大,惟须以可辨识性为必要:

1. 肖像

肖像最足显现个人形象的特征,常被使用于代言广告、推销商品或服务,其构成对此项客体侵害的,例如兔女郎杂志刊登一个裸体黑人坐在拳击场角落,称为"The Greatest",一般人皆知其系指拳王阿里(Ali)[29]。又以酷似的肖像(look alike)作商业上的使用,亦得构成对他人公开权的侵害[30]。

2. 姓名

姓名亦属彰显个人的特征,通常与肖像一并使用。因姓名具普通性,又不能绝对禁止他人使用同一姓名,因此必须就相关情况认定其是否利用他人姓名作商业上使用。例如在 Hirsch v. Johnson & Son, Inc. 案[31],原告 Elroy Hirsch 主张被告未得其允许使用其昵称"Crazylegs"于被告所生产的女性用修面保湿胶(moisturizing shaving gel for women),而请求赔偿。威斯康辛州最高法院认定 Elroy Hirsch 系全国知名的运动员,"Crazylegs"犹如一个旋转的打蛋器(whirling eggbeater)的跑步方式,被告系侵害原告应受公开权保护的昵称。

---

[28] Motschenbacher v. R. J. Reynolds Tobacco Co., 498 F. 2d 821 (9th Cir. 1974); Onassis v. Christian Dior New York, Inc., 472 N. Y. S. 2d 254 426, 431 (1984); Treece, Commercial Exploitation of Names, Likeness and Personal Histories, 51 Texas L. Rev. 637 (1973).

[29] Ali v. Playgirl, Inc., 447 F. Supp. 723, 729 (S. D. N. Y. 1978).

[30] Onassis v. Christian Dior New York, Inc., 472 N. Y. S. 2d 254, 426 (1984).

[31] 90 Wis. 2d 379, 280 N. W. 2d 129 (1979).

3. 声音

声音亦属具识别性的个人特征。无权使用他人原始声音(如播放录音),得构成对他人声音的侵害。实务上案例多属模仿他人声音(sound-alike)。在 Midler v. Ford Motor Co. 案[32],原告 Bette Midler 系一知名歌手,曾拒绝 Ford Motor Co. 的邀请演唱"Do you want to dance"。被告乃找来原告的合音,故意模仿原告的声音,演唱该歌曲。美国第九联邦巡回法院认为模仿一个具有高知名度的歌手的声音,使人误信该歌曲为原告歌手所唱,以推销商品获利,系侵害他人的公开权。

4. 标语口号

标语口号(slogan)得与某个人发生联想而具识别性者,亦属公开权的保护客体。在 Carson v. Here's Johnny Portable Toilets, Inc. 案[33],原告系著名节目主持人,自 1962 年起在其电视节目 The Tonight Show 中均以幕后之人高喊"Here's Johnny"作为开场白。被告使用"Here's Johnny"作为其所生产活动洗手间等商品的标志,并印上"The world's foremost commodian"的字眼。法院认为,被告使用的 Here's Johnny 与原告其人具有密切关联,被告企图利用此项关联推销其商品,应成立对 Johnny Carson 公开权的侵害。

5. 与个人具联想关系的物品

某种物品得因一定密切特殊关系可识别某个人而受公开权保护。在 Motschenbacher v. R. J. Reynolds Tobacco Co. 案[34],被告使用名赛车手 Lothar Motschenbacher 的跑车图片于其制造 Winston 香烟的电视广告。法院认为,Motschenbacher 的脸容虽未于被告所使用的图片中显现,但该跑车具有个人的特色,得与他人的跑车加以区别,一看到该跑车就会联想到原告,纵使被告将该跑车的原号码 11 号改为 71 号,仍足使一般人因该跑车而联想到原告,致其公开权受到侵害。

6. 以虚拟人物作为真实人物

公开权系在保护个人的形象特征,而非虚拟的角色,如唐老鸭、蝙蝠侠等。但于广告上使用虚拟人物角色,足以识别其系指某个人时,亦得构

---

[32] Midler v. Ford Motor Co., 849 F. 2d 460 (9th Cir. 1988). Wohl, The Right of Publicity and Vocal Larceny: Sounding Off on Sound-Alikes, 57 Fordham L. Rev. 445 (1988).

[33] Carson v. Here's Johnny Portable Toilets, Inc., 698 F. 2d 831 (6th Cir. 1983).

[34] Motschenbacher v. R. J. Reynnolds Tobacco Co., 498 F. 2d 821 (9th Cir. 1974).

成对公开权的侵害。在 McFarland v. Miller 案[35]，原告 McFarland 曾是"Our Gang"影集中的一个童星。该影集从 20 世纪 20 年代起先后在电影院及电视演出，甚受欢迎。被告于其经营的餐厅擅自使用 Spanky McFarland 的名称及其在"Our Gang"中的照片。法院认定 McFarland 扮演的角色即为其本身的公众形象，与该演员本身产生不可分离的关系，未经允许而为商业上使用，乃侵害该演员对该角色演出或展示的利益。

7. 现场表演

公开权所保护的客体，除前揭肖像、姓名、声音等个人特征外，尚包括现场表演（life performance），此确立于前揭美国联邦最高法院 Zacchini 案关于"人体炮弹"的判决，凸显了公开权保护客体一再扩大的发展趋势。

第五款　公开权与言论自由

在公开权诉讼上，被告最常提出的抗辩是，其应受言论自由的保护。美国宪法第一修正案规定不得立法侵害言论自由，言论自由为美国民主宪政上应受保障的基本权利。名誉或隐私权的保护均应受言论自由的限制。公开权涉及商业广告，受到较低层次的言论自由保障，其主要理由有二：

（1）商业言论的真实性较诸其他言论，更具客观性，为广告之人容易加以验证。

（2）商业性言论涉及利润，不易因法令规定或法院判决而发生寒蝉效应。[36]

关于无权使用他人形象特征在言论自由的保护，美国法上案例不少，并未建立明确规则，多就个案加以认定，大致上可分为两类：

（1）广告内容以推销商品或服务等商业上交易为目的者，不受言论自由的保护，例如以拳王阿里或猫王的肖像，制造商品或纪念性物品等。[37] 又广告者在其商品广告内容中加入若干公共利益的说明，乃以新闻性或

---

[35] McFarland v. Miller, 14 F.3d 912 (C.A. 1993).

[36] Virginia State Board of Pharmacy v. Virginia Citizens Consumer Council, Inc., 425 U.S. 748, 771 (1976).

[37] Ali v. Playgirl, Inc., 447 F. Supp. 723 (S.D.N.Y. 1978).

娱乐性故事包装隐藏推销商品的广告,原则上亦不为言论自由所保障。[38]

(2) 在书籍、杂志、电视、广播等媒体使用他人的形象特征,具有传播信息、评论事物或娱乐的意义或功能者,可认系非商业性言论(noncommercial speech)。例如在杂志封面上使用他人照片,利用他人经历撰写传记或小说,纵使部分内容系属虚构,仍受言论自由的保障。著名女星伊莉莎白·泰勒(Elizabeth Taylor)诉请法院禁止美国国家广播公司(NBC)使用其姓名、肖像,并雇用另一演员演出描述其生平的角色,以保护其公开权。法院驳回此项请求,判决理由强调,个人公开权不应成为限制对于公众人物生活加以评论的手段。[39]

第六款 侵害公开权的法律效果

一、损害赔偿

1. 成立要件

公开权指个人对其人格特征在商业上使用得为控制的权利。原告主张公开权受侵害的损害赔偿,须证明以下要件:

(1) 原告系公开权的主体,此包括公开权的受让人。
(2) 被告使用的特征系指原告。
(3) 被告的行为未经原告同意。
(4) 因被告行为致原告受有经济上损失[40]。

尚须说明的是,对公开权的侵害,不以故意或过失为要件。故意或过失为量定损害赔偿数额的因素[41]。又被告得提出受言论自由保障之抗辩,前已说明。

2. 损害赔偿的内容

关于侵害公开权所生损害赔偿的内容,基本上系适用著作权、商标权损害赔偿的原则,得以原告对类似行为所取得报酬,或通常得收取的报酬作为计算基础。原告不能证明其人格特征具有市场价值时,法院多判给名义上的损害赔偿(1 元美金)。

---

[38] Flores v. Mosler Safe Co., 7 N.Y.2d 276, 196 N.Y.S.2d 975, 164 N.E.2d 853 (1959). 参见 Pinckaers(注⑥书),第 365 页。

[39] Taylor v. National Broadcasting Co. Inc., 22 Media L. Rep. 2433 (Cal. Supp. Ct. 1994).

[40] Pinckaers(注⑥书),第 281 页。

[41] McCarthy(注⑪书),§ 3.6 [E]—[F] 附有资料。

除损害赔偿外,原告亦得依不当得利请求被告返还其所获利益,其与损害赔偿重叠时,不得并为请求(double recovery)。被告侵害行为出于故意或轻率,其情形严重时,法院亦得命其支付惩罚性赔偿金(punitive damages)。

二、禁制令

禁制令(injunction),指法院依原告请求发布命令,禁止被告为侵害行为。法院发布禁制令需斟酌该事件所有相关事实,并不得超过被告未经允许为商业上使用而侵害原告的部分。例如甲擅用乙姓名、肖像推销商品时,禁制令的发布,应以此为范围,不得禁止甲使用乙的姓名、肖像发表文章、出书。㊷ 又须说明的是,禁制令的发布通常多因不能以损害赔偿的方式获得及时或必要救济,而采取的措施。

第七款 发展过程及体系构成

美国法上公开权的诞生及发展肯定个人形象特征具有应受保护的财产价值,使个人得为排他性的控制,而作商业上的使用,得为全部或一部的让与,并得为继承。公开权系从隐私权分离出来而成为一个独立的权利,对人格利益的保护构成双轴规范体系,为便于观察,简示如下:

```
              ┌ 隐私权 ┌ 保护客体:独居不受干扰的精神利益
              │        └ 法律性质:不得让与、继承
人格利益 ─────┤
              │ 公开权 ┌ 保护客体:个人形象特征的财产价值
              └        └ 法律性质:得为让与、继承
```

兹将美国法隐私权及公开权的历史发展的重大事项作成下列年表,以了解此两个权利诞生发展的历程(相关判决参阅本文说明):

1890:Warren 及 Brandeis 发表隐私权(Right to Privacy)论文。

1902:纽约州上诉法院在 Roberson v. Rochester Folding Box Co. 案,否定普通法上有所谓的隐私权,激活了美国各州法院应否承认隐私权的争议及不同判决。纽约州修改纽约州权利法案明文加以保护。

1905:乔治亚州最高法院在 Pavesich v. New England Life Insurance Co. 案肯定普通法上的隐私权。

㊷ Elvis Presley Enterprises, Inc. v. Elvisly Yours, Inc., 936 F. 2d 889 (6th Cir. C. A. 1991).

1940:40 年代以后,美国多数之州法院均肯定隐私权。

1953:Frank 法官在 Haelan 案创设一个独立于隐私权外的个人公开权。

1954:Nimmer 发表支持"公开权"的论文,建构了公开权的理论架构。

1960:Prosser 整理美国各州关于隐私权 300 个以上判决,加以体系化,建立了 4 个侵害类型,仍将擅自利用他人姓名肖像(appropriation)列入隐私权。

1977:美国联邦最高法院在 Zacchini 案明确肯定公开权系一种独立于隐私权以外,具财产价值的权利。

隐私权与公开权的保护客体及法律性质不同,得为竞合。例如姓名、肖像或声音被擅用于推销商品、服饰时,被害人得以隐私权被侵害请求精神上损害,并以公开权被侵害,请求加害人赔偿其财产上损害,或返还其所获利益。此种权利保护的二元机制,不同于台湾地区"民法"上人格权的法律构造,俟于说明德国法上人格权之后,再作比较研究,并探讨台湾法的发展方向。

第三节　德国法上人格权精神利益与财产利益的保护

第一款　100 年的法院造法

一、年表纪事

德国民法上的人格权系由特别人格权(个别人格权,besonderes Persönlichkeitsrecht)发展到一般人格权(allgemeines Persönlichkeitsrecht),并使人格权包括精神利益及财产利益二个部分,更扩大及于死者人格权的保护。德国法上人格权的开展系由一百年来的德国联邦最高法院(BGH)及联邦宪法法院(BVerfGE)创设性判决所构成,乃属所谓的 case law(案例法),以下以此为论述的重点,兹先将相关法律及判决列表如下,俾能更清楚显现人格权法的发展过程[43]:

---

[43] Fischer(注⑦书)。

272　人格权法

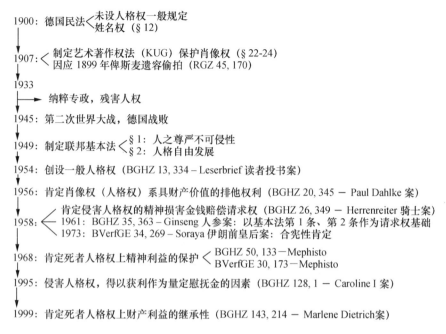

二、分析说明：前揭德国法上人格权发展史的年表,应特别强调的有四点：

（1）德国民法上人格权的发展长达一个世纪,人格价值理念的开展乃在响应德国政治、社会、经济的变迁。

（2）如前所述,德国人格权的发展系由法院判决所构成,凸显了司法造法的机能。在每一个关键性的判决,德国法院(尤其是联邦法院)均会清楚的阐述问题的争点,整理相关学说,以详尽的理由构成,作成结论,使该判决成为法律进步的突破口。一连串判决的作成,犹如接力赛,承先启后,使法的价值理念能够持续不断地实践。

在德国,对重要的判决均附一定的名称(原告姓名或案件内容,例如,BGHZ 13,334—Leserbriefe 读者投书案),每一个学习法律的学生、律师、法官、教授,多会了解重要案件名称及内容,作为彼此讨论的代号和法律发展的标志。

（3）在人格权的演变中,德国基本法发挥重大的规范功能,使人之尊严(基本法第 1 条)、人格自由发展(第 2 条)的价值理念得由基本权利的扩散效用,作为建构一般人格权及形成其内容的依据。

(4) 有三位著名的女性参与或涉及人格权保护的诉讼,为权利而奋斗。一位是前伊朗王后(Soraya, BVerfGE 34, 269),一位是摩洛哥公主(Caroline, BGHZ 128, 1),一位是著名的演员(Marlene Dietrich, BGHZ 143, 214),均有助于促进德国人格权之发展。在台湾亦有两位女性的贡献应予肯定。吕秀莲控告新新闻周刊,涉及名誉权与言论自由("最高法院"2004年台上字第851号判决)。著名演艺人员陈美凤的米酒代言案(台湾高等法院2005年上易字第616号),涉及肖像、姓名等人格特征的财产利益的保护,均属人格权上的核心问题。

第二款 由个别人格权到一般人格权[44]

一、德国民法

(一) 未规定人格权的原因

《德国民法》对人格权未设一般规定,其主要理由系:

(1) 普通法时代的德国法学者系以物权(尤其是所有权)为中心建立其权利体系,认为人格权不具可支配的客体,难以纳入包括权利主体及客体的权利概念之内。

(2) 一般人格权内容广泛,影响法律适用安定。

(3) 刑法设有诽谤名誉罪(《德国刑法》第189条)的规定,并可认系德国民法第823条第2项所称保护他人的法律,足以保护人格利益。

(二) 姓名权:德国民法上唯一的特别人格权

基上理由,《德国民法》仅于第12条规定:"姓名权,关于姓名使用之权利,为他人所争或无权使用其同一之姓名,致侵害权利人之利益者,权利人得对之请求除去其侵害;倘仍有继续侵害之虞者,得提起禁止侵害之诉。"此为德国民法规定的唯一特别人格权。

(三) 侵权行为上受保护的法益

《德国民法》第823条第1项规定:"因故意或过失不法侵害他人之生命、身体、健康、自由、所有权或其他权利者,对所生损害负赔偿责任。"本项所称生命、身体、健康、自由,在德国民法指法益(Rechtsgut)而言,非属特别人格权(besonderes Persönlichkeitsrecht)。所称其他权利(sonstiges

---

[44] 参见施启扬:《从个别人格权到一般人格权》,载《台湾大学法学论丛》1974年10月第4卷第1期,第133页。

Recht),依立法者意思及传统见解,指相当于所有权的排他权利,并不包含一般人格权在内。

二、俾斯麦遗容偷拍案与艺术著作权法(KUG)的制定

(一)俾斯麦遗容偷拍案(RGZ 45,170)

在德国民法施行前数日(1899年12月28日),德国帝国法院(Reichgericht)就轰动的德国首相俾斯麦遗容偷拍案作成判决。俾斯麦于1898年病逝,有两名记者潜入俾斯麦子女所有房屋内的殓房偷拍遗容,准备高价出售。俾斯麦子女申请为假处分,并命被告返还、销毁偷拍照片。在诉讼期间发生偷拍遗容是否构成侵害死者人格权,及如何保护的争论。帝国法院判决避开死者人格权的问题,认为侵入他人的住宅拍摄遗容,系因不法行为而取得遗容照片,应依不当得利(condictio ob iniustam causam)负返还责任。[45]

本件判决受到学者批评,著名德国法学家Kohler强调,拍摄遗容系侵害死者的人格权,强调人格权于人死亡后仍以一种余存的方式继续存在(das hinterlasse Residuum des Persönlichkeitsrechts),应受保护,并由其遗族代为行使其救济方法。[46] Kohler此项见解在学说上广被赞同。[47]

(二)艺术著作权法的制定:肖像权的创设

俾斯麦遗容偷拍案本身及法院判决,引起德国各界对肖像权保护的重视,乃于1907年制定艺术著作权法(Kunsturheberrechtsgesetz,简称KUG),明定对肖像权的保护,其重点为[48]:

(1)人的肖像权仅于得被绘像本人的同意,始得传布或展示。被绘

---

[45] Fischer (注⑦书), S. 27f.
[46] Kohler, Der Fall der Bismarck Photographie, GRUR 1900, 196.
[47] 在比较法值得提出的是,法国法上的一则判决。自19世纪中叶起,肖像权的保护受到法国实务及学说的肯定,著名的Rachel案(Dalloz 1858, 3, 62)涉及绘制某著名女演员仪容,而被认系侵害肖像权,开启了法国法对肖像的保护,判决理由特别强调:"no one may, without the express consent of the family, reproduce and make available to the public the features of the person on his deathbed, however famous this person has been and however public his acts during his life has been; the right to opposite this reproduction is absolute; it flows from the respect the family's pain commands and it should not be disregarded; otherwise the most intimated and respectable feelings would be offended." 引自 Beverley-Smith/Ohly/Lucas-Schloetter (注⑥书), p. 147.
[48] Wandtke/Bullinger (Hg.), Praxiskommentar zum Urheberrecht (München, 2006), S. 1717ff.; Schulz/Jürgens, Das Recht am eigenen Bild-Eine fallorientierte Einführung in die Struktur und aktuelle Probleme des Bildnisschutzes, JuS 1999, 664 ff., 770 ff.

像者就其被绘像受有报酬者,视为已为同意(Einwilligung)。被绘像者死亡后10年,应得该人亲属的同意。本项所称亲属指尚生存的配偶、被绘像者的子女;若无配偶或子女者,被绘像者的父母(第22条)。

(2)艺术著作权法对应得同意原则设有例外规定,尤其是关于当代历史人物的肖像。此项例外不得侵害被绘像者,或于其死亡时其亲属的正当利益(第23条)。

须注意的是,1965年德国著作权法修正时,仍保留前揭《德国艺术著作权法》第22条至第24条规定(《德国著作权法》第141条第5款),在实务上广为适用,并作为保护死者人格权的论证依据。

三、一般人格权的创设

(一) 目的及方法

据上所述,德国民法对一般人格权未设规定,法律明定的特别人格权有二,一为德国民法第12条规定的姓名权,一为艺术著作权法规定的肖像权。在"二战"前,德国实务上一直坚守此种规范体系。1949年的基本法明定人的尊严及人格自由发展应受保障。为强化保护人格权而提出的立法草案因涉及新闻自由难以完成立法程序。[49] 其获共识的是,法院应担负起促进保护人格权发展的任务,即原为立法政策上的问题,变成了应予填补的法律漏洞。

关于人格权的法院造法,在方法论上有两个途径,可资采取。第一个途径是类推现行法上保护人格法益的特别规定,此在方法论上较为稳妥,但难以建构一般性、原则化的人格权。德国联邦法院采取第二种途径,以基本法第1条第1项、第2条第1项(人之尊严及人格自由发展)为依据,创设一般人格权(allgemeines Persönlichkeits-recht),认系德国民法第823条第1项所称的"其他权利",而受侵权行为法的保护。

(二) 读者投书案

在著名的读者投书案(BGHZ 13, 334—Leserbriefe),被告D出版公

---

[49] Entwurf eines Gesetzes betreffend die Darstellung lebender oder verstorbener Personen in Spielfilmen, in: Verhandlungen des Deutschen Bundestages, 2. Wahlperiode 1953, Anlagen zu den stenographischen Berichten, Band 35, Nr. 1497 der Drucksachen; Entwurf eines Gesetzes zur Neuordnung des zivilrechtlichen Persönlichkeits- und Ehrenschutzes, in: Verhandlungn des Deutschen Bundestages, 3. Wahlperiode 1959, Analgen zu den stenographischen Berichten, Band 63, Nr. 1237 der Drucksachen.

司在其发行的周刊杂志撰文批评曾在纳粹政权担任要职的 Dr. H 开立银行之事。Dr. H 委请 M 律师致函 D 出版公司,要求更正。D 出版公司以读者投书处理 M 律师的函件,并删除若干关键文字。M 律师认为,D 出版公司侵害其人格权,诉请法院命 D 出版公司在该周刊杂志读者投书栏刊登更正启事,表示该信件系律师函件,而非读者投书。联邦法院判决原告胜诉,判决理由强调《德国基本法》第 1 条明定人格尊严应受尊重。人格自由发展,在不侵害他人权利、违反宪法秩序或伦理的范畴内,是一种应受宪法保障的基本人权。思想或意见源自人格,是否发表,如何发表以传达于公众,将受舆论的评价,涉及作者的人格,应由作者自己决定。擅自发表他人私有资料,固属侵害个人应受保护的秘密范畴,发表他人同意的文件,擅自添加或减少其内容,或以不当的方式为之时,亦属对人格权的侵害。原告执行律师业务,受当事人委托,致函更正,被告以读者投书刊登,并删减其内容,系侵害原告的人格权,应负恢复原状义务,而为必要的更正启事。

(三) 一般人格权的保护范围与其与特别人格权的适用关系

德国联邦法院创设一般人格权后,其须处理的有两个问题:如何认定一般人格权的保护范围;关于一般人格权与特别人格权的适用关系,分述如下:

1. 一般人格权的保护范围

一般人格权系一个抽象概括性的权利,如何加以具体化,认定其内容,德国学说上有认为应形成特别人格权。实务上所采的方法系就个案认定其保护范围(Schutzbereich),组成体系[50],通常分别为名誉保护(Ehrenschutz)、私领域(Intimsphäre)、个人形象认同(Personenidentität)、个人信息(Schutz vor den Verbreitung von personenbezogenen Informationen)及人格被不当利用的保护(Schutz vor unbefugter Nutzung der Persönlichkeit)等。[51]

2. 一般人格权与特别人格权的适用关系

关于一般人格权的适用关系,通说认为特别法关于特别人格权设有

---

[50] Baston-Vogt, Der sachliche Schutzbereich des zivilrechtlichen allgemeinen Persönlichkeitsrechts (1997).

[51] Münchener Kommentar BGB/Rixecker, § 12 AnH Rd. 30-123.

规定的,优先适用之。其无规定的,则应适用一般人格权,例如《德国民法》第 12 条关于姓名权的侵害,仅规定为他人所争执或无权使用其同一姓名,关于无权使用他人姓名于商品、广告,得适用一般人格权。又《艺术著作权法》第 22 条仅规定未经同意不得传布或展示他人肖像,关于肖像的制作,得有一般人格权的适用。

第三款 人格权上精神利益与财产利益的保护机制

第一项 人格权上精神利益的保护

一、不作为请求权

人格权系在维护人的价值,要求他人予以尊重,体现于精神利益(ideelles Interesse)的保护,而具有防御权(Abwehrrecht)的性质。关于对人格权不法侵害的除去或防止请求权,《德国民法》未设相当于中国台湾地区"民法"第 18 条第 1 项的规定,实务上乃类推适用所有权的物上请求权(德民第 1004 条),以肯定被害人的不作为请求权(Unterlassungs-anspruch)。[52]

二、精神损害的金钱赔偿

(一)法律限制规定

关于精神利益受侵害所生痛苦的金钱赔偿(德国法上称为 Schmerzensgeld,意指痛苦金,以下以慰抚金称之),德国民法对此种金钱赔偿设有限制,于《德国民法》第 253 条规定:"关于非财产损害,仅于法律明文规定的情形,得请求金钱赔偿。"法律明定的情形指(旧)《德国民法》第 847 条第 1 项规定:"侵害身体或健康,或侵夺自由者,被害人对非财产上之损害,亦得请求赔偿相当之金钱。此项请求权不得让与或继承,但已依契约承认或已起诉者,不在此限。"德国联邦法院在前开读者投书案(BGHZ 13,334)以基本法为依据,肯定一般人格权,并以恢复原状为损害赔偿的方法。此项判决为学说所赞同,较少争论。真正的困难在于一般人格权受侵害时,如何突破《德国民法》第 253 条限制的规定,使被害人亦得请求慰抚金,其发展过程及理论基础,在法学方法论上甚具参考价值,特作较详细的说明。

---

[52] Kötz/Wagner, Deliktsrecht (10. Aufl., 2006), S. 158 ff.

(二) 请求权基础的创设

1.《德国民法》第847条关于自由规定的类推适用：BGHZ 26, 349—Herrenreiter 骑士案

在本件判决，原告系一业余骑士，被告以其照片作为某种增加性能力药物的广告，联邦法院重申 BGHZ 13, 334—Leserbrief 的判决意旨，强调人格尊严的神圣性和人格自由发展的重要性，并明白肯定人格权应该解释为系《德国民法》第823条第1项所称的其他权利而受保护。被告擅自使用他人肖像，应成立对人格权的侵害，问题在于被害人得否依《德国民法》第847条关于侵害他人自由的规定请求慰抚金。联邦法院表示本条所称自由，通说认为系指身体活动自由而言，如胁迫他人为某种行为。在德国基本法施行前，学说上有认为所称自由应解释为包括意思自由，但未被接受。德国基本法明定人格权应受尊重，精神自由亦应受保护。人格权被侵害时，不赋予非财产上损害的金钱赔偿，将使人格的保护成为具文，不切实际，难以接受。为此，《德国民法》第847条应类推适用于精神自由受侵害的情形，被害人亦得请求非财产上的金钱赔偿。

2. 以《德国基本法》第1条和第2条作为请求权基础：BGHZ 35, 363—Ginseng 人参案

在本件判决，原告系某大学国际法和宗教法教授，自韩国带回人参供其同事 H 教授研究。H 教授发表研究成果，感谢原告的协助。某通俗科学杂志报道原告系欧洲有名的人参专家。被告系制造药物的公司，在广告中引述原告为人参专家，肯定人参具有增强性能力的作用。原告以人格权被侵害为理由，请求慰抚金。

原告在三审皆获胜诉。联邦法院认为《德国民法》第253条规定非财产上损害以有法律规定者为限，始得请求慰抚金，乃基于当时的法律思潮和社会情形。《德国基本法》明定人格权应受尊重，现行德国民法对人格权的保护未臻周全，不符合"宪法"价值体系。人格权被侵害，主要是发生非财产上损害，不以相当金钱赔偿之，实乃放弃了保护人格权最有效的手段。唯一般人格权被侵害与身体健康被侵害究有不同，慰抚金的请求应加限制，须以加害人具有重大过失，被害人遭受严重侵害为要件。《瑞士债务法》第49条亦采此原则。本案原告为法学教授，在广告中被引述为研究增加性能力之人参专家，加害人之过失实属重大，被害人所受侵害非属轻微，原告得请求以相当金钱赔偿其所受非财产上损害。

3. 合宪性的肯定:BVerfGE 34, 269——Soraya

德国联邦法院以宪法为依据创造一般人格权,并使被害人得请求慰抚金。此项法院造法是否合宪,引起了争论。本件判决被告系有名的出版社,在其周刊杂志刊载虚构的伊朗王后苏菲亚访问记。被害人苏菲亚公主主张人格权受侵害,诉请慰抚金的损害赔偿。联邦法院判决原告胜诉(BGH NJW 1965, 685),认为此项不实报道个人隐私,构成对人格权的侵害,刊登更正启事尚不足恢复原状,应以相当金钱慰抚被害人精神上的痛苦。被告提出宪法抗告,主张此项判决违宪,其主要理由为:违背权力分立原则;侵害言论自由和新闻自由;慰抚金的请求以重大侵害人格权为要件,犹如刑事裁判,由法院创设,违背罪刑法定主义。德国联邦宪法法院认为此项宪法诉愿不能成立。判决理由长达数页,具高度可读性,归纳为三点:

(1)《德国基本法》明定人格权应受尊重,在私法上承认一般人格权,补充现行民法的不足,系为实践宪法基本人权的价值体系,与宪法秩序尚无违背。

(2)言论自由或新闻自由,所以受宪法保护,系因其为公众提供信息,形成舆论。为满足读者肤浅的娱乐,而虚构访问,乃涉及个人私事,无关公益。就此点而言,隐私的保护应优先于新闻报道。联邦法院的判决多以新闻报业为对象,但其他无关新闻报业的案件,亦属不少,不能认为侵害人格权应以金钱赔偿非财产上损害,系针对新闻报业而造法。其构成要件甚为严格,不致影响言论自由和新闻自由。

(3)《德国基本法》第 20 条第 3 项规定,司法应受法律(Gesetz)和法(Recht)的拘束,立法目的在排除狭义的法律实证主义。法的存在系以宪法秩序为内容,具有补充实体法不备的功能。司法的任务在于发现寓存于宪法秩序的基本价值理念,以合理的论据依实践的理性和根植于社会正义的理念,促进法律进步。关于此点,基本上并无争论,在劳动法方面,立法落后,司法造法现象极为显著,以适应社会变迁的需要。现行《德国民法》制定于 70 年前,法律观念与社会情况已有重大变迁,德国法上关于人格权保护落后其他西方国家法律甚多。对非财产上损害予以相当数额的金钱赔偿是保护人格权有效的手段。现行民法将慰抚金请求权限定于若干情形自有其时代背景,如今法律意识、价值观念业已改变,保护人格权的立法迟未定案,由法院判决补现行规定的不足,确有必要。以有效的方法保护宪法体系中基本价值,并未整个排除《德国民法》第253条规定,仅在补充其列举规定,并未恣意造法,不构成对言论自由或新闻自由的侵害,从宪法秩序言,应无可议。

(三) 精神损害金钱赔偿预防及制裁功能:以获利作为量定数额的因素:BGHZ 128,1—Caroline

在德国联邦法院 BGHZ 128,1 判决(1994),被告杂志社捏造刊载对原告 Caroline von Monaco(摩洛哥公主 Caroline)的独家访问记,谈论其私人事务。Caroline 公主以此项行为侵害其人格权,尤其是对其形象展现自主决定的权利,而诉请被告刊登撤回(Widerruf)启事,并赔偿精神损害的金钱赔偿。德国联邦法院判决原告胜诉,并明确采取一项重要法律见解,认为:"对被害人之人格权的侵害系为增加杂志销路及获利为目的者,本诸预防思想,于决定关于金钱赔偿的数额时,应以获利作为量定因素(Erfolgt der Einbruch in das Persönlichkeitsrecht des Betroffenen vorsätzlich mit dem Ziel der Auflagensteigerung und Gewinnzielung, dann gebietet der Gedanke der Prävention, die Gewinnzielung als Bemessungsfaktor in die Entscheidung über die Höhe der Geldentschädigung einzubeziehen.)。"此项论点,相当于前曾一再提及台湾高等法院在陈美凤米酒代言案所采的法律见解,特于本书第九章再作较详细的讨论。

(四) 德国 2002 年损害赔偿法

德国于 2002 年施行第二次损害赔偿法条文修正法(Das Zweite Gesetz zur änderung schadensrechtlicher Vorschriften),将慰抚金作为修正重点[53],尤其是废除《德国民法》第847条,增订第253条第2项规定:"因身体、健康、自由、或性行为自主遭受侵害得请求损害赔偿者,就非财产损害亦得请求相当金钱的赔偿。"此项规定除侵权行为外,亦适用于契约违反(债务不履行)的情形(参照"民法"第227条之1)。关于侵害一般人格权所生金钱赔偿请求权,仍适用实务所创原则,即以基本法第1条及第2条规定为依据,并限于侵害重大,并无其他适当救济方法的情形。

最后须说明的是德国民法上精神损害的相当金额赔偿,在实务及学说上称为 Schmerzensgeld(意译为:痛苦金);关于一般人格权多不称为 Schmerzensgeld,而径称为 Entschädigung in Geld(金钱赔偿或金钱补偿)。

---

[53] Cahn, Einführung in das neue Schadensersatzrecht (2003), S. 88 ff.

第二项　人格权上财产利益的保护

一、人格权的强制商业化

人格权(如身体、健康、名誉等)受侵害时,被害人就所生的财产损失(如住院支出医疗费用,或被解聘收入减少),得请求损害赔偿,此系就人格权受侵害的法律效果言。此所谓人格权上的财产利益,系指姓名、肖像、声音、隐私资料等个人特征本身所体现的财产价值,及个人对其人格特征得为商业上的使用,而获得一定经济利益。其主要问题在于姓名、肖像等个人特征遭他人强制商业化(Zwangskommerzierung)[54],用于推销商品、服务时,被害人得主张何种权利。

二、肖像权、姓名权系具财产价值的排他权利:BGHZ 20, 345—Paul Dahlke

在 BGHZ 20, 345 案,原告 Paul Dahlke 系著名演员,无偿同意被告公司拍摄照片,被告未经原告允诺,径将其肖像用于该公司商品的广告。原告诉请侵权行为的损害赔偿及不当得利请求权。德国联邦法院判决原告胜诉,认为关于肖像的使用,本人未明确限制其使用方法及范围时,应就个案解释本人授权同意的意思表示加以认定。又《德国艺术著作权法》第 23 条第 1 项规定,对当代历史人物的肖像得不经本人同意而为传布,并不包括非为社会合理信息需要,纯为商品广告的使用的情形。关于肖像权财产利益联邦法院的判决认为:肖像权得经本人授权于他人作商业上的使用,系具有财产价值的排他性权利(ein vermögenswerte Ausschließkeitsrecht)。此项判决为学说所赞同。其后通说并进一步肯定姓名、声音等人格特征亦具有财产价值,构成人格权的财产部分(Vermögensbestandteil des Persönlichkeitsrecht)。

三、人格权受侵害财产价值的计算

关于著作权及专利权侵权行为损害赔偿的计算,德国实务上长期以来采取三种计算方法(dreifache Schadenberechnung):

(1) 具体财产损失(konkrete Vermögenseinbüsse)。

(2) 适当的授权报酬(angemessene Lizenzgebühr)。

---

[54] Magold, Personenmerchandising: Der Schutz der Persona im Recht der USA und Deutschlands (1993).

(3) 获利剥夺(Gewinnabschöpfung)。

此三种三择一的计算方法具有习惯法效力,乃基于实际需要及衡平考量,即无权侵害他人权利者,不得取得优于经由权利所有人授权使用者的法律地位。前述关于三种计算方法于侵害具有财产价值、排他性的肖像权、姓名权时,亦应为适用,以符公平原则,而对权利人作必要的保护。

德国联邦法院并肯定原告的不当得利请求,认无权擅以他人肖像作商品广告,节省了通常应支付的对价,系无法律上原因受有利益,至于权利人是否或愿否授权他人使用,以获得报酬,在所不问,盖<u>不当得利请求权所调整的,不是请求权人的财产的损失,而是无法律上原因所受财产的增加</u>。

关于侵害人格权的三种损害赔偿方法,实务上强调已具习惯法效力,而继续适用迄今,尤其是适当报酬请求权。至于获利返还请求权,因其计算困难,较少采用。学说上有认为传统损害差额说不足保护人格权,前开三种计算方法,乃损害的规范化,应值赞同。反对者则强调,于侵害人格权采侵害无体财产权的损害赔偿计算方法,违反民法损害赔偿的基本原则;应适用不当得利(《德国民法》第812条以下)或<u>不法无因管理</u>(《德国民法》第687条,相当中国台湾地区"民法"第177条第2项),以保护人格权上的财产利益。[55]

第三项　规范体系构成

综据上述,德国法上人格权的发展系由个别人格权到一般人格权,包括精神利益及姓名、肖像、声音等人格特征所体现的财产利益的保护,建构了如下的规范体系:

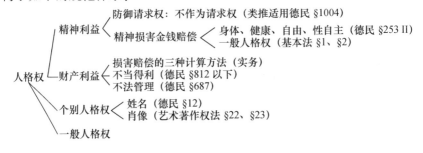

---

[55] 关于侵害人格权财产利益的损害赔偿,将于本书第九章再为详论。

第四款　死者人格权上精神利益及财产利益的保护㊾

第一项　问题说明

关于死者人格权的保护(postmortaler Persönlichkeitsschutz),《德国民法》未设明文。《德国艺术著作权法》及《德国著作权法》(Gesetz über Urheberrecht und verwandte Schutzrechte 1965, Urheberrechtsgesetz)设有特别规定,分述如下:

一、艺术著作权法上的死者肖像权的保护

德国法上第一个关于死者人格权保护的典型案例,系1899年俾斯麦遗容偷拍案(RGZ 45, 170),前已再三提及。由于当时德国民法并未规定一般人格权或肖像权,帝国法院乃认为侵入他人住宅拍摄死者遗容,应依不当得利返还其不法取得的照片。为强化对肖像的保护,1907年制定的艺术著作权法第22条第3句明定,人死亡后十年内,对其肖像的拍摄绘制须取得该人亲属的同意。所称亲属指尚生存的配偶及肖像被拍摄绘制者的子女;无配偶或子女者,其父母。同法第23条第2项规定,在未经同意人仍得传布或展示他人肖像的例外情形(第23条第1项),在本人死亡时,不得侵害其亲属的正当权利。

关于上开死者肖像的保护,系指精神利益而言,由一定的亲属代为行使。关于授权他人使用死者的肖像,须得全体亲属(如配偶、子女)的同意,但对他人不法侵害的不作为请求权,任何亲属均得行使之㊿。

二、著作权法规定的著作人格权

现行《德国著作权法》制定于1965年,旨在保护文学、科学及艺术的著作(第1条)。其所保护的系著作权人对其著作物的精神及人之关系及对著作的使用,并在确保对著作利用的相当报酬(第11条)。其法律结构系采一元论(monistische Lehre),兼具著作权人的精神及财产利益(ideelle und materielle interessen),由人格权及财产权构成著作权的一体性。在此法律结构,著作权除为履行生前处分或对其共同继承人因继承

㊾ Gregoritza, Die Kommerzialisierung von Persönlichkeitsrechten Verstorbener (2002), S. 203 ff.; Jung, Die Vererblichkeit des Allgemeinen Persönlichkeitsrechts (2005).

㊿ Wandtke/Bullinger(注㊽书), § 22, 23 KUG.

清算而为移转外,不得让与(第 29 条第 1 项),但得授权他人利用(第 29 条第 2 项)。著作权得为继承(第 28 条),包括著作者人格权(Urheberpersönlichkeitsrechte)及著作者利用权(Urheberverwertungsrechte)。著作权于著作人死亡后 70 年消灭。[58]

前揭德国艺术著作权法上的肖像权及著作权上的著作人格权,均被认系特别人格权,对德国民法上死者人格权上精神利益及财产利益的保护,提供了类推适用及内容形成的论证依据。死者一般人格权保护机制建立之后,亦影响到特别人格权的解释适用及发展。

第二项 死者人格权上精神利益的保护

一、BGHZ 50, 133—Mephisto 案判决:死者人格权上精神利益应受保护的肯定

(一)案件事实

1968 年的 Mephisto 案(BGHZ 50, 133),系德国联邦法院第一次就死者人格权保护问题作成判决,具有重大意义。Gustaf Gründgens 系德国著名的演员,于 20 世纪 20 年代与名作家 Klaus Mann 成为好友并与其妹结婚,但不久即告离婚。1933 年 Klaus Mann 兄妹因政治原因移民美国。Gründgens 因扮演 Mephisto(魔鬼)角色而享盛名,于 1934 年起担任公职,尤其是于 1937 年被任命为普鲁士戏剧总监。Klaus Mann 撰写一本名为 Mephisto 的小说,于 1936 年在荷兰阿姆斯特丹出版。1936 年被告出版社预告将发行该书。该小说描写一名称为 Hendrik Höfgen 的舞台演员崛起的过程,叙述其为迎合当时纳粹德国的当权者,为其个人演艺生涯而改变政治信仰,抛却了人类及道德伦理的拘束。该书主角 Höfgen 的个人特性、外表形象、其所参加演出的戏码、职业生涯及相关人事情节,多与 Gründgens 相符。Gründgens 于 1963 年死亡,其养子即唯一继承人(即原告)乃依《德国民法》第 823 条第 1 项规定向汉堡地方法院对出版社提起诉讼,以该书侵害 Gründgens 的人格权,请求法院禁止该书的复制、散布及出版。原告主张,任何一个熟悉三四十年代德国电影史的读者,必然会将 Höfgens 其人与 Gründgens 联想在一起。由于该小说中将许多可资辨认的事实综合杜撰,带有贬低意味的情节,对 Gründgens 的人格形象造成

---

[58] Rehbinder, Urheberrecht (10. Aufl., 1998), S. 68 f., 224, 164 f.

重大贬损,该小说已非属艺术作品,而系"影射小说"(Schlüsselroman),作者之目的在报复Gründgens,不受《德国基本法》第5条艺术自由所保障。

(二)判决理由

汉堡地方法院驳回原告之诉,其理由系认该Mephisto小说所侵害Gründgens的人格权已因其死亡而消灭。汉堡高等法院判决原告胜诉。德国联邦法院维持汉堡高等法院的判决,肯定人格权上的精神利益在人死亡之后仍应受保护,分四点说明如下:

联邦法院前曾在1954年Cosima Wagner案(BGHZ 15,249)[59]表示,权利能力因其主体死亡而消灭,但人格应受保护的价值仍应存续。本件再重申此项意旨,强调死亡者不仅遗留可让与的财产价值,其非财产的法益,亦即不具财产价值的法益,于人死亡后,仍应存续。属之者,究为何种利益,其于遭受侵害时得发生何种请求权,在本件无须作论断,盖本件所涉及的是,因严重割裂他人生活形象而发生的不作为请求权。于此情形实无具说服力的理由可以认为此种得被侵害、应受保护的法益于人死亡时即全部消灭,不能有所防御而主张人格权法上的不作为请求权。

人格权——除其财产价值部分外——作为一种一身专属权,固然不得让与或继承,但法律秩序得命令或禁止人民为一定行为,以保护可被侵害的利益,不问生存的权利主体是否存在;尤其是规定得由非为该权利主体本身之他人代为行使原权利主体因死亡丧失权利能力,不能自为主张的请求权,特别是不作为请求权。现行法上对此设有规定,例如《德国艺术著作权法》第22条关于死者肖像,及《德国刑法》第189条关于诽谤死者罪的规定。

基本法的宪法价值秩序不能认为在人死亡后,其可让与财产法益得继续存在,但经由其贡献及努力而取得,仍留存于后代记忆中的声望、名誉,得任由他人侵害而不受保护。《德国基本法》第1条宣示人的尊严的不可侵犯,第2条确认自由发展人格的权利,此项人之尊严不受侵害的保障,不应因人之死亡而全然丧失。宪法上基本权利对人之尊严设有全面性保障,在时间上并未设限于人的生存期间。联邦法院及宪法法院判决均肯定一般人格权乃《德国民法》第823条第1项所称其他权利,旨在充

---

[59] BGHZ 15,249——Cosima Wagner案涉及Cosima Wagner(著名音乐家Wagner之妹)日记于死后公开的争议。

实宪法制定者的价值判断。不能认为人格利益的保护因死亡而终了。在现行法上,刑法诽谤死者罪、死者肖像权的保护等均在维护死者的人格利益,乃在体现一般的法律义务。本件所涉及的人格法益在其权利主体死亡后仍应受保护,否则基本法的价值判断将难充分实现。

德国联邦法院强调:"本院确信,当个人能够信赖其生活形象于死亡后仍受维护,不被重大侵害,并在此种期待中生活,宪法所保障之人的尊严及个人在生存期间的自由发展始能获得充分保障。"(Der Senat ist der überzeugung, dass Menschenwürde und freie Entfaltung zu Lebzeiten nur dann im Sinne des Grundgesetzes zureichend gewährleistet sind, wenn der Mensch auf einen Schutz seines Lebensbildes wenigstens gegen grobe ehrverletzende Entstellungen nach dem Tode vertrauen und in dieser Erwartung leben kann.)

(三) 保护机制的法律构造

1. 归属主体

人死亡后,其权利能力消灭,但死者的非财产上的人格利益(精神利益),仍应受保护,乃基于人格权的继续作用,即人在死亡之后其人格权仍以一定的范围继续作用而存在(死者人格权继续作用说,fortwirkende Persönlichkeitsrechte des Verstorbenen)。其受保护的,乃死者自身的利益,而由他人代为行使其权利,具有维护死者人格利益的权限(Wahrnehmungsbefugnis)。关于代为维护死后人格利益之人,联邦法院认为除法律另有规定外,应由死者生前所指定之人;未为指定时,得类推适用法律所定与死者被诽谤污蔑具有感情关联的近亲属(参照《德国艺术著作权法》第22条)。代为行使权利者得为多数人,但此不致有重大危及法律安定之处,意见不一致时,可作为认定权利侵害的要件是否具备的依据。关于代为行使权利者的范围,联邦法院认为在本案不必作终局界定,盖原告系死者的养子,死者对于生前已委其防阻该Mephisto小说的出版,是其具代为行使死者权利的资格,实可认定。

2. 救济方法

在本件判决,联邦法院肯定原告所主张的不作为请求权。在 BGHZ 165, 203(电视公开死者遗容案),联邦法院明确表示死后人格保护原则上不导致金钱赔偿请求权,盖人既已死亡,不生精神痛苦事,无主张慰抚金的余地。

3. 保护期间

关于死后人格精神利益的保护期间,联邦法院并未明确加以界定,但表示此非谓保护期间并无限制。死者人格利益系由一定之人代为行使,其行使权利时,必须证明权利保护要件(Rechts-schutzbedürftigkeit),此须在个案就期间的经过及利益衡量而为认定。

二、死者人格利益保护的合宪问题:BverfGE 30,173——Mephisto[60]

在德国联邦法院 Mephisto 案判决之后,败诉的出版社,即以联邦法院及汉堡高等法院判决违反《德国基本法》第1条(人格尊严)、第2条第1项(人格自由发展)、第5条第1项及第3项(言论自由、艺术自由)等,以及宪法上的比例原则与法律安定性原则,提起宪法诉讼。

联邦宪法法院于1971年2月24日宣判,判决诉愿人败诉。判决理由重点在于人格权与艺术自由,认为《德国基本法》第5条第3项第1句规定,主要系规范国家与艺术间的关系,同时并保障个人艺术自由。此项艺术自由的保障不限于艺术家自身的活动,更及于艺术作品的发表与传播,因此图书出版商亦可援引主张艺术自由权。惟艺术自由有其限制,即不得侵犯到他人的人格权。在艺术自由的保障与宪法所保护的人格权发生冲突时,应以基本法的价值秩序作为标准加以解决,于此特别是基本法第1条第1项规定,人之尊严应受到尊重。宪法法院以此为理由认定系争的 Mephisto 小说侵害 Gründgens 的人格权。

关于死者人格权保护部分,联邦宪法法院并未质疑联邦法院判决的合宪性,但特别指明此项保护的宪法依据在于《德国基本法》第1条规定的人之尊严不可侵犯性,此乃所有基本权利的基础,人于生存时所有的尊严,若于死亡后得任意被贬损,实不足保护人格的价值理念。该法第1条明定所有国家权力应保障人之尊严不受侵害,不应因人的死亡而结束。联邦宪法法院同时强调,关于死者人格权的保护,不应以《德国基本法》第2条第1项作为依据,盖本项所保障的人格自由发展,系以尚生存者为限,于人死亡后,此项权利的保障即行消灭。

---

[60] 关于本件重要判决,参见陈新民评释、李建良编著:《基本人权与宪法裁判,梅菲斯特案:艺术自由与人格权的法益权衡》(1992),第163页。

第三项　死者人格权上财产利益的保护

一、法学者的期待与司法实践

1956 年 Paul Dahlke 案（BGHZ 20, 345）肯定肖像权（人格权）系具财产价值的排他性权利；1968 年 Mephisto 案（BGHZ 50, 133）更进一步创设人格权上财产利益的继承性（Die Vererblichkeit vermögensrechtlicher Bestandteile des Persönlichkeitsrecht）。Wagner 教授谓:"众所期待者，终于被明确清楚地说出来：人格权所保护的，不仅是其主体的精神利益，在此以外，并包括财产利益。"[61]关于此项期待，系基于下面三点认识：

（1）人格被商业化，日益严重，如何维护人之尊严及人格价值成为众所关切的问题。[62]

（2）美国法上个人公开权（right of publicity）肯定个人对其肖像、姓名、声音等人格特征享有控制的权利，得为继承，受到德国法学界的重视。[63]

（3）长期以来，德国法学界对人格权上财产利益从事深刻的研究，相关著作甚多，思考方法虽有不同，但多认为应肯定此项财产利益的继承性，在人死亡之后应加以保护。

二、BGHZ 143, 214—Marlene[64]:人格权上财产利益继承性的肯定

（一）案件事实

Marlene Dietrich 是德国著名的明星，在 20 世纪 30 年代因主演 Der Blaue Engel（蓝天使）而久享盛名，于 1992 年逝世。被告系一家名叫 Lighthouse Musical 公司的唯一经理人，于 1993 年制作关于 Marlene Dietrich 生平的音乐剧，以 Marlene Dieterich 常主唱的"Sag mir, wo die Blumen sind""告诉我，花在哪里"为主题。被告拥有 Marlene 的商标，授权他人使用 Marlene Dietrich 的名称、肖像，作汽车、化妆品、明信片、电话卡、T-

---

[61]　Wagner, Anmerkung zu BGH, Urt. v. 1. 12. 1999, GRUR 2000, 717.
[62]　参见 Magold(注54书)。
[63]　参见 Magold(注54书)，第 25 页以下；Seemann(注③书)，S. 61 ff；Götting,(注⑰书), S. 168 ff.
[64]　Marlene 案系德国人格权法发展史上最重要的裁判，具高度参考价值，该判决译文，参见黄松茂：《人格权之财产性质——以人格权特征之商业利用为中心》（台湾大学法律学研究所硕士论文，2008），第 267 页（阅读之！）。

Shirt 等商品的广告,获取利益。原告 Maria Riva 系 Marlene Dietrich 的独生女及遗嘱执行人,起诉主张不作为请求权及损害赔偿请求权。原审虽肯定原告的不作为请求权,但关于损害赔偿请求权,则认 Marlene Dietrich 业已死亡,不生侵害其肖像或姓名权而发生财产上损害赔偿问题。联邦法院废弃原审见解,判决原告胜诉。

(二)判决理由

德国联邦法院在 Marlene 案作成两项重要法律见解:

(1)一般人格权及其特别表现形态,如肖像权、姓名权,乃在保护人格的精神利益及财产利益。人格权的财产部分因他人不法使用肖像、姓名及其他具标志性的人格特征加以侵害,并具有过失时,其权利主体享有损害赔偿请求权,不以侵害情形重大为必要(按此项裁判旨在表示财产上损害赔偿请求权的成立,不同于精神损害金钱赔偿请求权,不以加害情形重大为要件,参阅中国台湾地区"民法"第 195 条第 1 项)。

(2)人格权的财产部分,在人格权主体死亡后,于其精神利益尚受保护期间内,仍继续存在,其相应的权限移转于人格权主体的继承人,由其依死者明示或推知的意思行使之(Die vermögenswerten Bestandteile des Persönlichkeitsrechts bestehen nach dem Tode des Trägers des Persönlichkeitsrechts jedenfalls fort, solange die ideellen Interessen noch geschützt sind. Die entsprechenden Befugnisse gehen auf den Erben des Trägers des Persönlichkeitsrechts über und können von diesem entsprechend dem ausdrücklichen oder mutmaßlichen Willen des Verstorbenen ausgeübt werden.)。

德国联邦法院创设人格权财产部分的继承性,其主要理由系认为现代科技进步、大众媒体发达的经济社会,姓名、肖像等个人特征得作商业上使用,以名人的形象代言广告乃销售产品、提供服务所不可或缺,实属一种价值创造,于人死亡后,亦应继续加以保护,始符合宪法保障人格的价值理念。

人死亡之后不能主张精神痛苦损害的金钱赔偿请求权。防御请求权无益于防止既已发生的损害。财产利益与人格本身不具不可分离的关系,肯定人格权财产利益的继承性,由继承人主张损害赔偿请求权,始足保护人格利益,此并无助长人格商业化之虞,实乃维护人格被商业化所必要。

除前述保护必要性及有效率性的主要论点外,德国联邦法院尚认为个人的声望形象,乃个人努力的成果,其所体现的财产价值,于人死亡之后,应由继承人享有,不能任由他人任意加以使用,以保护个人对其财产的自主权利。

(三) 保护机制的法律构造

1. 继承人的法律地位

人死亡后,由其继承人承受其人格权上的财产利益,成为该财产利益的主体,继承人就此项财产利益,得为处分(如同意他人使用死者的姓名、肖像、声音代言广告),尤其是对加害人主张损害赔偿请求权。德国联邦法院特别指出,继承人行使关于此项财产利益的权利时,应符合死者明示或可推知的意思。

2. 保护期间

人格权上的财产利益虽得继承,但其保护期间受有限制,即在精神利益受保护的期间,仍为存续,其理由为:

(1) 死者人格利益保护的必要性因时间经过而减少。

(2) 财产利益的保护,系从精神利益的保护发展出来。

在例外情形,得否延长,应于个案就其必要性加以认定。

第四项　死者人格权保护的规范体系

综据上述,兹将德国民法上死者人格权保护的规范模式,图标如下:

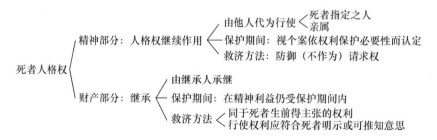

前揭德国法上死者人格权的保护体系全由实务所创设,充分显现德国法学的创造性及概念体系构成能力,在比较法上提供一个可供参考的规范模式。此种保护体系系建构在一元论的人格权构造上,以一个同一的人格权包括精神利益及财产利益,依其性质内容作不同的保护,不将财产部分从人格权分离出来,作为一种独立的财产权。此种由实务所创造的规范体系,难免产生许多不明确、争议性的问题,有待解决。Marlene 案判决之后,相关著作甚多[65],致力于阐述其理论构造及解释适用。德国联邦法院亦陆续作出判决[66],作进一步的补充,使其益臻完善。最后,值得强调的是,德国民法上未设一般人格权的规定,100 年来"无中生有",创设出完备的人格权的保护体系,提供一种实践中的规范机制,可供我们思考台湾法上人格权保护的基本课题及开展可能性。

第四节 我国台湾地区人格权上精神利益与财产利益保护机制的建构

第一款 规范模式与研究课题

第一项 美国法及德国法的规范模式

一、规范模式的比较

关于人格权上精神利益及财产利益的保护,本文选择具有代表性的美国法及德国法加以说明,已详前述。其所建立的规范机制,可供与台湾地区的法律加以对照比较,以更深刻的了解台湾地区法的现况、特色,及发展的可能性。为便于观察,兹将美国法及德国法的规范架构,图标如下:

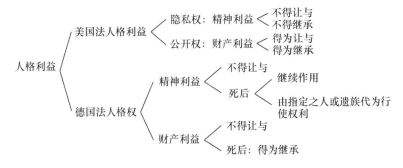

---

[65] Claus, Postmortaler Persönlichkeitsschutz im Zeichen allgemeiner Kommerzialisie-rung (2004); Fischer(注⑦书); Jung, Die Vererblichkeit des allgemeinen Persönlich-keitsrechts (2005); Wortmann, Die Vererblichkeit vermögensrechtlicher Bestandteile des Persönlichkeitsrechts (2005).

[66] 参见 BGHZ 151, 26(Marlene Dietrich 肖像作为广告与言论自由);BGHZ 165, 203(在电视上公开死者遗容与金钱损害赔偿请求权)。

据上所示,美国法及德国法上关于人格上利益保护机制的基本差异在于美国法系采二元论,区别隐私权(精神利益)及公开权(财产利益)。德国法系采一元论的构造,由一个统一的人格权包括精神利益及财产利益。

二、实例说明

比较法的研究向来多就法律规范作抽象的论述,今则渐采案例比较的方法[67],即以事实情况(factual situation)作为出发点,从事比较分析,期能更具体明确的发现规范上的异同。兹举一例加以说明:

甲系一个著名的艺人,形象清新,常作公益代言,颇获好评及信赖。乙未经甲的同意,擅以甲的姓名、肖像代言推销其新开发增强性能力的药物。试问:

(1)甲得对乙主张何种权利?

(2)甲死亡后,乙继续使用甲的姓名、肖像推销该药物时,甲的配偶或子女等得向乙主张何种权利?

(一)美国法

1. 甲得向乙主张的权利

在美国法上甲得以乙为自己的利益而擅自使用甲之姓名、肖像的行为(appropriation),成立侵害其隐私权(right of privacy),而向乙请求精神痛苦的损害赔偿。又甲亦得以乙无权利使用其姓名、肖像,侵害其个人人格特征所体现的财产价值,构成对甲之公开权的侵害,而向乙请求支付利用其姓名、肖像作商业广告通常所须支付的报酬。在此情形,乙系侵害甲两个相互独立的权利,一为隐私权,一为公开权,二者得发生竞合关系。

2. 甲死亡后人格利益的保护

在美国法,隐私权不得继承,亦无其他保护方法,因此甲的姓名、肖像遭受他人侵害时,甲的配偶、子女等如欲保护甲死亡后的隐私权不受侵害,并无可得主张的权利。关于公开权,美国各州的法院多肯定公开权得为继承,甲的配偶或子女得以其所继承的公开权受侵害而向乙请求损害赔偿。

---

[67] 此为 The Common Core of European Private Law Project 所采的研究方法,参见 Bussani/Palmer (ed.), Pure Economic Loss in Europe (2003); Markesinis, Comparative Law in the Courtroom and Classroom: The Story of Last Thirty-Five Years (2004),苏彦新、胡德胜等译:《比较法:法院与书院——近三十五年史》,清华大学出版社 2008 年版;案例比较研究的应用,Markesinis/Unberath, The German Law of Torts, A Comparative Treatise (4th ed. 2002)。

(二) 德国法

1. 甲对乙得主张的权利

乙未经甲的同意,擅以甲的姓名、肖像作商业性的代言广告,系侵害《德国民法》第12条规定的姓名权、《德国艺术著作权法》第22条规定的肖像权,及《德国民法》第184条第1项的一般人格权。甲就其因此所受精神痛苦,得以《德国基本法》第1条第1项及第2条第1项规定为基础,请求非财产上损害赔偿的金钱赔偿(慰抚金)(BGHZ 26, 349—Herrenreiter; BGHZ 35, 363—Ginseng)。德国联邦法院肯定姓名、肖像系具有财产价值的排他性权利,请求财产上损害的赔偿时,得依三种方式计算其所受损害(尤其是所失利益),即采具体损害计算、支付相当的报酬金或返还所受利益(BGHZ 20, 345—Paul Dahlke)。须特别指出的是,在德国法上,甲系就一个人格权受侵害,而主张精神利益或财产利益的损害赔偿。

2. 甲死亡后人格利益的保护

在甲死亡后,乙继续以甲的姓名、肖像作商业上广告时,关于精神利益部分,德国实务认为,甲死亡后人格权仍继续作用,得由其所指定之人或其配偶、子女等亲属代为行使其权利,主张不作为请求权(BGHZ 50, 133—Mephisto)。关于财产利益部分,即姓名、肖像等人格特征所体现的财产价值,得为继承,由继承人行使其权利(BGHZ 128, 1—Caroline I)。

第二项 中国台湾地区法上的现况及研究课题

一、实例说明

兹就前揭案件说明中国台湾地区法上人格权精神利益及财产利益保护的现况:

1. 甲对乙得主张的权利

甲得对乙主张损害赔偿的法律依据(请求权基础)为"民法"第184条第1项前段:"因故意或过失,不法侵害他人之权利者,负损害赔偿责任。"本项所称他人之权利,包括人格权,兼含姓名权及肖像权。是乙擅以甲的姓名及肖像作性药物的商品广告时,甲得以人格权受侵害,向乙请求损害赔偿。关于精神利益所受损害,"民法"第195条第1项前段规定:"不法侵害他人之身体、健康、名誉、自由、信用、隐私、贞操,或不法侵害其他人格法益而情节重大者,被害人虽非财产上之损害,亦得请求赔偿相当之金额。"本项规定虽未明定姓名及肖像,但二者均属其他人格法益,甲系形象清新的艺人,常作公益代言,乙擅以甲的姓名、肖像作性药物的广告,其侵害情节应属重大,因此甲就其精神利益所受痛苦,得向乙请求相当金额的赔偿。

关于财产上损害,甲得请求其姓名权及肖像权所受损害及所失利益("民法"第216条)。此项损害应依差额说具体加以计算。姓名权及肖像权不同于具有形体的物权,难认其有价值减少的情形。关于所失利益,甲须证明其依已定之计划新财产的取得(例如代言广告的酬金),因乙的侵害行为而受妨害,致不能取得,始得请求损害赔偿。

在台湾实务上尚未发现有肯定在姓名权或肖像权因被无权使用于商业广告时,被害人得依侵权行为法规定请求支付相当报酬损害赔偿的判决,亦无关于被害人得主张不当得利("民法"第179条),或不法管理("民法"第177条第2项)的案例,其主要理由系实务或学说犹未肯定姓名权或肖像权系具有财产价值的排他性权利。

2. 甲死亡后人格利益的保护

甲死亡后,其姓名或肖像被无权使用于商业广告时,传统上认为在现行"民法"上并无任何救济方法。甲死亡,其权利能力消灭,人格权随之俱逝,不复存在,不发生得被侵害的问题。人格权不得继承,甲的配偶或子女,除其本身人格权受侵害外,无任何权利可资行使,以直接或间接维护甲死亡后的人格利益。

二、两个研究课题

据前开案例的说明,可知台湾地区"人格权法"的主要特色在于就人格权设有一般规定,其应研究的课题有二:

(1) 传统的人格权系以精神利益的保护为核心,所应研究的是,如何将人格权的保护范围扩张及于财产利益。

(2) 传统人格权对死者的人格法益未予保护,所应研究的是,如何建构死者的精神利益及财产利益的保护机制。

第二款　由人格权精神利益的保护
"到"财产利益的保护

第一项　人格权上精神利益的保护

"民法"对人格权精神利益的保护,设有相当周全的规定,预定于本

书第九章再为详论,兹先分三点加以说明:

(1) 人格权受侵害的侵害除去请求权及侵害预防请求权("民法"第18条第1项)。

(2) 人格权受侵害的恢复原状请求权("民法"第213条第1项)。

(3) 人格权受侵害的精神损害金钱赔偿请求权("民法"第194条、第195条第1项)。

第二项 人格权上财产利益的保护

一、由精神利益的保护"过渡"到财产利益的保护

关于台湾法人格权上财产利益的保护,应再回到陈美凤米酒代言案(台湾高等法院2005年上易字第616号判决)。之所以再三论及此一判决,因其提供了一个涉及人格权上财产利益保护的典型案例:企业厂商擅自使用名人的姓名、肖像作商业上使用,推销商品或服务。在类此情形,德国联邦法院于1956年在著名的Paul Dahlke案(BGHZ 20,345)明确表示肖像权系具有财产价值的排他性权利。2003年台湾高等法院在陈美凤料理米酒代言案,一方面认定原告并未受到财产上损害(尤其是所失利益),另一方面又认为系侵害原告隐私权,应考量被告所获利益,以酌定其慰抚金的金额。此项判决的重要意义在于借着慰抚金数额的提高,以剥夺被告侵害他人姓名权、肖像权所获的利益,而将精神利益的保护扩大及于财产利益的保护。盖此种获利剥夺(Gewinnabschöpfung)[68],乃在认定姓名、肖像等人格特征具有一定的财产价值,其所以应予剥夺,乃侵害人取得了应归属于权利主体者的财产利益。

二、人格权上的经济自主:财产性质的肯定

一个法律制度、理念、价值的发展,开始之际,常采间接、隐藏或权宜的方式。陈美凤米酒代言案的判决并未引起学者的重视,足见法学界尚未重视人格权上财产利益保护的问题。[69] 人格权上财产利益之应受保护

---

[68] Beuthien/Schmölz, Persönlichkeitsschutz durch Persönlichkeitsgüterrechte, Erlöser-ausgabe statt nur billige Entschädigung in Geld (1994); Helms, Gewinnherausgabe als haftungsrechtliches Problem (2007).

[69] 参见谢铭洋:《从美国法上之商业利用权(Right of Publicity)探讨肖像权之财产权化——"最高法院"2008年台上字第1396号民事判决解析》,载《月旦裁判时报》2010年8月第4期,第102页。

的理由,前在美国法及德国法的相关部分已详为说明⑦,兹归纳为三点:

(1) 在现代大众传播、企业竞争及消费社会,个人的姓名、肖像等人格特征具印象转移的功能,得用于推销商品、服务等商业上用途,创造了一定的经济财产价值。

(2) 个人的人格特征所体现的财产价值应归于权利主体者享有、控制。

(3) 人格权的价值在于个人自主,人格权上的财产价值乃在彰显个人的经济自主(wirtschaftliche Selbstbestimmung),以维护其人格自由发展。

三、财产价值的保护范围

(一) 体现财产价值的人格特征

人格权上财产利益的肯定,非谓将人格权本身加以财产化,而是肯定个人的一定特征(Persönlichkeitsmerkmale, Personal Identity)具有财产价值。此种具财产价值的人格特征随着商业上使用可能性的发展,逐渐扩及于声音、个人资料等。

(二) 享有人格权上财产利益的主体

个人的人格特征被用于商业广告,多为所谓的名人,诸如演艺人员、运动员、赛车选手、政治人物等,故曾有认为,仅此等名人得享有人格权上的财产利益。基于人格平等原则,在台湾法上应认任何人均得为人格权财产利益的主体,是否为名人,曾否或有无意愿将其人格特征作商业上使用,不影响侵害行为的成立,仅为法律效果(如损害赔偿的数额)的考量

---

⑦ 在日本,关于人格权上的财产价值,采美国法上的 Right of Publicity,早在1970年代即有详细的论述。阿部浩二,パブリシティの権利とその展开,竹田畯一先生古稀记念——现代社会と民事法(第一法规,1981);同氏,パブリシティの権利と不当利得,新版注释民法⑱(有斐阁,1991),第564页以下;田仓保,パブリシティ権,田仓整古稀记念——知的财产をめぐる诸问题(発明协会,1996);冈邦俊,パブリシティの権利,裁判实务大系27 知的财产关系诉讼法(青林书院,1997);大家重夫,パブリシティ権について,久留米大学法学,39号(2000);井上由里子,パブリシティの権利,法学教室,252号(2001),第34页以下。简要说明,五十岚清:《人格権概说》(有斐阁,2003),第179页,附有相关实务见解的发展,并参阅东京地决昭和53.10.2,判夕327号,第97页〔プロ野球选手(王贞治)の氏名権、肖像権に基づき、その立像、氏名等の表示されたメダル(ホームラン800号记念)の无断制造販売禁止の仮处分申请が认容された事例〕。简要说明,刘得宽:《人格权上的"Publicity right"(公表权)——以日本判例、学说为中心》,载《月旦法学》2008年4月第155期,第115页。

问题⑦。

四、财产利益的让与性

人格权上财产利益得否让与,涉及此项体现财产价值的人格权(如姓名权、肖像权)是否具有可与人格分离的性质。美国法上的公开权被认系具有智能财产权的性质,得为让与。德国通说认为,姓名权或肖像权虽具有财产性质,原则上不得让与。在中国台湾法上应采用同于德国法上的见解,认此项财产利益构成人格权的部分,具有不可分离性,惟得授权他人使用其姓名或肖像,仅发生债之关系,不具对抗第三人的效力,但对侵害的第三人得主张侵害他人权益不当得利(Eingriffskondiktion),盖被授权人对他人的肖像、姓名的使用享有一定范围的权益归属内容⑫。

五、救济方法

之所以应肯定人格权上的财产利益,旨在使人格权受侵害时,被害人得有适当必要的救济方法保护其财产利益,此一重要问题将于第九章再为详论,兹先提出问题如下:

1. 侵权行为的损害赔偿

因故意或过失不法使用他人的姓名、肖像或声音等作商业上的广告时,被害人得以人格权受侵害为理由,请求财产上损害赔偿("民法"第184条第1项前段),包括所受损害及所失利益("民法"第216条第1项),加害人通常难以依差额说具体计算其损害。问题在于如何创设合理的计算,尤其是得否类推适用"专利法"、"商标法"、"著作权法"的损害赔偿计算方法⑬?

2. 不当得利请求权

"民法"第179条前段规定:"无法律上之原因而受利益,致他人受损

---

⑦ Götting(注⑰书),S. 213f.

⑫ 此为值得深入研究的问题,Ahrens, Die Verwertung persönlichkeitsrechtlicher Positionen, Ansatz einer Systembildung (2002); Bungart, Dingliche Lizenzen an Persönlichkeitsrechten (2005), S. 84f,. 124f. 关于人格权益让与问题,Forkel, Gebundene Rechtsübertragung (1977)。

⑬ 参见"办理民事诉讼事件应行注意事项"第87点:"(第1项)损害赔偿之诉,当事人已证明受有损害,而有客观上不能证明其数额或证明显有重大困难时,法院应审酌全辩论意旨及调查证据之结果,于不违背经验法则及论理法则之范围内,依所得心证定其数额。(第2项)于侵害智能财产权之损害赔偿事件,得依原告之申请嘱托主管机关或其他适当机构估算其损害数额或参考智能财产权人于实施授权时可得收取之合理权利金数额,核定损害赔偿之数额,亦得命被告提出计算损害赔偿所需之文书或资料,作为核定损害赔偿额之参考。"

害者,应返还其利益。"不当得利分为给付不当得利及非给付不当得利。非给付不当得利的典型类型系侵害他人权益不当得利(Eingriffskondiktion),在认定是否该当此种不当得利的成立要件时,应以"权益归属说"据以判断违反权益归属而取得利益是否欠缺法律上之原因。问题在于姓名权或肖像权是否具有得由权利主体享有的财产利益?擅以他人的人格特征作商业广告时,是否构成无法律上原因取得应归属于他人的权益内容,依其性质无法返还,应偿还依通常应支付的酬金的价额?

3. 不法管理

"民法"第 177 条规定:"管理事务不合于前条之规定时,本人仍得享有因管理所得之利益,而本人所负前条第一项对于管理人之义务,以其所得之利益为限。前项规定,于管理人明知为他人之事务,而为自己之利益管理之者,准用之。"本条第 2 项规定学说上称为不法管理。问题在于为自己利益擅以他人的姓名、肖像等作商业上使用时,本人得依"民法"第 177 条第 2 项规定主张因此项管理所得的利益?

第三款 死者人格利益的保护

第一项 传统见解:人之价值尊严与社会变迁

传统见解认为人死亡之后,其人格利益遭受他人侵害时,并不受保护,因为人之权利能力始于出生,终于死亡("民法"第 6 条),权利能力一旦消灭,同时丧失其为权利主体的资格,人格权随之俱逝,不复存在,不成为侵害的对象。又人格权与人格主体者自身具有密切不可分离的关系,具一身专属性,不得继承。

权利能力及一身专属性这二个原则蕴含着一个价值判断,即人在死亡之后,形体消灭,不能再从事各种活动,以发展其人格,再无保护的必要。为维护实践宪法保护人之尊严的价值理念,因应社会变迁,传统观念应有调整必要,探寻保护死者人格利益的途径。兹分人死亡后精神利益及财产利益的保护,说明如下。

第二项 死者精神利益的保护

一、保护的必要性

人死亡之后,其精神利益,即应受尊重的人格尊严,仍可能遭受各种侵害,诸如诽谤,揭露隐私,姓名、肖像等人格特征被用于商业上广告等。刑法设有侮辱诽谤死者罪,保护已死之人的名誉("刑法"第312条),并规定侵害尸体罪及发掘坟墓罪("刑法"第247条以下)。在"民法"方面,须否及如何保护死者的精神利益,各国与地区法律规定不同,前已说明。其采否定见解的,或坚持人格权的一身专属性,认为死者的精神利益随时间经过而消逝,无须再予保护,应留给言论自由较宽广的空间。然诚如德国联邦法院在 Mephisto 案(BGHZ 50,133)所强调:唯有当个人能够信赖其生活形象于死后仍受维护,不被重大侵害,并在此种期待中生活时,宪法所保障之人的尊严及个人在生存期间的自由发展始能获得充分的实践。

二、二种规范模式

关于死者人格上精神利益的保护,在理论构成及规范内容的设计上,有直接保护及间接保护两种基本规范模式,分述如下。

(一)直接保护

直接保护系以死者自身的人格为保护对象,理论构造上最大的困难在于权利能力的问题。德国学者有提出无主体权利说(Theorie des subjektlosen Rechts)、死后部分权利能力说(postmortale Teilsrechts-fähigkeit),但未被实务采纳。[74] 德国联邦法院系采死者自己人格权继续作用说(fortwirkende eigene Persönlichkeitsrechte der Verstorbenen),并创设如下的规范内容:

(1)受保护者系死者自身的人格利益。

(2)由死者所指定之人或亲属代为行使死者的权利。

(3)保护期间,就个案情形及时间经过视其保护必要性而定。

(4)救济方法系防御请求权,即仅得请求法院排除对精神利益的侵害,不得请求金钱赔偿。

(二)间接保护

间接保护说认对死者精神利益的侵害,得成立对死者遗族虔敬追思感情的侵害(Andenkensschutztheorie)。遗族得以自己的人格权受侵害请求救济,借以保护死者的人格利益,具有如下的规范内容:

1. 死者遗族主张的自己的人格利益受侵害。
2. 保护期间得参考现行法的相关规定,就个案依利益衡量(包括时

---

[74] 学说的整理分析,Claus(注⑥书),S. 54ff.

间经过)加以认定。

3. 死者遗族得请求的救济方法,除防御请求权外,并包括精神痛苦的金钱赔偿。

兹为便于对照比较,将死者人格精神利益二种基本保护方法,列表如下:

内容 模式	受保护法益	行使权利者	救济方法	保护期间
直接保护	死者人格利益	代为行使之人:指定之人或遗族	侵害除去	视个案保护必要性以及随时间经过而认定
间接保护	遗族追慕之情的人格利益	遗族行使自己的权利	精神痛苦赔偿金 侵害除去	参考现行特别法相关规定,就个案依利益衡量(包括时间经过)加以认定

前列两种规范模式均系"法院造法",其法律构造内容的形成及发展必然具有不确定性而发生争议,但不能"因技术问题"而否认死者人格法益应受保护的基本原则。案例的累积、比较法的研究、学说上的协力,将建立一定的共识,而促进法律解释适用上的安定。

(三) 中国台湾法的发展

在中国台湾法上对已死亡之人的精神利益予以保护时,究应采何种规范模式?

直接保护说体现保护死者人格法益的意旨,关于其理论构成得参考德国联邦法院在 BGHZ 50, 133—Mephisto 案的见解:"当个人能够信赖其生活形象于死亡后仍受维护,不被重大侵害,并在此种期待中生活,宪法所保障之人的尊严及个人在生存期间的自由发展始能获得充分保障。"

值得注意的是,"著作权法"第 18 条第 1 项前段规定:"著作人死亡或消灭者,关于其著作人格权之保护,视同生存或存续。"又依第 86 条规定,对著作人格权的侵害,除遗嘱另有指定外,著作人的遗族依其顺序(配偶、子女、父母、孙子女、兄弟姊妹、祖父母)对于侵害者得请求排除之,有侵害之虞者,得请求防止之("著作权法"第 86 条、第 84 条、第 85 条第 2 项)。"著作权法"关于著作人死亡之著作人格权的保护,虽系特别法的规定,不能径予一般化,但其规范意旨可供参考,认为"人格权消灭"与

"死者人格法益保护"得为分开。德国联邦法院所采死亡者人格权继续作用的理论,"著作权法"规定著作权人死亡,关于其著作人格权之保护视为存在,均在肯定人死亡后,其权利能力虽已消灭,死者的人格法益仍应予维持,加以保护。

台湾台北地方法院"蒋孝严诉陈水扁诽谤蒋介石案"系采间接保护说,认其侵害者非死者本人的人格利益,系遗族本人"对故人敬虔追慕之情",并以此为"民法"第195条第1项所称的其他人格法益。关于此项见解,前已再三提及。

采间接保护说的优点在于避开权利能力的难题,理论上仍有疑问的是,在侵害死者的人格利益时,如何能导致遗族取得一种自身人格利益受侵害的请求权?使遗族得主张的精神利益痛苦的金钱赔偿,固具有促进保护死者人格利益的作用,但遗族为多数之人时(如有配偶及子女等),理论上应得各自行使其权利,此将增加加害人的负担,即侵害一个死亡之人,须对多数遗族支付损害赔偿。

应予指出的是,肯定对死者人格上精神利益的保护,系属一种突破现行规定的法之续造,其理论构成及规范内容,难免须使用某种拟制的说理方法,此为法律发展常有的现象。就保护人格利益的意旨言,以<u>直接保护</u>方式,较为可采。若为避免因权利能力问题的争议而影响对死者人格利益的保护,采<u>间接保护</u>的方式,亦属可接受的规范机制。

第三项 死者人格上财产利益的继承性

人格权上财产利益,应予肯定,前已论及,得否继承涉及人格权一身专属性的问题。美国法上的公开权因与隐私权分离成为独立的财产权,得为继承。德国联邦法院在1956年认肖像权等人格权系具有财产价值的排他性权利(BGHZ 20,345—Paul Dahlke),但一直到1999年在Marlene案(BGHZ 143,214)明确肯认人格权财产部分得为继承,经过了30年,始克服了人格权不可继承性的传统见解。

在判例学说上的发展方向,首先要明确肯定姓名、肖像等一定的人格特征具有财产价值,关于此点,前已详述。在此基础上可进一步探究此项财产利益的继承性,应予指出的有三:

(1)传统见解所以认为人格权的不可继承性,系以保护精神利益为内容,与人格主体具有不可分的密切关系。财产利益的肯定与继承性,强化了人格权的保护,更能维护人的尊严价值。

(2) 人格权的财产利益归于继承人,可以避免任何人可随时将死者的姓名、肖像、声音、隐私资料作商业上的使用,获取利益。

(3) 财产上的权利得为继承,乃"民法"的基本原则(第1148条),肯定人格权上财产利益的继承性,将更能贯彻个人对其人格上财产利益自主决定的权利。

第四项 一元论人格权的保护机制

关于人格权上精神利益与财产利益的保护,已分别说明如上。此二种人格利益并非各个分离独立,乃是同一人格权的构成部分,即以一个人格权包括精神利益及财产利益。在一元论的人格权构造上,人格权犹如树的茎干,精神利益及财产利益则为树根⑦,同以人格权为本,结合一起,具同等价值,应同受保护。兹以隐私权为例加以说明。在美国法上隐私权系以精神利益为保护内容。在台湾地区法上隐私权为一种人格权,兼具精神利益及财产利益。例如甲擅自搜集乙的个人隐私资料贩售牟利,系侵害乙的隐私权(人格权),乙得请求法院除去其侵害,以防御其人格权("民法"第18条第1项)。就精神痛苦得请求慰抚金("民法"第195条第1项)。就财产损害得请求损害赔偿(或主张不当得利、不法管理)。

在肯定姓名、肖像、个人信息等人格法益具有财产价值之后,此项财产价值的保护,虽不能脱离人格权而成为一个独立的权利,但实已逐渐接近于无体财产权(智能财产权),其发展动向,实值注意。

第五节 结论:人格权保护利益扩大的 理念及方法

一、人格权法发展上的重要课题

民法上的传统见解,强化人格权的保护在于以体现人之尊严及应受尊重的精神利益,严格区别人格权与财产权,认为人格权具一身专属性,

---

⑦ 关于此种一元论的树木理论(Baumtheorie),参见 Ulmer, Urheber- und Verlags-recht (3. Aufl., 1980), S. 114; Rehbinder, Urheberrecht (München, 10. Aufl., 1998), S. 18ff.

不得让与或继承;并以人死亡时,其权利能力消灭,人格权随之俱逝,不复存在,作为死后人格权不受保护的理由。

现行"民法"自1929年施行以来,判例学说一直坚守传统人格权的性质及构造,致姓名、肖像、隐私等个人利益或特征所体现的财产价值,未能获相对应的保护,人死亡之后其人格利益遭受各种侵害,殆无救济之道。此种传统见解及其所建构的规范体系不符社会现实,未顾及人性尊严及人格利益保护的必要,应有反省、调整的余地。

二、比较法上革命性的演变

美国法及德国法均经历长达一个世纪的发展,分别建构二元或一元的人格利益保护机制,尤其是财产利益的保护。美国系于1953年在Haelan Laboratories, Inc. v. Topps Chewing Gum, Inc. 案创设了公开权,认其具智能财产权的性质,得为让与及继承。德国系于1956年在Paul Dahlke案(BGHZ 20, 345),认定人格权(肖像权等)系具财产价值排他性的权利,更于1999年Marlene Dietrich案(BGHZ 143, 214)宣示人格权上财产利益部分的继承性。美国法及德国法以不同的概念体系,建构功能相同的保护机制,同以法院造法的方式,从事更新改造人格权法性质及法律结构的工程。

三、台湾地区人格权法发展的动向

台湾地区人格权法发展的动向,应以一元论建构人格权,以精神利益及财产利益为其内容。在精神利益保护方面,须更进一步完善慰抚金制度。在财产利益保护方面,应肯定一定的人格利益或人格特征(如姓名、肖像、声音、个人资料等)具有财产价值,并发展出相对应有效率的保护方法。关于死者人格权,须突破人格权与财产权的严格区别,予以相对化,检讨人格权专属性,对已死之人的精神利益及财产利益作符合人之尊严的保护。此项变迁攸关人格权法的发展,希望能引发更深入的学说讨论,建立理论基础,尤其是期待中国台湾地区实务能如同美国或德国法院一样,有清楚的问题意识,以承先启后的创设性判决,突破传统见解,以促进维护人性尊严及人格自由发展。

四、中国大陆人格权立法的发展

中国大陆重视人格权保护,有丰富的研究成果,参考比较法的发展而有所创新,其特色在于以"司法解释"及"立法"方式加以规定,分四点说明如下:

1. 人格权精神利益

最高人民法院公布关于确定民事侵权精神损害赔偿责任若干问题的解释(2001.3.8)。2010年施行的《侵权责任法》第22条规定:"侵害他人人身权益,造成他人严重精神损害的,被侵权人可以请求精神损害赔偿。"

2. 人格权财产利益

《侵权责任法》第20条规定:"侵害他人人身权益造成财产损失的,按照被侵权人因此受到的损失赔偿;被侵权人的损失难以确定,侵权人因此获得利益的,按照其获得的利益赔偿;侵权人因此获得的利益难以确定,被侵权人和侵权人就赔偿数额协商不一致,向人民法院提起诉讼的,由人民法院根据实际情况确定赔偿数额。"本条规定具有肯定一定人格法益(姓名、肖像)本身具有财产价值的意涵,并采相当于智能财产权受侵害时财产损害的计算方式(详阅本书第九章)。

3. 死者人格权

关于死者精神利益的保护,前揭最高人民法院司法解释第3条规定:"自然人死亡后,其近亲属因下列侵权行为遭受精神痛苦,向人民法院起诉请求赔偿精神损害的,人民法院应当依法予以受理:(一) 以侮辱、诽谤、贬损、丑化或者违反社会公共利益、社会公德的其他方式,侵害死者姓名、肖像、名誉、荣誉;(二) 非法披露、利用死者隐私,或者以违反社会公共利益、社会公德的其他方式侵害死者隐私;(三) 非法利用、损害遗体、遗骨,或者以违反社会公共利益、社会公德的其他方式侵害遗体、遗骨。"又第4条规定:"具有人格象征意义的特定纪念物品,因侵权行为而永久性灭失或者毁损,物品所有人以侵权为由,向人民法院起诉请求赔偿精神损害的,人民法院应当依法予以受理。"[76]

4. 人格权财产价值的继承

目前尚无相关司法解释及立法规定。

综据上述,可知中国大陆重视人格权精神利益及财产利益的保护,所期待的是,预定制定的"人格权法"应有较为明确、完善、更具前瞻性的规定。司法解释或立法明定人格权受保护的利益,可避免长期个案累积的司法实践,有助于法律适用安定及强化对人格权的保护。但应予提出的

---

[76] 相关问题的讨论,参见张红:《死者生前人格上财产利益之保护》,载《法学研究》2011年3月第33卷第2期,第100页。

是,无论立法如何完美,法律生命的发展终有赖于法院于个案的解释适用,由书上之法(Law in book)转为实践之法(Law in action),在此意义上,比较法(尤其是美国法及德国法)百年累积的实务经验及其所体现的实践理性,对海峡两岸都具有参考价值,能在此基础上对人格权的开展有所创新,有所贡献。

第八章 人格权保护与言论自由

第一节 规范模式及思考方法

第一款 社会变迁与法律发展

人格权保护与言论自由充分体现台湾的社会变迁与法律发展。侵害名誉的诉讼早就有之,自20世纪90年代起,产生了质的变化。质的变化指诉讼当事人由一般人民"提升"为政治人物对新闻媒体,或政治人物相互间的诉讼。量的变化指诉讼案件的增加,虽无统计资料可供分析,但数量应属可观。原告强调人格尊严不容侵犯,被告主张言论自由应受保障。此实值就诉讼数量、类型、当事人、议题及法院判决见解从事法社会学的研究。值得提出的有三点:

(1) 民主宪政与言论自由:20世纪80年代以来的民主宪政改革,使宪法所保障的言论自由得以落实,新闻媒体的快速发展形成了活泼的言论市场,同时也增加侵害他人人格权的可能性,造成言论自由与人格权(尤其是名誉、隐私、肖像)保护的紧张关系。面对优势的大众传播媒体,个人常难对抗,有赖法律的保护。

(2) 政党政治与选举活动:台湾各种选举频繁,政党对立严重,互相指责,当事人及相关人士为澄清传闻,或为造势活动的选举策略,辄以诽谤罪互控,提起民刑事诉讼,请求高额或象征性损害赔偿。由于政权轮替,法院成为政治人物解决个人恩怨的场所。此类诉讼成为政治斗争的延长,也因此具有疏洪口的功能,由街头的对抗转移到法院的辩论,具有政治司法化的作用①,也促进了法律的发展。

(3)基本权利与释"宪"功能:民主宪政改革,强化了"司法院"大法官的释"宪"任务,使基本权利的功能得以落实,大法官共作成8个关于人格权的重要解释②,9个关于言论自由的重要解释③,促进了这两个基本权利的发展,也造成彼此间的冲突及调和的必要,在此方面,"司法院"作有3个重要相关解释(释字509、656、689),将于相关部分再行说明。

第二款 价值理念及保护范围

第一项 人 格 权

人格权包括"宪法"人格权及私法人格权,均在维护人性尊严及人格自由发展。"宪法"人格权为"司法院"大法官所创设。关于私法上人格权,"民法"设有详细规定,采一般化人格权的概念("民法"第18条),并具体化为个别人格法益("民法"第194条、第195条第1项)。人格权受侵害时,被害人除侵害防止及侵害除去请求权外("民法"第18条第1项),并得请求损害赔偿("民法"第184条),包括财产上损害及非财产上损害(尤其是精神痛苦的慰抚金,第213条、第195条第1项)。关于人格权的价值理念及保护范围,前已详述,敬请参阅。

第二项 言 论 自 由

"宪法"第11条规定:"人民有言论、讲学、著作及出版之自由。"此等基本权利旨在保障人民的表现自由,其权利主体除个人外,包括法人。人的内心意思、信念借"言论"表达于外。言论应从广义解释,包括语言、文字、歌舞、艺术、漫画、摄影,凡能传达人的见解、思想的,无论其为政治言论或商业言论,皆涵盖在内。又言论自由的保护范围包括表意自由及不表意自由。表意自由除意见评论外,亦包括事实陈述。为维护言论自由,

---

① 著名的相关案件,"最高法院"2004年台上字第829号判决(李前"总统"夫人李曾文惠诉立法委员冯沪祥);"最高法院"2004年台上字第851号判决(吕秀莲诉新新闻周刊);"最高法院"2004年台上字第1805号判决(谢长廷诉璩美凤);"最高法院"2004年台上字第1979号判决(张俊宏诉李敖)等。
② 参见"司法院"释字第293、399、486、535、585、587、603、664号解释。
③ 参见"司法院"释字第364、407、414、445、509、577、617、623、634、689号解释。

对意见表现,采禁止事先检查原则。

言论自由是一种沟通,除个人沟通(如电话通讯、集会演讲)外,主要是透过大众媒体,包括新闻、广播、电视、网络,其中以新闻媒体(所谓的第四权)最为重要(新闻自由),应受制度性保障,国家应制定必要的法律规范(如电信法)及组织机构(如国家通讯传播委员会),并对传播资源作合理分配。又为维护及促进言论自由,尚应肯定人民有信息自由,使个人或媒体能够获得必要信息,以确保意见自由流通及自我实现,活化言论市场。

之所以扩大解释言论自由及其保护范围,系言论自由具有重要的功能,包括个人自我实现、健全民主社会,及监督各种政治或社会活动的功能。言论自由促进不同意见的形成、沟通,乃一个自由民主国家(或地区)秩序的构造性基础,为其发展进步的生命因素。诚如美国联邦最高法院法官 Cardozo 所强调,言论自由是一种本质、铸型,系其他形式自由不可或缺的条件。④ 在某种意义上,言论自由表现于那著名的原则:"您说的话,我永远也不会同意,但我将誓死捍卫您说话的权利。"言论自由促进一个国家(或地区)社会开始理性思考。

为简要体现言论自由,节省冗长论述,兹参照"司法院"大法官解释(请阅读之),整理如下:

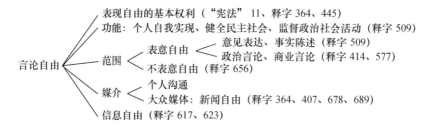

第三项 调和机制的建构

一、规范模式

为处理人格权与言论自由的冲突及调和,首须建构一个以"宪法"基

---

④ Cardozo 名言系德国联邦宪法法院在著名的 Lüth(吕特)案所引用(BVerfGE,7,198)。吕特案系德国联邦宪法法院建立基本权利第三人间接效力的重要判决,西德联邦宪法法院裁判选辑(一),"司法院"印行(1990),第 100 页(黄启祯译,请参阅研读)。

本权利为出发点的规范机制及思考方法，兹先图标如下，再为说明：

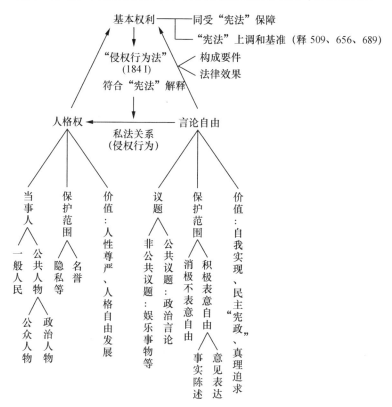

二、思考层次

首先应肯定的是人格权与言论自由系同受"宪法"保障的基本权利，并无价值高低之分，故不能认言论自由当然具有高于人格权的优先价值，并据此衡量相冲突的基本权利，尤其是关于在私法关系处于平等地位的当事人权益的保护。应再探讨的是调和此两种基本权利的"宪法"基准，其后系在个案认定何者应优先保护、何者应予退让。⑤ 基本权利调和的

---

⑤ 比较法上的研究，Milo, Defamation and Freedom of Speech (2008)。关于言论自由的重要著作，林子仪：《言论自由与新闻自由》（1993）；张永明：《新闻传播之自由与界限》（2000）；Emerson, The System of Freedom of Speech (1970); Hochhuth, Die Meinungsfreiheit im system des Grundgesetzes (2007). 梁治平：《名誉权与言论自由：宣科案中的是非与轻重》，载《中国法学》2006年第2期。

"宪法"基准体现于"司法院"大法官的三个解释:

1. 释字第509号解释关于"刑法"第310、311条诽谤罪侵害言论自由的合"宪"性。
2. 释字第656号解释关于法院依"民法"第195条第1项规定命侵害他人名誉者向被害人为道歉启事,是否侵害"不表意自由"的违"宪"争议。
3. 释字第689号解释关于"社会秩序维护法"第89条第2款所涉及的权利保护(行动自由、身体、隐私)及新闻自由(采访跟追)的调整。

兹将前揭三个"司法院"解释的争点、解释意旨及解释结果列表如下:

释字＼意旨	系争法令	解释意旨	释"宪"结果	
509	"刑法"第310、311条诽谤罪	行为人对言论内容真实的合理查证义务(表意自由)	合"宪"性解释	建构言论自由与人格权保护调和的"宪法"基准
656	"民法"第195条第1项:恢复名誉的适当方法	因侵害名誉而由法院命为道歉启事,不得涉及加害人自我羞辱及人格尊严等情事(不表意自由)	合"宪"性解释	
689	"社会秩序维护法"第89条第2款:跟追他人	新闻采访自由与隐私权等人格法益保护的比例原则	合"宪"性解释	

前揭三个解释涉及人格权保护与言论自由的基本问题:
(1) 名誉保护与言论自由。
(2) 名誉保护与道歉启事的不表意自由。
(3) 隐私权保护与新闻自由。

前揭"司法院"解释均采合"宪"性解释,建立了调和人格权保护与言论自由的判断基准,将于相关部分再为讨论。

三、私法"宪法"化

言论自由系受"宪法"第11条保障的基本权利,为防止侵害他人的自由权利,得以法律作必要的限制("宪法"第23条)。所称法律主要指"刑法"第310条、第311条关于诽谤罪的规定、"民法"第184条关于侵权行为的规定。二者均涉及在"宪法"解释上如何调和人格权(尤其是名誉、隐私)与言论自由的思考方法及规范模式。

"言论自由"对人格权的侵害,得构成侵权行为。"民法"第184条第1项规定:"因故意或过失,不法侵害他人之权利者,负损害赔偿责任。故意以背于善良风俗之方法,加损害于他人者亦同。"此为限制言论自由侵害人格权的法律规定⑥。基于法秩序的统一性,基本权利客观价值体系的第三人效力,侵权行为的成立要件及法律效果在适用上应作符合"宪法"的解释,即参照"宪法"上的判断基准来调和人格权保护及言论自由,使二者能获实践和谐,学说上称之为:私法或侵权行为诽谤法的"宪法"化(Constitutionalization of Private Law, Constitution-alization of the Law of Defamation)⑦,乃"宪法"保护人格权不受新闻言论侵害的具体化。⑧ 私法"宪法"化的过程、方式及程度因各国私法与"宪法"结构而有不同。以下分就名誉保护及言论自由,隐私保护与言论自由,详为论述。

第二节 名誉保护与言论自由

第一款 "司法院"释字第509号解释:"宪法"上的调和基准

第一项 "司法院"释字第509号解释

"刑法"第310条第1项规定:"意图散布于众,而指摘或传述足以毁损他人名誉之事者,为诽谤罪,处一年以下有期徒刑、拘役或五百元以下罚金。"第2项规定:"散布文字、图画犯前项之罪者,处二年以下有期徒刑、拘役或一千元以下罚金。"第3项规定:"对于所诽谤之事,能证明其

---

⑥ 《德国基本法》第5条第1项规定言论自由,第2项明定言论自由应受一般法律及保护个人名誉而受限制。《欧洲人权公约》第1项规定言论自由应受尊重,第2项亦明定言论自由应受出于保护他人名誉或权利而受限制。"司法院"释字第509号解释谓:"为兼顾对个人名誉隐私及公共利益保护,法律尚非不得对言论自由依其传播方式为合理之限制。"

⑦ Dobbs, The Law of Torts (2000), p. 1169; Markesinis/Unberath, The German Law of Torts (4th ed. 2002), p. 393; Milo (注⑤书), p. 4, 7; Wright, Tort Law and Human Rights (2001); Berka, Medienfreiheit und Persönlichkeitsschutz (1982); Kaloudi, Pressefreiheit und Persönlichkeitsschutz (2000).

⑧ Beater, Zivilrechtlicher Schutz vor der Presse als konkretisiertes Verfassungsrecht—Grundstrukturen im Vergleich von englischem, US-amerikanischen und deutschem Recht (1996).

为真实者,不罚。但涉于私德而与公共利益无关者,不在此限。""刑法"第 310 条是否违反"宪法"第 11 条所保障的言论自由,发生争议,"司法院"释字第 509 号作有解释。

一、解释文

释字第 509 号解释意旨的内容有三:

(1) 言论自由为人民之基本权利,"宪法"第 11 条有明文保障,"国家"应给予最大限度之维护,俾其实现自我、沟通意见、追求真理及监督各种政治或社会活动之功能得以发挥。惟为兼顾对个人名誉、隐私及公共利益之保护,法律尚非不得对言论自由依其传播方式为合理之限制。

(2) "刑法"第 310 条第 1 项及第 2 项诽谤罪即系保护个人法益而设,为防止妨碍他人之自由权利所必要,符合"宪法"第 23 条规定之意旨。

(3) "刑法"第 310 条第 3 项前段以对诽谤之事,能证明其为真实者不罚,系针对言论内容与事实相符者之保障,并藉以限定刑罚权之范围,非谓指摘或传述诽谤事项之行为人,必须自行证明其言论内容确属真实,始能免予刑责。惟行为人虽不能证明言论内容为真实,但依其所提证据资料,认为行为人有相当理由确信其为真实者,即不能以诽谤罪之刑责相绳,亦不得以此项规定而免除检察官或自诉人于诉讼程序中,依法应负行为人故意毁损他人名誉之举证责任,或法院发现其为真实之义务。就此而言,"刑法"第 310 条第 3 项与"宪法"保障言论自由之旨趣并无抵触。

二、解释理由

释字第 509 号解释理由强调为保护个人名誉、隐私等法益及维护公共利益,国家对言论自由尚非不得依其传播方式为适当限制。至于限制之手段究应采用民事赔偿抑或兼采刑事处罚,则应就人民守法精神、对他人权利尊重之态度、现行民事赔偿制度之功能、媒体工作者对本身职业规范遵守之程度及其违背时所受同业纪律制裁之效果等各项因素,综合考量。以台湾地区现况而言,基于上述各项因素,尚不能认为不实施诽谤除罪化,即属违"宪"。况一旦妨害他人名誉均得以金钱赔偿而了却责任,岂非享有财富者即得任意诽谤他人名誉,自非宪法保障人民权利之本意。

三、符合"宪法"的解释

释字第 509 号强调为保护个人名誉、隐私等法益,对言论自由得为适当限制。个人名誉、隐私系属人格法益,乃人格权的核心保护范围,而人格权乃"宪法"第22条所称的自由权利,亦属受"宪法"保障的基本权利(释字第399、585、603号)。释字第509号将"刑法"第310条第3项:"对于所诽谤之事,能证明其为真实者,不罚",认为"行为人虽不能证明言论内容为真实,但依其所提证据资料,认为行为人有相当理由确信其为真实者,即不能以诽谤罪相绳",系采合"宪"性解释,并以此作为判断基准调和言论自由与人格权(名誉)在刑法上的保护。

第二项 日本最高裁判所"夕刊和歌山时事"妨害名誉案

值得提出比较的是,日本法上著名的"夕刊和歌山时事妨害名誉案"⑨。本件被告在其昭和38年2月18日发行的"夕刊和歌山时事"(晚报)版面上,以"吸血鬼某甲的罪业"为题,刊载、散布不实事实,侵害某甲名誉。第一审适用《日本刑法》第230条第1项规定,判处被告毁损名誉罪⑩,第二审法院援引最高裁判所的判例(昭和34年5月7日第一小法庭判决,《刑集》13卷5号641页),判示被告若是不能就所言之事实证明其为真实,即使具有误信其为真实的相当理由,亦不能阻却故意而免毁损名誉罪责。被告提起本件上诉。

日本最高裁判所明确表示应变更其判例,认为《日本刑法》第230条之2系谋求作为人格权之个人名誉的保护与基于《日本宪法》第21条之正当言论的保障间调和的规定,若是考量到此二者的调和与均衡,即使在无法证明《日本刑法》第230条之2第2项所指的事实为真实的情况下,行为人误信该事实为真实,而关于此一误信对照于确实的资料,根据是有相当理由时,应解释其不具有犯罪的故意,不成立毁损名誉之罪。此项判决意旨为日本通说所赞同,称为"真实性、相当性法理"。

《日本刑法》第230条相当于台湾地区"刑法"第310条。"司法院"释字第509号解释意旨基本上亦相当于日本最高裁判所判决,采"合理查证"或"真实性、相当性法理"作为名誉保护与言论自由的调和基准。其不同者有二:

1. 日本最高裁判所特别强调言论自由与人格权的调和,并肯认名誉

---

⑨ 参见日本最高裁判所昭和44年6月25日大法庭判决,日本国最高法院裁判选辑(一),"司法院"印行(2002),第340页(吴煜宗译);平川宗信:《名誉毁损罪上表现の自由》(有斐阁,1983),第31页以下。

⑩ 《日本刑法》第230条第1项相当于中国台湾地区"刑法"第310条第1项。

权系属人格权。

2. 在理论构造上,日本最高裁判所系认不具有犯罪的故意。在释字第509号解释,则系认不罚。

第三项 "侵权行为法"的"宪法"化

一、释字第509号解释于"侵权行为法"的适用

"司法院"释字第509号解释意旨认为"行为人虽不能证明其言论为真实,但依其所提证据资料,认为行为人有相当理由确信其为真实者,即不能以诽谤罪相绳。"有争论的是,此项可简称"合理查证、真实相当性"的判断基准,可否适用于民法侵权行为?

在释字第656号解释(关于侵害他人名誉,法院依"民法"第195条第1项后段规定命侵害人为道歉启事的合"宪"性),当事人曾就此问题申请"司法院"大法官作补充解释。"司法院"认为:"本院释字第509号解释系就'刑法'第310条所为之解释,有关侵权行为损害赔偿部分,不在该号范围,自不生就此申请补充解释之问题。"由此不受理的解释理由难以确知"司法院"大法官的见解。

本书认应肯定释字第509号解释得适用于侵权行为:

1. 法秩序统一性

法秩序应具无矛盾的统一性,即"宪法"(或法律)的个别条文不得单独孤立而为解释,应就整体相互关系而为解释。"刑法"(诽谤罪)与"民法"(侵权行为)所规范的均为人格权保护与言论自由,释字第509号就"刑法"诽谤罪所创设的合理查证基准(真实相当性),对"民法"侵权行为亦应同为适用,始能维护法秩序的无矛盾性。民刑构成要件的不同,过失判断标准有别,均不足作为就人格权与言论自由在"宪法"上的调和基准,因刑事责任与民事责任而作不同处理的理由。

2. 比较法

"司法院"释字第509号解释意旨相当于日本最高裁判所"夕刊和歌山时事"妨害名誉案的判决意旨。日本实务及学说一致认为该件判决所采的"真实相当性"法理,对民事侵权行为亦应适用[⑪]。德、英、南非等大

[⑪] 参见五十岚清:《人格权法概说》(有斐阁,2003),第45页;佃克彦:《名誉毁损的法律实务》(弘文堂,2005),第212页。

多数国家和地区,都以查证注意义务作为认定是否构成名誉侵害的基准[12],体现比较法的一般原则。

二、符合"宪法"(基本权利)的法律解释

侵权行为法对人格权的保护,系在限制言论自由对人格权的侵害,因此应对侵权行为法的成立要件("民法"第184条第1项前段、后段)及法律效果("民法"第195条第1项后段恢复名誉的适当处分),作符合"宪法"的解释,使此二种基本权利均能发挥最大效力,并能相互调整、实践合比例性的和谐。

人格权与言论自由的调和问题,最先发生于名誉保护,成为理论及实务上的重要课题。其关键的分水岭系2002年的吕秀莲控告新新闻周刊的不实报道毁损其名誉("最高法院"2004年台上字第851号判决,原告胜诉)。值得提出的有三点：

(1) 这是历史上第一个现任副"总统"控告新闻媒体的民事案件,具有重要意义。

(2) "最高法院"判决内容受到"司法院"释字第509号解释的影响。

(3) 本件判决引发释字第656号关于法院依"民法"第195条第1项后段规定命败诉的侵害人为恢复名誉的"道歉启事"是否违"宪"的争议。

在吕秀莲诉新新闻周刊案后,政治人物与媒体,政治人物间互控诉讼增多,"最高法院"作成一系列判决,法律观点不尽相同,后之判决的法官是否知悉前之相关判决,不得确知,但以今日法院信息便利,应可推定其应知悉,已有累积性的成果,逐渐阐明争点,形成若干可供个案衡量的基准,使法律发展具有稳定性及可预测性。

"民法"第184条第1项前段规定："因故意或过失,不法侵害他人权利者,负损害赔偿责任。"后段规定："故意以背于善良风俗之方法加损害于他人者亦同。"二者均与人格权及言论自由有关,实务上案例多集中于前者,以下以此作为论述重点。"民法"第184条第1项前段的主要<u>成立要件有三</u>：

(1) 须侵害他人权利(人格权、名誉)。

---

[12] Koziol/Warzilek (Hrsg.), Persönlichkeitsschutz gegenüber Massenmedien (2005); Milo(注⑤书), p. 185. 参见两个具指针性的案件：南非宪法法院的 Khumalo v. Holomisa [2002(5) SA 401, cc] 及英国贵族院的 Reynolds v. Times Newspapers Ltd. (2001, 2 AC 127, HL)。

(2) 须有违法(不法侵害他人名誉)。

(3) 须有故意或过失。此项规定系对言论自由的限制,与言论自由侵害人格权形成彼此限制的关系。

关于侵权行为成立要件上的解释适用,其要点有四:

(1) 侵害名誉的认定。

(2) 意见表达与事实陈述的区别。

(3) 事实"真实"或"不真实"的举证责任。

(4) 违法性与故意过失。

在论述"民法"第 184 条第 1 项规定解释适用之前,拟先在下文(第二款)说明"最高法院"如何引进美国诽谤侵权行为法上 actual malice 规则,此有助于了解名誉保护与言论自由调和的基本问题,因涉及继受外国(或地区)法律方法论的问题,有详为论述的必要。

第二款 "最高法院"与美国法上的真实恶意规则 (actual malice rule)

第一项 研究目的

一、两种利益衡量方法

人格权保护与言论自由的调和需要作利益衡量,<u>利益衡量在方法论</u>(methodology of balancing)有两种模式。⑬ 第一种模式是<u>个案衡量</u>(ad hoc balancing),即就个案事实运用比例性原则调和相冲突的权利,德国、日本、英国、欧洲人权法院等采之。⑭ 第二种模式是美国联邦最高法院在 New York Times v. Sullivan 案(1964)所采用的 definitional balancing approach(定义性衡量方式),用以界定(define)何种言论自由在何种情形受美国宪法第一修正案言论自由的保护,而在两个层次上从事衡量:

(1) 先认定原告的身份(the status of plaintiff)究为公共人物(public plaintiff)或私人(private plaintiff)。

(2) 再决定是否适用真实恶意规则(actual malice rule)或其他规则。

---

⑬ Milo (注⑤书), p.7; Emerson, Toward A General Theory of the First Amendment (1963) 72 Yale L. J. 877, 912.

⑭ Grimm, Die Meinungsfreiheit in der Rechtsprechung des Bundesverfassungsgerichts, NJW 1995, 1697.

二、中国台湾地区"最高法院"继受美国法上的 actual malice rule（真实恶意规则）

之所以特列本款先为讨论的主要原因，系"最高法院"2004 年台上字第 1979 号判决明确表示采用美国诽谤侵权行为法（law of defamation）上的 actual malice rule 的概念或规则。本件判决涉及立法委员张俊宏控告名作家李敖在电视节目为不实陈述毁其名誉，公开私人住址及电话而侵害其隐私，三审皆认定不成立侵害名誉，但肯定成立侵害隐私。"最高法院"在此具指针性的重要判决提出如下法律见解：

（1）"按言论自由为人民之基本权利，有个人实现自我、促进民主政治、实现多元意见等多重功能，维护言论自由即所以促进民主多元社会之正常发展，与个人名誉之可能损失，两相权衡，显然有较高之价值，国家应给予最大限度之保障。"

（2）"行为人以善意发表言论，对于可受公评之事而为适当之评论，或行为人虽不能证明言论内容为真实，但所言为真实之举证责任应有相当程度之减轻（证明强度不必至于客观之真实），且不得完全加诸于行为人。"

（3）"倘依行为人所提证据资料，可认有相当理由确信其为真实，或对行为人乃出于明知不实故意捏造或因重大过失、轻率、疏忽而不知其真伪等不利之情节未善尽举证责任者，均不得谓行为人为未尽注意义务而有过失。纵事后证明其言论内容与事实不符，亦不能令负侵权行为之损害赔偿责任，庶几与'真实恶意'（actual malice）原则所揭橥之旨趣无悖。"

（4）"上诉人李敖就上开与意见表达一并陈述之事实，已堪认为有相当理由确信其为真实，且依原审所确定之事实，张俊宏提出之证据方法，亦无从证明'该事实确属虚妄，李敖故意捏造'、'李敖出于明知其为不实或因重大过失、轻率、疏忽而不知其真伪'等有'真实恶意'之情节，自不影响其评论之阻却违法性。"

在比较法上少见有如"最高法院"如此明白"采用"美国法上的 actual malice rule 的概念，特别是在真实恶意之附加英文，并称为真实恶意"原则"。美国法上"真实恶意"是诽谤行为法宪法化的一个规则（constitutional rule），并不是一项原则。又关于 actual malice 有多种翻译，有译为真正恶意，有译为实质恶意，在日本译为现实恶意。本文采"最高法院"

所使用的真实恶意,以避免分歧。

三、学说继受与实务继受

在中国台湾地区法上应否、有无美国诽谤法上的 actual malice rule,是一个值得关切的重大问题,除此项规则本身的重要性外,更涉及"侵权行为法"的发展。中国台湾地区系属大陆法系,继受德国法而建构民法的理论体系。自60年代以来在立法上逐渐受到美国法的影响,包括"动产担保交易法"、"消费者保护法"上惩罚性赔偿(punitive damages)及产品责任等。真实恶意规则的继受乃实务继受,具有特殊的意义。

实务的继受通常系先由学说铺路,预为准备,提供理论基础(学说继受)。美国法上的真实恶意规则首先系由学者所倡导,强调言论自由对民主宪政发展的重要性,并致力于阐扬真实恶意规则所彰显的价值理念⑮,惟并未深入探讨现行"民法""侵权行为法"的体系结构、实务发展、解释适用的可能性及采纳真实恶意规则的必要性及其所产生规范体系变动等问题。此乃本款研究的重点。

四、美国法上 actual malice rule 的价值理念

美国法上真实恶意规则之所以值得重视,系其所体现的价值理念及思考方法,无论是否继受采取,均值研究,得与本地区法律加以对照,并作比较法的观察,更能了解人格权保护与言论自由所涉及的基本问题,探寻发现合理的解决方法。

第二项 美国诽谤法上 actual malice rule(真实恶意规则)的创设及解释适用

为分析检讨美国诽谤法上 actual malice rule 在中国台湾地区法上的继受问题,首先应较深刻的了解 actual malice rule 在美国诽谤侵权行为法上的发展及内容。中国台湾地区学说上虽早已倡导真实恶意规则,以强

---

⑮ 参见林子仪:《新闻自由与诽谤:一个严肃的宪法课题》,载《全国律师》1997年5月第1卷第5期,第35—46页;法治斌:《新闻报道与诽谤罪:一个宪法观点》,载《政大法学评论》1993年9月第48期,第183—194页;法治斌:《论美国妨害名誉法制之宪法意义》,载《政大法学评论》1986年6月第33期,第81—114页;段重民:《媒体之新闻报道与诽谤——报道与评论之界限?》,载《全国律师》1997年5月第1卷第5期,第47—54页。

化对言论自由的保护,但迄至最近始有较详细的论述。⑯ 为清楚认识此项美国侵权行为法上重要规则,须分二个层次加以说明⑰:

(1) 普通法上的诽谤(毁损名誉)侵权行为(defamation)。

(2) 诽谤法的宪法化,即从宪法保护言论自由的意旨决定毁损名誉的要件(宪法上特权 constitutional privilege)。美国侵权行为法的毁损名誉,系由各州的普通法加上美国联邦最高法院所创设的宪法规则所构成(state tort law ＋ constitutional rules)。

第一目　普通法上的诽谤侵权行为

一、英国普通法的继受⑱

Defamation(诽谤、毁损名誉)是英国普通法上一种重要的侵权行为(tort),渊源甚早,随着英国政治社会的发展,历经变迁,其主要的特色系区别 libel(书面诽谤)及 slander(口头诽谤),形成甚为复杂的规则。美国各州继受英国普通法的 defamation law,而成为美国各州普通法上的制度。⑲

二、诽谤成立要件及抗辩

(一) 三个要件

无论是在 libel 或 slander,诽谤侵权责任的成立须具备三个要件(要素,elements of liability),并须由原告负举证责任;即

(1) 陈述具诽谤性(The allegation must be defamatory)。

(2) 其诽谤须系指原告(The defamation must refer to the claimant,又称为 identification)。

(3) 须有传布(publication)。

---

⑯　参见吴永干:《美国诽谤法上所称"真正恶意"法则之研究》,载《中正法学集刊》2004 年 4 月第 15 期,第 1—85 页;林世宗:《言论新闻自由与诽谤隐私权》(2005),第 330—354 页。

⑰　Dobbs(注⑦书), pp. 1117-1196; Twerski/Henderson, Torts: Cases and Materials (2003), pp. 721-790.

⑱　关于英国诽谤法(defamation law)与美国诽谤法的比较研究,参见 Deakin/ Johnston/ Markesinis, Markesinis and Deakin's Tort Law (6th ed., 2008),尤其是 Henderson 所撰 An American Perspective on Negligence Law 部分(p. 283)。

⑲　Deakin/Johnston/Markesinis(注⑱书), p. 759.

(二) 原告不须证明的要件

普通法上的诽谤侵权行为有三个"要件",原告不必证明[20],即:

(1) 不必证明被告具有故意或过失(fault)。被告应负无过失的严格责任(strict liability)。

(2) 不必证明事实的"不实性"(falsity),其不实性系由法律推定,被告得证明其真实而免责。

(3) 不必证明实际损害(actual damages),即损害系由法律推定,其数额由陪审团决定,包括惩罚性赔偿(punitive damages)。

(三) 抗辩

对诽谤侵权行为,普通法设有多种抗辩事由(defenses),功能上相当于台湾法上的违法阻却,其主要者为真实抗辩(truth defense,又称为justification)及公正评论抗辩(fair comment)、绝对特权(absolute privilege,原告享有完全的保护,如在国会议事的发言)及相对特权(qualified privilege,如关于国会议事或司法程序的报道;原告证明被告的传布系出于malice(恶意)时,被告抗辩不成立)。

第二目 美国诽谤法的宪法化:actual malice 宪法规则的创设

一、New York Times v. Sullivan (1964)[21]

(一) 案例事实与诉讼过程

促成美国诽谤法革命性重大变化的是 1964 年的 New York Times v. Sullivan 案(376 U.S. 254, 1964)。本件事实本身及诉讼过程具有意义。1960 年 3 月 29 日纽约时报刊登一则由数十位民权人士署名付费广告,该广告标题为:"倾听他们呼呼的声音"(Heed their Rising Voices),主要内容在于敦促读者捐款援助著名民权领袖 Dr. Martin Luther King(金恩博士),及其他受迫害的南方黑人,广告中列举阿拉巴马州蒙哥马利市

---

[20] Dobbs 对此作有极简要说明(注⑦书),p. 1169:"Beginning in 1964, *the Supreme Court recognized that the First Amendment's free speech provisions imposed limits on* **common law strict liability** *for defamation.* **The common law rules did not require a defamation plaintiff to prove fault, falsity, or actual damages.** *Each of these elements, sometimes all of them, is now constitutionally required in some cases, depending largely upon the* **status of the plaintiff.**"

[21] 376 U.S. 254, 84 SCt 710 (1964). 关于本件判决的背景、诉讼过程、判决内容,详见 A. Lewis, Make No Law: The Sullivan Case and the First Amendment, 苏希亚译:《不得立法侵犯:苏利文案与言论自由》(1999)。

(Montgomery, Alabama)警察滥用公权力歧视黑人抗议学生及迫害金恩博士的恶行。其中有若干细节未尽符事实,例如学生所唱歌曲的名称、学生领袖被开除的原因、金恩博士被逮捕的次数等。广告仅泛指"南方暴力人士",并未指名道姓批评任何个人,事发当时主管警务的苏利文(Sullivan)主张该广告内容毁损其个人名誉,于要求纽约时报刊登撤回启事未果后,乃控告纽约时报及4名于广告署名的阿拉巴马州黑人牧师,请求50万元美金的损害赔偿。

本件诉讼在阿拉巴马州历经三审,纽约时报均告败诉,其主要理由有三:

(1)基于纽约时报曾在阿拉巴马州销售,该州法院有管辖权。

(2)适用该州普通法的诽谤要件,认该广告涉及并关系苏利文,应成立文书诽谤(libel per se)。

(3)法院认为联邦宪法第一修正案关于不得立法侵害言论自由的规定,与该州诽谤诉讼无关。纽约时报向联邦最高法院提起上诉,终获胜诉。

(二)美国联邦最高法院判决

1. 判决理由

美国联邦最高法院判决由布瑞南(Justice Brennan)大法官主笔,获全体大法官同意,其核心问题系联邦宪法第一修正案有关于言论及出版自由的保护及第十四修正案关于正当程序条款,在公务员(public official,公职人员)就其职务所为受到批评而请求诽谤损害的诉讼,得如何限制各州的权利。就本件诉讼言,其主要争点在于阿拉巴马州普通法诽谤的责任法则(rule of liability),即被告须负无过失责任,主张真实抗辩须全属真实(true in all their particulars),正当评论须基于事实的真实,一般损害(general damages)应受推定,虽未证明受有金钱损失亦得赔偿等,是否符合宪法所保障言论自由[22]。

本件判决回顾了相关案例,肯定有联邦宪法言论自由规定的适用,并从保护言论自由的重要性,认阿拉巴马州的诽谤法未尽符宪法意旨,而提出关于诽谤成立的宪法要求,创设了著名的真实恶意规则,即:

---

[22] 美国宪法第一修正案谓:"国会不得制定法律……剥夺言论或新闻自由。"
(Congress shall make no law... abridging the freedom of speech or of the press.)

"吾人认为宪法的保障要求有一个联邦规则,禁止公务员就有关公务行为而为的诽谤性不实陈述请求损害赔偿,除非证明该项陈述系以有真实恶意(actual malice)而为之,即明知其陈述为不实或轻率地不顾其是否真实。"㉓原告对于被告的真实恶意,并须"具说服力的明确性(convincing clarity)加以证明"。

为支持此项改变普通法诽谤要件而创设的宪法规则,最高法院提出若干支持前述真实恶意规则的理论依据,成为传诵不绝的经典话语,诸如强调于公共事务的辩论,应能以无限制、强烈、公开,且应能包括以激烈、尖酸刻薄、与某些时候得以不留余地的批判攻击于政府与公务员。㉔对于公务员职务上行为的批评,不得仅因其为有效批评且贬损其职务上名誉而丧失于宪法上新闻自由的保障。㉕错误陈述于自由辩论时诚难避免,表达自由须有赖以生存的呼吸空间,自应获得保障。㉖即使不实的陈述,亦可被认为对公共辩论具有价值性。㉗又美国联邦最高法院亦引述宪法第一修正案主要起草人 James Madison 的名言:某种程度的滥用与每一件事的适当使用,难以分离,此在新闻上尤属如此。㉘

2. 政治法律背景

普通法系的国家都有基本上相同的诽谤法(defamation law),除英国外,包括美国、加拿大、纽西兰、澳大利亚等。为何美国联邦最高法院突然在 1964 年 New York Times v. Sullivan 案创设 actual malice rule? 此项重大法律原则的创设有其一定的政治、法律背景:

普通法上的诽谤要件,尤其是加害人对"真实"的举证责任、严格责

㉓ "The constitutional guarantees require, we think, a federal rule that prohibits a public official from recovering damages for a defamatory falsehood relating to his official conduct unless he proves that the statement was made with 'actual malice'—that is, with knowledge that is was false or with reckless disregard of whether it was false or not."

㉔ "Debate on public issues should be uninhibited, robust, and wide-open, and that it may well include vehement, caustic, and sometimes unpleasantly sharp attacks on government and public officials."

㉕ "Criticism of their official conduct does not lose its constitutional protection merely because it is effective criticism and hence diminishes their official reputations."

㉖ "Erroneous statement is inevitable in free debate, and it that must be protected if the freedoms of expression are to have the 'breathing space' that they need to survive."

㉗ "Even a false statement may be deemed to make a valuable contribution to public debate."

㉘ "Some degree of abuse in inseparable from the proper use of everything; and in no instance is this more true than in that of the press."

任(无过失责任),不足保护言论自由。

美国宪法第一修正案明定言论自由应受保障,名誉则非属宪法保障的权利。

美国侵权行为法上的巨额损害赔偿(尤其是惩罚性赔偿),威胁媒体的生存。1964年纽约时报的50万美金的损害赔偿,在今日超过300万美金,高达1亿以上新台币,数额惊人。纽约时报因刊登一则与事实稍有不符的报道而应负担巨额赔偿,显非合理。

1960年代美国种族冲突严重,尤其是在阿拉巴马等州,北方诸州的媒体多支持金恩博士所领导的民权运动。在1959年,美国联邦最高法院作成关于黑白合校的划时代判决(Brown v. Board of Education, 1954)。[29] 在某种意义上,New York Times v. Sullivan是维护宪法关于平等及言论自由基本权利的继续发展。

二、actual malice 的意义

美国联邦最高法院所提出 actual malice 的概念,认为包括 with knowledge that it was false(明知其不实)及 with reckless disregard of whether it was false or not(轻率不顾其真实与否)。美国法上的 actual malice rule 一方面废除普通法上的严格责任(strict liability),他方面不采过失责任(negligence)。

美国学者有认为美国联邦最高法院使用"actual malice"并非妥适,甚至是个不幸(unfortunate)。按英美普通法上侵权行为的主要归责原则"fault",包括 malice、intention／reckless 及 negligence。Malice 指 ill-will(恶意),系针对动机而言,乃若干侵权行为(torts)的要件,如 malicious falsehood、malicious prosecution;在诽谤(defamation),malice 系合理评论(fair comment)的消极要件。Intention 或 reckless 为 assault、battery、false imprisonment 等侵权行为的要件。Intention 指预见及意欲某特别结果的心理状态(明知、故意),reckless 常与 intention 放在一起,指对某种未被视为难以避免结果的预见,但非其所意欲,相当于台湾法上的未必故意(或重大过失)。negligence(过失),则为过失侵权行为(Negligence)的要件。

---

[29] Brown v. Board of Education of Topeka: Brown I, 347 U.S. 483 (1954); Brown v. Board of Education of Topeka: Brown II, 349 U.S. 294 (1955); Stone/Seidman/ Sunstein/Tushnet/Karlan, Constitutional Law (5th ed. 2005), pp. 473, 480f.

在英美法上过失系以合理人的注意义务为判断基准,并无重大过失或轻过失的分类。㉚

据上所述,在 actual malice 规则,其所称 malice 的意义已有改变,非指传统上动机的"恶意"而言,此在美国实务难免发生误会㉛,在台湾地区实务上时有误解为系指不良的动机而言。㉜

三、真实恶意规则的适用范围

在 New York Times v. Sullivan 创设真实恶意规则(又称 Times-Sullivan 法则)之后,最主要的发展系扩大其适用范围:

(一) 由 public official 扩大适用于 public figures(公众人物)

New York Times v. Sullivan 判决系针对公务员(public officials,公职人员)。美国联邦最高法院其后将"真实恶意"规则适用于公众人物(public figures㉝)。其主要理由为公众人物犹如公务员,较容易经由大众传播媒体,发表意见,足以影响公共事务及政策,在社会规制上具有作用,人民对其行为有正当及重大的兴趣,亦犹如公务员应受新闻媒体的检验与批评。public officials 与 public figures 合称为 public plaintiff(公共原告)。

至于谁为公众人物,Gertz v. Robert Welch, Inc. 案㉞确立了两项基准:① 自愿主动接近媒体;② 自承风险(assumption of risk),即自愿使自己涉入一件公共争议,因而成为一定范围争议事物的公众人物,例如公职候选人、民意代表、运动明星及演艺人员等。公众人物具有地理性及相对性。例如某人虽不具全国知名度,但在某地区得为公众人物。又关于某种事物活动得为公众人物,但于其他领域不具公众性。

㉚ 参见 Deakin/Johnston/Markesinis (注⑱书), p. 30, 对 intention 及 reckless 作有如下说明:Intention signifies the state of mind of a person who foresees and desires a particular result (or is deemed to have foreseen and desired an inevitable result). It is often bracketed with recklessness where the actor foresees, but does not desire, a particular result that is not regarded as inevitable.

㉛ Twerski/Henderson (注⑰书), p. 763.

㉜ 实务上相关判决的分析检讨,吴永干(注⑯文),第 75 页以下。

㉝ Curtis Pub. Co. v. Butts, 388 U.S 130 (1967). 在本件原告 Butts 系著名的美式足球教练,案发当时担任乔治亚大学体室主任。同案被告 Curtis Publishing Co. 是周六晚报(The Saturday Evening Post)的发行人,该报根据某一因电话线路错乱而无意间获得的消息来源,刊登一则报道指摘 Butts 在乔治亚大学与阿拉巴马大学足球赛前泄露军情,与对手教练勾结作假。Butts 认此一报道严重毁损其名誉,诉请损害赔偿。

㉞ 418 U.S. 323 (1974). 此为仅次于 New York Times v. Sullivan 案的重要案件。

(二) 私人原告

有争议的是,原告(被害人)系私人时,有无真实恶意规则的适用。在著名 Gertz v. Robert Welch, Inc. 案,原告 Gertz 系知名的律师,在一个警察杀人事件,受被害人委任,代理提起侵权诉讼,向被控的警察请求损害赔偿。被告为一个出版杂志的公司,发行美国民意月刊(American Opinion),系一支持全国警政工作的出版社。美国民意月刊曾委请专人追踪前述谋杀案的刑事诉讼程序,事后刊载一篇指控 Gertz 氏参与诬陷该名芝加哥警察的专文,宣称 Gertz 氏曾加入亲共组织,有众多的犯罪记录,为列宁主义的信徒、共产党人,其所控诉系共产党对警察有计划的抹黑批评。Gertz 氏以该项报道内容严重不实向被告诉请损害赔偿,联邦地区法院适用真实恶意规则,驳回 Gertz 上诉。

美国联邦最高法院判决 Gertz 胜诉,其理由为:

(1) Gertz 虽系一知名律师,但非属"公共人物",而为所谓的私人原告(private plaintiff)。

(2) 原告为私人时,不适用"真实恶意"规则,以保护被害人名誉,亦不适用普通法上"严格责任"及"损害推定"原则,以顾及言论自由。

为期平衡,美国联邦最高法院创设一项重要原则,即原告为私人,涉及公共关切事项(public concern)时,适用所谓宪法过失原则(the constitutional fault standard),原告于证明被告新闻媒体有过失,并受有实际损害时,即得请求赔偿。

至于原告为私人,其事项未涉及公共关切事项时,原则上应适用普通法上诽谤的基本规则。

(三) 被告:应否区别媒体或非媒体?

关于被告,就真实恶意规则的适用,应否区别媒体或非媒体,在原告系公务员或公众人物时,真实恶意规则对媒体或非媒体的被告,均有适用。在原告为私人时,应否区别被告为媒体或非媒体,美国联邦最高法院未明确表示意见,学说上多强调为维护表现自由,应无区别的必要。

四、体系整理及实务运作

(一) 体系整理

综据前述,美国的诽谤侵权行为法系建立在各州的普通法(common law)及美国联邦最高法院所创设的宪法规则(constitutional rules)之上,以调和名誉保护及言论自由。为便于观察,将其基本架构图标如下:

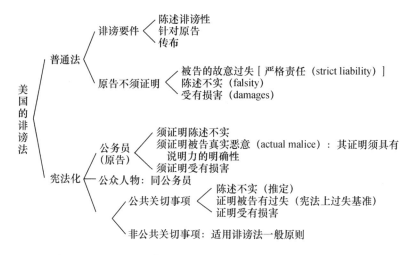

综据前述,可知美国联邦最高法院创设诽谤的宪法规则,旨在修正普通法诽谤的要件,以保障言论自由(尤其是新闻自由),将原告分为公共人物(公务员、公众人物)及私人;在私人更视其是否涉及公共关切事项,而设差别性的要件,建构了一个以身份(status)为基础偏重于保护言论自由的复杂规范体系。Twerski 及 Henderson 两位教授在所著的侵权行为(Torts: Cases and Materials)㉟一书于论及诽谤法时,特别指出美国诽谤法及现代宪法的理论㊱,犹如老兵不死,古董的理论仍拒绝退场,美国法院则介入其间,接受了古老的规则,新旧并用,使诽谤法成为一个混乱的状态(the defamation law is a mess)。

(二) 实务运作㊲

在1964 年美国联邦最高法院创设 actual malice 规则之后,关于对诽谤法的演变,尤其诉讼实务,有若干实证研究。由于法院对此宪法上规则于适用公务员及公众人物时所作的宽广的解释,原告少有胜诉的机会。据一项统计资料,在适用纽约时报规则的媒体诽谤诉讼,90% 的案件,原

㉟ Twerski/Henderson(注⑰书),p. 721。
㊱ 如何区别"公众人物"与"私人",系实务上的争议,有认为其区别的困难,"犹如试图将水母钉在墙壁之上"。(trying to distinguish between public figures and private individuals is "much like trying to nail a jellyfish to the wall".) Rosanova v. Playboy Enterprises, Inc., 411 F. Supp. 440, 443 (S. D. Ga. 1976)。
㊲ Deakin/Johnston/Markesinis (注⑱书),p. 880。

告败诉。

Actual malice 宪法规则的复杂性,使在美国诽谤诉讼上双方当事人攻防激烈,造成迟延及庞大的费用支出,常在百万美元以上。在 William Westmoreland 将军控告 Columbia Broadcasting System 及 CBG 诽谤案件,原告需支出 300 万元美金,因耗费甚巨而放弃诉讼。但被告亦支出 1000 万美金,负担沉重。又在诉讼过程中,原告得利用审判前的证据开示程序检视被告媒体的相关文件资料,询问媒体受雇人新闻报道程序及编辑,甚至要求公开秘密信息来源。在理论上,actual malice 规则有利于媒体被告,实际上新闻媒体仍遭受诽谤诉讼的威胁。

值得提出的是,美国马里兰州的法院拒绝执行英国法院关于诽谤的判决,其理由系英国诽谤法不采美国联邦最高法院为保护言论自由对诽谤要件所设限制,有违该州的公共政策(public policy)。㊳ 此项判决受到批评,盖美国法对诽谤被告的保护虽有较多的保护,但难谓英国法关于言论与名誉利益的调和方法,系属错误,难以忍受。㊴

第三项 比较法与美国法上的 actual malice 规则

美国联邦最高法院创设诽谤法上的 actual malice 规则,以扩大对言论自由的保护,在比较法上受到广泛的重视及讨论,但迄至目前,据吾人所能掌握的资料,发现绝少国家采此规则。台湾地区"最高法院"系继受 actual malice 规则,可谓是比较法的"特例"或"异数"。

美国联邦最高法院于 New York Times v. Sullivan(1964 年)创设真实恶意规则后,在比较法广受重视,以下拟简要说明各国法院学说如何对待此项宪法化的规则,如何处理人格权保护与言论自由的问题。

一、英美法(普通法系)

普通法系(common law)包括英国、美国、新西兰、澳大利亚及加拿大,均采基本上相同的诽谤法。在 1964 年美国创设 actual malice 规则后,在其他普通法国家实务上亦发生被告(行为人)主张应采用美国法上 actual

---

㊳ Telnikoff v. Matusevitch, 347 Md. 561, 702 A. 2d 230 (1997).
㊴ Deakin/Johnston/Markesinis (注⑱书), p. 882.

malice 规则的问题。[40] 英国、新西兰、澳大利亚的最高法院均明确表示拒绝采此规则,其论点未尽一致,在此不拟个别论述,综合两点加以说明:

1. 各国均肯定个人名誉与言论自由系应受同等保护的权利或利益

易言之,即不认言论自由具有所谓"显然高于个人名誉的价值"。加拿大最高法院在 Hill vs. Church of Scientology 案判决理由谓:"个人享受其名誉不受不当侵害及不法伤害,乃在体现每一个人的基本尊严及价值的观念,此一观念根植于任何有秩序规范自由的合理体系。在一个民主社会,名誉确值保护,并与应同样受保护的言论自由加以调和。"[41]澳大利亚最高法院在 Theophanous v. Herald and Weekly Times Ltd. 案,判决理由亦强调:纵使依 Sullivan 案判决,将 actual malice 标准适用限于公务员,对名誉的保护仍未充分。为保护传播自由,无须如此降低个人名誉的保护,犹如其在美国所发生的一样。[42]

2. 普通法上的诽谤法为保护名誉,并顾及言论自由的保护,设有真实抗辩及公正评论抗辩

为强化言论自由的保护,得依宪法明示或默示(尤其是在加拿大及澳洲)保障言论自由的意旨来扩张解释适用相对免责权(相对特权,

---

[40] 较详细的讨论,请参见吴永干(注⑯文),第 51 页以下。又以下参考文献 Fischer, Rethinking Sullivan: New Approaches in Australia, New Zealand and England, 34 Geo. Wash. Int'l L. Rev. 101, 164 (2002); Weaver/Bennett, **Is the New York Times "Actual malice" Standard Really Necessary**? A Comparative Perspective, 53 La. L. Rev. 1153 (1993),加拿大最高法院判决 Hill v. Church of Scientology (1995), 126 D. L. R (4th) 129。法国及韩国最高法院均不采美国法上的真实恶意规则,吴永干(注⑯文),第 65、70 页。

[41] "The right of a man to the protection of his own reputation from unjustified invasion and wrongful hurt reflects no more than our basic concept of the essential dignity and worth of every human being—a concept at the root of any decent system of ordered liberty.... The protection of a person's reputation is indeed worthy of protection in our democratic society and must be balanced against the equally important right of freedom of expression."

[42] Theophanous v. Herald and Weekly Times Ltd. (1994), 124 A. L. R 1 (H. C.), p. 22: "Even assuming that, in conformity with Sullivan, the test is confined to plaintiff who are public officials, in our view it gives inadequate protection to reputation... the protection of free communication does not necessitate such a subordination of the protection of individual reputation as appears to have occurred in the United States."

qualified privilege)。㊸ 澳大利亚最高法院(High Court)更创设了新类型的相对免责权,以具有合理性为其适用的前提要件,即被告不必就不知陈述虚伪和非不在乎真实与否等消极事实为举证,只须证明自己有合理基础相信陈述内容真实或不相信其不实,已尽一切可能查证真实性,并于可行范围内附具原告方面的说词时,即可免责。㊹

二、大陆法系:德国及日本

关于大陆法系国家对美国法上 actual malice 的态度,限于资料,仅就德国及日本加以说明:

(一)德国法㊺

《德国基本法》第5条第1项规定,任何人有权以语言、文字及图画自由地发表与传播自己之意见,以及从大众可及的来源,不受限制获取信息。新闻报业出版自由与电影广播方式所为报道自由同受保障,事实审查不许进行。又同条第2项亦明定:此等权利应受一般法律规定,保护青少年法律规定及个人名誉权的限制。值得提出的是,德国民法对一般人格权及名誉权,未设明文,"二战"后,德国联邦法院(Bundesgerichtshof)及德国联邦宪法法院(Bundesverfassungsgericht)先后肯定一般人格权为《德国民法》第823条第1项所称的"其他权利",并为宪法上的基本权利,包括个人名誉在内。

在德国此种法律规范体系下关于言论自由与名誉的保护的调和,《德国刑法》第186条及第187条设有不能证明为真实及明知不实的诽谤罪,及第193条规定的免责事由。㊻ 在民法方面,被害人得以他人因故意或过

㊸ 此亦为英国贵族院(House of Lords)在 Reynolds v. Times Newspapers Ltd., 3 W. L. R. 1010 (H. L. 1999) 所提出的法律见解。所谓相对特权(qualified privilege),指基于社会或道德义务,或维护合法权益所为善意言论的免责事由,相对免责特权具有要件,即表意人私接受者之间,对于言论的信仰具有相对广的利益或义务。参见 Deakin/Johnston/Markesinis(注⑱书),p. 678。

㊹ Lange v. Australian Broadcasting Corporation (1997), 189 C. L. R. 520, 563。参阅 Pittrof, Grundrechtsschutz durch Verfassungswandel: Die Kommunikationsfreiheit in Australien (2001), S. 74, 120, 221f.

㊺ Mackeprang, Ehrenschutz im Verfassungsstaat (1990); Hager, Der Schutz der Ehre im Zivilrecht, AcP 196 (1996), 168; Beater (注⑧书),此为英、德、美三国法律比较研究的著作;Grimm (注⑭文)。

㊻ 《德国刑法》第193条所列免责事由有:(1) 有关学术、艺术或职业上责难性的批评;(2) 为权利之实行、防卫或正当利益之保护所发表之言论;(3) 对于部属为之训诫或谴责;(4) 官吏职务上的告发或判断等类似情形。

失不法侵害其一般人格权(包括名誉权,《德国民法》第823条第1项),或依《德国民法》第823条第2项主张刑法诽谤罪系属保护他人的法律,就其名誉所受侵害请求损害赔偿。

德国判例及学说均肯定新闻传播自由及人格权在抽象规范上系同位阶的权利。宪法法院判决采"相互影响说"[47]及推定公式,认涉及公众事务问题时,应作有利于言论自由的推定。学说上批评此种衡量标准牺牲人格权(名誉权)的保护,强调应本诸基本权利同位阶的前提,就个案在违法性上作合比例性的利益衡量,以决定何者应受保护。应特别指出的是,德国民事实务根本未曾讨论美国法上真实恶意规则,学说上亦未见有人主张应采此项规则。

(二) 日本法[48]

《日本宪法》第21条明定:"有关集会、结社及言论或其他一切的表现自由,应予保障。"日本媒体发行量庞大,高度重视表现自由,但法律对名誉的保护亦设有规定。《日本刑法》第230条第1项规定,公然指摘事实毁损他人名誉者,不论其事实的有无,处1年以下拘役或禁锢或500元以下罚金,对于死者名誉之毁损非出于虚构者不罚。《日本民法》第709条规定,一般侵权行为的一般原则,第701条明定对名誉权的保护。关于如何调和表现自由与名誉保护,《日本刑法》第230条之2第1项规定:"前条第一项的行为与公共利害有关且可认系专为公益目的时,判断该事实的真伪,能证明其为真实者不罚"。关于日本刑法名誉毁损罪合宪性争议,日本实务界认为:"日本宪法第21条并非是无限制地保障言论自由。毁损他人名誉的行为及言论自由的滥用,不在宪法所保障言论自由范围之内。"[49]为顾及言论自由,乃对《日本刑法》第230条之2作符合宪法保障表现自由的解释,在著名的"夕刊和歌山时事"妨碍名誉案,日本最高

---

[47] 所谓交互影响说(Wechselwirkungstheorie)认为基本权利与一般法之间的相互关系,并非仅指基本权利的单方面受到一般法律的限制;交互影响的意义,应更在于一般法律基于该基本权利在自由民主国家的价值意义而作适当的解释,并且其限制基本权利的效力部分,本身须再作限制解释(BverGE 7, 198 208)。相关问题参见翁晓玲:《新闻报道自由与人格权保护——从德国与"我国"释"宪"机关对新闻报道自由解释之立场谈起》,载《当代公法新论(上):翁岳生教授七秩诞辰祝寿论文集》(2007/7),第86页以下。

[48] 参见五十岚清(注⑪书),第22页。

[49] 日本最高裁,昭和33年4月10日第一小法庭判决,《刑集》第12卷5号,第820页。并参见东京高裁,昭和54年12月12日判决,《判例时报》第978号,第130页。

裁判所更再创设事实相当性理论,认为:"刑法第 230 条之 2 第 1 项所规定的事实即使不能证明为真实,行为人误信其为真实,而其误信若是基于确实的资料与根据,而有相当理由时,行为人因不具有犯罪的故意,而不成立名誉毁损罪。"

在民事方面,日本最高裁判所于昭和 41 年 6 月 23 日在"候选人学、经历造假"名誉信用毁损案,将前开刑法毁损名誉罪阻却违法事由适用于侵权行为,认为关于毁损名誉的民事不法行为,若其行为与公共利害事实有关,且为公益目的时,若能证明其所指摘事实为真实时,其行为不具违法性。若不能证明其事实为真实,但行为者有相当理由相信其事实为真实时,其行为不具故意或过失。就结果言,亦得认为不成立不法行为。

日本实务上明确拒绝采取真实恶意规则(在日本称现实恶意法理)[50]。有人认为,依现行《日本民法》第 709 条规定,不法行为的成立,以过失为已足,不能采用"现实恶意"作为免责事由[51]。有人认为,以真实相当性作为毁损名誉不法行为的免责事由,系日本不动的判例理论,无采用现实恶意的必要[52]。更有认为现实恶意的法理提高新闻自由,对名誉毁损受害者的救济,是否符合公平、公正原则,系属重要问题。考虑到日本新闻集中、独占化的状态,现实恶意法理的无批评的导入,将造成新闻的专制而压杀言论自由,对名誉毁损,殆无容许主张救济的权利,而此本身实乃言论自由的全盘否认。[53]

三、比较法的共同趋势

综据上述,比较法法系具代表性国家,例如英国、加拿大、澳洲、南非(普通法系)、德国、日本(大陆法系)皆曾检讨美国诽谤法上的真实恶意规则,但均不采之,更有法院在判决时明确表示,应拒绝采此原则,其主要理由为[54]:

(1) 以原告身份(公众人物、私人)界定讨论自由的范围,对个人名誉不能作合比例性的保护(proportional response to the conflict between reputation and freedom of expression)。

---

[50] 佃克彦(注⑪书),第 262 页以下。
[51] 东京地裁,昭和 62 年 11 月 20 日判决,《判例时报》第 1258 号,第 22 页(36)。
[52] 日本最高裁,昭和 62 年 4 月 24 日第二小法庭判决,《判例事务》第 126 号,第 74 页。
[53] 东京地裁,昭和 52 年 7 月 13 日判决,《判例时报》第 857 号,第 30 页。
[54] Milo(注⑤书), p. 220.

（2）真实恶意规则系美国社会文化的产物，尤其是在20世纪60年代以言论自由促进人权平等的重要功能，阿拉巴马州法院50万美金的赔偿额对纽约时报（New York Times）的财政压力。

（3）真实恶意规则偏惠新闻媒体，减少其善为调查的动机，影响信息观点，不利于言论自由。(55)

（4）侵权行为法的过失原则（或违法性判断）较能合比例性的调和名誉保护与言论自由。

Milo在其Defamation and Freedom of Speech一书总结比较法的判例学说研究，认为："The actual malice rule goes too far, purportedly in favour of freedom of speech, and should be rejected.（真实恶意规则过度意图偏惠言论自由，应予拒绝。）"(56)

第四项 "最高法院"所谓"真实恶意原则"应受严格检验

一、论证构造

真实恶意规则系美国诽谤法上的规则，台湾地区"最高法院"2004年台上字第1979号等判决(57)将之作为中国台湾地区"侵权行为法"的一项原则。比较法（外国的立法、判例、学说）得作为本地区法解释、补充漏洞或创设法律原则的一种方法，早为实务上所肯定。(58) 中国台湾地区"最高法院"采美国法上"真实恶意"规则，非属法律解释问题，亦非属法律漏洞的补充，乃在意图调整或变更现行侵权行为过失责任等基本原则，攸关"侵权行为法"发展及法学方法，其理由构成及论证结构（请再参阅前揭"最高法院"2004年台上字第1979号判决要旨），应受严格的检验，特提

---

(55) 美国著名的侵权行为法学者R. A. Epstein主张关于诽谤侵权行为应采无过失责任：Was New York Times v. Sullivan Wrong?, 53 U. Chicago L. Rev. 782 (1986)，认为真实恶意较严格责任更不利于媒体被告，强调：A world without any protection against defamation is a world with too much defamation, too much misinformation—in a word, too much public fraud.（一个对诽谤不为保护的世界，将是一个过多诽谤的世界，过多的不正确信息——易言之，更多的公共欺骗。）

(56) Milo（注⑤书），p. 220.

(57) "最高法院"采用"真实恶意"作为判决理由尚属不少，例如2004年台上字第6067号、2006年台上字第2365号判决等，多未详为说理论证。

(58) "最高法院"1970年台上字第1005号判决。拙著：《比较法与法律之解释适用》，载《民法学说与判例研究》（第2册），北京大学出版社2009年版，第2页。

出以下结构分析：

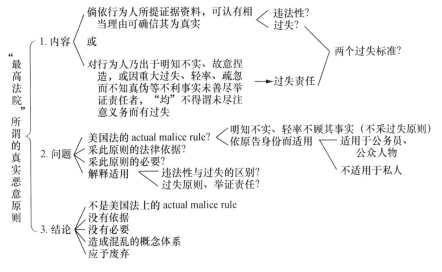

二、理论基础：名誉与言论自由系同受"宪法"保障的基本权利

"最高法院"为何要在台湾法创设或采用所谓"真实恶意原则"，其理由或依据何在？是否因为要体现"言论自由与个人名誉损失，两相权衡，显然有较高价值"的见解？

言论自由应受保障，"宪法"第 11 条设有明文。"司法院"大法官解释再三肯定言论自由的价值，释字第 509 号解释更强调国家对言论自由应给予最大限度之维护，俾其实现自由、沟通意见、追求真理及监督各种政治或社会活动之功能得以发挥。然须指出的是，该号解释的解释文及解释理由均未认为言论自由具有显然高于名誉权（人格权）价值。所谓对言论自由应给予最大限度之维护，非谓言论自由显然高于其他受"宪法"保障基本权利的价值。

"宪法"对于人格权虽未设明文，但"司法院"大法官解释再三肯定人格权系受"宪法"第 22 条保障的自由权利，即人格权系属于一种基本权利。释字第 603 号解释特别强调："维护人性尊严与尊重人格自由发展，乃自由民主宪政秩序之核心价值。隐私权虽非'宪法'明文列举之权利，惟基于人性尊严与个人主体性之维护及人格发展之完整，并为保障个人生活私密领域免于他人侵扰及个人资料之自主控制，隐私权乃为不可或缺之基本权利，而受'宪法'第二十二条所保障。"此项关于隐私权的"宪法"意旨,亦当然适用于名誉权,即名誉权虽非"宪法"所明文列举之权利,但基于人性尊严与个人主体性,及维护人格之完整,名誉权亦乃为不可或缺的基本权利。

言论自由与人格权(名誉权、隐私权)同为"宪法"所保障的基本权利,其位阶次序不应因其为明文保障或未被列举而有不同。各基本权利居于同等阶层,不能认某种基本权利当然具有优于其他基本权利的价值。基本权利发生冲突时应如何加以调和,乃释"宪"的任务,并没有特定权利必然优先于另外一种权利的抽象位阶关系存在,基本权利发生冲突时,应就个案情形作符合比例原则的价值衡量。"最高法院"认言论自由"显然"具有高于名誉权(人格权)的价值,"显然"欠缺"宪法"上的基础。纵作如此认定,在法律逻辑、法律政策及现行法解释上,实无从导出应采美国法上的真实恶意规则的推论。

三、"最高法院"所谓"真实恶意原则"与释字第 509 号解释意旨

"司法院"释字第 509 号关于刑法诽谤罪违"宪"的解释,旨在调和言论自由与名誉保护,其所采方法系就"刑法"第 310 条第 3 项"能证明真实者不罚"的规定,作合"宪"性的解释,即:"惟行为人虽不能证明言论内容为真实,但依其所提证据资料,认为行为人有相当理由确信其为真实者,即不能以诽谤罪之刑责相绳,亦不得以此项规定而免除检察官或自诉人于诉讼程序中,依法应负行为人故意毁损他人名誉之举证责任,或法院发现其为真实之义务。"此项合理查证的解释意旨于民法侵权行为亦应适用,作为违法性判断基准,释字第 509 号的"合理查证"不是美国法上的真实恶意规则。释字第 509 号并未采真实恶意规则,不能以释字第 509 号解释作为采用美国法上真实恶意规则的依据。易言之,"最高法院"所谓的"真实恶意原则"在中国台湾地区现行法并无依据。

四、"最高法院"所谓"真实恶意原则"的"真实内容"

"最高法院"谓:"……倘依行为人所提证据资料,可认有相当理由确信其为真实,或对行为人乃出于明知不实故意捏造或因重大过失、轻率、疏忽而不知其真伪等不利之情节未善尽举证责任者,均不得谓行为人为未尽注意义务而有过失。纵事后证明其言论内容与事实不符,亦不能令负侵权行为之损害赔偿责任,庶几与'真实恶意'(actual malice)原则所揭橥之旨趣无悖。"对此应先究明的是,"最高法院"所谓"真实恶意原则"的内容究系包括"行为人所提证据资料,可任有相当理由确信其为真实"或

"对行为人乃出于明知不实故意捏造或因重大过失、轻率、疏忽而不知其真伪等不利之情节"两种情形,抑或仅指后者。就判决使用"或"、"均",似认为兼括二者。"最高法院"此项"真实恶意"的内容显然有悖于美国法上 actual malice 规则的旨趣。或有认为"最高法院所谓真实恶意原则"仅指后者,然其内容系采过失责任,亦显然有悖于美国法上 actual malice 规则排除过失的旨趣。

五、"最高法院"所谓"真实恶意原则"与侵权行为的结构原则:违法性与有责性的区别

"民法"第 184 条第 1 项前段规定:"因故意或过失不法侵害他人权利者,负损害赔偿责任。"可知侵权行为系建立在违法性及有责性(故意过失)二个结构原则之上。前开"'最高法院'所谓真实恶意原则"的适用,一方面认为"均不得谓行为人未尽注意义务而有过失"(第三段判决理由),一方面又认为"自不影响其违法性阻却"(第四段判决理由),显然未能明辨"违法性"与"有责性"这二个"侵权行为法"的基本概念。

六、"最高法院"所谓"真实恶意原则"与过失责任

(一) 混淆的概念

"最高法院"谓:"对行为人乃出于明知不实、故意捏造或因重大过失、轻率、疏忽而自不知其真伪等情节,未善尽举证责任,均不得谓行为人为未尽注意而有过失。"此段判决理由涉及"最高法院"所谓"真实恶意原则"的核心概念,殊不明确,疑义不少。

所谓"明知不实、故意捏造",乃指故意而言。重大过失,指显然未尽善良管理人的注意义务。债务不履行的归责原则上的过失,得为重大过失及轻过失(参阅"民法"第 224 条、第 410 条、第 513 条等)。在"侵权行为法"上的过失,基本上则无此分类。又所谓"轻率",应系指美国法上的 reckless。所谓疏忽,意义不明,是否指轻过失(或过失),亦不得确知。又轻率和疏忽应如何区别?

(二) 过失责任

美国法创设 actual malice 的宪法规则,一方面修正普通法上的严格责任(strict liability),他方面亦不采过失责任,前已说明。"最高法院"所谓的"真实恶意原则"仍采过失责任(参阅判决理由),显然背离美国法创设 actual malice rule 的旨趣。又在中国台湾地区现行法上行为人(加害人)的过失,原则上应由被害人负举证责任,必要时可减轻举证责任,或转换举证责任,但此与应否采所谓真实恶意原则无关。

七、适用范围:以原告身份定其适用对象

美国诽谤法上的 actual malice 规则最大的特色及争议,系区别原告的身份而异其适用,即对公务员及公众人物(所谓公共人物,public people)适用 actual malice。对私人的公共关系事项,创设所谓宪法上的过失。对私人私事则有普通法上原则的适用。"最高法院"在其判决未论及此项关键问题,而认定真实恶意之"人的适用范围"。在美国法,真实恶意规则对于原告(被害人)为私人时,根本无适用余地。"最高法院"是否采此见解未可确知("最高法院"2004 年台上字第 706 号裁判将所谓真实恶意原则适用于私人)。若采所谓 definitional balancing approach(定义性或固定性衡量方式),则有两个问题必须解决:

(1) 如何区别"公共人物"与"私人"? 美国实务上数十年争论不休,其困难犹如将水母钉在墙壁上,前已论及。

(2) 关于"私人"究应如何适用何种法律,应否不适用真实恶意规则? 应有说明必要。"最高法院"若不采此衡量方法,亦有悖于美国法上真实恶意规则的核心趣旨。

八、综合结论

据前所述,世界上主要国家各有其调和名誉保护与言论自由的方法,但绝大多数的判例学说拒采美国法上的真实恶意规则或使用此项概念。"最高法院"明确使用所谓"真实恶意原则",特别附上 actual malice 的用语原则,堪称为比较法上的孤例,综据上述,归纳四点结论:

(1) "司法院"释字第 509 号解释或受美国法重视言论自由的启发,但并未采美国法上的 actual malice rule(真实恶意规则),解释意旨所称合理查证的功能及内容(违法性认定基准),不同于美国法上的真实恶意规则。日本最高裁判所亦采"真实相当性法理",前已说明,无人认此系属美国法上真实恶意规则或受其影响而有其趣旨。"最高法院"所谓的"真实恶意原则"非属台湾法("宪法"或"民法")上的法律原则,"最高法院"所谓"庶几无悖于真实恶意(actual malice)原则",系径将美国法的真实恶意规则(actual malice rule)作为台湾地区法上所应遵循的法律原则。"最高法院"认定"真实恶意"是台湾法上的法律原则,攸关法律概念形成及体系发展,不应轻易论断,负有证立义务。所谓证立,简单言之,就是要说清楚,讲明白。

2. "最高法院"所创设的"真实恶意原则"有悖于美国联邦最高法院所创立的真实恶意规则,其内容旨趣均不符美国法上真实恶意规则。

3. "最高法院"为说明其"所谓的真实恶意原则",使用了诸多不精确的法律用语,混淆"侵权行为法"上的"违法性"及"有责性"两个基本概念。

4. 引进或继受外国法律规则,须先究明一个基本问题:其目的何在,即现行法有何解释适用所不能合理解决的难题,有何要填补的漏洞,有何必须变更的法律规则?"最高法院"对此问题未曾阐释,仅抽象笼统地提出"真实恶意(actual malice)原则",并未就个案作精确的论证,阐述采此原则的必要性及合理性。"最高法院"2004年台上字第1979号判决所涉名誉隐私权保护与言论自由的问题,只要适用"司法院"释字第509号"合理查证"的解释意旨(违法性)及过失责任原则(可就个案作弹性解释)即可合理解决,实无继受美国法上 actual malice rule 或使用此项概念的必要。

第五项　结　论

一、美国法上真实恶意规则的理念价值

近年来中国台湾地区逐渐受到美国法的影响,美国法上真实恶意规则旨在促进保障言论自由,对民主宪政的发展深具意义。台湾地区言论自由长期受到压抑,确有特予强化维护的必要。惟美国联邦最高法院所以在1964年创设此项规则,有其法制及时代背景,例如普通法上的诽谤采无过失严格责任、巨额的惩罚性赔偿金、种族冲突严重,有赖言论市场发挥其追求真理的作用。真实恶意规则彰显维护言论自由的理念,诚值赞同,但绝非智能的结晶[59],放诸四海皆准的真理。"最高法院"径采纳作为台湾地区"侵权行为法"的原则加以适用,改变现行法的结构,则值商榷,"最高法院"所谓的"真实恶意原则",无论就现行法的解释、法之续造或法律原则的创设而言,均无必要。

---

[59] Weaver and Partlett, Defamation, Free Speech, and Democratic Governance (2005), 50 N. Y. L. Sch. L. Rev. 57, 60; 'We should be slow to celebrate Sullivan as a distillation of wisdom'. Anderson, First Amendment Limitations on Tort Law (2004), 69 Brooklyn L. Rev. 755, 824. 认为Sullivan案及其所产生的案例的真实恶意宪法规定将诽谤法困在一个紧身衣(immobilized defamation law in a straitjacket for constitutional rules.)。

二、不要将自己困在以身份为法律适用的紧身衣里

名誉保护与言论自由的调和,系人格权法的重要问题。"最高法院"采用其所谓"真实恶意原则",因未能深究此项法则的社会背景、构成要件、适用范围,致在解释上产生甚多争议。在比较法上绝大多数国家或地区均拒采此项规则,单就此种现象而言,即可推知其必发生移植上水土不服、体系不合的困难。美国法上的真实恶意规则彰显了言论自由的价值,应予高度肯定,但不能率予接受,而未顾及本国或地区法律自有体系。其应致力的,在使个人名誉及言论自由均能获得最大限度的保护,即一方面维护名誉所体现之人的尊严及人格发展价值,他方面亦保障一个活泼自由的言论市场,确保新闻自由呼吸(喘息)的空间,不致产生寒蝉效应[60],造成媒体自我检查(self-censorship)、自我限制,难以充分自由表达。德国、日本、英国、加拿大、澳大利亚均未采真实恶意规则,并无碍于新闻媒体得自由、强烈、公开地报道新闻,尤其是进行公共事务的辩论。在中国台湾地区法应本诸人格权与言论自由系同受"宪法"保障的基本权利,探究调和二者的"宪法"基准,而就侵权行为法作符合"宪法"基本权利的解释,不必采美国法上就原告身份及真实恶意规则所采的"definitional balancing approach",将自己困在一个紧身衣里,应采取大多数国家或地区所采的"ad hoc balancing"(个案衡量),善为解释适用,期能因应社会变迁、促进法律的发展,以建立一个兼顾保障人格权与言论自由的规范机制。

三、再见吧!"真实恶意原则"

真实恶意规则有助于强化了解人格权保护与言论自由的基本问题,可作为启迪法律发展的价值理念,但不应以此规则作为中国台湾地区现行法的法律概念或法律原则。就法政策言,不应采此原则,就现行法言,亦无采此原则的必要。就内容言,"最高法院"所谓的"真实恶意原则"不合美国法上的 actual malice rule,难谓庶几无悖于其趣旨。将"不合"或"不是"美国法上的 actual malice rule,称为"庶几无悖",有失精确,使人误会台湾地区系采美国法上的 actual malice rule。再见吧!"最高法院"所谓"真实恶意原则"。让我们回到"民法"侵权行为法的解释适用,探求如何调和名誉权保护与言论自由。

---

[60] Barendt/Lustqarten/Norrie/Stephenson, Libel and the Media: the Chilling Effect (1997).

第三款 "民法"第184条第1项前段的解释适用

"民法"第184条第1项前段规定因故意过失不法侵害他人权利者,负损害赔偿责任。其所称"权利"包括人格权(名誉、隐私、肖像等)。本项规定系对言论自由的限制,应与人格权保护加以调和而为解释适用,前已说明,兹就其基本问题,分项说明如下:

第一项 侵害名誉:有多重解释可能性时,应作兼顾维持言论自由的解释

言词表达是否侵害名誉,应予解读,除不得任意匿饰增删外,应综观言词全文,以免失真。[61] 在解释时,应注意该被限制基本权利(言论自由)的价值,使其在法律适用上亦得获维持,因此须在系争规定构成要件(如侵害名誉),就名誉保护与言论自由加以衡量,不能作过度广义解释,超越保护名誉的必要性。应使言论自由有喘息的空间。[62]

解释一项表述的目的在于查明其客观意义。作为解释标准的,既不是表述者的主观意图,亦不是受表述影响者的主观理解,而是依无成见且明理的大众所理解的意义。解释时应以表述的字句出发。但表述的意义并不专由字句加以确定,应就有争议的表述在语言上之上下文以及表述伴随情况加以认定。因而将一项表述的部分单独分离,通常是不符合查明意义的要求。明显看得出有争议表述的意义而作成的判断,且以此作为其法律评价依据时,即未顾及言论自由基本权利。

---

[61] 举两个实例加以说明:(1)"仙人跳":"仙人跳"一词,依社会一般通念,乃泛指以桃色手段以达不法取得他人财物之目的之犯罪行为,而系争刑事案件,既涉及上诉人是否触犯"刑法"第239条后段之相奸罪嫌,自与一般通念之桃色纠纷相当。又上诉人否认与柯女相奸,并以柯女伙同他人对伊恐吓取财提出告诉,业经检察官起诉在案。则上诉人所涉及之上开桃色纠纷,与其所控告之上开恐吓取财一事互有牵连,而符合"仙人跳"概念,是系争报道援引"仙人跳"一词,以赅简上诉人在上开二事件所涉及之错综复杂关系,要属简化事实经过之报道方式,而非虚构事实("最高法院"2007年台上字第2292号判决)。(2)"霸王":"霸王"者,非尽指依强势地位获得免费利益而言,即仗恃权势,以强凌弱、以众暴寡等身份地位不相当之方式获取不当利益,亦包括在内("最高法院"2007年台上字第855号判决)。

[62] 参见德国联邦宪法法院BVerfGE 93, 266——军人是潜在的谋杀者案,德国联邦宪法法院裁判选辑(十一),"司法院"印行(2004),第9页以下(吴绮雯译);BVerfGE 114, 339——多重意涵言论表达及前联邦总理名誉保护案,德国联邦宪法法院裁判选辑(十三),"司法院"印行(2011),第51页(程明修译)。两个判决均具高度可读性。请多阅德国联邦宪法法院判决,以学习法学论证方法。

某种表述有多种解释时,法院不能断然的理由排除其他可能的解释,作导致侵权责任的解释。若表述的表达文句方式或表述的情况,允许一种不是有损名誉的解释,而此为法院所忽略时,该判决亦属违背"宪法"保障的言论自由。于此亦须考虑到有些字句或概念,在各种不同的沟通交流关联上,可能会有不同的解释,例如有些概念,在法律专有名词所用的意义和在日常口语不同。因此,虽然表述是在与日常口语有关联情况下所为,而法院却是依据其专业特有意义而为判断时,同样是一项法律适用上的瑕疵。

第二项　意见表达与事实陈述

一、意见表达与事实陈述的区别

言论包括意见表达与事实陈述,二者同受言论自由的保护,但保护内容不同,体现于其人格权保护的利益衡量上。诚如"最高法院"2007年台上字第588号判决所强调:"按言论可分为'事实陈述'及'意见表达',前者有真实与否之问题,具可证明性,行为人应先为合理查证,且应以善良管理人之注意义务为具体标准,并依事件之特性分别加以考量,因行为人之职业、危害之严重性、被害法益之轻重、防范避免危害之代价、与公共利益之关系、资料来源之可信度、查证之难易等,而有所不同。后者乃行为人表示自己之见解或立场,属主观价值判断之范畴,无真实与否可言,行为人对于可受公评之事,如未使用偏激不堪之言词而为意见表达,可认系善意发表适当评论者,不具违法性,非属侵害他人之名誉权。"[63]

又如"最高法院"2007年台上字第928号判决所云:"本件上诉人甲撰写之系争文章,其内容究系陈述事实或表达意见,自应先予厘清,于前者始生是否真实或经合理查证,可信其真实之问题;如属后者,则在善意发表言论,对于可受公评之事而为适当评论之情形,即无真实与否可言。乃原审未遑厘清,率以甲未经查证,证明其所述属实,即认上诉人应共负侵权行为责任,未免速断;而系争文章中如有属意见表达部分,则何部分系逾越善意发表言论范围,此与判断上诉人就系争文章中何部分言论应负侵权行为责任及其应刊登之道歉启事内容,所关至切,自有详为勾稽审究之必要。"

---

[63] 参见"最高法院"2010年台上字第175号判决。

二、意见表达、善意适当评论与违法性

意见表达乃在表示自己的见解或立场，属主观价值判断。例如指称某人"出身名门侥幸担任要职，毫无办事能力，误国殃民，愧对祖先"。意见表达有助于公共意见的沟通与形成，关于其"违法性"，诚如"最高法院"2007年台上字第2146号判决所云："又保护名誉，应有相当之限制，否则箝束言论，足为社会之害，故以善意发表言论，就可受公评之事，而适当之评论者，不问事之真伪，概不予处罚。上述个人名誉与言论自由发生冲突之情形，于民事上亦然。是有关上述不罚之规定，于民事事件即非不得采为审酌之标准。"[64]意见表达纵系尖酸刻薄，亦受保障，但其评论内容属恶意侮辱损及他人人性尊严，则不阻却违法，应负侵害他人名誉的侵权责任。[65]

三、包括事实陈述与意见表达的混合言论

言论常包括事实陈述与意见表达，解释上首应探讨得否依其重点认定究为事实陈述，或意见表达。若二者难期泾渭分明，言论系以某项事实为基础，或发言过程中夹论夹叙，将事实叙述与评论混为一谈，在评价言论自由与保障个人名誉权的考量上，仍应考虑事实真伪。倘行为人所述事实足以贬损他人之社会评价而侵害他人名誉，而行为人未能证明所陈述事实为真，构成故意或过失侵害他人之名誉，仍应负侵权行为损害赔偿责任[66]。须特别强调的是，此种混合言论，与纯粹意见表达相较，对名誉更具危害性，盖其不实内容增强其见解立场的可信性，在权益衡量上，言论自由应予退让。[67]

四、加注问号（？）

言论表述中常加注问号（？）。此种加注问号原则上应视同意见表达，但属事实陈述亦有之。[68]加注问号的表述方式亦受言论自由保障，系

---

[64] "刑法"第310条第3项规定，在于折中保护名誉及言论自由，以求适当。此项规定相当于英国诽谤侵权行为法的Fair comment（善意评论），乃毁损名誉（诽谤）的抗辩事由（defence,相当于台湾法的违法阻却事由）。Fair comment须具备三个要件：（1）公益（in the public interest）；（2）评论（comment）；（3）善意诚实（it must be fair and honest）。参见Giliker/Beckwith, Tort (3rd ed. 2008), p. 244.

[65] 关于意见表达与善意适当评论，参见蒋孝严诉陈水扁毁损蒋介石名誉案。

[66] 参见"最高法院"2007年台上字第855号判决。

[67] MünchKommBGB/Rixecker, § 12. Anh. Rdnr. 131.

[68] MünchKommBGB/Rixecker, § 12. Anh. Rdnr. 133.

一种特殊侵害名誉的方式。"最高法院"2008年台上字第183号判决谓:"担任公职被指涉图利行为,系属不法、有损个人名誉之事,又为常人经验所及知。则被上诉人就'新板桥车站特定专用区开发案'既无不法事证,上诉人于竞选期间,竟刊登系争广告指涉被上诉人有'图利财团'之不法行为,即足以造成被上诉人之名誉在社会上之评价受到贬损,自己侵害被上诉人之名誉权,不能因系争广告所附之'?'(问号),阻却其违法性,或上诉人是否赢得选举而异其结果。上诉人所为:其对可受公评之事项加以评论、应阻违法,且无侵害被上诉人名誉之意思等抗辩,均无足取。"⑩

第三项 "真实"或"不真实"的举证责任

事实陈述是否成立侵害名誉,其核心在于其所陈述的是否真实。问题在于"真实与否"由谁负举证责任,即"真实与否"不能证明时,应由何方当事人(行为人或被害人),承担败诉的不利益。

依举证责任一般原则,主张权利受侵害之人应就侵权行为的成立要件(如侵害他人权利,行为人有故意或过失等)负举证责任。但在事实陈述侵害名誉的情形,应由"行为人"就其陈述事实的"真实"负举证责任⑩,盖陈述事实不实,乃消极事实,足以毁损他人名誉(如指称某人接受关说,违背职务;与某氏有性爱关系,在超商窃物),行为人应就其事实有所知悉,掌握相关信息,接近证据,自应负举证责任,不能"信口开河",要求被害人自证其为不实。⑪

值得顾虑的是,此项由行为人就事实的真实负举证责任,是否会产生寒蝉效应,影响言论自由(尤其是公共议题言论,public speech)。"司法院"释字第509号解释:"'刑法'第310条第3项前段以对诽谤之事,能证明其为真实者不罚,系针对言论内容与事实相符者之保障,并借以限定刑罚权之范围,非谓指摘或传述诽谤事项之行为人,必须自行证明其言论内容确属真实,始能免予刑责。惟行为人虽不能证明言论内容为真实,但依其所提证据资料,认为行为人有相当理由确信其为真实者,即不能以诽谤罪之刑责相绳。""最高法院"2009年台上字第1129号判决肯定合理查

---

⑩ 本件判决具可读性。
⑪ 参见"最高法院"2009年台上字第1129号判决(陈由豪赠屋案)。
⑪ 参见比较法,Milo(注⑤书),pp. 156-184.

证规则得适用于侵害名誉的侵权行为,一方面认行为人应就"真实与否"负举证责任,一方面则以合理查证加以调和,以维护言论自由。

第四项　不法、故意或过失

一、侵权行为的构造:不法、故意或过失

因名誉受侵害得请求损害赔偿,须其侵害系出于加害人的"故意过失或不法"。侵权行为具有三层构造[72]:

(1) 构成要件(Tatbestand),侵害他人权利的行为。

(2) 不法性。

(3) 故意或过失(有责性)。

其中不法性系由法律推定,即侵害他人权利如生命、身体、健康时,当然具有不法性,但得因一定事由(如正当防卫、行使权利行为、被害人同意等)阻却违法,此应由侵害人负举证责任。名誉、隐私具开放性,侵害的违法性,应就个案利益衡量而为认定。

值得提出的是,侵权行为的三层构造通常有其检查次序,即先认定有无侵害他人权利的行为。若为肯定,再检讨违法性。最后再认定侵害行为是否出于故意或过失。违法性通常先于有责性(故意或过失)检查,因行为若不具违法性,非为法律所不许,纵有故意或过失亦不负侵权责任。例如被恶犬攻击,取他人之物防御之,其物毁损,但此属紧急避难,得阻却违法,其物被毁纵系因故意或过失,亦不成立侵权行为。

二、侵害名誉的不法性(违法性)或故意或过失

侵害名誉如何认定其不法性、故意或过失,之所以发生争议,在于如何兼顾言论自由。自"司法院"释字第509号解释以来,实务上(尤其是"最高法院")有三种见解:

(一) 第一种见解:先"过失",后"违法性"

在吕秀莲诉新新闻周刊案,"最高法院"采此检查程序[73],即先认定侵害人有无过失,再说明有无不法。关于过失,系采善良管理人注意义务。"最高法院"认为:"构成侵权行为之过失,系指抽象轻过失即欠缺善良管理人之注意义务而言。行为人已否尽善良管理人之注意义务,应依事件

---

[72] 参见拙著:《侵权行为》,北京大学出版社2009年版,第86页。
[73] 参见"最高法院"2004年台上字第851号判决。

之特性,分别加以考量,因行为人之职业、危害之严重性、被害法益之轻重、防范避免危害之代价,而有所不同。新闻自由攸关公共利益,国家应给予最大限度之保障,俾新闻媒体工作者提供信息、监督各种政治及社会活动之功能得以发挥;倘严格要求其报道之内容必须绝对正确,则将限缩其报道空间,造成钳制新闻自由之效果,影响民主多元社会之正常发展。故新闻媒体工作者所负善良管理人之注意义务,应从轻酌定之。倘其在报道前业经合理查证,而依查证所得资料,有相当理由确信其为真实者,应认其已尽善良管理人之注意义务而无过失,纵事后证明其报道与事实不符,亦不能令负侵权行为之损害赔偿责任。惟为兼顾个人名誉法益之保护,倘其未加合理查证率予报道,或有明显理由,足以怀疑消息之真实性或报道之正确性,而仍予报道,致其报道与事实不符,则难谓其无过失,如因而不法侵害他人之名誉,即应负侵权行为之损害赔偿责任。公众人物之言行事关公益,其固应以最大之容忍,接受新闻媒体之监督,然新闻媒体就其言行之报道,仍负查证之注意义务,仅其所负注意程度较为减轻而已。"

"最高法院"在详细论证认定被害人未尽善良管理人注意后,简要表示:"上诉人为系争报道足以贬损被上诉人在社会上之评价,应系侵害被上诉人之名誉。而侵害他人权利,即系违反权利不可侵之义务,除有阻却违法之事由外,应属不法。上诉人为系争报道侵害被上诉人之名誉,既有过失,尚难认系权利之正当行使,而有阻却违法之事由,被上诉人主张渠等应负共同侵权行为责任,并非无据。"

"最高法院"将释字第509号解释"合理查证"的"宪法"基准认系"过失"问题,但未就"不法"详为论述。其所谓:"上诉人为系争报道侵害被上诉人之名誉,既有过失,尚难认系权利之正当行使,而有阻却违法之事由。"混淆"违法性"与"过失",论证推理不符侵权行为构造的法律逻辑,应有商榷余地。

(二) 第二种见解:真实恶意

此为若干"最高法院"判决所坚持的见解,认为:"是行为人以善意发表言论,对于可受公评之事为适当之评论,或其发表言论所依据之证据资料,足认有相当理由确信为真实,并非明知不实而故意捏造,或因重大疏失、轻率而不知其真伪者,即难谓该行为人未尽注意义务而有故意或过失,纵事后证明其言论内容与事实不符,亦不能令负侵权行为之损害赔偿责任,庶几与'真实恶意'原则所揭诸之旨趣无悖。"⑭关于"最高法院"继受美国法上真实恶意规则(actual malice rule)的问题,前已详述,敬请参照。

(三) 第三种见解:合理查证与违法性认定

"最高法院"2009 年台上字第 1562 号判决谓:"'司法院'解释第五〇九号意旨,既系为衡平'宪法'所保障之言论自由与名誉、隐私等私权所为之规范性解释,则为维护法律秩序之整体性,俾使各种法规范在适法或违法之价值判断上趋于一致,自应认在民事责任之认定上,亦有一体适用上开解释之必要。"⑮又"最高法院"2009 年台上字第 1129 号判决强调:"民法上名誉权侵害之成立要件,被害人对行为人陈述事实为不实之消极事实,本不负举证责任,上开攸关侵害他人名誉'阻却违法性'之合理查证义务,自应由行为人依个别事实所涉之'行为人及被害人究系私人、媒体或公众人物'、'名誉侵害之程度'、'与公共利益之关系'、'资料来源之可信度'、'查证对象之人、事、物'、'陈述事项之时效性'及'查证时间、费用成本'等因素,分别定其合理查证义务之高低,以善尽其举证责任,始得解免其应负之侵权行为责任,俾调和言论自由之落实与个人名誉之保护。"此为"最高法院"最近判决所采见解。

鉴于不法性、故意或过失系言论自由与名誉保护的核心问题,为便于观察(违法性),兹将"最高法院"不同见解,整理如下:

项目 "最高法院"判决	内容	说明
2004 年台上字第 851 号	(1) 合理查证属过失认定问题。 (2) 由过失侵害名誉推论不法性。	(1) 不合释字第 509 号解释意旨 (2) 不合思考逻辑
2004 年台上字第 706 号 2006 年台上字第 2365 号 2007 年台上字第 2748 号 2008 年台上字第 970 号	所谓的"真实恶意原则"(actual malice rule)	(1) 不符释字第 509 号解释意旨 (2) 概念用语混乱,适用范围不明 (3) 不符美国法真实恶意规则内容

---

⑭ 相同见解,"最高法院"2008 年台上字第 970 号判决、2007 年台上字第 2748 号判决、2006 年台上字第 2365 号判决、2004 年台上字第 706 号判决。

⑮ 相同见解,参见"最高法院"2007 年台上字第 2292 号判决(具可读性)。

(续表)

项目 "最高法院"判决	内容	说明
2007年台上字第2292号 2009年台上字第673、562号 2009年台上字第1129号	(1) 释字第509号解释意旨在民事侵权行为的适用 (2) 合理查证系违法性认定问题	(1) 符合释字第509号解释的"宪法"基准 (2) 适于调和名誉保护及言论自由

关于侵害名誉事实陈述在侵权行为要件上的认定,"最高法院"有三种不同见解,存续至今,"最高法院"应知其不同,三者并存,欠缺沟通,影响法律适用安全。衡诸"最高法院"统一法律见解的功能,对此攸关言论自由与人格权保护在理论上及实务上的重大问题,应有重视的必要。

三、合理查证与侵害名誉的违法阻却

关于侵害他人名誉所涉及的不法、故意或过失,"最高法院"有三种并存的不同见解,其中真实恶意规则,应予废除,前已再三说明。其值赞同的是第三种见解,认为合理查证系"违法性"问题。

在没有违法性概念的法系(如英国法),合理查证属过失问题,而发展出所谓的责任性新闻业(responsible journalism)的合理查证义务。中国台湾地区"侵权行为法"区别不法与故意过失,应认定合理查证义务系属违法性问题,其理由有二:

(1) 符合释字第509号解释意旨,其认为经合理查证在刑法上为"不罚",在侵权行为法上乃阻却违法,相对应于在意见表达上的善意评论不罚,善意评论与合理查证在侵权行为法上均属阻却违法,而此实为实务上一贯的见解。

(2) 合理查证义务具有法益衡量功能,较适合于调和言论自由与人格权(名誉)保护,前揭"最高法院"2009年台上字第1562号判决可供参照。

关于合理查证的判断,应综合考量以下实体及程序的因素:

(1) 事实的性质、侵害行为所涉及之人(公共人物、私人)、议题(与公共利益的关系)。得以此为基础建构基本类型,合理运用认定基准。

(2) 侵害的严重性。

(3) 资料来源的可信度。

(4) 查证事实的紧急性、时效性及成本费用。

（5）有无征询被害人。

（6）陈述事实的地点及时间等。

行为人已尽其合理查证义务时,其侵害名誉的行为不具违法性,不必再检讨行为人有无过失。在肯定其侵害行为具违法性后,应再检查行为人有无过失,即其对侵害他人名誉的行为是否已尽善良管理人注意。由于合理查证义务本身的认定亦有认定有无过失的判断因素,因此在通常情形,其未尽查证义务的,可认定其亦有过失,应成立侵害名誉的侵权行为。违法性与故意过失,在概念上应严予明辨,但其判断因素相叠,因此实务常不严为区别,而以是否尽符合新闻报道的注意而认定其不法、过失。⑯

第五项　体系构成与案例解说

一、体系构成与思考层次

人格权保护（名誉）与言论自由是民法的重要课题,涉及两种侵害态样：

（1）以积极言论侵害他人名誉,其应研究的是侵权行为（尤其是"民法"第184条第1项）的成立要件及法律效果（侵害除去、侵害防止请求权,"民法"第18条第2项）。

（2）因保护名誉而侵害言论自由（不表意自由）,即法院依"民法"第195条第1项规定命败诉的侵权人对被害人为道歉启事,是否符合"宪法"保障言论自由的意旨。兹将其基本法律问题,图标如下：

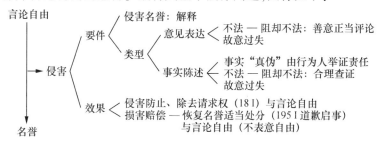

---

⑯ MünchKommBGB/Rixecker, §12 Anh. Rdnr. 139: Sie werden allerdings in der Rechtspraxis nicht immer dogmatisch präzise dem Urteil über die Widerrechtlichkeit oder jenem über die Vorwerfbarkeit der Verletzung des Persönlichkeitsrechts zugeordnet und oft undifferenziert unter dem Stichwort "journalistische" oder "pressemäßige Sorgfalt" aufgerufen; Peters, Die publizistische Sorgfalt, NJW 1997, 1334.

前揭体系构成旨在显明言论自由与名誉保护在民法侵权行为法上调和机制的基本法律构造。此调和机制提供一种处理"言论"自由侵害名誉的思考方式,并可用来检验法院的判决理由。相关问题,前已详述,关于法律效果的二个主要问题,即侵害防止、侵害除去请求权与言论自由,道歉启事与言论自由(不表意自由),将在本书第九章再为论述。

二、案例解说:"最高法院"2007年台上字第793号判决(宋楚瑜诉李登辉:麻将案)

为检验前开关于人格权保护与言论自由的规范机制,兹以备受重视的"最高法院"2007年台上字第793号判决作为分析讨论的对象。

(一)判决理由

以下将"最高法院"判决理由分为六段,以便说明:

(1)名誉权之侵害非即与刑法之诽谤罪相同,名誉为人格之社会评价,名誉有无受损害,应以社会上对个人评价是否贬损作为判断之依据,苟其行为足以使他人在社会上之评价贬损,不论故意或过失均可构成侵权行为,与刑法诽谤罪之构成要件不同。

(2)按言论之发表与陈述事实不同,意见为主观之价值判断,无所谓真实与否,在民主多元社会,各种价值判断均应容许,而受言论自由之保障,仅能借由言论之自由市场机制,使真理愈辩愈明而达到去芜存菁之效果。因此对于可受公评之事,纵加以不留余地或尖酸刻薄之评论,亦受"宪法"之保障,盖维护言论自由即所以促进政治民主与社会之健全发展,与个人名誉可能遭受之损失两相权衡,显有较高之价值。

(3)惟事实陈述本身涉及真实与否,虽其与言论表达在概念上偶有流动,有时难期泾渭分明,若言论系以某项事实为基础,或发言过程中夹论夹叙,将事实叙述与评论混为一谈,在评价言论自由与保障个人名誉权之考量上,仍应考虑事实之真伪,倘行为人所述事实足以贬损他人之社会评价而侵害他人名誉,而行为人未能证明所陈述事实为真,纵令所述事实系转述他人之陈述,如明知他人转述之事实为虚伪或未经相当查证即公然转述该虚伪之事实,而构成故意或过失侵害他人之名誉,仍应负侵权行为损害赔偿责任。

(4)查乙为亲民党主席身份,甲于演说中虽评论其于群众运动过程中离开现场,弃群众于不顾,固属对于可受公评之事,但乙否认其事,称其当晚离开系与连战回国民党中央党部主席办公室商讨交换意见,之后返回林口寓所等如于第一审提出之行程表所示,且甲于上开演说之前,亦无任何媒体报道 4 月 10 日当晚乙离开现场是去打麻将,甲提出之壹周刊杂志系报道乙于 4 月 10 日之"隔天"前往打麻将云云,并非 4 月 10 日当晚,遑论该报道亦未经证实,此外,甲未能证明所述之事实为真,亦未经相当之查证,遽于演说中影射乙离去打麻将之言论,已非对于可受公评事实之适当评论之范围,自不能以其系就可受公评之事为适当评论为由,免除其侵权行为之责任。

(5)惟甲为系争言论之后,复不能证明该言论属实,纵无故意,亦难辞过失之责。而不法侵害乙之名誉,即应构成侵权行为。

(6)甲虽辩称该次集会仅限于群策会会员及邀请贵宾参加,实非公开集会,伊所发表之言论,纵经他人、媒体予以报道、解读,亦与伊无涉;且所称"打麻将"一词,乃属正常之社交或休闲活动,不会影响乙在社会上之评价云云,但甲演说中影射乙离开现场去打麻将后,经媒体争相报道,且均属负面报道,在客观上,使人误认乙系不负责任之政治人物,贬抑其名誉及社会声望,足使乙社会上之评价贬损,则甲为系争言论与乙之名誉损害二者间,具有相当因果关系。又甲演说之场合既有数百名观众,并有记者采访,已属公开场合,媒体予以报道、解读,亦与其演说内容之影射有因果关系,而非赌博为休闲性质之打麻将,固非法所禁,惟如置工作等要事不顾而打麻将,则属不正当之举,故甲影射之系争言论,足使人认乙身为亲民党主席,发动领导群众运动,置群众于不顾,而离去打麻将,乃不负责任之举,严重贬抑乙之声誉。

(二)解说

1. 本件判决的政治、法律意义

本件判决原告宋楚瑜曾任台湾省省长,被告李登辉曾任"总统",二人原系同属国民党的亲密政治伙伴,后因废省问题,成为政敌。在 2005 年"总统"大选中,李登辉支持民进党候选人陈水扁而发生本案。此种政治人物间的名誉诽谤诉讼,系 1987 年民主宪政改革后常有的现象,可以说是政治斗争在司法上的延长。针对此类高度性诉讼,"最高法院"判决理由更为严谨,论证更为周延,更具研究价值。

2. 名誉保护与言论自由的调和机制

自 2004 年台上字第 851 号判决(吕秀莲诉新新闻)以后,因受"司法院"释字第 509 号解释的影响,"最高法院"在具重要性的判决均以一段原则性的论述,作判决的理论基础(本件判决一至四段,已成为一般范式),为侵害名誉权所特有,自有其意义,分两点言之。

(1) 名誉权侵害与刑法诽谤罪:本件判决〔第一段〕指出,"名誉权之侵害非即与刑法诽谤罪相同"。民刑不同,"最高法院"为何特为提出,在法律适用上究有何用意? 此或系涉及释字第509号解释意旨("刑法"诽谤罪与言论自由)适用或不适用于民事侵害名誉权的争议。本文前曾再三强调"司法院"释字第509号解释的判断基准于侵害名誉的侵权行为亦应适用,即行为人尽其合理查证义务者,在"刑法"(第310条第3项)为不罚,在"侵权行为法"则为阻却不法。关于民、刑法上人格权保护与言论自由的调和,原则上应采相同的判断基准。

(2) 本件判决理由〔第二段〕,强调言论自由对个人名誉显有较高的价值。本书认为名誉为个人第二生命,体现人性尊严及人格自由发展,不能抽象、原则性地认显系"较低"于言论自由的价值。其所涉及的,实乃二个同受"宪法"保障的基本权利在个案上权衡调和问题。将言论自由分为"意见表达"与"事实陈述",系一种区别性的调和机制,各有其衡量基准。就本件言,原告胜诉,"最高法院""显然"认定"个人名誉"对于"言论自由"具有较高的价值。

3. 侵害他人名誉

(1) 侵害他人名誉的言论:本件判决〔第三段〕将言论区别为"事实陈述"与"意见表达",诚值赞同。所述事实系属转述他人的陈述,明知其为虚伪时,应负故意责任;未经相当查证时,应负过失侵害他人名誉责任。

意见表达,须以事实为真或相当查证始可因适当评论阻却不法。本件判决的被告(侵害人)公开评论原告身为政党主席竟于选举群活动过程离开现场去打麻将。"最高法院"〔第四段〕认定其属"夹论夹叙"的混合言论,并采取一项重要的法律见解,即关于"意见表达"部分,须其作为评论基础的事实为真实或经合理查证,始得适用"适当评论"原则,阻却不法。

(2) 因事实陈述侵害他人名誉:本件判决〔第五段〕主要在认定被告公开指称原告"离开群众言论,去打麻将",对原告身为政党主席,乃严重贬抑其声望,构成对其名誉的侵害。

本件判决未特别讨论事实真伪的举证责任,但由第五段"甲为系争言论之后,复不能证明该言论属实",可知系认加害人应负举证责任。

(3) 不法、故意过失：本件判决〔第五段〕谓："惟甲为系争言论之后，复不能证明该言论属实，纵无故意，亦难辞过失之责，而不法侵害乙之名誉，即应构成侵权行为。"此段判决甚属简略。不法与故意过失属不同要件，为何有过失之责，即可认其系不法侵害他人名誉？本件判决涉及选举活动、政治人物、媒体转述等重要议题，"最高法院"未就"合理查证"所涉及的违法性详予着墨，甚为可惜。

(4) 真实恶意原则？值得注意的是，"最高法院"在本件判决未提及"所谓真实恶意原则"。按本件涉及政治人物及公共议题，乃美国真实恶意规则的典型适用案例，"最高法院"未提及"真实恶意原则"，究系不赞成此项见解，抑认为无适用的必要，或为避免判决理由论证的困难，或有其他原因，不得确知。但无论如何"最高法院"不适用"所谓的真实恶意原则"，应值肯定与赞同。

第三节　隐私权与言论自由

第一款　调和基准的建构

第一项　问题说明

人格权保护与言论自由调和的第一个问题是"名誉"，前已详为论述。第二个问题是"隐私"。"名誉"体现台湾民主宪政的发展。"隐私"显现台湾信息社会与媒体的生态。对个人隐私的侵害多来自新闻媒体。新闻采访及新闻报道必然涉及他人事务。由于新闻媒体对"第四权"使命的不同认知，言论市场的激烈竞争及利润追求，为提高其发行量，扩大市场占有率，新闻采访行为或报道内容常过度侵入个人的私领域，并由于现代科技发展（如远距离照相机、录音录像器材等）及传播方式（如电视及网络），增加对隐私权侵害的可能性及严重性，有加以适当规制的必要。此种法律规范包括"行政法"、"刑法"及"民法"等相关法令（参阅本书第六章相关部分）。值得重视的是，2011年7月29日公布的"司法院"释字第689号解释。

第二项 "司法院"释字第 689 号解释

第一目 释"宪"理由、解释意旨及解释的重要性

一、释"宪"理由

根据大法官公布释字第 689 号时所提供的事实摘要,申请人是苹果日报主跑娱乐演艺新闻的记者,因为分别于 2008 年 7 月间二度跟追神通计算机集团副总苗华斌及其曾为演艺人员之新婚夫人,并对彼等拍照,经苗某委托律师二度邮寄存证信函以为劝阻,惟申请人复于同年 9 月 7 日整日跟追苗某夫妇,苗某遂于当日下午报警检举,经台北市政府警察局中山分局调查,以申请人违反系争规定为由,裁处罚锾新台币 1 500 元。申请人不服,依同法第 55 条规定声明异议,嗣经台湾台北地方法院 2008 年北秩声字第 16 号裁定无理由驳回,全案确定后申请释"宪"。

本件解释的系争规定系"社会秩序维护法"(以下简称"社维法")第 89 条第 2 款规定:"无正当理由,跟追他人,经劝阻不听者,处新台币三千元以下罚锾或申诫。"裁罚机关为警察机关("社维法"第 33 条以下),不服警察机关处分时,得向简易法庭声明异议("社维法"第 43 条以下)。

二、解释意旨

释字第 689 号解释的解释文谓:"'社会秩序维护法'第八十九条第二款规定,旨在保护个人之行动自由、免予身心伤害之身体权、及于公共场域中得合理期待不受侵扰之自由与个人资料自主权,而处罚无正当理由,且经劝阻后仍继续跟追之行为,与法律明确性原则尚无抵触。新闻采访者于有事实足认特定事件属大众所关切并具一定公益性之事务,而具有新闻价值,如须以跟追方式进行采访,其跟追倘依社会通念认为非不能容忍者,即具正当理由,而不在首开规定处罚之列。于此范围内,首开规定纵有限制新闻采访行为,其限制并未过当而符合比例原则,与'宪法'第十一条保障新闻采访自由及第十五条保障人民工作权之意旨尚无抵触。又系争规定以警察机关为裁罚机关,亦难谓与正当法律程序原则有违。"

关于解释意旨的内容,将于下文参照解释理由书再加说明。

三、本件解释的意义

为本件解释申请案,"司法院"主动举行"宪法"法庭言词辩论(第六

次),并首度以网络直播方式,全程转播辩论实况。在本件解释有 11 位大法官提出协同意见或不同意见,两个法学专业杂志特辟专栏研讨。⑦ 本件解释之所以受到重视,其意义有三:

(1) 运用释"宪"方法的"选案受理",将一个原为认事用法的法律适用问题转化提升为"宪法"争议(比较"司法院"释字第 656 号解释)。

(2) 借着一个以禁止盯梢妇女等行为以维护公共秩序社会安全为目的的规定,建立了调和新闻自由与隐私权等冲突的"宪法"基准。

(3) 有助于更深刻了解台湾信息社会的发展,促进建立新闻媒体的自律及强化保护隐私权所体现的人之尊严及人格自由。

第二目 新闻采访自由与隐私权等权利保护的冲突与调和

一、两个释"宪"争议问题

释字第 689 号涉及两个"宪法"争议问题:

(1) "社维法"第 89 条第 2 款限制新闻采访行为是否有违"法律明确性原则",及是否过当而有违"比例原则"。

(2) 该系争规定以警察机关为裁罚机关是否有违正当法律原则。

大法官采所谓合"宪"性的限缩解释,肯定系争规定的合"宪"性,第一个争议的解释意旨应值赞同。第二个争议的解释意旨较有问题,暂置不论。以下仅就第一个议题加以说明。

二、规范机制的建构

(一) 规范模式

释字第 689 号的主要意义在于建构一个调和新闻采访自由与隐私权等保护的"宪法"基准。在理论构造上涉及 3 个问题:

(1) 如何认定言论自由、新闻自由及其保护范围。

(2) 如何认定"他人"应受保护的权利。

(3) 如何认定新闻采访行为的正当性。兹为便于讨论,先将其规范

---

⑦ 参见《台湾法学》2011 年 9 月 15 日第 184 期特别企划的四篇论文:(1) 李建良:《新闻采访自由与个人生活保护的冲突与调和?——简评释字第 689 号解释》;(2) 刘静怡:《为德不卒的释字第 689 号》;(3) 王文玲:《"跟追"689 号解释》;(4) 汪文豪:《公民记者是否受新闻自由保障?》。《月旦法学》2011 年 9 月第 197 期的"再探隐私与新闻自由"企划的论文:(1) 刘静怡:《大法官保护了谁?——释字第六八九号的初步观察》;(2) 张永明:《狗仔跟拍之宪法议题——评"司法院"释字第六八九号"狗仔跟拍"解释》;(3) 黄维幸:《新闻采访与隐私的冲突与平衡——兼评释字第六八九号》。

模式的基本架构图标如下：

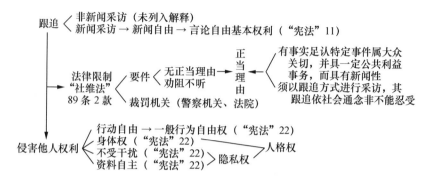

（二）结构分析

1. 侵害行为：新闻采访跟追行为——言论自由保护范围的扩大

释字第 689 号解释第一次将新闻自由列入"宪法"第 11 条言论自由所保护的范围，并扩大及于新闻采访行为。解释理由书强调："为确保新闻媒体能提供具新闻价值之多元信息，促进信息充分流通，满足人民知的权利，形成公共意见与达成公共监督，以维持民主多元社会正常发展，新闻自由乃不可或缺之机制，应受'宪法'第 11 条所保障。新闻采访行为则为提供新闻报道内容所不可或缺之信息搜集、查证行为，自应为新闻自由所保障之范畴。又新闻自由所保障之新闻采访自由并非仅保障隶属于新闻机构之新闻记者之采访行为，亦保障一般人为提供具新闻价值之信息于众，或为促进公共事务讨论以监督政府，而从事之新闻采访行为。"释字第 689 号扩大言论自由的保护范围，有助于强化言论自由的功能，实值赞同。

2. 被跟追人受"宪法"保障的基本权利

关于跟追他人，究侵害被跟追人何种受"宪法"保障的基本权利，解释文认为："'社会秩序维护法'第 89 条第 2 款规定，旨在保护个人之行动自由、免于身心伤害之身体权、及于公共场域中得合理期待不受侵扰之自由与个人资料自主权。"解释理由书作有更进一步的说明："系争规定所保护者，为人民免于身心伤害之身体权、行动自由、生活私密领域不受侵扰之自由、个人资料之自主权。其中生活私密领域不受侵扰之自由及个人资料之自主权，属'宪法'所保障之权利，迭经本院解释在案（本院释字第 585 号、第 603 号解释参照）；免于身心伤害之身体权亦与上开阐释之一般行为自由相同,虽非"宪法"明文列举之自由权利,惟基于人性尊严理念,维护个人主体性及人格自由发展,亦属'宪法'第 22 条所保障之基本权利。对个人前述自由权利之保护,并不因其身处公共场域,而失其必要性。在公共场域中,人人皆有受"宪法"保障之行动自由。"应予指出的有四:

(1) 新的基本权利的创设:系争规定所保护的四种基本权利中,前二者系本件解释新创("宪法"第 22 条),后二者早被肯定为应受"宪法"保障的基本权利(释字 585、603)。"一般行为自由"指人民得依其意志作为或不作为,而"行动自由"指人民得随时任意前往他方或停留一定处所,乃"一般行为自由"基本权利的保护内容。[78]

此项解释扩大了基本权利的清单,更进一步具体化基本权利的种类及保护范围。值得指出的是,此项基本权利的扩大深受《德国基本法》的影响。一般行为自由相当于《德国基本法》第 2 条第 1 项规定人格发展自由,及同条第 2 项规定的身体完整权及行动自由。释字第 689 号系参照《德国基本法》的 allgemeine Handlungsfreiheit,创造了"一般行为自由"此项具概括性的基本权利。

(2) 隐私权的概念:释字第 689 号将构成隐私权的保护内容的"生活私密领域不受侵扰自由"及"个人资料自主权"作为两个基本权利。此二者虽各有不同的功能及保护范围,且经释字第 585、603 号解释纳入隐私权的概念之下,惟释字第 689 号的解释文及解释理由书皆未提到隐私权,采访行为所涉及的他人权益以隐私权最重要,为何大法官避而不使用此项释字实务确立基本权利的概念,协同意见书或不同意见书亦未见讨论,其理由何在?

(3) 公共场域中隐私权的保护:释字第 689 号的核心问题是公共场域中得合理期待隐私权的保护。个人纵于公共场域中亦应享有依社会通念得不受他人持续注视、监看、监听、接近等侵扰之私人活动及个人资料自主,并受法律保护。此为比较法上的重要议题,将于下文就相关案例作进一步的讨论。

(4) 基本权利的体系构成:"司法院"大法官一再创设涉及人格利益

---

[78] 参见 Dreier, in: H. Dreier (Hrsg.), Grundgesetz-Kommentar, Bd. 1 (2 Aufl. 2004), Art. 2 (S. 288f.).

的基本权利,其具概括性的,前有(一般)人格权,今再创一般行为自由,此外尚有姓名权、身体权、隐私权等。此等基本权利在体系构成上可分为"一般行为自由权"及"一般人格权"。一般人格权包括姓名权、身体权及隐私权。释字第689号解释将行动自由作为一般行为自由的保护内容,但亦认定行动自由系具人格权性质的一种独立权利。如何区别界定诸此基本权利的保护范围及适用关系系"宪法"学上重要的研究课题。

3. 侵害他人权利的正当理由:限制新闻采访自由的比例原则

新闻采访自由系受"宪法"保障的基本权利("宪法"第11条),但非绝对,"国家"于不违反"宪法"第23条之范围内,自得以法律或法律明确授权之命令予以适当之限制。"社维法"第89条第2款系属此种限制新闻采访自由的法律。以跟追无正当理由为要件,从而跟追具有正当理由,可阻却侵害的不法性。在何种情形跟追他人具有正当理由,释字第689号解释文提出了利益衡量上合比例性的判断基准,即"新闻采访者于有事实足认特定事件属大众所关切并具一定公益性之事务,而具有新闻价值,如须以跟追方式进行采访,其跟追倘依社会通念认非不能容忍者",其涉及四个不确定的概念:跟追、具新闻价值的公益性事务、跟追为社会通念所能容忍、不受侵扰的合理期待。解释理由书作有具体化的说明:

(1) 跟追:系争规定所称"跟追",系指以尾随、盯梢、守候或其他类似方式,持续接近他人或实时知悉他人行踪,足以对他人身体、行动、私密领域或个人资料自主构成侵扰之行为。对他人无正当理由的跟追应为劝阻。劝阻不听的要件,具有确认被跟追人表示不受跟追的意愿或警示的功能,若经警察或被跟追人劝阻后行为人仍继续跟追,始构成经劝阻不听的不法行为。如欠缺正当理由且经劝阻后仍继续为跟追行为者,即应受系争规定处罚。

(2) 具新闻价值的公益性事务:解释理由书作有例示"说明",例如犯罪或重大不当行为之揭发、公共卫生或设施安全之维护、政府施政之妥当性、公职人员之执行职务与适任性、政治人物言行之可信性、公众人物影响社会风气之言行等。此等"例示"区分"议题"及"当事人",仍属抽象;其他"等"情形,如何认定,仍有进一步具体化的必要。

(3) 社会通念的容忍界限:跟追行为是否无正当理由,须视跟追者有无合理化跟追行为之事由而定,亦即综合考量跟追之目的,行为当时之人、时、地、物等相关情况,及对被跟追人干扰之程度等因素,合理判断跟追行为所构成之侵扰,是否逾越社会通念所能容忍之界限。

(4) **不受侵扰的合理期待**:在公共场域中个人所得主张不受此等侵扰之自由,以得合理期待于他人者为限,亦即不仅其不受侵扰之期待已表现于外,且该期待须依社会通念认为合理者,即从被害人的观点而为客观的认定。

第三项 "司法院"释字第689号解释的适用

一、"社维法"上的适用

释字第689号的解释意旨,尤其是正当理由的判断基准具有高度不确定性,如何在个案上解释适用,对裁罚机关(或任何人,包括制定此项抽象"宪法"基准的大法官)是一件困难的任务。在方法上应搜集历年相关案例作有系统的分析整理,加以类型化,以提高法律适用的安定性及可预见性。

二、新闻自律规则的订定

释字第689号解释的一项重要功能系促使新闻媒体参照其解释意旨,订定新闻采访的自律规则。享有自由,需要自律,自由与自律相伴而行,不可偏废。惟有自律,始能享有自由。自律使新闻工作者更受尊重、更有尊严,更使个人隐私等权益获得保障。

三、"侵权行为法"的适用

一个值得提出的问题是,被新闻采访者"无正当理由"跟追,依民法侵权行为法规定请求"防止或除去"其侵害,或请求损害赔偿(尤其是精神痛苦的慰抚金)时,关于侵害行为的"违法性"的认定,得否参照适用释字第689号解释所建立的基准?

第二款 "侵权行为法"上的解释适用

第一项 以违法性为判断基准

一、侵权行为的违法性

隐私权保护与言论自由(新闻自由)的调和是"宪法"上的问题,也是侵权行为法的问题。隐私权被侵害时,被害人得主张的请求权有二:

(1)"民法"第18条第1项规定的侵害除去或侵害防止请求权。

(2) 依"民法"第184条第1项前段请求损害赔偿。

此两种请求权均以侵害行为具有不法(违法性)为要件,"违法性"也成为调和隐私权保护与新闻自由的基准。被害人的允许(同意)得阻却违法。由于隐私权具开放性,侵害行为的违法性应就个案依利益衡量加以认定。

二、释字第 689 号解释意旨的参照适用

"司法院"释字第 689 号系以"社维法"第 89 条第 2 款为解释对象,但其关于新闻采访行为与隐私权等调和的解释意旨于"侵权行为法"亦应参照适用,其情形如同"司法院"释字第 509 号关于诽谤罪与名誉保护的解释意旨(合理查证、事实相当性),得适用于"侵权行为法",以维护法秩序价值体系的一致性。释字第 689 号解释所称的正当理由系阻却跟追不法行为的阻却事由,在侵权行为则以违法性上的利益衡量判断侵害行为的不法性。

三、调和的规范模式

兹参照前述,将"侵权行为法"调和隐私权与新闻自由的规范模式,简示如下:

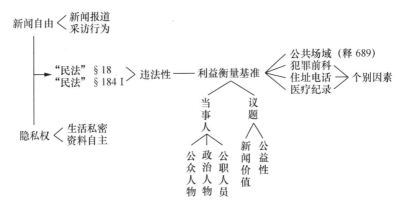

侵害他人隐私权的行为包括新闻报道或新闻采访。有仅为新闻采访行为(如跟追);有为采访后加以报道;也有仅为新闻报道。不论何者情形,均得成立侵权行为。

隐私权的范围包括私密生活领域(如在疗养院戒毒、不公开的结婚仪式、情爱关系等)及个人资料(病历、犯罪记录、借阅色情录像带)等。

违法性应依个案情形采取利益衡量的方法加以判断(ad hoc balancing)。惟利益衡量须有一定的基准。"司法院"释字第 689 号解释提供

了可供参照的判断因素,即须"有事实足认特定事件属大众所关切,并具一定公益性的事务"。其具公益性的事务诸如:犯罪或重大不当行为的揭发、公共卫生或设施安全的维护、政府施政之妥当性、公职人员之执行职务与适任性、政治人物言行之可信性、公众人物影响社会风气之言行等。前三者系针对言论议题。后三者涉及当事人(公职人员、政治人物、公众人物)。公众人物应包括演艺人员,其言行应包括会影响社会风气的事务(吸毒、性侵等)。

又须注意的是前述违法性的判断基准亦须针对个别侵害类型,(如公开犯罪记录)等,建立其个别性的衡量因素。

以下参照"最高法院"二个具指针性的重要判决,以说明如何依上开规范模式分析检验"新闻报道侵害隐私权"事件的处理方法。

第二项 "最高法院"2004 年台上字第 706 号判决: 车商小开死亡纪事案

一、案例事实与判决理由

"最高法院"2004 年台上字第 706 号判决涉及肖像权(及隐私权)的保护问题。本件事实略为:原告之子遭绑匪杀害,就此被告电视公司制作一出名为"车商小开死亡纪事"的电视剧,剧中多次播放原告目睹警方在案发地捞起爱子尸体时痛不欲生之画面。原告主张其肖像权的人格法益受侵害,依"民法"第 195 条第 1 项诉请被告赔偿其非财产上损害。原审(高等法院)认被告电视公司成立肖像权之侵害。惟"最高法院"将该判决废弃,发回高等法院,"最高法院"判决理由认为:"按正当行使权利,而不违反公共利益时,可以阻却违法。本件上诉人抗辩,以广播或电视方式表达意见,属于'宪法'第十一条所保障言论自由之范围,有'司法院'大法官会议释字第三六四号解释可稽,亦即以广播电视之方式表达意见,不论其表达形式为新闻或戏剧或广告,均受言论自由之保护。上诉人三立公司制播之'车商小开死亡纪事',节目中所引用被上诉人之肖像画面,本系已在各新闻报道节目中公开播出,上诉人自无侵害肖像权可言。且不论是新闻性之节目抑或戏剧、小说,只故事具有新闻价值,有关公众兴趣的合法事物之报道,不论是否错误或虚构小说,除非恶意或轻率摒弃真实,新闻媒体不应负责任,云云,自属重要防御方法,原审之上诉人此项抗辩,恝置不论,遽为不利于上诉人之判决,已有可议。"

二、分析讨论

"最高法院"2004年台上字第706号判决深具意义,可供分析讨论人格权保护与言论自由若干基本问题。兹依前揭"规范模式"思考层次,分四点说明如下:

1. 言论自由

"最高法院"肯定以广播电视方法表达意见,不论其表达方式为新闻或戏剧或广告,均受言论自由之保护。此项见解洵属正确,应值赞同。

2. 对肖像权(或隐私权)的侵害

本件原告主张肖像权受侵害。实则此亦得构成对隐私权的侵害,盖公开亲人见其被绑架谋杀子女尸体痛不欲生的画面,系侵害他人在公共场域中得合理期待不受干扰的私人领域。

问题在于"最高法院"认为,"上诉人三立公司制播之'车商小开死亡纪事',节目中所引用被上诉人之肖像画面,本系已在各新闻报道节目中公开播出,上诉人自无侵害肖像权可言。"此涉及一个值得深入研究的问题。

原在新闻报道节目中公开播出的画面,若系不法侵害他人肖像权时,其后原则上不得重复播出。纵原播出画面系当时具有重大事故的新闻价值,而得不构成不法侵害他人的肖像权,其后因时间经过而不具公益性新闻价值时,其再为播出仍得成立侵害肖像权。在著名的 Douglas v. Hello! Ltd. 案⑲,英国上诉法院强调,重复公开在公共领域的照片,其每次公开均构成对私人信息的滥用,盖其每次播出,皆有不同的人在观看,乃对隐私权的再次侵害。肖像系体现个人形象特征,其影响大于文字,一张照片胜于千言万语(a picture is worth a thousand words),应特别加以保护。

3. 违法性

"最高法院"谓:"按正当行使权利,而不违反公共利益时,可以阻却违法。"此之所谓"正当行使权利",应系指受"宪法"言论自由保障的新闻报道(包括新闻性之节目或戏剧)等。所谓须符合公共利益,指具有公益性的新闻价值,同于"司法院"释字第689号的解释意旨。问题在于重复播亲人在案发地目睹捞起遭杀害之爱子尸体而痛不欲生的画面,有何公

---

⑲ Douglas v. Hello! Ltd. (NO.6)(2006) QB125, at (105). John Murphy, Street on Tort (12th ed. 2007), p. 393.

共利益可言？对此关键问题，"最高法院"应有论证的必要。

4. 所谓真实恶意原则

"最高法院"判决理由谓："且不论是新闻性之节目抑或戏剧、小说，只故事具有新闻价值，有关公众兴趣的合法事物之报道，不论是否错误或虚构小说，除非恶意或轻率摒弃真实，新闻媒体不应负责任云云"。"最高法院"所谓"除非恶意或轻率摒弃真实，新闻媒体不应负责任"，究系指不成立"过失"或可阻却违法，不得而知。但不论采何见解，均值商榷。所谓"恶意或轻率摒弃真实"同于"最高法院"2004年台上字第1979号判决所创设的"真实恶意原则"（actual malice）。"最高法院""继受"美国诽谤侵权行为法的宪法规则或概念，中国台湾地区法实无所据，且不必要，造成法律适用上的混淆，应予废弃，前已说明。又须指出的是，在美国法上的真实恶意规则仅适用于公职人员或公众人物，本案原告系私人，不因子女遭杀害而成为公众人物，"最高法院"适用真实恶意规则，实有悖于美国法上"真实恶意"的旨趣。

第三项 "最高法院"2004年台上字第1979号判决：公开私人地址及电话案

一、案件事实及判决理由

"最高法院"2004年台上字第1979号判决亦具有指针性意义，前已说明。其案例事实系当时立法委员张俊宏控告名作家李敖在电视节目中为不实陈述毁其名誉，并公开其私人地址及电话，侵害其隐私，而请求损害赔偿。审理结果认定毁损名誉不成立，但关于侵害隐私权部分，原告胜诉。原审法院判决理由谓："人的尊严是'宪法'体系的核心，人格权为'宪法'的基石，是一种基本权利。张俊宏身为立法委员，其要求保持隐私之程度固较一般人为低，但并不致于因前开身份而被剥夺。众所周知，立法委员于开会期间，选民或民众可透过'立法院'之总机转接或直接以书状送'立法院'达到陈情之目的，且李敖对于张俊宏主张于各地均设有选民服务处或办公处所之事实，亦不争执，则以'立法院'之办公场所及各地之服务处，已足畅通民众陈情管道，实无再将其居家住址及私人电话、行动电话公开之必要，是李敖于其节目中揭露张俊宏之电话住址等隐私资料，自属侵害张俊宏之隐私权，而其主观上对于自己的言论内容均有所认知及意欲，李敖就此应负侵权行为之损害赔偿责任无疑。"

"最高法院"本件判决理由部分,前已说明,然鉴于其重要性,再为摘录如下:行为人以善意发表言论,对于可受公评之事而为适当之评论,或行为人虽不能证明言论内容为真实,但所言为真实之举证责任应有相当程度之减轻(证明强度不必至于客观之真实),且不得完全加诸于行为人。倘依行为人所提证据资料,可认有相当理由确信其为真实,或对行为人乃出于明知不实故意捏造或因重大过失、轻率、疏忽而不知其真伪等不利之情节未善尽举证责任者,均不得谓行为人为未尽注意义务而有过失。纵事后证明其言论内容与事实不符,亦不能令负侵权行为之损害赔偿责任,庶几与"真实恶意"(actual malice)原则所揭橥之旨趣无悖。查上诉人李敖对立法委员兼媒体经营者之上诉人张俊宏所为上开意见表达与事实一并陈述之评论节目……经证人证明,已堪认为有相当理由确信其为真实,且依原审所确定之事实,张俊宏提出之证据方法,亦无从证明"该事实确属虚妄,李敖故意捏造"、"系出于明知其为不实或因重大过失、轻率、疏忽而不知其真伪"等有"真实恶意"之情节,自不影响其评论之阻却违法性。

二、分析讨论

(一) 关于侵害名誉权部分

原审及"最高法院"均认定本件侵害名誉权部分不成立。"最高法院"提出所谓的"真实恶意"原则,作为判决理由,其论证结构具有重大瑕疵,前已详论。兹应提出的是,"最高法院"一方面认为"真实恶意"涉及"行为人未尽注意义务而有过失",另一方面又认为,非有真实恶意之情节,自不影响其评论之阻却违法性,混淆了侵权行为法上两个最核心的基本概念,由此可知,"真实恶意"原则难以纳入现行法上的概念体系,不能"轻率"加以创设。

(二) 关于隐私权部分

1. 言论自由

在电视节目主持节目或发表意见,亦在言论自由(新闻自由)保障范围之内。

2. 对隐私权的侵害

原审(及"最高法院")均肯定私人地址及电话为隐私资料,擅为公开系侵害隐私权(个人资料自主权),其理由及结论均值赞同。

3. 违法性:原审判决理由未论及违法性问题,应系认定侵害行为具违法性。被告李敖以原审判决以名誉权之侵害既得阻却违法，却又认应负侵害隐私权之赔偿责任，对同一阻却不法之言论事实为不同责任判别等词，认原审违背法令，求予废弃。"最高法院"则认其系就原审取舍证据、认定事实之职权行使而为指摘，不能认为有理由。应说明的是，关于侵害名誉的阻却违法与侵害隐私的阻却违法，得依据个案事实分别判定，乃属当然。在本件关于侵害隐私权违法性部分，法院未为详述，应系认其侵害的违法性甚为显然，盖擅自在电视节目公开私人住址及电话，与立法委员职务无涉，不具有公益性的新闻价值，在利益衡量上，应认定其具有违法性。

第三款　全球化的议题及比较法的案例研究

第一项　研究课题及方法论

人格权保护与言论自由是各国或地区法律面临的共同问题，并成为全球化的重要议题，具有国际人权的意义，应值关注与重视。在研究方法上应从事案例比较研究，探讨不同的社会背景、法律文化与法律思维方法，发其异同，寻求"核心"问题（common core）。

由于各国法院（包括欧洲人权法院）日益累积的案例与学术著作，从事深入精致的研究已非个人能力、经验及资源所能胜任，有赖于集合多人从事专题研究。以下仅就："犯罪前科"及"公共场域隐私"两个重要领域，介绍美国、日本、德国、欧洲人权法院的相关判决，希望能促进中国台湾地区学界的重视，经由此项研究加速法律的进步，及参与全球化的法律发展。

第二项　犯罪前科与隐私权的保护

关于隐私权保护与言论自由调和，最受重视的问题系犯罪前科的报道。犯罪人常被以侵害其人格尊严的方式被呈现于公众之前。所应探讨的是，犯罪者的人格权益须否在公开的祭坛上被牺牲，或应受必要的保护。[80] 以下就美国、日本及德国法上参考的案例加以说明。

---

[80] Kaloudi（注⑦书），S. 167：müssen alle Rechts des Straftäters auf dem Altar der Öffentlichkeit geofert werden.

第一目　美国联邦最高法院二个判决

Warren 及 Brandeis 二氏倡导隐私权,为美国大多数的州法院所承认,并由 Prosser 教授将众多判决归纳为四个侵害隐私的侵权行为,前已详述。惟须注意的是,由于美国特别重视宪法第一修正案所保障的言论自由,致隐私权的保护受到相当程度的限制[81],尤其是在公开揭露私事(public disclosure of private facts)的类型。

在著名的 Sidis v. F-R Publishing Corp. 案(113 F.2d 806, 2nd Cir. 1940),Sidis 早年为数学天才儿童,但未能继续在数学方面发展,并曾因犯罪入狱,其后改名任职于某公司。被告杂志发现 Sidis,乃详为报道。美国联邦最高法院判决 Sidis 败诉,其理由系 Sidis 曾是公众关切人物,其作为公众人物的特质在相关事物上,虽事隔多年,仍然存在,社会对其后来发展的关切具有正当性,公众获得信息的利益应大于其个人的隐私权。

关于新闻自由与隐私权的权衡,美国联邦最高法院自 1975 年迄今,共有 4 个案件,均作成保障新闻自由的判决,兹就两个关于犯罪前科具指针性的判决说明如下[82]:

1. Cox Broadcasting Corp. v. Cohn (1975)[83]

在 Cox Broadcasting Corp. v. Cohn 案,原告的 17 岁的女儿遭强暴杀害死亡,Georgia 州规定禁止于审判中报道强奸被害人姓名或足供识别的信息。原告主张被告的记者从法院提供的起诉书,获知被强暴者的姓名,在电视中加以报道,系违反 Georgia 州规定及侵害其隐私权,而诉请损害赔偿。

被告承认确有报道原告女儿姓名,但主张应受宪法新闻自由所保障而免责。Georgia 州最高法院判决认为,宪法第一修正案新闻自由的保障并不当然高于个人隐私权,即新闻自由并非得完全剥夺个人的隐私权保障。即使强暴杀害 17 岁少女为社会公众关切,而有公开报道的公共利益,但强暴被害人姓名并非公共关切的事务,关此部分的新闻自由权利应予合法限制,被告不得以宪法保障新闻自由为抗辩,以免除公开报道原告

---

[81] Mills, Privacy: The Lost Right (2008).

[82] 其他两个判决:Oklahoma Publishing Co. v. District Court, 430 U.S. 308 (1977); Smith v. Daily Mail Publishing Co., 443 U.S. 97 (1979).

[83] 420 U.S. 469 (1975)。以下说明,参见林世宗(注⑯书),第 559 页。

女儿姓名的侵权责任,应赔偿原告所受的损害。被告上诉至美国联邦最高法院。

美国联邦最高法院撤销 Georgia 州最高法院判决,认为被告公开报道原告女儿姓名并不成立侵犯隐私权。美国联邦最高法院认为隐私及言论自由两种利益均根基于美国传统,为众所关切事项,二者如何权衡,私事的公开应负民事或刑事责任是否符合宪法第一修正案及第十四修正案所保障的新闻自由,对此广泛重大问题,难作抽象的论述,而应就本案所涉及的问题加以判断,即根据正确且公开供公众参阅的资料,报道被强暴者的姓名,国家得否加以制裁。美国联邦最高法院明确表示对于此种报道,国家不得加以制裁,其理由为:现代民主社会,每个人以有限时间与资源直接观察政府的运作,须依赖新闻媒体报道,始能了解这些运作的事实。已公开于公众的官方记录与文书乃政府运作的基本资料,以满足公众"知的权利"。如非经由媒体详尽与完整报道以提供的新闻信息,多数人民与许多议员将无法充分取得真实信息,难以明智地投票或对于政府政策表达意见,为有效的监督与制衡。尤其关于司法程序,新闻的功能乃在确保审判公正,且具有对司法正义为公开审查的价值。媒体报道司法新闻正是确保司法公正的机制与功能。对犯罪行为的起诉与其司法程序乃公众正当关切事项,公开报道此项政府的司法审判,系新闻媒体的责任,具确保司法正义的公共利益,不成立对隐私权的侵害。

2. The Florida Star v. B. J. F. (1989)[84]

The Florida Star. v. B. J. F 案亦涉及新闻报道被强奸者姓名是否侵害隐私权的问题。Florida 州法 794.03（1987）规定:不得于任何传播媒体,以印刷、出版或广播报道性侵害犯罪被害人姓名。The Florida Star 系一周刊报纸,辟有专栏,报道由警察调查的地方刑事案件。被害人 B. J. F. 曾向警察局报案,遭受被一不知名之人抢劫与性攻击。警察局作成报告,并使用 B.J.F. 真名,且将此报告放在警察局的新闻室,未限制新闻记者进入新闻室,或使用该报告。被告 The Florida Star 报纸由警察局新闻室内取得该报告内容,由其记者撰写报道,详述 B. J. F. 报告内容,包括 B.J.F. 的姓名。B.J.F.(原告)以其真实姓名被公开,造成困窘,对报社与警察局诉请侵犯隐私权的民事侵权行为损害赔偿。警察局提出 2 500

---

[84] 491 U. S. 524 (1989);以下说明参照林世宗(注⑯书),第 562 页。

元赔偿,与原告达成和解,B. J. F. 与 Florida Star 报社间的诉讼继续进行。Florida 州法院认为 Florida 州禁止传播媒体公开报道强暴被害人姓名的法律为合宪,因其适当权衡新闻自由与隐私权两者间的法益,且仅适用于较敏感的刑事犯罪,乃在维护三项利益,即:保障性侵害被害人隐私权;保护性侵害被害人的人身安全,免于二度伤害;鼓励被害人勇于出面报案,无须担心曝光。

本案件上诉到美国联邦最高法院,由 Marshall 大法官主笔的多数意见废弃 Florida 州法院判决,认为信赖政府机构(包括法院或警察局)公开发布的资料,乃典型的惯常新闻报道方式。如新闻媒体根据政府机构发布的新闻为报道,而被课予法律责任,将违背宪法所保障的新闻自由。新闻媒体因信赖政府机构所为公开事项,而为报道,不应以政府机构本身应否公开此一事项而受限制。从已由政府机构公开的资料而取得信息,新闻媒体为维护公众"知的权利",即得为报道。新闻自由与隐私权均属关于民主社会的传统与重要价值,两者间的利益权衡选择须依个别情况而定。因此,媒体报纸合法取得有关公共重要事务的真实消息,除非有另"为增进最高国家利益的需要"(a need to further a state interest of the highest order),于宪法新闻自由保障下,政府不得处罚此种由警察局合法取得消息的公开报道。新闻媒体由警察机关公开的资料内容,取得原告的真实姓名与新闻内容,并无不法,为新闻自由报道所保障。政府虽有保护强暴被害人姓名隐私的重大利益,不得因新闻自由而牺牲个人隐私,但在本案情形不具逾越受宪法保障新闻自由的最高度国家利益。美国联邦最高法院的判决更进一步确立了新闻媒体得公开报道由政府机关(警察局)合法得知或取得的信息的权利,超越个人隐私权的保护。

第二目 日本最高裁判所的逆转事件判决

一、案件事实

日本法上关于隐私保护与言论自由冲突及调和的著名案例,系日本最高裁判所于平成 6 年 2 月 8 日关于逆转事件所作成的判决[85]。

昭和 39 年 8 月 14 日本件第一审原告 X(被上诉人)与其他三人,与

---

[85] 日本国最高法院裁判选辑(一),"司法院"印行(2002)(苏惠卿译),以下系参照其译文。关于日本法隐私权的判决及评论,参见五十岚清(注⑪书),第 194 页以下;佃克彦,プライバシーの法律实务(弘文堂,2006),第 28 页以下。

冲绳县驻守的美军 A、B 因争吵而发生殴打,两名美军一人死亡一人受伤。因为当时冲绳县尚归由美国统治,经美利坚合众国琉球列岛民政府高等法院的起诉,陪审团判定 X 等四人对死亡之美军的伤害致死罪名虽为无罪,但伤害罪部分罪名成立;对另一名美军之伤害罪亦为无罪,X 因此受 3 年有期徒刑的有罪判决。X 于服刑后,在昭和 41 年 10 月假释出狱。因为本事件的影响,工作并不顺利,旋即离开当地,前往东京工作,其后并已结婚成家。X 刻意隐瞒在冲绳发生的事件,加以该事件发生时,冲绳当地的媒体虽大肆报道,但日本本土的新闻媒体并无只字词组的报道,因此 X 周遭之人并不知道其曾受有罪判决而入监服刑的事实。

本件第一审被告(上诉人)Y 为该刑事事件陪审团成员,于事发十余年后,基于该次陪审的经验,写成以"逆转"为题的真实小说,书中并使用 X 的真实姓名。该书由著名出版公司新潮社于昭和 52 年 8 月予以公开发行,获得相当评价,于昭和 53 年获颁大宅壮一赏。

X 以"逆转"中 Y 使用其真实姓名,致使其有前科记录的事实被公开,侵害其隐私权为由,起诉请求 Y 应给付其精神慰抚金。第一审东京地方法院及第二审东京高等法院均判决 X 胜诉,Y 乃以第二审判决中针对 Y 之表现自由与 X 的隐私权间之优劣关系的解释有违宪之嫌,向最高裁判所提起本件上诉。

二、日本最高裁判所判决

在本件,日本最高裁判所判决原告胜诉,其理由为:

1. 言论自由

对表现自由虽应给予充分的尊重,但其价值并非高于其他基本人权之上,尚不能以揭露当事人有关前科犯记录之事实系属宪法所保障的表现自由的范畴为由,而谓不能依侵权行为追究行为人的责任。

2. 犯罪前科人的人格利益

当事人就有关前科记录的事实不被任意加以披露,具有宪法应予保护利益。此一原则对不论系由公务机关、私人乃至私团体加以披露时,皆有适用。该当事人于受有罪判决或服刑完毕后,被期待以一普通市民的身份回归社会,因此亦享有不得任意公开上述前科记录致侵害其平稳生活,妨碍其更生的利益。

另外,当事人有关其前科记录的事实所牵涉的刑事案件或刑事裁判,同时亦为社会一般人关心或批判的对象,事件本身的公开,如有历史或社会上的意义时,将事件当事人姓名予以披露亦非法所不许。而依该当事人社会活动的性质或是经由其社会活动对社会产生的影响程度,当事人亦有可能必须容忍公开其前科记录,以供作为批判或判价其社会活动的材料。

3. 利益衡量

有关当事人的前科记录等事实于著作物中以使用其真实姓名加以披露时,为判断其是否为法所不许,应综合考量依该著作物之目的及其性质,使用当事人真实姓名的意义及其必要性。亦即,就个人有关前科记录的事实而言,当事人所有不被公开的利益固有应依法予以保护的必要,惟亦有许其公开的情形。于著作物中以使用当事人的真实姓名,而披露当事人有关前科记录的事实时,是否构成侵权行为,除应考量当事人其后的生活状况外,亦应斟酌该事件本身所具有的历史及社会上意义、当事人在事件中的重要性;就当事人的社会活动及其影响力而言,须同时考量依该著作物之目的及其性质使用真实姓名的意义与必要性。综合考量以上事由的结果,有关前科记录的事实不应公开的法益较为优越时,当事人得请求赔偿因该等事实被公开所受的精神上痛苦。

第三目 德国联邦宪法法院的 Lebach 案判决

德国法上关于隐私(及肖像)与言论自由(新闻自由)最著名案例,系德国联邦宪法法院二次就 Lebach 案所作判决,其判决理由具高度可读性及参考价值,特详为说明如下:

一、德国联邦宪法法院第一次判决:BverfGE 35, 302[86]

1. 案例事实

1969 年初有 A、B、C 三人侵入德国萨尔兰邦雷巴赫镇(Lebach)的联邦国防军弹药库,杀死 4 名卫兵、重伤 1 人,并抢劫武器弹药。3 人于 1970 年遭逮捕,判刑入狱。A 及 B 处无期徒刑,C 被处六年有期徒。此事件轰动社会,德国第二电台(ZDF)乃于 1972 年春,制作"雷巴赫士兵谋杀案"(Der Soldatenmord von Lebach)的记录性节目,描写 3 人间的同性恋情、整个犯罪行为的准备、实施及追捕与刑事诉追的过程。节目中除播出

---

[86] 关于前揭德国联邦宪法法院二则裁判的要旨内容及分析讨论,参见陈耀祥:《论广播电视中犯罪事实之报道与人格权保障之冲突》,《当代公法新论——翁岳生教授七秩诞辰祝寿论文集(上)》(2002),第 115 页以下。

3名罪犯相貌外,多次提及其姓名。C因其刑期较短,将于1973年夏假释出狱,认ZDF准备播出的前揭节目,侵害其受《德国基本法》第2条第1项及第1条第1项所保障的一般人格权,将使其无法重返社会,乃向地方法院申请假处分,禁止播出该节目。其申请遭各审法院驳回,主要理由系认C为《德国艺术著作权法》第22条及第23条中所称"时代历史人物"(Bildnisse aus dem Bereiche der Zeitgeschichte),其个人肖像权虽属一般人格权的特别表现方式,然在本件中,与广播电视自由所涵盖的公众信息利益相较,后者应优先受到保护。C提起宪法诉愿。

2. 联邦宪法法院判决理由

联邦宪法法院废弃民事法院的判决,所采理由为:《德国基本法》第5条第1项所保障的广播电视自由,包括节目题材的选择、表现种类与方式的决定及节目的形态等。广播电视自由与其他法益发生冲突时,应考虑具体节目所追求的利益、形成的种类与方式及预定或得预见的效果。德国艺术著作权法第22条及第23条规定,提供足够利益衡量的空间,即一方面须考虑《德国基本法》第5条第1项第2句广播电视自由的放射作用;一方面应斟酌第2条第1项与第1条第1项的人格权保障。在此两项宪法价值之间,原则上并无何者优先受到保障的问题。在个案中,须就人格权侵害的强度与公众信息利益的保护加以衡量。对于重大犯罪行为的现况报道,一般言之,公众信息利用应优于犯罪行为人的人格保障。然而,除顾及个人不得被触及的最内在生活领域之外,尚须遵守比例原则。提及行为人姓名、相貌或其他得确定其身份的行为,并非毫无限制。广播电视台除案件的现况报道外,以记录性节目的方式,在时间上毫无限制地,触及犯罪行为人本身及其私人的生活范围。又事后报道,即使提供最新的信息利益,然其播出足以确认行为人身份的重大刑案节目,通常可认系危害其再社会化,均为宪法上人格权保障所不许。

二、德国联邦宪法法院第二次裁定:BverfGE AfP 2000,160

1. 案件事实

在Lebach镇士兵谋杀案后30年,德国民营电视公司SAT 1,于1996年制作一套9集,名为"制造历史的犯罪"(Verbrechen, die Geschichte machten)影集,将德国犯罪史上著名案件,以电视影集形式重新呈现。其首集即为"雷巴赫案1969"[Der Fall Lebach(1969)],并预定于同年1月4日播出。观众知悉此项影集是根据真实案例拍摄,但为了保护案件相关当事人,其中若干人物的姓名业已变更。对于犯罪行为人,则以虚构的姓名称之,亦未播出其相貌。影集内容包括犯罪相关情节,以整个追捕过程为重心,尤其是以报幕式说明犯罪者受到法律制裁的结果。在前述于1972年对ZDF影集申请假处分,重返社会最久之行为人C及另一位业已假释出狱之行为人A,在系争节目播出以前,以损害其人格,并危害其尚未结束的再社会化过程为由,向法院申请假处分,请求禁播该节目。Saarbrücken地方法院驳回此项申请,萨尔兰邦高等法院(Saarländischen Ober-landesgerichts)驳回申请人的抗告,其主要理由为:本件电视节目与前述ZDF记录性节目不同。行为人的身份无法经由SAT 1所制作的电视节目予以确认。行为人的姓名或相貌既未于节目中出现,参与者的个人关系亦被隐藏。再者,时间间隔亦为重要的考虑因素,因为时间经过,对行为人所作所为的震惊与愤怒业已消失,无法认定此项节目的播出,会引起观众探讨行为人的兴趣。整个事情仅被视为犯罪史上的一项案件而已,行为人不能要求将整个案情从公众记忆中消除。A不服此项判决而提起宪法诉愿。又仍在服刑当中的行为人B,亦向民事法院申请假处分,请求禁止该节目的播出。Mainz地方法院及Koblenz高等法院许其所请,禁止系争节目的播出,其主要理由系以申请人B即将假释出狱,即使其身份于节目中被变更处理,对于认识其为雷巴赫谋杀案行为人之人或假释即将遭遇之人而言,仍有认出其身份的可能,此项节目的播出将引起新的社会制裁,再社会化的利益仍可能受到危害。故行为人的人格权应优先于SAT 1的广播电视自由而受到保障。SAT 1广播电视公司认其受《德国基本法》第5条第1项第2句所保障的广播电视自由受到侵害而提起宪法诉讼。

(二) 联邦宪法法院裁定要旨

在本件宪法诉讼,德国联邦宪法法院裁定一方面维持Saarländ高等法院判决,认为不得禁播SAT 1电视关于"雷巴赫案1969"节目。他方面废弃Koblenz高等法院的判决,其要旨有三:

1. 新闻自由

广播电视自由的核心为节目自由,包括节目内容形成空间及个别播送行为,除政治性节目外,并及于娱乐性节目。禁止特定节目的播出涉及广播电视自由的核心范围。广播电视自由当然不是毫无保留地受到保障。依照基本法第5条第2项,得以一般性法律加以限制,其解释与适用系属民事法院的职权。一般人格权亦受宪法所保障。此项基本权利系为对抗公开丑化或扭曲其个人形象,或避免其人格发展可能因此所产生之烙印作用而受到重大之损害。节目播送造成犯罪行为人于服刑后,原则上可能难以重返社会即属此种损害。然一般人格权并未赋予犯罪行为人,得要求公众不得再议论其行为的权利。联邦宪法法院于1973年雷巴赫判决或其他裁判当中,皆未承认此项权利。在雷巴赫判决中仅确认,人格权保障犯罪行为人免于媒体无时无刻地报道其个人及私人生活,而非意指权利主体得请求完全禁止涉及其个人重要事件的报道播送。问题重点系报道行为可能对于人格发展造成伤害。

2. 犯罪行为人的人格利益

本件的关键在于如何衡量犯罪行为的人格利益及电视台广播电视利益。在1973年雷巴赫判决系认假如ZDF的记录性电视影集得以播出,将伤害受刑人的再社会化。当犯罪行为人未受或仅受非常短暂自由刑的处罚时,其再社会化系人格上非常重大利益,应受尊重。本案中并无此种人格权保障优于广播电视自由的情形。在雷巴赫判决中,以提及行为人姓名及呈现其相貌的记录性节目方式,报道激起公愤的犯罪行为,对行为人人格势将造成重大损害。依当时情况,播出此项节目主要是基于高收视率的考虑。在非常接近释放时间的情况下,若不阻止深具散播作用及影响力的电视播出该项记录性节目,将导致当事人再社会化的困难。当然,即使时间上距离释放时点不远,也可能因重大刑案的报道,对人格自由发展产生负面作用,并衍生社会隔离,使当事人因此而生不安全感,而影响其再社会化。

3. 利益衡量的因素

再社会化及时间间隔:本案并非涉及一项准备泄露行为人身份且可能产生负面作用的节目,行为人的身份可能因SAT 1的节目播送而被认出。然而,对知情之人而言,系争影集不会对人格利益产生重大的损害,因其对于行为人的认知关系业已确立。又议论行为人以前的行为,虽可能短暂地影响这些人的观感,但不会因为系争影集的播出,就导致对于行为人产生或再度产生羞辱或隔离的结果。申请人的再社会化亦不会因为系争影集的播出而受到危害。当然,虽不能排除经由相关仔细调查,可能寻出行为人的姓名,惟事过30年,此种危机已微乎其微。况且,对于原已认识行为人而可能知悉其为雷巴赫谋杀案参与者之人而言,对行为人再社会化亦无损害作用。系争影集,依其表现方式,迄今并未明显引起抵制申请人的行为。于此也必须顾及犯罪行为以后的时间因素,因为时间的间隔,可能对于行为人产生抵制或负面评价之社会公愤,通常已经消逝。

广播电视自由的意义主要是保障广播电视经营者的节目形成自由,限制播出系对于此基本权利的重大干预。系争节目并非仅具娱乐性质而已,而是以娱乐方式重现历史观点,呈现行为人的行为、动机,尤其是刑事追诉机关与公众的反应,以及1969年当时的社会情况。禁止系争影集的播出,不仅妨碍特定节目的播送,也同时阻绝犯罪影集取材自特定的、具有历史意义的犯罪行为的可能性。

第四目 比较研究

应先指出的是,美国、德国、日本及台湾地区"最高法院"均认言论自由与隐私权系同受保护,无价值优先位阶,即不认言论自由显然有优越于隐私的价值,二者发生冲突时,应采比较衡量的方法,以决定何者应优先加以保护,问题在于如何设定其衡量基准。

一、美国法上的"合法取得信息"理论

在公开揭露个人私事(public disclosure of private facts)的类型,美国联邦最高法院一方面认为就隐私权与新闻自由两项权利应为适当的权衡(the proper balance between the right of privacy and the freedom of press),但他方面却又采取"合法取得信息论"(lawfully information obtained doctrine),认为新闻媒体合法取得经政府机关(包括法院及警局)对公众公开的"公共记录"(public records)中关于私人信息(例如强暴被害人、犯罪前科等),加以揭露时,不成立对隐私权的侵害,以保护新闻自由,纵使该等信息系因错误或不法而被公开时,亦然,盖新闻媒体对于公共记录应得为信赖,以避免自我检查,政府并有适当方法防范资料外泄,以保护当事人(如被强暴者)的无名性。[87]

前揭美国联邦最高法院所采"合法取得信息论"偏重保护新闻自由,而受到学者批评,认其系以衡量为名,实采绝对主义判断基准。新闻媒体总有办法合法取得某项信息,而不必以窃盗为之,此将使隐私权的保护名存实亡。在美国,实际上亦属如此,主张隐私权被侵害而请求损害赔偿者

---

[87] Denno, The Privacy Rights of Rape Victims in the Media and the Law, 61 Fordham L. Rev. 1113f. (1993); Edelman, Free Press v. Privacy: Haunted by the Ghost of Justice Black, 68 Tex. L. Rev. 1195 (1990).

甚多,但殆无胜诉的案例。⑱

在中国台湾地区法上,不应以"信息合法取得"作为侵害隐私权的违法阻却事由,在利益衡量上不能采取此种具绝对性的判断标准。合法取得资料加以报道不当然得排除对隐私权的侵害,不法取得信息予以公开,有时亦得阻却违法。

"性侵害犯罪防治法"第13条第1项规定:"宣传品、出版品、广播、电视、网际网络内容或其他媒体,不得报道或记载被害人之姓名或其他足资辨别被害人身份之信息。但经有行为能力之被害人同意或犯罪侦查机关依法认为有必要者,不在此限。"此项规定系为保护性犯罪被害人的隐私而限制言论自由,乃为保护他人的人格权所必要,应不生违"宪"问题。设有犯罪侦查机关误将被害人的信息外泄,新闻媒体将之报道公开时,仍属违反上开规定,并得在"侵权行为法"上成立对他人隐私的侵害,应负损害赔偿责任。

二、个案上的利益衡量的论证结构

德国及日本实务上均系就个案综合考量相关因素以认定侵害隐私权的违法性,"最高法院"亦同此见解,可资赞同。在"逆转"事件,日本最高裁判所分别提出被害人应受保护的隐私利益及新闻自由保护的价值,再加以比较衡量。德国联邦宪法法院关于同一犯罪的前科报道,作成两个裁判,分别认定在何种情形具有违法性,在何种情形得阻却违法,更具启示性,其论证构造⑲,足供参考学习,简示如下:

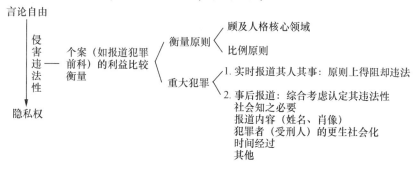

---

⑱ Markesininis/Unberath(注⑦书), S. 423(case 42).
⑲ 利益衡量方法论的说明,王鹏翔:《论基本权的规范结构》,载《台大法学论丛》2005年3月第34卷第2期,第1页以下;Alexy, Theorie der Grundrechte(3. Aufl. 1996), S. 82f.

就言论自由与隐私权在个案加以衡量以认定其违法性,系一件困难的工作,只有确实斟酌考量其相关因素,作具体的说理,避免空泛抽象的论述,始能作成可供检验的判断,而对人格权保护及言论自由作出合理的调和。

第三项 公开场域隐私权:摩洛哥卡洛琳公主案

第一目 问题说明

一、问题的提出

前"总统"陈水扁因涉及刑事案件,在法院审判期间,其女儿陈幸妤及其未成年子女经常遭到新闻记者跟追拍照,不论是在上班途中、工作场所、餐厅、商场等"公开场域"(公共场域)。新闻杂志以大幅的图文刊载照片,电视节目更是日夜转播,以满足民众对此案件相关事情之兴趣,而增加销售量或收视率[90]。值得研究的是,此种跟追报道得否适用"社会秩序维护法"第89条第2款之规定?是否符合"司法院"释字第689号解释所提出的"新闻价值公益性"及"社会通念容忍程度"的正当化事由?陈幸妤"事件"类似于著名的"刊登摩洛哥卡洛琳公主(Caroline von Monaco)私人生活照片案"(以下简称卡洛琳公主案),德国联邦宪法法院与欧洲人权法院的裁判,有助于更进一步探讨公开场域隐私权(public privacy)保护宪法化及国际化的若干问题。

二、摩洛哥卡洛琳公主案的意义

卡洛琳公主是欧洲社交界的名流,因其属摩洛哥皇室成员,故其行止活动、个性、生活方式等受到各界人士的关注,成为欧洲各国大众媒体跟追报道的对象,大量刊登其在公开场域的私人生活照片。为保护其隐私权,卡洛琳公主乃在欧洲多国法院提起诉讼,请求禁止跟追报道及损害赔偿。法院因此创造了许多判例,卡洛琳公主被肯定对人格权法的发展作出了贡献。摩洛哥卡洛琳公主案可说是比较法上关于隐私权保护最著名的案件,之所以值得研究,其理由有三:

(1) 卡洛琳公主案引发德国联邦宪法法院与欧洲人权法院作出不同法律见解的裁判。欧洲人权法院废弃德国联邦宪法法院判决,这个来自

---

[90] 出生法律世家的陈幸妤为何不像卡洛琳公主一样诉请救济?是否认为台湾的法律偏重保护大众媒体?抑或对台湾法院及法律没有信心?

Strassburg(欧洲人权法院所在地)的炸弹,触及德国法学的自尊心,产生了大量具有参考价值的论文著作,在中国台湾也受到了重视。[91]

(2)卡洛琳公主案先后经德国联邦宪法法院及欧洲人权法院裁判,建立了公开场域隐私权保护的宪法及欧洲基准,两者同属重要,均具参考价值。其论证结构及说理方法,最值参考学习,特作较详细的介绍。

(3)"司法院"释字第689号的解释意旨、解释理由书及若干大法官的协同意见或不同意见书,均受到摩洛哥卡洛琳公主案的影响。

第二目 德国联邦宪法法院判决

一、案件事实及相关法律[92]

摩洛哥卡洛琳公主案涉及周刊杂志未经同意刊登其个人私生活的照片。这些照片可分为三类:

(1)卡洛琳公主与其伴侣在餐厅隐密处用餐。

(2)卡洛琳公主在乡间散步、牧场骑马、上街购物、河上泛舟。

(3)卡洛琳公主与其未成年子女一起在小船上划桨。

卡洛琳公主在德国汉堡地方法院提起诉讼,主张周刊杂志刊登此等私人生活照片系侵害其一般人格权(私生活领域)及受艺术著作权法所保护的照片。该法第22条第1项规定:"人像照片须经被拍照人同意,始得予以散布或公开展示。"同法第23条第1项规定:"当代历史领域的人像照片,无须依第22条的同意得予以散布或公开展示。此项散布或公开展示不得侵害被拍照之人的权益,或侵害被拍照人死亡时其家属的正当利益。"

问题在于,卡洛琳公主是否为当代历史人物,其对其照片不被散布或公开展示是否具有正当利益。德国通说将当代历史人物(Person der Zeit-

---

[91] 参见廖福特:《个人影像隐私与新闻自由之权衡——Von Hannover 及 Peck 判决分析与台湾借镜》,载《人权之跨国性司法实践——欧洲人权裁判研究(一)》(颜厥安、林钰雄主编,2007),第223—270页;陈仲妮:《论新闻自由与公众人物隐私权之冲突与调和——以欧洲人权法院卡洛琳公主诉德国案(Von Hannover v. Germany)为中心》(东吴大学法律学系硕士在职专班法律专业组硕士论文,2008);吴志光:《新闻自由与所谓的"政治人物标准"——由欧洲人权法院裁判谈起》,载《台湾法学》2009年12月15日第142期,第119页;刘静怡:《说故事的自由——从欧洲人权法院近年隐私权相关判决谈起》,载《台湾法学》2010年2月15日第146期,第59页。

[92] Prütting (Hrsg.), Das Caroline—Urteil des EGMR und die Rechtsprechung des Bundesverfassungsgerichts (2005) S. 1. "Am 24. Juni 2004 hat der Europäische Gerichtshof für Menschenrechte in Straßburg (EGMR) die berühmte Entscheidung 'Caroline von Monaco' gefällt, die in Deutschland wie eine Bombe eingeschlagen hat."

geschichte)分为绝对当代历史人物及相对当代历史人物。[93] 绝对当代历史人物系指因身世、地位、贡献,远较周围的人突出,并因此成为公众瞩目焦点之人。相对当代历史人物则系指不属于公众人物(Persönlichkeiten des öffentlichen Lebens),但因与绝对当代历史人物有亲近关系,或因与当代历史事件产生有意或偶然的关联,而一时性地成为公众瞩目焦点之人。

德国法上此种分类并非将人物形式性地归入固定的类型,而是经过利益衡量后,才认定为绝对或相对当代历史人物。一个人究竟属于绝对的或相对的当代历史人物,系在个案中衡量冲突的基本权利,亦即被摄影人的自主决定权与表意自由及新闻自由所保护的信息利益加以决定。简言之,所谓绝对或相对当代历史人物,并非是评价的起点,而是利益衡量的结果。

德国实务认定为绝对当代历史人物的有:国家元首、政治人物、发明家、知名科学家、成功的艺术家、有名气演员、歌星、足球员等。在相对当代历史人物方面,因其成为当代历史人物的理由,在于与一定事情的关联,故信息利益的斟酌应着眼于该事件本身,倘该事件不再具有时事性质时,其信息利益亦随之降低。

二、德国联邦法院判决(BGHZ 131,332)

德国联邦法院在摩洛哥卡洛琳公主案,对隐私(私领域)的保护内容作成四项要旨:

(1)时代历史人物享有人格权上隐私应受尊重的权利。此项权利包括独处不受干扰。

(2)对隐私的保护应扩张及于所拍摄照片的公开,并不限于自己住宅的范围。

(3)在自己房屋外面,当个人退居于一个隔离性的场所(örtliche Abgeschiedenheit),在客观上可知其愿独处,并在该具体情况相信其隔离性(Vertrauen auf die Abgeschiedenheit),而作在广大公开场合有所不为的行为时,亦得享有一个值得保护的隐私(私领域),在此种情形,秘密或利用出其不意地拍摄照片,加以公开时,应构成不法侵害。

(4)在其他情形,时代历史的绝对人物必须忍受拍摄照片的公开,纵

---

[93] Schricker/Götting, UrhG (2006),§60/§23 KUG, Rdnr. 7.;黄松茂:《人格权之财产价值》(台湾大学法律学研究所硕士论文,2008),第64页以下。

使此等拍摄非在显示其执行公务,仅涉及其广义的私生活。

德国联邦法院认卡洛琳公主系摩洛哥皇室成员,常主持各种仪式,虽其不担任公职,仍属历史绝对人物。依据前开在公开场域隐私权保护的利益衡量基准,德国联邦法院认为卡洛琳公主应受保护者仅系其与伴侣在餐厅隔离性场所用餐(参阅第三项裁判要旨);至于散步、骑马、上街购物、泛舟、划船、与友人在餐馆用餐且四周尚有其他用餐客人等部分,则受败诉判决(参阅第四项裁判要旨)。卡洛琳公主就其败诉部分,向德国联邦宪法法院提出宪法诉愿。

三、德国联邦宪法法院判决(BVerfGE 101, 361-Caroline von Monaco)[94]

(一)违宪审查基准

德国联邦宪法法院对卡洛琳公主案的判决首先提出违宪审查基准,认为《德国艺术著作权法》第 22 条第 1 项及第 23 条第 1 项系采原则禁止但例外允许的分层次的保护建构,对被拍照人受保护的需要和公众希望获取信息、媒体满足此项希望的利益,均已为充分考虑。该等法条开放的表达形式,为符合基本权利的解释和适用提供了足够的空间。

德国联邦宪法法院强调对私法规定符合宪法的解释与适用,是民事法院的事务。民事法院于作解释和适用时,必须注意到其作成裁判所涉及基本权利的意义和效果,俾使其确立价值亦能在适用法律的层面获得维护。为此,即须在私法规定可作解释的构成要件范围内和具体事件应顾及的特殊情况下,于互相冲突之基本权的保护法益间加以权衡。此项法律争议尽管受基本权利的影响,仍属私法性质,应在由基本权利引导解释的私法寻得其解决方法。联邦宪法法院只限于审查民事法院是否已充分注意到该项基本权利的影响,于解释和适用私法规定时,是否忽略基本权利的保护范围,不完全或是错估其影响及重要性,以致于有损及私法规定范围内对双方法律地位的权衡,而作成错误的裁判。

(二)德国联邦法院判决的基本见解应予肯定

1. 德国联邦宪法法院赞同德国联邦法院见解,肯定摩洛哥卡洛琳公

---

[94] BVerfGE 101, 361, 393—Caroline von Monaco,德国联邦宪法法院裁判选辑(十一),"司法院"印行(2004 年),第 57 页(吴绮云译)。以下论述系参考该裁判译文,本件裁判深具价值,请阅读之。

主系当代绝对历史人物。

2. 言论自由的保障范围

基本法上所以保障新闻自由,乃在促进个人和公共意见的自由形成。意见的形成不限于政治领域。报章杂志亦具形成意见的功能,意见形成与娱乐消遣并非对立。娱乐消遣性文章亦会发生意见的形成,甚至可能比纯专业性的信息,会更持久地激发或影响意见的形成,很多读者正是由一些娱乐消遣的文章中,获取其看来是重要或有趣的信息。

但即使是单纯的娱乐消遣,也不能自始即否认其与意见形成的关系。不能片面地认为娱乐消遣仅是在满足取乐、使人轻松、逃避现实的愿望而已。它亦可能传介现实面并提供一些可就关于生活态度、价值观念和行为模式进行讨论和整合过程的话题,就此方面言,其亦履行了重要的社会功能。报章杂志中的娱乐消遣部分,与新闻自由的保护目标相比,显非不重要或甚至是无价值的,应同样地包括入基本权利的保护范围之内。

以上所述亦适用于关于人物的报道。新闻事件的人物化已成为一种为激起注意的重要出版手段。经常是人物化后,始唤起对问题的兴趣和希望得到专业信息的理由。对一些事件和状况的关心,也大部分是经由人物化的传介而产生。此外,社会名流代表一定的价值观和对生活的态度,提供许多人在作自己生活规划时的依循方向,具有榜样或对比的功能。

民众对于政治生活人物的此种兴趣,基于民主透明化和监督的观点,常被认为是正当的。对于公共生活中的其他人物,此项原则亦不容置疑。就此点而言,对人物不限于特定功能或事件的描述,符合报刊杂志的任务,同属新闻自由的保护范围。须在权衡相互冲突的人格权时,始能决定其对公众重要的问题,是否严肃、专业性地说明或仅是散播旨在满足好奇者的私人事件。

3. 公开领域隐私受保护的正当利益:以隐蔽性为判断基准

当代历史人物亦享有之值得受保护的私人领域,地点须具隐蔽性(隔离性)的要件,当有人退避至一地点隐密之处,客观上可看出其欲独处(不受干扰),且因他信任该处的隐蔽性,而为在广大公众前不会做的举止动作。倘若公开发表被影响人于此种状况被暗地或利用突袭所拍的照片,即违背《德国艺术著作权法》第 22 条及第 23 条规定。

地点须具隐蔽性的标准,一方面是考虑到一般人格权的意义在于确保个人在其自己住宅范围以外,亦有一个人可以放松的空间领域,在该领域公开,其自知不受公众不断的注目观察,因而不必要基于此种观察而控制自己的行为,而有所放松,归于自我,以达到保障人格发展的功能。另一方面该项标准又不过度限制新闻自由,因其不是完全禁止对当代历史人物的日常私人生活作报道,其在公众场合所发生的,亦能开放可供拍照。在有公众获取信息利益的突出重要情形,新闻自由甚至可以优先于对私人领域的保护。

4. 与子女同处照片在人格权上的保护

关于本件诉愿人与其3个子女一起被拍摄的照片,联邦宪法法院强调应顾及与家庭、与子女相处时的人格保护,因《德国基本法》第6条[65]对家庭保护的规定而强化了诉愿人(及其子女)人格权应受保护的地位。联邦法院对此部分未予重视,不符宪法要求。

四、德国联邦宪法法院的裁判要旨

德国联邦宪法法院基于对德国联邦法院判决的违宪审查,作成三项裁判要旨:

(1)根据基本法第2条第1项(人格自由)并用同法第1条第1项规定(人格尊严)的一般人格权所保障的私人领域,不限于住家范围。个人必须原则上也要有在其他可看出的隐蔽处,不受被摄影干扰而从事活动的可能。

(2)公开发表的照片涉及亲子活动时,父母的一般人格权的保障内容透过《德国基本法》第6条第1项和第2项规定得到增强,而受保护。

(3)《德国基本法》第5条第1项第2句规定对新闻自由的保障,亦包括娱乐消遣性的出版和文章以及插图。此项原则上亦适用于公开发表显示公共人物在日常或与私人有关联的照片。

德国联邦宪法法院根据前揭裁判意旨认定:

(1)在违宪审查,无可指摘的是德国联邦法院关于宪法诉愿人于上市场途中、与随身保护人在市场以及与随伴在一高朋满座餐厅照片所作

---

[65] 《德国基本法》第6条规定:"(一)婚姻与家庭应受国家之特别保护。(二)抚养与教育子女为父母之自然权利,亦为其至高义务,其行使应受国家监督。(三)于养育权利人不能尽其养育义务,或因其他原因子女有被弃养之虞时,始得基于法律违反养育权利人之意志,使子女与家庭分离。(四)凡母亲均有请求受国家保护及照顾之权利。(五)非婚生子女之身体与精神发展及社会地位,应由立法给予与婚生子女同等之条件。"

的裁判。此等照片的拍摄非在具隐蔽性地点,而是在公共领域。

(2) 反之,宪法诉愿人与其3个子女一起被拍的照片部分,违反人格权保护,不符宪法要求,应予废弃,并将该案发回该法院重新裁判。

卡洛琳公主不服德国联邦宪法法院关于散步、骑马、上街购物、泛舟、与友人在餐馆用餐且四周尚有其他用餐客人部分的败诉判决,认为德国联邦宪法法院裁判违反《欧洲人权公约》第8条保障私人生活的规定,而向欧洲人权法院诉请救济。

第三目　欧洲人权法院判决 Caroline von Hannover v. Germany[96]

一、《欧洲人权公约》上的私人生活保护与言论自由

1950年的《欧洲人权公约》第8条第1项规定:"人人享有私生活和家庭生活、住所和通讯受尊重的权利。"第10条第1项前段:"每一个人都拥有表达自由的权利。"第2项规定:行使上述各项自由负有职责和责任,有可能受到限制,包括为保护他人的名誉或权利;出于防止披露秘密获得的信息等。关于《欧洲人权公约》第8条及第10条的适用,欧洲人权法院作出了许多创设性的裁判,构成欧洲人权法的主要内容[97],其中最受重视的是卡洛琳诉德国案。

二、欧洲人权法院判决

关于卡洛琳公主诉德国(Caroline von Hannover v. Germany)案,欧洲人权法院于2004年6月24日作成判决,认德国联邦宪法法院判决侵害卡洛琳公主受《欧洲人权公约》第8条保障"私人生活"的权利。欧洲人权法院判决的风格不同于德国联邦宪法法院;后者较具学术理论,前者较为简明。兹分三点说明其裁判要旨:

1. 私人生活的保护

《欧洲人权公约》第8条所称私人生活,包含姓名与肖像权等人格同一性的相关面向在内。私人生活也包含个人身体与精神的整全性。其所保障的,系个人得免于外来干扰,自由发展人际关系中的人格特性。因

---

[96] Caroline von Hannover v. Germany,(2005) 40 EHRR 1;欧洲人权法院裁判选辑(一),"司法院"印行(2009),第190页(蔡宗珍节译)以下参照其译文加以整理。在本件判决时,摩洛哥公主 Caroline of Monaco 已与德国 Hannover 王子结婚,故改称为 Caroline von Hannover。

[97] Jacobs/White, The European Convention on Human Right (2002),何志鹏、孙璐译:《欧洲人权法——原则与判例》(第三版),北京大学出版社2006年版,第297页以下。参见"司法院"印行,《欧洲人权法院裁判选辑》(一、二;2009、2010)的相关裁判,均具高度价值(请阅读之)。

此,个人与他人的互动领域,即使是在公共场所,亦可能属于"私人生活"范畴的一部分。

2. 言论自由的保障

言论自由是民主社会的重要基础之一。在《欧洲人权公约》第10条第2项的限制下,此一自由不仅适用于被欣然接受或被认为是无害或不重要的信息或观念,亦包括具伤害性、激怒人、或令人不安的言论表达。这些信息或观念是多元、容忍以及开阔心灵所要求,没有这些,就不会有"民主社会"。某程度的夸张、甚至是挑衅的报道,亦属于新闻自由的一环。就此而言,平面媒体在民主社会中承担了一个重要的任务,负有以合于其义务与责任的方式,传达公益问题所牵涉到的所有信息与观念的义务。

三、私人生活保护与言论自由的平衡调和

对于私人生活的保护必须与《欧洲人权公约》第10条所保障,且为民主社会基础重要的言论自由权利加以权衡。就私人生活保护与言论自由两者间进行权衡时,应以照片的拍摄及附随文章是否有助于公共议题的公开讨论,以及是否牵涉到政治生活中的公众人物为准据。在此,平面媒体扮演了作为"看门狗"的重要角色。大众对于公众人物,尤其是政治人物,在特殊情形下,也享有获知其私人生活面向的权利。在本案情形,所拍摄照片显示的是原告的家居生活。原告在摩洛哥公国没有任何公职,也不替公国从事公职任务,正从事纯粹私人性质的活动。刊登此等照片只是满足了某些群众的好奇心而已。在此等情形,言论自由应予以限缩解释。

德国法院对当代绝对公众人物的隐私保护,尚不足有效保护原告的私人生活。原告作为当代"绝对的"公众人物,只有在处于一个避开公众眼光的隐蔽地点,且还能成功举证的前提条件下,始能主张其私人生活的保护,此种条件实难办到。若无法达到此等条件,当事人就必须忍受几乎随时随地要被有系统地拍照、照片被公开流传,即使照片与解说文章完全只与私人生活的细节有关。地点的隐蔽性标准,理论上或可清楚说明,但在实务运作上甚不确定,当事人很难掌握。本案中将原告归类为当代"绝对的"公众人物,不足以正当化对其私人生活的侵害。

四、法院判决结论

(1) 在私人生活保护与言论自由两者的衡量上,因为原告并未有任何公职,且所摄得照片与文章仅仅与原告私人生活的细节有关,对于公共议题的讨论并无贡献。

(2) 即使原告广为人知,大众对于得知她身在何处、在私人生活中通常都在做些什么,纵使出现在并非完全可被称之为隐蔽地点的场所,并无正当的利益可言。

(3) 即使刊登所摄得的照片与文章存有某种公共利益,同时对杂志社来说也有商业利益,此等利益也必须在原告私人生活应受到有效保护的权利前退让。

(4) 德国法院所建立的一些标准,并不足以确保原告可“合理期待”其私人生活受到保护。纵使国家于此领域享有评断余地,德国法院并未在相对立的利益间取得均衡。

(5) 据上论结,德国法院判决已侵害《欧洲人权公约》第 8 条所保障私人生活的利益。

五、欧洲人权法院判决后的发展

在卡洛琳公主案,欧洲人权法院判决德国败诉。此项裁判在德国引起强烈的反应、热烈的讨论。(98) 德国媒体担心发生所谓的寒蝉效果,认为本案判决已侵害新闻自由,超过 60 家的德国媒体联名向德国联邦政府请愿,要求德国应依《欧洲人权公约》第 43 条规定,将上述由欧洲人权法院分庭关于卡洛琳公主诉德国的判决,申请提交(上诉)由欧洲人权法院大法庭审理。但德国联邦政府以内阁会议正式的决议,决定不将案件提交大法庭审理。德国联邦法院表示会努力落实欧洲人权法院在卡洛琳案的裁判意旨。关于德国及欧洲各国学说及实务发展,在此难以详论。应强调的是,卡洛琳公主案促进对公开场域隐私权保护更深刻、更精细的研究,更从国际人权的观点去检视研讨人格权保护与言论自由的问题。(99)

---

(98) Jürgen, Auswirkungen der EGMR—Rechtsprechung zum Privatsphärenschutz, Möglichkeiten und Grenzen der Umsetzung des Caroline-Urteils in nationales Recht, NJW 2007, 2517; Mann, Auswirkungen der Caroline-Entscheidung des EGMR auf die forensische Praxis, NJW 2004, 3220; Teichmann, Abschied von der absoluten Person der Zeitgeschichte, NJW 2007, 1917.

(99) 吴志光(注(91)论文);刘静怡(注(91)论文);Prütting (Hrsg.) (注(92)书); Berka, “Public Figures” und “Public Interest”, Die ehrenschutzrechtliche Abwägungsents scheidung im Lichte der jungesen Judikatur zu Art. 10 EMRK, in: FS für Schäffer (2006), S. 61 (107); Heckötter, Die Bedeutung der Europäischen Menschenrechts-konvention und der Rechtsprechung des EGMR für die deutschen Gerichte (2008).

第四目　案例比较与实务应用

一、异同比较

德国联邦宪法法院与欧洲人权法院是两个伟大的法院,其裁判影响各国法律发展,对于卡洛琳公主案采不同的法律见解,显见公开场域隐私权保护与言论自由调和的不同思考方法。"司法院"释字第689号解释虽系针对"社会秩序维护法"第89条第2款而为的抽象解释,并非个案裁判,但其解释意旨可适用于"侵权行为法",前已说明,亦列入比较,简要图标如下:

公共场域隐私权保护

题目 案例	法院	相冲突的权利→个案利益衡量			裁判结果
		隐私权	言论自由 (新闻自由)	衡量标准	
卡洛琳公主案	德国联邦宪法法院	肖像权及人格权上私领域	《德国基本法》第5条第1项言论自由包括娱乐消遣	历史人物(绝对、相对)场所的隐蔽性	原告败诉。原告系历史绝对人物,非处于隐蔽地点。
	欧洲人权法院	《欧洲人权公约》第8条私人生活	《欧洲人权公约》第10条言论自由	公众人物,尤其是政治人物公共议题的公开讨论	原告胜诉。原告虽为皇室成员,但未执行公务。拍摄的照片及文章涉及私人生活,无关公共议题的讨论。
	"司法院"释字第689号解释	"宪法"第22条的自由权利 "民法"第195条第1项	"宪法"第12条言论自由包括新闻自由(报道及采访)	新闻价值的公益性	类似案件(公众人物)如何处理?

二、德国联邦宪法法院与欧洲人权法院裁判见解的比较

(1)其相同的是,隐私权的规范依据虽有不同,但其可合理期待的隐私利益均应受保护。

(2)其相同的是,对隐私权保护与言论自由的调和,均采个案的利益

衡量，综合当事人及议题而为判断，不认为何种权利具有较高价值。

（3）其不同的是衡量标准。德国联邦宪法法院系以当事人是否为当代历史人物及地点的隐蔽性作为判断标准。欧洲人权法院则以公众人物（尤其是政治人物）与议题（报道事物）具有公开讨论价值作为审查基准。

（4）欧洲人权法院判决原告（卡洛琳公主）胜诉，乃在强调公众人物（包括政治人物）的私人生活应优先保护，言论自由须予退让。

三、台湾法上的解释适用

（一）释字第 689 号解释意旨

比较法的功能在于"知彼知己"，并得参照其规范模式应用于本国或地区法的立法及解释适用。"司法院"释字第 689 号解释肯定隐私权应受合理期待的保护，其关于"新闻价值公益性"的正当理由（违法阻却事由）的审查基准及解释理由书的例示说明，异于德国联邦宪法法院的"历史人物"、"地点隐蔽性"的判断标准，乃类同于欧洲人权法院所采"公共议题的公开讨论"的法律见解。欧洲人权法院的相关判决及欧洲各国法律与实务发展，应予"跟追"，作为重要的研究课题。

（二）卡洛琳公主与陈幸妤女士

案例比较系比较方法的应用，具有重要功能，可用来探讨外国法上的案例在中国台湾地区法上应如何处理，及本地区法上案例在比较法上的检验。以下分就卡洛琳公主案及陈幸妤女士"事件"加以说明（论证理由从略）：

1. 卡洛琳公主案

卡洛琳公主为摩洛哥皇室成员，台湾没有皇室，卡洛琳公主可视为系公共人物，作为讨论对象。公共人物（包括公职人员、政治人物及公众人物）上街购物、牧场骑马、餐厅用餐，以及偕同子女划船，皆纯属个人生活活动，与公益无关，新闻采访跟追报道仅在满足读者的好奇心或兴趣，不具释字第 689 号所采"新闻价值公益性"（参照解释理由书的例示说明），其跟追（报道）无正当理由，应有"社会秩序维护法"第 89 条第 2 款的适用。被害人并得依"民法"第 18 条规定请求妨害防止及妨害除去，依"民法"第 184 条第 1 项前段故意或过失"不法"侵害他人权利（隐私权）的规定请求损害赔偿。

2. 陈幸妤事件

陈幸妤当时系台湾第一家庭成员。台湾的第一家庭不同于皇室，其本人及子女不因此而属于德国法上所谓的"历史绝对人物"或欧洲人权法院所谓的政治人物。其父亲在担任"总统"期间涉及刑案,应不因此使其子女成为公众人物,纵使认为系公众人物,其上班、购物、送小孩上学等均属私人活动,不具"新闻价值公益性",其被跟追报道,亦应有"社会秩序维护法"第89条第2款、"民法"第18条第1项及"民法"第184条第1项前段规定的适用。其可期待的隐私权应受保护,新闻自由应予退让。

关于名誉权保护与言论自由,"最高法院"再三强调,言论自由与个人名誉之可能损失,两相权衡,显然有较高之价值,国家应给予最大限度之保障,并据此创设了所谓庶几无背? 美国法上 actual malice rule 的"真实恶意原则"(本书第316页以下)。实则名誉系个人的第二生命,亦应受最大限度之保障。前日读莎士比亚的《利查二世》(The Life and Death of Richard the Second),剧中的一段话,深受感动,摘录如下:

人生所能得到的最纯洁的宝藏
便是无瑕的名誉;人而失去名誉
便只是镀金的黏土,彩饰的烂泥。
名誉即是我的生命;二者实为一物;
夺去我的名誉,我的生命即告结束;
亲爱的主上,让我为名誉而打斗一场;
我生于名誉,也愿为了维护名誉而亡。
(梁实秋译:《利查二世》,远东图书公司1999年版,第29页。)

第九章 人格权被侵害的救济方法

第一节 保护机构的建构

台湾地区法律对人格权的保护,已建构了周全的保护机制。"司法院"大法官肯定人格权为受宪法保障的基本权利,对抗来自政府公权力侵害,人民得申请"司法院"大法官解释"宪法"(释字第603号解释等)。侵害行为构成犯罪的,行为人应受刑法的制裁(妨害秘密罪,"刑法"第315条以下)。民事法上的救济方法,主要是侵害除去及侵害防止请求权,并得依"侵权行为法"规定("民法"第184条、第192条、第195条第1项、第213条以下)请求损害赔偿,对被害人具有实质重要的意义,其规范内容及研究发展课题,可分三点加以说明:

1. 救济制度的完善

1999年"民法"债编修正作了三项重大改革:

(1)除人格权侵害除去请求权外,增设侵害防止请求权(第18条第1项),值得探讨的是其与言论自由的关系。

(2)人格权被侵害时慰抚金请求权的一般化("民法"第195条第1项),问题重点在于慰抚金的功能及量定因素。

(3)损害赔偿的请求权基础的扩大,除侵权行为外,并包括债务人因债务不履行致债权人之人格权受侵害时,得准用侵权行为损害赔偿(尤其是慰抚金)请求权("民法"第227条之1)。

2. 人格权的保护内容

人格权除精神利益部分外,应肯定其具有财产利益,须发展出相对应的救济方法,尤其财产损害的计算方法及处理加害人获利返还的问题。

3. "宪法"基本权利的第三人效力

在侵权行为成立及法律效果作符合"宪法"的解释。在救济方法上,值得作深入讨论的是法院依"民法"第195条第1项后段规定命加害人为道歉启事的违"宪"争议(释字第656号)。

第二节 侵害除去及侵害防止请求权

基于人格权的重要性及其所具有的绝对排他性,"民法"特于第18条第1项规定:"人格权受侵害时,得请求法院除去其侵害;有受侵害之虞时,得请求防止之。"以下分就侵害除去请求权、侵害防止请求权加以说明。须先指出的有三:

(1) 此两种请求权不具侵权行为的性质,非属侵权行为法上的请求权,均不以故意或过失为要件,但须其侵害具违法性。

(2) 此两种请求权均具一身专属性,不得让与或继承。

(3) 此两种请求权均不适用消灭时效。

第一款 侵害除去请求权[①]

第一项 要件及效果

一、要件

人格权受侵害的除去请求权的要件有二:

1. 须侵害人格权

人格权包括一切人格法益(生命、自由、名誉、隐私等)。须侵害尚在继续中(侵害的现在性),例如毁损名誉的书刊尚在销售中,对隐私的侵害仍在网络传播。

2. 侵害的不法性

凡侵害人格法益的,原则上均具不法性,除非加害人能证明有违法阻却事由存在。《瑞士民法》第28条第2项规定:"除被害人允许,或因重

[①] 中国台湾地区"民法"第18条相当于《瑞士民法》第28条。《瑞士民法》第28条以下对侵害人格权的防止侵害及预防措施设有详细规定。关于《瑞士民法》第28条第2项规定的解释适用,Honsell/Vogt/Geiser, Basler Kommentar zum Schwei-zerischen Privatrecht, Zivilgesetzbuch I (2. Aufl. 2002), § 28.

要的私益或公益,或依法律规定能提供正当理由的情形外,其他侵害的行为均属不法。"

二、效果

对人格权侵害的除去,旨在恢复原状,其除去的方法,例如销毁或交还侵害隐私的照片,停止继续发售侵害名誉的书刊,消除未经同意的新书推荐(姓名、文字)。

第二项 实务案例:欧洲人权法院 Editions Plon v. France 案

关于人格权侵害的除去请求权,中国台湾实务上相关案例较为少见,兹举欧洲人权法院一个著名的裁判,以供参照。

一、案例事实及法国法院判决

在 Editions Plon v. France 案[②],申请人普隆出版社(Editions Plon)于 1995 年 11 月 8 日获得戈纳德(Gonod)(记者)与居布雷(Gubler)医生的首肯,取得名为《大秘密》(Le Grand Secret)一书的发行权。居布雷医生曾经担任密特朗总统(President Mitterand)的私人医生达数年之久。密特朗总统在 1981 年,即他首次当选法国总统几个月后,被诊断出罹患癌症。《大秘密》这本书系描述居布雷医生与密特朗总统间的关系,其中叙述了居布雷医生在密特朗总统诊断出罹有癌症后,组织医疗团队照护密特朗的情形。因该书内容具有争议,密特朗总统的遗孀与遗孤于 1996 年 1 月 17 日提出紧急申请,主张《大秘密》的出版违反医疗保密义务,侵犯密特朗总统的隐私,伤害密特朗总统亲人的情感,请求法院发出禁制令。巴黎地方法院于 1996 年 1 月 18 日发出禁制令,禁止申请人普隆出版社与居布雷医生散布《大秘密》一书,每流通一本即罚款 1 000 法郎,法院并指示一名执行人员(bailiff)监察所有记载印刷细节的文件及书本流通的数量。

受命承办的法官系基于下述理由下达紧急禁制令:所有人,不论其地位、出身或职业,都有获得他人尊重其私人生活的权利。对于个人私人生活的保护亦及于其亲人,亲人有权主张该私人与家庭生活应受尊重。本案争点在于密特朗私人医生所揭露的事实。这位医生曾为密特朗总统工作超过 13 年之久,深获总统家人的信赖。居布雷医生揭露这些事实违反

[②] 欧洲人权法院第二庭 2004 年 5 月 18 日裁判(案号 58148/00),欧洲人权法院裁判选译(一),"司法院"印行(2008),第 133 页(黄昭元、郭思岑译)。

了专业保密条款,在专业保密条款中,医疗保密义务尤为严格,根据《法国刑法》第 226-13 条,违反医疗保密义务者可能会有刑事责任。居布雷医生所揭露的这些事实,就其本质言,构成对密特朗总统及其遗孀遗孤的私人家庭生活的侵害。在总统的丧礼后几日内即揭露这些事实所造成的伤害尤为严重。由于本案系明显滥用言论自由而造成原告权利受损,故承办紧急申请禁制令的法官有权下命,以有效的方式终止损害或缩小损害的范围。

本件历经二审,法国最高法院(废弃法院 Cour de cassation)均肯定发布禁制令。普隆出版社向欧洲人权法院提起诉讼。

二、欧洲人权法院判决

欧洲人权法院受理本件后,作成原告胜诉的判决,其裁判要旨为:

1. 事先限制或禁止的审查基准

《欧洲人权公约》第 10 条并未禁止对出版的事前限制或禁止出版物的流通。然而,此类限制对民主社会所造成的危险甚大,因此本院面对此类限制时,须采取最缜密的审查。

2. 比例原则的适用

暂时禁制令的发布系基于有"显然违法的侵害"。承办的法官面对遗孀与遗孤遭逢剧痛的情形,必须采取可能终止侵害的手段。由于法官系于该书出版隔天即发出暂时禁制令,禁止该书继续流通,等待相关法院作出判决,此与其所欲追求之目的有足够关联。上诉法院曾谨慎地对紧急禁制令加上时效的限制,故系争限制与所欲追求目的之间符合比例原则。

3. 利益衡量的因素已无限期禁止的必要

无限期地禁止《大秘密》一书的流通,系在命申请人对总统继承人负损害赔偿责任外的额外负担,故系争手段与所欲追求的"合法目的"(即保护密特朗及其继承人的权利)显不合比例。巴黎地方法院于 1996 年 10 月 23 日作成本案判决时,该书内容已广为流传,众所周知,已不再有继续禁止大秘密一书流通的"急迫的社会需要",从而自 1996 年 10 月 23 日起,即有抵触《欧洲人权公约》第 10 条规定的情形。

三、分析说明

Editions Plon v. France 涉及隐私权(私生活)侵害的除去(法院禁制令)、言论自由的保护,及调和隐私权保护与言论自由的比例原则。欧洲人权法院的判决依《欧洲人权公约》第8条及第10条规定所提出的判断基准(事先审查、比例原则的适用及判断因素),具有启示性,可供台湾地区法院处理类似案件的参考。

第二款　侵害防止请求权

第一项　要件与效果

一、要件

"民法"第18条第1项规定的侵害防止请求权,其成立要件有二:
(1)侵害人格权之虞。
(2)侵害具违法性。

(一)侵害人格权之虞

人格权指一切人格法益,包括人身、名誉、隐私等。侵害之虞,指未来侵害的具体危险,具高度发生可能性。有无侵害之虞,应以法院最后言词辩论时为判断时点。第一次对人格权有侵害之虞,即得请求防止。例如获悉某周刊正在搜集个人隐私资料,行将刊载,即得请求法院为必要的预防措施。第一次侵害后,其后有侵害之虞,得为推定。对生命、身体、健康、自由(如绑架)的侵害之虞应从宽认定。对名誉、隐私(包括姓名、肖像)等的侵害,多涉及言论自由,事先干预应更审慎,请求人须证明具体侵害危险性,使法院获得确信。

(二)侵害具违法性

侵害他人人格权时,原则上应推定其为不法,但行为人得反证有阻却违法事由,涉及言论自由时,应为必要的利益衡量。

二、法律效果

在认定人格权有被侵害之虞时,得请求法院命行为人停止侵害,此乃不作为请求权(Unterlassungsanspruch),例如不得出版某书,不得发表或传送某项资料等。请求的内容须为具体,使法院判决得为执行。又须注意的是,妨害除去的请求须符合比例原则,例如某书的部分内容有侵害他人名誉或隐私之虞时,仅得请求除去该相关部分,不得要求禁止该书的发行,乃属当然。

第二项　实务案例:日本法上北方杂志事件③

关于侵害人格权的防止请求权,在中国台湾地区法鲜有相关判决,兹参照日本法上著名的北方杂志事件,加以说明。

(一) 案例事实

本件被上诉人乙在担任北海道旭川市长 10 年后,参加北海道知事选举,却告落选,决定于昭和 54 年 2 月投入同年 4 月举行的选举。另外,上诉人甲系股份有限公司北方杂志的董事长,针对乙撰写一篇名为"一个权力主义者的诱惑"的文章,此文章业已在同年(昭和54年)2月8日校对完毕,并预定于甲发行的"北方杂志"四月号(2月23日贩售预定)发表,所有关于发表、印行准备工作亦一切就绪。

该文章指称乙是"善于说谎、舞弊欺瞒的少年"、"巧言的魔术师,以及专门贩卖赝品的政治欺骗者",对乙的人格加以批评,其中亦涉其私生活的描述,甚至更有"巧于追逐特权、与特定行业勾结以肥私腹、纵容贪污腐化","善于钻法律漏洞以逃避逮捕"等属于情绪性的攻击词汇,以论断乙并不具备作为知事候选人的适当人选。

乙知悉甲为上述内容之后,即于昭和 54 年 6 月 16 日,以防止侵害名誉权为理由,向札幌地方法院申请颁布,包括:由执行官保管上述 4 月号的全部杂志,以及禁止印刷、制本并贩卖等内容的假处分命令。受申请法院并未对甲为审讯,即认为乙的申请为相当,而为自即日起进行假处分的裁定,执行官亦于同日执行该假处分的裁定。对此,甲乃以乙的假处分申请,法院的假处分裁定,以及执行官的执行已对自己造成损害而提出损害赔偿请求权之诉。第一审法院、第二审法院皆驳回甲之主张,甲则以假处分裁定违反《日本宪法》第 21 条④规定,禁止检查及侵害该当为事前压抑的表现自由为理由,而上诉于第三审。

---

③ 日本最高裁判所,昭和 61 年 6 月 11 日大法庭判决[昭和 56 年(才)609 号]。《日本国最高法院裁判选译(二)》,"司法院"印行(2004),第 21 页(朱柏松译)。

④ 《日本宪法》第 21 条规定:"集会、结社及び言论、出版その他一切の表现の自由は、これを保障する。検阅は、これをしてはならない。通信の秘密は、これを侵してはならない。"(保障集会、结社、言论、出版及其他一切表现的自由。不得进行检查,并且不得侵犯通信的秘密。)

(二) 日本最高裁判所判决

日本最高裁判所判决驳回本件上诉,其裁判要旨有四:

1. 侵害防止请求权与言论自由的事先检查

《日本宪法》第 21 条第 2 项前段所称"检查",系以行政权为主体,以思想内容表现为对象,而禁止发表其全部或一部为目的。其方式为对于一定表现物,进行网罗性的、一般性的在发表前对其内容加以审查,而于其有被认为不当情形时即禁止发表。关于个别的私人纠纷,系属于由司法机关本于当事人的申请,经审理并经判决是否有私法上被保全的权利,或是否有保全必要性的情形,对杂志及其他出版物的印刷、制本、贩卖或发行的事前防止,并不该当为《宪法》第 21 条第 2 项前段的检查。

2. 名誉权被侵害者的侵害防止请求权

妨害名誉案件的被害人,本于该作为人格权的名誉权,对于加害人基于现在进行的侵害行为,得加以排除,又基于防止所生损害的理由,得请求防止侵害行为。(按:《日本民法》未设相当于中国台湾地区"民法"第 18 条第 1 项的规定。)

3. 事先防止对公务员等之适用(原则与例外)

基于该作为人格权一环的名誉权,对于出版物的印刷、制本、贩卖、发行等的事前防止,如上述出版物系属于对公务员或公职候选人的评价、批评,原则上应不被允许。不过,如果其表现内容,很明白地并非专为公益而出发,且对于被害人亦有发生重大且难以恢复损害之虞时,例外地自可被加以允许。

4. 假处分

有关公共利害的事项,其依假处分裁定对表现行为命为事前防止时,原则上应经言词辩论或讯问债务人之程序。不过,如果依债权人所提出的资料,于其被认为表现内容明显并非真实,或表现内容显非专为公共利益,而且对于债权人有足生重大显著恢复困难的损害的疑虑时,即使未经言词辩论或未经讯问债务人,亦不能谓有违反《日本宪法》第 21 条的旨趣。

(三) 分析说明

前开日本最高裁判所北方杂志案涉及侵害防止请求权,阐述对公务员或公职候选人的批评言论,不得请求事先防止及例外允许的情事,并说明假处分裁定的程序等问题,均具重要性,足供参考。

值得附带提出的是,在一个出版小说侵害他人(大学院学生)隐私权及名誉感情的事件⑤,日本最高裁判所认为,在如何的情形应承认其侵权行为的禁制,应注意侵权行为对象的社会地位及侵权行为的性质,并就因侵权行为而受害者的不利益,及因禁制侵权行为而受害者的不利益,加以衡量比较而为论断。倘若明显有侵权行为之虞,且因侵权行为受害而事后权益恢复已属不可能或极为困难的情形时,应承认其侵权行为的禁制。本件被害人仅为大学院学生,并非为公共人物,且本件小说的表现内容,亦无关公共利害事项。再者,本件小说若为出版,必有可能加深被害人的精神痛苦,难以为平稳的日常社会生活,因此,禁制出版公开,自属有极大的必要性。日本最高裁判所并强调,原审命禁止出版本件小说等,并未违反《日本宪法》第 21 条第 1 项规定。本件判决所提出禁制出版的判断基准,亦具参考价值。

第三项 人格权侵害除去、防止请求权与言论自由

侵害除去、侵害防止请求权,源自罗马法上的 actio negatoria,乃古老制度的所有权的物上请求权。台湾地区"民法"第 18 条第 1 项明文规定适用于保护人格权,乃采自瑞士立法例。《法国民法》、《德国民法》及《日本民法》并未设规定,但久为实务所肯定。此种对具绝对性质人格权的保护请求权,乃一身专属,不得让与,不罹于时效,具有维护人格尊严的重大功能。又由前开比较法上裁判案例可知,此等人格保护请求权与言论自由具有密切关系,对于两者应作合适的调和。民法侵害防止请求权的规定,不同于言论自由的事先审查,不生违宪问题。对人格权有无侵害之虞及违法性,应衡酌言论的议题及当事人(公众人物或一般人),慎为认定,并作符合比例原则的适用。欧洲人权法院、日本最高裁判所的裁判提供了可供参考的判断基准及具有说服力的论证见解。

---

⑤ 日本最高裁判所平成 14 年 9 月 24 日第三小法庭判决[平成 14 年(才)852 号],《日本国最高法院裁判选译(二)》,"司法院"印行(2004),第 203 页(蔡秀卿译)。

第三节 损害赔偿

第一款 请求权基础及体系构成

第一项 请求权基础

损害赔偿系人格权被侵害时最主要的救济方法,其请求权基础有二:
(1) 侵权行为。
(2) 债务不履行。

一、侵权行为

人格权被侵害时,侵权行为法上的请求权基础是"民法"第184条(尤其是第1项前段),其**成立**要件为:
(1) 须侵害人格权(人格法益)的行为。
(2) 须有损害。
(3) 须侵害行为与损害间有因果关系(以上为构成要件Tatbestand)。
(4) 侵害的违法性。
(5) 故意或过失,侵害人须有责任能力。关于人格权(各种人格利益)的保护范畴、人格权的精神利益与财产利益、人格权保护与言论自由,已分别于本书第六、七、八章详为论述,敬请参阅。

二、因债务不履行侵害人格权

"民法"第227条之1规定:"债务人因债务不履行,致债权人之人格权受侵害者,准用第一百九十二条至第一百九十五条及第一百九十七条之规定,负损害赔偿责任。"本条系1999年"民法"债编修正时新增,立法理由谓:"债务人因债务不履行致其财产权受侵害者,固得依债务不履行之有关规定求偿,但如同时侵害债权人之人格权致其受有非财产上之损害者,依现行规定,仅得依据侵权行为之规定求偿。是同一事件所发生之损害竟应分别适用不同之规定解决,理论上尚有未妥,且因侵权行为之要件较之债务不履行规定严苛,如故意、过失等要件举证困难,对债权人之保护亦嫌未周。为免法律割裂适用,并充分保障债权人之权益,爰增订本条规定,俾求公允。"本条规定对民事责任的发展及对人格权保护具有重要意义,兹提出三个问题作进一步的讨论:

1. 法条竞合说、请求权竞合说及"民法"第 227 条之 1

台湾实务对于侵权责任与契约责任曾采法条竞合说,认为有契约关系存在时,应排除侵权责任的适用。其后改采请求权竞合说,认为侵权责任得与契约责任并存,各依其请求权基础行使其权利⑥。"民法"第 227 条之 1 更进一步规定因债务不履行侵害人格权者,得准用"民法"第 192 条至第 195 条及第 197 条规定请求损害赔偿,诚如立法理由书所云,此对保护被害人的人格利益较为周到。

2. 适用范围

债务人因债务不履行侵害债权人人格权的,多发生于医疗契约、运送契约或雇佣契约等。例如医疗失误伤害人身,车祸致乘客受伤,雇主泄露受雇人隐私等,所谓债务不履行,其情形为"民法"第 227 条规定的不完全给付,即:"因可归责于债务人之事由,致为不完全给付者,债权人得依关于给付迟延或给付不能之规定行使其权利。因不完全给付而生前项以外之损害者,债权人并得请求赔偿。"第 2 项所称因不完全给付而生前项以外之损害,学说称为加害给付,如前述医生失误伤害人身,车祸致乘客受伤、雇主泄露受雇人隐私等。

3. 实务上争议问题:消灭时效

关于"民法"第 227 条之 1 的适用,实务上案例尚属不多,被害人仍多主张侵权行为损害赔偿。在"最高法院"2008 年台上字第 280 号判决,被害人因病就医,因医师疏失造成身体(人格权)的严重伤害,争点在于消灭时效。"最高法院"谓:"债权人依'民法'第二百二十七条不完全给付之规定请求债务人赔偿损害,与依同法第二百二十七条之一之规定请求债务人赔偿人格权受侵害之损害,系不同之法律关系,其请求权各自独立,且其消灭时效各有规定,后者之请求权,依'民法'第二百二十七条之一,固应准用'民法'第一百九十七条二年或十年时效之规定,前者之请求权,则应适用'民法'第一百二十五条一般请求权十五年时效之规定。原审谓上诉人之不完全给付损害赔偿请求权,应准用'民法'第一百九十七条二年时效之规定,其请求权已罹于消灭时效,进而为上诉人败诉之判

---

⑥ 参见拙著:《契约责任与侵权责任之竞合》,载《民法学说与判例研究》(第 1 册),北京大学出版社 2009 年版,第 205 页;"最高法院"1988 年 11 月 1 日,1988 年度第 19 次民事庭会议决议(二),参见该决议的研究报告。

决,尚有未合。"

在本件判决,"最高法院"认为被害人以"民法"第 227 条为请求权基础时,应适用"民法"第 125 条一般请求权 15 年时效的规定;主张"民法"第 227 条之 1 时,则准用"民法"第 197 条 2 年或 10 年短期时效之规定。此项见解原则上可资赞同。被害人依"民法"第 227 条规定(债务不履行)请求损害赔偿时,不得依"民法"第 195 条第 1 项规定(侵权行为)请求因身体健康受侵害的非财产上损害赔偿(慰抚金),其依"民法"第 227 条之 1 准用"民法"第 195 条规定请求慰抚金时,则应适用"民法"第 197 条短期时效的规定。就法律政策言,此种规定不利于债权人依"民法"第 227 条之 1 规定主张其权利,是否妥适,尚有研究余地。在德国,身体、健康、自由受侵害时,被害人依德国民法第 253 条规定请求精神损害金钱赔偿时,各适用侵权行为或债务不履行的消灭时效,可供参考。

第二项　损害赔偿法的基本架构及研究课题

一、损害赔偿法的基本架构

人格权因侵权行为或债务不履行受侵害时,得请求损害赔偿。损害指被害人在其权益上所受的不利益,包括财产上损害及非财产上损害。财产上损害指损害得以金钱计算。非财产上损害指非得以金钱计算的损害,乃精神痛苦。损害之有无,以损害事由发生前后的状态比较的差额加以计算(差额说)。

关于损害赔偿方法,"民法"设有一般原则及特别规定。一般原则指"民法"第 213 条规定:"负损害赔偿责任者,除法律另有规定或契约另有订定外,应恢复他方损害发生前之原状(第 1 项)。因恢复原状而应给付金钱者,自损害发生时起,加给利息(第 2 项)。第一项情形,债权人得请求支付恢复原状所必要之费用,以代恢复原状(第 3 项)。"本条规定体现差额说及全部损害赔偿原则,适用于财产损害与非财产损害。恢复原状的方法,例如修缮受毁损之物,医治受伤的身体。债权人亦得请求支付恢复原状所必要之费用,以代恢复原状(如物的修理费、身体的医疗费),债权人有选择权。财产上损害赔偿的规定,如"民法"第 192 条(不法致死)、第 193 条(身体、健康)。其关于非财产损害金钱赔偿(慰抚金)的特别规定,有"民法"第 194 条(不法致死)及 195 条第 1 项等。

关于损害赔偿的范围,"民法"第 216 条规定:"损害赔偿,除法律另有规定或契约另有订定外,应以填补债权人所受损害及所失利益为限。依通常情形或依已定之计划、设备或其他特别情事,可得预期之利益,视为所失利益。"在计算损害赔偿范围内,尚应注意两个相关制度:

(1) 损益相抵(客观的赔偿范围)

即基于同一原因事实受有损害并受有利益时,其请求之赔偿金额,应扣除所受利益("民法"第216条之1),例如请求减少收入时,应扣除节省的费用。此乃基于差额说及禁止得利原则。

(2) 过失相抵(主观的赔偿范围)

即"民法"第217条:"损害之发生或扩大,被害人与有过失者,法院得减轻赔偿金额,或免除之(第1项)。重大之损害原因,为债务人所不及知,而被害人不预促其注意或怠于避免或减少损害者,为与有过失(第2项)。前两项之规定,于被害人之代理人或使用人与有过失者,准用之(第3项)。"例如驾驶机车因过失致坐于后座之人被他人驾驶的车撞死。后座之人系因借驾驶人载送而扩大其活动范围,机车驾驶人应认系后座之人(被害人)的使用人,得依"民法"第217条第3项规定,减轻赔偿金额⑦。

兹综据上述,将台湾地区"损害赔偿法"的基本架构,以人格权受侵害的保护为中心,图标如下:

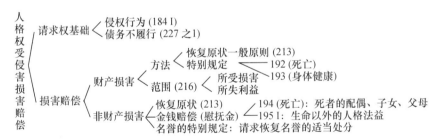

二、实务发展的重要课题

损害赔偿系人格权受侵害最主要的救济方法,为适应社会发展,近年来理论与实务有3个值得研究的重要课题,将在本章作重点的论述:

1. 慰抚金(非财产损害金钱赔偿)的功能与量定。
2. "民法"第195条第1项后段关于"其名誉被侵害者,并得请求恢

---

⑦ 参见"最高法院"1985年台上字第1170号判例。

复名誉之适当处分"的违"宪"争议。

3. 无权擅用他人的姓名、肖像等人格法益作商业用途而获得利益时,如何处理。

第二款 人格权受侵害的财产上损害赔偿

第一项 恢复原状

关于人格权受侵害的财产损害赔偿,相关论述较多,可供参阅,仅作简要说明。首先应再提出的是,"民法"第213条关于恢复原状的规定,系以全部损害赔偿为原则,并采差额说,对人格权受侵害的财产上损害亦得适用。例如身体、健康受侵害时,得请求加害人送医治疗,赔偿被害人自己所支出(或应负担)的医疗费用、诊断证明费用等。被害人亦得请求支付恢复原状(医治)所必要的费用,以代恢复原状,至于该必要费用是否用于恢复原状,在所不问。其得依"民法"第213条规定请求赔偿的,尚包括名誉、隐私被侵害的财产损害(如遭雇主解雇、营业额减少);因自由被侵害(囚禁)的收入减少;妇女因贞操被侵害(强奸)对所生子女而支出抚养费。⑧ 在 Wrongful Birth 案件(侵害妇女生育自主权),生母得请求所支出的医疗费及对残障子女的特殊照顾费用。⑨

第二项 侵害生命、身体健康的特别规定

一、生命

"民法"第192条规定:"不法侵害他人致死者,对于支出医疗及增加生活上需要之费用或殡葬费之人,亦应负损害赔偿责任(第1项)。被害人对于第三人负有法定扶养义务者,加害人对于该第三人亦应负损害赔偿责任(第2项)。第一百九十三条第二项之规定,于前项损害赔偿适用之(第3项)。"分六点言之:

1. 立法目的

"民法"第192条第1项规定,第三人对于被害人生前为之支出医疗

---

⑧ 参见"最高法院"1973年台上字第2693号判例。
⑨ 参见"最高法院"2003年台上字第1057号判决;拙著:《侵权行为》,北京大学出版社2009年版,第137页。

及增加生活上需要之费用,或支出丧葬费之人⑩,得直接径向加害人请求,系因加害人原应负最终赔偿责任,并为避免第三人本于无因管理或其他法律关系请求被害人的继承人或其遗产管理人偿还辗转求偿的繁琐,及鼓励热心助人的风尚。

2. 被害人尚生存利益问题

本条第2项关于扶养费请求权,涉及死者尚生存所应得利益的赔偿问题。"最高法院"1965年台上字第951号判例谓:"不法侵害他人致死者,其继承人得否就被害人如尚生存所应得之利益,请求加害人赔偿,学者间立说不一。要之,被害人之生命因受侵害而消灭时,其为权利主体之能力即已失去,损害赔偿请求权亦无由成立,则为一般通说所同认,参照'民法'就不法侵害他人致死者,特于第一百九十二条及第一百九十四条定其请求范围,尤应解为被害人如尚生存所应得之利益,并非被害人以外之人所得请求赔偿。"

3. 请求权人身份上专属权

因扶养请求权被侵害而生的损害赔偿请求权,以扶养请求权存在为前提,而扶养之请求,乃请求权人身份上专属之权利,该权利因请求权人死亡而消灭,其继承人不得继承其身份关系,对加害人请求赔偿死亡后之扶养费⑪。

4. 扶养程度

关于扶养费用的计算,其扶养之程度,应按受扶养权利者之需要,与扶养义务者之经济能力及身份而定,不能径以台湾省平均每人每年消费支出为基准。法院依"民法"第192条第2项,命加害人一次赔偿扶养费用,须先认定被害人于可推知之生存期内,应向第三人支付扶养费用之年

---

⑩ 殡葬费的范围是实务上常见的争议问题,有两个判决可供参考:(1)"最高法院"2004年度台上字第2449号判决:"'民法'第一百九十二条第一项规定之殡葬费,系以必要者为限,加害人始应负损害赔偿责任。范○娇因刘○川死亡所支出之殡葬费,其中伙食费、毛巾、白花、手帕、毛巾盒、车资、礼簿等项……能否认系必要之殡葬费用,非无疑义。原审就此未详加调查审认,遽认其为必要之殡葬费用,尚嫌速断。"(2)"最高法院"2000年度台上字第2540号判决:"'民法'第一百九十二条第一项所谓殡葬费用系指收殓及埋葬费用而言,此等费用是否必要,应斟酌当地丧礼习俗及宗教上之仪式定之。而人死后,如采土葬者,必购置墓地,修建坟墓;另依当地丧礼习俗,祭祀须使用冥纸者,冥纸亦属必需丧葬用品。是购置墓地、修建坟墓及冥纸等费用,如属必要,难谓非埋葬费用。被害人所需之诸此费用,应衡量其身份、地位及经济状况与实际上是否必要而定之。"

⑪ 参见"最高法院"1960年台上字第625号判例。

数及其历年应付之数额,并就历年将来应付之数额,各以法定利率为标准,依霍夫曼式计算法,扣除各该年以前之利息,俾成历年现在应付之数额,再以历年现在应付之总数为赔偿额,方为合法("最高法院"1940 年附字第 379 号判例)。被害人虽尚无养赡其父母之能力,而其父母将来赖其养赡,苟无反对情形,不得谓其将来亦无养赡能力,侵害被害人将来应有之养赡能力,即与侵害其父母将来应受养赡之权利无异,其父母得因此诉请赔偿。至养赡费数额,应以被害人将来供给养赡能力为准,不应以父母此时需要养赡之生活状况为准("最高法院"1929 年上字第 2041 号判例)。

5. 损益相抵

关于扶养请求权,有两个损益相抵的问题。第一个问题是,某公务员因公遇车祸去世,其服务机关已依法发给遗族抚恤金,该公务员遗子女 3 人均未成年,诉请被告等(公司及司机)连带赔偿伊等十余年之扶养费,在该应赔偿扶养费之金额内,应否扣除已领之抚恤金?"最高法院"认为:"抚恤金系依'公务人员抚恤法'(公法)之规定而领得,其性质为受领国家之恩惠,与依'民法'之规定对于加害人请求赔偿扶养费,全异其趣,自不得于依法应赔偿扶养费之金额中扣除。"[12]

第二个问题是:不法侵害他人致死,倘被害人之父母对于被害人现负有扶养义务者,其依'民法'第 192 条第 2 项规定,请求加害人赔偿其将来所受扶养权利之损害时,是否应扣除其对被害人至有谋生能力时止所需支出之扶养费?"最高法院"认为:"父母对子女之扶养请求权与未成年子女对父母之扶养请求权各自独立,父母请求子女扶养,非以其曾扶养子女为前提。且损益相抵原则旨在避免债权人受不当之利益,未成年子女遭不法侵害致死,其父母因而得免支出扶养费,依社会通常之观念亦不能认系受有利益,故父母请求加害人赔偿损害时,自无须扣除其对于被害人至有谋生能力时止所需支出之扶养费。"[13]

6. 被害人(死者)与有过失

"民法"第 192 条的适用,尚涉及请求权人应否承担被害人(死者)与有过失的问题。"最高法院"1984 年台再字第 182 号判例谓:"'民法'第

---

[12] 参见 1974 年 10 月 22 日 1974 年第 5 次民事庭会议决议(三)。
[13] 参见 2003 年 3 月 18 日 2003 年第 5 次民事庭会议决议。

一百九十二条第一项规定不法侵害他人致死者,对于支出殡葬费之人,亦应负损害赔偿责任,系间接被害人得请求赔偿之特例。此项请求权,自理论言,虽系固有之权利,然其权利系基于侵权行为之规定而发生,自不能不负担直接被害人之过失,倘直接被害人于损害之发生或扩大与有过失时,依公平之原则,亦应有'民法'第二百十七条过失相抵规定之适用。"此项见解可资赞同,其过失相抵的适用尚应及于支出医疗费及增加生活上需要费用的情形⑭。

二、身体或健康

"民法"第193条规定:"不法侵害他人之身体或健康者,对于被害人因此丧失或减少劳动能力或增加生活上之需要时,应负损害赔偿责任。前项损害赔偿,法院得因当事人之申请,定为支付定期金。但须命加害人提出担保。"本条对保护身体或健康,甚为重要,乃实务上常见的问题,分两点加以说明:

(一) 增加生活上的需要

增加生活上之需要,系指被害人以前并无此需要,因为受侵害,始有支付此费用之需要而言,例如身体或健康受不法侵害,需住入医院治疗,于住院期间所支付之膳食费用⑮、装换义肢、使用电动轮椅⑯,此项费用,纵尚未实际支出,仍得请求赔偿。其因身体或健康受不法侵害,需人长期看护,就将来应支付之看护费,系属增加生活上需要之费用,加害人固应予以赔偿,但被害人是否确需依赖他人长期看护,仍应以最后事实审言词辩论终结时之事实状态为认定之标准⑰。

又须特别指出的是,因亲属受伤,而由亲属代为照顾其起居,固系基于亲情,但亲属看护所付出之劳力,并非不能评价为金钱,只因两者身份关系密切而免除支付义务,此种亲属基于身份关系之恩惠,自不能加惠于加害人即上诉人。故由亲属看护时,虽无现实看护费之支付,但应衡量及比照雇用职业护士情形,认被害人即被上诉人受有相当于看护费之损害,

---

⑭ 参见拙著:《第三人与有过失》,载《民法学说与判例研究》(第1册),北京大学出版社2009年版,第58页。
⑮ 参见1989年4月18日1989年第9次民事庭会议决议。
⑯ 参见"最高法院"2003年台上字第2687号判决。
⑰ 参见"最高法院"1999年台上字第1827号判决。

得向上诉人请求赔偿,乃现今实务上所采之见解,亦较符合公平正义原则。[18]

(二) 丧失或减少劳动能力

1. 认定基准及赔偿金额的计算

被害人因身体健康被侵害而丧失劳动能力所受之侵害,其金额应就被害人受侵害前之身体健康状态、教育程度、专门技能、社会经验等方面酌定之,不能以一时一地之工作收入为准,或以现有之收入为准,盖现有收入每因特殊因素之存在而与实际所余劳动能力不能相符,现有收入高者,一旦丧失其职位,未必能自他处获得同一待遇,故所谓减少及残存劳动能力之价值,应以其能力在通常情形下可能取得之收入为标准。[19] 被害人身体或健康遭受侵害后,仍继续任职原工作或所得额未减,其原因甚多,并非仅因劳动能力未丧失或减少所致,故不得以原工作现未受影响或所得额现未减少,即谓无劳动能力之损害。[20] "劳工保险条例"第53条附表所定残废给付标准表所定残废等级,非不得据为认定减少劳动能力及所受精神上痛苦程度之重要参考资料,但究非唯一之准据。[21]

又最低基本工资不得径作为计算标准,但得为斟酌。[22] 雇主于给付薪资时,基于税法或其他法律规定,代为扣缴之所得税、保险费或公务人员之退休抚恤基金等,乃原薪资之一部分,于估定被害人劳动能力之对价时,自应计算在内。[23]

2. 外国人劳动能力减损的损害赔偿

(1) 问题说明:外国人(尤其是外国劳工)在台湾遭受身体健康侵害时,如何计算其减损劳动能力的损害赔偿,攸关外国人人格权的保护,是一个值得研究的问题。实务上有一个重要案例。[24] 原告(上诉人)系越南人,来台受雇于被告(上诉人)担任操作员,每月薪资15 840元,因操作系争机器,发生事故,左手掌被截肢成为残废,其得请求减少劳动能力损失

---

[18] 参见"最高法院"2005年台上字第1543号判决。
[19] 参见"最高法院"1972年台上字第1987号判例。
[20] 参见"最高法院"2007年台上字第1917号判决。
[21] 参见"最高法院"2009年台上字第267号判决。
[22] 参见"最高法院"2003年台上字第2707号判决。
[23] 参见"最高法院"2005年台上字第2128号判决。
[24] 参见"最高法院"2008年台上字第1838号判决。

之期间为自 2004 年 9 月 14 日起至满 60 岁止合计 38 年,而越南国于 2004 年之平均国民所得美金 542 元,换算新台币为 17 545 元。又查其依当时所订劳动契约及"就业服务法"相关规定,所适用之外国人,其在台湾地区所得工作之期间最长不得逾 6 年,扣除上诉人所不争执其已受雇 3 年之工作期间后,所剩 35 年得请求减少劳动能力损失之期间,苟被上诉人因系争事故受伤,已无可能在台湾继续工作。其发生争议的 35 年减少劳动能力期间的损失如何计算?

(2)"最高法院"判决:原审法院认为被上诉人请求之减少劳动能力损害部分,因被上诉人系越南国人,其本于侵权行为之法律关系,请求上诉人赔偿损害,依"涉外民事法律适用法"第 9 条第 1 项规定,即应适用侵权行为地法即台湾地区"民法"及相关实体法,而就损害赔偿之法定要件、范围及计算依据等,均一体适用台湾地区之法律规定,不宜割裂适用,亦即应以劳动法规规定之最低基本工资为计算被上诉人减少劳动能力损失之基础。上诉人抗辩:应以被上诉人在越南国可能获得之年所得薪资为计算依据,自无足取。是以依被上诉人得请求减少劳动能力损失之 38 年期间,所减少劳动能力 60% 及其在台湾每月之最低基本工资 15 840 元按霍夫曼式法计算结果,被上诉人得请求减少劳动能力损失为 2 391 621 元。再斟酌两造之身份(国籍)、婚姻、教育程度、经济能力、被上诉人身体终身残废所受痛苦等一切情状,认被上诉人请求上诉人赔偿精神慰抚金 70 万元,亦应准许。

"最高法院"认为,按民事事件之主法律关系,常由数个不同之次法律关系组合而成,其中涉外民事法律关系本具有复杂多元之联系因素,倘该涉外民事事件系由数个不同之次法律关系组成其主法律关系,若仅适用其中单一之冲突法则以决定准据法,即欠缺具体妥当性。在此情形下,自宜就主法律关系可能分割之数个次法律关系,分别适用不同之冲突法则以决定其准据法,使能获致具体个案裁判之妥当性。本件被上诉人系越南国人,其因系争事故受伤,得请求上诉人赔偿减少劳动能力损害部分,并非侵权行为(主要法律关系)不可分割之必然构成部分,当无一体适用单一之冲突法则决定其准据法之必要。是以关于上诉人应否负侵权行为损害赔偿责任之法律关系部分,固应依"涉外民事法律适用法"第 9 条第 1 项规定以侵权行为地法即台湾法为其准据法,然属于损害赔偿责任确定后,需定其赔偿范围之减少劳动能力损害部分,既非侵权行为之不可分割之必然构成部分,则此部分计算准据如被上诉人之本国(越南国)法律规定与中国台湾地区法律所规定者未尽相同,而其得请求之年限实际上又分段跨越于两地区之间,则应视其可得请求期间究在台湾境内或境外之情形而分别适用台湾地区法或其本国法为计算损害赔偿范围之准据法,不宜一体适用台湾之法律,始符公平、适当原则。由于台湾地区的薪资所得与被上诉人在本国越南之年所得相较,又确有相当差距,上诉人乃据此辩称:被上诉人为越南国人,依"就业服务法"第52条第2项、第4项规定,纵其日后再来台工作,亦不得超过3年期间,被上诉人其余可再劳动之期间,客观上即无适用"劳动基准法"有关最低基本工资之规定,为其在通常情形下可能取得收入之标准,而得凭为计算劳动能力减损之依据,故上开35年期间,应以被上诉人之能力于越南国(本国)可能取得之收入即该国公元2004年之平均国民所得美金542元(换算新台币为17 545元)为准。"最高法院"依据前揭法律见解,认为上诉人主张"是否全然无据?就该35年期间内全以台湾地区之最低基本工资为计算其减少劳动能力损失之依据,是否允当?殊非无疑。"

　　前开"最高法院"判决,原则上应值赞同。关于外国人身体健康劳动能力减损的损害赔偿,系侵权行为可分割的构成部分,则此部分的计算准据,如外国人的法律规定与台湾法律未尽相同,而其得请求之年限实际上又跨越于两地区间,则应视其可得请求期间究在台湾境内或境外之情形而分别适用台湾法或其本国法为计算损害赔偿范围之准据法,不宜一体适用台湾之法律,始符公平、适当原则。

　　3. 损害赔偿的给付方式:一次给付或支付定期金

　　劳动能力减损的损害,应采一次总额给付方式,"最高法院"1933年上字第353号判例谓:"依'民法'第一百九十三条第一项命加害人一次支付赔偿总额,以填补被害人所受丧失或减少劳动能力之损害,应先认定被害人因丧失或减少劳动能力而不能陆续取得之金额,按其日后本可陆续取得之时期,各照霍夫曼式计算法,扣除依法定利率计算之中间利息,再以各时期之总数为加害人一次所应支付之赔偿总额,始为允当。"依"民法"第193条第2项规定:"前项损害赔偿,法院得因当事人之申请,定为支付定期金。但须命加害人提出担保。"须注意的是,此并非赋予被告有要求支付定期金之权利,被告申请支付定期金,法院是否准许,仍有自由裁量之权;故法院斟酌双方当事人境况之结果,认为不应许其支付定

期金时,被告不得以其认定不当为提起第三审上诉之理由。㉕

第三款 人格权受侵害非财产损害赔偿:慰抚金

第一项 非财产损害的意义与赔偿方法

损害可分为财产上损害及非财产上损害,此为损害的基本分类。财产上损害指损害得以金钱计算。非财产损害指损害非得以金钱计算,乃精神或肉体痛苦。任何权益(财产权益或非财产权益)被侵害时,均得发生财产损害及非财产损害,例如古董或稀有邮票、情书、日记被毁损时,其价值减少为财产上损害,精神痛苦则为非财产上损害。身体健康遭受侵害时,其医疗费用及减少收入为财产上损害,精神痛苦为非财产上损害。关于此非财产损害(精神损害)的赔偿,现行"民法"采取3个基本原则:

(1) 凡应赔偿的损害,无论其为财产上损害赔偿或非财产损害,均应恢复原状。例如毁人之物,应予修缮。伤人身体,应予医治。

(2) 财产上损害不能恢复原状时,应予金钱赔偿。例如赔偿物的修缮费用或医治身体健康支出的医疗费用。

(3) 关于非财产损害不能恢复原状时,以法律有规定时,始得请求相当金钱的赔偿(慰抚金)。台湾地区"民法"虽未如《德国民法》第253条设有明文㉖,但体现于"民法"第18条第2项、第194条、第195条等特别规定。

㉕ 参见"最高法院"1999年台上字第2355号判决。
㉖ 《德国民法》第253条第1项规定:"非属财产损害之损害,其以金钱赔偿,仅于法律规定之情形,始得请求之。"(Wegen eines Schadens, der nicht Vermögens-schaden ist, kann Entschädigung in Geld nur in den durch das Gesetz bestimmten Fällen gefordert werden.)非财产损害金钱赔偿,系德国民法上的重要问题,参见 Köndgen, Haftpflichtfunktionen und Immaterialschaden (1976); Deutsch/Ahrens, Deliktsrecht (5. Aufl. 2009), S. 211; Lorenz, Immaterieller Schaden und billige Entschädigung in Geld (1981); Nörr, Zum Ersatz des immateriellen Schadens nach geltendem Recht, AcP 158, 1 (1959/60); Pecher, Der Anspruch auf Genugtuung als Vermögenswert, AcP 171, 44 (1971); Stoll, Empfiehlt sich eine Neuregelung der Verpflichtung zum Geldersatz für immaterielle Schäden?, Verh. 45. DJT I 1 (1964); Wiese, Der Ersatz des immateriellen Schadens (1964); Wagner, Ersatz immaterieller Schäden: Bestandsaufnahme und europäische Perspektiven, JZ 2004, S. 319.

第二项 慰抚金的请求权基础

第一目 请求权基础的体系构成

一、侵害人格法益

关于慰抚金的请求权基础,涉及"民法"三个规定(第18条、第194条及第195条)。"民法"第18条第2项规定人格权受侵害时,"以法律有特别规定者为限,得请求损害赔偿或慰抚金。"本条项系参照《瑞士民法》第28条。法律有特别规定,包括:

1. "民法"第184条:请求财产损害与非财产损害的一般规定

"民法"第184条第1项前段规定:"因故意或过失,不法侵害他人之权利者,负损害赔偿责任。"其所称权利包括人格权,损害包括财产上损害及非财产上损害。"民法"第194条或第195条第1项规定慰抚金请求权的发生,均须具备侵权行为的要件,即须结合"民法"第184条第1项、第194条或第195条而主张慰抚金请求权。须注意的是,得据以主张"民法"第194条或第195条慰抚金的侵权行为,除"民法"第184条外,尚包括其他特别侵权行为,例如"消费者保护法"第7条所规定的服务责任或产品责任(无过失责任、危险责任)。

2. "民法"第194条:不法致人于死

"民法"第194条规定:"不法侵害他人致死者,被害人之父、母、子、女及配偶,虽非财产上之损害,亦得请求赔偿相当之金额。"所称"子、女",包括非婚生子女。"虽非财产上之损害,亦得请求赔偿相当之金额",乃《德国民法》的用语(参阅《德国民法》第253条),解释上应认与"民法"第18条第2项"慰抚金"同义。不法侵害他人致死[27],有实时死亡的,但亦先有身体健康遭受侵害的,在此情形,被害人得依"民法"第195条第1项规定请求慰抚金。慰抚金请求权已依契约承诺或已起诉者,得为让与或继承(第195条第2项)。身体健康受侵害与死亡之间极为短暂时,应认为不得就身体健康请求慰抚金。若被害人家族以人工方法维持被害人的生命以请求慰抚金时,于量定相当金额时,应予斟酌。

---

[27] 关于不法致人于死时,非财产损害赔偿的比较法研究及法政策,参见 Stahmer, Entschädigung von Nichtvermögensschäden bei Tötung, Eine rechtsvergleichende und rechtspolitische Untersuchung des deutschen, französischen und englischen Rechts (2004).

3. "民法"第 195 条第 1 项：生命以外的一切人格法益

"民法"第 195 条第 1 项规定："不法侵害他人之身体、健康、名誉、自由、信用、隐私、贞操，或不法侵害其他人格法益而情节重大者，被害人虽非财产上之损害，亦得请求赔偿相当之金额。其名誉被侵害者，并得请求恢复名誉之适当处分。"第 2 项规定："前项请求权，不得让与或继承。但以金额赔偿之请求权已依契约承诺，或已起诉者，不在此限。""民法"第 195 条原仅规定身体、健康、名誉或自由受侵害的情形始得请求，1999 年"民法"债编修正时，将被保护的法益加以一般化，使人格法益受侵害的，均得请求慰抚金，诚为人格权保护一项重大进步的发展。关于本条规定的人格法益，前已于本书第六章就其保护范围及侵害态样详为说明，敬请参照。

"其他人格法益的侵害"须以情节重大为要件，乃采自德国联邦法院关于因侵害一般人格权得请求金钱赔偿所设限制。[28] 在身体、健康、名誉、自由等人格法益受侵害的情形，虽未设类此限制，但侵害情节轻微的，例如人群中相撞跌倒，短暂妨害自由等，若动辄请求慰抚金，难免增加讼累及加害人的负担，并影响人的行为自由，应视情形减少其赔偿金额，或仅作象征性的赔偿，甚至得认为其不构成对人格法益的侵害。

二、侵害身份法益

"民法"债编修正(1999 年)时于"民法"第 195 条增列第 3 项规定："前二项规定，于不法侵害他人基于父、母、子、女或配偶关系之身份法益而情节重大者，准用之。"立法理由谓："身份法益与人格法益同属非财产法益。本条第一项仅规定被害人得请求人格法益被侵害时非财产上之损害赔偿。至于身份法益被侵害，可否请求非财产上之损害赔偿？则付阙如，有欠周延，宜予增订，但对身份法益之保障亦不宜太过宽泛。鉴于父母或配偶与本人之关系最为亲密，基于此种亲密关系所生之身份法益被侵害时，其所受精神上之痛苦最深，故明定'不法侵害他人基于父母或配偶关系之身份法益而情节重大者'，始受保障。例如未成年子女被人掳掠时，父母监护权被侵害所受精神上之痛苦。又如配偶之一方被强奸，他方身份法益被侵害所致精神上之痛苦等是，爰增订第三项准用规定，以期周延。"应说明者有二：

---

[28] Deutsch, ZRP 2001, 660; BGHZ 35, 363.

(1)《瑞士民法》第 28 条规定"人格关系"或"人格"受侵害,其保护范围包括人格法益与身份法益。台湾地区"民法"第 18 条规定"人格权",其范围较狭,是否包括身份法益引起争议,特增订第 195 条第 3 项,以期周延。

(2) 立法理由强调之所以设此规定,并为准用,系身份法益与人格法益同属非财产法益。实则,其得为准用,系身份法益与人格权上的法益,同具人格性[29]。

三、身份关系

关于身份关系上的慰抚金,"民法"原设 3 条规定:

(1) 解除婚约(第 977 条)。
(2) 违反婚约(第 978 条)。
(3) 离婚(第 1052 条)。
(4) 其后增设二种情形,即:婚姻视为消灭("民法"第 988 条之 1)。
(5) 婚姻无效或被撤销("民法"第 999 条)。

在此五种情形,法律均规定"虽非财产上之损害,亦得请求赔偿相当之金额,此项请求权,不得让与或继承。但已依契约承诺或已起诉者,不在此限。"此类婚姻关系上的慰抚金,其功能及性质不同于人格权,应自有其量定的因素。

四、特别法

关于慰抚金(请求赔偿相当金额),特别法设有规定的,例如:

(1) "著作权法"第 85 条规定:"侵害著作人格权者,负损害赔偿责任。虽非财产上之损害,被害人亦得请求赔偿相当之金额。前项侵害,被害人并得请求表示著作人之姓名或名称、更正内容或为其他恢复名誉之适当处分。"

(2) "性骚扰防治法"第 9 条规定:"对他人为性骚扰者,负损害赔偿责任。前项情形,虽非财产上之损害,亦得请求赔偿相当之金额,其名誉被侵害者,并得请求恢复名誉之适当处分。"

(3) "通讯保障及监察法"第 19 条规定:"违反本法或其他法律之规定监察他人通讯或泄露、提供、使用监察通讯所得之资料者,负损害赔偿责任。被害人虽非财产上之损害,亦得请求赔偿相当之金额;其名誉被侵

---

[29] 参见陈秋君:《论侵害身份法益之民事责任》(台湾大学法律学研究所硕士论文,2008)。

害者,并得请求为恢复名誉之适当处分。前项请求权,不得让与或继承。但以金额赔偿之请求权已依契约承诺或已起诉者,不在此限。"㉚

五、综合整理

综据前述,将现行法关于慰抚金(非财产上损害金钱赔偿)请求权的体系,列表如下:

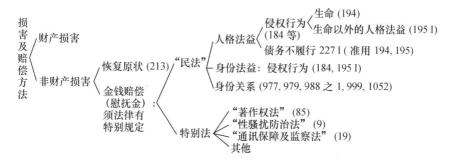

须注意的是,人格法益与身份法益具有密切关系,因此侵害他人的人格法益时,亦得构成对第三人身份法益的侵害,兹举两个"最高法院"判决如下:

1. "最高法院"2005年台上字第2128号判决:植物人的配偶

原审就丙请求乙、妇幼医院连带赔偿慰抚金160万元部分,综合全辩论意旨,认定乙为甲麻醉时,疏未能维持甲足够之通气量,致甲缺氧时间过久,成为植物人,应负侵权行为损害赔偿责任,妇幼医院为其雇用人,应连带负责。而丙为甲之配偶,其因甲成为植物人,身份法益受侵害,且情节重大等情,依"民法"第184条第1项、第188条第1项、第195条第3项规定,为丙胜诉之判决,经核于法并无违误(最近相同见解,"最高法院"2011年台上字第992号判决)。

2. "最高法院"2007年台上字第802号判决:眼力受伤未成年子女的父母

"民法"第195条第3项所谓基于父母关系之身份法益,系指亲权,其主要内容为对未成年子女之保护及教养权利及义务而言。本件甲因上诉人所属公务员之疏失致其右眼遭铁丝刺伤,右眼视力降至0.01以下,与

㉚ 其他特别规定,参见"性别工作平等法"第29条,"个人数据保护法"第28条等(请阅读!)。

失明无异;乙、丙为甲父母,自甲受伤开始,终日担忧其视力恶化,经过一年多之治疗,仍无法治愈,已心力交瘁;更担心甲左眼视力亦因此受影响,并为甲之学业、事业、婚姻、家庭烦心,其等心理上所受冲击、压力之大,非常人所能想象,应无可置疑。按乙、丙对未成年子女甲有保护及教养之权利,而甲右眼伤后,其父母不仅较平时付出更多之心力,更支出较高之保护教养费用,不论从精神或物质而言,均已对保护及教养之实施造成额外之负担或支出,自属侵害其身份法益无误;又眼睛系重要器官,号称为灵魂之窗,毁损一目之机能,造成身体重大残缺,身为父母者所受之痛苦诚难以言喻,堪认乙及丙与子女甲间之身份法益受侵害情节重大,则依上开规定,其等请求相当之精神慰抚金,即属有据。

第二目 慰抚金制度的发展

一、请求权基础的扩大

现行法上的慰抚金制度最重要的发展是请求权基础的扩大。请求慰抚金须有法律特别规定。在人格权受侵害时,旧"民法"第195条仅限于特定人格利益始得请求慰抚金,采保守的见解,之所以限定于若干人格法益,其主要理由系认为非财产损害的精神痛苦,涉及被害人主观感情,有无痛苦与否、程度为何,客观上难以断定,须加限制以避免不必要的诉讼。并认为非财产损害不若财产损害攸关被害人利益,纵不予金钱赔偿,亦无大碍。又恐因广泛承认慰抚金请求权,会贬低人格价值,使其趋于商业化。随着人格自觉的提升,侵害可能性的增加及损害范围的扩大,乃认知慰抚金对保护人格的重要,使慰抚金请求权的一般化成为损害赔偿的重要制度。

二、德国与台湾地区发展途径的比较

台湾地区慰抚金制度的形成及发展受德国立法及学说判例的影响。由于《德国民法》第253条明定请求慰抚金(非财产上损害金钱赔偿)须有法律规定,限于身体、健康、自由被侵害情形(旧《德国民法》第847条),被认为是德国人格权及损害赔偿上最大的弱点,如何克服乃成为德国人格权及损害赔偿法上最重大的课题,其过程长达100年,关键性的突破是于战后德国联邦法院及宪法法院以基本法第1条第1项(人之尊严)及第2条第1项(人格自由)为依据,创设一般人格权,并以此等基本法的规定作为一般人格权受侵害时得请求精神损害金钱赔偿的规范基础。

2002年德国损害赔偿法删除旧《德国民法》第847条,移置于第253条第2项作为损害赔偿一般规定,得适用于因侵权行为(过失责任、无过失责任),契约债务不履行,无因管理等侵害身体、自由、健康,侵害性自主的情形。关于一般人格权的侵害(如名誉、隐私)仍以前揭基本法规定为请求权基础,造成双轨体系。在台湾地区"民法",其解决途径系将"民法"第195条第1项由列举主义改为例示概括条款(侵权行为),并增订"民法"第227条之1(债务不履行),其规范模式不同于《德国民法》,保护尚属周延,亦值肯定,但就规范体系及适用范围言,仍以德国法较为完整。

三、实务的任务[31]

慰抚金请求权是实务上的重要问题,凡人格权受侵害(尤其是生命、身体、健康、名誉、贞操)皆会发生非财产损害的金钱赔偿。问题在于慰抚金数额不可预见,其量定因素空泛,欠缺可得操作的量定基准,法院判决欠缺有系统性的整理,无法提供给当事人或法院必要的信息。诉讼前的和解缺少谈判基础。被害人起诉请求慰抚金尽量提高数额,类似赌博。不同审级法院缺少共识,造成案件来回的更审,耗费时日、社会成本、司法资源。因此如何强化对慰抚金量定的理论与实务研究,实为人格权保护上的重要课题。

第三项 慰抚金的概念与性质

第一目 "慰抚金"与"非财产损害相当金额的赔偿"

台湾地区"民法"关于人格权的保护兼采《瑞士民法》及《德国民法》。"民法"第18条第2项所称人格权受侵害时,以法律有特别规定者为限,得请求损害赔偿或慰抚金。在《瑞士民法》,损害赔偿指财产损害,慰抚金指非财产损害的金钱赔偿。关于侵权行为及损害赔偿制度,台湾地区"民法"系采《德国民法》的立法例,所称损害包括财产损害及非财产损害,并采《德国民法》第253条规定"非财产损害"以法律所定情形,始得请求金钱赔偿的原则。如何在概念体系上整合此来自不同立法例的条文用语,得有不同的见解,例如将"民法"第18条第2项损害赔偿解释为包

---

[31] 参见蓝家伟:《慰抚金量定的理论与实务》(台湾大学法律学研究所硕士论文,2009)。

括财产上损害及非财产上损害,或认"民法"第18条第2项系关于非财产损害的规定。其有共识的是,在解释上应认"民法"第18条第2项所称"慰抚金"与"请求赔偿相当金额"其义相同,均指同一事项,即侵害人格法益之"民法"第195条第1项所称非财产损害(精神损害)的金钱赔偿。应进一步说明的有三:

(1) 德国法上的非财产损害,称为 Nichtvermögensschaden 或 Immaterielle Schaden,其金钱赔偿称为 Schmerzensgeld(痛苦金),乃在表现非财产损害系属身心痛苦(körperliches und seelisches Leiden)。德国联邦法院引进瑞士民法上慰抚(Genugtuung)的概念,强调痛苦金亦具有慰抚功能。[32]

(2)"慰抚金"与"非财产损害相当金额的赔偿"两个概念,具有相互阐述及诠释的作用。"慰抚"表示非财产上损害赔偿的功能,"相当金额"表示慰抚金的特色,具有衡平或评价的作用,不同于财产上损害的全部赔偿原则。

(3) 台湾地区"民法"使用慰抚金的概念的除"民法"第18条第2项外,尚有第1030条之1第1项第2款[33]。学说及法院判决多使用慰抚金,因其意简明,较能凸显其意义。

第二目 慰抚金的一身专属性

一、慰抚金专属性的规定

关于慰抚金请求权,除"民法"第194条外,皆明定"此项请求权,不得让与或继承。但已依契约承诺或已起诉者,不在此限。"此项规定于"民法"第194条亦应为类推适用。此种不得让与或继承的请求权,学说上称为专属权,尤其是权利行使上的专属权,即权利的行使与否,专由权利人予以决定,在未决定前,虽不得让与或继承,但一经决定行使,则与普通财产权无异,具有移转性。

慰抚金请求权不得让与或继承,但已依契约承诺或已起诉者,不

---

[32] BGHZ 18, 149; 128, 117.
[33] "民法"第1030条之1第1项规定:法定财产制关系消灭时,夫或妻现存之婚后财产,扣除婚姻关系存续所负债务后,如有剩余,其双方剩余财产之差额,应平均分配。但下列财产不在此限:(一)因继承或其他无偿取得之财产。(二)慰抚金。特别法使用慰抚金的有"警械使用条例"第11条、"海岸巡防机关器械使用条例"第15条(请阅读条文),其意不尽同于"民法"上的慰抚金。

在此限。换言之,契约承诺或起诉解除了慰抚金请求权的专属性(Entpersönlichung,解除属人性),慰抚金请求权已依契约承诺时,表示被害人已有行使权利的意思。承诺具有宣示的性质,无须具备一定方式,得依默示为之。起诉,应以诉状表明下列各款事项,提出于法院为之:

(1)当事人及法定代理人。
(2)诉讼标的及其原因事实。
(3)应受判决事项之声明("民事诉讼法"第244条)。

实务上最感困难的,系被害人身受重伤,已失知觉,死亡与起诉之间,形成特殊微妙竞赛关系。为克服此项困难,维护被害人及继承人利益,应在"时"与"人"两方面适当解释起诉的概念。就时间而言,所谓起诉系指向法院提出起诉,是否送达于被告,在所不问。就人而言,应认被害人失其知觉者,其由他人代为起诉,而经继承人承认;继承人代为起诉者,亦可发生起诉之效力。

二、专属性的立法理由

现行"民法"上慰抚金请求权不具移转性原则,系采自德国立法例(《德国民法》第847条)。《德国民法》所以采此原则,其立法理由书作有详细的说明,特摘译如下,以供参考:

"关于痛苦金请求权(Schmerzensgeldanspruch)继承性,在普通法(Gemeinrecht),甚有争论,此与痛苦金请求权的本质究为刑罚或赔偿,具有密切关系。采取赔偿说(Entschädigungstheorie,补偿说)的学者,认为此项请求权不能继承,因为纵使痛苦金不能视为对被害人所受羞辱的慰藉,至少也是对某种损害的赔偿,而此种损害之不能继承,与羞辱并无不同。被害人所忍受的痛苦随其死亡而俱逝,财产上损害尚继续存在于继承人,二者殊有差异。此项问题在普鲁士法上甚有争论,依《萨克逊民法》第1450条规定,此项请求权于被害人起诉或依契约确认时,始得继承。《德累斯顿草案》第1010条亦采此原则,所不同的是,依规定请求权非于起诉时,而是于判决确定时,始移转于继承人。倘未设一项特别规定,则痛苦金请求权将无限制地移转于继承人。然而,被害人常由于其本身未感觉受到损害,或由于个人事由,而不行使此项请求权。在此情形,若仍允其继承人得为主张,违背事理,殊非妥适。因此,被害人自身不行使其权利时,继承人自无主张余地。其次为避免争议,此项请求权须以依契约承认或系属于法院时,始移转予继承人。据上所述,痛苦金请求权的继承应受限制。同理,其

让与性亦应受限制,在债权让与非基于债权人意思的情形,尤应如此。"㉞

关于非财产上损害金钱赔偿的不移转性(尤其是继承),最近,德国学者曾作有批评性的检讨。Shäfer 认为不移转性原则系过去时代的产物,于《德国民法》立法当时,导致痛苦金请求权的事故,尚属不多,而且多发生在邻居、友谊社交来往范围之内;其情形与在狩猎或儿童嬉戏之间发生损害事故,并无不同,当事人彼此多系熟识㉟,因而被害人多不请求精神上损害金钱赔偿。目前,意外事故遽增,情况丕变,难以相提并论。再者,立法者当时亦未能预见今日责任保险之普遍推行。Deutsch 教授认为:"立法者在采取非财产损害金钱赔偿制度之后,或许已无余力,除去此项请求权在专属人格上之限制。"㊱

基于上述的检讨,德国学者 Lieberwirth 认为,应尽量对"依契约承诺"及"系属法院"采取广义解释,扩大增加痛苦金请求权让与或继承的机会。㊲ Deutsch 更进一步认为,关于痛苦金请求权的可移转性,应视痛苦金的功能而定,即慰抚金之给与,纯为慰藉(Genugtuung)之目的时,原则上不得让与或继承,请求权行使与否,应由被害人自主决定。至若慰抚金的给与,系为填补损害(Ausgleich)之目的,或兼具慰抚与填补损害双重功能的,则原则上应使其具有移转性。《德国民法》第 847 条第 1 项第 2 段的广泛文义,使此项原则尚难贯彻,应将其适用范围依其目的性,加以限制,乃事务当然之理。

三、《德国民法》废除非财产损害金钱赔偿的专属性

台湾地区"民法"关于慰抚金专属性的规定系参考《德国民法》第 847 条立法例。值得提出的是,德国于 2002 年施行的损害赔偿法废除该条规定,使非财产损害相当金钱赔偿的请求权得为让与、继承。废除的理由主要系为避免解释适用的争议,尤其是保护被害人,解除了此项请求与被害人不可分的关系。例如甲致乙重伤,甲对乙拒不依契约承认乙的请求权,

---

㉞ Mugdan, Die gesammten Materialien zum Bürgerlichen Gesetzbuch für das Deutsche Reich, Bd. II, 1899, S. 448.(台大法律学研究所珍藏资料。)

㉟ Staudinger/Schäfer, Kommentar zum Bürgerlichen Gesetzbuch mit Einführungsgesetz (11. Aufl. 1975) § 847 Rn 98.

㊱ Deutsch, Haftungsrecht (1976), S. 477:"Wahrscheinlich hat der Gesetzgeber nach der allgemeinen Einführung der immateriellen Geldenschädigung nicht mehr die Energie gehabt, den Anspruch seiner höchstpersönlichen Beschränkung zu entkleiden."

㊲ Lieberwirth, Das Schmerzensgeld (3. Aufl. 1965), S. 102.

或乙在起诉前死亡时(在此种情形,谁会适时到法院起诉?),甲得不负赔偿责任,诚非合理。

最后须再强调的,非财产损害的金钱赔偿,《德国民法》原采保守态度,为强化对人格权的保护,一方面创设一般人格权,并以《德国基本法》第1条第1项及第2条第1项作为请求金钱赔偿的请求权,一方面又删除第847条规定,将其移置于第253条第2项,作为损害赔偿的一般规定,扩大其请求权基础,此外并解除此项请求权的专属性,肯定其得为让与及继承,完善了对人格权受侵害的非财产损害金钱赔偿制度,体现了法律生命的发展及法学的创造力。

第四项 慰抚金的功能与相当赔偿的量定

人格法益(身体、健康、名誉、隐私、贞操等)遭受侵害,因身心痛苦而请求慰抚金时,如何计算其得向法院请求的相当数额,依据何种因素而为算定?是否参考比较法院其他相关判决?法院应斟酌何种因素以决定慰抚金数额的相当性,以使当事人信服?应否考量加害人的故意或过失轻重?侵害人格(如以他人姓名、肖像推销商品)所获利益?被害人的与有过失如何斟酌?如何建立客观可预见的量定因素及合理的赔偿数额?

慰抚金的功能与"相当赔偿金额"的量定,是慰抚金制度的核心问题,二者相互关联,特在本项一并说明。

第一目 慰抚金的功能

慰抚金具何种功能,台湾地区实务上(包括"最高法院")甚少提及,从法院判决所斟酌的量定因素亦难推知。兹分四项加以分析:

一、填补损害

慰抚金系对非财产上损害的一种赔偿方法(Schadensausgleich, Compensation),亦具填补损害的基本功能。在现行"民法",损害赔偿义务的发生原则上系以过失为责任要件,虽含有对过失行为加以非难的目的,惟不得径据此而认为损害赔偿系对不法行为本身的制裁,一则因为民事损害赔偿责任原则上不以过失为要件者;二则因为在现行法上,损害赔偿范围并不斟酌加害人过失的轻重。对于不法行为的制裁系刑法的基本任务,民事损害赔偿的功能则在于填补损害。

慰抚金的基本功能即在于填补损害,因此民法上损害赔偿的基本原则"无损害,无赔偿"自有适用余地。"最高法院"1960年台上字第489号判决谓:"'民法'亲属编施行后,夫权制度已不存在,明知有夫之妇而与之通奸,对其夫应负赔偿责任,系以家室和谐因此破坏,使其夫在精神上不免感受痛苦之故,若夫已纳妾,与其之感情本不融洽,则家室和谐并非因其妻与人通奸而破坏,其夫既无所谓受非财产上之损害,自无请求赔偿可言。"

在实务上,常有被害人因遭受侵害而失其知觉的,在此情形,是否亦得请求精神或肉体痛苦的慰抚金?在瑞士 Luzern 高等法院一个判决,原告系一具有通常智能的孩童,于某次意外事故中,脑部伤害严重,机能丧失,法院认为就《瑞士债务法》第47条所规定的慰抚金而言,被害人对其被侵害具有知觉(Bewusstsein der Beeinträchtigung)并非必要[38]。德国实务上原亦认被害人须有认知及感受精神痛苦能力,今已废弃,不以被害人有感受心神痛苦的必要[39]。中国台湾地区实务上亦应采此见解[40]。

二、被害人的慰抚

非财产损害的金钱赔偿,除具有填补损害基本功能外,是否尚有其他功能?又此项功能与填补损害的功能又具有何种关系?此项问题在瑞德二国讨论热烈。台湾地区现行"民法"关于非财产损害制度,系兼采瑞、德两国立法例,彼邦判例学说自有征引参考的价值,特先为介绍,再说明在中国台湾法上所应采取的立场。

(一)瑞士法

1907年《瑞士民法》制定时,虽希望广泛承认非财产损害金钱赔偿请求权,以加强人格权的保护,但却顾虑到两方面的不同意见:

(1)报纸深恐报道自由受到限制,增加讼累。

(2)德国学者警告以金钱赔偿精神上损害,将使人格价值商业化。

因此,立法者特于《瑞士民法》第28条规定仅于法律特定的情形始得请求慰抚金。

1907年《瑞士民法》及1911年修正的《瑞士债务法》首次采用 Genugtuung(慰抚)此项概念,系基于瑞士法学家 Burckhard 的建议[41],并受 Jher-

---

[38] Schw JZ 69, 297.
[39] BGH, NJW 1976, 1174; BGHZ 120, 1; BGH, NJW, 1993, 1531; Kötz/Wagner, Deliktsrecht (10. Aufl. 2006), S. 702.
[40] 参见陈聪富:《侵权违法性与损害赔偿》(2008),第214页。
[41] ZRS 22, 1903, 469 ff.

ing 及 Degenkolb 两位德国学者的影响。Jhering 及 Degenkolb 均认为 Genugtuung 是一种独立责任原则,介于损害赔偿与刑罚之间[42]。Degenkolb 特别强调非财产上损害不能以金钱计算,认为其所以赋予被害人以金钱利益者,旨在恢复被干扰精神的平衡。Burckhard 接受此种思想,并进一步阐明瑞士民法上 Genugtuung 的特色及其与刑罚(Strafe)的不同:在刑罚,被害人的满足(Satisfaktion),系次要的反射作用,但在非财产损害,Genugtuung 则系法律所欲直接实现之目的,"相当金额"仅是达成此项目的之手段而已。在刑罚,其目的使加害人遭受创伤,Genugtuung 则在医疗被害人之创伤。依此见解,赔偿与慰藉被害人受侵害的法律感情的二种功能,得为并存。在此种思想背景下,关于 Genugtuung 的法律性质,瑞士学者意见不同,有强调填补赔偿功能的,有重视其慰抚作用的,尚无定论,其较有共识的,系 Genugtuung 并不具有刑罚的性质。瑞士 Zurich 大学侵权行为法权威学者 Oftinger 教授特别表示,Genugtuung 确实含有惩罚的因素,不容低估,此与民法的基本思想容有不符,并有不合时宜之感,但势所难免,难以排除。[43]

(二) 德国法

《德国民法》第 253 条规定:"非财产上损害,以有法律特别规定者为限,始得请求赔偿相当金额。"法律的特别规定,以《德国民法》第 847 条最为重要:"Ⅰ.侵害身体或健康,或侵夺自由之情形,被害人对非财产上之损害,亦得请求赔偿相当之金额。此项请求权不得让与或继承,但已依契约承认或起诉者,不在此限。Ⅱ.对妇女犯违背伦理之重罪或轻罪,或因诈术、胁迫,或滥用从属关系,使其应允为婚姻外之同居者,该妇女亦有同一之请求权。"为加强保护人格法益(尤其是名誉权),第二次世界大战以后,德国最高法院特创设一般人格权(Allgemeines Persönlichkeitsrecht),并认为侵害一般人格权,其情形严重者,被害人就非财产上损害亦得请求赔偿相当金钱[44],前已再三提及。

---

[42] JherJb 18 (1880), S. 52f., 77f.; Degenkolb, AcP 76, 1, 23f. 耶林年报(Jherings Jahrbücher für die Dogmatik des bürgerlichen Rechts,简称 JherJb)及民法实务文献库(Archiv für die zivilistische Praxis,简称 AcP)系德国著名的法律杂志,台大法律学研究所藏存全集,弥足珍贵,可供参考(本书作者曾在 AcP 发表二篇文章)。

[43] Oftinger, Schweizerisches Haftpflichtrecht (4. Aufl. 1975); Obligationsrecht (9. Aufl. 2000), § 10, § 8, 286.

[44] 德国法上一般人格权理论及其发展趋势,Stoll (注㉖书)。

关于非财产上损害的金钱赔偿的法律性质,在德国法上亦甚有争论。1955年6月1日德国联邦法院(BGH)大民庭会议(Grosser Senat für Zivilsachen)曾为此作成决议(Beschluss)(BGHZ 18,149),其要旨为:"民法第847条规定的 Schmerzensgeld(痛苦金)请求权,不是通常的损害赔偿,而是特殊的请求权,具有双重功能,对被害人所受非财产上损害提供适当的补偿,但同时由加害人就其所生的损害对被害人予以慰藉。"

对于上述最高法院见解,德国学者多表赞成。Deutsch 教授在其1976年新著 Haftungsrecht(责任法)一书,曾特别强调 Genugtuung 的独立性,认为之所以给予被害人金钱,非在于填补损害,而是在于行为后的预防;论其本质,实远于损害(Schadensfern),近于制裁(Sanktionsnah⑮)。惟应注意的是,德国权威民法学者 Larenz 教授对德国联邦法院的见解甚有评论,认为相当金额的赔偿,严格言之,不是真正的损害赔偿,因为在应赔偿的金钱与无形损害间欠缺一个金钱价值。惟受害人可以借着获得金钱创造某种愉快或安慰,论其实质,乃属一种补偿。惟此种损害赔偿另具有 Genugtuung(慰藉、满足)的作用,即被害人可由金钱的支付而得知加害人应对其所肇致的损害负责,因而获得满足,但此与制裁不法的刑罚思想有异。德国民法的损害赔偿制度的出发点,不是对加害人的非难,而是损害填补,因此所谓 Genugtuungsfunktion(慰抚满足功能)仅可视为系对被害人受侵害的情感或法律感情(Rechtsgefühl)的一种补偿,应包括在填补目的之内。基此认识,Larenz 教授认为德国联邦法院将填补功能(Genugtuungsfunktion)并列,似乎误认二者是互相对立,从而使慰抚金的性质,近于刑罚,尚有商榷余地。⑯

(三) 中国台湾地区法上的解释

基于以上关于瑞士法上 Genugtuung 及德国法上 Schmerzensgeld 的说明,得以下认识作为中国台湾地区法上慰抚金法律性质的理论基础:非财产损害,不能完全客观地金钱赔偿。金钱赔偿,除尽可能填补损害外,尚具有慰抚的机能,换言之,即以金钱的支付抚慰被害人因非财产价值被侵害所生的苦痛、失望、怨愤与不满。德国法学家 von Tuhr 氏曾谓:"金钱

---

⑮ Deutsch(注㊱书), S. 473; 并请参见 Esser, Schuldrecht, Allgemeiner Teil, Band I Teilband 2 (5. Aufl. 1975), S. 117.

⑯ Larenz, Lehrbuch des Schuldrechts, Band I: Allgemeiner Teil (14. Aufl. 1987), S. 380. 参见 Wiese(注㉖书), S. 55f.

给付可使被害人满足,被害人知悉从加害人取去金钱,其内心之怨懑将获平衡,其报复的感情将可因此而得到慰藉。对现代人言,纵其已受基督教及文明的洗礼,报复的感情尚未完全消逝"[47],确实含有真义。然而,诚如Larenz教授所指出,慰藉的对象系被害人,制裁加害人乃其反射作用,非属慰抚的功能,制裁不法,非慰抚的本质。至于填补功能与慰藉功能的关系,有认为慰抚功能仍属于填补的作用,不能独立存在。有人认为,慰抚金兼具填补与慰抚双重功能,此说较为可采。在决定慰抚金的数额时,填补损害与慰抚被侵害的法律感情应一并斟酌。

三、预防功能

法律上的制裁(如"刑法"的刑罚、"行政法"的罚金、"侵权行为法"的损害赔偿)因对行为人课以不利益,均具有一定程度的预防功能,促使受制裁者调整其行为而为规避。准此以言,慰抚金自具有预防的作用,即得经由慰抚金的量定,尤其是斟酌加害人的故意过失,侵害人格法益所获利益,调整相当赔偿的数额,而发挥其吓阻不法行为,确立行为模式的功用。慰抚金的预防功能原则上固值肯定,但不应使之成为一种非难惩罚,盖此非属民事责任的本质。

第二目 慰抚金的算定

一、"最高法院"见解

如何算定相当数额的慰抚金?此须依慰抚金的功能提出量定标准或因素。兹参照"最高法院"具代表性的判例的见解,依年代先后摘录如下:

1. 1930年上字第1613号判例:"名誉被侵害者虽许被害人请求以金钱赔偿,但其损失原非如财产损失之有价额可以计算,究竟如何始认为相当,自得由法院斟酌情形定其数额。"

2. 1958年台上字第1221号判例:"名誉被侵害者,关于非财产上之损害,加害人虽亦负赔偿责任,但以相当之金额为限,'民法'第一百九十五条第一项定有明文。所谓相当,自应以实际加害情形与其名誉影响是否重大,及被害者之身份地位与加害人经济状况等关系定之。"

3. 1962年台上字第223号判例:"慰藉金之赔偿须以人格权遭遇侵

---

[47] von Tuhr, Allgemeiner Teil des Schweizerischen Obligationenrechts I (1924), S. 106.

害,使精神受有痛苦为必要,其核给之标准固与财产上损害之计算不同,然非不可斟酌双方资力与加害程度,及其他各种情形核定相当之数额。"

4. 1977年台上字第2759号判例:"不法侵害他人致死者,被害人之子女得请求赔偿相当数额之慰抚金,又胎儿以将来非死产者为限,关于其个人利益之保护,视为既已出生,'民法'第一百九十四条、第七条定有明文,慰抚金之数额如何始为相当,应酌量一切情形定之,但不得以子女为胎儿或年幼为不予赔偿或减低赔偿之依据。"

二、量定模式的建构

"最高法院"判决均未明确论及慰抚金的功能,亦难由其判决理由推知"最高法院"关于慰抚金功能的见解。"最高法院"判决所采用的主要量定因素为:

（1）加害程度。
（2）双方经济能力。
（3）其他情形。

至于何谓其他情形,多未指明。又"最高法院"判决所采用的量定因素尚斟酌受到侵害的人格法益,如生命(第194条、1977年台上字第2759号判例)、名誉(1958年台上字第1221号判例)。"最高法院"在废弃原审判决时,常指责其量定欠缺具体理由。此为实务上最值重视的问题。

鉴于慰抚金的量定是实务上的重要问题,兹参照实务见解提出如下思考模式,再作说明:

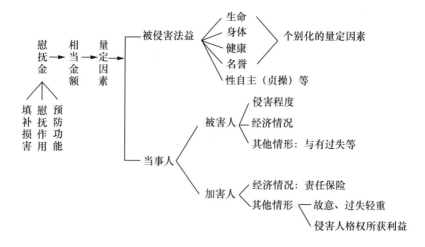

关于前揭规范模式,应说明的有三:
(一) 慰抚金功能:填补及慰抚
慰抚金具填补损害功能,金额是否相当,由法院自由裁量,应就个案斟酌相关因素而为量定,包括被侵害的法益及双方当事人的情事,尤其是受侵害人格法益的种类,并顾及其个别化的量定因素。

基于慰抚金所具填补功能,被害人受侵害而为昏迷或成为植物人而无痛苦感觉,亦不得据此排除或减少其慰抚金。在不法致人于死的情形,"最高法院"特别强调不得以子女为胎儿或年少不知而不为赔偿或减低赔偿。

(二) 被害人方面应斟酌的因素
在被害人方面应予斟酌的,首为侵害程度,即受侵害的人格法益、侵害轻重(残废、轻伤、忧郁症)、时间(如医疗期间)、年龄(在性侵情形)。"最高法院"特别强调双方资力(经济情况),被害人的资力包括侵害对其职业活动的影响。其他情形应包括被害人的与有过失,在财产上损害,被害人的"与有过失"在于认定赔偿范围。在慰抚金,被害人的与有过失应作为量定赔偿数额相当性的一项内部因素,而非先认定赔偿数额,再依与有过失程度而为减免。[48]

(三) 加害人方面应斟酌的因素
在加害人方面应予斟酌情事,"最高法院"特别强调双方当事人身份地位及经济情况。此为慰抚金的特色,在财产损害并不考虑双方资力,如身份地位(如学生、医生、律师)与资力。加害的人资力较佳,被害人资力较劣时,应提高其赔偿数额。加害人经济情况不佳不得径作为减少财产数额的理由。加害人有责任保险时,其资力得不为斟酌。又受雇人因执行职务,不法侵害他人之人格权时,被害人受有非财产上之损害,请求该受雇人及其雇用人连带赔偿相当金额之慰抚金时,法院对于慰抚金之量定,应斟酌两造(包括负连带责任之雇用人在内)之身份地位经济状况等关系定之,不宜单以被害人与实施侵权行为之受雇人之资力为衡量标准[49]。

---

[48] 此为德国通说,Lange/Schiemann, Handbuch des Schuldrechts Schadensersatz (3. Aufl. 2003), S. 439; MünchKommBGB/Oetker, Bd. 2 (5. Aufl. 2007), § 253 Rn. 46.

[49] 参见1985年8月27日1985年第9次民事庭会议决议;"最高法院"1968年台上字第1663号判例。

应特别提出的有两点：

(1) 加害人的故意或过失轻重："最高法院"的判决并未明确将加害人的故意、过失轻重作为量定慰抚金的因素，此应系强调慰抚金的填补功能。在财产损害，其赔偿金额不受加害人故意、过失轻重而受影响。在慰抚金的量定，加害人的故意或过失，应有不同，故意伤人与过失肇致车祸对被害人精神的慰抚应有不同。将加害人的故意或过失作为量定因素，实有肯定的必要。

(2) 加害人的获利：加害人无权使用他人肖像、姓名作商业广告而获的利益，应否作为量定慰抚金的因素？此为近年来各国实务上的重要问题，在陈美凤米酒广告案，台湾高等法院采肯定见解，前已再三提及，此涉及姓名、肖像等人格法益财产化及加害人获利剥夺问题，将于本章第五节作较详细的说明。

三、慰抚金数额的算定与第三审上诉

关于算定慰抚金所应斟酌因素的正确适用，系属法律问题，因此当事人认为第二审适用不当时，得上诉第三审法院。"最高法院"所审查的，不是原审法院所算定慰抚金的多寡，而是事实审法院对一切应斟酌的情事是否已完全适当考虑，而在其权衡之间是否违反推理逻辑及被承认的经验法则。兹举一个判决作为参考："最高法院"2008年台上字第1037号民事判决略谓："按非财产上损害之慰抚金数额，究竟若干为适当，应斟酌两造身份、地位、教育程度及经济状况，俾为审判之依据。查被上诉人之社会地位及经济状况如何？又死者江林玉蟾之身份、地位如何？未见原审于判决理由予以论述，并说明所凭审酌之依据，而仅抽象谓审酌两造及死者之社会地位及经济状况，遽认被上诉人各得请求上诉人赔偿之精神慰抚金以八十万元为宜，非无理由。"

四、慰抚金的给付方式

关于身体、健康受侵害所生的财产上损害的金钱赔偿，"民法"设有支付定期金的规定（"民法"第193条第2项、第192条第3项）。关于慰抚金之支付方式，现行法未设规定，目前实务上似均采一次给付方式。若当事人为定期金之申请时，法院得否准用"民法"第193条第2项之规定？德、瑞民法均未设明文，但实务采肯定说，认为必要时，法院亦得指定定期金之支付。在中国台湾法上似可作同样解释，以保护被害人利益。

第三目 慰抚金与法院实务

一、研究课题

慰抚金是损害赔偿的核心问题,法院实务如何操作运用,攸关人民权益、诉讼成本至巨。法院如何解释适用相关法律,如何量定相当数额的慰抚金,决定赔偿金额?

本书作者在30年前曾撰写"慰抚金"论文[50],当时限于时间、取得资料的困难及必要的研究助理,仅能作简要说明。最近则有较深入的研究,例如:陈聪富:《侵权行为法之法社会学研究Ⅰ》("行政院""国家"科学委员会专题研究计划成果报告,1999),资料统整范围为"最高法院"1951年至1999年止公布的民事判决。陈莹:《民事损害赔偿法上慰抚金数额算定标准之研究》(成功大学法律学研究所硕士班论文,2009),针对事实审(第一审)慰抚金量定数额,作出统计与分析。蓝家伟:《慰抚金量定之理论与实务》(台湾大学法律学研究所硕士论文,2009),有系统整理高等法院判决。此等研究报告或论文,应该受到司法机关的重视,作进一步的整理分析,对司法改革作出具有实质意义的努力。

二、实务运作

兹就3个案例类型说明台湾实务如何量定慰抚金。

(一) 故意致人于死

台湾高等法院2007年重上字第30号判决

1. 侵害行为

被告等人为诈领系争保险金共谋驾车撞倒及辗轧被害人致死。

2. 量定因素

被告与被害人素不相识,并无冤仇,竟仅因贪图钱财,被告等人共同以残忍手段杀害被害人,恶性重大,而原告甲、乙均年事已高,面对爱女惨死,自必受有极大精神上痛苦。而原告丙则于本件侵权行为发生时乘坐于被害人所驾驶前揭自小客车后座,亲眼目睹并耳闻其亲生母亲即被害人遭被告等人驾车撞击再予以碾轧之惨状,身心遭受极度惊吓,心灵受创至深,及被告等人于本件事故发生时经营传播公司,每月收入至少七八万元,及两造其他身份地位、经济状况及原告等人所受上开痛苦等一切

---

[50] 参见拙著:《慰抚金》,载《民法学说与判例研究》(第2册),北京大学出版社2009年版,第176页。

情状。

3. 慰抚金数额

原告甲(父)请求1 000万元,乙(母)请求400万元,丙(子)请求1 000万元。法院判决甲400万元,乙400万元,丙1 000万元。对此项高额慰抚金,法院特别斟酌被告动机、故意、恶性行为等,凸显慰抚功能。

(二)妨碍性自主[51]

1. 台湾高等法院2003年诉字第20号判决

(1)侵害行为:原告就读台科大一年级,尚未年满20岁,即被学校雇用为宿舍管理工读生,早上6点就要轮早班看管宿舍外,夜间11点半同样要看管宿舍,于原告一人看管宿舍时,原告在台科大校园内遭被告性侵害。

(2)量定因素:原告刚上大学,正值人生起步前途一切光明之际,受此次性侵害,精神受害甚深,甚至嗣因无心上课学业成绩未达标准致遭被告台科大退学,未来前途及婚姻均将因而大受影响,精神确受极大痛苦,而被告为高中毕业;无业,假释中一再犯罪,且犯后毫无悔意,本院斟酌实际情况,两造之身份、地位、经济能力及被告之经济资力虽属有限,惟对原告已造成终身无法弥补之严重伤害等情状。

(3)慰抚金数额:原告请求1 000万元,法院判决500万元,关于量定因素,法院强调被告假释中一再犯罪,犯后毫无悔意,重视预防或惩罚作用。

2. 台湾高等法院2004年上易字第407号判决

(1)侵害行为:被告在MTV之O号房间内,明知原告系未满16岁之女子,竟未经原告同意并违反原告意愿,强行对原告为性交之行为。

(2)量定因素:斟酌被告明知原告未满16岁,仍与之性交,原告当时为14岁的少女,原告并自陈事情发生后,对男孩产生恐惧,心理也变得有点像同性恋,觉得男孩子都不可以依靠,足见此事件对其人生观之影响非微;又被告系高中毕业,目前无业,无动产、不动产,并已知道过错,表示悔意;而原告现仍就学中,无不动产,生活费及学费,均由家人供应等一切

---

[51] "司法院"于2011年9月间举行性侵害事件慰抚金酌定标准研讨会,叶启州专题报告"性侵害事件慰抚金酌定标准之分析与检讨"(最近实务案件),杨淑文与谈,甚具参考价值。又"司法院"于同年11月另举办侵害生命慰抚金酌定标准研讨会(詹森林报告),名誉及身体健康侵害慰抚金酌定研讨会(分别由王千维、陈忠五报告),足见慰抚金的量定已受到应有的重视。

情状。

(3) 慰抚金数额:原告请求 100 万元,法院判决 30 万元。

(三) 侵害名誉

台湾高等法院 2006 年上字第 413 号判决

1. 侵害行为

被告甲男为被告乙报纸公司雇用之采访记者,竟未尽查证之义务,被告乙报纸公司于所发行之○○日报头版刊登被告甲男所撰文,以"台联立委(即原告)强暴女职员"为标题,并于标题下方登载"立委原告施暴事件簿"之二幅描绘强暴情节之饼图案及编号①批注:"7 月 29 日晚上 11 时原告与 A 女约在'立法院'办公室讨论事情,原告突然对 A 女毛手毛脚,A 女拒绝,原告威胁把她解雇,A 女不敢反抗被原告强暴。"等语不实之报道,足使不知情之读者误认原告有强暴女职员。

2. 量定因素

系争报道时被上诉人为立法委员,拥有博士学位,在社会上具有相当知名度及一定之评价;而○○日报为国内一大报、资本雄厚,上诉人甲男从事新闻工作多年等之两造身份、社会地位、经济能力等一切情事,并斟酌系争报道对被上诉人在社会上之评价造成莫大伤害,致被上诉人名誉受贬损,导致被上诉人所受痛苦等情。

3. 慰抚金数额

原告请求 300 万元,法院判决 200 万元。

三、实践理性、案例比较、建立可操作的量定标准

1. 公开心证

法院应公开其作成判断的理由,由前揭判决可知实务已认知其重要性。

2. 量定因素

在侵害生命的情形,法院判决有以被告手段残忍、恶性重大、有无悔意作为量定因素,由此可知慰抚金除具有填补功能外亦具慰抚作用,而以行为人的故意过失轻重,有无悔意作为量定因素。在故意致人于死的情形,赔偿数额得高达 1 000 万元。

3. 慰抚金数额

慰抚金的数额有提高趋势。值得注意的是同为妨害性自主,赔偿数额有高达 500 万元,有仅 30 万元,相差 18 倍,此涉及案例比较,有进一步研究余地。

应再为强调的是,以实践理性,从事有系统的侵害人格法益类型的案例比较,建立具功能性及定型化的量定标准,实为当前重要课题,应为司法革新的重点。量定基准及金额决定的考量应予透明化并有所论证,以增强法律适用的安定性及预见性,促进诉讼前的和解,避免被害人不合理的请求,致被法院删减,反复审理,以节省司法资源,提升法院公信力。

第五项 中国大陆民法上的精神损害赔偿制度

一、值得参考的法律发展

中国大陆在侵权行为法及人格保护方面有重大发展,可供参考。1986年的《民法通则》于第120条第1项规定:"公民的姓名权、肖像权、名誉权、荣誉权受到侵害的,有权要求停止侵害,恢复名誉,消除影响,赔礼道歉,并可以要求赔偿损失。"并未特别提到非财产损害(精神损害)的赔偿问题。最高人民法院于2001年3月8日公布(3月10日起施行)《关于确定民事侵权精神损害赔偿责任若干问题的解释》(以下简称《最高院解释》)。2010年施行的《侵权责任法》第22条设有规定。

二、请求权基础

(一) 最高院解释

1. 自然人的人身利益

《最高院解释》明定在自然人下列四种情形得请求精神损害赔偿。

(1) 自然人的人格权利受非法侵害。所称人格权利指:① 生命权、健康权、身体权;② 姓名权、肖像权、名誉权、荣誉权;③ 人格尊严权、人身自由权。又违反社会公共利益、社会公德侵害他人隐私或者其他人格利益,受害人亦得以侵权为由向人民法院起诉请求赔偿精神损害(第1条)。

(2) 身份上的人格法益:非法使被监护人脱离监护,导致亲子关系或者近亲属间的亲属关系遭受严重损害,监护人向人民法院起诉请求赔偿精神损害(第2条)。

(3) 自然人死亡后的保护:自然人死亡后,其近亲属因下列侵权行为遭受精神痛苦,得向人民法院起诉请求赔偿精神损害:① 以侮辱、诽谤、贬损、丑化或者违反社会公共利益、社会公德的其他方式,侵害死者姓名、肖像、名誉、荣誉;② 非法披露、利用死者隐私,或者以违反社会公共利益、社会公德的其他方式侵害死者隐私;③非法利用、损害遗体、遗骨,或者以违反社会公共利益、社会公德的其他方式侵害遗体、遗骨(第3条)。

(4) 具人格象征意义的特定纪念品:具有人格象征意义的特定纪念物品,因侵权行为而永久性灭失或者毁损,物品所有人以侵权为由,向人民法院起诉请求赔偿精神损害(第4条)。

2. 法人或其他组织

值得特别提出的是,前揭《最高院解释》第5条明文规定:"法人或者其他组织以人格权利遭受侵害为由,向人民法院起诉请求赔偿精神损害的,人民法院不予受理。"

(二) 侵权责任法

《侵权责任法》第22条规定:"侵害他人人身权益,造成他人严重精神损害的,被侵权人可以请求精神损害赔偿。"立法理由表示:"本条虽然只有一句,但承载了相当丰富和厚重的内涵。"所谓人身损害包括人格法益与身份法益。规范特色在于采取概括损害赔偿原则。

三、精神损害的救济方法:恢复原状

关于精神损害的救济方法,《最高院解释》第8条,分为两种情形加以规定:

1. 未造成严重后果

因侵权致人精神损害,但未造成严重后果,受害人请求赔偿精神损害的,一般不予支持,人民法院可以根据情形判令侵权人停止侵害、恢复名誉、消除影响、赔礼道歉(第8条第1项)。

2. 造成严重后果

因侵权致人精神损害,造成严重后果的,人民法院除判令侵权人承担停止侵害、恢复名誉、消除影响、赔礼道歉等民事责任外,可以根据受害人一方的请求判令其赔偿相应的精神损害抚慰金(第8条第2项)。精神损害抚慰金包括以下方式:

(1) 致人残疾的,为残疾赔偿金。
(2) 致人死亡的,为死亡赔偿金。
(3) 其他损害情形的精神抚慰金(第9条)。

精神损害的赔偿数额根据以下因素确定:

(1) 侵权人的过错程度,法律另有规定的除外。
(2) 侵害的手段、场合、行为方式等具体情节。

（3）侵权行为所造成的后果。
（4）侵权人的获利情况。
（5）侵权人承担责任的经济能力。
（6）受诉法院所在地平均生活水平（第10条第1项）。

受害人对损害事实和损害后果的发生有过错的，可以根据其过错程度减轻或者免除侵权人的精神损害赔偿责任（第11条）。

四、比较分析

中国大陆人格权受侵害精神损害赔偿制度与台湾地区现行规定加以比较，分六点言之：

1. 历史基础及法律政策

最高人民法院关于精神损害的解释甚为详细，足见其对精神损害的重视，体现历史经验及强化人格保护的任务，规定内容亦多展现中国特色。

2. 概念用语

所称精神损害，相当于台湾地区现行法上的非财产损害。财产损害在大陆多称为经济损失。在台湾精神损害的赔偿方式包括恢复原状及金钱赔偿。金钱赔偿在台湾地区现行法称为慰抚金，在大陆则称为抚慰金。其抚慰金的意义，不尽同于台湾地区"民法"的慰抚金，尤其是《最高院解释》第9条规定的残疾赔偿金、死亡赔偿金，究为财产损害或精神损害，尚有研究余地。

3. 受保护之人

在台湾实务上认法人人格权受侵害不得主张精神损害赔偿，在大陆则以明文排除法人或其他组织以人格权受侵害为由，请求精神损害赔偿（《最高院解释》第5条）。

在不法致人于死的情形，台湾地区"民法"第194条规定："不法侵害他人致死者，被害人之父、母、子、女及配偶，虽非财产上之损害，亦得请求赔偿相当之金额。"在大陆，《最高人民法院关于确定民事侵权精神损害赔偿责任若干问题的解释》（2001年）第7条规定："自然人因侵权行为致死，或者自然人死亡后其人格或者遗体遭受侵害，死者的配偶、父母和子女向人民法院起诉请求赔偿精神损害的，列其配偶、父母和子女为原告；没有配偶、父母和子女的，可以由其他近亲属提起诉讼，列其他近亲属为原告。"

4. 受保护的法益

人格法益及身份法益同受保护。其不同的是大陆扩大对自然人死亡后人格的保护(《最高院解释》第 3 条)，并明定具人格象征意义特定纪念品的保护(《最高院解释》第 4 条)，扩大保护范围。

5. 赔偿方法

在台湾，就精神损害得请求恢复或金钱赔偿(慰抚金)，在大陆，基本上侵害未造成严重后果，得请求停止侵害、恢复名誉、消除影响、赔礼道歉。造成严重后果的，尚得请求精神损害抚慰金(《最高院解释》第 8 条)。关于此项精神损害抚慰金，应注意的是量定因素特别列出侵害人的过错程度、手段、获利情况；由此量定因素可知抚慰金具有慰藉、预防及惩罚的作用，体现于《侵权责任法》第 1 条规定所强调的，侵权责任法系为保护民事主体的合法权益，明确侵权责任，预防并制裁侵权行为，促进社会和谐稳定。

又须注意的是，台湾地区"民法"第 195 条第 2 项规定：慰抚金请求权不得让与或继承。但以金额赔偿之请求权已依契约承诺或已起诉者，不在此限。在大陆无类此规定，解除了抚慰金请求权的专属性，同于德国民法，有利于保护被害人。

6. 立法与司法实践

关于精神损害，在大陆分别规定于《最高院解释》(司法解释、准立法)及侵权责任法，应有统合的必要。预定制定的"人格权法"应会对精神损害赔偿制度作出更完善的规定。大陆系以立法及司法解释建立法制，根基于历史经验，多有前瞻性的创意，促进法律进步，具有效率，并累积案例逐步落实于法律实务。台湾则在判例学说的实践中稳定坚实地发展，完善既有的规范体系。两岸法律各有其任务及风格，均致力于维护人格的精神价值。

第四节 恢复名誉的适当处分与道歉启事

第一款 问题说明

一、保护名誉的特别规定及立法目的

人格权受侵害时，无论受侵害的是何种人格法益(生命、身体、健康、隐私、名誉等)被害人均得请求恢复原状("民法"第213条以下),及非财产损害金钱赔偿(慰抚金,"民法"第195条第1项)。"民法"第195条第1项后段规定:"其名誉被侵害者,并得请求恢复名誉之适当处分。"此系针对名誉受侵害特设的规定。此项规定系采《日本民法》第723条的立法例(详见下文),立法理由书谓:"其名誉被侵害,仅金钱之赔偿不足以保护者,得命为恢复名誉之必要处分,例如登报谢罪。"由此可知,法院得命为恢复名誉之适当处分,须金钱赔偿不足以保护名誉,此为名誉受侵害的特色,盖侵害名誉乃贬损社会对个人的评价,例如在报纸刊载不实的事实(贪污、婚外情等)。在此等损人名誉的情形,仅对被害人为金钱赔偿,常未能恢复其受贬损的名誉,故得命为登报谢罪等适当处分,此乃名誉受侵害恢复原状的一种特殊方式。

二、"民法"第195条第1项后段的解释适用

"民法"第195条第1项后段规定,其名誉被侵害者,"并"得请求为恢复名誉之适当处分,故被害人除慰抚金外,并得请求恢复名誉的适当处分,此项请求权专属于被害人,不得让与或继承。"适当处分"为不确定法律概念,应由法院就个案加以判断。关于其解释适用,应注意的有四:

(1) 在实务上当事人得请求恢复名誉的适当处分,其主要者为:① 登报道歉。② 命败诉的加害人负担费用,刊登澄清事实的声明或刊登判决重要的内容等。

(2) 何者为恢复名誉的适当处分,由法院就个案认定,未以何者为先,何者为最后手段。实务上最常见的是法院命败诉的加害人登报道歉,并刊登判决内容。

(3) 法人的名誉受侵害时,亦得请求败诉的加害人登报道歉。败诉的加害人为法人时,法院亦得命其登报道歉。

(4) 实务上尚未见"恢复名誉之适当处分"的规定类推适用于其他人格法益受侵害的情形。

三、违"宪"争议:释字第656号解释

登报道歉(或登报谢罪)系恢复名誉之适当处分,乃立法理由所例示,1929年"民法"施行后常为法院所采用,并见于"最高法院"1973年台上字第2806号判例:"公司系依法组织之法人,其名誉遭受损害,无精神上痛苦之可言,登报道歉已足恢复其名誉,自无依'民法'第一百九十五条第一项规定请求精神慰藉金之余地。"近年来"司法院"大法官解释强调人性尊严系"宪法"的基本价值理念,言论自由包括不表意自由,应受"宪法"保障,因而发生法院依"民法"第195条第1项后段规定"命败诉加害人为登报道歉"是否侵害不表意自由的违"宪"争议。"司法院"作有释字第656号解释。本件解释在比较法、私法"宪法"化、基本权利第三人效力等,具有意义,特列专节作较详细的说明。

第二款 比 较 法

名誉权的保护是各国或地区法律面临的问题,如何以适当方法恢复被害人的名誉,尤其是登报道歉是否违"宪",系比较法上的重要议题。兹先就德国、日本、韩国、中国大陆及英美法作简要说明,以了解不同的规范模式,凸显"司法院"释字第656号的解释意旨。

第一项 德 国 法

一、德国民法上名誉权的保护

《德国民法》第823条第1项规定未将名誉列入受侵权行为法保护的法益,向来系以《德国刑法》第186条对侵害名誉的处罚规定系德国民法第823条第2项保护他人的法律,作为被害人请求损害赔偿的依据。"二战"后德国联邦法院及联邦宪法法院共同协力以《德国基本法》第1条第1项(人之尊严)结合第2条第1项(人格自由)创设一般人格权(allgemeines Persönlichkeitsrecht),并以名誉为重要的保护范围,使被害人得就非财产上损害请求金钱赔偿[52]。

二、侵害名誉不实陈述的撤回(Widerruf)

名誉受侵害恢复原状的方法,除公布法院判决外,最为常见的是所谓Widerruf(侵害名誉事实陈述的撤回)。此项请求权原系以《德国民法》第249条为基础,称为恢复原状的撤回请求权。目前通说系将《德国民法》第1004条(所有权妨碍排除请求权)类推适用于侵权行为,作为请求权基础,以加害行为具有违法性为要件,不以行为人有故意过失为必要,乃属一种妨害排除的撤回请求权。

值得特别提出的是,此种法院命侵害名誉之人对其陈述事实为撤回,

---

[52] BGHZ 13, 334; Kötz/Wagner, (注 ㊴ 书), S. 142, 150: Geldentschädigung und Schmerzensgeld-Konvergenz; Mackeprang, Ehrenschutz im Verfassungsstaat (1990).

是否侵害受宪法保障人之尊严、人格自由发展及意见发表的权利,而引起违宪争议。在一个宪法诉愿[53],德国联邦宪法法院认为此种撤回对撤回义务者,不能认其受有屈辱,因为此种撤回不改变其确信,并不要求对外告知其确信现已不存在。撤回义务者在其撤回声明中得表示其系履行法院的确定判决而为撤回。此种撤回陈述声明难认系对人之尊严的侵害。又应注意的是,Widerruf 仅适用于事实陈述(Tatsachenbehauptung),而不适用于意见评价(Werturteil),即对于意见评论,法院不得命为撤回。[54] 又为避免 Widerruf 是否有羞辱意涵的争议,德国实务上多以订正(Berictung)或补充说明(Ergänzung)作为恢复原状或妨害除去的方法。[55]

第二项 日 本 法

一、《日本民法》第 723 条规定

《日本民法》第 723 条规定:"侵害他人名誉者,法院得因被害人的请求命为损害赔偿,或得与损害赔偿同时命为恢复原状的适当处分。"按日本民法对侵权行为的救济手段,以金钱赔偿为原则(《日本民法》第 723 条、第 417 条),恢复原状为例外。日本民法及特别法鲜有恢复原状的明文,为保护名誉,其民法第 723 条特别规定名誉被侵害时,除得请求金钱之损害赔偿外,同时得请求命为恢复名誉之适当处分。

关于恢复名誉适当处分的含义,日本民法起草人之一的梅谦次郎博士认为包括公开法庭上的道歉、报纸上的道歉启事、道歉状的交付、侵害名誉言词撤回的通知等。日本民法施行迄今,尚无法庭上公开道歉与交付道歉状的判例。法院命为谢罪广告的事例甚多,通说认此类谢罪广告的判决得依替代执行的方法加以强制执行。[56]

二、谢罪广告与宪法上的良心自由

日本法院依《民法》第 723 条规定命败诉的加害人为谢罪广告(道歉

---

[53] BVerfG NJW 1970, 651; Leipold, Wirksamer Ehrenschutz durch gerichtliche Feststellung von Tatsachen, ZZP 84 (1971), 159.

[54] Kötz/Wagner,(注[39]书), S.159.

[55] Fechner, Medienrecht (7. Aufl. 2006), S. 93; Damm/Klaus, Widerruf, Unterlassung und Schadensersatz in Presse und Rundfunk (2. Aufl. 2001).

[56] 参见〔日〕几代通:《对侵害名誉者命道歉启事之判决》,载《法学丛刊》1959 年 7 月第 15 期,第 98 页(庄柏林译)。

启事)是否违宪,产生争议。在日本最高裁判所昭和 31 年 7 月 4 日大法庭判决[昭和 28 年(才)1241 号]事件[57],被告于昭和 27 年(1952 年)参与众议院议员选举,于竞选活动中,透过媒体公布竞选对手(原告)于担任"知事"期间的贪污情事,原告请求刊登谢罪广告。第一、二审法院皆判决原告胜诉,被告不服,上诉第三审,亦遭驳回。争议问题在于法院命被告为谢罪广告,是否违反《日本宪法》第 19 条所保障的"思想及良心之自由不可侵犯"的基本权利。日本最高裁判所的判决要旨为:

1. 判例学说及国民感情

民法第 723 条规定毁损他人名誉者,应为恢复被害人名誉的适当处分,法院得本此规定命令加害人应于报纸等刊载谢罪广告,向为学说判例所肯认,亦行之于日本国民实际生活之中。

2. 谢罪广告判决的执行

关于命令为谢罪广告的判决,在内容上,有认应将刊载谢罪广告于报纸一事委由道歉人的意思决定。命令该行为的执行,亦仅限于与债务人意思有关的不可替代作为时,依《民事诉讼法》第 734 条(现《民事诉讼法》第 172 条)以间接强制加以实现。其间偶或有因强制实现将造成无视债务人人格、明显地毁损其名誉、且不当限制其意思决定的自由乃至于良心自由,而符合所谓不适于强制执行的情形。但其仅止于说明事实的真相,表明道歉之意的程度时,其强制执行应为可替代行为,得依《民事诉讼法》第 733 条(现《民事执行法》第 171 条)的程序为之。

3. 合"宪"性解释

原审判决认定被上诉人的本诉请求,最终归结于请求上诉人应透过大众传媒发表其所公布的事实为虚伪、不当。果尔,命令其至少应将原审判决内容刊载于报纸上的谢罪广告,并未对上诉人多课加耻辱性或痛苦性的劳苦,亦无侵害被上诉人所有的伦理上的意思及良心的自由,应为《民法》第 723 条所定的所谓的适当处分。[58]

研究人格权的著名学者有认为该判决反对意见所提出的良心自由问题,实具有国民认真反省的重大意义。最高裁判所大法庭判决迄今已经过

---

[57] 日本最高裁判所昭和 31 年 7 月 4 日大法庭判决"昭和 28 年(才)1241 号","日本国最高法院裁判选译(一)","司法院"印行(2002),第 123 页(陈洸岳译)。

[58] 本件判决系采多数见解,有三位法官提补充意见,两位法官提反对意见,均具启发性,请一并参考阅读。

50年,仍然踏袭昔日见解,可谓是谢罪广告根深于日本国民性的制度。⑤⑨

第三项 韩 国 法

《韩国民法》第764条:"侵害他人名誉者,除命以替代损害赔偿或损害赔偿外,法院尚得依被害者之请求,命其为恢复名誉之适当处分。"本条系采《日本民法》第723条的立法例。在一个涉及侵害名誉的案件,被害人以"女性东亚"所登载的文章侵害其名誉为由,向首尔民事地方法院提起诉讼,主张如《韩国民法》第764条所称"恢复名誉之适当处分"包括刊登谢罪广告在内,则系争规定系属违宪。原告于败诉后向韩国宪法法院提起宪法诉愿。

韩国宪法法院于1991年4月1日的全员裁判以一致见解的判决,以合宪性目的限缩解释方法,解释《韩国民法》第764条规定,认定该条系质的一部违宪。其判决要旨有二⑥⑩:

1. 谢罪广告所侵害的基本权利

如《韩国民法》第764条的规定包括谢罪广告,对国民的基本权限制而言,手段的选择非但不适合目的的达成,且其程度亦将过重而逾越韩国宪法第37条第2项⑥①所规定比例原则的界限,因此此一手段不能被正当化。其所违反的基本权利,除《韩国宪法》第19条人民享有良心自由的规定外,尚包括宪法对于人格权所为的保障。

2. 采限缩解释认定质的一部违宪

《韩国民法》第764条所称"恢复名誉之适当处分"如包含谢罪广告在内,则违反宪法意旨,须认该"处分"不包含谢罪广告,始符合宪法规定。此种解释方式系对于如《韩国民法》第764条中具不确定概念或多义解释可能性的条文,透过限缩解释所得的结论。盖上开构成要件若表征特定约定俗成的意义,则超出其所表征的意义而为的扩大解释,即属违反

---

⑤⑨ 〔日〕五十岚清:《人格权法概说》,有斐阁2003年版,第262页。该书附有谢罪广告之例,第258页;学说见解的整理分析,参见深濑中一:《谢罪广告强制の合宪性》,载伊藤正己、堀部政男编:《マスコミ判例百选(2版)》,有斐阁1985年版,第140页,可供参照。

⑥⑩ 韩国宪法法院判决中文译文系由司法院大法官书记处提供。

⑥① 《韩国宪法》第37条第2项规定:"国民之所有的自由和权利,在为保障国家安全,维持社会秩序或公共福利所必要者,得以法律限制。作此项限制时,不得侵害自由及权利之本质性的内容。"

宪法的解释。

关于韩国宪法法院前述判决,限于篇幅,仅录其要旨,但应说明的是,该判决论证甚为严谨,引用比较法、《公民权利与政治权利国际公约》第18条第2项等作为依据,论证说理甚受德国联邦宪法法院判决的影响,凸显韩国宪法解释学的发展。中国台湾"司法院"释字第656号解释似亦参考前开韩国宪法法院的判决,二者一并研读,当具启发性。

第四项 中国大陆

在中国大陆,1986年制定的《民法通则》第134条规定有10种主要承担民事责任的方式,其中包括赔礼道歉。2010年施行的《侵权责任法》第15条规定:"承担侵权责任的方式主要有:(一)停止侵害;(二)排除妨碍;(三)消除危险;(四)返还财产;(五)恢复原状;(六)赔偿损失;(七)赔礼道歉;(八)消除影响,恢复名誉。以上承担侵权责任的方式,可以单独适用,也可以合并适用。"其内容同于《民法通则》第134条,但删除"修理、重作、更换","支付违约金"两种违反合同契约的方式。分四点加以说明:

(1)明定赔礼道歉为一种承担侵权责任的方式,适用于所有对民事权益(人身权益、财产权益)的侵权责任[62],在比较法应属罕见,实具中国特色。

(2)何以将赔礼道歉列为一种承担民事责任的主要方式(包括侵权责任及违反合同责任),将道德规范加以法律化?据学者研究,其原因有二:① 按照《民法通则》担任起草工作的学者的解释,之所以将赔礼道歉列为民事责任承担方式之一,是总结了革命老区的经验。民事纠纷有些就是争一口气,赔礼道歉也就解决了,作为民事责任,提高到法律高度,有利于解决实际中存在的这种问题,基本上仍是调解解决,赔礼道歉,对方气消了,也就完了。[63] ② 新中国经历了各种社会动荡和政治变故,这种时代背

---

[62] 《侵权责任法》第2条规定:"侵害民事权益,应当依照本法承担侵权责任。本法所称民事权益,包括生命权、健康权、姓名权、名誉权、荣誉权、肖像权、隐私权、婚姻自主权、监护权、所有权、用益物权、担保物权、著作权、专利权、商标专用权、发现权、股权、继承权等人身、财产权益。"

[63] 参见顾昂然、王家福、江平等:《中华人民共和国民法通则讲座》,中国法制出版社2000年版,第245页,引自姚辉、段赛:《被异化的赔礼道歉》(2010年云南大学两岸学术研讨会发表论文)。

景不可避免地会将特定历史时期的若干社会职能或政治上的价值取向加于《民法通则》之上,赔礼道歉这种责任承担方式或多或少也受到意识形态上"拨乱反正"的影响,尤其在纠正各种错误的政治运动、"平反昭雪"、调和人民内部关系的过程中,将赔礼道歉这种原本属于道德范畴的责任上升为法律责任,以法律的强制力作为其实现的最终保障。

(3) 将赔礼道歉与恢复原状、消除影响、恢复名誉并列,可知赔礼道歉的作用并非限于恢复名誉。就概念体系言,赔礼道歉应系恢复原状、消除影响的一种方式。

(4) 值得重视的是法院如何解释适用赔偿道歉此种广泛适用的承担民事责任的方法。此有赖于整理相关判决作实证研究:① 究有多少关于命为赔礼道歉的判决?② 何种违法行为,何种民事权益受侵害,应为赔礼道歉?③ 何种情形应单独适用赔礼道歉,或与其他方式一并适用?④ 如何认定何为赔礼道歉:登报道歉、登门道歉或社区布告栏?⑤ 在"钱可以赔,歉绝不道"的情形,如何处理?⑥ 法院命将判决刊在报纸上公布,得否视为系强制执行赔礼道歉?判决书公布是否为一种恢复原状的方式?[64]

第五项 英 美 法[65]

一、英国法

在英国法上关于名誉毁损的恢复原状的救济方法,虽承认不作为请求权,但法院不得命加害人为谢罪或撤回取消的广告。加害人自动自发为此行为时,得作为减免损害赔偿的事由[66]。法院对发布禁制令(injunction),其态度甚为慎重,盖恐侵害言论及出版的自由。

二、美国法

在美国并不承认禁制令,加害人自发为撤回取消侵害名誉的事实陈

---

[64] 参见葛云松:《民法上赔礼道歉及其强制执行》,载《法学研究》2011 年 3 月 33 卷 2 期,第 100 页。葛云松:《期前违约规则研究》,中国政法大学出版社 2003 年版,深具参考价值。

[65] 以下关于英美法的说明,参见〔日〕安次富哲雄:《民法七二三条の名誉恢复处分について(上)》,载《琉大法学》1922 年 48 号(台湾大学总图书馆特藏室藏有此杂志)。

[66] Deakin/Johnston/Markesinis, Markesinis and Deakin's Tort Law (6th ed. 2008), p. 811 ("The Making, or offer of an apology is not a defence to liability, but goes towards mitigating damages"); Murphy, Street on Tort (12th ed., 2007), p. 568, ("The offer or the making of an apology is not a defence at common law, although it may be given in evidence in mitigation of damages.")

述时,得作为损害赔偿(包括惩罚性赔偿金)的减免事由。之所以不强制加害人的撤回取消,系恐强制个人为违反其信念的陈述,发生宪法争议。

第三款 "司法院"释字第656号解释

第一项 释"宪"缘起、解释意旨、解释的重要意义

一、违"宪"疑义

新新闻文化事业股份有限公司,于2000年11月间所发行的新新闻周报中,刊出以"鼓动绯闻,暗斗阿扁的竟然是吕秀莲"的报道,时任副"总统"的吕秀莲认该报道不实,侵害其个人名誉,乃于2001年1月21日以新新闻周报、社长、总编辑、执行主编、主编、采访记者等六人,以及两名相关人员为被告,提起请求侵权行为损害赔偿的民事诉讼,诉请被告连带将"道歉声明"连续3天刊登于18家报纸,并于14家电视台播放朗读,又连带将判决书全文刊登于18家报纸,并于14家电视台及8家广播电台播放朗读,以恢复其名誉。2002年4月,台湾台北地方法院判决原告胜诉。案经上诉第二审,台湾高等法院2002年上字第403号民事判决废弃部分第一审判决,改命新新闻周报等6人连带将"道歉声明"及该判决主文暨理由刊登于中国时报、联合报、自由时报、工商时报各1天,而驳回其余上诉。

新新闻周报等6人不服其败诉部分的第二审判决,向"最高法院"提起上诉,经"最高法院"于2004年以2004年台上字第851号民事判决驳回,而告确定。"最高法院"在此判决强调新新闻周报等6人向相关人士查证,有相当理由足以怀疑消息的真实性或报道的正确性而仍予报道,难谓其无过失,应构成不法侵害他人之名誉负侵权行为的损害赔偿责任,被害人自得依"民法"第195条第1项后段规定请求命为道歉启事。兹为使了解,将法院所命道歉声明录之如下:

"道歉声明:道歉人:新○○文化事业股份有限公司、王○壮、李○骏(笔名杨○)、杨○媚、吴○玲、陶○瑜,兹于二○○○年十一月十六日发行之第七一五期新○○周报,以耸动渲染之标题及笔法,刊登虚构之吕秀莲'鼓动绯闻,暗斗阿○'等一系列不实报道,公然污蔑吕秀莲,严重损害吕秀莲之名誉,道歉人等谨向吕秀莲,申致歉意,并郑重声明上开报道消息全非真实,谨此声明。道歉人:○○○。"

新新闻周报等六人向"司法院"申请释"宪"的事项有三：

(1)"民法"第 195 条、"最高法院"1973 年台上字第 2806 号判例及 1962 年台上字第 223 号判例，未排除登报道歉的处分方式，致法官得限制人民不表意自由而强制命为公开道歉，不仅违反人性尊严之保障，亦违反"宪法"第 11 条及"司法院"释字第 577 号解释所揭示言论自由保障的意旨，及"宪法"第 23 条所揭示的比例原则，应属违"宪"。

(2)"民法"第 184 条第 1 项前段、"最高法院"1930 年上字第 2746 号判例所规定善良管理人注意义务，亦未就公众人物或公共事务之报道予以区别，并放宽免责之空间，系已违反"宪法"第 11 条、第 23 条的意旨，爰并予提请解释。

(3) 原确定判决排除"司法院"释字第 509 号解释及"刑法"第 310 条第 3 项及第 311 条免责要件于民事事件的适用，以致"司法院"释字第 509 号解释最大限度保障言论自由之意旨无法贯彻，爰并就此申请补充解释。

二、解释意旨：解释文及解释理由

(一) 解释文

"司法院"释字第 656 号解释文谓："'民法'第一百九十五条第一项后段规定：'其名誉被侵害者，并得请求恢复名誉之适当处分'，所谓'恢复名誉的适当处分'，如属以判决命加害人公开道歉，而未涉及加害人自我羞辱等损及人性尊严之情事者，即未违背'宪法'第二十三条比例原则，而不抵触'宪法'对不表意自由之保障。"

(二) 解释理由要点有三

1. 名誉权的保护

名誉权受"宪法"保障（"宪法"第 23 条），旨在维护个人主体性及人格之完整，为实现人性尊严所必要。大法官认系争规定（"民法"第 195 条第 1 项后段）的目的，即在使名誉被侵害者除金钱赔偿外，得请求法院于裁判中权衡个案具体情形，借适当处分以恢复其名誉，所称"适当处分"旨在维护被害人名誉，以保障被害人之人格权。至于恢复名誉之方法，民事审判实务上包括"命登报道歉"在内，且著有判决先例。

2. 不表意自由

"宪法"第 11 条保障人民之言论自由，依"司法院"释字第 577 号解释意旨，除保障积极之表意自由外，尚保障消极之不表意自由。系争规定既包含以判决命加害人登报道歉,即涉及"宪法"第11条言论自由所保障之不表意自由。"国家"对不表意自由,虽非不得依法限制之,惟因不表意之理由多端,其涉及道德、伦理、正义、良心、信仰等之信念与价值者,攸关人民内在精神活动及自主决定权,乃人性维护及人格自由完整发展所不可或缺,亦与人性尊严有关系。

3. 权利权衡的比例原则

于侵害名誉事件,若为恢复受害人之名誉,有限制加害人不表意自由之必要,自应就不法侵害人格法益情节之轻重与强制表意之内容等,审慎斟酌而为适当之决定,以符合"宪法"第23条所定之比例原则:

(1) 目的正当:系争规定旨在维护被害人名誉,以保障被害人之人格,名誉权遭侵害之个案情状不一,金钱赔偿未必能填补或恢复,授权法院决定适当处分,目的洵属正当。

(2) 必要性:法院在原告声明范围内,权衡侵害名誉情节之轻重,当事人身份及加害人之经济状况等情形,认为诸如在合理范围内由加害人负担费用刊载澄清事实之声明、登载被害人判决胜诉之启事或将判决书全部或一部登报等手段,仍不足以恢复被害人之名誉者,法院以判决命加害人公开道歉,作为恢复名誉之适当处分,尚无逾越必要之程度。

(三) 解释意旨

法院如要求加害人公开道歉,涉及加害人自我羞辱等损及人性尊严之情事者,即属逾越恢复名誉之必要程度,而过度限制人民之不表意自由。依据上开解释意旨,系争规定与"宪法"维护人性尊严与尊重人格自由发展之意旨无违。

三、释字第656号解释的重要意义

(一) 基本权利第三人效力与符合"宪法"的法律解释

释字第656号在释字上的重大意义在于其涉及基本权利与私法的互动,基本权利的第三人效力,即符合"宪法"(符合基本权利)的法律解释。关于此等问题,学说已有深刻的论述,形成若干基本共识,为论证方便,简述如下:基本权利是一种对抗"国家"公权力侵害个人自由权利的防御权,乃"国家"与人民的垂直关系,逐渐发展成为客观的价值体系,得放射作用于整个法秩序。对私法言,基本权利具有所谓的间接第三人效力,得经由"民法"规定的不确定法律概念、概括条款,以之为入口处(信道或媒介),进入私法,作用于私人关系(契约、侵权行为)的水平关系。法院于

适用"民法"规定时,应作符合"宪法"(符合基本权利)的解释。[67] 符合"宪法"的法律解释系引用"宪法"规范以决定法律规定的内容(Heranziehen von Verfassungsnorm zur Bestimmung des Inhalts von Gezetzvorschriften),结合了规范文本解释与规范控制(Normtextauslegung mit Normenkontrolle)[68]。

须特别指出的是,"司法院"大法官应否受理法院适用法律的违"宪"争议,所释"宪"的对象究为法院判决或其所适用的法律,及应为如何的解释,均与基本权利第三人效力有关。以下论述重点在于说明此类问题的思考方法。释字第656号解释可作为基本权利的第三人效力、合"宪"性解释实例研习的案例。

(二) 言论自由与名誉(人格权)保护

引起本件解释的"最高法院"2004年台上字第851号判决涉及言论自由与名誉权的保护,并与释字第509号关于"刑法"第310条诽谤罪及言论自由解释有关(采合"宪"性解释)。释字第656号解释所涉及的是名誉被侵害人的救济方法(恢复名誉的适当处分,道歉启事)与言论自由(不表意自由)的保护,大法官均采合"宪"性解释。兹将其基本问题图标如下:

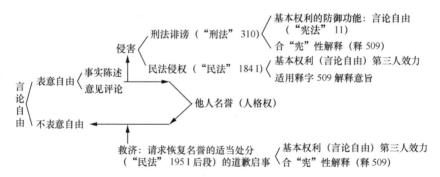

---

[67] 关于宪法解释,德国学说常分为三个层次,即宪法取向的解释、符合宪法的解释、符合基本权利的解释,后者为前者的次类。参见 Pieroth/Schlink, Grundrechte, Staatsrecht II (24. Aufl. 2008), S. 22f.; Canaris, Grundrechte und Privatrecht (1998); Göldner, Verfassungsprinzip und Privatrechtsnorm in der verfassungskonformen Auslegung und Rechtsfortbildung (1969).

[68] Müller/Christensen, Juristische Methodik, Grundlagen Öffentliches Recht, Bd. I. (9. Aufl. 2004), S. 119.

第二项　释"宪"申请的受理与"宪法"发展

一、释"宪"申请案的受理与不受理

"'司法院'大法官审理案件法"第5条第1项第2款规定:有下列情形之一者,得申请解释"宪法"……(二)人民、法人或政党于其"宪法"上所保障之权利,遭受不法侵害,经依法定程序提起诉讼,对于确定终局裁判所适用之法律或命令发生有抵触"宪法"之疑义者。大法官虽扩大上开规定中"命令"的含义,将"最高法院"、"行政法院"(现为"最高行政法院")的判例等视同命令予以审查。[69] 但基本上认为法院裁判是否违"宪"非属得申请解释"宪法"的范围。就本件申请人申请解释事项,大法官认为:

1. "民法"第195条第1项后段是否违"宪"的释"宪"申请,应予受理。但两位来自实务界的大法官认为,此项受理违反"'司法院'大法官审理案件法"第5条第1项第2款及第3项规定,逾越大法官权限,侵犯"最高法院"之民事审判权,自行建构实务之第四审,破坏审级制度,混淆"宪法"与法律明定之解释权与审判权而提出部分不同意见书。

2. 其他申请释"宪"部分,应不受理。解释理由谓:未就申请人其余申请解释部分,关于"民法"第184条第1项前段,第195条第1项前段,"最高法院"1930年上字第2746号、2007年台上字第646号判例等,系争执法院适用法令见解当否之问题,尚不生确定终局判决所适用之法令于客观上有何抵触"宪法"之处。至"最高法院"1973年台上字第2806号判例,并未为确定终局判决所适用;而同院1962年台上字第223号民事判决,并非"司法院大法官审理案件法"第5条第1项第2款所称之法律或命令;是均不得以之作为申请解释之客体。而有关申请补充解释部分,查本院释字第509号解释系就"刑法"第310条所为之解释,有关侵权行为损害赔偿部分,不在该号解释范围,自不生就此申请补充解释之问题。是上开部分之申请,均核与"司法院大法官审理案件法"第5条第1项第2款规定不合,依同条第3项规定,应不受理,并此叙明。但有多位大法官认为本件应受理相关判例、判决,并对释字第509号作补充解释。

---

[69] 参见"司法院"释字第238、374、395、420、446、516、574、620、622号解释。

二、强化对法院判决的合"宪"性控制

申请释"宪"受理与否,虽为程序问题,但与"宪法"解释的发展具有密切关系。受理过于宽松,违反程序规定;过于严格,则丧失对就违"宪"争议有解释机会,许多重要解释多因而从宽受理,创立"宪法"原则而促进"宪法"的发展。由释字第656号解释理由书及多位大法官的意见书可知,受理与否是个争论激烈的难题。出身实务界的大法官较为审慎,尤其是针对"最高法院"判例或判决。学界出身背景的较为积极,尤其是与其专业有关的,更强调受理的必要。为促进"宪法"发展,保障基本权利,应否受理应考虑释"宪"申请案的原则重要性、相关判例判决,与本件解释的关联而为判断。在释字第656号大法官决定受理,系将具体案件"法律适用上认事用法"转化提升为法律本身违"宪"的抽象问题,经由解释建立法律适用的"宪法"基准,再由法院用于处理具体个案。

释字第656号解释不将与"民法"第195条第1项后段相关的判例作为解释客体,其解释客体限于系争规定。问题在于该系争规定所称"恢复名誉的适当处分"系属不确定法律概念,实难认其有何违"宪"之处,其违"宪"与否,须与法院判例或判决相连结,始能判断,难以抽离法院判决而为认定。为解决此难题,大法官乃假设有某种判决存在(如以判决命公开道歉),视为系争法律("民法"第195条第1项后段)内容而为解释。此种假设有某法院判决存在的释"宪"方法,在大法官历年解释尚未有之,容属权宜之计,旨在放宽受理释"宪"申请案,加强对法院裁判合"宪"性解释的控制。

三、"司法院"释字第509号解释的补充解释

申请释"宪"者之所以要求对释字第509号作补充解释,其目的在于请求将释字第509号的解释意旨:"行为人虽不能证明言论内容为真实,但依其所提证据资料,认为行为人有相当理由确信其为真实者,即不能以诽谤罪之刑责相绳。"尤其是所谓"真实恶意规则"(actual malice)适用于"民法"第184条第1项前段规定。释字第656号解释认为:本院释字第509号解释系就"刑法"第310条所为之解释,有关侵权行为损害赔偿部分,不在该号解释范围,自不生就此申请补充解释之问题。

须特别指出的是,因言论而侵害他人名誉者,涉及两个问题:

(1)如何衡量言论自由与名誉保护而判断其是否具有"过失不法",应依"民法"第184条第1项前段负侵权责任。

（2）当认定应成立侵权行为时，而被害人请求以道歉启事恢复其名誉，又涉及是否侵害加害人应受"宪法"保障的言论自由（不表意自由）。二者具有密切关系。就前者言，民法侵权行为应否适用释字第509号解释，实务上发生争议，尤其是否应采用所谓的"真实恶意规则"，意见分歧，影响法律适用安定至巨。

本着统一性"宪法"解释原则，大法官实有就释字第509号解释作补充解释的必要，期能建立言论自由与名誉保护的"宪法"基准。

第三项　合"宪"性审查及法律适用"宪法"基准的创设

一、基本权利的第三人效力

"司法院"释字第656号解释旨在认定，法院依"民法"第195条第1项后段规定，命道歉声明的判决是否符合受"宪法"保障的不表意自由（"宪法"第11条）。此属基本权利第三人效力问题，即如何依受"宪法"保障不表意自由的意旨认定"民法"第195条第1项后段所称"适当处分"的内容，而作文本解释及规范控制。

二、法院判决所侵害的基本权利

私法上规定的合"宪"性解释通常系以在私人间法律关系有一个法院判决（公权力行为）作为起点，例如"最高法院"2004年台上字第851号判决依"民法"第195条第1项后段规定命加害人对被害人为道歉启事。问题在于法院命加害人为道歉启事究系侵害何种基本权利？日本最高裁判所认为此涉及《日本宪法》第19条的良心自由。韩国宪法法院亦认为系侵害《韩国宪法》第19条所规定的良心自由及受宪法保障的人格权。在中国台湾地区，由于"宪法"未明定良心自由为一种基本权利，申请释"宪"者乃认为前开"最高法院"判决侵害"宪法"第11条规定的人民言论自由，尤其是消极的不表意自由。此外应认尚涉及大法官依"宪法"第22条所创设的人格权，盖其亦在体现人性尊严与人格自由，与道歉启事实具密切关系。

三、不确定法律概念与合"宪"性解释

"民法"第195条第1项后段规定，其名誉被侵害者，并得请求恢复名誉的适当处分。所称"适当处分"，系不确定法律概念，须作价值补充，即就个案加以具体化。此等不确定法律概念基本上不生违"宪"的问题，应依"宪法"上的基本权利作符合"宪法"的解释，在多种可能的解释时，应

作一个最符合"宪法"(基本权利)的选择(包括符合"宪法"的法律解释、类推适用、目的性限缩)。

普通法院(尤其是"最高法院")在适用不确定法律概念或概括条款时,亦应作符合"宪法"的解释。[70] 实务上从未质疑"民法"第 195 条第 1 项后段规定恢复名誉的适当处分包括登报道歉,在个案适用时亦作有"合比例性"的判断,"最高法院"2009 年台上字第 640 号判决谓:按"民法"第 195 条第 1 项所谓恢复名誉之适当处分,须依实际加害之情形及被害人之身份、地位、职业、被害之程度,以为酌定之标准,纵有登报道歉之必要,亦必其登报内容适当而后可。[71] 在私法关系涉及同享有基本权利的两个平等当事人,其应考量的有二:

(1) 有无登报道歉之必要。
(2) 登报内容是否适当。

其应列入考虑的因素尚应包括侵害名誉的究为"意见表达"或"事实陈述",前者应受较优先的保护,原则上应不得命为道歉启事。

在作符合"宪法"的法律解释时,方法上应先将不确定法律概念或概括条款转换到"宪法"层次,而就其所涉及相冲突的基本权利(名誉权的保护与不表意自由)作个案取向的衡量(fallbezogene Abwägung)[72],实现最

---

[70] 参见"最高法院"2003 年度台上字第 1058 号判决:"民法"第 787 条第 1 项所定之通行权,固在调和个人所有之利害关系,也在充分发挥袋地之经济效用为目的,然依大法官会议释字第 400 号解释:"'宪法'第 15 条关于人民财产权应予保障之规定,旨在确保个人依财产之存续状态行使其使用、收益、及处分之权能,并免于遭受公权力或第三人之侵害,俾能实现个人自由发展人格及维护尊严。"意旨,人民财产权之保障免受第三人之侵害,应优先适用。故在审酌有无容忍通行他人土地之前,应先就其是否能在自有之土地上排除通行之困难方面考量之。本件判决系依"宪法"第 15 条保障财产权规定及大法官解释(释字 400 号)就"民法"第 787 条第 1 项通行权作符合"宪法"的解释。

[71] 在一个涉及执行不当查封他人财产的案件,经认定构成对名誉的侵害,被害人请求某银行为道歉启事。"最高法院"2001 年度台上字第 1814 号判决谓:"至道歉启事部分,所欲恢复者为被上诉人之名誉,其内容自应以与此目的有关者为限。则该启事内容登载为'交通银行道歉启事:为本行假扣押被害人甲○○君房屋,除依法赔偿被害人外,并致最沉痛之歉意',已足以恢复被上诉人之名誉,被上诉人此部分之请求于上开范围内,核无不合,应予准许。上诉人虽以刊登道歉启事属'谢罪广告'方法之一,除非被害人所受损害现尚存在,以及被害人之名誉得经由谢罪广告予以恢复,始得请求刊登道歉启事,并非所有名誉侵害,均得请求谢罪广告等语为辩。惟依国人之民情风俗,苟非不得已,无不将法院之查封行为视为奇耻大辱。故纵使上诉人已撤销前述假扣押查封,然被上诉人因受查封所造成之伤害,尚不得以撤销查封即视为其所受损害现已不存在。"

[72] Hofmann, Abwägung im Recht (2007),本书系以公法为对象,具参考价值。

适的和谐。其后再将此种"宪法"上评断基准适用于民事个案,以决定登报道歉有无必要,若有必要时,其内容是否适当。

四、"宪法"基准与法律适用的合"宪"性控制

(一)"宪法"基准与法院判决

在诉讼案件因败诉而被法院依某条规定(如"民法"第195条第1项后段)命为某种行为(如道歉启事),败诉者认此项判决违反某"宪法"保障的基本权利,而申请有权解释"宪法"的法院或机构,宣告该项判决或所适用的法律违"宪"时,应如何处理,因各国释"宪"制度不同。在美国,联邦最高法院得随案审查该项判决或其适用的法律是否违宪(日本采美国制度)。德国设有宪法诉愿制度,得由德国宪法法院受理,而审查该项终局法院判决是否违宪。在中国台湾,当事人须依"司法院大法官审理案件法"第5条第1项申请释宪。若该法院判决系适用"最高法院"判例时,则以该判例为审查对象。若该法院判决未适用判例,即发生应否予以受理的争议。在释字第656号解释,大法官认为系争"最高法院"判决并未适用相关判例,而仍然予以受理。系以假设性的法律适用(如法院命为道歉启事)作为法律内容,而为解释,其目的在于扩大释"宪"功能、建立"宪法"基准,以强化基本权利在私法上的适用。

在释字第656号大法官所面临的问题是解释的对象究为系争"最高法院"判决,抑为系争规定。就解释文观之,系以公开道歉为"民法"第195条第1项的内容而为解释。其所以采此见解的理由,应是:

(1)在现行释"宪"制度"最高法院"判决本身不是释"宪"的对象,普通法院仅得就法律作符合"宪法"(基本权利)的解释,但不能审查该项法律解释是否违"宪"。

(2)"民法"第195条第1项后段规定的立法理由明示所称适当处分包括登报道歉,登报道歉符合立法原意,构成该项系争规定的规范内容。释字第656号形式上系以系争法律为解释对象,实质上亦系为判决法院提供适用法律的基准,作合"宪"性控制。

(二)三种合"宪"性解释方法的选择

"民法"第195条第1项后段规定的适当处分系不确定法律概念,其本身不生违"宪"问题,仅能作合"宪"性的审查,认定道歉启事或其内容是否为适当处分。对此得为三种解释:

(1)第一种解释系肯定道歉启事为保护被害人名誉所合理必要,属于适当处分,不生违"宪"问题,日本最高裁判所采此见解。

(2) 第二种解释系认道歉启事涉及加害人自我羞辱等损害良心自由、人格尊严的事项,逾越恢复名誉的必要程度,过度限制人民的不表意自由,就此部分,违背"宪法"第 23 条比例原则,抵触"宪法"所保障的良心自由及人格权(韩国宪法法院见解),采质的一部无效的见解,在解释方法上系对系争规定作目的性限缩。

(3) "司法院"释字第 656 号采第三种解释,认法院命公开道歉而未涉及自我羞辱等损及尊严之情事者,即未违背"宪法"第 23 条比例原则,而不抵触"宪法"的不表意自由。此项解释介于前开两种解释(合"宪"、部分违"宪")之间,即① 法院判决命加害人公开道歉本身,不当然侵害不表意自由,不构成违"宪"。② 但公开道歉内容涉及人格尊严情事为"宪法"所不许,不得为之。

前开三种解释,均可认系符合"宪法"(符合基本权利)解释,即释"宪"机构就适当处分是否包括公开道歉及公开道歉内容的多种可能性,选定一个其认为最符合"宪法"意旨的解释方式。释字第 509 号解释,是否为"最"符合"宪法"意旨的解释?此为价值判断、权益衡量问题,自有不同见解。诚如英国贵族院(现为最高法院)大法官 Hoffmann 在一个涉及言论自由与名誉保护的著名案件所言:If one applies the test of necessity or proportionality which I have suggested, this is a matter on which different people may have different views.[73] 释字第 509 号解释,应有其值得肯定的理由:

(1) 道歉启事系"民法"第 195 条第 1 项后段规定立法理由所明示的恢复名誉的适当处分(历史解释)。

(2) 自"民法"施行迄今(1929—2011),法院一向认道歉启事系恢复名誉的适当处分,可谓具习惯法的效力,基本上符合国民的法律感情。

(3) 在严重侵害名誉权的情事,例如明知不实仍公开指称他人卖官受贿、事亲不孝、遗弃寡母等严重侵害名誉时,法院命为公开道歉,难谓非属恢复被害人名誉的适当方法。

(4) 道歉内容不得有涉及使加害人自我羞辱等损及人性尊严之情

---

[73] Campbell v. MGN Ltd., 2 AC 457 (HL. 2004). 参阅 Deakin/Johnston/Markesinis (注⑯书), p. 841; Murphy (注⑯书), p. 390.

事,使不表意自由与名誉获得合比例性的保障,适当调和,使两个相冲突的基本权利,各得其分,尚称合理。

(三) 大法官与普通法院的协力

普通法院(尤其是"最高法院")对概括条款、不确定法律概念应作符合"宪法"的解释。释字第656号解释系所涉及的基本权利为合比例性的利益衡量,而作成法院依"民法"第195条第1项后段规定命为道歉启事的判断基准。普通法院依此意旨在个案适用时应作两个层次的认定:

(1) 道歉启事本身是否为恢复名誉的适当方法。

(2) 若道歉启事为恢复名誉的适当方法,其道歉内容是否涉及加害人自我羞辱等损及人格尊严的情事。基本权利在私法的作用有赖于大法官与普通法院的分工与协力。

释字第656号解释最重要的贡献在于其提供了一个符合"宪法"解释的思考层次与操作比例原则的方法,而有助于普通法院于适用不确定法律概念、概括条款时作合"宪"性的判决,使基本权利的冲突在私法个案上获得和谐,使当事人权益的保护,各得其分,而促进法秩序更进一步的发展。

第四款 结论:比较法、私法宪法化与民法发展

一、比较法上的规范模式

侵害他人的人格权时,被害人除损害赔偿(财产上损害、精神损害金钱赔偿)外,得否请求其他恢复名誉的适当处分(如刊登判决书),尤其是登报道歉,德、日、韩、中国大陆、英美法设有不同的规范,中国台湾"司法院"作有释字第656号解释。兹综合整理如下。

国家或地区 \ 事项	法源	恢复名誉的适当方法
英国	法院判决	不得请求道歉启事(加害人自动道歉时,得减免赔偿金额)
美国	法院判决	不得请求道歉启事(加害人自动道歉时,得减免赔偿金额)
德国	法院判决	不得请求道歉启事,但得命撤回取消"事实陈述"
日本	日民723	1. 民法规定法院得命为恢复原状适当处分 2. 谢罪广告系属合宪(未侵害良心自由)

（续表）

国家或地区 \ 事项	法源	恢复名誉的适当方法
韩国	韩民764	1. 民法规定法院得命为恢复原状适当处分 2. 道歉启事系属违宪（侵害良心自由与人格权）
中国台湾	"民法"195 I	1. 民法规定法院得命为恢复原状适当处分 2. 道歉启事合"宪"，但其内容侮辱人格尊严者，则不许之
中国大陆	《民法通则》114 《侵权责任法》15	法律明定赔礼道歉为一种承担民事责任（包括违反合同责任及侵权责任）的方式，不限于名誉被侵害的情形

综上说明，关于名誉权受侵害时，除损害赔偿外，被害人得否请求道歉启事（谢罪广告），比较法上有不同的制度，可分为两类：

1. 不得请求道歉启事

英、美、德。韩国宪法法院对《韩国民法》第764条的限缩解释。

2. 得请求道歉启事

（1）法律明文规定：中国大陆

（2）《日本民法》第723条（法院判决）：合宪性解释

（3）台湾地区"民法"第195条第1项后段（法院判决）：合"宪"性解释，但道歉内容不得损及人格尊严。

二、法律文化

比较法的工作一方面在于明辨异同，发现对同一问题不同的规范模式；一方面在于分析解说其异同。[74] 关于道歉启事在法律规范上的异同，已整理如上，其异同理由何在？此为比较法的核心任务，但却为困难的问题，常需要探究其政治、经济、社会、文化等因素加以阐释。例如美国学者认为美国与德国关于隐私与言论自由见解的不同规范，乃由于美国重视

---

[74] 参见 Dannemann, Comparative Law: Study of Similarities or Differences?, in: The Oxford Handbook of Comparative Law (Reimann/Zimmermann eds., 2006), p. 383.

自由(Liberty),而德国重视尊严(Dignity)二种不同西方文化。[75] 就侵害名誉道歉启事言,社会文化(法律文化)应为重要的因素。在西方国家(英、美、德)认不得以道歉启事作为恢复名誉的适当方法,乃在强调个人意志、内心信念自主。反之,在东方国家和地区如日本民法、韩国民法、中国台湾地区的"民法"均设有同一内容的规定,但却有三种不同的合宪性解释。在中国大陆,法律明定赔礼道歉为一种主要负担民事责任的方法,适用于合同责任及侵权责任,不限于名誉受侵害的情形。

对道歉启事的正当性或适当性作检讨,乃系社会变迁与传统文化的自省反思。日本之所以肯定谢罪广告的合宪性,乃认其为深植于国民性格的制度。韩国改变传统见解,否认其合宪性,乃是一种法律文化的调整。中国台湾地区一方面采肯定道歉启事的合"宪"性,一方面又以人性尊严作为在个案适用的判断基准,亦反映一种中庸的法律文化。大陆民法通则及侵权责任法明定赔礼道歉为一种承担民事责任的方式,乃基于传统观念及当前社会需要,其合理必要性亦成为研究课题。

三、私法宪法化

私法宪法化是 20 世纪以来最重要的发展,显现于各国或地区司法判决。在美国主要涉及种族平等及国家与教会的关系。德国联邦宪法法院肯定基本权利系一种客观价值体系,得作用于整个法秩序。在英国,《欧洲人权公约》促进了英国制定 Human Rights Act(1998 年制定,2000 年 2 月 10 日实行)。在私法宪法化的过程中,基本权利的第三人效力得适用于私法上个人间的水平关系(契约、侵权行为),本为德国法上的特别制

---

[75] Whitman, The Two Western Cultures of Privacy: Dignity versus Liberty, 113 Yale L. Rev. 1151 (2004);杨帆译:《西方文明中的两种隐私文化:尊严 vs 自由》(华中科技大学出版社,易继明主编:《私法》2007 年第 6 辑 1 卷,第 101 页。)关于法律文化,参见 Ehrmann, Comparative Legal Cultures(贺卫方、高鸿钧译:《比较法律文化》,清华大学出版社 2002 年版);Cotterrell, Comparative Law and Legal Culture, in: Thw Oxford Handbook of Comparative Law (Reimann/Zimmenmann eds., 2006), p. 709. 参见 Orücü/Nelken (eds.), Comparative Law: A Handbook (2007),收录的三篇论文:Nelken, Defining and Using the Concept of Legal Culture, p. 109; Cotterrell, Is it so Bad to be different? Comparative Law and the Appreciation of Diversity, p. 133; Sjef van Erp, Comparative Private Law in Practice: The Process of Law Reform, p. 399.

度,广被继受,并经由《欧洲人权公约》扩及于整个欧洲。⑯ 释字第 656 号解释为基本权利第三人效力及符合"宪法"(基本权利)的典型案例,体现释"宪"制度的功能及释"宪"方法论的重要发展。

四、合"宪"性解释与民法发展

基本权利第三人效力在私法上的作用,涉及两个法律适用层次,第一个层次是由普通法院对概括条款及不确定法律概念作符合"宪法"(基本权利)的解释。第二个层次是由释"宪"机构(大法官)作符合"宪法"的审查,建立"宪法"标准,以供法院适用。台湾地区不采"宪法"诉愿,大法官原则上不能以法院判决为审查对象。释字第 656 号解释采用"假设性法律适用"予以审查,并予解释,虽有助普通法院判决的合"宪"性控制,但应审慎。普通法院应承担合"宪"性解释的主要任务。释字第 656 号解释所建立权利冲突(名誉保护与不表意自由)的合比例性衡量调和的基准,甚为抽象,将"民法"第 195 条第 1 项后段所规定道歉启事恢复名誉的"适当性"转换为"未涉及加害人自我羞辱等损及人性尊严之情事",将法律适用遁入不确定的"宪法"基准,尤其是人性尊严,如何在民事个案加以具体化,无论是对"司法院"大法官或普通法院,显然都是一项艰巨的工作⑰。

大陆民法通则及侵权责任法将赔礼道歉列为一种主要的承担民事责任的方式。赔礼道歉自愿为之,诚为美德,将之全面法律强制化,难免争议,应有合理限制的必要。大陆释宪制度尚未建构对法律或法院判决违宪性审查权,法院更应在个案上权衡相冲突的权益(如被害人的名誉保

---

⑯ Hager, Rechtsmethoden in Europa (2009); Neuner (Hrsg.), Grundrecht und Privatrecht aus Rechtsvergleichender Sicht (2007); Wright, Tort Law and Human Rights (2001); Markesinis, The Applicability of Human Rights as between Individuals under German Constitutional Law, in: Protecting Privacy (Markesinis ed., 1999), p. 191.

⑰ 参见前德国联邦宪法法院院长 Papier 教授在台大法律学院的专题演讲:"Der Schutz der Menschenwürde-Auswirkungen auf die rechtliche Praxis"人性尊严之保护(2011,蔡宗珍译);另参见 Röthel, Normenkonkretisierung im Privatrecht (2004); 同氏, Die Konkretisierung von Generalklauseln, in: Riesenhuber (Hrsg.), Europäische Methodenlehre, Handbuch für Ausbildung und Praxis (2006), S. 308. 欧洲法学方法论的发展,参见 Hager (注⑯书); Riesenhuber (Hrsg.). Europaische Methodenlehre, Handbüch für Ausbildung und Praxis (2006). 本书一再强调德国联邦宪法法院判决及欧洲人权法院判决在适用(包括解释及法之续造)上的论证说理,对于法律系学生、法律学者及各级法院法官均具有重大参考价值。"司法院"印行德国宪法法院裁判(迄至目前共有 13 册)及欧洲人权法院裁判选辑(共有两册),务请参照研读。

护、加害人的人格尊严)作合比例性的判断,认定在何种情形,法院得命加害人为赔礼道歉,以何种内容,以何种方式为赔礼道歉。在此情形,类如台湾地区释字第656号解释的思考论证,应值参照,而有助于平衡权益的保护及法律适用方法的省思与开展。

第五节 人格权的财产价值与获利返还

第一款 人格权的财产利益与保护机制

一、问题

甲系著名的艺人,常为商品代言广告。乙企业未得甲的同意,擅自利用甲的姓名、肖像为其产品作推销广告,获有利益。试问:甲的姓名、肖像是否具有应受保护的财产利益?乙侵害甲的权益所得利益,应如何处理?甲得向乙主张何种权利?试就侵权行为损害赔偿、不当得利、不法管理加以分析说明。

二、人格权的商业化

现代社会是一个消费社会,也是一个媒体社会。电视、报纸、杂志、网络所刊载报道的尽是关于商品、服务的广告。消费、媒体、广告已成为现代社会生活的重要内容。企业经营者为促销商品、服务,常支付高价请具有知名度的人士(演艺人员、模特儿、运动员、知名作家等)为其商品及服务代言、推荐,希望能将消费者对名人"偶像式"的崇拜,转换为对其所推介商品或服务的认同而为购买。企业者亦有未经他人同意,擅以其姓名、肖像等人格特征为代言广告或为其他商业性活动,以促进销路,获得利益,学说上称为对人格权的强制商业化(Zwangskommerzierung)。前再三提及的"陈美凤料理米酒案"及"铃木一郎肖像案"的法院判决,显示台湾地区实务发展正面临一个新的重要课题:如何保护人格权的财产利益。

三、人格权的财产利益:人格权由防御权到利用权的发展

企业者常与所谓名人订立契约,支付对价,利用其特征的人格利益(姓名、肖像等)作商业活动,显现此等人格利益具有一定的交易价值。又无权使用他人姓名、肖像作代言广告,获取增加销售的利润,亦显示姓名、肖像等具有经济利益。姓名、肖像等人格特征的公开性价值虽然是媒体、社会的产物,但不可否认的是,个人天赋及努力乃是财产价值形成的

基础,其情形犹如著作权或专利权等智能财产权,因此人格特征的经济价值应排他的归属于人格权的主体,财产利益与精神利益应同为人格权的内容,避免因他人侵害所产生的外部性,以促进交易谈判,并激励个人的投入与创造。人格权的财产利益体现人格权在现代社会的一项重大变迁,即人格权是一种防御权,在于维护人格的完整利益,财产利益的肯定则在增进人格权的活动利益,使其成为一种利用权,得对其一定的人格利益加以支配使用,以适应社会经济发展,扩大增强对人格权的保护内容。

四、保护方法的探寻

人格权财产利益的肯定是人格权的一项重大发展,如何加以保护,有不同的机制。在美国法上是创设一种与隐私权并列的个人公开权(Right of publicity),以保护人格特征所体现的财产价值。公开权具智能财产权的性质,被害人得请求相当于授权金的对价,或请求加害人返还其无权利用所获得的利益。日本实务继受了美国法上的公开权,前已说明。德国于战后在创设"一般人格权"后,更进一步肯认人格权具有精神利益及财产利益两种内容,使财产损害计算及获利返还成为实务及理论的重要问题。

值得注意的是,关于人格权财产利益的保护亦有采立法规范的方式。《瑞士民法》第28条a第3项规定,人格权被害人得依照无因管理规定向侵害人请求返还获利。在大陆,《中华人民共和国侵权责任法》第20条亦设有规定(详见下文)。关于人格权财产利益的保护,台湾地区"民法"未设明文,实务上有将加害人获利所得作为量定慰抚金的一项因素,借以间接承认人格权的财产价值,乃处于发展中的过渡阶段。以下参考比较法的立法例及法院实务,探寻台湾地区"民法"保护人格权财产利益的发展方向。

第二款　侵权行为损害赔偿

因故意或过失不法侵害他人姓名、肖像、隐私等具有财产价值的人格法益获有利益时,被害人就其财产损害或非财产上损害得请求损害赔偿("民法"第184条第1项前段)。此涉及二个值得讨论的问题:财产损害的计算方式及慰抚金的量定。分述如下:

第一项　财产损害及计算方法：损害计算的困难

"民法"第 213 条第 1 项规定："负损害赔偿责任者,除法律另有规定或契约另有订定外,应回复他方损害发生前之原状。"系采差额说及全部损害赔偿原则。关于财产上损害的计算,系以被害人于损害事故发生后的财产总额,与假设无损害事故发生,被害人应有财产总额的差额,作为被害人所受损害,故损害是一种"计算上的大小"(rechnerische Größe)。"民法"第 216 条规定："损害赔偿,除法律另有规定或契约另有订定外,应以填补债权人所受损害及所失利益为限。依通常情形或依已定之计划、设备或其他特别情事,可得预期之利益,视为所失利益。"第 1 项系在说明全部损害赔偿原则。第 2 项系为减轻被害人的举证责任,加害人得证明可预期的利益得因一定的事由而不发生而不负赔偿责任。[78]

在姓名、肖像被侵害的情形,权利人通常未受有实质损害(积极损害)。关于所失利益,依差额说有计算上的困难。在"陈美凤料理米酒案",被告主张原告肖像作为料理米酒的广告级商品标示,并未令原告声誉受损;另一方面,原告在损害发生前,亦无为其他料理米酒厂商代言的计划,法院以被告的行为并未阻滞原告与他人缔约,而认原告未受有财产上损害。另在"铃木一郎肖像广告案",被告创信公司利用原告铃木一郎的肖像,在职业棒球杂志及公车车厢上刊登广告,并作为其门市专柜的壁面。原告主张被告的行为侵害其肖像权,请求财产上损害赔偿。法院认为原告不能证明因被告的行为,致诉外人撤销肖像授权的要约,并以"肖像权如作为商业上使用,非不得重复、多次授权予相同或不同之人使用,故纵使上诉人曾非法使用被上诉人之肖像于广告上,亦不因此而使被上诉人之肖像权永远无法再度授权他人使用",而认定原告未受有财产上损害。由上述二个判决可知,姓名、肖像的被害人请求财产上损害赔偿,实有困难。

---

[78] "民法"第 216 条规定所失利益的赔偿,发生争议的问题是,依不法行为或违反公序良俗的行为可得的利益,应否赔偿。例如娼妓身体健康被侵害时,得否请求其因不能为性交易丧失的收入。德国实务原采否定说,后改为得请求通常生活所需的费用,此项见解,甚受批评,认为应采全赔或不赔的原则。依 2001 年制定的卖春法(Prostitutionsgesetz)第 1 条规定,与娼妓所为的报酬的约定,具有效力,得发生有效的债权,学说有据此而认为娼妓因侵害事故所失利益亦得请求赔偿。参酌 MünchKommBGB/Oetker, (5. Aufl. 2007), § 253 Rn. 9-11.

第二项 损害计算方法的发展

在无权商业性使用他人姓名、肖像等人格特征,被害人难依"民法"损害采差额说请求损害赔偿。智能财产权受到侵害时亦遭遇损害计算的困难。各国立法及判例特针对智能财产权易被侵害性及损害不易计算性而创设新的解决方法,即得请求具体计算的所失利益,请求相当于授权金的赔偿,或请求加害人返还因侵害行为所获取的利益。以下说明美国、德国及中国大陆的相关规定,再检讨中国台湾法的发展方向。

一、美国法上的个人公开权与智能财产权

美国法院为保护姓名、肖像等人格特征所受商业化的侵害,创设了个人公开权(Right of publicity),并认其具智能财产权的性质,于受侵害时,得适用智能财产权被侵害的救济方法,尤其是请求授权金或请求加害人返还侵权行为所获利益,实务上以前者为常见,盖其较为简便、切合实际,前已再三提及,敬请参照。

二、德国民法上三择一的损害计算方式[79]

(一) 三择一的损害计算方法及其习惯法效力

为克服无体财产权(智能财产权)损害计算的困难,德国帝国法院于德国民法典施行前已发展出一种称为"三择一的损害计算方式"(dreifache Schadensberechnung),即被害人除具体损害外,尚得选择请求相当的授权金、侵害获利返还。在帝国法院 RGZ 35, 63 判决,原告系一作曲家,被告未经同意,散布原告所作乐曲的复印本,原告乃对被告请求损害赔偿。原审法院采纳被告的抗辩,认为被告擅自复印乐曲的行为,已显示其不会为取得授权而支付报酬,因此原告不得请求相当授权金的损害;又原告并未受有所失利益的损害,因为原告的作品系因被告的无权利用才打开知名度。帝国法院引用罗马法,认为原告得请求依相当授权金或侵害得利所计算的损害赔偿。此种特殊的损害计算方式,在德国民法典施行后仍为帝国法院所适用,并为德国联邦法院沿用至今,认为具有习惯法的效力。德国联邦法院认为三择一的损害计算方式乃同一损害赔偿请求的不同损害计算方式,请求权人对于三种计算方式有选择之权,且在诉讼

---

[79] 以下说明,参见黄松茂:《人格权之财产性质——以人格特征之商业利用为中心》(台湾大学法律学研究所硕士论文,2009),第 184 页以下。

程序进行中亦得再改变计算方式。此项选择权当被害人的请求权获得满足或被承认时,始归于消灭。

(二) 适用范围的扩大

德国法上三择一之损害计算方式,除著作权外,亦适用于专利权、商标权、商号权及竞争法所保护的法律地位(如仿冒或营业秘密)。在立法方面,《德国著作权法》第101条第1项第2句规定,请求权人得请求依拟制报酬计算的赔偿金额,又同法第97条第1项规定,被害人得不请求损害赔偿,而请求加害人返还因权利侵害所得的利益。此两条规定乃三择一损害计算方式的明文化。此外,新式样专利法(Geschmacksmustergesetz)第42条第2项亦规定被害人得不请求损害赔偿,而请求加害人返还因无权利用新式样专利所得的利益。

(三) 对人格权商业化的适用

值得特别指出的是,德国法上三择一的损害计算方式亦被适用于人格权遭受侵害的情形。在 Paul Dahlke 案[80],依据高等法院所作的鉴定,原告通常只有在受有相当报酬的情况下,始会同意系争肖像的公开,德国联邦法院据此认为肖像权具有与著作权或专利权相同的特性(受有报酬始同意使用),同属具财产价值的专属性权利,得适用在著作权或专利权领域基于现实需求及公平考量所发展出来的通常合理报酬之损害计算方式,即得请求支付授权金或返还获利。学说有持不同见解,认为民法上三择一的损害计算方式并不具习惯法的效力,其所适用的实为民法不当得利或不法管理。但德国实务上一直采用联邦法院的见解。

有争论的是,授权金此项合理报酬请求权的要件须否以肖像权已被商业化或有商业化的可能性(商业化预先形成,Kommerzielle Präformierung)为要件? 被害人须否有授权意愿? 为保护被害人的人格权,通说认为授权金的请求不应有此等要件。[81] 又在 Paul Dahlke 案,德国联邦法院强调被害人亦有不当得利请求权,其数额依相关通常授权的应有报酬加以计算。

---

[80] BGHZ 20, 345—Paul Dahlke. Paul Dahlke 系著名演员,同意被告拍摄肖像,作展示之用,但被告却径将其肖像用于商业广告。

[81] Bötticher, Zur Ausrichtung der Sanktion nach deni Schutzzweck der verletzten Privatrechtsnorm, AcP 158, 385; Däubler, Anspruch auf Lizenzgebühr und Herausgabe des Verletzergewinns, Jus 1969, 49, 51. 黄松茂(注⑦论文),第184页以下。

三、中国大陆

《中华人民共和国侵权责任法》第 20 条规定:"侵害他人人身权益造成财产损失的,按照被侵权人因此受到的损失赔偿;被侵权人的损失难以确定,侵权人因此获得利益的,按照其获得的利益赔偿;侵权人因此获得的利益难以确定,被侵权人和侵权人就赔偿数额协商不一致,向人民法院提起诉讼的,由人民法院根据实际情况确定赔偿数额。"本条是关于侵害他人人身权益如何计算财产损失的规定。所称人身权益包括生命权、健康权、身体权、姓名权、荣誉权、肖像权、名誉权、隐私权、监护权和人身自由等与人身直接有关的权利。本条规定具有特色,兹摘录立法资料,分两项加以说明[82]:

(一)立法目的

《侵权责任法》第 20 条立法理由特别指出,侵害他人人身权益造成财产损害的情况十分复杂。在德国,侵害人格权在财产损害与非财产损害之间的界限发生了变化,财产损害方式获得了扩张。在一些案件中,法官将受害人的精神不悦,以及人格展开的商品化可能都解释为一种财产损害。例如,所有能够以财产计算并且在市场中通过金钱可以获得的利益都是财产损害。在遭受精神损害的情况下,如果当事人为了摆脱此种精神压抑而有一定的花费,则此种花费也是财产损害。德国由此存在两种理论:一种称之为"沮丧理论",即所有因为侵权行为所造成的或者使用的机会丧失都可以作为财产损害;另一种理论是"商品化理论",即在现代社会中,大量的生活关系都可以在当今的财产社会中通过金钱购买到,所以在造成他人精神损害,而此种精神损害又可以通过金钱加以抚慰时,则应当承担精神损害赔偿,进而这种应当得到赔偿的损害延伸为财产损害。

一些侵害人身权益的行为财产损失难以确定,尤其是在被侵权人的名誉受损、隐私被披露等侵害非物质性人身权益的情况下,很难确定财产损失。在此情形下,侵权人如何赔偿,怎样确定赔偿数额是困扰司法实践中的一个难题。例如,某运动员身披国旗的照片被企业印到产品的包装盒子,运动员诉企业侵权。在此案中,侵害他人肖像权的行为确实存在,

---

[82] 中华人民共和国全国人大常委会法制工作委员会民法室主编:《中华人民共和国侵权责任法——条文说明、立法理由及相关规定》,北京大学出版社 2010 年版。

如何对被侵权人进行赔偿,赔偿数额如何确定成了被关注的热点。最高人民法院《关于确定民事侵权精神损害赔偿责任若干问题的解释》第10条中规定的关于精神损害的赔偿数额确定的因素中,将"侵权人的获利情况"作为其中之一,由此,对侵害他人人身权益的情况下,侵权人的获利情况作为司法实践中确定赔偿数额的重要因素考虑。司法解释对于这种获利赔偿仅限于精神损害赔偿数额考虑因素的范畴之内。某省电视台,为了提高收视率,将一个下乡知青有私生子的隐私通过谈话节目故意暴露,给该知青的家庭和个人名誉造成不利影响,该知青以电视台侵害其隐私权提起诉讼,法院以电视台的收入作为考虑因素,判决电视台赔偿50万元。

《侵权责任法(草案)》三审稿提交十一届全国人大常委会第十一次会议审议时,有的常委委员提出,实践中存在"损人不利己"的情况,有的侵权人将别人的隐私放在网络上造成很坏的影响,他自己并没有获利,如果在侵害他人人身权时,仅是获利的给予赔偿,没有获利的不予赔偿,则不能很好地保障被侵害人的权益,侵权人也得不到惩罚,建议明确规定,没有获得利益的侵权人也应当负责任,责任大小可以通过相应的司法程序解决。

(二) 对姓名、肖像权具一定商业价值人格权益的适用

1. 按照所失损害赔偿

也有人认为,侵害他人非物质性人身权有时也会产生财产损害,应当按照其实际损害赔偿。例如,某些名人的姓名权、肖像权具有一定的商业价值,如果用于广告等商业目的,取得使用的同意一般需要给付相当的对价,未经同意擅自使用其姓名或者肖像,直接影响了其应当获得的财产利益,这种财产损失是可计算的,因此属于侵害人身权益造成财产损害的情形。有的名人,已经与企业签订了其肖像权独家使用的合同,一旦其肖像被另外的企业使用,名人对于签约企业形成违约,其违约损失就是财产损失。

2. 按照所获利益赔偿

一些侵害人身权益的行为财产损失难以确定,尤其是在被侵权人的名誉受损、隐私被披露等侵害非物质性人身权益的情况下,很难确定财产损失。在总结司法实践经验的基础上,当侵害他人人身权益,财产损失难以确定的情况下,本条明确规定,侵权人因此获得利益的,按照其获得的利

益赔偿。有的学者认为,侵害他人名誉、姓名、隐私等人身权益,侵权人所获得的利益,就是被侵权人的财产损失,只是计算财产损失的角度不同而已。

3. 获利难以计算

本条对既侵权又没获利的赔偿作了规定。当出现侵权人获得的利益难以确定时,被侵权人与侵权人可以就赔偿数额进行协商,协商不一致的,被侵权人可以向人民法院提起诉讼,由法院根据实际情况赔偿数额。这项规定表达了三层含义:

(1) 侵权人没有获利或者获利难以计算的情况下,当事人可以就赔偿数额进行协商。

(2) 赋予被侵权人获得赔偿的请求权,侵权人不能因为没有获利或者获利难以计算就不负赔偿责任。

(3) 如何确定赔偿数额由法院根据侵权人的过错程度、具体侵权行为和方式、造成的后果和影响等确定。

《中华人民共和国著作权法》第48条规定:"侵犯著作权或者与著作权有关的权利的,侵权人应当按照权利人的实际损失给予赔偿;实际损失难以计算的,可以按照侵权人的违法所得给予赔偿。赔偿数额还应当包括权利人为制止侵权行为所支付的合理开支。权利人的实际损失或者侵权人的违法所得不能规定的,由人民法院根据侵权行为的情节,判决给予五十万元以下的赔偿。"依《计算机软件保护条例》第25条规定:"侵犯软件著作权的赔偿数额,依照《中华人民共和国著作权法》第四十八条的规定确定"。

(三) 特色及问题

《侵权责任法》第20条具有若干特色:

(1) 本条系参照比较法与实践经验而制定,其提及的德国法上沮丧理论(Frustionstheorie)及承认姓名、肖像具有一定商业价值,系参照比较法的最新发展。

(2) 被侵权人的损失难以确定,主要指姓名、肖像被侵害,在此情形,被害人得请求侵权人交付其获利,系一项突破性的规定,问题在于应否限于加害人故意或过失的情形?侵害人无过失时,如何处理?

(3) 加害人得否选择请求授权金?因其计算较为方便。

(4) 当事人就赔偿数额,得由人民法院根据实际情形确定赔偿数额,其前提应系须有损失,但数额难以确定,问题在于是否包括有无损失本身难以确定的情形？此项规定相当于"民事诉讼法"第222条第2项："当事人已证明受有损害而不能证明其数额或证明显有重大困难者,法院应审酌一切情况,依所得心证定其数额。"

（5）《侵权责任法》第20条规定的救济方法,有一定的次序,即须被侵权人的损失难以确定,始得请求获利返还,不同于德国法上的三择一损害计算方式,得由被侵权人选择其一,及纵使损失得以定,仍得请求支付酬金或获利返还。

（6）有无不当得利规定的适用？应否创设不法管理,使加害人返还其所获利益？

四、比较法与中国台湾法的发展方向

（一）比较法综合整理

无权利用他人姓名、肖像等人格特征作商业利用而获有利益时,被害人得主张的财产损害赔偿请求权,已就美国、德国、中国大陆相关规定说明如上。综合整理如下：

规范 国家或地区	法源	姓名、肖像的财产价值	损害的计算方法
美国	判例法	（1）创设个人公开权 （2）肯定姓名、肖像等财产价值	（1）个人公开权具智能产权的性质 （2）请求财产损害、授权金、获利返还
德国	实务判例	肯定姓名、肖像等人格权具有精神利益及财产利益	采三择一计算方法：具体损害、授权金、获利返还
中国大陆	立法	肯定姓名、肖像具有一定商业价值	《侵权责任法》第20条
中国台湾	？	？	（1）依差额说计算所失利益 （2）保护不足

（表格最左侧纵向标题："无权利用他人姓名、肖像的损害赔偿"）

（二）共同的基本原则

据前揭比较法的综合整理,可知美、德及中国大陆皆以法院判决或立法肯定姓名、肖像等人格特征具有一定的经济（财产）价值,而采类同于智能财产权（无体财产权）被侵害时的救济方法。对被害人最为有利的是德国法上三择一的损害计算方式。在此三种方法中,获利返还的计算方法较为复杂,获利估算不易、举证困难,甚少采用,实务上常见的系请求相当于授权金的损害,因其计算简易方便。

(三) 台湾法的发展方向

1. 智能财产权受侵害时的损害计算

关于智能财产权被侵害时,财产上损害的计算,台湾地区现行法设有特别规定:"著作权法"第 88 条规定:因故意或过失不法侵害他人之著作财产权或制版权者,负损害赔偿责任。数人共同不法侵害者,连带负赔偿责任。前项损害赔偿,被害人得依下列规定择一请求:(一)依"民法"第 216 条之规定请求。但被害人不能证明其损害时,得以其行使权利依通常情形可得预期之利益,减除被侵害后行使同一权利所得利益之差额,为其所受损害。(二)请求侵害人因侵害行为所得之利益。但侵害人不能证明其成本或必要费用时,以其侵害行为所得之全部收入,为其所得利益。依前项规定,如被害人不易证明其实际损害额,得请求法院依侵害情节,在新台币 1 万元以上 100 万元以下酌定赔偿额。如损害行为属故意且情节重大者,赔偿额得增至新台币五百万元。"商标法"第 71 条、"专利法"第 85 条亦有类似规定。

2. 智能财产权受侵害财产权计算方法在民法上的类推适用

在智能财产权侵害案件,被害人均得请求依相当授权金或侵害得利计算的损害,已如前述。此两种损害计算方式,得否类推适用于姓名或肖像等人格特征遭无权商业使用的人格权侵害案件?

姓名或肖像等人格特征遭受他人无权商业化使用时,被害人难以证明具体损害(所失利益),请求赔偿,前已就"陈美凤料理米酒案"及"铃木一郎肖像广告案",加以说明,确实保护不足。姓名或肖像权类同于智能财产权,易受侵害、难以预先防范、损害计算困难,采用类如智能财产权被侵害的计算方法,确有必要。在美国系由法院创设个人公开权加以保护。德国法上"三择一"的损害计算方式,虽被认为具有习惯法效力,仍多争议,认其不符民法损害赔偿的原则。在中国大陆,《侵权责任法》则设明文,以立法方式加以规范。在台湾地区,关于姓名、肖像等人格法益的保护,认定其有法律漏洞,类推适用"著作权法"等规定,在方法论上容有研究余地,宜否修正相关规定,属立法政策问题。本书认为,人格权财产利益的保护,基本上应依民法的基本机制加以处理,即适用民法关于不当得利、不法管理的规定,以强化姓名、肖像被无权商业化使用的保护,将于下文作比较详细的说明。

第三项 以侵权得利作为量定慰抚金的因素

一、问题说明

人格权受侵害时,被害人得就非财产之损害(精神痛苦)请求慰抚金(相当金额的赔偿),慰抚金的量定因素,在加害人方面所斟酌为其经济状况,并扩大及于加害人的故意或过失轻重。值得注意,加害人无权对他人姓名、肖像等具有一定财产价值作商业用途,而获取利益时,得否将获利作为量定慰抚金的因素?

二、比较法

关于精神损害的金钱赔偿,中国大陆最高人民法院解释明确将加害人的获利作为量定因素,前已提及。德国联邦法院于1994年在著名的Caroline von Monaco案(周刊杂志无权刊载摩洛哥公主的肖像,及伪造访问记录等)强调:"故意侵害他人格权,意图增加销售版数,获取利益,基于预防的思想,于量定金钱赔偿数额应将其获利作为量定因素。"[83]在另一件涉及摩洛哥公主及其子女肖像被杂志社无权刊登侵权案件(BGHZ 160,298),德国联邦法院补充 BGHZ 128,1 案判决,作成两项判决要旨:

(1) 因严重侵害人格权而为金钱赔偿乃基于宪法及私法,非属刑法上的制裁。

(2) 在量定金钱赔偿时,对被害人慰抚的观点、预防思想及人格权侵害强度,应于个案情形发生不同的作用。

三、实务动向

在无权使用他人姓名、肖像作商业销售广告的情形,台湾地区实务上有两个判决亦以"原告推荐商品之助益作为慰抚金的量定因素"。在"陈美凤料理米酒代言案",台湾高等法院判决[84]谓:"查被上诉人为知名演艺

---

[83] BGHZ 128,1—Caroline von Monaco:"Erfolgt der Einbruch in das Persönlichkeitsrecht des Betroffenen vorsätzlich mit dem Ziel der Auflagensteigerung und Gewinnerzielung, dann gebietet der Gedanke der Prävention, die Gewinnerzielung als Bemessungsfaktor in die Entscheidung über die Höhe der Geldentschädigung einzubeziehen." 本件判决在德国法学界引起热烈讨论,参见 Canaris, Gewinnabschöpfung bei Verletzung des allgemeinen Persönlichkeitsrecht, in FS für Deutsch (1999), S. 85; Erlanger, Die Gewinnabschöpfung bei Verletzung der allgemeinen Persönlichkeitsrechts (2001).

[84] 台湾高等法院 2005 年上易字第 616 号判决。

明星,复为美食节目主持人,具有一定之公众形象,依社会通念,被上诉人推荐之商品,必有助于商品之销路,衡量被上诉人之身份、地位、良液公司认经由诉外人林哲亿同意,与完全擅自仿冒者之侵害情节程度尚有不同,是认为上诉人良液公司、甲○○应连带赔偿60万元为适当。"在胜昌制药案,台湾高等法院判决[65]谓:"本院斟酌被上诉人为知名演艺人员,经历多年艰苦奋斗,始立足演艺圈,并建立今日正面之公众形象,依社会通念,其推荐之产品必有助于产品之销路……认为被上诉人请求上诉人胜昌公司应分别与扬易公司、甲○○连带赔偿非财产上之损害150万元,尚属适当。"此两个台湾高等法院判决对于人格权保护的发展,具有两点重要意义:

(1) 慰抚金除填补、慰抚的功能外,亦应具有预防功能,其赔偿金额须使加害人有所感受,具有引导其行为的作用。

(2) 间接认定姓名、肖像具有一定财产价值。加害人无权商业利用他人姓名、肖像时,不能保有其利益,应借慰抚金的方式返还予权利人。

第三款 不当得利请求权

第一项 绪 说

一、不当得利制度的功能

姓名、肖像等人格特征被他人无权作商业化用途时,被害人难依"侵权行为法"以受有财产上损害向加害人请求赔偿。纵以加害人的获利作为量定慰抚金的因素,亦不足以剥夺加害人所获利益。在此情形,应研究得否适用"民法"不当得利规定使加害人返还因侵害他人姓名、肖像而受的利益。不当得利旨在调整无法律上原因的财货变动,不以加害人具有故意过失为要件,其目的在于取除加害人的不当得利,不以被害人受有损害为必要,因此不当得利制度对保护具财产价值的人格法益有重要的功能。[86]

---

[65] 台湾高等法院2007年上易字第873号判决。

[86] 参见拙著:《不当得利》,北京大学出版社2009年版,第141页以下;Ellger, Bereicherung durch Eingriff (2002), S. 729f., 742;藤原正则:《不当得利法》(信山社,2001),第237页。获利返还(Gewinnhaftung),参阅 Helms, Gewinnherausgabe als haftungsrechtliches Problem (2007); Schlechtriem, Bereicherung aus fremdem Persönlichkeitsrecht, FS für Hefermehl (1976), S. 455f.

二、不当得利的类型构造

(一) 给付不当得利与非给付不当得利

"民法"第179条规定:"无法律上之原因而受利益,致他人受损害者,应返还其利益。虽有法律上之原因,而其后已不存在者,亦同。"其核心问题在于如何认定受利益致他人受损害,系无法律上之原因。学说有统一说与非统一说二种见解。统一说认为应依统一的基准认定有无法律上原因,但其所提出的基准,有为权利,有为公平正义,或失诸过狭,或过于空泛,难以作为客观的判断标准。非统一说认为应采类型化,分为给付不当得利及非给付不当得利两种基本类型。台湾通说采此见解。给付不当得利指因给付欠缺目的而生的不当得利(如非债清偿)。非给付不当得利指非因给付而发生的不当得利,包括支出费用偿还(如误他人之牛为己有而喂食)、求偿不当得利(如因清偿他人债务而发生的不当得利),其中最主要的是所谓的权益侵害不当得利(Eingriffskondiktion[87]),"最高法院"明确肯定此种侵害他人权益为不当得利类型。[88]

(二) 权益侵害不当得利

权益侵害不当得利,指侵害他人权益而取得其归属内容,例如无权出售他人之物,致受让人善意取得,而取得价金的利益;无权占有他人土地作为停车场,取得使用土地的利益等。此种权益侵害不当得利的成立要件有三:

1. 受有利益

例如占有他人土地、在他人墙壁悬挂广告。学说及实务上有认为在此情形,其所受利益系节省了使用他人之物应支付的对价(对价节省)。通说认为其受利益系物的使用本身。

---

[87] Ellger(注86书);Koppensteiner/Kramer, Ungerechtfertige Bereicherung (2. Aufl. 1988), 123f.

[88] "最高法院"2003年台上字第2682号判决谓:"按无法律上之原因而受利益,致他人受损害者,应返还其利益,'民法'第一百七十九条前段定有明文。是依不当得利之法律关系请求返还不当得利者,须以无法律上之原因受有利益,并因而致他人受损害为要件。又在判断是否该当上开不当得利之成立要件时,应以'权益归属说'为标准,亦即若欠缺法律上原因而违反权益归属对象取得其利益者,即应对该对象成立不当得利。查上诉人就系争土地并无何合法权源存在,则使用收益系争土地之权能,不应归属于上诉人,被上诉人乙○○于租期届满后仍使用系争土地,虽获有使用收益系争土地之利益,惟因该等利益既非归属上诉人,上诉人自无受到任何损害,故上诉人为此请求,亦无理由。"关于本件判决的评释,参见拙著(注86书),第269页。

2. 致他人受损害

"民法"第179条规定不当得利的成立须以受利益致他人受损害为要件[89]，其功能在于限制不当得利请求权人的范围。在侵害他人权益不当得利，其所称损害，非等同于侵权行为法上损害的概念，不以受有侵权行为法的损害（所受损害，所失利益）为必要。盖不当得利所要调整的在于受有利益（Bereicherung），而非失去利益（Entreicherung），"最高法院"1976年台再字第138号判例谓："'民法'第一百七十九条规定之不当得利，凡无法律上之原因，而一方受利益，致他方受损害，即可成立，至损益之内容是否相同，及受益人对于受损人有无侵权行为，可以不问。"又1972年台上字第1695号判例谓："依不当得利之法则请求返还不当得利，以无法律上之原因而受利益，致他人受有损害为其要件，故其得请求返还之范围，应以对方所受之利益为度，非以请求人所受损害若干为准，无权占有他人土地，可能获得相当于租金之利益为社会通常之观念，是被上诉人抗辩其占有系争土地所得之利益，仅相当于法定最高限额租金之数额，尚属可采。"（本件判例对受利益采对价节省说）。准此而言，在无权占用他人土地作为停车场、在他人墙壁悬挂广告招牌，不得以所有人无使用该土地或墙壁的计划，未受到损害，而主张未因侵害他人权益致"他人受损害"，而不成立不当得利。

关于如何判断在何种情形系"侵害他人权益"而受利益，学说上有"违法性说"（Widerrechtlichkeitstheorie）及权利归属说（Zuweisungstheorie）。违法性说认为应就侵害行为是否具不法性而为判断。然侵害行为具不法性的，并不当然成立不当得利，不具违法性的，亦得构成不当得利（如因自然事故，甲鱼池的鱼因水患流入乙的鱼池）。通说采权益归属说，即取得应归属于他人的权益内容，例如无权占他人土地作为停车场、在他人墙壁悬挂广告，系取得应归属于所有人对物占有使用收益的权能。无权发行他人有著作权的著作，系取得了应归属于著作权人的著作财产权的利益。权益归属具不确定性，有待填补加以明确化，此为侵害姓

---

[89] 不当得利法上的"受利益，致他人受损害"。在德国民法上称为"Auf Kosten der anderen"。关于此项要件的功能及变迁，参见 Ellger（注⑧书），S. 231f.；Flume, Studien zur Lehre von der ungerechtfertigten Bereicherung（Ernst（Hrsg.），2003）S. 1f. Werner Flume 教授系德国伟大法学家，2010年百岁过世，读其书（尤其是 Allgemeiner Teil des Bürgerlichen Rechts），知其人，深受其惠，敬表悼念之意。

名、肖像等人格法益是否构成不当得利的核心问题。

3. 无法律上原因

在权益侵害不当得利类型，其无法律上原因指无保有权益归属的内容。其得作为保有权益归属内容的，包括物权（如地上权人占有使用他人土地）、债权（如基于租赁而使用他人房屋墙壁悬挂广告），或有法律规定（如时效取得）等，均不成立不当得利。

第二项　不当得利请求权的成立

第一目　无权对姓名、肖像为商业化使用与不当得利

一、对他人姓名肖像为商业化的使用

基于契约关系使用他人姓名、肖像作商业化用途时，若该契约无效或不成立，其使用他人姓名、肖像系无法律上原因而受利益，应成立给付不当得利，负返还其所受利益，此项利益依其性质不能原物返还，应偿还其价额（"民法"第179条、第181条）。无契约关系而擅自无权商业化使用他人的姓名、肖像，系受有使用他人姓名、肖像的利益，并无法律上的原因。关键问题在于姓名、肖像是否具有不当得利法上的权益归属内容，使侵害人应依不当得利返还其所受利益。

二、所有权（物权）、智能财产权的权益归属内容

不当得利法上的权益归属内容，指某种权益的内容排他地归属其权利人享有。就所有权言，"民法"第765条规定："所有人，于法令限制之范围内，得自由使用、收益、处分其所有物，并排除他人之干涉。"是所有权享有占有自由、收益、处分的权能，故无权占有他人的土地、在他人的墙壁悬挂广告、无权处分他人之物，均属侵害所有权的权益归属内容，应成立不当得利。

又智能财产权（无体财产权），无论是著作权、专利权或是商标权，亦有排他性的权能，例如著作权人有专有重制权、公开口述权、公开播送权等（"著作权法"第22条以下）。无权侵害时，例如修改或编辑他人的著作出版销售，系侵害著作权的权益归属内容，亦应成立不当得利。

三、人格权的权益归属内容

传统见解应为人格权在于体现人的尊严，乃在保护精神利益，不具财产性。纵使认为个别人格权具有财产性，例如得授权为商业化使用，亦不

能由此而认定其具有排他的权益归属而受不当得利法的保护。又有认为人格权具开放、不确定性，与言论自由、艺术自由相冲突时，须作法益衡量，以认定其保护范围，不应享有排他的财产利益。

在陈美凤料理米酒案，台湾台北地方法院及台湾高等法院否定被害人受有财产上损害，惟肯定得以加害人获利作为量定慰抚金的因素。值得提出的是，被害人并未主张不当得利请求权，其原因何在不得而知，或系认为侵害人格权(包括姓名、肖像)难以成立不当得利，因其不发生财产损益变动，亦即姓名、肖像不具不当得利法上的权益归属内容。如果采此见解，在无权将他人姓名、肖像作推销商品的商业性用途，获取利益，除支付相当金额的慰抚金外，可以保有其利益，使人格权成为他人无权商业化获利的客体，应有检讨省思的余地。

第二目　德国法上侵害人格权不当得利的发展

关于侵害人格权，尤其是无权将姓名、肖像商业化，促销商品，获取利益得否构成不当得利，德国长期案例法(Case law)的形成及发展可供参考。Wilburg 教授在就不当得利从事类型化时，即已提出侵害他人权益不当得利得适用无权将他人姓名、肖像强制商业化的情形。[90] 德国实务上的演变，兹选择德国联邦法院 5 个具指针性的判决(leading case)，依年代说明，以了解其所涉及的基本问题。

1. Paul Dahlke(BGHZ 20, 345. 1956 年)：无权使用他人姓名作商业广告：不当得利请求权的肯定

德国联邦法院于 1954 年创设一般人格权，于 1956 年在 Paul Dahlke 案第一次肯定姓名权系具有财产价值的排他性权利(vermögenswertes Ausschliesslichkeitsrecht)。本案原告 Paul Dahlke 为著名演员，应摄影家(被告)之请，坐于摩托车上拍摄照片，准备刊登于报纸。该摄影家将照片以一定的对价交由某制造摩托车的公司作商业广告，登载于许多杂志。Paul Dahlke 依侵权行为规定请求损害，并依"三择一损害计算方式"请求相当的授权金，获得胜诉判决。

德国联邦法院认为，被告摩托车公司使用 Paul Dahlke 肖像作商业广告，查无过失，不成立侵权行为，但得成立不当得利。判决理由强调该公

---

[90] Wilburg, Die Lehre von der ungerechtfertigten Bereicherung nach österreichischem und deutschem Recht (1934), S. 43f.

司未得原告同意,擅以原告肖像作营业使用,据原审所提专家鉴定报告,依原告艺术家圈内的惯例,原告是否授权他人使用其肖像,应视其是否支付报酬而定,被告公司因其未得允许而利用原告的肖像作商业广告,系节省了应支付的报酬而受有利益。不当得利请求权所调整的,不是在受不利益者其财产的减少,而是受利者无法律上原因财产的增加,并不以有财产移动为必要。

2. Herrenreiter(BGHZ 26,349. 1958年):不当得利的成立与被害人的授权意愿

在 Herrenreiter 案(骑士案),被告擅自拍摄原告(著名骑士)在骑术竞技场的马上英姿,作为增强性能力药物的广告,看到该广告之人都会说:"冲啊!冲啊!",原告感到被羞辱、取笑。德国联邦法院肯定被害人的一般人格权受到不法侵害,得依侵权行为法规定请求精神痛苦金钱赔偿,但否定不当得利请求权,认为既然原告不会授权被告作此羞辱其人格的广告,自不得主张侵害人受有不当得利。不当得利请求权的成立,必须在侵害发生前,权利人在受有报酬的情况下,通常会同意对其人格特征作商业使用,且在具体案件中会同意该商业化使用,始得依不当得利请求权偿还相当授权报酬。就骑士案的事实言,原告无授权他人使用其肖像的意愿,并未受有财产上的不利益,不成立不当得利。

在此判决之后,授权他人使用意愿乃成为不当得利实务及理论上重要争论问题。在授权意愿的要件下,原则上只有名人或专业表演者能请求不当得利,盖其通常授权他人使用其人格特征而获取报酬。至于一般人于其人格特征遭到无权的商业使用时,将无不当得利请求权。又广告使用十分鄙俗、令人难堪的内容(如将他人肖像用于增强性能力的药物),纵属名人亦不会同意该商业使用,亦不成立不当得利,被害人仅得请求慰抚金。

3. Carrera(BGHZ 81,75. 1981年):无权使用他人姓名作商业广告与不当得利

在 Carrera 案,原告系广告企业,拥有数辆参与赛车的跑车,有偿提供予有兴趣厂商作为广告之用。被告系制造名为 Carrera 玩具的厂商,未经原告同意径在其包装上使用复制原告跑车相片。在该跑车的防风玻璃上有原告商号名称,被告擅自涂掉(但仍可辨识),而改用自己商号。原告主张被告欲使用其名称作广告时,应支付授权金,其未经允许擅为使用,

应成立不当得利。地方法院驳回原告之诉,高等法院判决原告胜诉,被告应支付两万马克。德国联邦法院驳回被告上诉,肯定原告不当得利请求权,其裁判要旨有四:

(1) 法人亦得为人格权的主体:被告为广告目的无权使用他人姓名,系侵害受一般人格权所保障的姓名权。原告系广告公司,虽为法人,仍得为一般人格权的主体,在符合其本质及法律所赋予功能范围内享有人格保护请求权。

(2) 姓名权的经济财产价值:被告侵害了原告人格权上的权能,此项权能包括是否及在何种范围授权他人得利用其姓名。此项权能系姓名权人精神利益、经济自立权的构成部分。任何人无须忍受未经其同意,擅在广告使用其姓名,致其声名遭受侵害。公开提及他人姓名,原则上虽可允许,但为自己物质上利益,擅自为商业性广告,侵害了其声望及社会评价。

(3) 姓名权人对其姓名商业性使用的自主性:无权以他人姓名作商品广告,并不当然减损其声望。纵使姓名的使用不涉及名誉或声望,仍应肯定姓名不应被商业化利用。权利人就其姓名是否使用于促销商品,具有自主决定的权能,在 Paul Dahlke 案,法院明确认定其所涉及的,不是对商品的意义及合目的性的评价,也不是商品广告是否减损他人的声望。其所保护的乃是权利人基于其人格权对其姓名的自主性,得自主决定是否及在何种情形,愿意使他人为商业利益使用其姓名,此乃姓名权作为一种人格权的本质。

(4) 不当得利请求权:被告无权商业用途使用原告姓名,系属侵害原告人格权上的财产归属内容,应成立不当得利(《德国民法》第 812 条第 1 项第 1 句),被告是否具有过失,原告是否受有损害,均所不问。其应返还的是侵害原告人格权而获得的财产利益。在类此情形,原告授权被告使用其公司的姓名时,在通常惯例得请求适当的对价,被告亦须支付此项报酬始能使用原告姓名作商品广告,是被告无权使用原告的姓名,节省了其应支付的报酬,其无法律上原因所受利益,应予返还。不当得利所调整的不是被害人方面的财产减少,而是在受益人方面无法律上原因的财产增加。

4. Marlene(BGHZ 143, 214. 1999 年):人格权具有精神利益和财产利益

在 Marlene 案,被告使用逝世的著名女演员 Marlene 的姓名、肖像,作

衣服、手表、唱片等广告,德国联邦法院在本案总结了1954年以来创设一般人格权,及 Paul Dahlke、Carrera 等案见解,肯定人格权具有精神部分及财产部分,承认了人格权具有排他性的财产价值,前已详为说明。因此在何种情形,何种侵害行为得构成不当得利,成为人格权保护发展的重要问题。学说上肯定隐私领域亦属一种财产权或利用权(Privatsphäre als Vermögensrecht, Das Recht auf Privats-phäre als Nutzungsrecht[91])。例如个人得将他人私密空间让人参观,收取费用,应成立不当得利。

5. Lafontaine(BGHZ 169, 340. 2006 年):授权意愿的扬弃、言论自由与商业广告

本件判决原告 Oskar Lafontaine 于 1999 年 3 月 11 日辞去德国财政部长及 SPD(社会民主党)主席。被告系一家汽车租赁公司,未经原告同意,于 1999 年 3 月 22 日在报纸刊登大幅广告,内有德国内阁全体阁员肖像,虽涂去 Lafontaine 面貌,但仍可辨认,广告使用讽刺语言,认为原告系试车期间失败的共事者。Lafontaine 认为被告未经其同意,使用其肖像作商业广告,应依不当得利支付授权费用 250 000 欧元。地方法院判决被告支付 100 000 欧元,高等法院驳回被告上诉,第三审上诉德国联邦法院,撤销汉堡高等法院判决,发回原审。在本件判决,联邦最高法院作成两个重要的裁判要旨[92]:

(1)关于授权意愿:未经授权擅对他人肖像作商业广告,系侵害肖像权及一般人格权的财产归属内容,受有使用他人肖像的利益。此项利益不能原物返还,应支付依通常授权金计算的价额(德民第818条第2项)。无论在侵权行为或不当得利请求权,被害人是否有意愿以对价容许他方传播或公开呈现其肖像,在所不问。

(2)肖像广告与言论自由:时代历史中的人物,原则上无须容许第三人以其肖像用于广告目的。在广告中使用他人肖像,系以讽刺方式讨论现实时事(财政部长的辞职)时,在依法益衡量上,被害人应予忍受。

---

[91] Götting, in: Götting/Schertz/Seitz (Hrsg.), Handbuch des Persönlichkeitsrecht (2008), §18 (S. 703); Amelung, Der Schutz der Privatheit im Zivilrecht (2002), S. 182f; Helle, Privatautonomie und Kommerzielles Persönlichkeitsrecht, JZ 2007, 444; Ladeur, Schutz von Prominenz als Eigentum, ZUM 2000, 879.

[92] 关于本件判决的评释,参见 Balthasar, Eingriffskondiktion bei unerlaubter Nutzung von Persönlichkeitsmerkmalen—Lafontaine in Werbeannonce, NJW 2007, 664.

6. 侵害人格权不当得利的基本原则

前揭五个德国联邦法院关于侵害人格权(尤其是姓名、肖像)财产归属的不当得利判决,长达50年的变迁,建构了侵害他人人格权财产利益不当得利的基本原则:

(1) 受有利益,系对他人肖像、姓名人格权的使用。商业广告系侵害肖像、姓名具有应受保护的财产内容。

(2) 被害人是否有授权他人使用其具有财产价值的人格特征的意愿,在所不问。

(3) 所受利益,依其性质,不能返还,应偿还价额,即使用该项利益通常应支付的报酬。

第三目 中国台湾"民法"的发展

关于中国台湾法侵害人格权不当得利的发展,分四点言之:

1. 判例法的发展

德国民法关于侵害他人人格权的不当得利,最具启示性的是长达50年以个案累积持续的变迁经由学说的阐释辩论,形成共识,提炼出法律适用的基本原则。如何经由案例比较研究,促进台湾地区案例法形成与发展的机制,实属必要。人格权财产价值的保护就是一个值得研究的重要课题。

2. 人格权的保护

人格权保护的利益由精神利益扩张到财产利益,使姓名、肖像等人格利益具有财产价值。姓名肖像被无权用于商业广告时,被害人难依侵权行为规定请求所失利益的损害赔偿,中国台湾法无相当于美国法个人公开权或德国法上三择一的损害计算方式。最近实务上虽将加害人的获利作为量定慰抚金的因素,终属权宜之计。在加害人无过失不成立侵权行为时,被害人殆无救济之道,对人格权的保护实有不足,应有强化的必要。人格权旨在体现人的尊严与价值。姓名、肖像等表彰个人的特征,不容他人强制商业化,应取除侵害者的利益,始足促进维护人格价值。

3. 不当得利的功能

不当得利法旨在调整无法律上原因的财产变动,侵害权益不当得利,更在维护权益的归属,不能因侵害他人权益而能保有其获得利益。此种不当得利首先适用于所有权(或其他物权),再适用于智能财产权(著作权、商标权、专利权)。随着人格权因社会经济而具有财产利益,由对抗权发展为一种利用权,名人常以一定的对价授权他人使用其姓名、肖像促销商品,厂商对他人姓名、肖像加以强制商业化,获取利益,体现了姓名、肖像等人格法益具有经济利益、财产价值,此等财产价值系由市场供需机制所创设,乃法律应予规范的社会现实,而肯定权利人得自主决定是否及如何授权他人利用其人格特征于商业性用途。未获授权擅将他人利益予以商业化使用,不受言论自由保障,其侵害人格权益归属内容,应成立不当得利,负返还其所得利益的义务。

4. 突破与发展

人格权体现一定的财产价值,应受保护,实是法律发展的重要问题。在比较法有不同取除无权商业化他人姓名、肖像等人格特征所获得利益的方法。台湾地区"民法"的不当得利制度,尤其侵害他人权益的不当得利提供了一个可供运用的机制,具有适应现代消费媒体社会人格权保护的功能,有赖于理论与实务的协力,在一个适当的个案,作出开创性的突破,而能有累积性的发展。法律发展与法学进步常肇始于一个个案,关键在于要有一种来自比较法及本国或地区法的问题意识、敏锐洞察力及前瞻性的观念,能在个案中发现其所隐藏的法律原则。在"陈美凤料理米酒案",若被害人(经由律师)提出不当得利请求权,主张加害人应依不当得利规定返还无权使用其姓名肖像促销商品所获利益,将为台湾地区"民法"的开展提出一个新的议题,激活新的思考方法及研究的动向。

第三项 不当得利的客体及返还范围[93]

一、不当得利的客体

1. 所受利益

不当得利的成立,以"受有利益"为要件。在给付不当得利,其受利益系他方的给付,或为所有权的移转,或为物之占有等。在侵害他人权益不当得利,例如无权占有使用他人土地,"最高法院"认其受利益系"相当于租金的利益",乃采"费用节省得利"说。此项见解已被扬弃,应认其受利益系物的使用本身而言,盖"民法"第179条规定的"受利益"系就个别财产加以观察,视受益人是否受有具体个别的利益而为认定,不同于第

---

[93] 以下说明请参见拙著:《不当得利》,北京大学出版社2009年版,第164页以下;Ellger (注86书),S.177f.

182条第1项规定的"所受利益不存在",系就受益人的整体财产而为观察认定。

如前所述,受利益系指对物或权利占有使用本身,关于侵害智能财产权的不当得利,其所受利益为对商标、专利或著作的利用。在无权商业使用他人人格特征的情形,其所受利益系对姓名、肖像、声音等人格特征的利用,取得应归属于权利人的利用权能。

2. 价额偿还

不当得利受领人应返还其所受利益("民法"第181条),在无权商业使用他人人格特征的不当得利,其所受而应予返还的利益,系对人格特征之使用。此类利益依其性质不能"原物"返还,故应偿还其价额,其价额应依市场价格客观加以计算,为相当于授权金的报酬。此项相当报酬金的计算,得因权利人为名人或一般人而有不同。被害人曾经授权他人使用其姓名、肖像为商业用途而收取的报酬,得作为计算的参考。[94]

二、不当得利返还范围

1. 所受利益不存在

"民法"第182条第1项规定:"不当得利之受领人,不知无法律上之原因,而其所受之利益已不存在者,免负返还或偿还价额之责任。"立法目的旨在避免善意受领人受到损害。关于"所受利益不存在"的认定,在使用他人物品的不当得利,利益是否尚存在,应就返还义务人整体财产而为认定,故善意受领人无支出费用之计划时,其使用他人物品所获利益,既未留存于其财产之上,得主张所受利益不存在。使用他人人格特征从事商品广告或服务促销,而所受利益不存在的情形,或属有之,其例则难设想。

2. 恶意受领人的返还义务

"民法"第182条第2项规定:"受领人于受领时,知无法律上之原因或其后知之者,应将受领时所得之利益,或知无法律上之原因时所现存之利益,附加利息,一并偿还。如有损害,并应赔偿。"对他人姓名、肖像等人格特征无权商业化利用,多属明知其无法律上原因,应有本项规定的适

---

[94] Götting, Die Bereicherungsrechtliche Lizenzanalogie bei Persönlichkeitsverletzungen, FS Ullmann (2006), 65; Kleinheyer, Eingriffsbereicherung durch unbefugte Nutzung und Wertersatz, JZ 1961, 473.

用。其应返还的是受领时所得利益(使用利益、价额偿还),而非商业化所获得的利益。

第四款 无因管理

第一项 无因管理与不法管理⑮

一、无因管理

无因管理指未受委任,并无义务,而为他人管理事务者,其管理应依本人明示或可得推知之意思,以有利于本人之方法为之("民法"第172条)。此在日常生活颇为常见,例如救助车祸之人送医救治、收留流浪狗、拾得遗失物而为保管、抢救失火邻居、修缮他人遭遇台风毁损的屋顶。立法目的在于奖励义行,规定当事人(管理人与本人)的权利义务,成立法定债之关系。

管理人应依本人明示或可得推知之意思而为事务之管理,违反者,应负赔偿之责("民法"第174条、第175条)。"民法"第176条规定管理事务系利于本人,并不违反本人明示或可得推知之意思者;管理人为本人支出必要或有益之费用,或负担债务,或受损害时,得请求本人偿还其费用及自支出时起之利息,或清偿其所负担之债务,或赔偿其损害。

二、不法管理

"民法"第177条第1项规定:管理事务不合于第176条规定时,本人仍得享有因管理所得之利益,而本人所负第176条第1项对于管理人之义务,以其所得之利益为限。管理人明知为他人之事务,而为自己之利益管理之者,准用第176条第1项规定,得请求管理所得利益。第2项所规定的系所谓的不法管理,此为"民法"债编于1999年修正时所增订,修正理由谓:"无因管理之成立,以管理人有'为他人管理事务'之管理意思为要件。如因误信他人事务为自己事务(误信的管理),或误信自己事务为他人事务(幻想的管理)而为管理,均因欠缺上揭主观要件而无适用无因管理规定之余地。同理,明知系他人事务,而为自己之利益管理时,管理人并无'为他人管理事务'之意思,原非无因管理。然而,本人依侵权行

---

⑮ 参见拙著:《债法原理》(第2版),北京大学出版社2013年版,第308、332页。

为或不当得利之规定请求赔偿损害或返还利益时,其请求之范围却不及于管理人因管理行为所获致之利益;如此不啻承认管理人得保有不法管理所得之利益,显与正义有违。因此宜使不法之管理准用适法无因管理之规定,使不法管理所生之利益仍归诸于本人享有,俾能除去经济上之诱因而减少不法管理之发生,爰增订第2项(《德国民法》第684条第1项参考)。"应说明的有三点:

(1) "民法"第177条第2项所规定的"不法管理"是一种独立的请求权基础,得与侵权行为成立竞合关系。

(2) 在要件上,须以管理人"明知"为他人之事务,为自己之利益而为管理,不包括"过失"的不法管理在内。于故意的不法管理,其所以规定被害人得向加害人请求管理事务之所得利益,乃在吓阻不法,俾能除去经济上之诱因,以减少不法管理的发生。

(3) 在法律效果,准用"民法"第177条第1项规定,即管理事务不合于前条之规定时,本人仍得享有因管理所得之利益,而本人所负第176条第1项对于管理人之义务,以其所得之利益为限。即本人得向不法管理人请求返还其管理事务所取得的利益,例如不法出售他人之物的价金,但应扣除相关支出(例如税捐、代书费用)。

第二项　不法管理于无权利用他人姓名、肖像等人格利益的适用

不法管理多涉及无权利用他人的所有权,例如出租他人房屋,收取租金。侵害他人的著作权(或专利权、商标权),例如盗印书籍,亦得成立不法管理,在此情形,得发生不法管理所得利益返还请求权与侵害著作权所得利益返还请求权("著作权法"第88条)的竞合,后者不以侵害人有故意为要件,较为有利,因此实务上未见被侵害人主张不法管理的案例。

无权故意将他人姓名、肖像等作商业化利用时(例如推销商品以制作肖像为外型的公仔),得否成立不法管理? 对此应采肯定说。⑯ 姓名、肖像权等体现一定的财产价值,权利人享有排他的利用权,客观上属于他人

---

⑯ Siemes, Gewinnabschöpfung bei Zwangskommerzialisierung der Persönlichkeit durch die Presse, AcP 201 (2001), 202 (228); Helms (注⑯书), S. 119f.; Köndgen, Gewinnabschöpfung als Sanktion unerlaubten Tuns, Eine juristisch-ökonomische Skizze, RabelsZ 64 (2000), 662f. 日本通说同此见解,五十岚清(注㊾书),第190以下页。

事务。无权利用此等人格特征从事商业活动或制造各式商品贩卖,系为自己利益而不法管理他人事务。姓名、肖像权被商业化使用而受侵害时,台湾地区"民法"未采德国民法三择一的损害计算方式,被害人难依侵权行为请求损害赔偿。依不当得利得请求的,系相当于授权金的价额。因此在故意商业化利用他人特征时,应认权利人得依不法管理请求返还所得利益,始足合理保护其人格权益。不法管理所得的利益包括因商业化利用他人姓名、肖像等所得一切利益(但须扣除必要支出),侵权人有提供资料及说明义务。

第三项　瑞士民法的不法管理与人格权保护[97]

瑞士民法关于人格权的保护设有周全、前瞻性的规定,前已说明。1983 年《瑞士民法》修正时,于第 28 条 a 第 3 项增订一条重要规定:"人格权被害人得依无因管理规定向侵权人请求返还因侵害所得利益的返还。"所谓无因管理规定指《瑞士债法》第 423 条:"管理事务非为事务本人的利益而为之时,本人仍能有权取得因事务管理所得的利益。对管理人的替代给付及免其责任,本人以受有利益为限,负其责任。"[98]

《瑞士民法》第 423 条相当中国台湾地区"民法"第 177 条第 2 项关于不法管理的规定。值得注意的,关于侵害他人人格权所获利益的取除,《瑞士民法》所以明定采无因管理(不法管理),其理由在于避免德国不当得利法上人格权权益归属内容的争论。无因管理利益返还请求权的成立,不以被害人本人是否商业化利用其人格利益(如肖像)的意愿为必要,被害人是否得经由其利用而取得利益或同样利益,在所不问。须注意的是,不法无因管理获利返还请求权适用于任何人对人格权的侵害,不论其侵害轻重,其所侵害的人格权是否具有财产价值,亦所不问。

---

[97] Hausheer/Aebi-Müller, Persönlichkeitsschutz gegenüber Massenmedien in der Schweiz, in: Persönlichkeitsschutz gegenüber Massenmedien (Koziol/Warzilek (Hrsg.), 2005), S. 341(378).

[98] 《瑞士债法》第 423 条系规定:"1. Wenn die Geschäftsführung nicht mit Rücksicht auf das Interesse des Geschäftsherrn unternommen wurde, so ist dieser gleichwohl berechtigt, die aus der Führung seiner Geschäfte entspringenden Vorteile sich anzueignen. 2. Zur Ersatzleistung an den Geschäftsführer und zu dessen Entlastung ist der Geschäftsherr nur so weit verpflichtet, als er bereichert ist."

在台湾地区及德国民法不法管理均以侵害人"明知"其为自己利益所管理的系他人事务(恶意管理人,bösgläubiger Geschäftsführer)。在瑞士民法,则不以管理人明知为必要,是否须有过失,尚有争论,但通说认为不以有过失为必要[99],因此无适用侵害他人权益不当得利的必要。

关于故意不法侵害人格权所获利益的计算,被害人对侵害人有报告及计算请求权,有争议时,由法院参酌情事而为裁量。侵害人不得主张其不为侵害亦可获得利益而不负返还责任。

瑞士民法以不法管理处理侵害他人人格权获利返还问题,以侵害行为具违法性为要件,不以侵害人有过失为必要(通说),适用于任何对人格权侵害的情形,不限于具财产价值的人格法益,此项规定具有在法律适用及立法政策上的重大意义。不法管理为保护人格权利益不受侵害及获利返还的机制。[100]

第五款　人格权财产价值保护体系的建构

人格权具有财产价值,体现于姓名、肖像等人格特征的商业化使用,使一定的人格法益成为具有财产价值的利用权。兹就无权商业化使用他人姓名、肖像等获有利益所涉及的侵权行为损害赔偿、不当得利及无因管理,综合整理列表如下[101],以便参照(阿拉伯数字为"民法"条文):

---

[99] Bucher, Natürliche Personen und Persönlichkeitsschutz (1986), S. 156.

[100] Gerlach, Gewinnherausgabe bei Persönlichkeitsverletzungen nach schweizerischem Vorbild?, VersR 2002, 917 ff.

[101] 综合性论述,Jones, Restitution of Benefits Obtained in Breach of Another's Confidence (1970), 86 LQR 463; Beuthien/Hieke, Unerlaubte Werbung mit dem Abbild prominenter Personen, AfP 2001, 353; Beuthien/Schmölz, Persönlichkeits-schutz durch Gewinnherausgabe, K&R 1999, 396; Canaris, Gewinnabschöpfung bei Verletzung des allgemeinen Persönlichkeitsrechts, in FS für Deutsch (1999), 85; Erlanger, Die Gewinnabschöpfung bei Verletzung des allgemeinen Persönlichkeits-rechts (2000); Fest, Bereicherungs-und Schadensausgleich bei der Verletzung von Immaterialgüterrechten (1996); Götting (注[94]文), S. 65; v. Holleben, Geldersatz bei Persönlichkeitsverletzungen durch die Medien (1999); Kläver, Bereicherungs-rechtliche Ansprüche bei einer Verletzung des allgemeinen Persönlichkeitrechts (1999); Kleinheyer, Eingriffsbereicherung durch unbefugte Nutzung und Wertersatz, JZ 1961, 473; Krneta, Kommerzielle Aspekte des Rechts am eigenen Bild, GRUR Int. 1996, 298; Ladeur, Fiktive Lizenzentgelte für Politiker?, ZUM 2007, 111; Magold, Personenmerchandising (1994); Redant, Bereicherungsansprüche und Schadensersatz bei Ausbeutung des guten Rufes (2001); Schlechtriem (注[86]文), S. 445; Siemes (注[97]文), S. 202; Ullmann, Persönlichkeitsrechte in Lizenz?, AfP 1999, 209.

		法律规定	主观要件	法律效果
人格权财产利益的保护	侵权行为	184I、213、216	故意或过失	(1) 损害赔偿计算之困难 (2) 以获利量定慰抚金
	不当得利	179、181	不以有故意过失为必要	(1) 侵害权益不当得利 (2) 偿还以相当酬金计算的所受利益
	不法管理	177II	明知他人之事务	返还因管理事务所得利益（扣除必要费用）

前开体系架构,系建立在比较法及台湾地区"民法"规范机制之上,其特色在区别侵害的态样(尤其是加害人的故意过失),本诸现行"民法"的价值理念而为解释适用,期能对人格权所体现的财产利益作合理必要的保护。

参 考 文 献

(论文请参阅相关批注)

一、中文

(一) 台湾地区

史尚宽:《民法总论》,1970 年自版。
"司法院"印行:《日本国最高法院裁判选译》[(一),2002;(二),2004]。
"司法院"印行:《美国联邦最高法院宪法判决选译》(2001 年起,共 7 辑)。
"司法院"印行:《德国联邦宪法法院裁判选辑》(1990 年起,共 13 辑)。
"司法院"印行:《欧洲人权法院裁判选译》[(一),2009;(二),2010]。
李建良:《人权思维的承与变——宪法理论与实践(四)》,台北新学林出版有限公司 2010 年版。
李建良:《宪法理论与实践(一)》,台北学林出版有限公司 1999 年版;(二) 台北新学林出版有限公司 2000 年版。
李震山:《人性尊严与人权保障》,台北元照出版有限公司 2001 年版。
林子仪:《言论自由与新闻自由》,台北出版有限公司元照 1993 年版。
林世宗:《言论新闻自由与诽谤隐私权》,2005 年自版。
孙森焱:《民法债编总论》,2010 年自版。
张永明:《新闻传播之自由与界限》,台北永然文化出版有限公司 2001 年版。
陈聪富:《侵权违法性与损害赔偿》,台北元照文化出版有限公司 2008 年版。
黄茂荣:《债法总论(二)》(2 版),台北植根文化出版有限公司 2004 年版。
黄舒芃:《变迁社会中的法学方法》,台北元照出版有限公司 2009 年版。
詹森林:《民事法理与判决研究》,台北翰芦出版有限公司 1998 年版。
廖福特:《人权法论丛》,台北元照出版有限公司 2007 年版。
廖福特:《国际人权法》,台北元照出版有限公司 2005 年版。
龙显铭:《私法上人格权之保护》,台北中华书局 1958 年版。
颜厥安:《法与实践理性》,台北允晨文化有限公司 1998 年版。

(二) 大陆

王泽鉴:《不当得利》,北京大学出版社 2009 年版。
王泽鉴:《民法总则》,北京大学出版社 2009 年版。
王泽鉴:《侵权行为》,北京大学出版社 2009 年版。
王泽鉴:《民法学说与判例研究》(1—8 册),北京大学出版社 2009 年版。
王利明:《侵权责任法研究》(上、下卷),中国人民大学出版社 2010 年版。
王利明、周友军、高圣平:《中国侵权责任法教程》,人民法院出版社 2010 年版。
王胜明主编:《中华人民共和国侵权责任法解读》,中国法制出版社 2010 年版。
周云涛:《论宪法人格权与民法人格权——以德国法为中心的考察》,中国人民大学出版社 2010 年版。
马骏驹:《人格和人格权理论讲稿》,法律出版社 2009 年版。
张红:《基本权利与私法》,法律出版社 2010 年版。
张新宝:《隐私权的法律保护》,群众出版社 2004 年版。
张新宝主编:《互联网上的侵权问题研究》,中国人民大学出版社 2003 年版。
杨立新:《人身权法论》,人民法院出版社 2006 年版。
杨立新:《侵权责任法:条文背后的故事与难题》,法律出版社 2010 年版。

二、日文

大家重夫:《肖像権》,大田出版 2007 年版。
五十岚清:《人格権法概说》,有斐阁 2003 年版。
五十岚清:《人格権论》,一粒社 1989 年版。
竹田稔:《プライバシー侵害と民事責任》,判例时报社 1998 年版。
佃克彦:《名誉毁损の法律实务》,弘文堂 2005 年版。
齐藤博:《人格権法の研究》,一粒社 1979 年版。

三、德文

Ahrens, Claus, Die Verwertung persönlichkeitsrechtlicher Positionen. Ansatz einer Systembildung (Wurzburg, 2002)

Alexy, Robert, Theorie der Grundrechte, 2. Aufl. (Frankfurt a. m. , 1994)

Alexy, Robert, Theorie der juristischen Argumentation, 3. Aufl. (Frankfurt a. M. , 1996);舒国滢译,法律论证理论(中国法制出版社,2002)

Amelung, Ulrich, Der Schutz der Privatheit im Zivilrecht (Tübingen, 2002)

Balthasar, Stephan, Der Schutz der Privätsphare im Zivilrecht (Tübingen, 2006)

Bartinik, Marcel, Der Bildnisschutz im deutschen und französischen Zivilrecht (Tübingen, 2004)

Baston-Vogt, Marion, Der sachliche Schutzbereich des zivilrechtlichen allgemeinen

Persönlichkeitsrechts (Tübingen, 1997)

Beater, Alex, Zivilrechtlicher Schutz vor der Presse als konkretisiertes Verfassungsrecht (Tübingen, 1996)

Berka, Walter, Medienfreiheit und Persönlichkeitsschutz (Wien, 1982)

Beuthien, Volker/Schmölz, Anton, Persönlichkeitsschutz durch Persönlichkeitsgüterrechte (München, 1999)

Deutsch, Erwin/Ahrens, Hans-Jürgen, Deliktsrecht, 5. Aufl. (Köln, 2009)

Dreier, Horst (Hrsg.), Grundgesetz Kommentar, 2. Aufl. (Tübingen, 2004)

Ellger, Reinhard, Bereicherung durch Eingriff (Tübingen, 2002)

Fechner, Frank, Medienrecht, 7. Aufl. (Tübingen, 2006)

Fischer, Annette, Die Entwicklung des postmortalen Persönlichkeitsschutzes: Von Bismarck bis Marlene Dietrich (Frankfurt a. M., 2004)

Götting, Horst-Peter, Persönlichkeitsrechte als Vermögensrechte (Tübingen, 1995)

Götting, Horst-Peter/Shertz, Christian/Seitz, Walter (Hrsg.), Handbuch des Persönlichkeitsrechts (München, 2008)

Gregoritza, Anna, Die Kommerzialisierung von Persönlichkeitsrechten Verstorbener (Berlin, 2003)

Hager, Günter, Rechtsmethoden in Europa (Tübingen, 1999)

Helms, Tobias, Gewinnherausgabe als haftungsrechtlicher Problem (Tübingen, 2007)

Hesse, Konrad, Grundzüge des Verfassungsrechts in der Bundesrepublik Deutschland, 20. Aufl. (Heidelberg, 1999)

Hochhuth, Martin, Die Meinungsfreiheit im System des Grundgesetzes (Tübingen, 2007)

Hubmann, Heinrich, Das Persönlichkeitsrecht, 2. Aufl. (Köln-Graz, 1967)

Ipsen, Jörn, Staatsrecht II (Grundrechte), 4. Aufl. (Luchterhand Verlag, 2001)

Jung, Alexander, Die Vererblichkeit des Allgemeinen Persönlichkeitsrechts (Remscheid, 2005)

Kaloudi, Adamantia, Pressefreiheit und Persönlichkeitsschutz (Baden-Baden, 2000)

Klüber, Persönlichkeitsschutz und Kommerzialisieung (Tübingen, 2006)

Koppensteiner, Hans-Georg/Kramer, Ernst A., Ungerechtfertigte Bereicherung, 2. Aufl. (Tübingen, 1988)

Kötz, Hein/Wagner, Gerhard, Deliktsrecht, 10. Aufl. (München, 2006)

Koziol, Helmut/Warzilek, Alexander (Hrsg.), Persönlichkeitsschutz gegenüber Massenmedien (New York, 2005)

Larenz, Karl, Methodenlehre der Rechts wissenschaft, 5. Aufl. (Belin, 1983)

Larenz, Karl/Canaris, Claus-Wilhelm, Lehrbuch des Schuldrechts, Bd. 2: Besonderer

Teil, Halbbd. 2, 13. Aufl. (München, 1994)

Larenz, Karl/Canaris, Claus-Wilhelm, Methodenlehre der Rechtswissenschaft (Studienausgabe), 3. Aufl. (Berlin, 1995);陈爱娥译,法学方法论(台北五南,2008)

Larenz, Karl/Wolf, Manfred, Allgemeiner Teil des Bürgerlichen Rechts, 8. Aufl. (München, 1997)

Magold, Hanns A., Personenmerchandising: Der Schutz der Persona im Deutschland (Frankfurt a. M., 1994)

Müller, Friedrich/Christensen Ralph, Juristische Methodik, Bd. I, Grundlagen, Öffentliches Recht, 9. Aufl. (Berlin, 2004)

München Kommentar zum Bürgerlichen Gesetzbuch

 —Bd. 1, Allgemeiner Teil (§§ 1-240), 4. Aufl. (München, 2001)

 —Bd. 2, Schuldrecht, Allgemeiner Teil (§§ 241-432), 4. Aufl. (München, 2001)

 —Bd. 5, Schuldrecht, Besonderer Teil III (§§ 705-853), 3. Aufl. (München, 1997)

Palandt, Otto, Bürgerliches Gesetzbuch, 70. Aufl. (München, 2011)

Peifer, Nikolaus Karl, Individualität im Zivilrecht (Tübingen, 2001)

Pieroth, Bodo/Bernhard, Schlink, Grundrechte, Staatsrecht II, 20. Aufl. (Heidelberg, 2004)

Riesenhuber, Karl (Hrsg.), Europäische Methodenlehre, Handbuch für Ausbildung und Praxis (Berlin, 2006)

Röthel, Anne, Normenkonkretiesierung im Privatrecht (Tübingen, 2004)

Rothley, Oliver, Persönlichkeitsverletzung durch unverlangte kommerzielle Kommunikation (Berlin, 2003)

Rüthers, Bernd, Rechttheorie, 2. Aufl. (München, 2002);丁晓春、吴越译,法理学(法律出版社,2005)

Sachs, Grundgesetz Kommentar, 4. Aufl. (München, 2007)

Savigny, Friedrich Karl, System des heutigen römischen Rechts, Band 1 (Berlin, 1840);朱虎译,当代罗马法体系 I (中国法制出版社,2010)

Schmidt, Rolf/Seidel, Stephanie, Grundrechte, 2. Aufl. (Nördlingen, 2001)

Schwerdtner, Peter, Das Persönlichkeitsrecht in der deutschen Zivilrechtsordnung (Berlin, 1977)

Seemann, Bruno, Prominenz als Eigentum (Baden-Baden, 1996)

Stürner (Hrsg.), Die Bedeutung der Dogmatik für die Rechtsenwicklung (Tübingen, 2009)

Zweigert, Konrad/Kötz, Hein, Einführung in die Rechtsvergleichung, 3. Aufl. (Tübingen, 1996)

四、英文

Barendt, Eric, Freedom of Speech (Oxford: Clarendon Press, 1985)

Beverley-Smith, Huw/Ohly, Ansgar/Lucas-Schloetter, Agnes, Privacy, Property and Personality: Civil Law Perspectives on Commercial Appropriation (Cambridge University Press, 2005)

Birks, Peter (ed.), Privacy and Loyalty (Oxford: Clarendon Press, 1997)

Clayton, Richard/Tomilinson, Huch, Privacy and Freedom of Expression (Oxford University Press, 2001)

Deakin, Simon/Johnston, Angus/Markesinis, Basil, Markesinis and Deakin's Tort Law, 6th ed. (Oxford: Clarendon Press, 2008)

Dobbs, Ban B., The Law of Torts (West Group, 2000)

Glenn, Richard A., The Right to Privacy (ABC-CLIO, 2003)

Harvey, Barbara/Marston, John, Cases and Commentary on Tort (Oxford University Press, 2009)

Loveland, Ian, Political Libels (Oxford: Hart Publishing, 2000)

Markesinis, Basil S., Protecting Privacy (Oxford University Press, 1999)

Markesinis, Basil S./Unberath, Hannes, The German Law of Torts, A Comparative Treatise, 4th ed. (Oxford: Hart Publishing, 2002)

Marumba, Samuel K., Commercial Exploitation of Personality (Sidney, 1986)

McCarthy, Thomas, The Rights of Publicity and Privacy (West Group, 1998)

Mills, John L., Privacy, The Lost Right (Oxford University Press, 2008)

Milo, Dario, Defamation and Freedom of Speech (Oxford University Press, 2008)

Murphy, John (ed.), Street on Torts, 12th ed. (Oxford University Press, 2007)

Nimmer, Melville B., Freedom of Speech-Treaties on the Theory of First Amendment (Loseblatt) (New Fork, 1984 ff.)

O'Brien, David M., Privacy, Law and Public Policy (New York, 1979)

Orücü, Esin/Nelken, David, Comparative Law: A Handbook (Oxford: Hart Publishing, 2007)

Ovey, Clare/White, Robin C. A., Jacobs and White, The European Convention on Human Right, 3rd ed. (Oxford University Press, 2002); 何志鹏、孙璐译, 欧洲人权法：原则与判例(北京大学出版社, 2006)

Pinckaers, Julius C. S., From Privacy toward A New Intellectual Property Right in Persona (Kluwer Law International, 1996)

Prosser, William L./Keeton, Page W., Torts, 5th ed. (St. Paul, 1984)

Reimann, Mathias/Zimmermann, Reinhard (eds.), The Oxford Handbook of Comparative Law (Oxford University Press, 2006)

Stone, Geoffrey R./Seidman, Louis Michael/Sunstein, Cass R./Tushnet Mark V./Karlan, Pamela S., Constitutional Law (New York, 2005)

Tugendhat Michael/Christie, Lain, The Law of Privacy and the Media (Oxford University Press, 2002)

Wacks, R., Privacy and Press Freedom (London, 1995)

Wright, Jane, Tort Law and Human Rights (Oxford: Hart Publishing, 2003)

索 引

A

安宁居住权 97
案例比较 37,38,138,292,363,382,384,425,426,470

B

被掳的听众 232,233
比较法的意义及目的 13
比较目的之应用 13,18
比较人格权法 10,13
俾斯麦遗容偷拍案 274,283
表意自由及不表意自由 307
病历资料 73,216
病人的人格权 97,98
不表意自由 58,93,94,307,310,347,348,431,438—440,442—444,446,450
不当得利的客体及返还范围 471
不当得利请求权 56,128,146,281,282,297,455,462,464—469,471
不法管理 130,139,147,294,298,302,451,455,459,460,473—477
不法侵害他人隐私取得证据的证据能力 237
不受侵扰的合理期待 356,357
不作为请求权 25,165,233,277,283,285,286,289,293,390,436

C

财产利益 8—10,28,33,46,47,56,138,147,165,176,204,251,252,254—258,260,271,273,277,280—284,288—298,301—304,386,394,451,452,457,459,460,466,468,470,477
财产损害及计算方法 452
财务资料 217
车商小开死亡纪事案 359
陈美凤料理米酒代言案 9,124,129,295,461
陈幸妤事件 384

D

德国法上的人格权与(私领域)隐私 195
德国法上侵害人格权不当得利的发展 466
德国法上人格权精神利益与财产利益的保护 271
德国联邦法院所采的领域理论 198
德国联邦宪法法院的 Lebach 案判决 368
德国民法上的一般人格权 35,67
德国民法上三择一的损害计算方式 454
斗魂浮标案 121
读者投书案 21,136,272,275,277
对名誉的侵害 151,153,228,444
对死人侮辱诽谤 50
对隐私的合理期待 229
多数人群与个人人格权 58
堕胎隐私权 187

F

法律文化　13,17,34,91,147,239,363,
　　448,449
法人的人格权　31,43,57,58
法释义学　11,12,17,83,206
法秩序的统一性　161,207,311
犯罪前科　211,363,364,367,372
犯罪前科与隐私权的保护　363
犯罪资料　218
妨害防止　22,46,47,163,222,384
非财产损害的意义与赔偿方法　405
诽谤法的宪法化　311,319,320
夫权　8,45,152,416
符合基本权利的法律解释　92
符合"宪法"的解释　23,161,225,311,
　　312,315,377,387,439,443,447

G

"个人数据保护法"　1,4,95,170,200,
　　207,209,210,214,216,222,241,409
个人信息自主权　90,181,200,209
个人行动自由　82
个人自主　80,88,147,179,187,188,
　　194,203,213,263,296
给付不当得利与非给付不当得利　463
跟追　62,82,229,232,310,352—354,
　　356—358,374,384,385
跟踪　184,232
公共场域　82,83,230,352,354,355,
　　357,360,363,383
公共场域中隐私权　355
公开场域隐私权:摩洛哥卡洛琳公主案
　　374
公开权　27,34,56,114,137,185,204,
　　227,249,255—257,259—271,288,
　　292,297,301,303,452,454,459,
　　460,470
公开权的理论依据　262
公开权的内容及限制　265
公开权的性质　264,265

公开权的意义　263,264
公开权的意义及性质　263
公开权与言论自由　268
公开权与隐私权　257
公开私人地址及电话案　361
功能性的比较方法　13,16
雇主监看受雇人的电子邮件与受雇人的
　　隐私权　235
规范模式及思考方法　306
国际人权法　1,19,31,38,203
国家保护义务　90,91

H

合理查证、真实相当性　314
合理查证与侵害名誉的违法阻却　346
合理查证与违法性认定　345
合理评论原则　162,175
合理期待　82,108,229,230,235,236,
　　352,354—357,360,382—384
合"宪"性解释　205,310,313,433,440,
　　442,443,445,448—450
恢复名誉的适当处分与道歉启事　429
恢复原状　30,176,249,276,277,279,
　　295,388,396,398,405,427,428,
　　430—432,435,436,447,448
婚姻隐私权　187
混合言论　341,350
获利剥夺　129,130,132,146,147,282,
　　295,422

J

基本权利　8,9,21,23,34,59—66,68—
　　72,74,75,77,79,82—84,86,89—
　　95,109,110,112,124,130,134,161,
　　177,186,188,194,196,198,205,
　　208,213,221,224—226,268,272,
　　285,287,307—312,315,317,323,
　　329,330,333,334,338,339,350,
　　354—356,361,370,372,376—378,
　　386,387,431,433,434,439,440,
　　442—447,449,450

基本权利的第三人效力　91，387，439，
　　440，443，449
基本权利的客观规范功能　90
集体名誉　154
加注问号(？)　341
家庭自主　187
间接保护　9，55，56，299—301
监听的法制化　220
健康　5，6，20，22，24，25，29，30，32，33，
　　35，43，49，50，53，54，57，67，69，81，
　　84，85，97—104，106—109，113，123，
　　128，149，159，173，174，180，187，
　　194，195，207，211，216，219，223，
　　248—250，252，253，273，277，278，
　　280，281，293，343，390，396，398，
　　401，402，404—407，410，411，415，
　　417，422，424，426，429，435，453，456
蒋孝严诉陈水扁诽谤蒋介石案　9，52，
　　301
警察人员必要时应采取保护被害人之安
　　全措施　218
警察实施临检与隐私权　76
居住安宁的人格利益　249—251
具新闻价值的公益性事务　356

K

卡洛琳公主案　374—377，382—384

L

劳工的人格权　97，98
冷存精子销毁案　102
利益衡量　28，66，77，87，135，142，143，
　　146，165，191，197，198，201，202，
　　234，287，299，300，316，330，340，
　　343，356，358，363，368，369，371，
　　373，376，377，383，384，389，390，447
利益衡量方法　316，373
两公约施行法　38
铃木一郎肖像广告案　453，460
录像监视　144，145，178，211
录音、窃听、偷拍、监视器　232

录音案　199
吕秀莲诉新新闻周刊案　315，343

M

美国法及德国法的规范模式　291
美国法上的 Right of Privacy、Right of
　　Publicity 及言论自由　26
美国法上的真实恶意规则(actual malice
　　rule)　316
美国法上隐私权　182，302
美国诽谤法的宪法化　320
美国诽谤法上 actual malice rule　318
民意代表的言论免责权　155
名誉保护与公开道歉(不表意自由)　93
名誉保护与言论自由(表意自由)　93
名誉保护与言论自由　93，159，174，310，
　　311，313，316，332，336，337，339，349
名誉的意义　150
名誉权　4，29，30，51，53—55，59，61，72，
　　93，94，122，140，148—155，157—
　　159，163—165，168，172—176，224—
　　226，250，273，313，329，330，333，
　　334，338，340—342，345，348，350，
　　362，363，385，391，392，417，426，
　　431，435，438—440，444，446，448，
　　456

N

捏造访问案　199

O

欧洲人权法院　22，28，32，39，40，147，
　　316，363，374，375，380，382—385，
　　388—390，393，450
欧洲人权法院 Editions Plon v. France 案
　　388
欧洲人权公约　22，25，26，32，39，40，
　　193，195，203，311，380—383，389，
　　390，449

Q

其他人格法益　6，54，67，97，99，113，

117,124,128—130,139,146,207,209,223,228,247—251,293,301,407,430

强使他人接受信息 232,233

强制商业化 27,46,116,129,139,146,249,281,451,466,470,471

侵害除去 7,55,56,115,163,251,253,295,300,307,347,348,357,386,387,393

侵害除去请求权 295,307,348,386,387

侵害防止请求权 7,55,125,130,163,165,232,251,253,347,357,386,387,390,392,393

侵害生命、身体健康的特别规定 398

侵害他人名誉行为的"违法性"及违法阻却 159

侵害隐私的类型 231,238

侵权行为的违法性 162,357

侵权行为法隐私权与宪法隐私权 226

请求权基础 8,10,12,36,53,96,107,108,122,126,128,146,149,172,173,222,223,236,241,242,277,278,293,386,394—396,406,410,411,415,426,431,474

权利归属说 464

权利能力 16,41,42,48,50,52,53,56—58,71,72,100,101,117—119,130,153,168,176,229,250,253,285,286,294,298,299,301,303

权益侵害不当得利 463,465

R

人格法益的竞合 97

人格权 1—13,16,18—25,28—31,33—38,41—99,101,103—105,110,112—117,123—126,128—131,135—150,153,155,159,161,163—165,168,170,173—175,177,181,195—208,212—215,219,222—226,228,234,238,240,242,245,248—257,271—316,318,327,329,330,333,334,337—340,346—348,350,351,355,356,360,361,363,368—371,373—376,378—380,382,383,386—388,390,392—398,402,405—408,410,411,415—417,419,421,426—429,431,433,434,438,440,443,446—448,451,452,454—457,459—462,465—471,475—477

人格权保护与言论自由 3,8,18,37,56,95,148,306,310,314,316,318,327,338,348,350,351,360,363,382,394

人格权被侵害的救济方法 10,386

人格权的保护范围 10,57,70,73,96,99,199,248,250,251,294

人格权的财产价值与获利返还 451

人格权的财产利益 8,251,302,451,452

人格权的概念 10,12,19,30,34,37,44,68,73,84,96,307

人格权的精神利益 3,10,56,252,394

人格权的具体化 67,84,96,146,147

人格权的客观(事务)保护范围 72

人格权的强制商业化 281,451

人格权的权益归属内容 465

人格权的商业化及财产价值 254

人格权的性质 44,45,252,303

人格权的意义 10,41—43,57

人格权的主体 10,43,48,57,58,70,72,153,452,468

人格权上财产利益 255—257,280,288,295—297,301—303

人格权上财产利益的保护 255—257,280,288,295

人格权上精神利益的保护 277,284,294

人格权受侵害财产价值的计算 281

人格权受侵害的财产上损害赔偿 398

人格权受侵害非财产损害赔偿:慰抚金 405

人格自觉 4,54,250,410

人格自由 1,4,10,21,43,60,63—66,71,81,84,85,88,89,94,99,109,196,206—208,222,226,251,252,

索　引

272,275,276,278,287,296,303,
307,333,350,353,355,371,379,
410,431,432,439,443
人格自由发展　1,10,21,43,63,65,66,
71,81,84,85,88,89,109,196,206—
208,226,272,275,276,278,287,
296,303,307,333,350,355,371,
432,439
人格自主　1
人口普查案　86,200,202
人身的人格权　99
人体器官移植　50,101,105
人性尊严　1,10,21,36,43,54,56,58,
63—65,69,70,79,81,85,94,196,
198,202,207,208,221,226,251,
303,307,333,334,341,350,355,
431,438,439,443,446,449,450
人之集合　56,57
人之价值尊严　298
日本法上北方杂志事件判决　163
日本最高裁判所的逆转事件判决　366
日本最高裁判所"夕刊和歌山时事"妨害名誉案　313,314
日记案　200—202
瑞士民法的不法管理与人格权保护　475

S

散布他人性爱照片　25
少年人格权　80—84,97
设立中的法人、无权利能力社团　58
社会通念的容忍界限　356
身份法益　6,8,35,45,407—410,427,429
身体　5—7,20—22,24,25,29,33,35,
43,49,50,53,54,57,67—70,82—
85,92,93,97—106,108,110,111,
113,128,144,149,159,173,174,
195,207,219,222,223,225,238,
248—250,252,253,273,277,278,
280,281,293,310,343,352,354—
356,379,380,390,395,396,398,
401—407,410,411,415,417,422,
424,426,429,453,456
身体权　68,70,82—84,103,104,352,
354,356,426,456
生命　20—22,24,29,30,33,35—37,43,
49,57,67—69,85,97—101,105,
106,108,149,159,173,174,187,
189,190,194,195,248,252,273,
305,308,343,350,385,387,390,
398,399,406,407,411,415,420,
424—426,429,435,456
生命权　30,67—69,426,435,456
生育自主　97,101,187,207,398
生育自主权　97,101,398
圣母圣婴雕像案　133
尸体　50,80,100,101,105,299,359,360
事实陈述、意见表达的违法性判断　162
事实陈述　93,155—159,162,163,167,
168,175,307,316,340—342,346,
348,350,431,432,436,444,447
受监察人的"知的权利"　221
受胎前侵害的保护　49
私法上人格权　1—3,9,10,12,36,94,
110,130,206,307
私法"宪法"化　93,310,311,431,447,449
私生活的侵入　226,227,231,232
私事的公开　238,365
死者精神利益的保护　298,304
死者名誉与言论自由　54
死者人格利益保护的合"宪"问题　287
死者人格利益的保护　50,298,301
死者人格权　3,8,9,21,31,37,47,50,
52,55,56,70,71,140,253,257,271,
274,275,283,284,286—288,290,
303,304
死者人格权保护的规范体系　290
死者人格权上财产利益的保护　288
死者人格权上精神利益的保护　284
死者人格上财产利益的继承性　301
宋楚瑜诉李登辉:麻将案　348

T

胎儿　48—50,99—102,153,187,420,421
胎儿的人格权　48,49
特别人格权　7,20,21,33,35—37,54,67,79,96,99,124,129,136,248,250,271,273,275,276,284
特殊病人的隐私权　216
"通讯保障及监察法"　94,209,219—221,230,408
通讯监察书核发权人　220
通讯自由　112,194,209,219—221,235

W

外国人劳动能力减损的损害赔偿　402
网络侵权行为　246,247
违法性　162,357
违法性　23,30,33,34,54,56,57,59,93,113,133,140—142,145—147,157,159—163,165,167,174,199,223,230,234,239,248,316,317,330—332,334—337,340—347,351,357—360,362,363,373,374,387,390,393,394,416,431,464,476
慰抚金的概念与性质　411
慰抚金的功能　129,256,386,415,419,420
慰抚金的功能与相当赔偿的量定　415
慰抚金的请求权基础　10,406
慰抚金的算定　419
慰抚金的一身专属性　412
慰抚金与法院实务　423
慰抚金制度的发展　410
无权对姓名、肖像为商业化使用与不当得利　465
无因管理与不法管理　473
物的肖像　132,275,281

X

"宪法"人格权　9,10,60,61,63,66,67,70,74,76,83—85,90,94,195,196,307
"宪法"人格权的案例法　76
"宪法"人格权的保护范围　70
"宪法"人格权的防御功能　74
"宪法"上的隐私权　185—187,203,205
肖像权　4,9,21,25,29,30,36,96,97,123,124,130—147,227,248,251,253,256,274,275,281—284,286,288,289,293—295,297,298,301,303,359,360,369,380,383,426,435,453,455—457,460,469,474,475
肖像权保护与言论自由　131,132,142,143
肖像权人的允诺　136,142,147
新闻采访跟追　82,229,354,384
新闻采访自由与隐私权等权利保护的冲突与调和　353
新闻自律规则　357
新闻自由　82,142,143,147,182,184,275,279,280,308—310,318,321,322,326,331,338,344,353,354,357,358,362,364—366,368,370,372,373,375,376,378,379,381—383,385
信息社会　177,180,195,203,208,209,222,233,236,351,353
信息隐私　73,74,79,92,187,190,191,203,205,207—211,213,215,216,218—220,224,229,239,241,244,246
信息隐私权　73,74,79,92,190,191,207,208,213,216,218,224,244
信息自主(信息隐私)的侵害　239
信息自主　36,65,67,70,73,77,79,80,83,90,92,94,99,181,199,200,202,203,206—210,212—214,216,226,228,231,239—241,245
信息自主权　65,70,73,79,80,90,92,94,99,181,199,200,202,206—210,

212—214,216,240,241,245
信用权　165,167,168,170—177
姓名　1,5,6,8,9,20—22,24,25,27,29,
30,33,35,36,46,48,51,52,56—58,
60,67,68,70—73,76,77,79,83,84,
94,97,99,112,114—131,137,140,
153,184,185,191,194,195,204,
207,211,217,218,221,227,239,
240,243,244,246,248,249,251—
260,262—266,268—273,275,277,
281,282,288—290,292—299,301—
304,356,364—371,373,380,388,
390,398,408,415,422,426,435,
451—454,456—462,464—468,
470—472,474—476
姓名权　1,5,9,20,21,24,25,29,30,33,
35,36,60,67,68,70,72,73,77,79,
83,84,94,114—130,140,153,195,
207,227,248,251,253,273,275,
277,281,282,289,293—295,297,
298,356,426,435,456,457,466,468
学说继受与实务继受　318

Y

言论自由　3,4,8—10,12,18,25,26,28,
31—33,37,54,56,61,66,82,83,86,
93—95,99,110,112,131,132,142,
143,145,147,148,150,155—163,
165,170,174—176,179,181,184—
186,192,203,205,222,223,228,
229,231,235,239,241,257,264,
265,268,269,273,279,280,287,
291,299,306—321,323,325—334,
336—343,345—351,353,354,357,
359,360,362—368,372—374,378,
380—386,389,390,392—394,431,
438—440,442,443,446,448,466,
469,471
言论自由与隐私权　184,223,241,372,
374
一般人格权　4,21—23,25,34—37,54,

67,68,84,89,90,103,114,135,136,
139,149,181,196—198,200,201,
203,208,249,250,257,271—280,
282—285,289,291,293,329,330,
356,369—371,375,378,379,407,
410,411,415,417,431,452,466—
469
一般行为自由权　83—85,356
医疗、健康信息及病历资料　216
遗族对人敬爱追慕之人格利益　97
遗族对于故人敬爱追慕之情　54,55,
250,251
以电话骚扰他人私生活　232
以侵权得利作为量定慰抚金的因素　460
意见表达　93,155—159,162,163,168,
175,316,317,340,341,346,350,
362,444
意见表达的区别标准　158
意见表达侵害名誉的违法性　162
意见与事实的混合　158
银行顾客资料　76,83
引用电视名嘴案　123
隐私的价值　179,372
隐私权、信息自主权　79
隐私权　4,25—27,30,34,48,55,56,
60—63,65,70,72—74,76,78—80,
82—84,94,97—99,114,137,140,
144,145,151,165,175—195,203—
211,213,216—232,234—245,255—
263,265,268,270,271,292,295,
301,302,310,318,333,334,337,
351,353,355—367,372—375,377,
382—385,389,393,435,452,456,
457
隐私权的概念及保护范围　187,208,223
隐私权的规范体系　181,182,205
隐私权与言论自由　205,351
隐私与名誉　225
英国人权法　26,193,195,203
英国隐私法的发展　193
由个别人格权到一般人格权　273,282

犹太人集体诽谤 154
鱼夫、鱼父案 121

Z

贞操 6,53,54,67,99,113,114,128,207,223,248,250,293,398,407,411,415

"真实"或"不真实"的举证责任 316,342

真实恶意原则 135,175,332—338,345,351,361,385

直接保护 9,55,56,299—301

中国大陆人格权立法的发展 303

著作人格权 21,51,52,55,71,253,283,284,300,301,408

子女知悉自己血统的权利 78,79,84,94

自然人的人格权 48,56,57,426

自由 1,3—6,8—10,12,18,20—22,24—26,28,29,31—33,35,37,39,41—44,53—61,63—72,74—78,81—86,88—95,97—99,103,109—113,128,131—133,135,142—150,152,155—163,165,170,173—176,178—190,192,194—198,200,202,203,205—214,217,219—224,226,228—235,239,241,243,244,248—252,254,257,264,265,268,269,272,273,275—280,285—287,291,293,296,299,300,303,306—323,325—334,336—360,362—376,378—387,389—394,396,398,404,407,410,411,416,417,421,426,431—434,436—440,442—448,450,456,465,466,469,471

总体研究与个体研究 15

"最高法院"所谓"真实恶意原则" 332,334,335,338